中国少数民族设计全集

The Design Collection of Chinese Ethnic Minorities

彝族

中国少数民族设计全集编纂委员会 编

图书在版编目（CIP）数据

中国少数民族设计全集. 彝族／中国少数民族设计全集编纂委员会编；王立端等著. —太原：山西人民出版社，2019.10
ISBN 978-7-203-11124-5

Ⅰ.①中… Ⅱ.①中… ②王… Ⅲ.①彝族–民族文化–研究–中国 Ⅳ.①K28

中国版本图书馆 CIP 数据核字（2019）第 244040 号

中国少数民族设计全集. 彝族

编　　者：	中国少数民族设计全集编纂委员会
著　　者：	王立端　等
责任编辑：	张志杰
复　　审：	冯　昭
终　　审：	张文颖
装帧设计：	谢　成

出 版 者：	山西人民出版社　人民美术出版社
地　　址：	太原市建设南路 21 号
邮　　编：	030012
发行营销：	0351 - 4922220　4955996　4956039　4922127（传真）
天猫官网：	https://sxrmcbs.tmall.com　电话：0351 - 4922159
E — mail：	sxskcb@163.com　发行部
	sxskcb@126.com　总编室
网　　址：	www.sxskcb.com

经 销 者：	山西出版传媒集团·山西人民出版社
承 印 者：	山西出版传媒集团·山西新华印业有限公司
开　　本：	889mm × 1194mm　1/16
印　　张：	43.5
字　　数：	517 千字
印　　数：	1—1 000 册
版　　次：	2019 年 10 月　第 1 版
印　　次：	2019 年 10 月　第 1 次印刷
书　　号：	ISBN 978-7-203-11124-5
定　　价：	550.00 元

如有印装质量问题请与本社联系调换

中国少数民族设计全集编纂委员会

总 主 编 （按年龄排序）
　　　　　张夫也　王立端　戴晋明　廖　军　王　琥　李豫闽　过伟敏　顾　平
　　　　　王　强　李　岗
执行主编　王　琥
编务统筹　张明山

中国少数民族设计全集编辑工作委员会

主　　任　刘伟冬
编　　委　（排名不分先后）
　　　　　王　琥　王　峰　王　强　王立端　王浩滢　白　波　过伟敏　许　星
　　　　　许边疆　李　岗　李　丽　李豫闽　成光虎　肖　飞　余　强　汪传跃
　　　　　罗　力　杨明朗　陈　述　陈见东　邱　珂　胡万明　顾　平　郑　静
　　　　　郭立忠　姬　莹　张夫也　张泽国　张明山　张秋平　张耀引　梁盛平
　　　　　樊　进　谢　玮　熊　伟　熊　微　熊建新　蔡克中　葛　芳　鞠　斐
　　　　　魏　洁　廖　军　戴晋明

中国少数民族设计全集出版工作委员会

主　　任　胡彦威　周　伟
执行主任　姚　军　欧京海
编务统筹　阎卫斌　周小龙
编　　辑　（排名不分先后）
　　　　　王新斐　史美珍　冯　昭　冯灵芝　吉　昊　吕绘元　刘小玲　任秀芳
　　　　　孙　琳　孙宇欣　李广洁　李建业　李　靖　员荣亮　张小芳　张志杰
　　　　　张书剑　何赵云　陈俞江　吴春华　武　静　周小龙　柳承旭　郝文霞
　　　　　赵　玉　赵晓丽　席　青　秦继华　高　霆　郭向南　阎卫斌　崔人杰
　　　　　傅晓红　蔡咏卉　翟丽娟　樊　中　薛正存　魏　红　魏美荣
整体设计　谢　成

中国少数民族设计全集·彝族

本册著者 王立端　段胜峰　吴菡晗　任　宇

参与撰写 周丽雯　杨曼羚　曹宇嘉　何　欢　傅淑萍
　　　　　　王晨雨　雷　霞　邹红媛　张　婷　糜思尧
　　　　　　杨承颖　刘　萧　李瀚然　高小璐

求同存异　和合共荣

刘伟冬

中华民族，是一个由56个民族组成的大家庭。在漫长的文明发展史中，汉族和各少数民族都为中华文明的繁荣发展贡献了自己的聪明才智。纵观中华文明史，其实就是一部各族群之间"求同存异，和合共荣"的文化演进史。

从根子上讲，4000年前的"中国"，仅指北方中原地区，居住在这里的相传是上古时期黄帝部落和炎帝部落的后裔，故而自称"炎黄子孙"。其时的"中国"，不过是黄河中下游（西起陇山，东至泰山）区域。在千年发展与民族融合之后，尤其是晋末"衣冠南渡"，南迁的中原汉族与南方百越民族彻底融合，来自北方的鲜卑等民族融入汉族，使汉族前所未有地壮大发展，逐渐形成后来疆域辽阔、人口众多、物产繁盛、文化昌明的中华民族的主体族群。特别值得强调的是，自从作为一个民族整体之后，中华民族就从未中断过自己的民族发展史——这在世界历史上是硕果仅存、独一无二的。

中华民族具备兼容并蓄、虚心好学的民族天性。仅以设计学范畴的事例讲：在数千年文明发展历史中，中华民族在不断向外输出优秀的文明成果（如烧造之陶瓷砖瓦、营造之榫卯斗拱、织造之丝绸刺绣、锻造之"失蜡"分模等），影响全人类的日

常生活与生产方式的同时，也不断地吸纳域外各民族的优秀文明成果，如汉魏之印度佛教和西域音乐、隋唐之西亚服饰和家具、宋元之东洋印染和漆艺、明清之西洋机器与建筑……在中华民族内部，这样的文化交流更是从未停止过，而且是风生水起、枝繁叶茂，愈发流畅、深入，中华民族各族群之间"求同存异，和合共荣"的文化大演进，共同创造了中华民族极为灿烂辉煌的造物文明历史。仍以设计学范畴为例：原本是匈奴人发明的单足绳圈，被晋代的汉族人设计成铁质双镫；最早是鲜卑人原创的毡毯卷边，被晋代的汉族人改造成"高桥马鞍"，这宗中国式马具设计案例，被誉为"13世纪中国传入欧洲的最重要文化成果"（李约瑟语）。再如，西域（今新疆地区）是全世界最早的皮靴生产地，哈尼族为主的红河地区出现了全世界最早的梯田。再如，全世界最早的"干栏式建筑"和全世界最早的稻米人工育种、栽培，均起源于长江中下游的百越地区；全世界最早的竹藤编结器物起源于闽越地区……由中华民族共同创造、发明，后来又影响了全人类文明进程的优秀造物设计案例很多，不胜枚举。几千年中华民族的文明史，就是各种文化多元融合、共同发展的最好例证。不了解中华民族内部各族群的文明交流史，就无法真正理解中国文化史，也不能理解为什么中华民族总是能在逆境中成长强大。甚至可以说，能否完整地理解中华民族的文化史，是检验每一个当代中国知识分子（特别是文史哲专业的学者）文化立场的"试金石"。

随着改革开放的逐渐深入，各民族地区的经济与社会状态已发生了天翻地覆的变化。令人遗憾和担心的是，由于各地区政策执行力度不平衡，保护措施不得力，少数民族的文化特性正在逐步衰退，有些地区的少数民族文化特征甚至已经消失殆尽，仅仅存在于徒具形式，充满口号、标语的民族文化村旅游景点中。有学者预言，再不加快整理抢救工作，中国的少数民族可能在物质形态和文化内涵的特征上，若干年后将不复存在。

从少数民族地区反映古代中国社会某些面貌的文化遗存看，这些少数民族之所以一直与汉族地区差距巨大，存在多方面的原因，其中历代汉族统治者对少数民族的歧视政策是主要原因。此外这些地区本身就处于偏僻荒地，不是沙漠就是山区，自然条件远不及汉族聚集地区，社会发展水平滞后。20世纪50年代，有相当比例的少数民族在当时仍处于原始农耕社会或奴隶制社会，不要说通电、通水、通汽车，不少人一辈子连铁器长什么样都没见过。部分少数民族聚集地的各种自然条件也较差，缺肥少水，基本生活来源，一靠老天爷恩赐的"望天收"农作物；二靠家庭手工作坊制作些竹藤编结物和土织、土陶等土特产来换取粮食；三靠养猪、兔、羊和鸡、鸭、鹅等家禽来换取日用品，如灯油、农具、衣物和油盐酱醋等；四靠为土司、头人和大户们出卖劳力（社会底层奴隶身份），年老即被抛弃。中华人民共和国成立后，党和政府在这些地区实行社会主义改造，打倒以土司、巫师和头人为首的剥削阶级，将土地和生产资料一律收归集体所有，解放了全体少数民族民众，使他们历史上第一次有了自由劳作和生活的权利。

中华人民共和国成立之初，党和政府就高度关注民族事务问题，为如何保护、关心各少数民族制定了一系列方针、政策，也为当代中国社会处理民族问题、保护民族文化树立了光辉典范。中央人民政府政务院于20世纪50年代初发布了《关于民族事务的几项决定》，为新中国民族政策奠定了最初的思想基础，其主要内容是：一、各大行政区军政委员会（人民政府）须指导各有关

省、市、行署人民政府认真推行民族区域自治及民族民主联合政府的政策和制度，并随时向政务院报告推行经验，请示者须事前向政务院请示。二、各大行政区军政委员会（人民政府）须指导各有关省、市、行署人民政府认真并有计划地实行政务院在1950年颁发的《培养少数民族干部试行方案》，并将该项工作进行情况定期加以检查，每半年向政务院报告一次。中央民族学院及西北、西南、中南各军政委员会和新疆省人民政府的民族学院，必须依计划实行，并向政务院报告。三、政务院于1951年下半年适当时间将同时召开有关少数民族的卫生、教育及贸易三个专业会议，责成政务院文教委员会、中财委指导中央卫生部、教育部、贸易部开始筹备，并责成中央民族事务委员会协助进行。有关部门如农业部、文化部也须派人参加。四、责成中央人民政府各委、部、会、院、署、行注意建立有关民族事务的业务。五、在政务院文教委员会内设民族语言文字研究指导委员会，指导和组织少数民族语言文字的研究工作，帮助尚无文字的民族创立文字，帮助文字不完备的民族逐渐充实其文字。六、扩大中央民族事务委员会委员名额，责成中央民族事务委员会提出补充名单的建议，并于1951年下半年召开中央民族事务委员会扩大会议，检查与总结关于推行民族区域自治及民族民主联合政府的经验。

20世纪50年代，中央人民政府和政务院，曾多次组织"中央慰问团""土改工作队"和"普查工作队"等，花费大量人力和物力，深入各少数民族地区，进行了大量较为翔实的社会历史调查。50年代这轮由政府统筹、由中央民委组织行政领导和人类学、社会学专家学者以及民族同志组成工作队与考察队的少数民族大考察活动，1953年正式启动，1956年结束（个别地区延期至1958年才结束）。直接成果之一，就是为1956年国务院公布的55

个少数民族的正式定名和划分，提供了可靠的依据。

从当时考察的资料看，各少数民族的社会发展水平参差不齐，不少民族呈现类似汉族曾经历过的各种历史发展状况，为我们今天考察、了解并研究过去的历史以及各学术分支问题，提供了绝好的活体范本。比如以"设计发生学"研究为例，以山寨（村落）为主的初级社会组织形态，原始手工业在农耕环境中的地位，原始造物的手工技艺与设备、工具等，都是我们极感兴趣的研究对象。

在西北、西南和东北各少数民族聚集地区，有些古时流传下来的本民族手工造物技术，迄今仍保存良好。其吸收了汉族和其他兄弟民族的技术长处之后演变出来的各时段手工造物技术，则印证了各民族互相融合、取长补短的史实。更有些原始手工艺，特别具有艺术和历史研究价值。以维吾尔族人为例，本世纪初，笔者在新疆喀什城艾格孜艾日克老街看到几样手工艺绝活：其一是整条街的维吾尔族乐器店，除了热瓦普、曼陀林和冬不拉等少数维吾尔族知名乐器外，全是些笔者叫不上名来却似曾相识的弹拨乐器和拉弦乐器，于是从心里认可了"西域古乐成就了中国传统民乐"这句话所言不谬。其二是亲眼所见一个拖着鼻涕的不到10岁的维吾尔族小男孩，拿着电砂轮在铜壶上信手飞快地刻着精美细腻的图案，一不要底稿，二没有图纸，真是佩服得五体投地，也相信了"汉族人长于热铸，西域人长于冷锻"这个说法。其三是在喀什近郊著名的大巴扎"金器一条街"上看见近百家金店生意红火，家家门前毡毯上都围坐着一群金店伙计和顾客，正在热烈讨论、共同设计着花样繁多的未来金饰嫁妆，感受到了"中国传统样式的金银首饰工艺，最富有创意的设计和最先进的工艺制作，原来在维吾尔族人手里"这句大实话。还有，笔者

在云南景洪县城集市上,曾亲眼见过景颇族老乡用古老的"焖烧法"烧出的红彤彤的土陶——跟笔者一知半解的仰韶彩陶的烧制工艺几乎一模一样。还有,笔者在大西北甘陕宁各省亲眼所见的回族、保安族、裕固族和东乡族老乡巧手做出的那些花样繁多、样式复杂的面塑造型,真是个个精妙绝伦。这方面的事例实在太多了。

50年代的少数民族地区社会大普查,以及半个多世纪以来社会各界对其丰富而珍贵的考察、研究,意义深远,价值极为重大。这些地区客观上保存的较为完整的、与数千年前中国原始社会最初形态近似的许多社会特征,为我们研究社会的最初形态形成和当时的经济、文化、政治的基本状况以及"设计发生学"的相关课题,提供了珍贵的类型学"活化石"范本,价值非凡。改革开放以来,这些少数民族地区也获得了前所未有的巨大发展,人民生活日新月异;但与此同时,少数民族地区的民族性在不可避免地愈发衰减、退化,甚至消失。如果我们再不采取保护措施,若干年后,各少数民族的许多宝贵民族文化遗产将无法挽救地彻底消亡,这部分同属于全人类精神财富和中华民族集体智慧的宝藏,我们将再也看不到了。

在"设计发生学"问题上,我们一向秉持文化多元论的观点,认为人类文明是全世界人民共同创造的,各国家、地区、民族均做出过大小不一、形态各异的贡献;同理,中华民族的灿烂文明是中国的各族人民共同创造的,每个民族都对中华传统文化做出过贡献,也都应当得到尊敬和肯定。中国的各少数民族在中华文明漫长的演化过程中,都曾经以自己独特而充满智慧的文明成果,补充、完善甚至改良着中华文明。比如,古代西域的龟兹古国各民族创造或引自西亚的弹拨乐器和拉弦乐器以及音律、曲式，彻底改造了中国古代音乐，新创作出代表中国古乐精髓的江南丝竹；南疆的维吾尔族和北疆的哈萨克、塔塔尔、塔吉克等族首创了制革术，并引进古波斯革皮书籍装帧术和制靴术、制毡术、毛衣编结术；海南岛的黎族率先种植棉花并纺织棉布，传入内地后棉织业逐渐形成中国古代手工行业的"天下第一营生"……保护少数民族的民族文化特性，就是保护我们的历史遗产，就是传承我们的文明。我们应进一步发扬文化兼容的优良传统，把振兴中华的百年民族复兴梦，逐步落实为将大中华建设成为中国各民族共同拥有的美好家园。

由上千名来自全国各高等艺术院校的教授、研究生组成的55支团队参与编撰的《中国少数民族设计全集》（55卷），正是有识之士基于对各少数民族的民族文化特性正在快速衰减、消亡的严重现实问题的深切忧虑而进行的抢救、发掘、整理中国少数民族文化遗产的重要文化工程。经过两年精心筹划，六年努力写作，在国家出版基金管理部门的支持下，在山西人民出版社和人民美术出版社的策划和组织下，目前《中国少数民族设计全集》的书稿编撰工作已基本完成，即将付梓。在长达八年的漫长过程中，全国兄弟院校各团队涌现出的各种可歌可泣的事迹经常感动着笔者，并不时鞭策着全体作者克服千难万险，一路向前。有的分卷作者身患绝症仍不眠不休地忘我工作，有的分卷作者遭遇各种意外仍坚持工作。特别是，很多民族同志公而忘私、不计较个人得失，有人不惜将自己赚钱的企业关张歇业，全身心地投入各自所负责分卷的繁重编撰工作中；有人义无反顾地将自己珍藏多年的本民族实物、资料和研究成果无偿提供给相关分卷作者。大家万众一心，克服各种复杂得难以想象的困难，以确保这部凝聚了众人八年心血的巨著，能按计划如期完成。借此机会，笔者谨

求同存异　和合共荣

007

代表本丛书编委会全体成员,向领导、编辑和作者们表示衷心的感谢!

作为一项文化创举,笔者深信《中国少数民族设计全集》必将在未来岁月的长期检验中,愈发显现其非凡的、独特的文化价值。

2017年夏季于南京

前言

一、彝族民族设计文化概述

1. 研究彝族民族设计文化的目的和意义

中国除汉族外还有55个民族,他们与汉族一起,创造了辉煌的物质文明和精神文明。彝族是我国具有古老文化和悠久历史的民族,在漫长的发展历程中,创造了丰富多彩的民族设计文化。研究彝族的民族传统设计文化,对继承中华优秀传统文化、弘扬民族精神具有重要作用。

2. 彝族设计文化介绍

彝族在古代有诺苏、纳苏、罗武、米撒泼、撒尼、阿西等不同的称呼,主要分布在云南、四川、贵州三省和广西壮族自治区的西北部。在悠久的历史长河中,彝族人民形成了能歌善舞的特性,拥有丰富多彩的民族民间音乐舞蹈艺术,民族节目灿烂多姿。彝族宗教具有浓厚的原始宗教色彩,崇奉多神,主要是万物有灵的自然崇拜和祖先崇拜。此外,他们还拥有独特的饮食、起居、服饰、待客及庆典礼仪尽可让人返朴归真,体验古老的文明之韵味。

3. 彝族设计产生的源头追溯

中国是一个历史悠久、民族众多的文明古国。彝族作为中华民族的一支,拥有独特而悠久的民族文化。彝族,作为中华民族古老而光荣的一支,基于其长期生活背景的地域环境、语言交流、劳作模式、精神信仰等等的独特性,造就了这个民族区别于其他民族的悠久历史文化。

4. 彝族设计物的分类

彝族的设计物包括宗教文化设计物、彝族服饰设计物、彝族漆

器设计物、彝族酒文化设计物、彝族木器文化设计物、彝族银饰设计物，以及彝族建筑设计物等方面。

5. 彝族设计物的现存状态

在世界大发展大变革大调整时期，思想文化交融更加频繁的时代，即使是在彝族人口较为集中、彝族语言保留较好的区域，彝族民间文化被同化的进程也在无可避免地加快。彝族民间文化的保留现状是一种自然的状态，经济社会发展水平较低、民间文化作为主要的精神生活的时代，人们自然了解和掌握民间文化多一点，经济社会发展水平较高、现代媒体较为发达的时代，人们了解和掌握民间文化就少一点。

二、庄严肃穆的彝族宗教文化设计物浅析

1. 彝族宗教文化的地位及意义

彝族是我国最古老的民族之一，有着悠久的历史和丰富的文化，彝族宗教文化是彝族传统文化中的一个重要领域，也是西南民族研究的重要组成部分，对包括巫术在内的彝族宗教研究作大致的回顾和评述，这无论对彝族宗教文化知识谱系的梳理，还是对学科学理方法的创新，显然都是很有必要的。

2. 毕摩宗教文化设计物分类

毕摩做法事，除携带经书外，还要带上法器。毕摩法器主要有：

（1）法帽：竹篾编织的斗笠，是毕摩与神接触的保护伞，重大法事必须戴上，每做过一次祭祖大典后要在法帽上钉一层羊毛毡。在法帽带上系一对鹰爪，据说所念之经更灵。

（2）法衣：用羊毛织成的特制毡衫，或用丝织品、麻织品制成，有黄、红两色。丧事法事披黄色，嫁娶喜法事披红色。

（3）法扇：祝福、超度、请神、招神、驱鬼时用，用铜、竹或木做成。法扇上雕刻有鹰或虎像，或涂以土漆，供毕摩在庄重场合

使用。

（4）法铃：做法时唤醒神灵和请神用。为铜制喇叭形，有铜柄或木柄可持摇，用以传送人、神、鬼之间的信息，显法威。

3. 毕摩宗教文化的影响

毕摩文化博大精深，是彝族文化的重要组成部分，数以万计的毕摩经籍，内容涉及范围广、学术价值高，是探索民族史、地方史、彝族文化渊源和其他科学研究不可多得的资料，是中华文化遗产中的一个重要组成部分。

三、变化多姿的彝族服饰文化设计物

1. 彝族服饰简介

彝族人民创造了绚丽多姿的服饰，保持其强烈的民族文化传统和特色，形成了独立的民族服饰文化体系。作为彝族文化的一种符号和形式载体，彝族服饰不仅体现了地域特征，而且表现了一定的等级特点，它完整地凝聚着彝族人民千百年来形成的美学、宗教、政治、哲学及习俗等方面的传统观念，蕴含着彝族人民在文化结构深层的心理积淀。

2. 彝族服饰风貌

由于彝族居住地域广阔，形成了其文化自身的地域性差异和众多的支系，彝族服饰的造型和款式上也充分显示了这一特征。彝族服饰的款式不下百种，其中以凉山和楚雄型最具代表性，基本保持了独立完整的传统服饰文化体系。

凉山型服饰主要流行于四川凉山彝族自治州和毗邻各县，以及云南省金沙江地区。

凉山型男女上衣均为右衽大襟衣，男女老幼皆披"擦尔瓦"（披毡)，裹绑腿，套毡袜。男子习于头顶蓄一缕长发，缠头巾，头巾前端束一20至30厘米的锥体，偏于额前，俗称英雄结。左耳戴蜜蜡

珠或银耳圈等饰物，下着长裤，并因语言、地域不同有大、中、小之分。妇女着几色相接的百褶裙，戴头帕，双耳佩金、银、珊瑚、玉、贝等首饰。

与大、小凉山彝族的服饰相比，楚雄彝族的服饰则宽博朴实不足，繁缛奇丽有余，以浓艳为特征。楚雄型服饰主要流行于云南楚雄彝族自治州及邻近地区，穿着人口约40万，楚雄地区地处滇池与洱海之间，东接乌蒙，北靠金沙，南邻哀牢，是古代各部彝族辗转迁徙之地，为彝语几大方言的交汇地带，故服饰也呈现出纷繁多姿的款式风貌。

3. 家支等级在彝族服饰上的体现

凉山彝族直到新中国成立前还处于奴隶社会，彝族奴隶社会实行等级森严的家支制度。据彝文典籍记载，黑彝都是从古侯和曲涅两兄弟分支而来的，由于人口的日益增多，就各自分为若干个大支系，成为"家支"。黑彝家支极为重视自己血统的"纯洁"，把自己的血统看得"高贵"，不与他族通婚，若黑彝阶层与白彝阶层的人通婚，就会被剥夺黑彝身份，甚至被驱逐出家支。黑彝男子的头巾要缠得规整，大人小孩均穿一身黑表示稳重；白彝则随便些。黑彝不能穿麻布衣裤，只能穿羊毛织品和棉布。彝族服饰无论在质料、款式和色彩上都作了严格的规定，充分体现出了其家支等级制度的特点，尊卑贵贱，一目了然。

4. 生态环境对彝族服饰的影响

"人们创造自己的历史，……是在直接碰到的、既定的、从过去承继下来的条件下创造的"。服饰作为人类生存的需要，其主要的一个作用是为了保护人体，那么其质地、款式、图形、色彩等的选择必然要适应其所生存的环境，以减少日晒、雨淋、风吹、霜冻等对人体的侵害，因此，彝族服饰也必然是在其特定的生态环境中产生的。

5. 原始宗教文化对彝族服饰的渗透

彝族宗教至今仍基本上处于原始信仰阶段，其内容是多元化的，作为彝族文化体系一部分的彝族服饰毫无例外地积淀了彝族原始宗教的内容。

6. 小结

在存在祖先崇拜的民族中，祖制是不能随意更改的，这使得民族服饰在千百年的漫长历史中，除非特异的文化变迁，一般是很难改装换饰的，这也是民族服饰得以保存至今的原因之一。1985年，我国在国际芭蕾舞比赛服饰设计中的获奖之作，就是吸收了凉山彝族妇女百褶裙样式特点的直筒喇叭百褶裙，为我国夺得了国际比赛中的第一个服装奖。总之，彝族服饰的造型性转化，势必又会形成一个新的民族文化环境和穿着文化。

四、古朴精美的彝族漆器设计物文化

1. 彝族漆器文化的历史发展

彝族漆器文化是彝族文化中的一颗明珠。四川凉山彝族自治州是我国最大的彝族聚居区，也是彝族漆器的发源地。据传说，最早的彝族漆器技术距今已有1600多年历史。

2. 彝族漆器种类

古代彝族漆器从材料的性质可分为皮制漆器和木制漆器两大类。以使用范围可分为餐具漆器，即圆盘餐桌、木盉、木盘、高脚木盉、木碗、木勺、皮碗等；酒杯漆器，有高脚酒杯、皮酒杯、鹰爪杯、牛角杯、猪蹄杯；酒壶漆器，有宝塔形酒壶、鸽形酒壶、太阳形酒壶等；武器装备漆器，有铠甲、盔帽、宝剑及背苫、箭盒、护腕（包括马鞍辔件）还有珠宝饰器盒和针线盒漆器等。

3. 彝族漆器的造型特点

在历史发展过程中，彝族漆器逐渐形成了酒具（饮具）、餐具和用具三个完整的、独具一格的体系。彝族的酒具颇为讲究，以凉山漆器最负盛名。各式酒器在漆器中占较大比重。其型体多样独特，纹饰艳丽夺目。鹰爪杯、黄牛角酒杯、水牛角酒杯、猪脚酒杯、扁圆形酒壶、圆形酒壶、鸽形酒壶等器皿，都是彝族髹漆工艺中的上佳之作。

4. 彝族漆器的纹样

漆器造型古朴厚重，兼具实用和美观的功能。纹饰艳丽夺目，选料考究精细，工艺复杂多样，在彝族文化中独树一帜。好的彝族漆器，是一代代彝族工匠创造的杰作：其纹饰组合饱满、疏密兼顾，主次得当，繁简相宜，章法严谨而和谐统一。彩绘漆器纹饰繁杂而有序，活泼而细致，简洁明快而又刚劲豪放，瑰丽典雅而又庄重古朴。漆器纹饰制作方法有描绘、雕刻、镶嵌和堆漆四种，纹饰大多自然写实，直接摹拟，如以日、月、山、河、牛眼、羊角、鸡冠、虫蛇、菜籽、蒜瓣、南瓜籽、鱼网、火镰、矛头、经纬线、栅栏纹、指甲纹等基本图形绘成自然风物形状，以及生产生活场景等图案。

5. 彝族漆器的色彩

彝族文化中的"三色崇尚"观念，也在漆器中体现得淋漓尽致：黑色表示尊贵和庄重，红色象征勇敢和热情，黄色代表美丽和光明。最经典的漆器均以黑、红、黄三色搭配，尤为明快艳丽、粗放简略。红、黄、黑三色巧妙搭配，间隔使用，色彩明快艳丽，无过渡色和混合色。便形成了彝族漆器色彩别具一格的特色：红得火烈，黄得艳丽，黑得浓重。因此，彝族漆器常被视为彝族文化艺术的代表，享誉世界。

6. 小结

漆器是彝族传统的生活用品，也是极富特色的工艺品。彝族漆器至今仍在凉山彝族民间广泛使用，这在其他民族中是难以见到的。

五、彝族酒文化设计物

1. 彝族酒具文化在伦理道德上的体现

彝族是一个好客的民族，对客人热情质朴，每当客人到家时，都是以酒待客，要一醉方休，才能尽到地主之谊。把宾客接进门后，宾主按主次坐在火塘边，主人要献酒当茶，无论招待任何人，酒是必不可少的物品，否则一切招待都会不尽人意。其实酒在彝族生活中的作用远不止于此，在一切政治、文化、经济、生产和生活中无处不存在酒的影响。如逢年过节要有酒，没有酒等于没有过年过节，不热闹。婚丧日子要喝酒，出征打仗、添人增口、庆祝丰收、建房兴业，看望亲朋好友和长辈等都要有酒，没有酒不成席，没有酒不成敬意，没有酒不热闹，总之在彝族生活中，喝酒比吃饭都还要重要，彝族谚语说"无酒若隔九匹山，无肉只隔一叶草"，意思是说待客宁可无肉，但不能无酒，所以酒是公认的待客佳品。

彝族喝酒习俗还体现在该民族尊老爱幼、重客的伦理道德上，招待客人时，主人一家按辈份而坐，坐的方位很讲究，正屋火塘上方为客坐，客人左边坐男主人或长辈，右边坐女主人，下方坐未成年的孩童或晚辈。主人家的长辈拿出酒坛，让年轻的男主人双手端酒碗，先从客人的长者开始，长辈可以不站起来，伸手接酒可饮。同辈或晚辈必须站起身来，双手接酒碗，并致以感谢之辞，落座后才能饮酒。如果人和人之间发生矛盾，只要有一方买酒表示歉意，或者调解人买酒调解，双方便会"化干戈为玉帛"，一切不愉快或误解就会烟消云散。

2. 彝族酒具设计物分类

彝族酒具多种多样，下面简单列举比较有代表性的几种酒具：

高脚鹰爪杯。是旧时彝族土司或黑彝头人使用的酒杯，一般彝

民不准使用。杯脚为真老鹰爪，杯体为牛皮，杯缘为红铜皮镶，杯体粘在老鹰爪上，全杯用黑土漆多次刷涂，千年不腐和变形，整杯呈现庄严和权威。

羊角杯。利用羊角从大到小自然形成的弧形，把角尖雕成五层塔形，便于手抓拿，角口部当杯口，角内稍加修饰形成天然的酒杯。如果是犀角或羚羊角当酒杯，还有药用效果。羊角杯上用红黄黑漆出各种图案，如牛眼、树叶、对称几何图案，显得随意而奔放。

皮酒碗。主要纹饰为水浪纹、火焰纹、牛头纹、鱼眼纹和几何纹等。碗内一般为红色，也有黑色的。碗底画有太阳纹饰或几何纹饰，也有黑底的。皮碗经久耐用，不怕撞摔。

3. 小结

彝族酒具的奇美不仅在于工巧和材质，还在于其岁月刻划的痕迹和时代包藏的古奥，酒具作为人类文明的产物，其特性和价值本来就是需求者所赋予的。

六、风情万种的彝族银饰设计物

1. 彝族银饰的历史文化

彝族的银饰同样精美。彝族的银器除器皿、兵器外，多为饰品。银质饰品有头饰、领饰、胸饰、背饰、手饰等。头饰主要有各种缀有银泡的红带和各式耳环；领布是各种银牌，胸饰长约1米，由7至9个独立的银饰件组合而成，用银链连接；背饰是由一块长方形的红布作底，上面镶以日月形银片，衬在红底上，显得鲜艳富丽。一般在女子结婚时佩用；手饰主要是银戒指和银手镯。

2. 彝族银饰的制作技艺

彝族银饰的制作过程为全手工，图案花纹独特，充分体现了它的古老性和民族性，表达出彝族的图腾崇拜和自然崇尚。2008年6月彝族银饰制作技艺被列入国家非物质文化遗产名录。当然，花纹的繁简疏密要根据不同器具而定。银器的纹饰手法采用阴刻、镂空、镶嵌等，较之漆器有了很大的进步。这些精致的银器所体现的美，是彝族手工业的精髓。

3. 彝族银饰被认为是美和富有的象征

在彝族的装饰品中，银饰被视为美和富有的象征，因此，人们不惜用各种银饰装扮自己。彝族尚银，但男女有别。相比之下，男子佩戴的银饰非常简练，凉山彝族男子喜在左耳佩戴大而粗的银耳环，有的彝族男子也戴手镯和戒指，由此显露出彝族男子豪迈威武的英雄气概。

4. 彝族银器以佩饰为主

彝族银器中占了绝大部分的是佩饰。有美观漂亮的缀泡头饰，有独树一帜的镂花领饰，有精巧别致的耳坠，有做工精细的胸饰、背饰，有造型奇异的手镯、手链，还有极富民族风格的戒指……它们与艳如山花的民族服饰交相辉映、美妙无穷。

七、别具一格的彝族建筑文化设计物

1. 彝族建筑简介

在彝族地区，各地、各支系传承的居室建筑形式是多种多样的，并与当地的居住习俗有密切关联，从村寨的聚落到住宅的地址；从房间的分置到什物的堆放；从建筑结构到民居信仰和禁忌，都表现出独特的民族风情。

2. 彝族民居建筑的起源

四川的大小凉山是最大的彝族聚居区，大分散、小聚居是其居住的主要特点。在凉山，建筑文化的主要载体是居住建筑，各地、各支系传承的居住建筑形式多种多样。在长期的民居建筑发展过程中，彝族人民将自己的社会意识、信念和价值观等注入建筑装饰

中，并通过高超的技术使之得以表现。

3. 以"土掌房"为例

"土掌房"是彝族独特的民居建筑：彝族的"土掌房"与藏式石楼非常相似，一样的平顶，一样的厚实。所不同的，是它的墙体以泥土为料，修建时使用夹板固定，填土夯实逐层加高后形成土墙（即所谓"干打垒"）。平顶的制作也与石楼相似，也具备晒场的功能。土掌房分布在滇中及滇东南一带。这一带土质细腻，干湿适中，为土掌房的建造提供了大量方便易得的材料和条件。

"土掌房"以土、木、石为原料，一般分上、下两层，上层住人，下层关牧畜。屋顶平坦，其构造是以块石做墙基，用土坯或泥土夯墙，无柱无梁，在筑好的墙上直接铺上一层木棍、木板或木条，上覆茅草，再铺一层不含杂质的泥土，洒水抿捶，形成平台。它既是屋顶，又是晒台和凉台；既可晒粮食，又可晒衣物，十分实用。房屋的大小不一，人口多、经济状况不好的则盖得较狭小。土库房的特点是结构简单，保暖防寒，防火性能好，且结实牢固，酷似碉堡，故又有"碉楼""碉房"之称。

4. 小结

彝族的民居建筑，因地区的气候条件、地理环境、居住经济水平和社会分层的不同而有所差异。彝族居住民俗也随着时代的变迁在发生着不同程度的变异，一些落后、原始的住俗也渐渐变为新俗；一些传统、典型、富于民族风格的民居建筑形式也得以发展和光大，现在彝族地区的一些现代化建筑就吸取和保存了彝族民居的建筑结构和装饰艺术。

八、古老迷人的彝族设计特色

彝族的设计，在劳动人民长期的积累和创造下，取得一定的成就，并别具风格。凉山彝族没有专门的绘画艺术，仅在毕摩的经书

可以看到日、月、人、鸡、虫等图形。所画人物则系神话传说中的神人支格阿龙，传说支格阿龙曾经射日月，并将地上的动物打小，因而在画支格阿龙的时候，伴随画日、月、人、鸡、虫等。这些由点、线组成的白描，给人一种原始古朴的美感。花边图案主要有以下几种：以日、月、星、云、彩虹为图的；以山、河等为图的；以鸡冠、牛眼、羊角以及獐牙为图的；以植物的某一部分为图的，如花叶图等。各种图象与现实生活紧密相连，丰富多彩。彝族妇女还常用"贴花"作装饰，以五彩色布剪成美丽的花纹和线条，镶于衣袖衣领、衣大襟裤脚、烟荷包、腰带上，千变万化，富有浓郁的民族色彩。银独特多姿的彝族民俗风情尽可让人返朴归真，体验古老文明之韵味。

由于编者水平有限，书中的疏漏、不妥之处在所难免恳，请给予真诚的批评指导，以便再版时修改完善。最后感谢彝族地区政府和人民的大力支持，愿彝族文化更加繁荣。

目录

第一章　彝族传统建筑

彝族杈杈房　002
彝族垛木房　006
彝族闪片房　011
彝族土掌房　016
彝族土掌房合院　022
彝族民居院落　027

第二章　彝族传统服饰

楚雄彝族虎头鞋　034
楚雄彝族翘头绣花鞋　039
楚雄彝族绣花包　044
滇东北彝族青年女服　049
彝族绣花肚兜　058
凉山彝族传统青年女服　062
凉山彝族诺苏支系传统女服（一）　066
凉山彝族诺苏支系传统女服（二）　073
凉山彝族诺苏支系传统女服（三）　081
黔西北彝族盛装女袍（一）　085
黔西北彝族盛装女袍（二）　091
布拖彝族女子头帕　096
滇中彝族纳苏支系公鸡帽　100
云南楚雄彝族罗罗支系男装　104
云南楚雄彝族罗罗支系妇女围腰　111
云南武定县彝族密岔支系女服　115
彝族查尔瓦　121
彝族如意披肩　124

彝族三角包　128
彝族银胸牌　131

第三章　彝族传统餐饮

彝族酒杯　136
彝族矮脚酒杯　140
彝族带把酒杯　143
彝族杆杆酒杯　146
彝族牛角酒杯　150
彝族鹰爪杯　154
彝族羚羊角酒杯　157
彝族酒壶（一）　160
彝族酒壶（二）　165
彝族扁腹漆酒壶　169
彝族鸽形酒壶　171
彝族葫芦酒壶　173
彝族酒壶盒　176
彝族银酒壶　179
彝族银鸽酒壶　182
彝族五嘴酒壶　185
彝族扁圆形酒壶　188
彝族鸡群酒具　191
彝族银酒具　194
彝族漆工艺水杯　197
彝族木碗　201
彝族皮碗　204
彝族镶金银碗　209

彝族圆筒形食物漆器　213
彝族扁腹木钵　216
彝族葫芦形子母钵　220
彝族青铜食物罐　224
彝族漆木钵（一）　228
彝族漆木钵（二）　231
彝族汤钵　234
彝族饭盘　237
彝族漆木饭盆　241
彝族梭形食物漆瓶　244
彝族筷枕　249
彝族大木勺　253
彝族汤勺　255
彝族蒸子（勒里）　260

第四章　彝族传统生活用具

彝族葫芦笙　264
彝族两叶口弦　268
彝族锣　272
彝族牛角号　276
彝族唢呐　280
彝族铜号　284
彝族小三弦　287
彝族大三弦　290
彝族鹿笛　294
彝族小竹笛　297
彝族月琴　300

彝族烟盒　304
彝族木鱼　309
彝族妇女银烟袋　312
彝族旱烟杆　315
彝族烟草盒　319
彝族烟斗　322
彝族烟灰缸　326
彝族水烟筒　329
彝族漆器花瓶　333
彝族高脚花瓶　336
彝族漆器人物画盘　341
彝族漆器画盘　344
彝族南瓜形漆盒　348
彝族首饰盒　351
彝族胭脂盒　355
彝族圆形带盖木盒　359
彝族圆形带盖木制首饰盒　362
彝族纸巾盒　365
彝族收纳盒　368
彝族围棋盒　371
彝族漆器笔筒　374
彝族银扣　378
彝族发簪　381
彝族木梳　384
彝族铜镜　388
彝族凳子　391
彝族漆工艺凳子　395
彝族矮凳　399

彝族漆工艺椅子　403
彝族火塘　407
彝族银质马鞍　411
彝族护手筒　414
彝族竹针筒　418
彝族烛台　421
彝族斗笠　425
彝族木瓢　429
彝族葫芦形打水瓢　432
彝族三锅庄　437
彝族秤　441
彝族烤茶陶罐　446
彝族石槽　449
彝族印槽　453
彝族砧板　456
彝族簸箕　459
彝族粮柜　462
彝族木面桶　465
彝族漆器储物盒　469
彝族木水桶　474
彝族小木桶　477
彝族圆木罐　480
彝族黄油布伞　482
彝族宝剑　486
彝族匕首　489
彝族剑　493
彝族青铜剑　497
彝族盾牌　501

第五章 彝族传统生产工具

彝族织布机　506
彝族纺织机刀　509
彝族漆器车刀　512
彝族银饰制作工具　515
彝族玉米脱粒机　519
彝族拧线工具　522
彝族传统弓　526
彝族箭囊　530
彝族箭筒　534
彝族弩　538
彝族猎人猎枪　541
彝族火把　545
彝族锄头　549
彝族犁　553
彝族三齿耙　557
彝族耙　561
彝族连枷　565
彝族爪爪　568
彝族铁铧　572
彝族铁镰刀　575
彝族牲畜食槽　578
彝族石磨　582
彝族侧地　585
彝族木撮箕　588
彝族木马鞍　592

　　彝族对窝　595
　　彝族竹篓　599

第六章 彝族传统手工艺
　　彝族镶银玻璃酒瓶　604
　　彝族银杯　608
　　彝族银饰扣子　611
　　彝族银饰打磨器　614
　　彝族笋壳面具　618

第七章　彝族传统民俗与信仰
　　彝族法铃　622
　　彝族法扇　626
　　彝族神鼓　630
　　彝族火葬罐　633
　　彝族太阳纹大鼓　637
　　彝族香炉　643
　　彝族羊皮鼓（一）　647
　　彝族羊皮鼓（二）　651
　　彝族签筒　655
　　彝族葫芦吞口　659

第一章 彝族传统建筑

彝族杈杈房

图一 彝族杈杈房主图

杈杈房是旧时彝族的传统民居，多见于贵州彝区，为贫苦阶层居住的一种简易房舍（见图一、图二）。整个屋体为干栏式建筑结构，三排顶端带杈的树杆作支撑，中排高于前后两排，树杈上置放枝条，使中排树杈形成屋脊，前后排为檐口，再用捆扎的树条作椽，房四壁是用树条或苞谷秆做成篱笆（见图四、图五、图六）。屋顶为达到防水效果，在檩条上用树皮做铺盖，用泥土加以填充，再盖以树枝茅草（见图七）。

贵州彝族村寨多建在平缓的山坡或山间盆地上，每户人家都有土墙或者石墙围成的院落，为长方形，内分三开间。堂屋为"回"字形，内设火塘、锅庄，彝族人围着锅庄就坐（见图三）。以火塘为中心，是一家人饮食、待客、讨论家事的核心场所。

图片来源
图一至图二　数字乡村　云南新农村网
图三至图七　李思祎　制图

图二　彝族权权房局部实景图

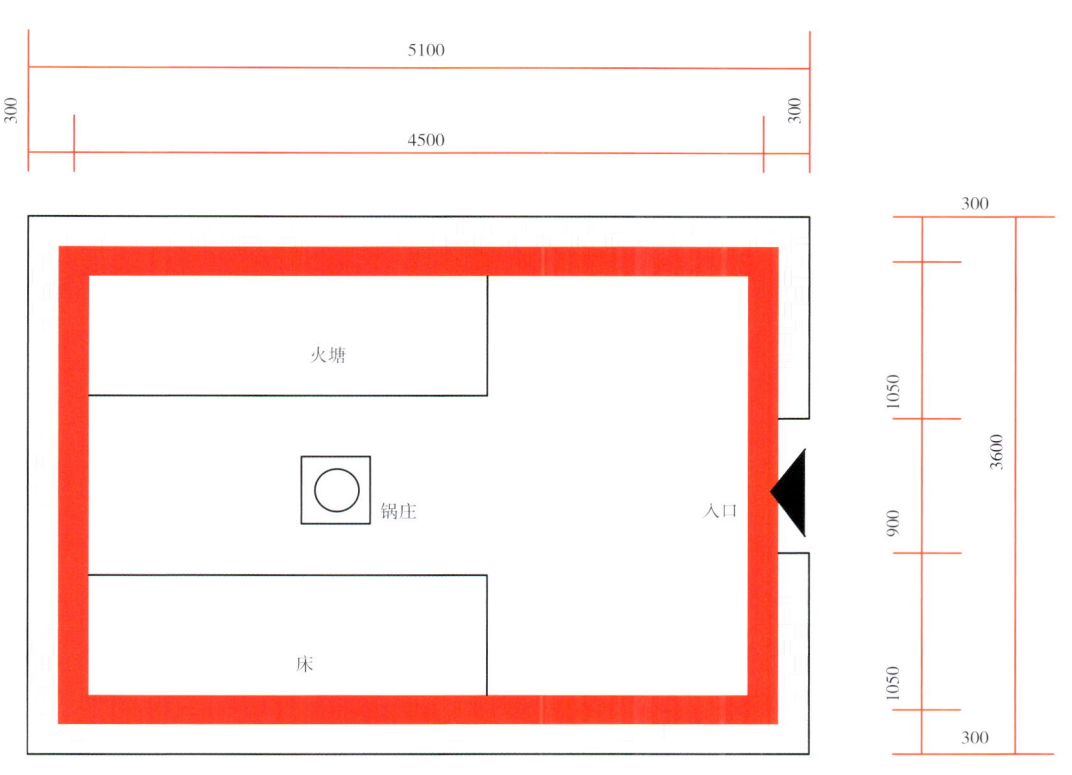

图三　彝族权权房功能平面图（单位：mm）

第一章　彝族传统建筑

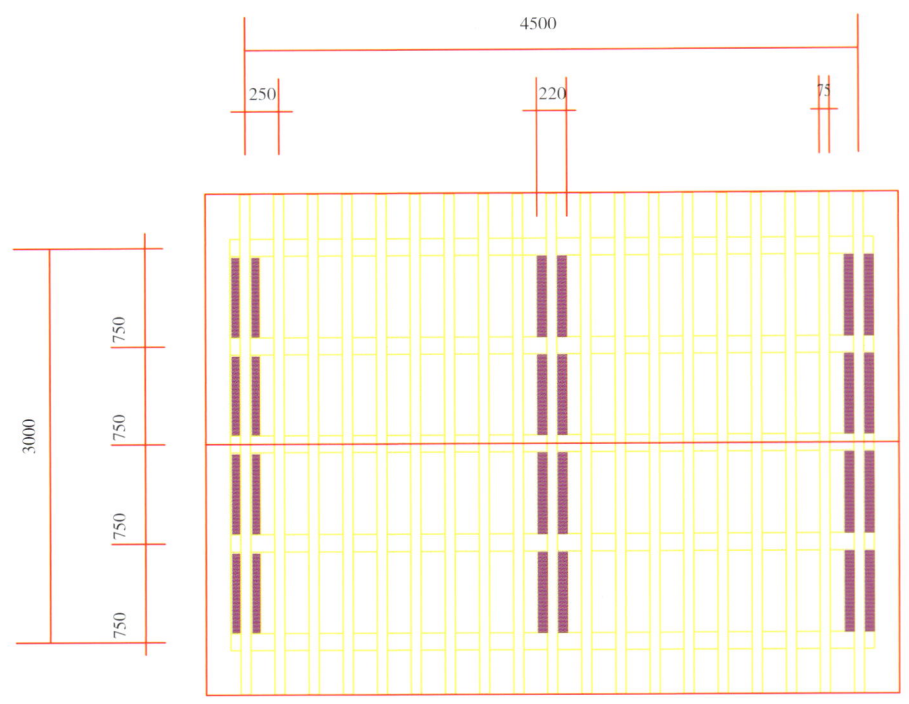

图四　彝族权权房屋顶结构平面图（单位：mm）

图五　彝族权权房干栏式结构分析图

图六　彝族杈杈房结构立面图

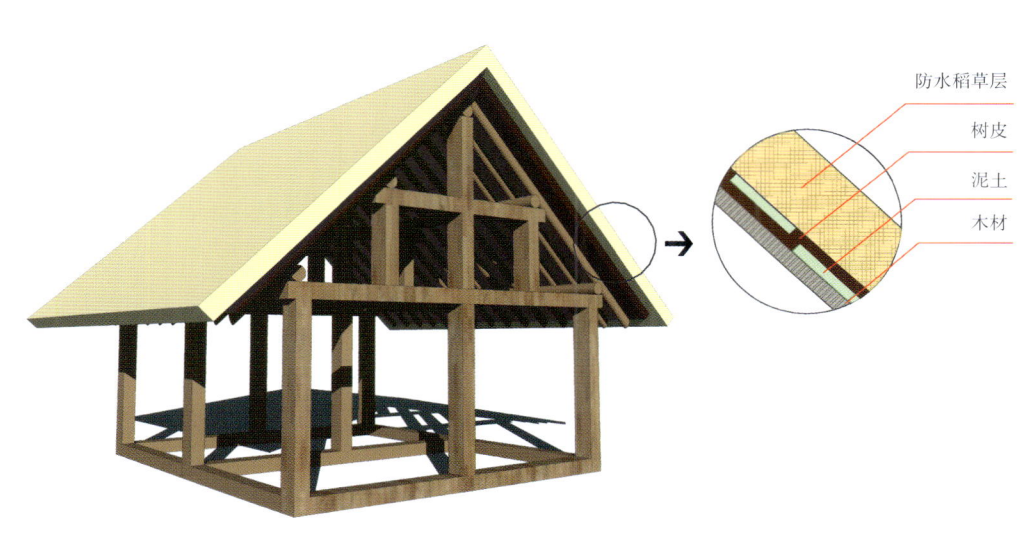

图七　彝族杈杈房屋顶大样图

防水稻草层
树皮
泥土
木材

第一章　彝族传统建筑

彝族垛木房

图一　彝族垛木房主图

居住在小凉山及其他山区的彝族居民，为避高山风寒，房屋一般较为低矮，楼层较低，窗户较小。有的甚至有门无窗，屋内甚为幽暗，这种传统住宅被称为"垛木房"（见图一、图二）。正宗的垛木房就地取材、冬暖夏凉，采用原木纵横交错叠置成井干式结构，构成房屋的壁体；原木搭接成干栏式建筑模式，接头处以榫卯相接形成屋体承重结构；地基为夯实土地上覆碎石接墙体的方式；其屋架为"人"字形，木板覆顶，上压石块（见图三、图四、图五、图八）。形成由下部支撑结构和上部庇护结构组合而成的复合式纯木结构的民居建筑。

该建筑形式多以四合院落存在，院门向东。院门正对面为一幢平房，称堂屋，是院落的主要建筑，一般呈长方形，坐西向东。堂屋左、右、后三方，按传统建筑习惯，一般都建有侧室，常用土墙合围，形成左、右两个侧室和后室，作为贮藏室（见图六、图七）。

图片来源
图一至图二　数字乡村　云南新农村网
图三至图八　李思祎　制图

图二　彝族垛木房单体实景图

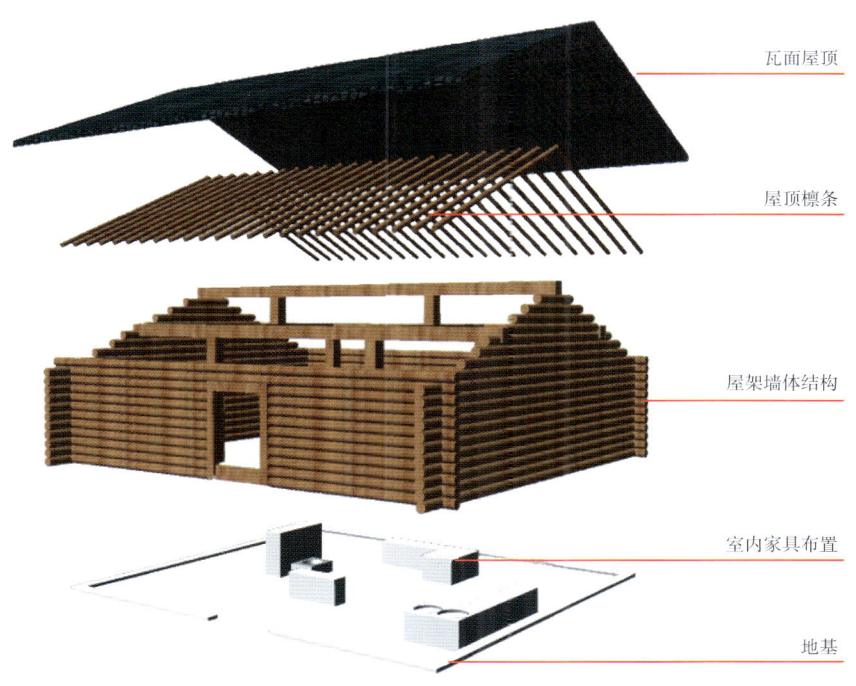

瓦面屋顶

屋顶檩条

屋架墙体结构

室内家具布置

地基

图三　彝族垛木房单体材质分析图

第一章　彝族传统建筑

图四 彝族垛木房单体结构分析图

图五 彝族垛木房单体结构轴测图

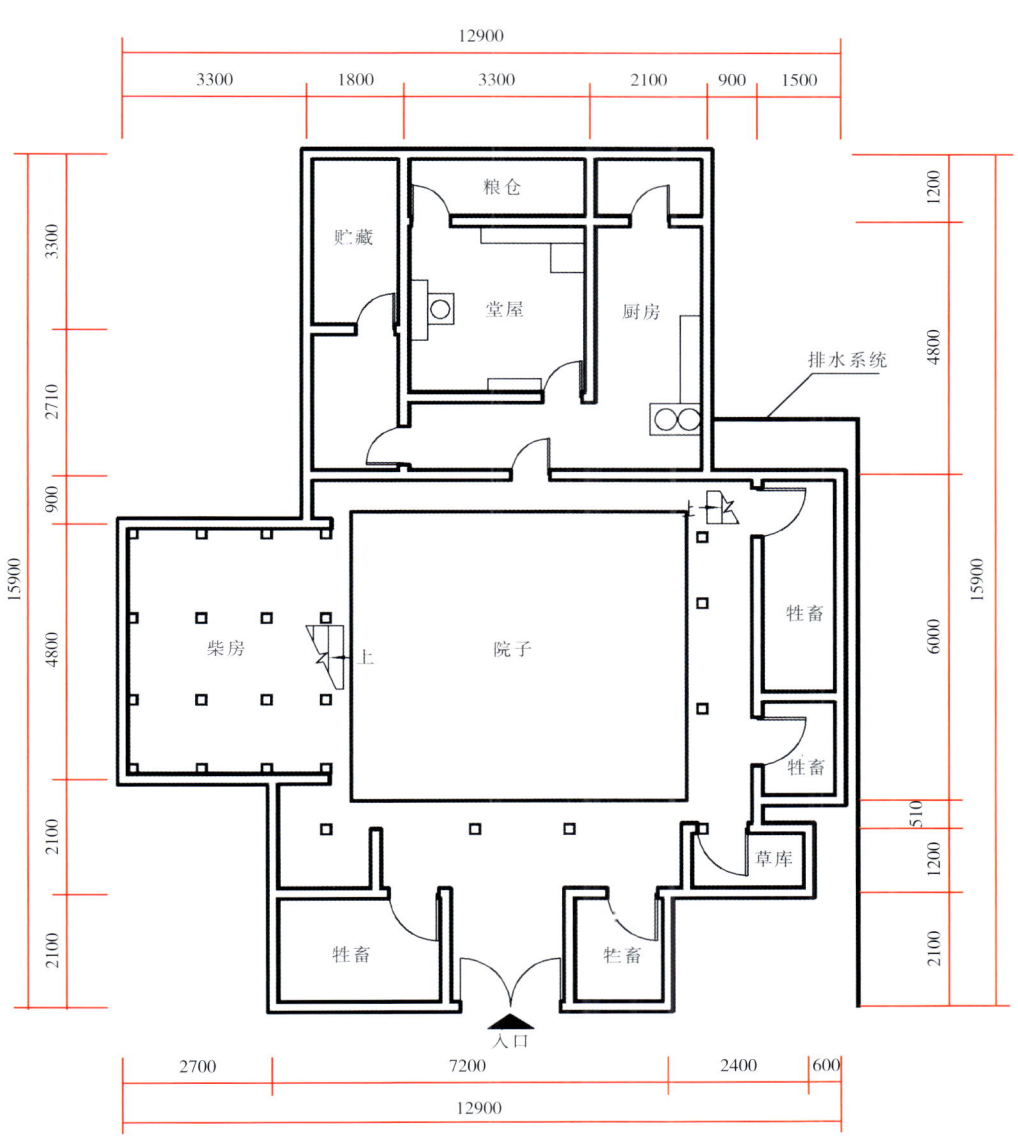

图六 彝族垛木房院落一层平面图（单位：mm）

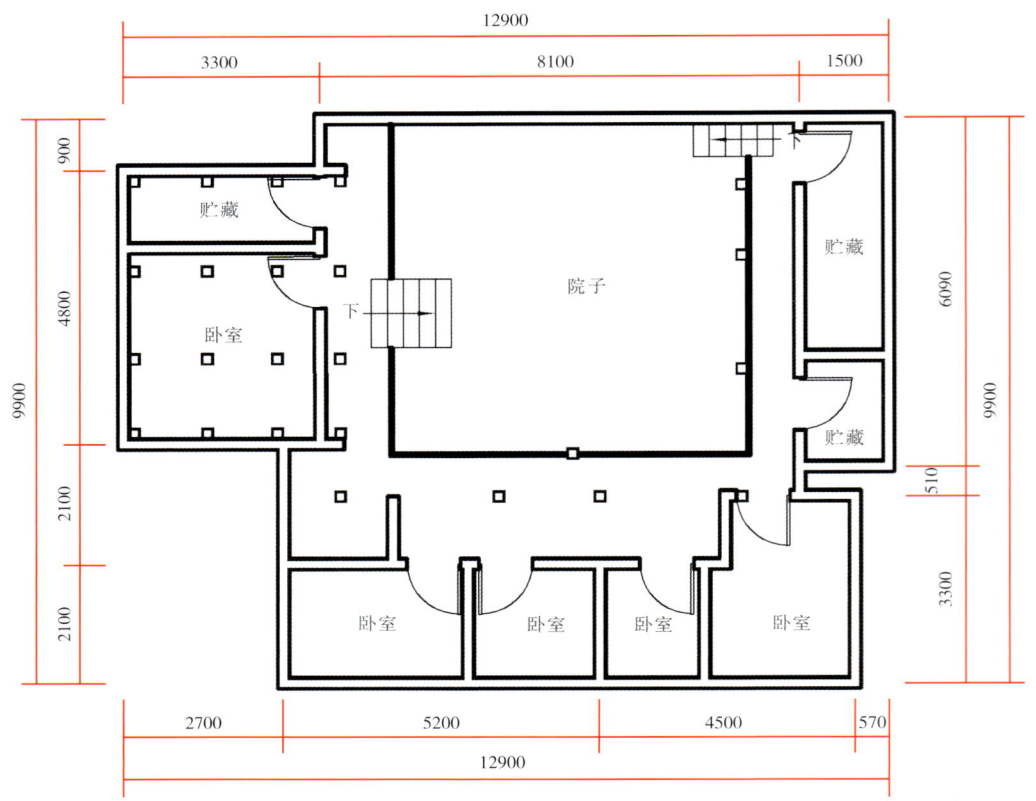

图七　彝族垛木房院落二层平面（单位：mm）

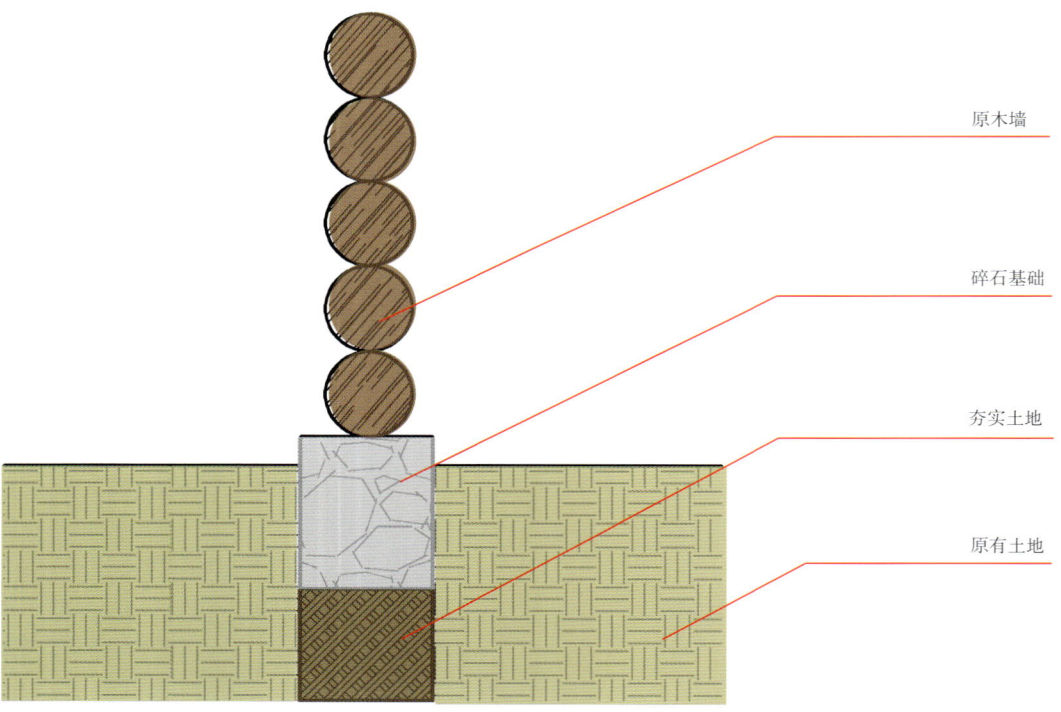

图八　彝族垛木房墙体接地大样图

彝族闪片房

图一 彝族闪片房主图

"闪片房"是云南南部山区彝族的一种民居（见图一）。房屋墙壁用土石垒成，上置栋梁，构成房架，双斜面人字形屋顶（见图二）；盖以木瓦板二层，下层铺满，上层则于两板相砌处置一板，劈开的原木片以竹篾捆绑固定在房梁上，再用石块覆压其上（见图七）。木板用刀剖砍，不以锯解，便于雨水顺木板纹路流下（见图六）。

闪片房特征：

1. "一"字型平面，组合庭院。二至三层楼房，底层为牲畜所居，人居楼上。

2. 很厚的夯土墙外墙，向上有明显的土收分，外墙大多用当地白土"浇"白。

3. 房屋进深大，窗少且小，窗口呈喇叭口型，内小外大（见图三）。

4. 屋面为"闪片"双坡，坡度较缓。

5. "闪片"坡屋顶与二三层的平屋面有一层夹层空间。平屋面顶以小圆木铺垫，再铺荆棘，筑土掌，其上放马扎以架设人字形屋顶，屋顶覆盖用冷杉木劈成的"闪片"，

"闪片"上再压石头，不用任何铁钉连接。

6. 入口一侧设前廊，前廊部分由精密的木构架构成，前檐双层斗拱，绘有双层吉祥图案，柱头有龙头雕刻；而主体部分的木制构架显得很粗放。

7. 带有中柱的堂屋为二层平面的核心，面积较大，其中设有火塘、神龛、水亭，火塘正面墙上绘有"吉祥八宝"彩图，中柱为堂屋的中心，用材粗大，柱顶之柱帽有云龙雕刻，其下有黑白篾片相间竹套一截，插有纸花、麦穗、松枝等。

8. 天井院墙为夯土墙，墙顶盖有长条草饼遮雨，天井一方为两方筑有土掌平台。

图片来源
图一至图二　数字乡村　云南新农村网
图三至图七　李思祎　制图

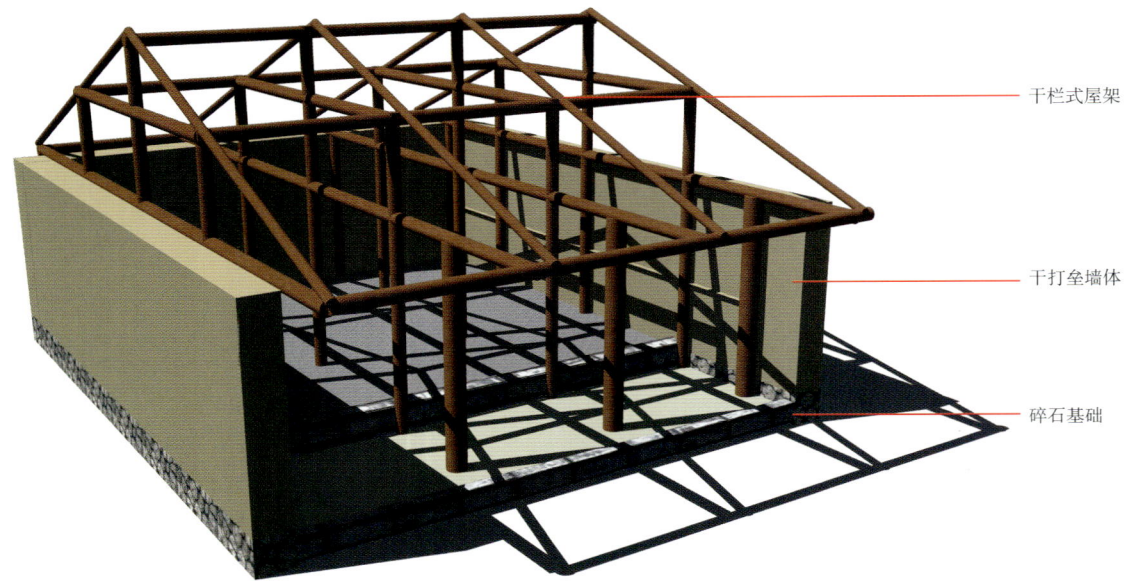

图二　彝族闪片房结构材质分析图

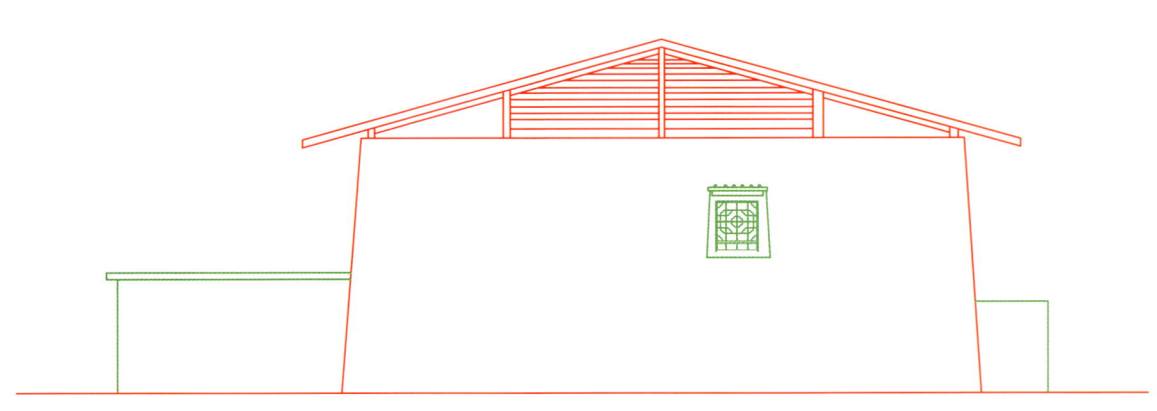

图三　彝族闪片房侧立面图

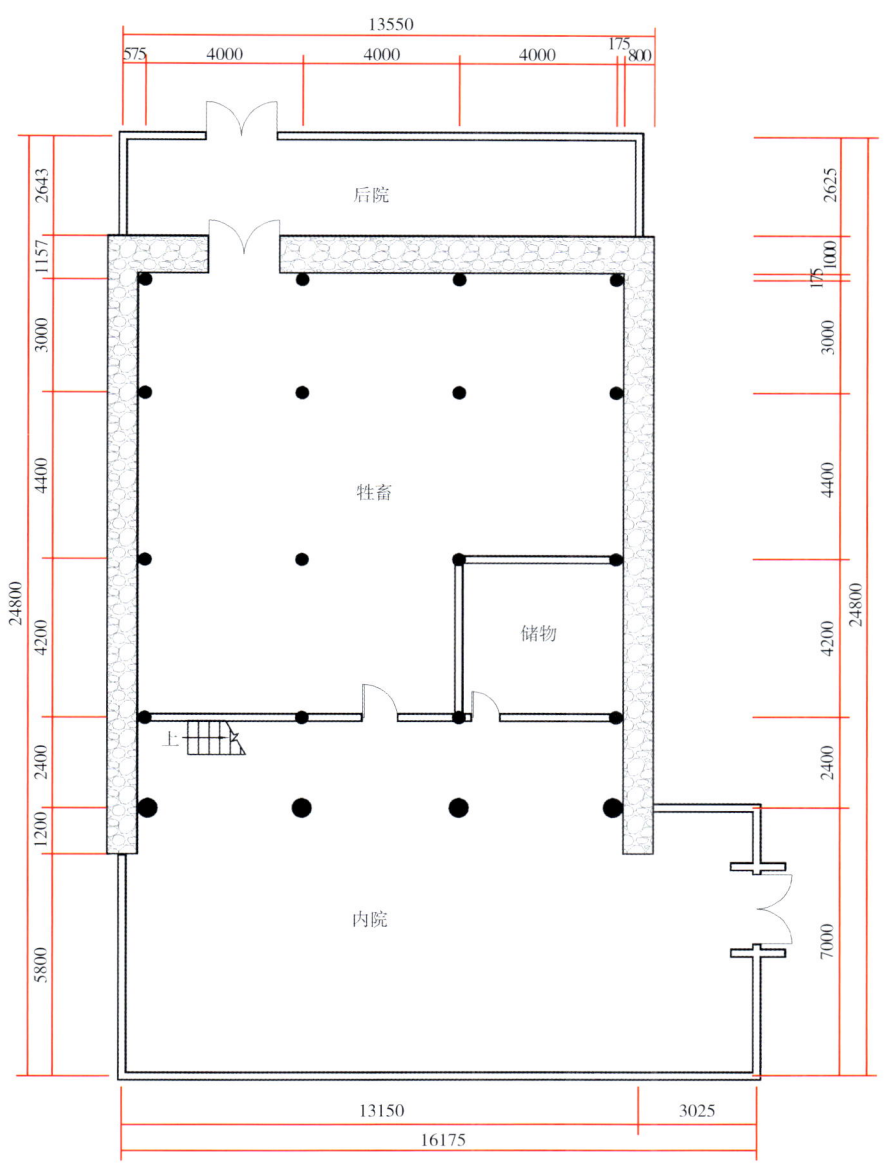

图四 彝族闪片房一层平面图（单位：mm）

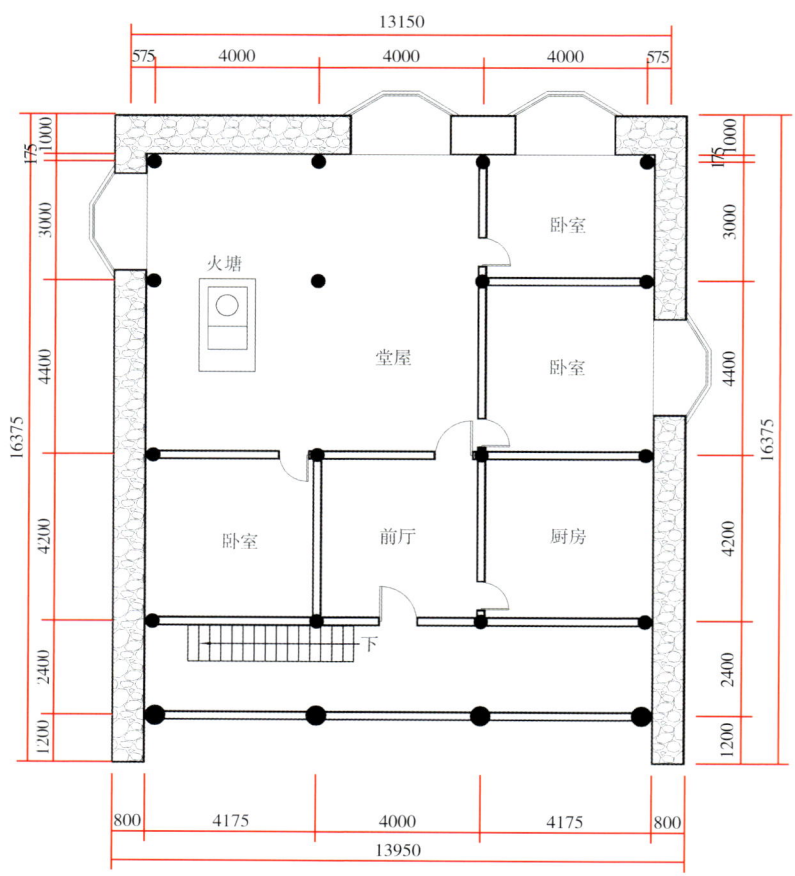

图五　彝族闪片房二层平面图（单位：mm）

图六 彝族闪片房屋顶实景图

顶盖为冷杉木劈成的"闪片",下层铺满,上层则于两板相砌处置一块木板。木板用刀剖开,不以锯解,便于雨水顺木板纹流下

"闪片"上压石头,不用任何铁钉连接

竹条固定"闪片",保持"闪片"的稳定性

图七 彝族闪片房屋顶构造图

第一章 彝族传统建筑

015

彝族土掌房

图一　彝族土掌房主图

土掌房大多建在干旱少雨的高寒山区和河谷地带，建筑材料以泥土为主，再添加适量的木板木头。山区泥土丰富、石头众多，在村寨边的山坡上随手撬来一些大石头，砌起一二尺高的墙脚墙基，再用夹杆夹好筑板作为模板，挖来红土倒进模板中间，用木杵舂筑坚实土墙，等到土墙风干、晒干后，再把加工好的圆木头架放到墙顶上作为主梁，再间隔一定距离搭放一些横梁，接头处用加工好的榫口卡接，一卡接上去，往往就严丝合缝，牢固难散脱，也有的是在接头处再钉上一些长钉子。其他空间就平行搭放上加工得厚薄均匀、表面光滑的木片、柴块，其间的缝隙处用松枝或者柏枝、竹枝、蕨菜枝等填塞充实，再在上边铺上一层厚厚的山茅草，草上敷上一层红泥，然后上边再铺放一层干红土沙泥，经捶实后，形成平台房顶（见图七），这样，彝族传统的民居土掌房就建造成功了（见图三）。

土掌房可分为单体式和组合式两种，一般以组合式居多，类似于汉族的四合院，是一个由多栋土掌房屋组成的正方形或长方形的封闭结构，包括正房、耳房（厢房）、八尺、天井等，一般以四间两耳和三间两耳最为常见（见图五）。土掌房冬暖夏凉，宽敞平坦的屋顶，既是晒场又是娱乐活动场所。除了正大门，房屋四周一般都不留门和大窗户，在野兽出没的高山地区增强了安全性。正房由两间或三间不等的房间组成，一般有上下两层，下层的中间一间为厅堂（当地人称为堂屋），堂屋中有供桌，上面供奉着祖灵牌。正房中的堂屋集"神圣、世俗"为一体，传统的祭祖、丧葬、婚嫁、节庆、聚会、歌舞、娱乐、表演等民俗仪式及活动一般在堂室内举行，场地不够时才部分移到屋顶进行。堂屋前有一个天眼和天井。

图片来源
图一　张栋　摄影
图二　数字乡村　云南新农村网
图三至图十一　李思祎　制图

图二　彝族土掌房单体实景图

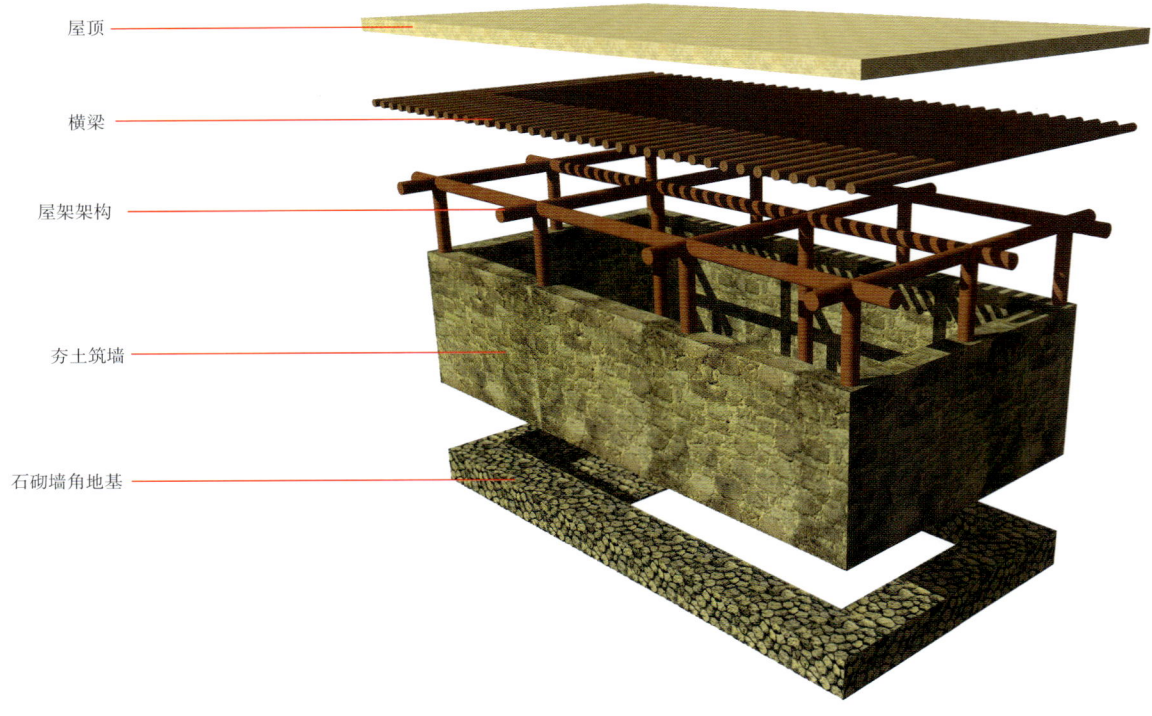

图三 彝族土掌房材质分析图

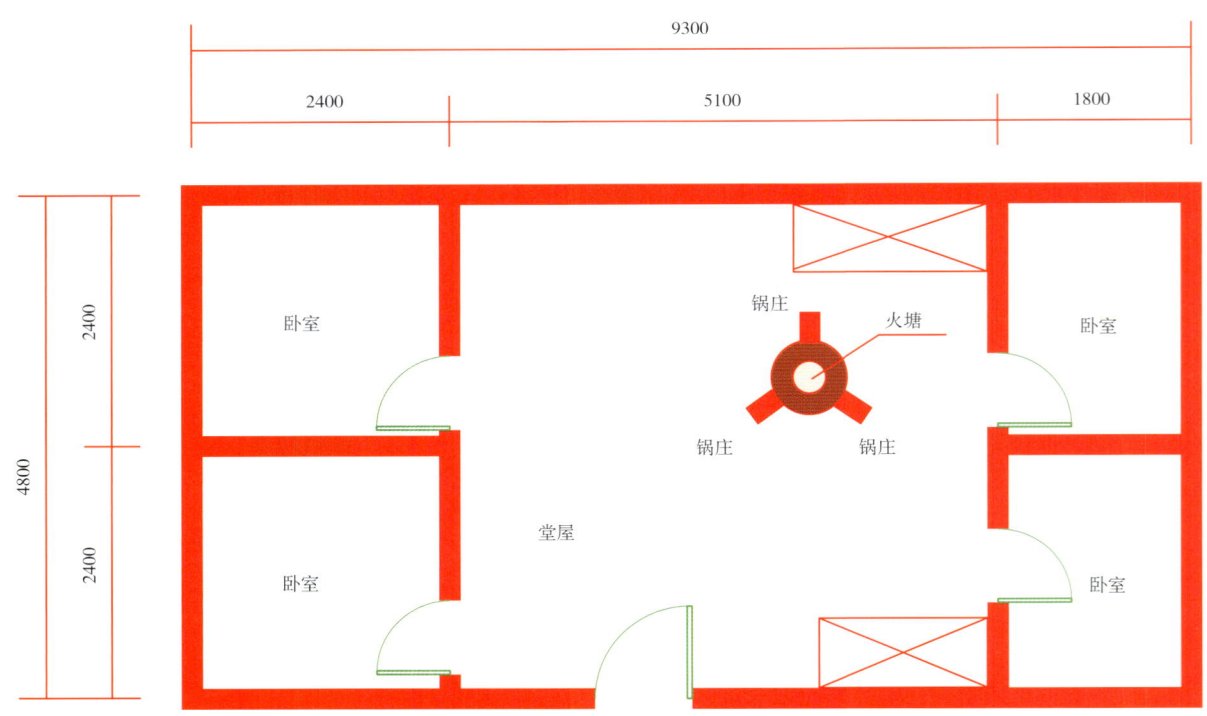

图四 彝族土掌房堂屋平面图（单位：mm）

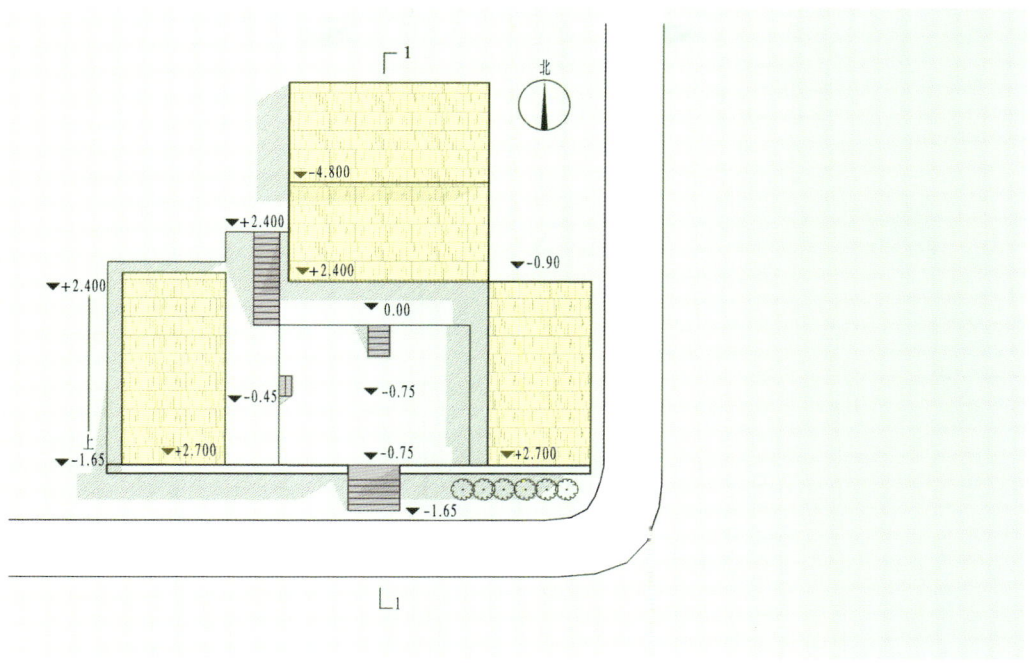

图五　彝族土掌房单体院落总平面图（单位：m）

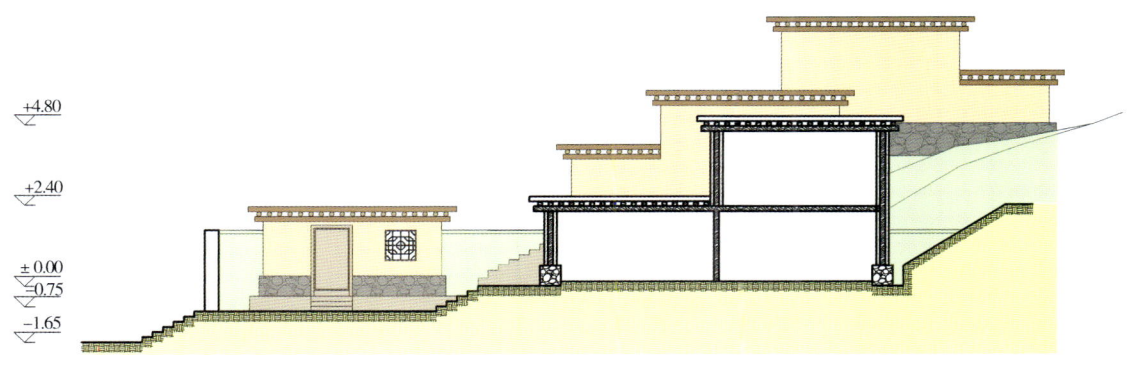

图六　彝族土掌房单体院落剖面图（单位：m）

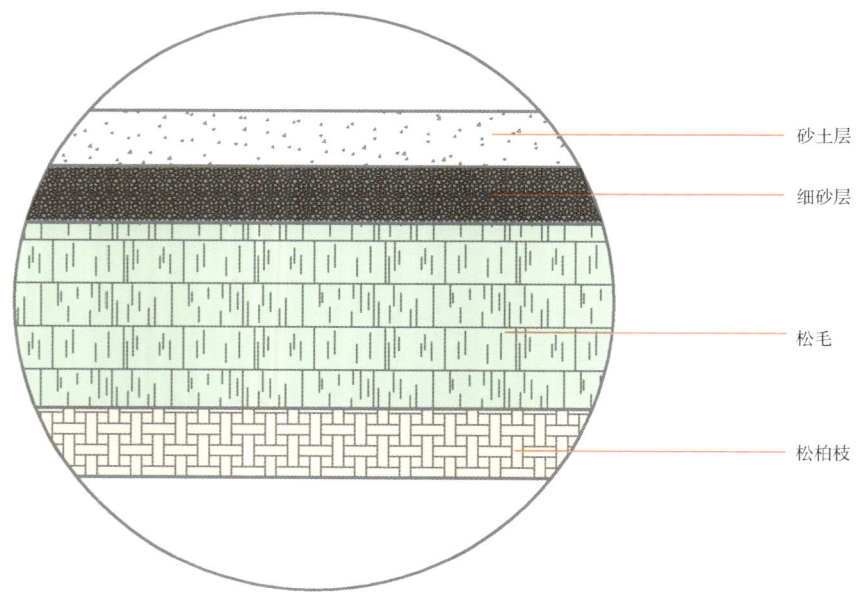

图七 彝族土掌房屋顶材质分析图

图八 彝族土掌房窗户色彩分析图

图九 彝族土掌房窗户线描分析图

图十 彝族土掌房大门色彩分析图

图十一 彝族土掌房大门线描分析图

第一章 彝族传统建筑

彝族土掌房合院

图一 彝族土掌房合院主图

　　土掌房合院大多散布在崇山峻岭之中的半山腰之上，因山坡上很少有大块的平地，加之村落周围多为层层梯田，故合院用地十分紧张，而土掌房的平屋顶在这种情况下就成了"另一种家庭生活劳作的场所"。这一屋面天台既能够晾晒农作物，又能够进行很多家庭活动。在屋面上，不但稻谷、玉米、荞麦、杂豆、蔬菜、瓜果等农作物应有尽有，而且人们在上面或忙忙碌碌、或家庭小憩，一派家庭生活的融融氛围与景象；更为神奇的是，村中各户的平屋顶基本都用木梯相连，从而构成了一个"空中交通系统"，家中的客人常常是"从空中翩翩而降"，令人不得不叹服村民们在营造自己居所过程中的想象力与创造力。由于对材料、结构及构造方式的恰当选择，土掌房厚重的墙体和屋面蓄热性好，非常适应当地干热的河谷地带气候条件。它烈日晒不热、寒风吹不入、雨水淋不透，冬暖夏凉，非常适合人们的居住和日常生活，当地人风趣地说："土掌房活像一个保温壶哩。"土掌房土墙土顶、墩实厚重、墙面上不开窗或开小窗，远远望去，一片赭黄，高低错落，显得浑厚而拙朴，有着一种内在的、沉稳的韵味和美感。

图片来源
图一　数字乡村　云南新农村网
图二至图八　李思祎　制图

图二　彝族土掌房合院俯视图（一）

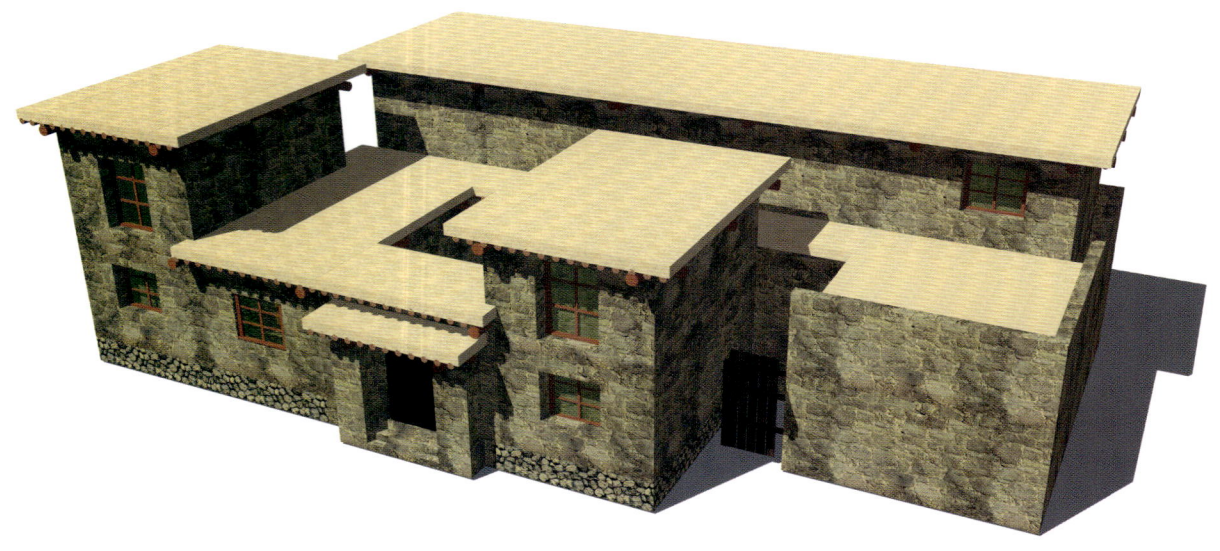

图三　彝族土掌房合院俯视图（二）

图四　彝族土掌房合院效果图（一）

图五 彝族土掌房合院效果图（二）

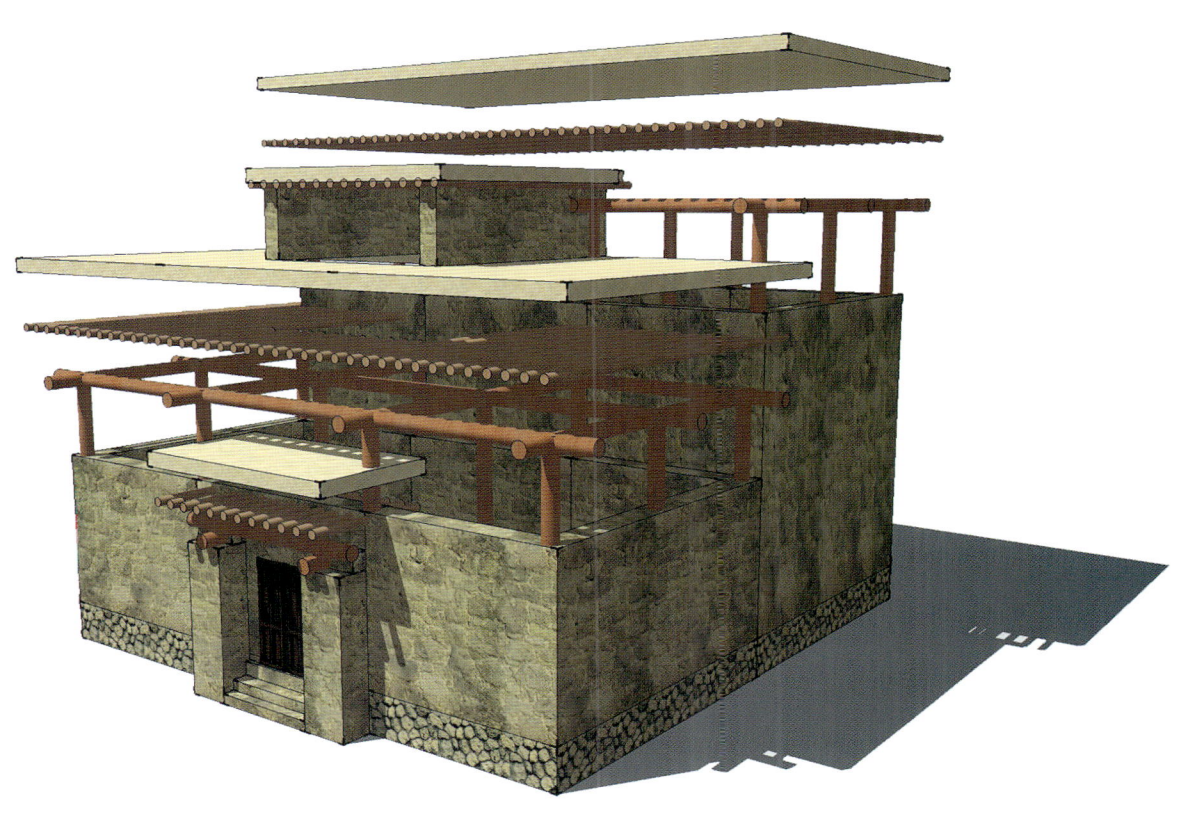

图六 彝族土掌房合院结构分析图

第一章 彝族传统建筑

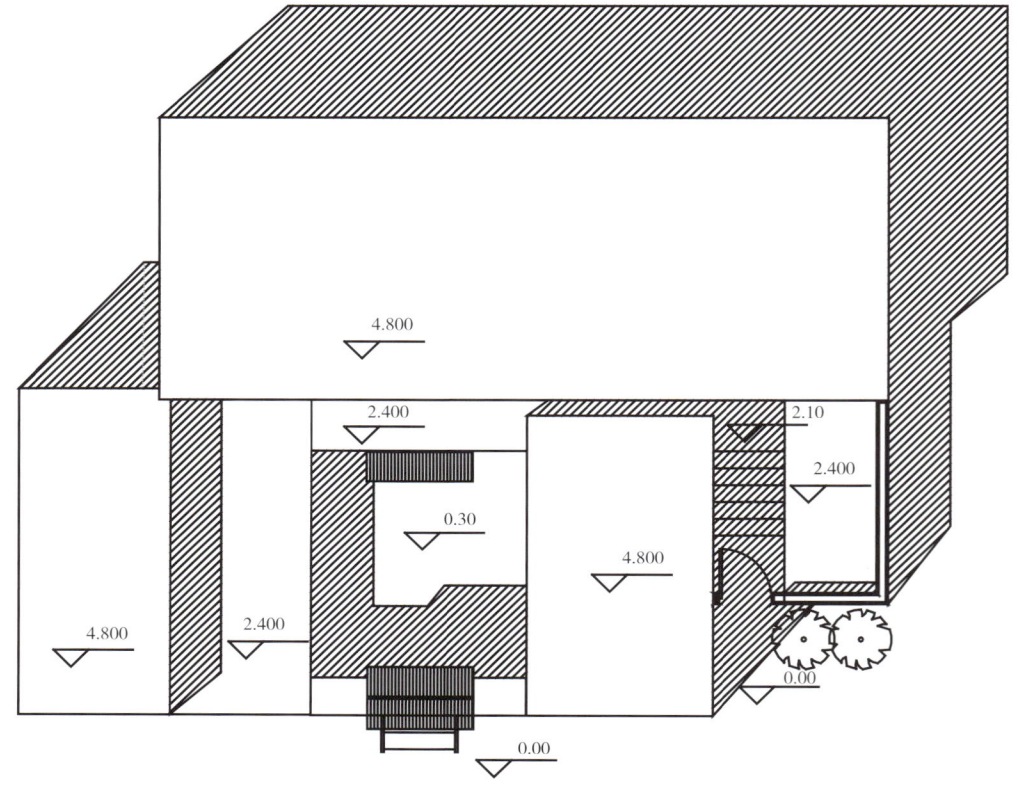

图七　彝族土掌房合院总平图（单位：m）

图八　彝族土掌房合院立面图

彝族民居院落

图一　彝族民居院落主图

"三房一照壁""四合五天井""前后院"是云南大理、巍山一带彝族主要的民居形式（见图一、图二）。

"三房一照壁"　房舍分主房和两侧耳房，主房高，依山势而建，两侧耳房较低。主房左、右、后三面墙壁为土墙，前面则为木板墙，房顶从后墙向前壁倾斜成一面坡，房檐挑出，以柱承架，形成前廊（见图三、图七）。沿用中国古代传统建筑"抬梁式"（叠梁式）构架原则，采用立柱和纵横梁组合成各种形式的梁架，使建筑物上部荷载经由梁架、立柱传递至基础。墙壁只起围护、分隔的作用、不承受荷载（见图四）。主房多为上下两楼，一楼隔为一大两小开间，左边为大间，大间中央设火塘；中间是堂屋，靠后墙处有壁龛，供祖先灵位，右间多为新婚夫妇所居（见图五）。主房两侧的耳房也多为上下两层，楼下储粮食或住人，楼上存放农具或饲料，前廊堆放柴禾或拴母幼牲畜（见图六）。

"四合五天井"与"三房一照壁"的不同之处在于去掉了正房面对的照壁而代之以三间下房的一坊，围成一个封闭的四合院，同时在下房两侧又增加了两个漏角小天井，故名为"四合五天井"。四坊多为三间二层（厢房、下房也有一层的），但正房一坊的进深与高度皆大于其他各坊，其地坪也略高，多朝东、南，在四个漏角小天井中必有一个用作大门入口，设门楼，亦多朝东、南（见图九）。

图片来源
图一至图二　数字乡村　云南新农村网
图二至图九　李思祎　制图

图二　彝族民居院落实景图

图三　彝族民居院落三房一照壁单体轴测图

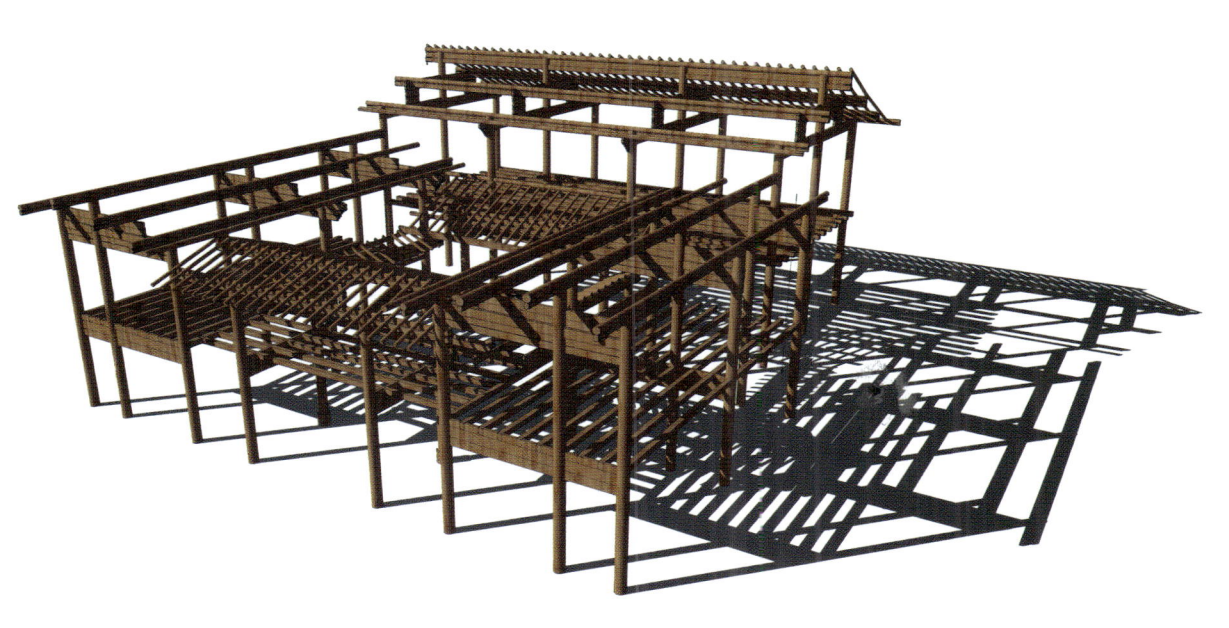

图四　彝族民居院落三房一照壁干栏式结构分析图

图五　彝族民居院落三房一照壁堂屋结构分析图

图六　彝族民居院落三房一照壁厢房结构分析图

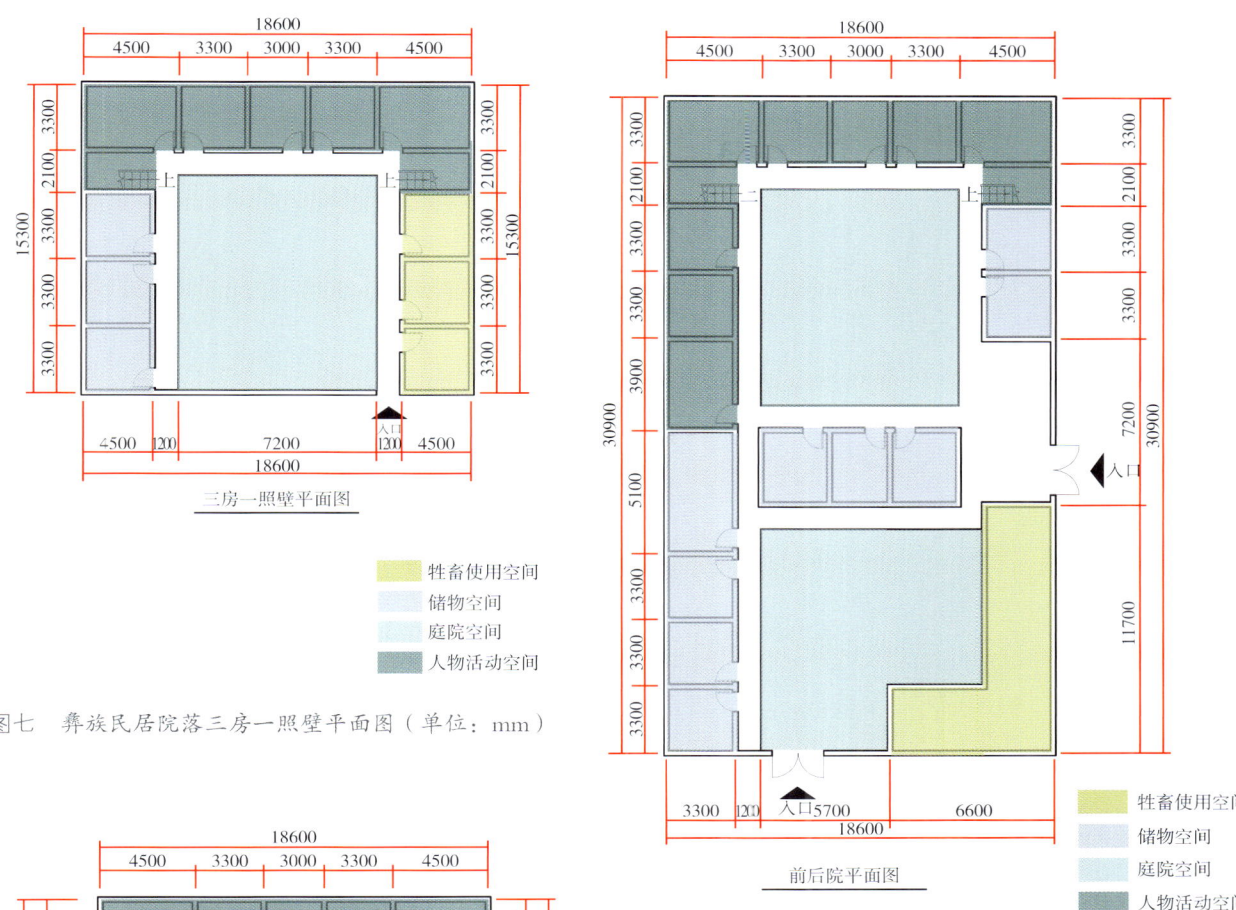

图七 彝族民居院落三房一照壁平面图（单位：mm）

图八 彝族民居院落前后院平面图（单位：mm）

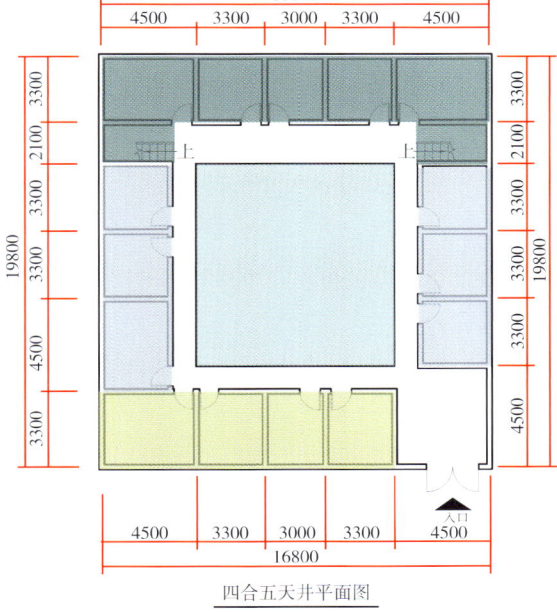

图九 彝族民居院落四合五天井平面图（单位：mm）

第二章 彝族传统服饰

楚雄彝族虎头鞋

图一　楚雄彝族虎头鞋主图

　　虎头鞋采集于云南楚雄彝族地区，属于男性穿戴服饰系列。虎头鞋来源于彝族信仰，彝族在其民族语言中自称为"罗罗"，意为虎的传人。彝族先民认为整个宇宙的万事万物都是由虎变成的，人类的生存与虎息息相关。虎图腾在彝绣中无处不在，如虎头鞋、虎头帽等。虎头鞋是日常生活中鞋子的主要款式，不限制穿着场合。虎头鞋并不限于某一民族，而是许多民族共同喜爱的鞋，但彝族小孩、老人都钟爱穿虎头鞋，牟定、南华等地老人最爱虎头鞋。彝族老年人爱穿"虎头鞋"是因为彝族老人特别崇拜虎神，认为虎图腾具有护佑身体、使人健康长寿的寓意。

　　此案例虎头鞋为硬白布底（如图一），圆头，鞋面绣有花卉图案，鞋帮前部成虎头状，做工精美，配色讲究造型别致（如图二、图三），寓意深刻。它是原始宗教与信仰的反映，彝族刺绣图案大到山川河流，小到自然界的一草一木都能"显灵"，能驱邪避害、祈福纳吉。彝族虎头鞋上的图案，反映出彝族神灵崇拜的远古遗俗，同时也体现了彝族人独特的文化内涵和道德取向。在配色上运用几条色彩不同的线（如图七、图八），简单勾勒出虎头的形象，鞋的造型和颜色搭配独具匠心。

此案例中的虎头鞋在设计中采用了抽象的虎纹样与刺绣花卉等图案相结合，其简单的曲线纹样在虎头做为鞋头的设计中呈现出老虎的形态与虎皮的抽象纹理，同时裁剪缝合出虎须的抽象造型，让人产生丰富联想，这与其他民族的装饰手法是完全不同的。楚雄彝族虎头鞋在保持了完整的鞋的功能型造型基础上，进行抽象概念的表现，成为传统设计的独特样式。

图片来源
图一　彭婷　摄影
图二至图十三　谭丽　制图

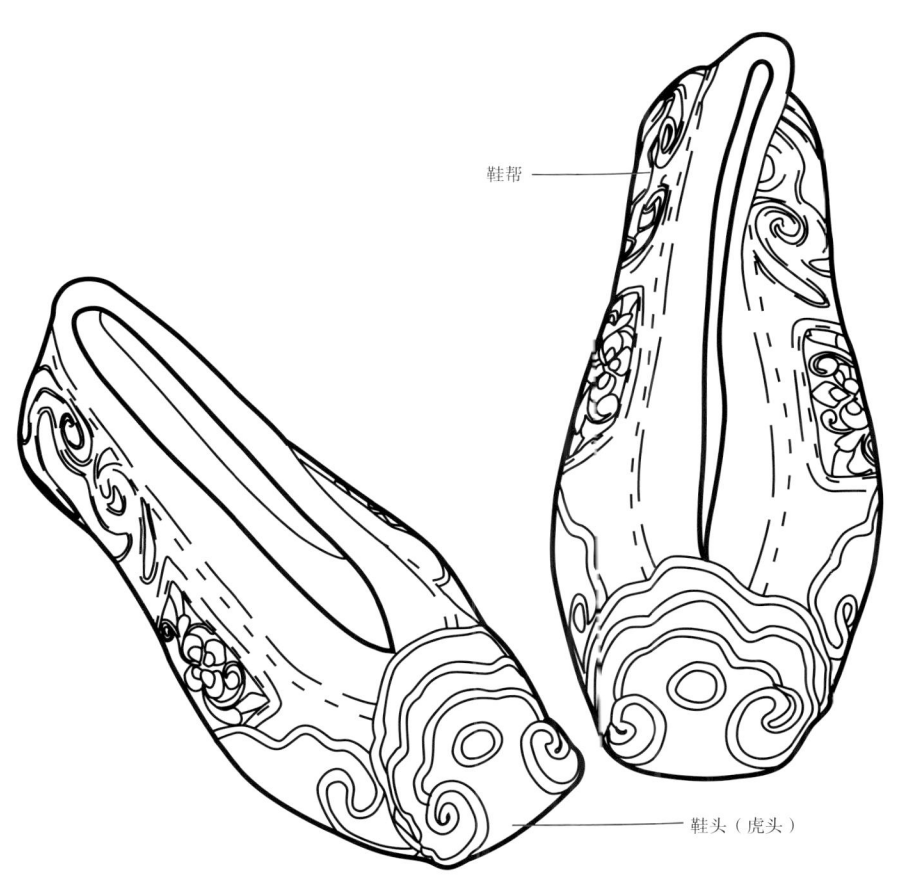

图二　楚雄彝族虎头鞋线描图

图三　楚雄彝族虎头鞋色彩分析图1

图四　楚雄彝族虎头鞋色彩分析图2

图五　楚雄彝族虎头鞋色彩分析图3

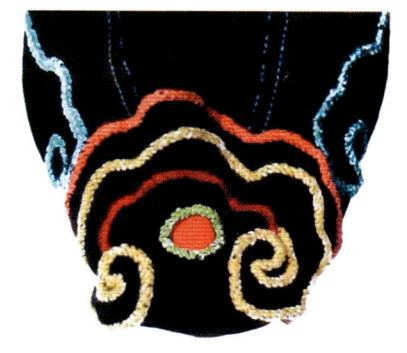

图六　楚雄彝族虎头鞋局部纹样分析图1

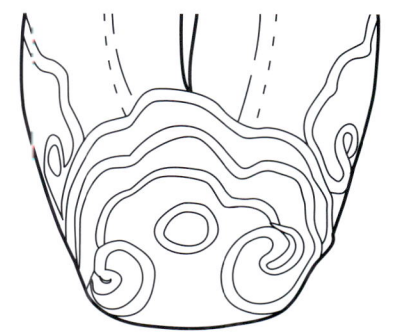

图七　楚雄彝族虎头鞋局部纹样分析图2

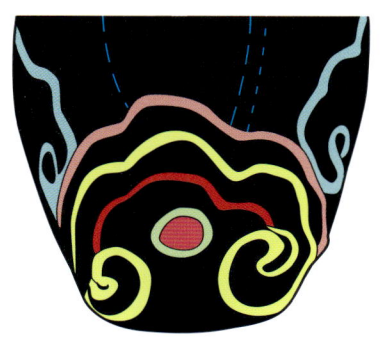

图八　楚雄彝族虎头鞋局部纹样分析图3

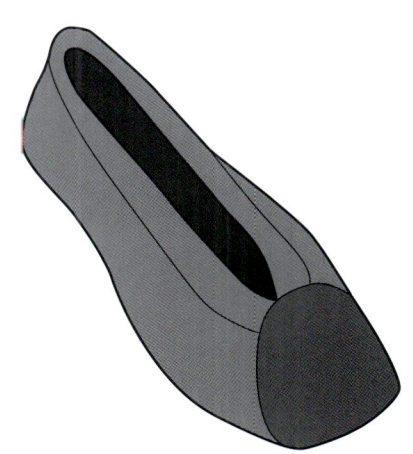

图九　楚雄彝族虎头鞋三维图正面图1

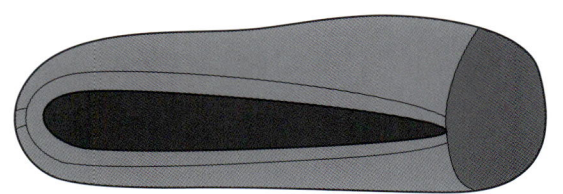

图十　楚雄彝族虎头鞋三维图正面图2

图十一　楚雄彝族虎头鞋三维图侧面图

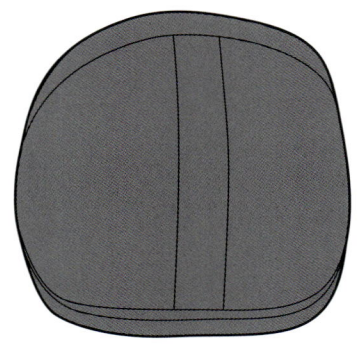

图十二　楚雄彝族虎头鞋三维图背面图

图十三　楚雄彝族虎头鞋穿着示意图

楚雄彝族翘头绣花鞋

图一　楚雄彝族翘头绣花鞋主图1

楚雄彝族翘头绣花鞋采集于云南楚雄地区，相传此鞋曾救过一彝族少女性命，因此这款鞋子象征美好、能给人带来幸福。这款鞋子是此地区女性鞋子的主要样式，常在日常生活、重大节日盛会中穿着，尤其彝族少女在结婚时必须穿翘头钩尖绣花鞋，以求路上平安、一生美满。

本案例为翘头绣花鞋（如图一、图二），此鞋是在布鞋的基础上，加以刺绣、帖绣、镶绣、锁边绣等各种手工艺制作而成，彝族绣花鞋分为鞋底、鞋帮、鞋口、鞋尖、鞋后搭、鞋扣等几个组成部分。船形的绣花鞋，尖鞋口、尖鞋头、微上翘、无鞋绊、鞋帮大于鞋底，鞋尖内勾处配有各色绒线，鞋尖的造型有圆口、方口和尖口，造型优美（如图三至图六），黑色底上绣有红、黄和绿色的花卉图案（如图八、图十一），布局对称和谐，花卉饱满，穿上既漂亮又显出贵气。鞋尖呈向上并内勾趋向（如图九至图十一），配以各色绣花图案，使得鞋头更加美观。

绣花鞋在彝族独具特色，每一双鞋面上

都有彝族人精美的刺绣图案,精美迷人。彝族女性从小就会刺绣,缝制工艺精湛。由于彝族人多生活在山区,为了防寒耐磨,鞋底多数都是用数层旧布叠在一起,用麻线纳缝而成,既实用又美观。彝族绣花鞋的图案色彩一般与衣裤相一致,它作为彝族文化的载体,向世界展示了彝族的独特文化。

图片来源

图一至图二　彭婷　摄影
图三至图四　敬静　制图
图五至图十七　谭丽　制图

图二　楚雄彝族翘头绣花鞋主图2

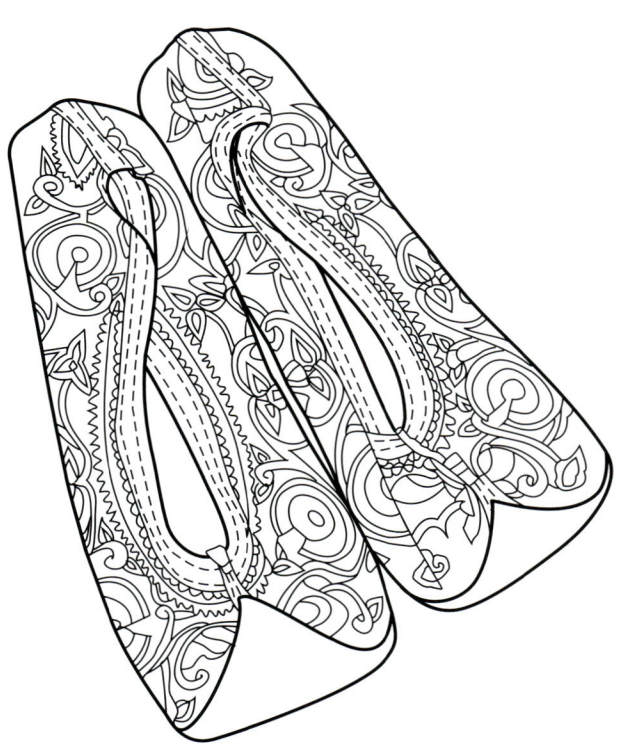

图三　楚雄彝族翘头绣花鞋线描图1

图四　楚雄彝族翘头绣花鞋线描图2

图五　楚雄彝族翘头绣花鞋色彩分析图1

图六　楚雄彝族翘头绣花鞋色彩分析图2

图七　楚雄彝族翘头绣花鞋色彩分析图3

图八　楚雄彝族翘头绣花鞋色彩分析图4

图九　楚雄彝族翘头绣花鞋局部款式分析图1

图十　楚雄彝族翘头绣花鞋局部款式分析图2

图十一　楚雄彝族翘头绣花鞋局部款式分析图3

图十二　楚雄彝族翘头绣花鞋三维图正面图1

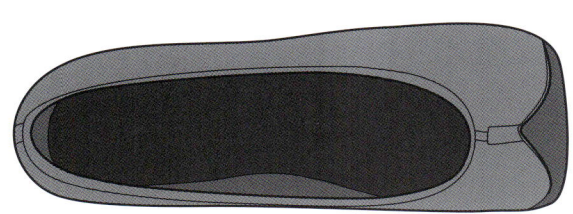

图十三 楚雄彝族翘头绣花鞋三维图正面图2

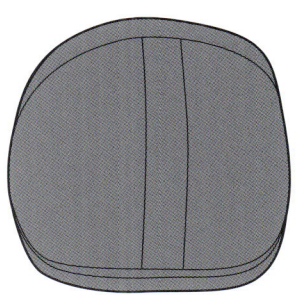

图十四 楚雄彝族翘头绣花鞋三维图背面图

图十五 楚雄彝族翘头绣花鞋穿着示意图

第二章 彝族传统服饰

043

楚雄彝族绣花包

图一　楚雄彝族绣花包主图

　　楚雄彝族绣花包采集于云南楚雄地区。挎包是彝族必不可少的饰物，彝族人不论男女都有一个属于自己的挎包，由于彝族支系繁多，居住区域分布广阔，服饰的种类和变化很丰富。因此，彝族挎包的样式和装饰，也是多种多样的。彝族挎包大致可以分为皮革挎包、草麻挎包和棉布挎包，形状也各有不同，凉山彝族地区多为三角包，楚雄地区多为四边形绣花挎包。

　　本案例为楚雄彝族绣花包（图一），它属于棉布挎包类，这种类型的挎包多用精美的刺绣装饰，刺绣图案多以花草、动物、人物及吉祥图案为主，色彩艳丽（图五），既美观又实用。绣花包长34厘米，宽37厘米（图二、图三），以黑布为底，边和系带上用五彩的丝线绣缠枝花卉纹、凤鸟牡丹纹、亭台楼阁花卉纹。中间用彩线挑绣成柿蒂纹花瓣形，中心绣八卦双鱼纹，花瓣里绣折枝梅花，底侧垂缀黑色塑料珠。牡丹与凤凰，自古以来被人们看作美好富贵的象征，是人们喜爱的吉祥纹。该绣花包上的凤戏牡丹（图六至图八），既突出了美好富贵，又增添了凤鸟的优美情趣。象征着幸福和吉祥，用来歌颂人们幸福美满的生活。八卦双鱼纹又称"太极图"（图九至图十一）。《周易》认为，"太极"是派生万物的本源，它与柿蒂纹花瓣形、折枝梅花组合在一起，有万物皆通灵、万物皆有感情之意。

　　作为彝族的日常生活中必不可少的挎包，此款绣花包是楚雄地区比较有代表性的款式，在这款挎包上以花卉图案为主，配以凤鸟、鱼等动物图案及亭台图案。采用四方式样剪裁款式与内部套嵌图案纹样的方圆设计相结合，设计中具有极强的均衡感，同时图案中的花卉藤蔓尤显出图案的活泼动感。在肩带的设计上此款绣包用的是二方连续图案，在图案的设计配色中，灵活搭配红、黄、紫等色彩，使其二方连续的图案显得变化丰富。

图片来源

图一 钟仕民，周文林 《中国彝族服饰》 云南美术出版社 2006年

图二至图十一 谭丽 制图

图十二 谭丽、陈昊旸 制图

图二 楚雄彝族绣花包线描图

图三 楚雄彝族绣花包色彩分析图1

图四　楚雄彝族绣花包色彩分析图2

图五　楚雄彝族绣花包色彩分析图3

图六　楚雄彝族绣花包局部纹样分析图1

图七　楚雄彝族绣花包局部纹样分析图2

图八　楚雄彝族绣花包局部纹样分析图3

图九　楚雄彝族绣花包局部纹栏分析图4

图十　楚雄彝族绣花包局部纹样分析图5

图十一　楚雄彝族绣花包局部纹样分析图6

图十二　楚雄彝族绣花包佩带示意图

滇东北彝族青年女服

图一　滇东北彝族青年女服主图

该案例为滇东北彝族青年女服，由坎肩、上衣和裙摆组成（图一）。未婚女子穿白布筒裙，已婚者穿青布或者灰布花百褶裙。

该服饰纹样图案简洁明了，多以几何形色块分割，色彩对比强烈，图案构成形式感较强。上衣为白麻布地直领对襟布纽，美观大方（图二、图三）。领镶拼蓝、红、黄、黑、白、粉等诸色布条，托肩及衣襟镶拼黑、蓝布块和搭配蓝、红、黄、黑窄布条，左右对称，和谐统一，序列分明（图七）。左右下摆开衩，开衩部位仍镶饰布条，注重细节。袖由九道色布拼接而成，袖口有平绣花鸟。坎肩为对襟白麻布做底（图八、图九），托肩、衣襟、袖笼以及后襟下幅均用黑、蓝布块及五色窄布条镶饰，无过多图案，线条排列整齐有序，配色简洁明快，给人以清新爽朗之感（图十三）。筒裙为白麻布底，中段由黑布和五色布块拼镶而成（图十四、图十五），个别块面有平针刺绣花饰（图十九），统一中富有变化，形式感极强。下摆缀饰黄、红、粉、绿、黑等色布条，色泽艳丽，跳动活泼。

整套服饰和谐一体却又形式各异，是彝族人民热爱生活的集中体现，也是美学思想与日常生活在服饰中的完美融合。

图片来源

图一　钟仕民，周文林　《中国彝族服饰》　云南美术出版社　2006年

图二至图十九、图二十一　罗杰　制图

图二十　罗杰、陈昊旸　制图

图二　滇东北彝族青年女服上衣上色正面色彩分析图

图三　滇东北彝族青年女服上衣上色背面色彩分析图

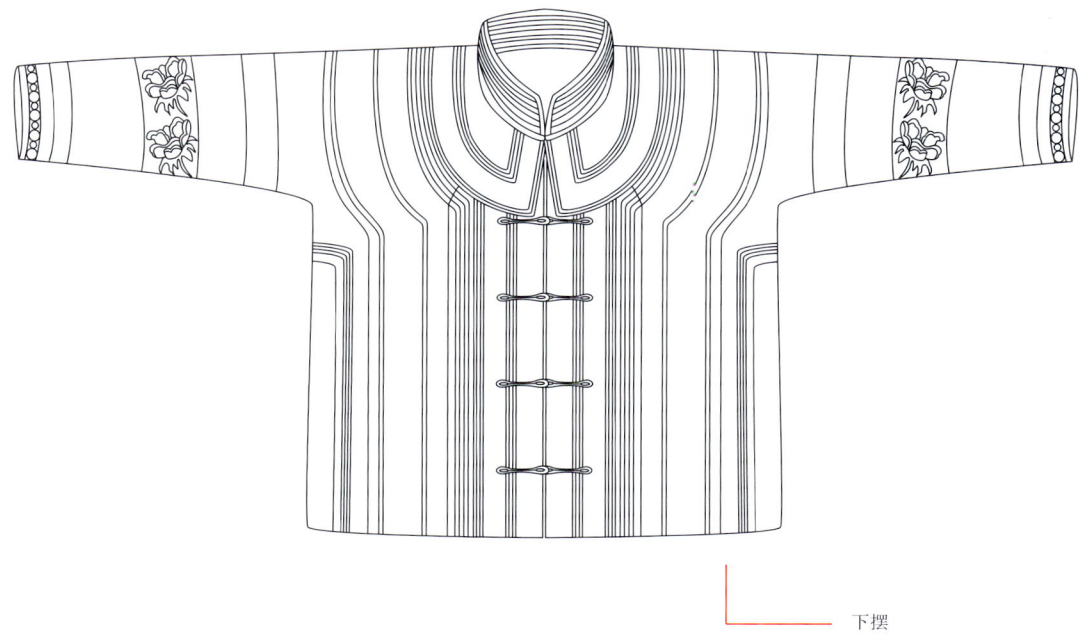

图四　滇东北彝族青年女服上衣线稿正面结构分析图

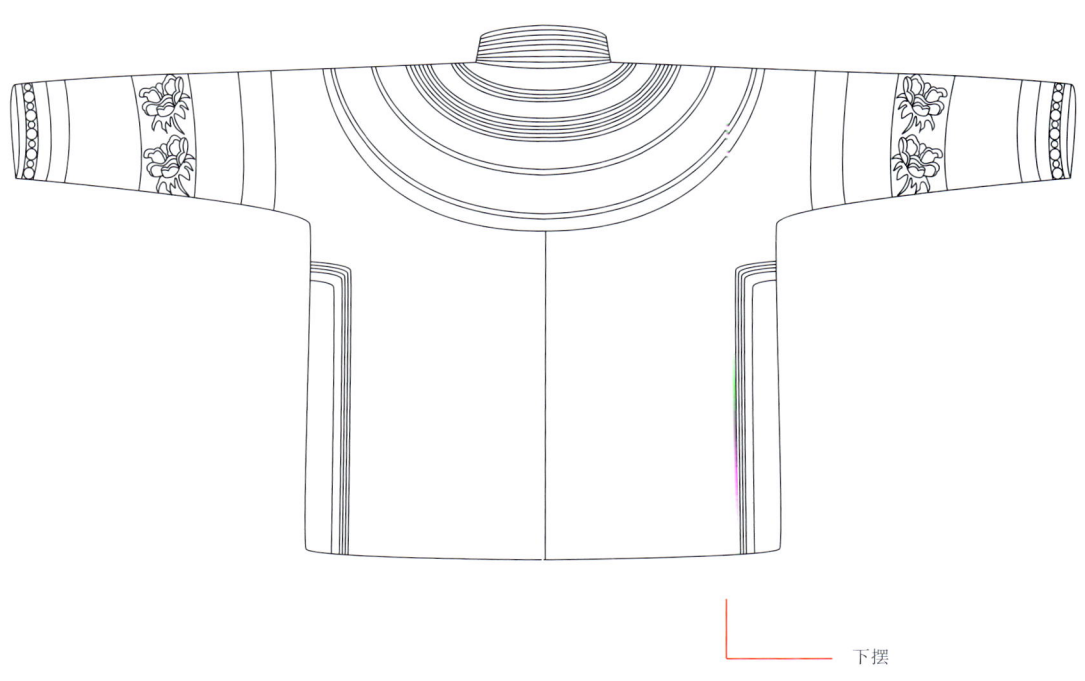

图五　滇东北彝族青年女服上衣线稿背面结构分析图

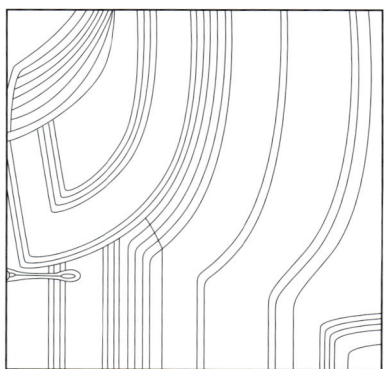

图六 滇东北彝族青年女服上衣色彩分析图

图七 滇东北彝族青年女服上衣局部纹样分析图

图八 滇东北彝族青年女服坎肩上色正面色彩分析图

图九 滇东北彝族青年女服坎肩上色背面色彩分析图

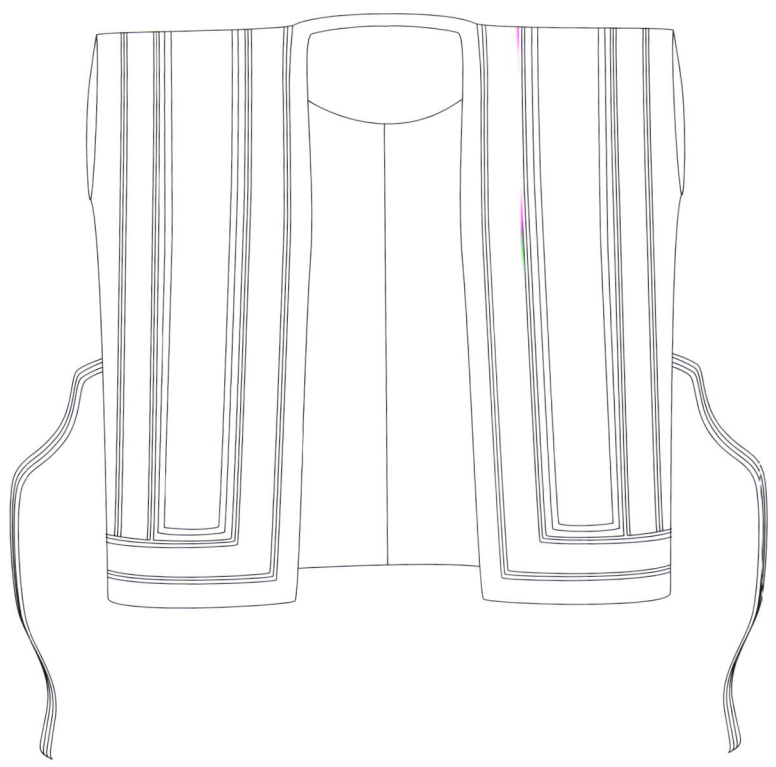

图十 滇东北彝族青年女服坎肩线稿正面结构分析图

第二章 彝族传统服饰

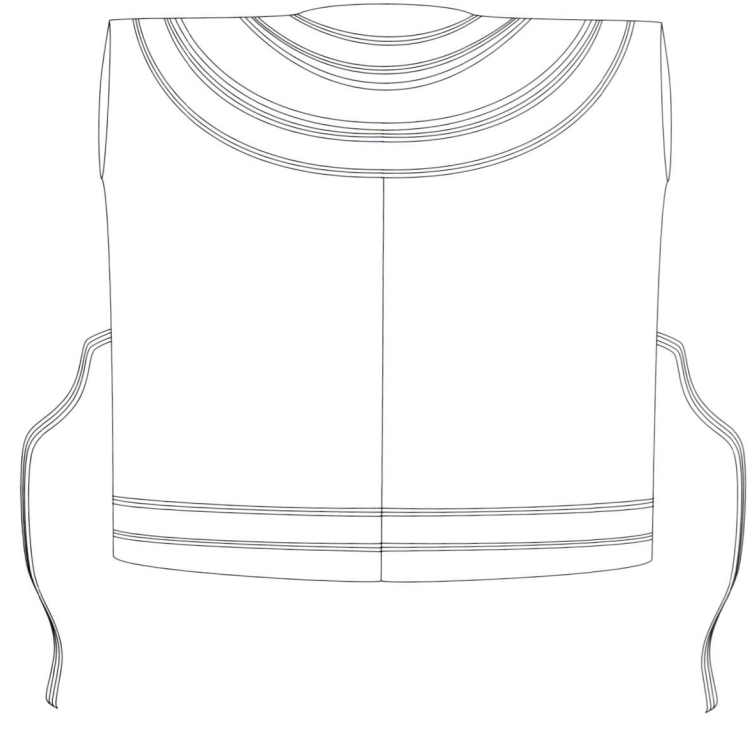

图十一 滇东北彝族青年女服坎肩线稿背面结构分析图

图十二 滇东北彝族青年女服坎肩色彩分析图

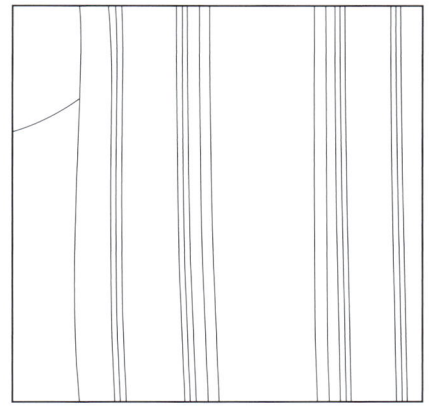

图十三 滇东北彝族青年女服坎肩局部纹样分析图

图十四 滇东北彝族青年女服筒裙上色正面色彩分析图　　图十五 滇东北彝族青年女服筒裙上色背面色彩分析图

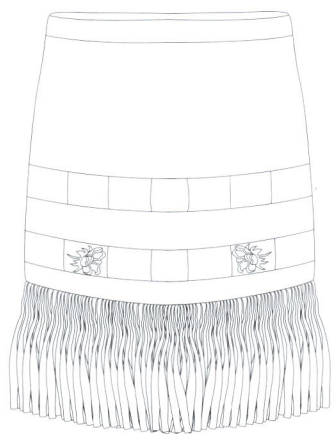

图十六 滇东北彝族青年女服筒裙线稿正面结构分析图　　图十七 滇东北彝族青年女服筒裙线稿背面结构分析图

图十八 滇东北彝族青年女服筒裙色彩分析图

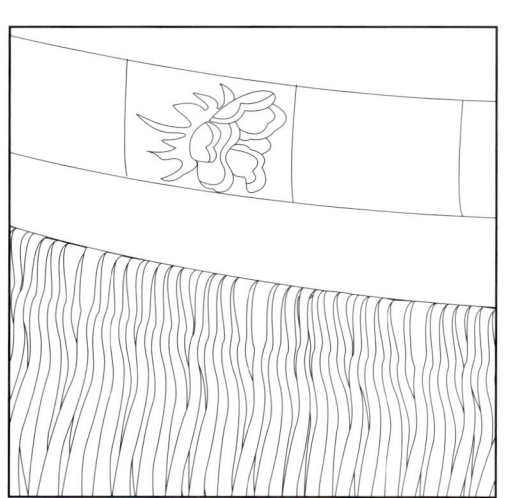 

图十九 滇东北彝族青年女服筒裙局部纹样分析图

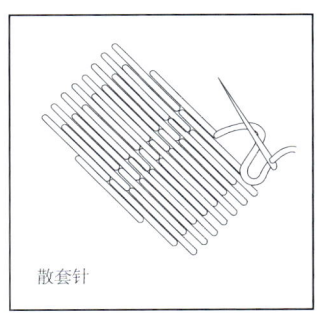

散套针

图二十一　滇东北彝族青年女服绣花工艺分析图

图二十　滇东北彝族青年女服着装效果图

第二章　彝族传统服饰

彝族绣花肚兜

图一 彝族绣花肚兜主图

本案例的彝族绣花肚兜是20世纪80年代云南南华县征集而来的民国时期彝族肚兜（图一）。肚兜又称"抹胸"，是中国传统服饰中护胸腹的贴身内衣，穿着人群多为女性和小孩。肚兜的上部常镶两根布带，可系在脖颈上，侧面镶有两根布带，可系于腰间。肚兜一般以刺绣为主，绣花肚兜上刺绣的主题纹样多是中国民间传说或一些民俗讲究，大多是趋吉避凶、吉祥幸福的主题。

此绣花肚兜通高54厘米，腰幅宽38厘米。肚兜的造型中间大，两头小，上半部分呈正方形或长方形，对角设计，下半部分呈半圆形（图二、图三）。肚兜底色为靛青色（图四），上半部分肚兜头周边绣有白色回形纹（图七、图八），中心部分平绣花卉纹（如图六、图十一、图十二）。下半部分中心平绣红色团花，周围以缠枝牡丹纹装饰（如图九、图十）。肚兜为左右对称结构，上、中、下三部分的中心都有单独的花卉纹样，下部平绣的花朵大小不一，蓝白相间，整体上生动且富有变化。

在南华县彝族绣花肚兜纹样中，搭配方式采用传统的几何与植物花卉纹样相结合，对称的方式设计构图具有特有的美感。同时图案纹样与肚兜的裁剪结构相一致，符合中国女性的身体结构特点。上中下部分的设计区分使滇中南华县彝族这种特有的民族图案构图方式与北方传统汉族肚兜具有完全不同的表现特征。

图片来源

图一　钟仕民，周文林　《中国彝族服饰》　云南美术出版社　2006年

图二至图十二　陈昊旸　制图

图十三　彭婷　陈昊旸　制图

图二　彝族绣花肚兜线描图

图三　彝族绣花肚兜色彩分析图

图四　彝族绣花肚兜色彩推移分析图

图五　彝族绣花肚兜明暗关系分析图

第二章　彝族传统服饰

图六 彝族绣花肚兜工艺分析图

图八 彝族绣花肚兜彩色局部纹样分析图2

图九 彝族绣花肚兜彩色局部纹样分析图3

图七 彝族绣花肚兜彩色局部纹样分析图1

图十 彝族绣花肚兜线描局部纹样分析图1

图十一　彝族绣花肚兜线描局部纹样分析图2

图十二　彝族绣花肚兜线描局部纹样分析图3

图十三　彝族绣花肚兜着装效果图

凉山彝族传统青年女服

图一　凉山彝族传统青年女服主图

该案例服饰为四川凉山美姑县地区青年彝族妇女常见的装束（图一），属于该地区的传统盛装，在节庆期间或重要特殊的时间和场合穿着。

上衣在结构廓形上采用传统的右衽短袖外衣廓形（图二、图三），特点在于图案的配色上（图四、图五），纹样颜色丰富跳跃，上衣的袖口、领口及下摆有多层的涡纹装饰与彩色布条勾边（图六、图七），细密丰富的线条整齐排列，各自颜色相互对比呼应，使得整件服饰在配色上显得比较丰富与活泼，该配色采用原色对比与补色对比的关系（图九），与图案本身在服装上形成的比例关系相辅相成，形成一种既对比强烈又统一调和的视觉感受，呈现富有韵律的纹理美感。衣身正面的两组涡纹，外形一致，排列和大小不一致，形成了统一中又富于变化的效果。细密富丽的图案，严格大方的布局，华美鲜艳的配色，都使得这件女服散发出一种和谐平稳的装饰效果（图十），容易让人产生亲切而自然的感受。在工艺上，衣领边、衣襟边、袖口边、下摆边与开衩边等部位均有滚条、镶边等装饰工艺，整体效果整齐、精致、端庄。

该盛装上衣具有配色丰富大胆、图案变化多端、工艺精湛的传统民族文化特征。

图片来源

图一　钟仕民、周文林　《中国彝族服饰》　云南美术出版社　2006年

图二至图九　白雪　制图

图十　白雪、陈昊旸　制图

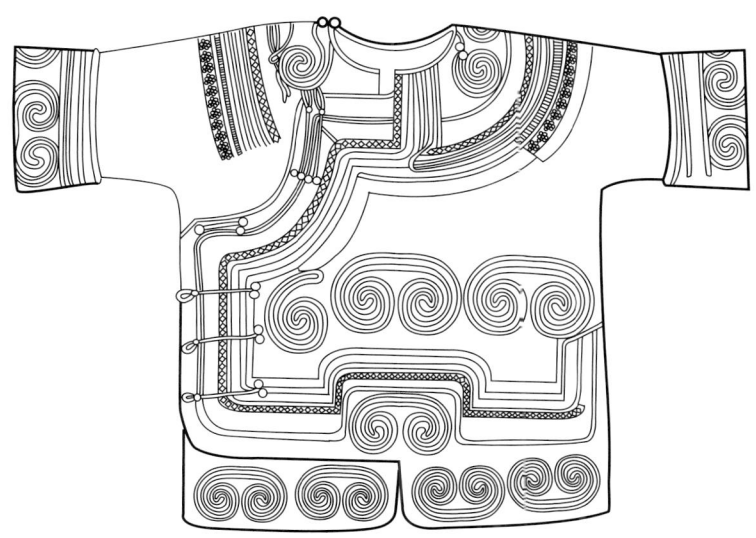

图二　凉山彝族传统青年女服上衣线稿正面结构分析图

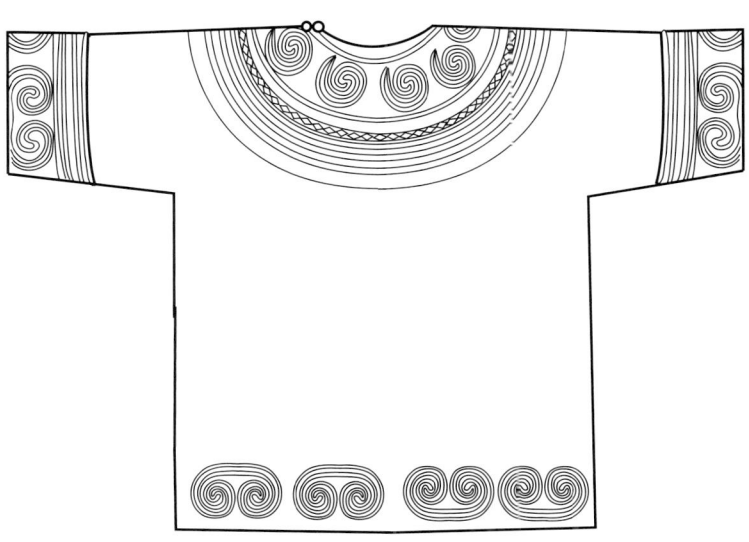

图三　凉山彝族传统青年女服上衣线稿背面结构分析图

图四　凉山彝族传统青年女服上衣上色正面色彩分析图

图五　凉山彝族传统青年女服上衣上色背面色彩分析图

图六 凉山彝族传统青年女服
上衣线描局部纹样分析图

图七 凉山彝族传统青年女服上衣上色局部纹样分析图

图八 凉山彝族传统青年女服上衣色彩取色分析图

图九 凉山彝族传统青年女服上衣色彩推移分析图

图一 凉山彝族传统青年女服着装效果图

第二章 彝族传统服饰

065

凉山彝族诺苏支系传统女服(一)

图一 凉山彝族诺苏支系传统女服(一)主图

凉山彝族诺苏支系为彝族在西南地区的众多支系之一,不同的支系服饰都有各自不同的款式、不同的风格与各自的特色,反映出彝族古老而又灿烂的历史,以及丰富而博大的文化。

彝族女服通过色彩搭配、图案组织对于女子的婚否状态有一种直观的传达。该案例服装整体素雅大方(图一),上衣由两件套组成,即短袖外衣与长袖内衣。在款式上(图二、图三),外衣的袖口及下摆都短于内衣,在穿着和视觉欣赏上增加了层次的美感。外衣与内衣的纹样也相辅相成,变化中又带有统一,如外衣底色为深蓝色,该地区的典型纹样——羊角纹在配色上选择柠黄色和红色相间(图四、图五、图十一),并装饰在上衣的袖口、领口及下摆的部位,还将上衣的纹样区域闭合成一个连通纹样区域(图八、图九),较为复杂,体现出了少数民族劳动人民特有的文化智慧。该案例百褶裙的款式（图六），上半部分为直筒，下半部分为百褶，使穿着者在整体着装时显得端庄，在色彩的搭配上较沉稳，在裙摆部位镶有深蓝色、红色的色边，以及白色的细边（图一、图十三），既显得素雅庄重，又不失层次变化。

凉山彝族诺苏支系的传统女服以大面积红、黄装饰为主，在该案例中，上衣采用大量的火镰纹装饰，以黄色为主，寓意吉祥，有一定的象征意义，体现了本地区彝族人的热情、豪放和对生活的热爱。

图片来源
图一　钟仕民、周文林　《中国彝族服饰》　云南美术出版社　2006年
图二至图十三　彭婷　制图
图十四至十五　彭婷　陈昊旸　制图

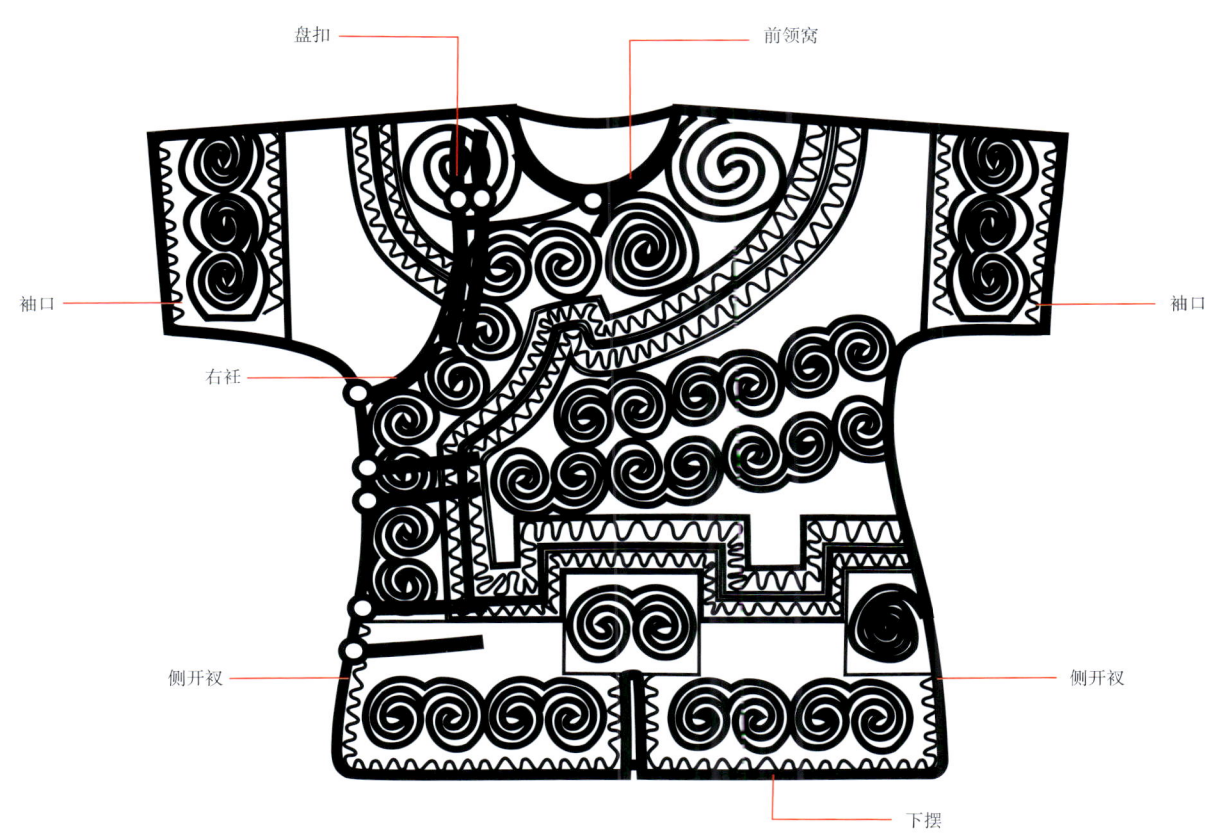

图二　凉山彝族诺苏支系传统女服（一）上衣线稿正面结构分析图

第二章　彝族传统服饰

图三　凉山彝族诺苏支系传统女服（一）上衣线稿背面结构分析图

图四　凉山彝族诺苏支系传统女服（一）上衣上色正面色彩分析图

图五 凉山彝族诺苏支系传统女服（一）上衣上色背面色彩分析图

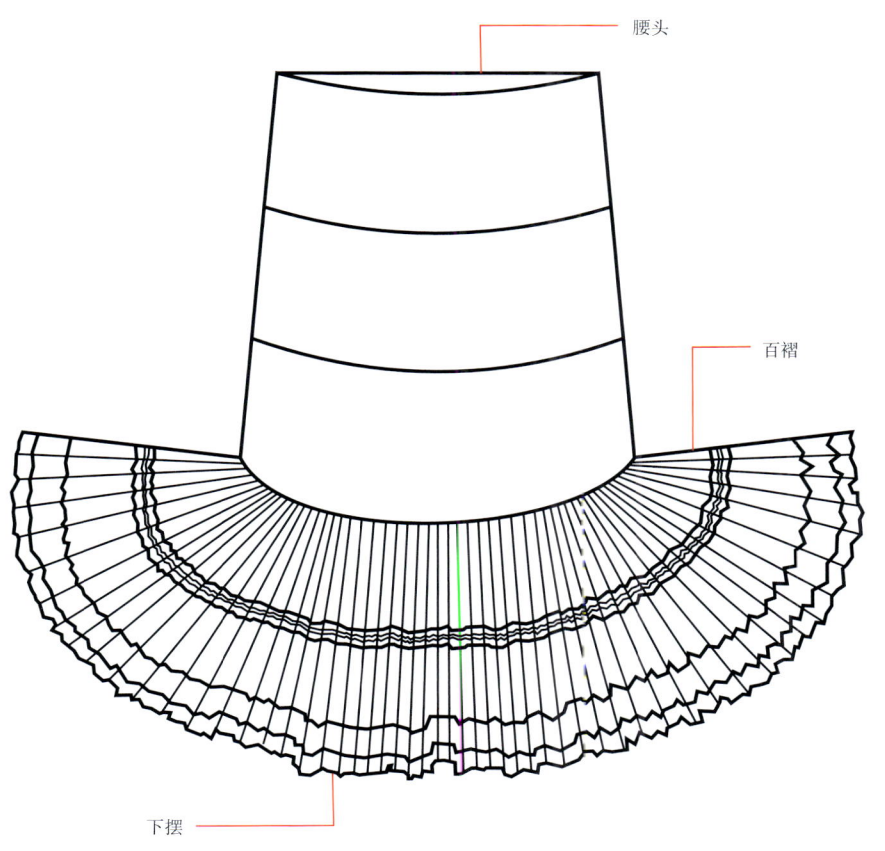

图六 凉山彝族诺苏支系传统女服（一）百褶裙线稿结构分析图

第二章 彝族传统服饰

图七 凉山彝族诺苏支系传统女服（一）百褶裙上色色彩分析图

图八 凉山彝族诺苏支系传统女服（一）上衣线描局部纹样分析图

图九 凉山彝族诺苏支系传统女服（一）上衣上色局部纹样分析图

图十 凉山彝族诺苏支系传统女服（一）
上衣明暗关系构成图

图十一 凉山彝族诺苏支系传统女服（一）
上衣色彩推移分析图

第二章 彝族传统服饰

图十二　凉山彝族诺苏支系传统女服（一）
　　　　百褶裙明暗关系构成图

图十三　凉山彝族诺苏支系传统女服（一）
　　　　百褶裙色彩推移分析图

图十四　凉山彝族诺苏支系传统女服（一）
　　　　上衣着装效果图

图十五　凉山彝族诺苏支系传统女服（一）
　　　　百褶裙着装效果图

凉山彝族诺苏支系传统女服（二）

图一　凉山彝族诺苏支系传统女服（二）主图

凉山彝族诺苏支系为彝族在西南地区的众多支系之一，不同的支系服饰都有各自不同的款式、不同的风格与各自的特色，反映出彝族古老而又灿烂的服装设计历史，以及丰富而博大的民族文化。

该案例属于凉山地区的服饰类型，上衣及下身裙摆整体感觉简洁大方，图案构成感强（图一）。上衣为内衣与外衣两件套的组合搭配，内衣的色彩配置上为补色对比（图四、图五、图十五），服装的底色为绿色，在袖口、下摆、侧开衩等部位饰以红底黄边的呈"山"字形的涡纹（图十、图十一），给人以饱满变化的视觉感受。外衣的色彩对比则更加强烈（如图八、图九、图十七），红色火镰纹另有柠黄色勾边，并在袖口、领口、衣襟、下摆等处用较宽的黄色线条将纹样框住，强烈的对比就更加突出了。在局部的纹样（图十二、图十三），图案的变形也富于想象力，整体上生动且富有变化。

下身百褶裙以黑色为主色，为大小凉山服饰的典型特点。百褶裙的款式构造根据彝族生活习惯而来，裙摆分上下两部分，上部为直筒，限制大腿的活动范围，下部为百褶，最大限度扩大小腿活动范围，适合舞蹈动作。颜色沉稳，蕴涵着的深沉凝重的文化内涵。

沉稳的暗色调衣服通常为年长者穿着，但纹样的色彩搭配选择了艳丽的柠黄色，与底色产生强烈对比，体现出该设计的用心之处。沉闷不全是年长者的代名词，某些局部和细节的对比点缀也能使得服饰生动、鲜活起来。纹样的组织变化新颖，也使人充分地感受到丰富多彩的彝族服饰文化。

图片来源

图一　钟仕民、周文林　《中国彝族服饰》　云南美术出版社　2006年

图二至图十三　彭婷　制图

图十四至十五　彭婷、陈昊旸　制图

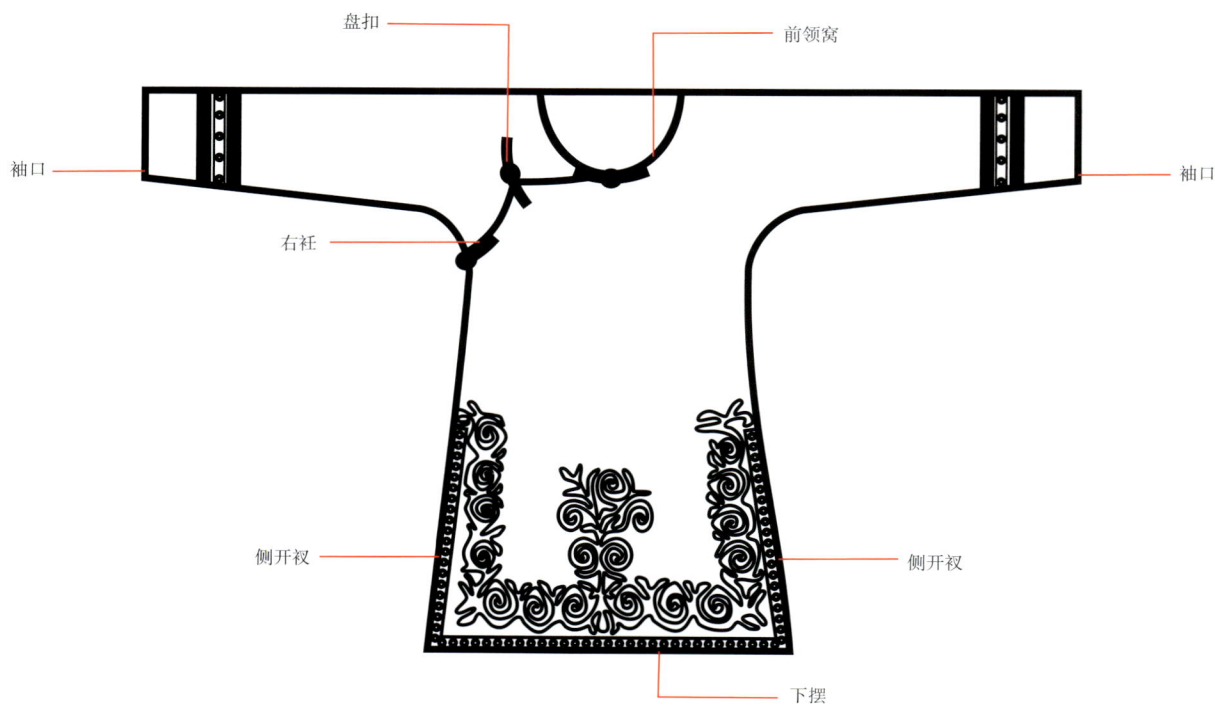

图二　凉山彝族诺苏支系传统女服（二）内衣线稿正面结构分析图

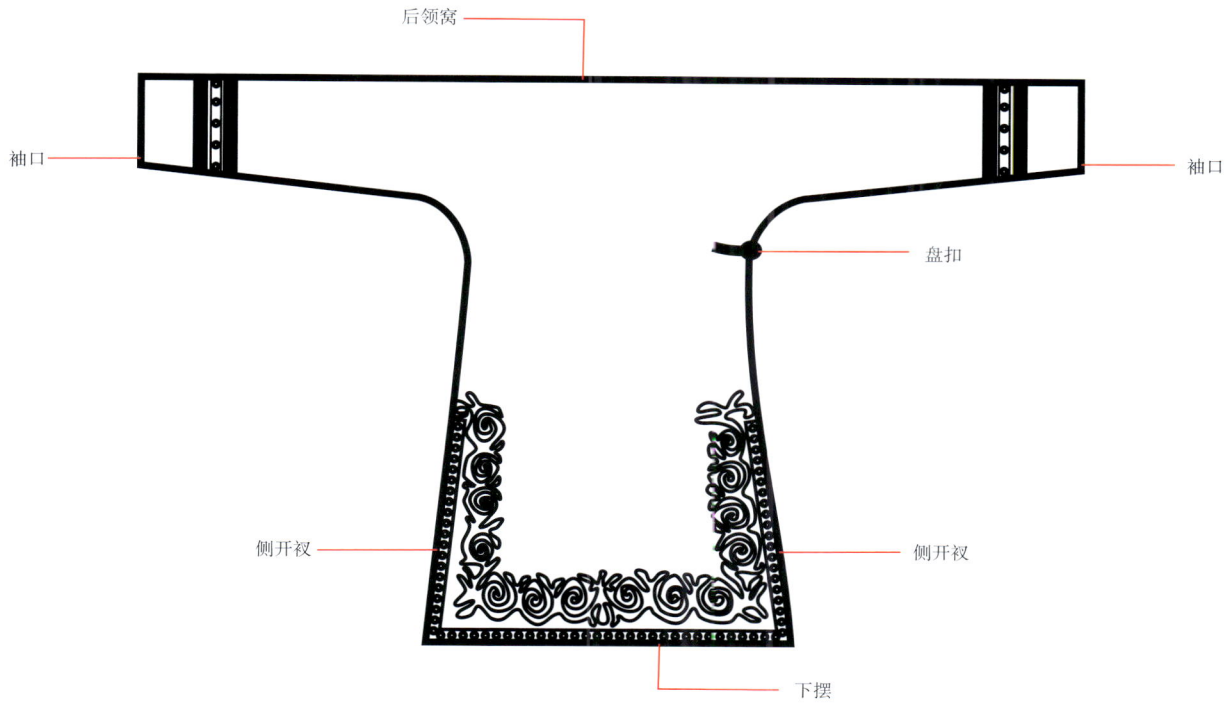

图三　凉山彝族诺苏支系传统女服（二）内衣线稿背面结构分析图

图四　凉山彝族诺苏支系传统女服（二）内衣上色正面色彩分析图

第二章　彝族传统服饰

图五　凉山彝族诺苏支系传统女服（二）内衣上色背面色彩分析图

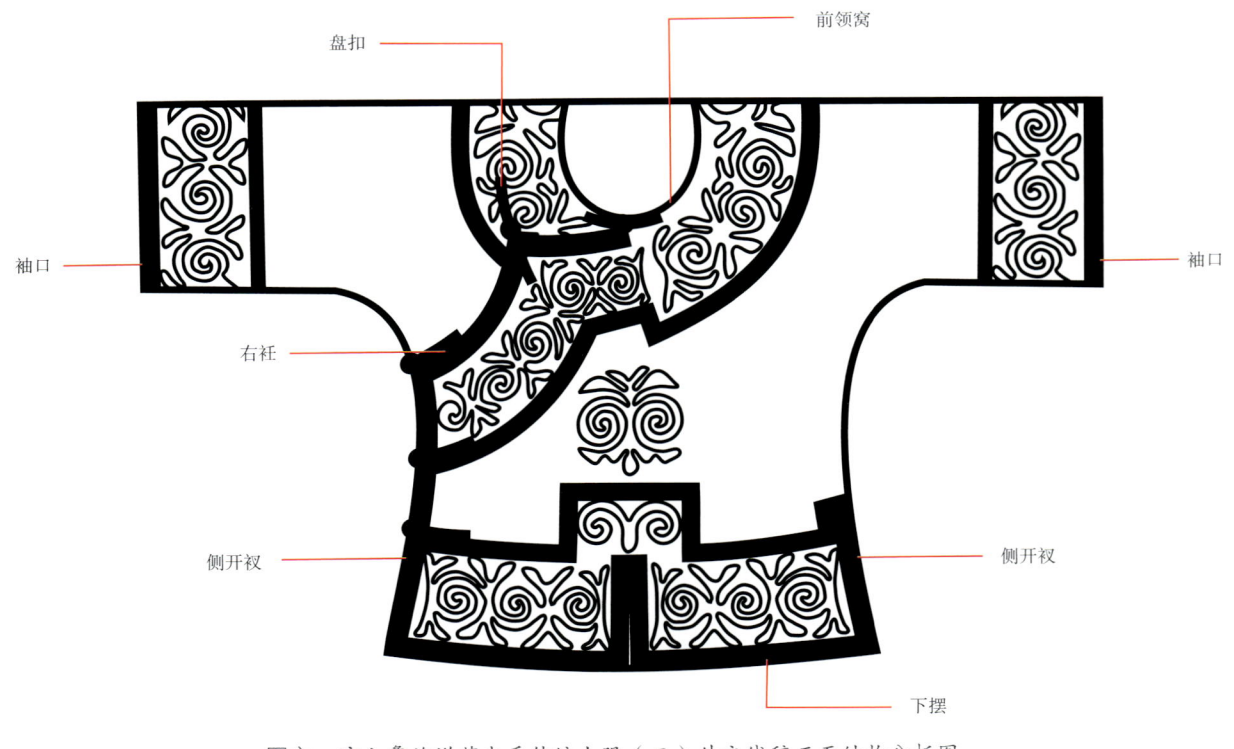

图六　凉山彝族诺苏支系传统女服（二）外衣线稿正面结构分析图

图七 凉山彝族诺苏支系传统女服（二）外衣线稿背面结构分析图

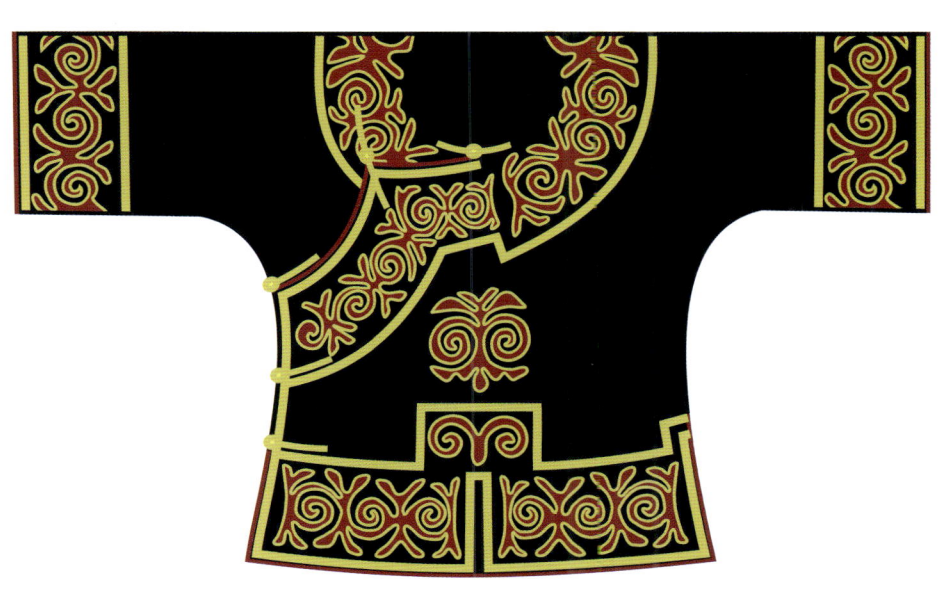

图八 凉山彝族诺苏支系传统女服（二）外衣上色正面色彩分析图

图九　凉山彝族诺苏支系传统女服（二）外衣上色背面色彩分析图

图十　凉山彝族诺苏支系传统女服（二）内衣线描局部纹样分析图

图十一　凉山彝族诺苏支系传统女服（二）内衣上色局部纹样分析图

图十二　凉山彝族诺苏支系传统女服（二）外衣线描局部纹样分析图

图十三 凉山彝族诺苏支系传统女服（二）外衣上色局部纹样分析图

图十四 凉山彝族诺苏支系传统女服（二）
内衣明暗关系构成图

图十五 凉山彝族诺苏支系传统女服（二）
内衣色彩推移分析图

图十六　凉山彝族诺苏支系传统女服（二）
　　　　外衣明暗关系构成图

图十七　凉山彝族诺苏支系传统女服（二）
　　　　外衣色彩推移分析图

图十八　凉山彝族诺苏支系传统女服（二）
　　　　内衣着装效果图

图十九　凉山彝族诺苏支系传统女服（二）
　　　　外衣着装效果图

凉山彝族诺苏支系传统女服（三）

图一　凉山彝族诺苏支系传统女服（三）主图

该彝族诺苏支系传统女服采集于四川凉山州布拖县（图一）。富于特色的款式、特殊的面料质感、鲜艳夺目的色彩、精美绝伦的制作工艺和它蕴涵着的深沉凝重的文化内涵使得凉山地区彝族诺苏支系服饰成为丰富多彩的彝族服饰的重要组成部分。

该案例服装配色鲜艳明快（图四、图五），底色采用红色，袖口、领口、下摆及开衩部位的纹样配以轻松的明黄色，原色的对比使服装给人以年轻活泼的感觉（图九），生动地表达了人们对美好生活的向往。外衣为圆领、右衽、短袖，在托肩、下摆、袖口等处镶有黄布地涡纹（图二、图三），规则排列的涡纹简洁大方、协调一致，线条流畅，组织变化较为丰富（图六、图七），该纹样弱化自身的表现力，较好地起到了强化款式特点的作用，张扬了款式的构造美感，对比强烈且富于变化。盘扣的样式独特美观，造型别致，独具特色，富有装饰性和艺术美感。

整件服装兼具观赏性和实用性，满足了人们的审美需求，作为当地彝族妇女之盛装，深受大众的喜爱。

图片来源

图一　钟仕民、周文林　《中国彝族服饰》　云南美术出版社　2006年

图二至图八　白雪　制图

图九　白雪、陈昊旸　制图

图二 凉山彝族诺苏支系传统女服（三）上衣线稿正面结构分析图

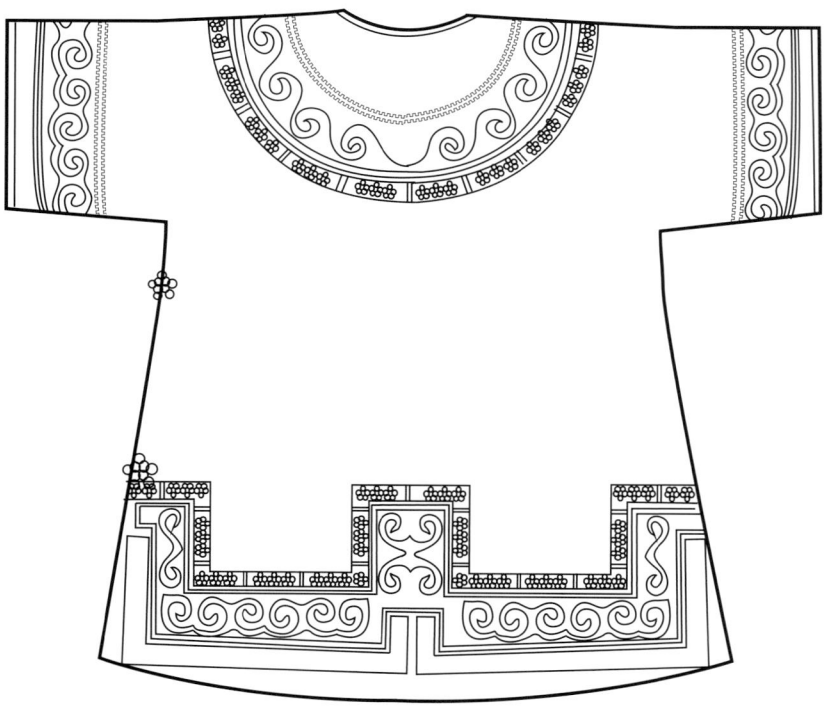

图三 凉山彝族诺苏支系传统女服（三）上衣线稿背面结构分析图

图四　凉山彝族诺苏支系传统女服（三）上衣上色正面色彩分析图

图五　凉山彝族诺苏支系传统女服（三）上衣上色背面色彩分析图

图六 凉山彝族诺苏支系传统女服（三）上衣线描局部纹样分析图

图七 凉山彝族诺苏支系传统女服（三）
上衣上色局部纹样分析图

图八 凉山彝族诺苏支系传统女服（三）
上衣色彩取色分析图

图九 凉山彝族诺苏支系传统女服（三）上衣着装效果图

黔西北彝族盛装女袍（一）

图一　黔西北彝族盛装女袍（一）主图

该案例为黔西北地区彝族女袍（图一）。

水蓝色的底色，配以色彩对比强烈的平面纹样（图二、图三），在方袍的下摆有大面积的纹样且色彩丰富，最多处有三层形式各不相同的纹样，大部分为植物纹样，颜色亮丽。绣花部分主要为平绣针法，袖口配以彝族特有的十字挑花针，绣工巧妙，花样精美，凝结着彝族人民的劳动智慧与审美情趣（图九、图十）。下摆的高开衩便于盛装舞蹈等活动（图四、图五），托肩、衣襟、衩沿镶白布底花边，上面以彩布镶嵌花卉纹，简洁生动的贴花型，类似浮雕，表达了人民的淳朴愿望与美好心情。颜色方面，多以黄—蓝、红—绿对比色为主（如图六），既对立又统一，和谐共生，极具视觉冲击力。前后摆上还有涡纹、铜钱纹（如图七）。纹饰精美、颇具特色，极富构成感与韵律感。

为此地独有。这种涡纹，彝族妇女称它为"罗博花"，意为月亮，亦是美好向往的体现。它是远古彝人用来计算历法的太极八卦演变图，这是民俗文化底蕴在民族服饰纹样上的生动反映。

黔西北地区的彝族盛装女袍采用的是蓝底、偏几何状花卉纹样与该地区特有的"罗博花"涡纹，色彩艳丽，纹样质朴大方，体现了该地区彝族的民族特色，同时在服装中嵌入有机粉色的花卉图案镶边，使其产生一种灵动感。

图片来源

图一　钟仕民，周文林《中国彝族服饰》云南美术出版社 2006年

图二至图九、图十一至图十二　罗杰　制图

图十　罗杰，陈昊旸　制图

图二　黔西北彝族盛装女袍（一）上色正面色彩分析图

图三　黔西北彝族盛装女袍（一）上色背面色彩分析图

图四　黔西北彝族盛装女袍（一）线稿正面结构分析图

图五　黔西北彝族盛装女袍（一）线稿背面结构分析图

图六　黔西北彝族盛装女袍（一）色彩分析图

图七　黔西北彝族盛装女袍（一）明暗关系图

图八 黔西北彝族盛装女袍（一）局部纹样线描图

图九 黔西北彝族盛装女袍（一）局部纹样色彩图

图十 黔西北彝族盛装女袍（一）着装效果图

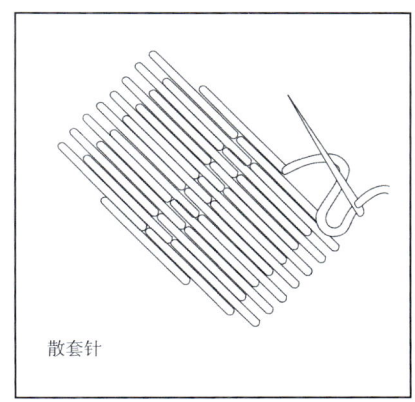

散套针

图十一 黔西北彝族盛装女袍（一）绣花工艺分析图

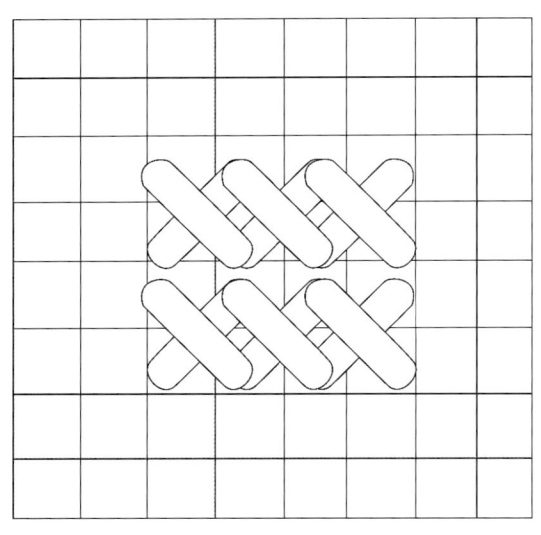

十字交叉挑花针

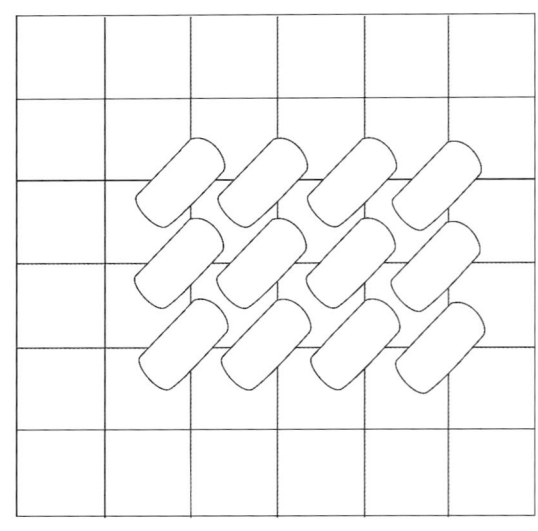

挑花针

图十二 黔西北彝族盛装女袍（一）挑花工艺分析图

黔西北彝族盛装女袍（二）

图一　黔西北彝族盛装女袍（二）主图

该案例为黔西北地区彝族盛装女袍（如图一）。

此袍颜色素雅，以黑色为底色，整体给人一种庄严肃穆、朴实大方之感，适合较为年长者穿着。无论正反面，纹样的面积在整个方袍上也很少（如图二、图三），简练而不失精美，最多由两层纹样组成，干净儒雅与利落豪放在该袍上得到和谐统一。立领、右衽、高开衩、托肩，穿脱与行动方便（图四、图五）。衣襟镶白布地花瓣纹和粉红布地花卉纹两道花边，以平针刺绣而成，绣工精巧，密集而不繁琐，间以绿、黄布带相隔，极具视觉动感。袖口镶花布边，首尾呼应，色泽跳跃。衣摆镶此地独有的滚涡纹（如图八、图七），设计简洁，织造细腻，极富构成感与韵律感。这种涡纹，彝族妇女称它为"罗博花"，意为月亮，亦是美好向往的体现。纹样的配色成为整件女服的一道亮色（如图六）。

不论从配色设计还是纹样排布，该案例集中体现了勤劳的彝族人民的智慧与审美，具有重要的美学价值与史料价值。

图片来源
图一　钟仕民，周文林《中国彝族服饰》云南美术出版社 2006年
图二至图十一、图十三　罗杰　制图
图十二　罗杰　陈昊旸　制图

图二 黔西北彝族盛装女袍（二）上色正面色彩分析图

图三 黔西北彝族盛装女袍（二）上色背面色彩分析图

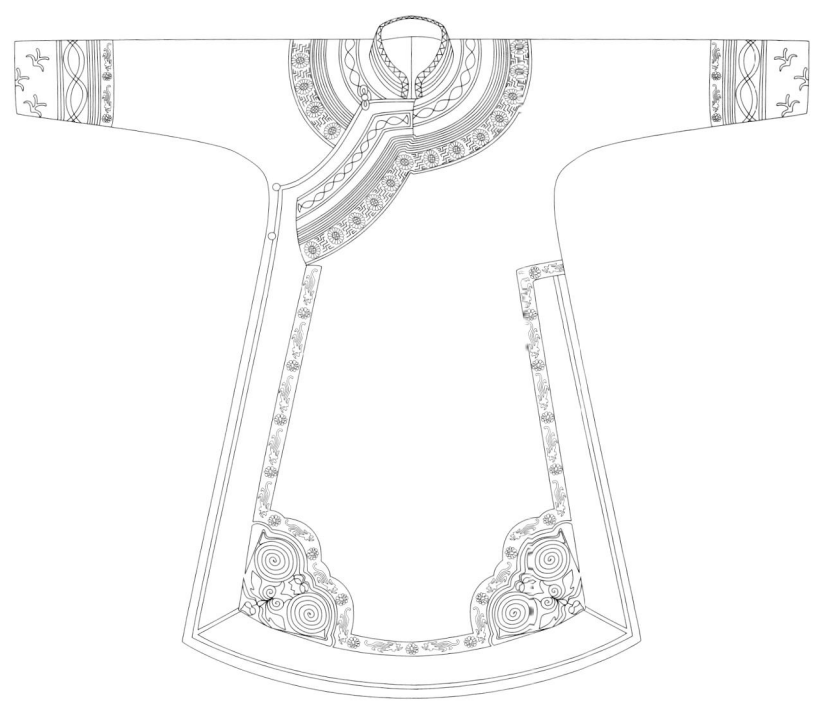

图四　黔西北彝族盛装女袍（二）线稿正面结构分析图

图五　黔西北彝族盛装女袍（二）线稿背面结构分析图

图六 黔西北彝族盛装女袍（二）色彩推移

图七 黔西北彝族盛装女袍（二）明暗关系

图八 黔西北彝族盛装女袍（二）
色彩局部纹样分析图

图九 黔西北彝族盛装女袍（二）
线描局部纹样分析图

图十　黔西北彝族盛装女袍（二）
局部纹样分析色彩图

图十一　黔西北彝族盛装女袍（二）
线描局部纹样分析图

图十二　黔西北彝族盛装女袍（二）着装效果图

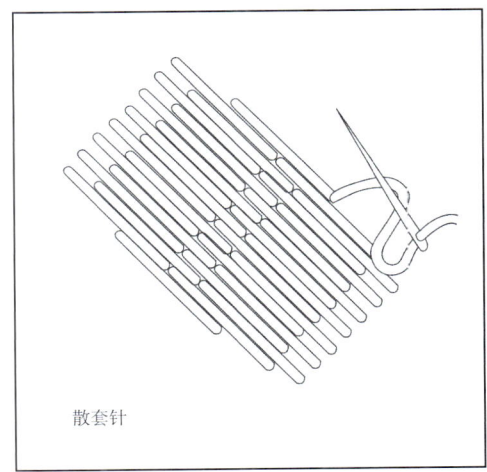

散套针

图十三　黔西北彝族盛装女袍（二）绣花工艺分析图

布拖彝族女子头帕

图一　布拖彝族女子头帕主图

布拖彝族女子头帕出自于四川省凉山地区，头帕是凉山地区女子的主要头部装饰物，来源于古代彝族的智者支格阿尔关于公羊产子的传说。凉山地处川西，属于高原气候，头帕形式非常灵活，穿戴十分方便，可以防尘挡风、保护头发和脸面。

该案例为布拖彝族女子头帕（如图一），黑色的底色本身和头发融为一体，加上特有的大小凉山抽象几何图案的羊角纹，增加了头饰的形式美感（如图二、图三）。彝族的羊角纹有着悠久的历史，彝族人民对羊角纹情有独钟。羊是财富的象征，作为纹样在头帕上大面积出现（如图四、图五），独具特色，显示出彝族特有的纹样魅力。在色彩的选择上，布拖女子头帕也跟随凉山地区彝族的传统色彩——黑、红、黄（如图六）。在"所地"方言区的布拖，未婚和已婚生育的妇女均戴一种造型独特的黑色头帕，彝语称"哈帕"，帕内衬一条弧形塞草支撑的硬皮带，皮带的两端夹在发辫内，再将发辫盘在布带上，用绳交叉拴紧，头帕四角收于脑后打结。再带上折成梯形的锁边黑色头帕，高耸于头顶的头帕展开于双耳两侧（如图八、图九），如鸟翼展翅，盛装时头帕上还要装饰火镰形的银花，使之更显端庄而华贵。

在凉山布拖的头帕设计中应用公羊装饰纹样，此种民族纹样来自于本民族的传说，带有极强的寓意性。作为黑彝族服饰的特征，头帕黑色为底，绣以红色勾黄边抽象公羊纹样，朴素中显示其高贵典雅。头帕的剪裁使其在佩戴时的造型如鸟飞腾，充满动态美感。

图片来源

图一　《中国织绣服饰全集》　天津人民美术出版社 2004年

图二至图九　韩鹏飞　制图

图二　布拖彝族女子头帕线稿结构分析图

图三　布拖彝族女子头帕上色色彩分析图

图四　布拖彝族女子头帕线稿局部纹样分析图

图五　布拖彝族女子头帕上色局部纹样分析图

图六 布拖彝族女子头帕色彩推移分析图

图七 布拖彝族女子头帕色彩取色分析图

图八 布拖彝族女子头帕正面着帕效果图

图九 布拖彝族女子头帕背面着帕效果图

第二章 彝族传统服饰

滇中彝族纳苏支系公鸡帽

图一　滇中彝族纳苏支系公鸡帽主图

公鸡帽是彝家姑娘传统服饰中最富特色的组成部分，寓意"吉祥如意"，同时也象征着光明和富裕。主要用于未婚少女的日常佩戴。公鸡帽的由来是彝族人民对于公鸡的图腾崇拜。彝文经典中记载，远古时天地之间没有光明，无白昼黑夜，是慧鸡不停啼叫才使光明降临大地，天空变得碧蓝。有些彝族地区认为公鸡是最智慧的禽鸟，人们崇拜公鸡是因为它是正义力量的代表，能驱魔辟邪，具备战胜邪魔的无穷力量，是爱情与幸福的维护者。

该案例为滇中地区彝族纳苏支系的公鸡帽（如图一），外形取自公鸡的典型特征，高8厘米，黑布底。帽前沿绣牡丹纹，两侧绣花卉纹、凤鸟纹、蝴蝶纹、犬齿纹等（如图四、图五），帽顶部绣藤条纹、凤羽纹、"寿字纹"寓意长寿吉祥（如图六、图七）。公鸡帽的配色丰富明快、鲜艳大胆（如图三、图八）。公鸡帽根据地区不同，其质地和形制又有差异。穿戴时，将帽身中间部位紧贴前额，两端由前至后围合（图十、图十一）。

滇中彝族纳苏支系公鸡帽，其纹样取自民族传说，寓意吉祥，体现了彝族民族图腾在服饰设计中的应用。在公鸡帽的设计中，样式造型独特，对称造型，中间取以鸡冠造型，镶饰图案，两侧以花鸟纹饰装饰，后上部分由半圆抽象几何图案装饰，穿戴时合为圆形图案。这种设计中的装饰手法，是彝族头饰中最为精彩的装饰手法。

图片来源
图一　钟仕民，周文林　《中国彝族服饰》　云南美术出版社　2006年
图二至图十一　韩鹏飞　制图

图二　滇中彝族纳苏支系公鸡帽线稿结构分析图

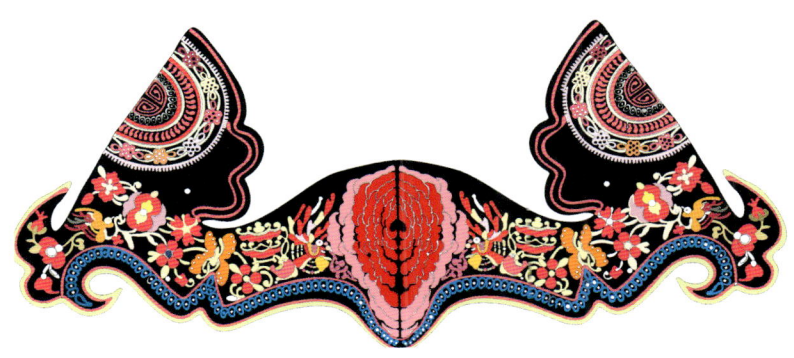

图三　滇中彝族纳苏支系公鸡帽上色色彩分析图

图四　滇中彝族纳苏支系公鸡帽线稿局部纹样分析图 1

图五 滇中彝族纳苏支系公鸡帽上色局部纹样分析图 1

图六 滇中彝族纳苏支系公鸡帽线稿局部纹样分析图 2

图七 滇中彝族纳苏支系公鸡帽上色局部纹样分析图2

图八 滇中彝族纳苏支系公鸡帽色彩推移分析图

图九 滇中彝族纳苏支系公鸡帽色彩取色分析图

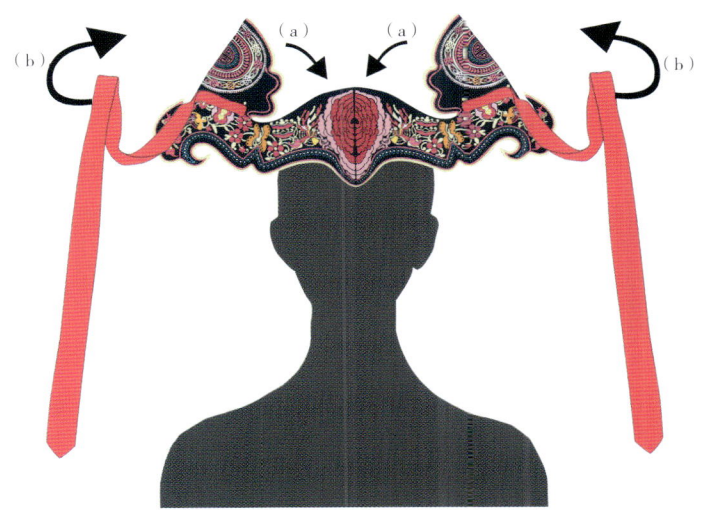

(a)交叠于帽檐处
(b)系带交叉于脑后

图十　滇中彝族纳苏支系公鸡帽着帽示意图

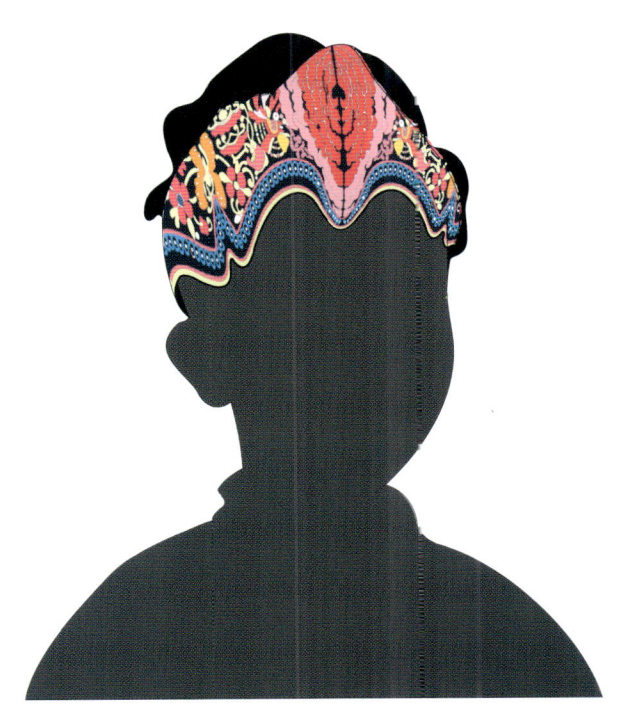

图十一　滇中彝族纳苏支系公鸡帽着帽效果图

云南楚雄彝族罗罗支系男装

图一　云南楚雄彝族罗罗支系男装主图

该服装来源于云南楚雄大过口乡（如图一），属彝族罗罗支系服装，此服装在节日及重大场合穿戴，属于节日盛装。

这套服装为用手工织造的麻布缝成的对襟式无袖短褂（如图四、图五），绣以图案式花纹，缀以蓝色或其他色布的衣边，不仅独具民族特色，而且显得朴素大方，穿着起来显得精干而富于活力。从款式上来说，彝族上衣有大襟、对襟、琵琶襟、一字襟、贯头衣等主要款式，图中上衣和外褂为男服对襟（如图二、图三、图十、图十一）；下装为男裤。青年彝族服饰都把各种花卉、植物及农作物的根、叶、花、果等作为刺绣图案的素材（如图六、图七），形成一幅花鸟图。有的在衣服的门襟、荷包口、裤脚等部位绣上带刺的藤条纹，表示"以物降物"，保护人身安全。中年人服装的纹样较青年人为少，使用颜色为天蓝、绿、紫、青、白等色（如图九、图十五），素貌庄重。老年人多用青、蓝布，一般不做花，仅以青衣蓝边或蓝衣青边为饰。刺绣装饰美丽庄重、色彩鲜明、花样繁多。彝族服饰纹样是其民族文化的载体，丰富多彩，寓意深远。男服多用青蓝色（如图十二、图十三），将刺绣大胆运用于男装的外衣、外褂，通过挑花、穿花、贴花、锁花、盘花、滚花等"做花"工艺，将对大自然的美的理解与追求尽情展现在衣襟上。

云南楚雄彝族罗罗支系男装蓝色长袖衫配以白色装饰纹样马甲，在其图案造型中大量的方正图案配以花卉纹样装饰，使其在男性服饰的刚正中带有精美，体现出特有的地区民族特色。

图片来源

图一　钟仕民，周文林《中国彝族服饰》云南美术出版社 2006年

图二至图十五　曹涵颖　制图

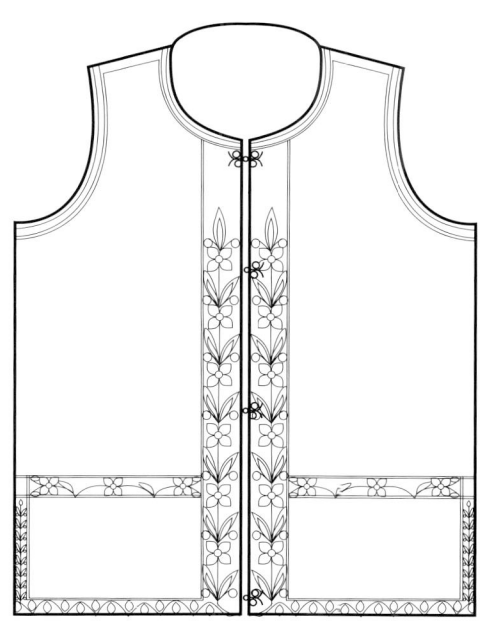

图二　云南楚雄彝族罗罗支系男装马甲线稿正面结构分析图

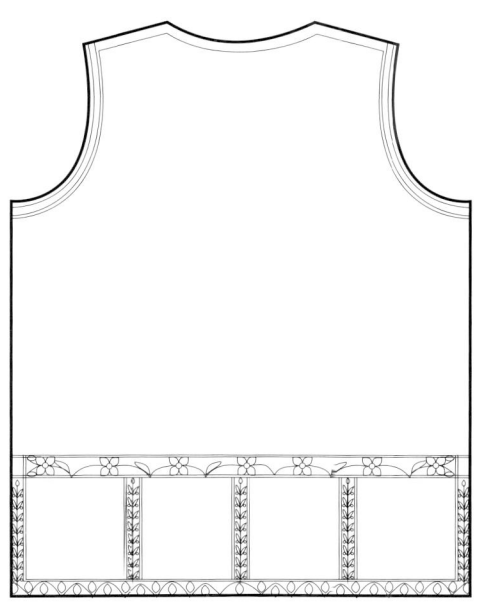

图三　云南楚雄彝族罗罗支系男装马甲线稿背面结构分析图

图四 云南楚雄彝族罗罗支系男装马甲上色正面色彩分析图

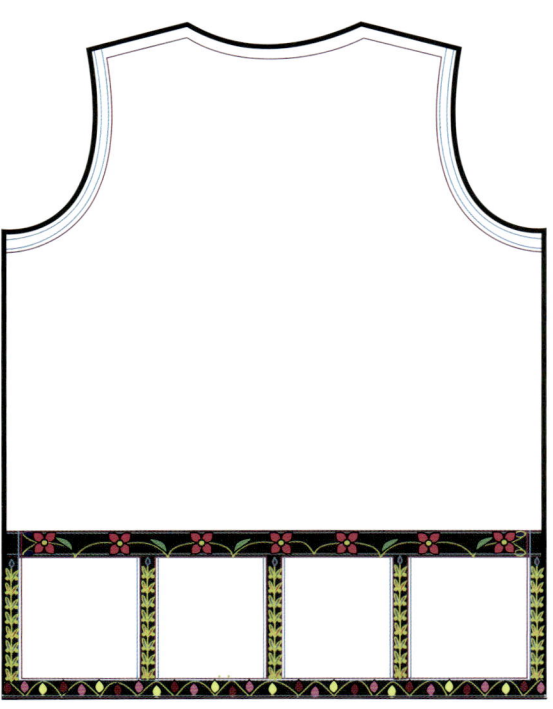

图五 云南楚雄彝族罗罗支系男装马甲上色背面色彩分析图

图六　云南楚雄彝族罗罗支系男装马甲线描局部纹样分析图

图七　云南楚雄彝族罗罗支系男装马甲上色局部纹样分析图

图八　云南楚雄彝族罗罗支系男装马甲色彩取色分析图　　图九　云南楚雄彝族罗罗支系男装马甲色彩推移分析图

第二章　彝族传统服饰

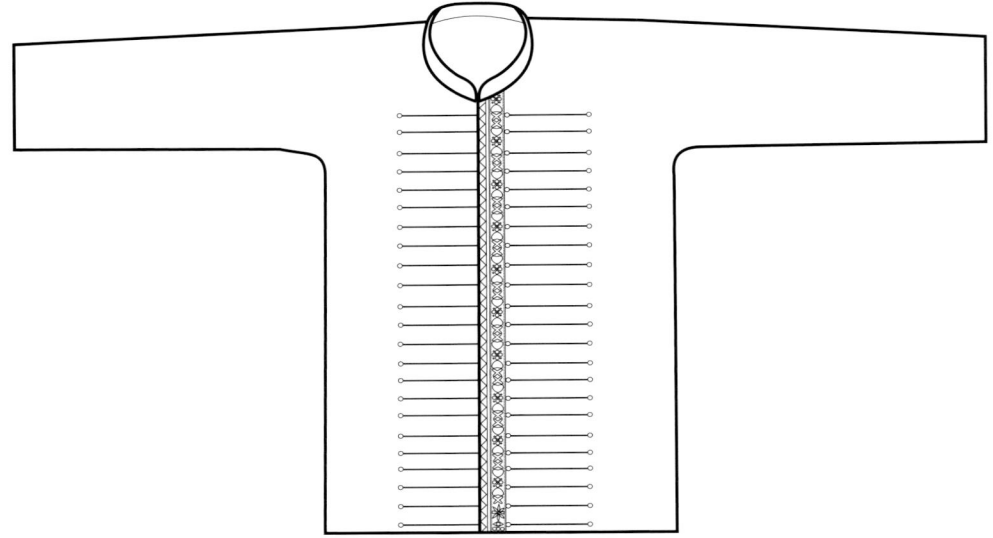

图十　云南楚雄彝族罗罗支系男装上衣线稿正面结构分析图

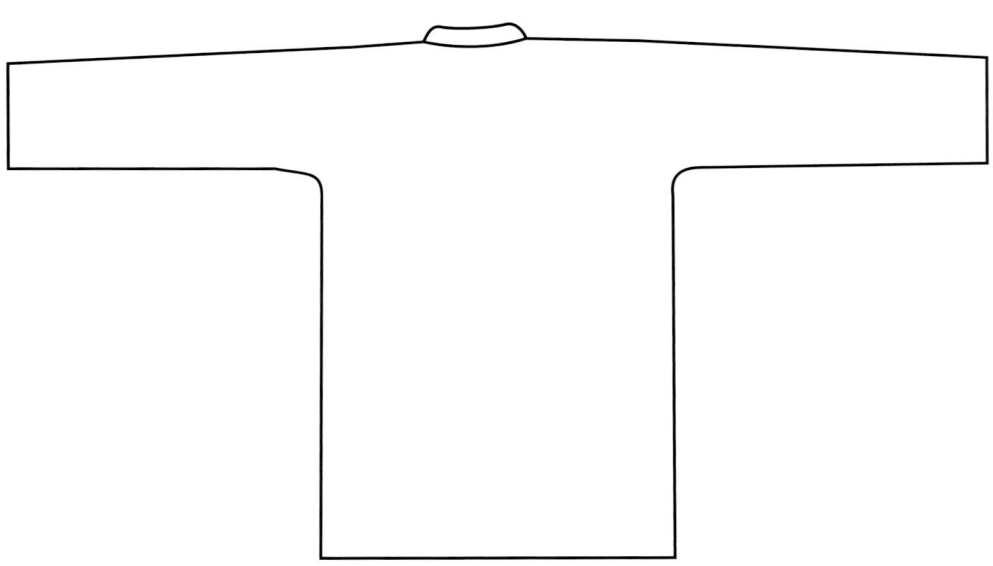

图十一　云南楚雄彝族罗罗支系男装上衣线稿背面结构分析图

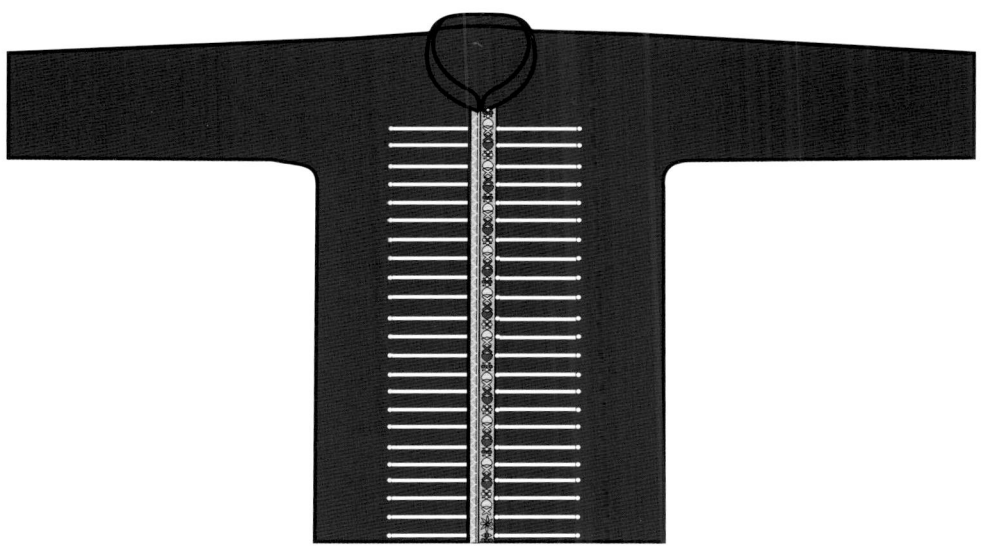

图十二　云南楚雄彝族罗罗支系男装上衣二色正面色彩分析图

图十三　云南楚雄彝族罗罗支系男装上衣上色背面色彩分析图

图十四　云南楚雄彝族罗罗支系男装上衣色彩取色分析图

图十五　云南楚雄彝族罗罗支系男装上衣色彩推移分析图

云南楚雄彝族罗罗支系妇女围腰

图一　云南楚雄彝族罗罗支系妇女围腰主图

本案例的彝族罗罗支系妇女围腰是20世纪80年代楚雄大过口乡征集而来的（如图一）。中国绝大多数南方少数民族都系围腰，可以说围腰是少数民族服饰的组成部分之一。然而在众多的围腰、围裙之中，彝族姑娘的围腰是极具特色的。对于彝族姑娘来说，围腰既是生活中不可缺少的穿戴，也是自己心灵手巧的最好展示。因此，彝族姑娘出嫁前所做的嫁妆，功夫花得最深的就是围腰。彝族围腰一般以"凸"字形造型，用八根细银练吊在脖上，围腹中间镶着四方形围腰芯，周围用彩色丝线刺绣着各种彝家喜爱的花草图案。围腰多为深色，围腰带多为浅色，可以在身后打一个蝴蝶结，还垂下一尺多长，带子上也绣有美丽的图案。整个围腰鲜艳夺目，精致大方。

该围腰呈"凸"字型（如图一、图二、图三、图四），围腰面由黑色、蓝色布料拼接而成。突起的上部和底边周围绣有精致的缠枝花卉纹和折枝花卉纹。中上部分绣有呈三角形构图的三簇团花（如图七、图八），围腰的中心绣有精致的花卉纹。飘带用羊角纹和菱形花卉纹装饰（如图九、图十）。围腰上刺绣的花卉纹看似相同却富有变化，栩栩如生。艳丽的花朵搭配本来朴实无华的暗色系围腰，别有一番风味。

云南楚雄地区的彝族围腰在少数民族中具有极高的代表性，它的剪裁方式具有现代立体剪裁的特点，特有的"凸"字造型与女性身材完美融合，同时采用布料的拼接，使

第二章　彝族传统服饰

其造型层次感更加丰富，素色的底上简单地配以装饰图案，使其充满朴素的美感。

图片来源
图一　钟仕民，周文林　《中国彝族服饰》　云南美术出版社　2006年
图二至图十一　陈昊旸　制图

图二　云南楚雄彝族罗罗支系妇女围腰线描图

图三　云南楚雄彝族罗罗支系妇女围腰色彩分析图

图四 云南楚雄彝族罗罗支系妇女围腰色彩推移分析图

图五 云南楚雄彝族罗罗支系妇女围腰明暗关系分析图

平绣

图六 云南楚雄彝族罗罗支系妇女围腰工艺分析图

图七 云南楚雄彝族罗罗支系妇女
围腰彩色局部纹样分析图1

图八 云南楚雄彝族罗罗支系妇女
围腰线描局部纹样分析图1

第二章 彝族传统服饰

图九　云南楚雄彝族罗罗支系妇女围腰彩色局部纹样分析图2

图十　云南楚雄彝族罗罗支系妇女围腰线描局部纹样分析图2

图十一　云南楚雄彝族罗罗支系妇女围腰着装效果图

云南武定县彝族密岔支系女服

图一　云南武定县彝族密岔支系女服主图

彝族密岔支系妇女服饰采集于云南武定县彝族地区，纹样繁多，是将植物花朵进行解构后的抽象图案。彝族服饰是彝族人民面对自然、生活、情爱、人生的艺术形式的真情披露。此款女服是本地区女子的日常服饰。

本案例女服色彩鲜艳（如图一），喜用红、黄、绿、橙、粉等对比强烈的颜色（如图九、图十三）。彝族服装的花纹、花边有浓厚的民族地方色彩和生活气息（如图六、图七），最常见的有日、月、星、云、天河、彩虹等纹样，有鸡冠、牛眼、羊角、獐牙等动物图案，有叶、花、火镰、发辫、几何形等植物及其他图案。服饰造型为斜襟（如图二、图三），上衣两侧开衩，领口、袖口用花边镶嵌（如图四、图五），袖子用花边和五彩布叠镶成各种纹饰并用丝线滚镶。上衣的右前胸镶世代相传的白云图案。中裤脚长裤（如图十一），款式简洁，腰部和裤脚用黑布拼接，裤脚装饰有蝴蝶纹样、抽象线状纹样，配以彩色丝线滚镶。

云南武定县彝族密岔支系女服是滇中彝族女性服饰的典型代表，其色彩鲜艳，造型简洁大方。在服饰的装饰上，上衣左衽斜襟及袖口采用传统的牡丹绣花图案镶边，给人以高贵大气感。工艺有贴花、挑花、盘花、锁花、镶嵌、平绣等。长裤以蓝色为主色，在裤脚处装饰以蝴蝶纹，给人灵动活泼跳跃之感。

图片来源

图一　钟仕民，周文林《中国彝族服饰》云南美术出版社 2006年

图二至图十三　曹涵颖　制图

图十四至图十五　曹涵颖、陈昊旸　制图

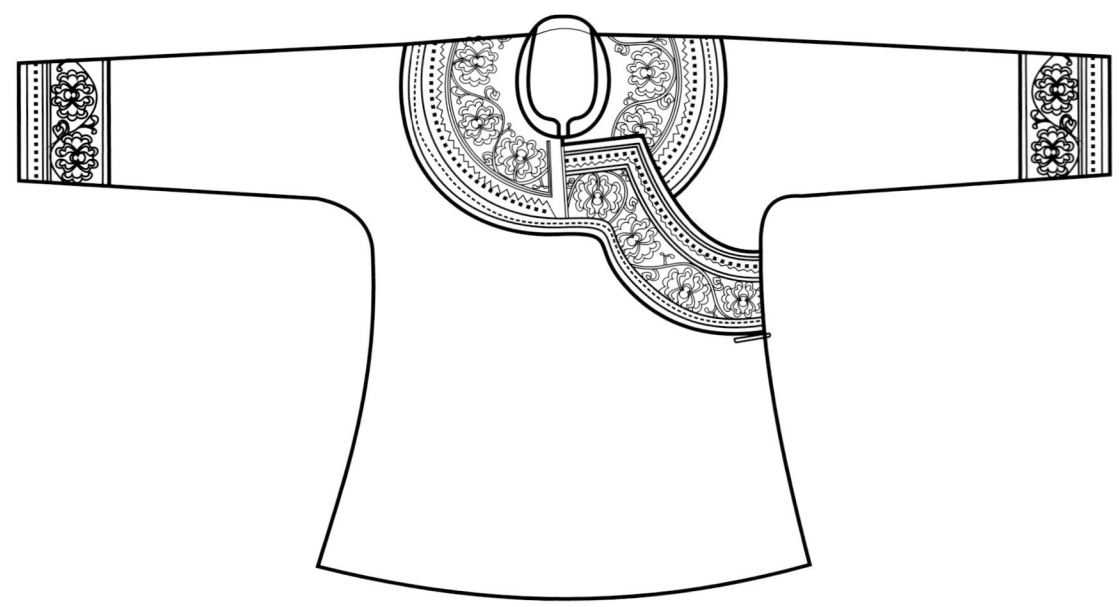

图二　云南武定县彝族密岔支系女服上衣线稿正面结构分析图

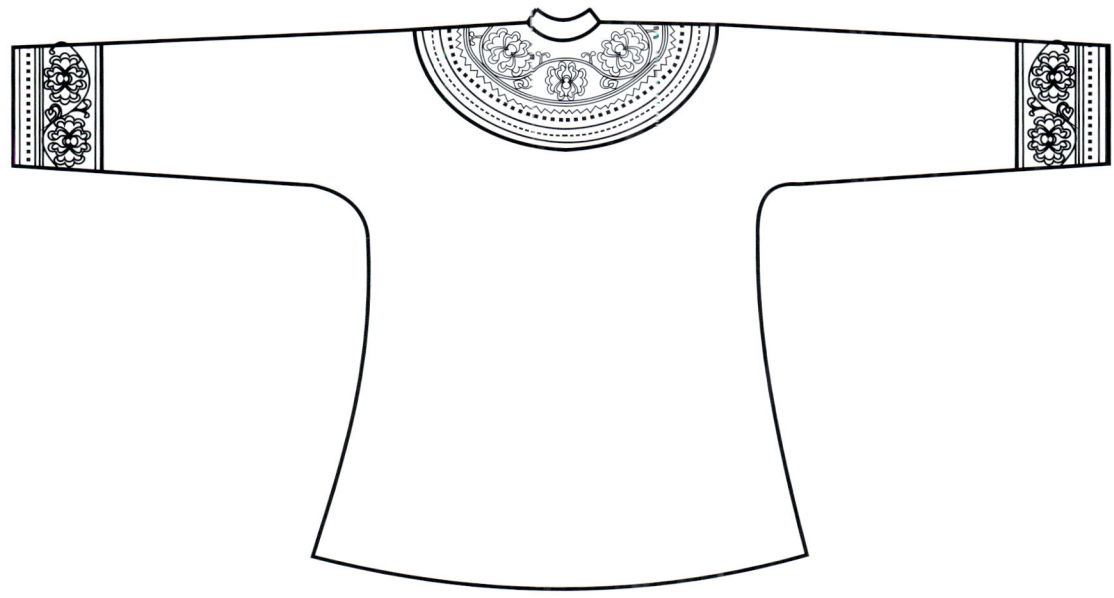

图三 云南武定县彝族密岔支系女服上衣线稿背面结构分析图

图四 云南武定县彝族密岔支系女服上衣上色正面色彩分析图

图五　云南武定县彝族密岔支系女服上衣上色背面色彩分析图

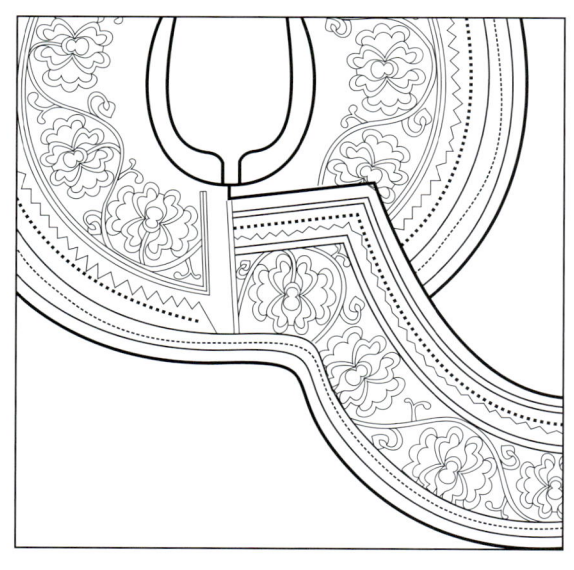

图六　云南武定县彝族密岔支系女服
　　　上衣线描局部纹样分析图

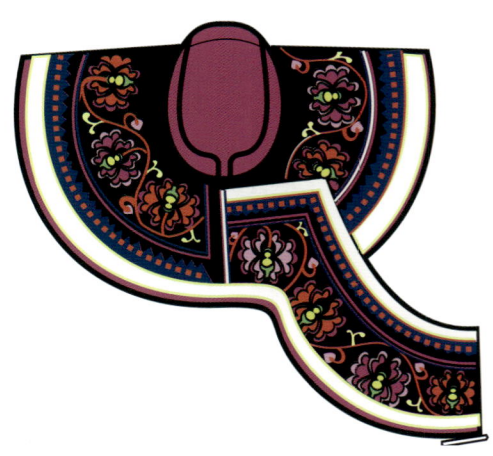

图七　云南武定县彝族密岔支系女服上衣
　　　上色局部纹样分析图

图八 云南武定县彝族密岔支系女服
上衣色彩取色分析图

图九 云南武定县彝族密岔支系女服
上衣色彩推移分析图

图十 云南武定县彝族密岔支系女服
女裤线稿结构分析图

图十一 云南武定县彝族密岔支系女服
女裤上色色彩分析图

第二章 彝族传统服饰

图十二 云南武定县彝族密岔支系女服女裤色彩取色分析图

图十三 云南武定县彝族密岔支系女服女裤色彩推移分析图

图十四 云南武定县彝族密岔支系女服上衣着装效果图

图十五 云南武定县彝族密岔支系女服女裤着装效果图

彝族查尔瓦

查尔瓦是彝族传统服饰，主要以羊毛、棉布等材料制成。查尔瓦形似斗篷（披风），长至膝盖以下，下端装饰以长穗流苏，有白、灰、青、黑等色。查尔瓦多为彝族男女外出时所穿着，可以御寒防风，亦可作为被褥使用。

本案例所示彝族查尔瓦以羊毛织成，白色，上端以羊毛绳缩口，下部缀有长达40厘米左右的长穗流苏。羊毛查尔瓦的制作工艺是先将捻成线的羊毛织成毛布，后给毛布的尾端打结，称之为捻穗，捻穗形成了查尔瓦下端美丽的流苏。由于查尔瓦是由原生羊毛制成，其御寒、防水防潮性极强，实用功能极好，因此成为彝族老少人人必备的传统服饰。

彝族居住区大部处于山区，全年气候相对变化不大，所以彝族服装的季节性不强，查尔瓦亦是常年皆可穿着，冬季查尔瓦多为羊毛材料，夏季一般使用棉布制作。查尔瓦具有白天为衣、夜晚为被、挡风遮雨、寒暑不易的特点，是彝族最具代表性的服装。

图片来源
图一　李思祎　摄影
图二至图七　王爽颖　制图

图一　彝族查尔瓦主图

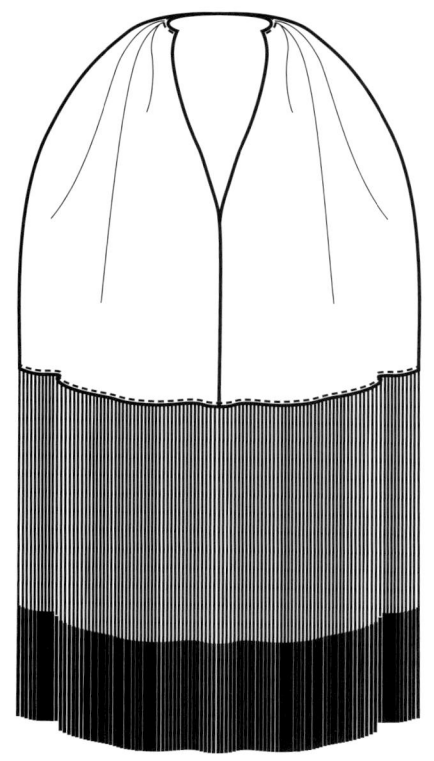

图二 彝族查尔瓦正面图

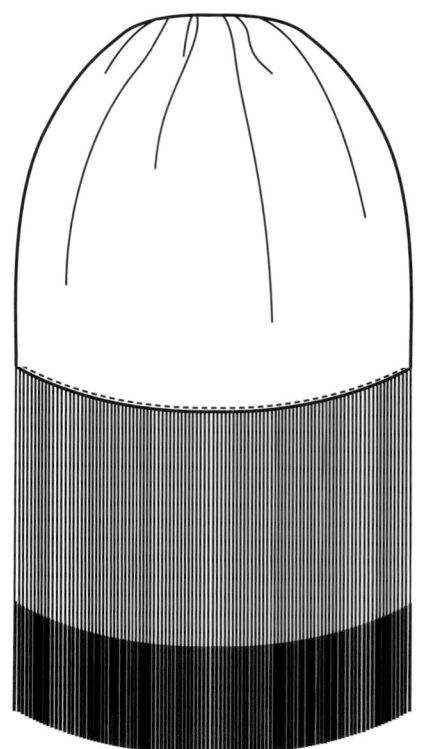

图三 彝族查尔瓦背面图

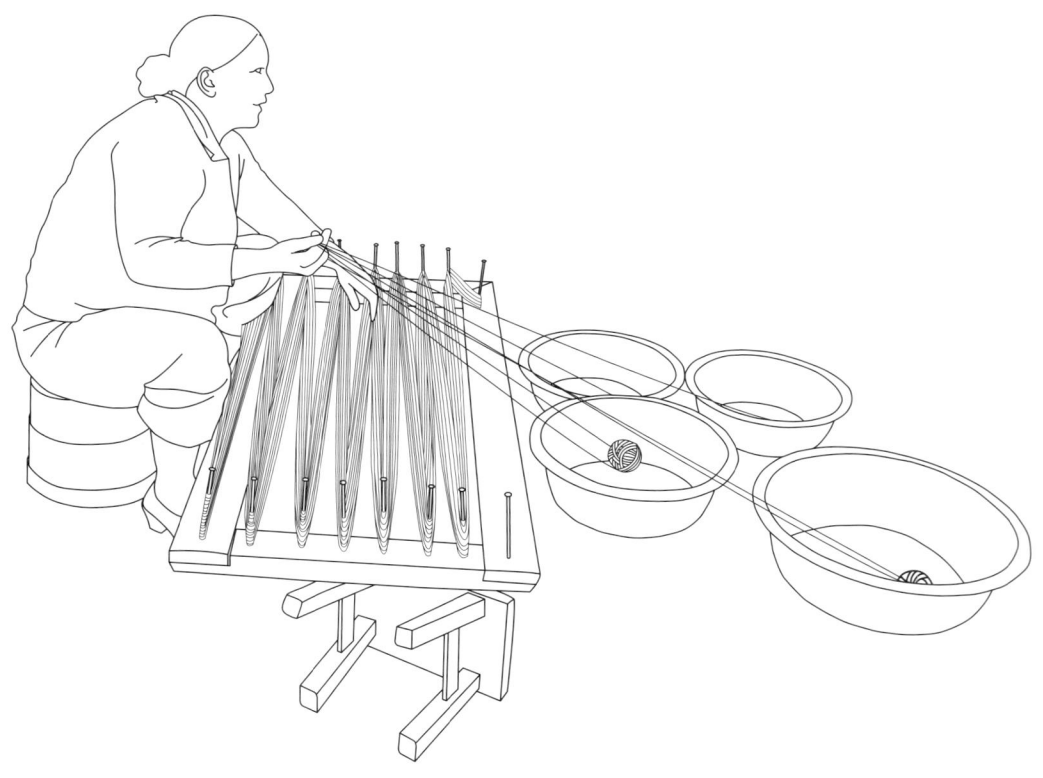

图四 彝族查尔瓦制作场景图

图五 彝族查尔瓦展开图

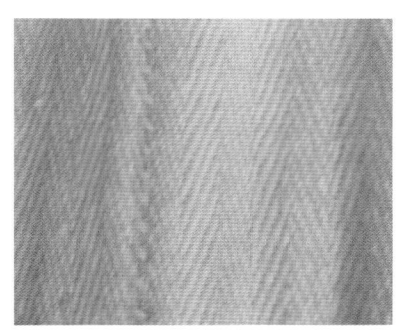

图六 彝族查尔瓦工艺分析图

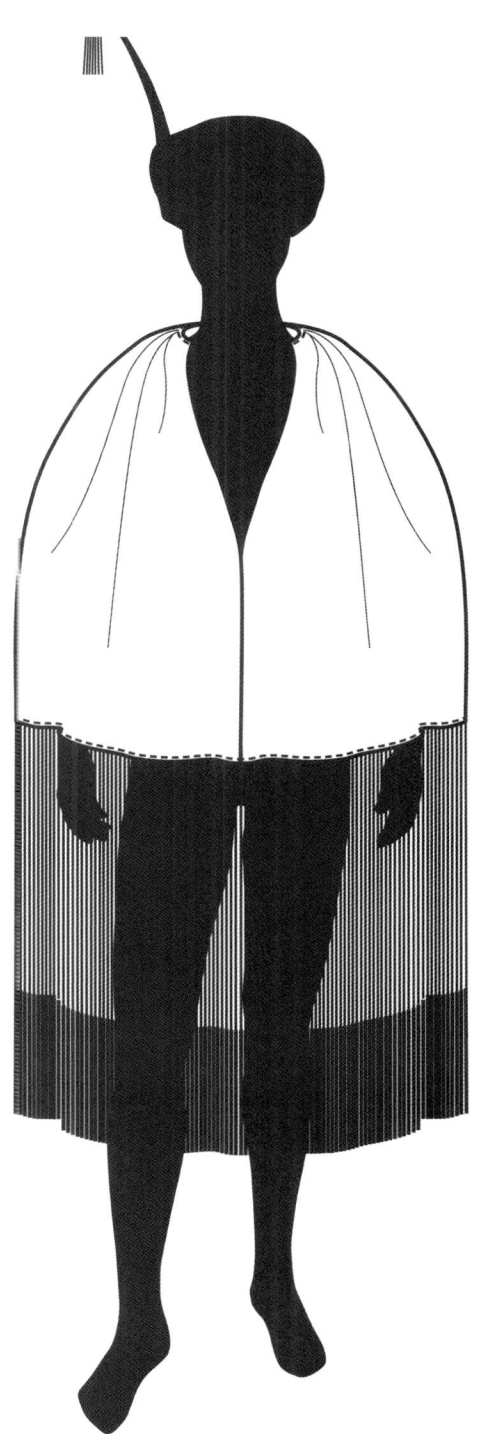

图七 彝族查尔瓦着装效果图

彝族如意披肩

图一　彝族如意披肩主图

　　彝族披肩作为一种彝族传统衣饰，多为新娘婚嫁时所穿着。披肩围绕脖子一周，形式多为四合如意形，具有吉祥如意、驱邪避害的寓意。彝族披肩的刺绣方式多为挽针、滚针、松针、顶针等，纹样也较为繁多，多有云纹、如意纹、花鸟纹等，色彩丰富艳丽，曲线婉转流畅。

　　本案例所示清代彝族如意披肩，直径为45厘米，展开为菱形，正中领口为圆形，前胸开叉，中间系丝绒彩绳，后背边缘缀五彩线须流苏。披肩绣如意纹，边缘镶嵌圆形镀银铜泡，色彩绚丽明亮。此披肩为新娘所穿衣饰，寓意为万事如意、吉祥护身。

　　彝族披肩历史悠久，已成为青年妇女在婚嫁时必不可少的衣饰品。披肩寓意丰富，形式多样，色彩明艳，工艺考究，是我国民族工艺中一颗璀璨的明珠，对于当代传统工艺的研究具有重要的参考价值。不失为民族艺术精品。

图片来源

图一　田顺新编著　《民间刺绣》　河北少年儿童出版社 2007年

图二至图八　张俊娟　制图

图二　彝族如意披肩线描稿

图三　彝族如意披肩色彩分析图1

图四　彝族如意披肩色彩分析图2

图五　彝族如意披肩色彩分析图3

图六　彝族如意披肩构成形式分析图

图七　彝族如意披肩着装效果图正面　　　　　　　图八　彝族如意披肩着装效果图背面

彝族三角包

图一　彝族三角包主图

彝族三角包为彝族女性佩戴于腰间兼具实用功能与装饰功能的三角形荷包。彝族女性多在外出时将三角包佩戴于腰间，用以携带零钱、针线等小物件，三角包下缘缀以色彩鲜艳、做工精细的彩色飘带，佩于腰间可随女子步伐而飘动，彩带条数多为单数，一般为五条、七条或九条。三角包包面装饰纹样，以蕨菜纹为主，另外还有牛眼纹、太阳纹等传统纹样。

本案例所示彝族三角包总长约70厘米，斜边长约34厘米。三角包呈等腰直角三角形，黑色底部上绣以红底黄边蕨菜纹，两条直角边边缘装饰以花卉纹样。包体下端缀以彩色飘带，颜色为红色、黑色、绿色与紫色的搭配。整体对立统一，呈现出极强的视觉冲击力，丰富而生动。

不同地区的彝族三角包各具特色，在纹样、色彩与飘带图案上都有所差异。布拖三角包喜用寓意力量的牛眼纹作为女子盛装时三角包上所绘的纹样；普格地区三角包多用拼贴镶嵌绣工艺，纹样大而突出；永仁地区三角包多装饰以牛眼纹、太阳纹，边沿饰以花布飘带。三角包造型丰富，色彩鲜艳美观，体现了彝族鲜明的民族特色。

图片来源
图一　何欢　摄影
图二至图七　刘静　制图

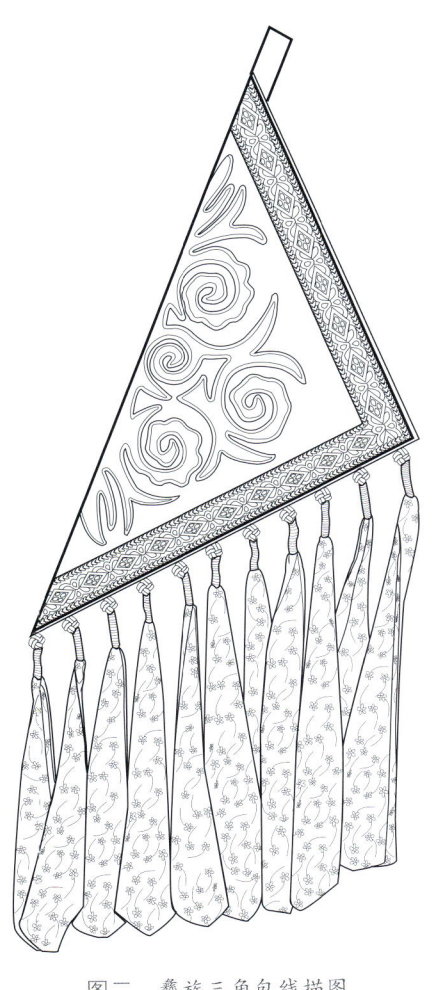

图二 彝族三角包线描图

图三 彝族三角包色彩分析图1

图四 彝族三角包色彩分析图2

第二章 彝族传统服饰

图五　彝族三角包局部纹样分析图1

图六　彝族三角包局部纹样分析图2

图七　彝族三角包着装效果图

彝族银胸牌

图一　彝族银胸牌主图

彝族人民崇银尚银，银占据了彝族人民生活中极为重要的地位。彝族银器品种繁多，使用面十分广泛，其中银饰占据了绝大部分。银饰被彝族人认为是美丽与富有的象征，种类繁多，主要包括了银头牌、银耳环、银耳坠、银领牌、银胸牌、银领扣、银手镯、银戒指等。彝族银饰做工考究，纹饰手法以阴刻、镂空、镶嵌为主，一件彝族银饰要经过上胶、雕花、镂空、焊接、打磨、上光等十几道工序方可制作完成。

本案例所示彝族银胸牌，由独立银饰片用银链组合而成，银饰片下缀以银筒穗，行走时摇晃碰撞而叮铃作响。银饰片上纹以飞鸟纹、花卉纹等吉祥纹样，纹样形象突出，做工考究，颇具立体感，展示了彝族古老唯美的传统银饰文化。

彝族银饰体现了彝族鲜明的审美观，极具彝族独特的传统民族特色。彝族银饰造型美观夺目，古朴大方，极具视觉冲击力，在造型之外，更注重银饰与人体的和谐统一。

图片来源
图一　何欢　摄影
图二至图六　曹涵颖　制图

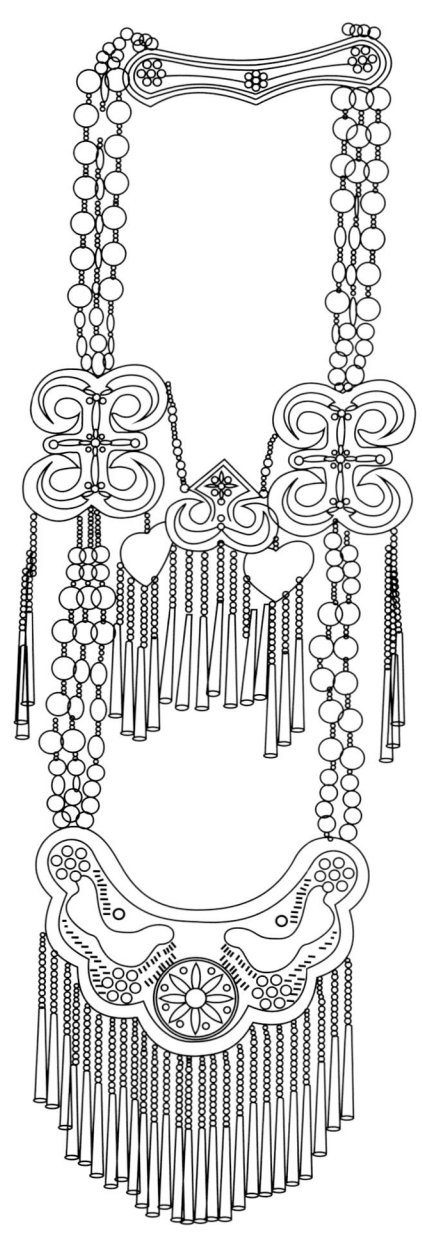
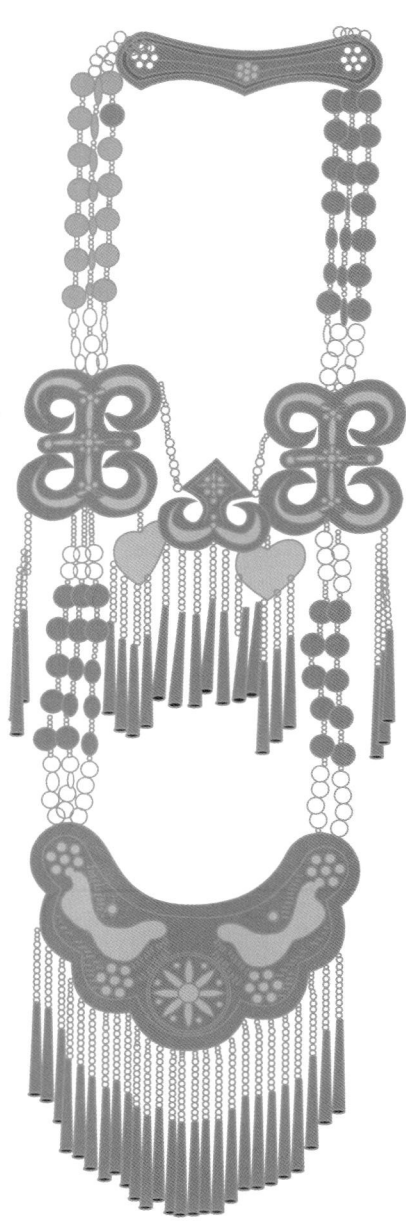

图二　彝族银胸牌线描图　　　　　　图三　彝族银胸牌色彩分析图

图四 彝族银胸牌局部纹样分析图1

图五 彝族银胸牌局部纹样分析图2

图六 彝族银胸牌着装效果图

第三章
彝族传统餐饮

彝族酒杯

图一　彝族酒杯主图

彝族的酒器种类繁多，酒杯也多种多样。

本案例高9.1厘米、杯口直径8.4厘米。这款产品整体造型简单大方，杯口略大，杯托底部比较宽大，可以更好地稳定杯身。杯子上的图案十分讲究装饰纹样的对称性。杯子用杜鹃、华木等名贵木材（或竹、牛角骨等）制作成坯。因为依着木头的天然形状手工削制而成，所以彝族人制作的各种器皿大小不一，形状各异，每只碗或每个盘子都是独一无二的手工精品。已经成型的坯经过一两个月的阴干之后才可以涂底料。底料就是一种叫"土漆树"的汁液，原本是乳白色的，如橡胶一般，涂在木器表面就会神奇地变为黑色。接着是勾线和填色。黄色用一种叫"石黄"的石头研磨而成，红色是银朱的粉末。

据说漆器的创始人叫狄也火扑，有一天他梦见自己做的鸟形酒壶化做一只木鸟，展翅飞进一片森林，他赶快骑马追去，只见木鸟飞进漆树林时全身变黑了，飞进杜鹃林时又被染上了红色和黄色的花纹。于是，当狄也火扑醒来时，便用这3种颜色绘制成了彝族人的第一件漆器。彝族漆器既是生活日用品，也是装点居室的艺术品，更是可供纪念、馈赠、销售、鉴赏、收藏的工艺品。它是民族文化宝库中的瑰宝。

图片来源
图一至图六　张婷　制图

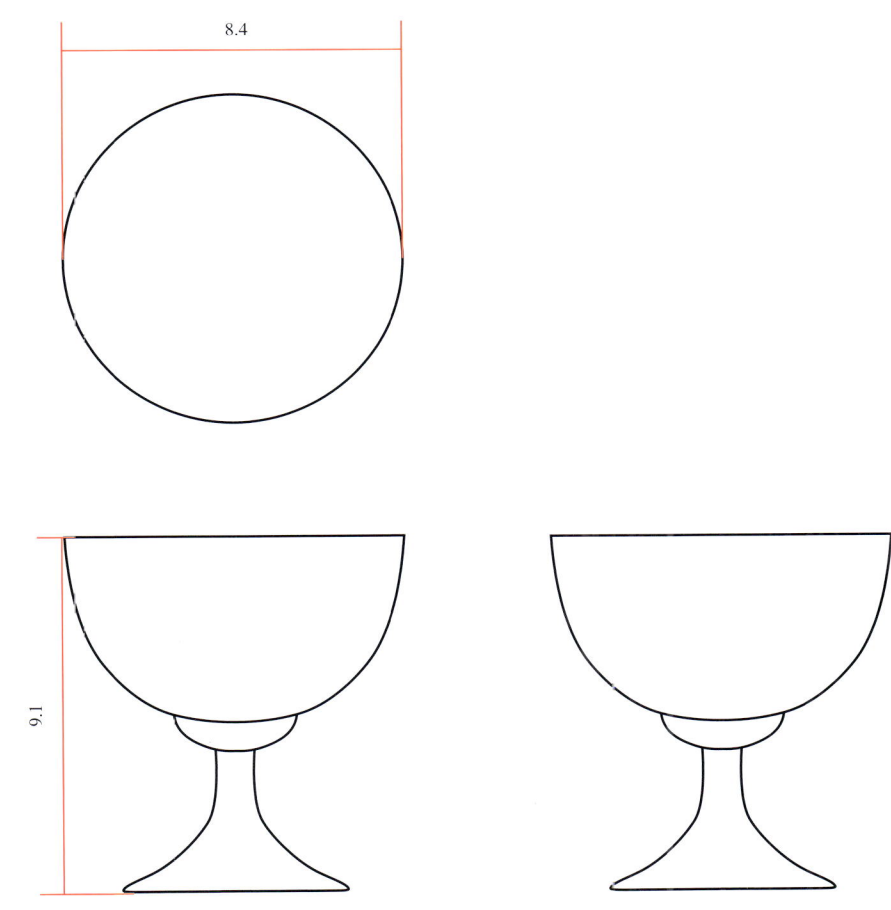

图二　彝族酒杯三视图（单位：cm）

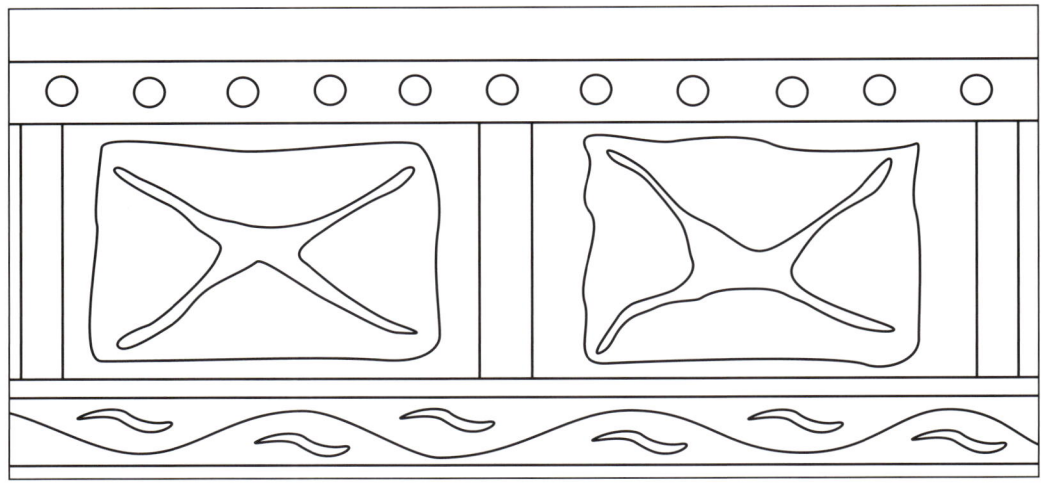

图三　彝族酒杯图案分析图

图四　彝族酒杯配色方案图

图五　彝族酒杯效果图

图六　彝族酒杯使用示意图

第三章　彝族传统餐饮

彝族矮脚酒杯

图一　彝族矮脚酒杯主图

　　本案例彝族矮脚酒杯产于四川省凉山彝族自治州，是具有彝族当地特色的一款酒杯。

　　本案例造型呈"T"字型，是大多数酒杯常用的造型，杯口为敞口造型，杯肚部分更像是一个小碗的形状，这样就比普通的酒杯容量更大，可以盛更多的酒，杯茎的部分由上到下缓缓渐变，一直到杯座部分呈扇形打开，造型小巧独特，别有一番风味。产品材质为木质，以木材为坯，再将彝族三色彩漆涂绘于木坯之上。本案例的纹样主要是几何纹，在彝族漆器中，几何纹的运用十分广泛，一方面表现了抽象之美，另一方面也表现出了连续纹样的对称排列之美，本案例主要是线的运用比较多，再以线成面，形成了点线面的结合。本案例在色彩的搭配上运用了红、黄、黑三种颜色，庄重、热情与光明完美结合，使人难以忘怀。

　　彝族矮脚酒杯是盛酒的用具，属酒具的一种，一般与食具一起使用，是饭桌上较为常见的一种器具。

图片来源
图一　胡海玲　制图
图二至图六　杨曼羚　制图

图二 彝族矮脚酒杯三视图（单位：cm）

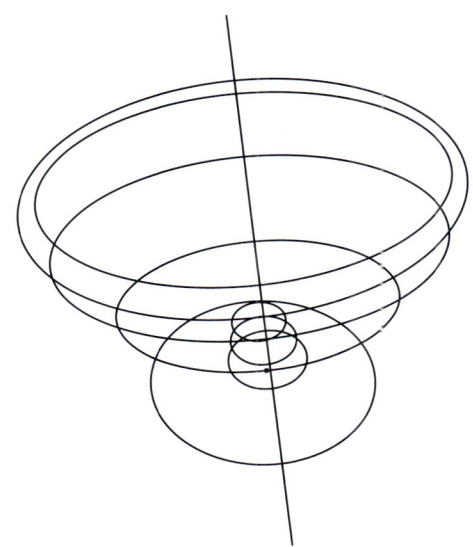

图三 彝族矮脚酒杯造型分析图

图四 彝族矮脚酒杯图案分析图

图五　彝族矮脚酒杯配色方案分析图

图六　彝族矮脚酒杯使用示意图

彝族带把酒杯

图一　彝族带把酒杯主图

本案例彝族带把酒杯产于四川省凉山彝族自治州,是一种漆器酒杯,彝族人喜爱使用漆器制品,两千年来将漆器应用于各种生活用具。

本案例直径约为5厘米。造型不似其他酒杯,更多地借鉴了碗的形式,在巴蜀一带,人民十分热情,彝族更是好客的民族,在饮酒时以碗代杯,更展示出巴蜀人民的淳朴耿直的民风,别有一番豪气。本案例造型上更像一个碗,在"碗"口边沿有一个把手,便于拿握,更显示出设计的独特之处。产品为纯牛角制成,手工制作,将牛角制成的坯,以黑色的木漆做底,再以朱砂、石黄等矿物制成的彩漆绘制图案纹样。本案例纹样以几何的连续纹样为主,十分讲究装饰的对称性和变形的抽象性,点、线、面的结合显示出了彝族人民的审美情趣。本案例同样运用了彝族漆器的常用色红、黄、黑,将彝族漆器的三色文化表现得十分明确,色彩浓烈,让人眼前一亮。

彝族漆器带把酒杯主要用于盛酒,属酒具的一种,一般与食具一起使用,是饭桌上较为常见的一种器具,使用时只需要将酒倒入空的酒杯中即可。本案例独特的造型将酒具与食具结合了起来,表现出了彝族人民的智慧。

图片来源
图一至图六　杨曼羚　制图

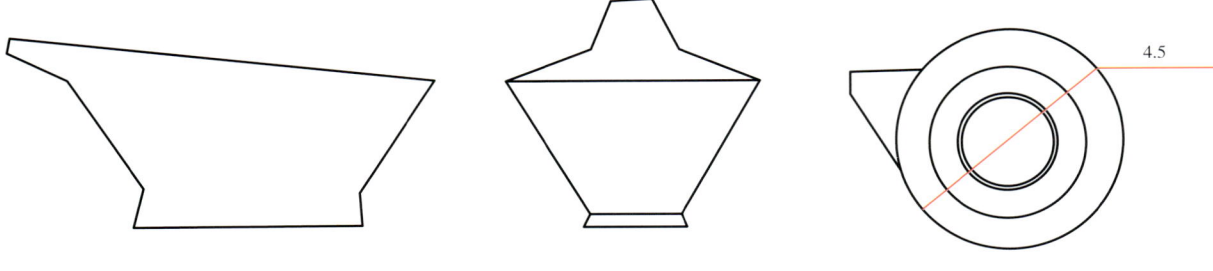

图二　彝族带把酒杯三视图（单位：cm）

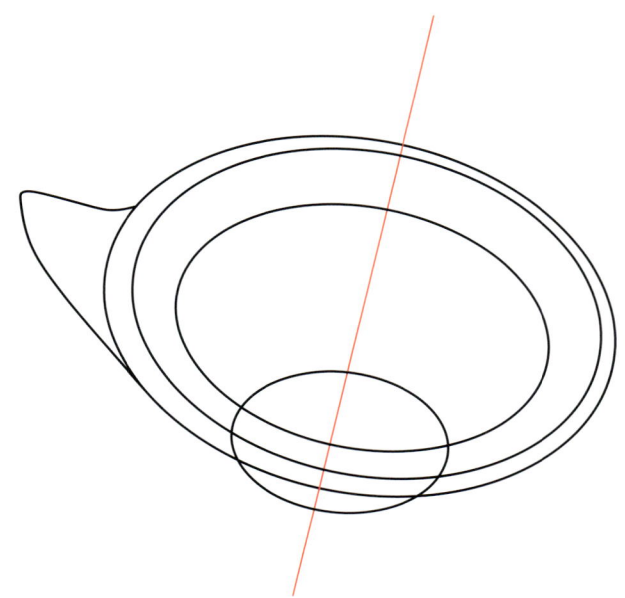

图三　彝族带把酒杯造型分析图

图四　彝族带把酒杯配色方案分析图

图五 彝族带把酒杯纹样分析图

图六 彝族带把酒杯使用示意图

彝族杆杆酒杯

图一　彝族杆杆酒杯主图

　　杆杆酒杯，是彝族人民在饮用酿造的杆杆酒时使用的器具，因盛放杆杆酒而得名。

　　本案例高13厘米，直径7.5厘米，造型为圆口高脚，形状类似于西方高脚酒杯。底部呈圆盘状圈足，整体造型稳定中带有平缓曲线。杆杆酒杯的坯底用木材制作，表面用土漆涂饰。此款杆杆酒杯杯体上的图案取材以自然为题材，杯口描绘金黄色回形图案，杯身图案表现自然中卷曲的藤草包裹果实的景象，象征着以美酒庆贺丰收的喜悦，同时也寓意着累累硕果为热爱饮酒的彝族人民带来更多醇香的美酒。杆杆酒杯的色彩搭配延续了彝族漆器色彩的传统搭配，采用红、黑、黄三种色彩。

　　彝族喜欢饮酒，"有酒便是宴"已成习惯。饮酒时不分场合地点，也不分生人熟人，席地而坐，围成一个圆圈，递传酒杯，依次饮用。杆杆酒杯是彝族家庭过节喜宴必不可少的饮酒器具，它的产生与彝族人民对饮酒文化的热爱密不可分。酒杯杯体为椭圆状，杯体下由一直径近3厘米的柱状体连接底座。这样的形体，使饮酒时手部握紧酒杯的部位更加舒适。

图片来源
图一　胡海玲　制图
图二至图八　张婷　制图

图二 彝族杆杆酒杯同类产品比较图

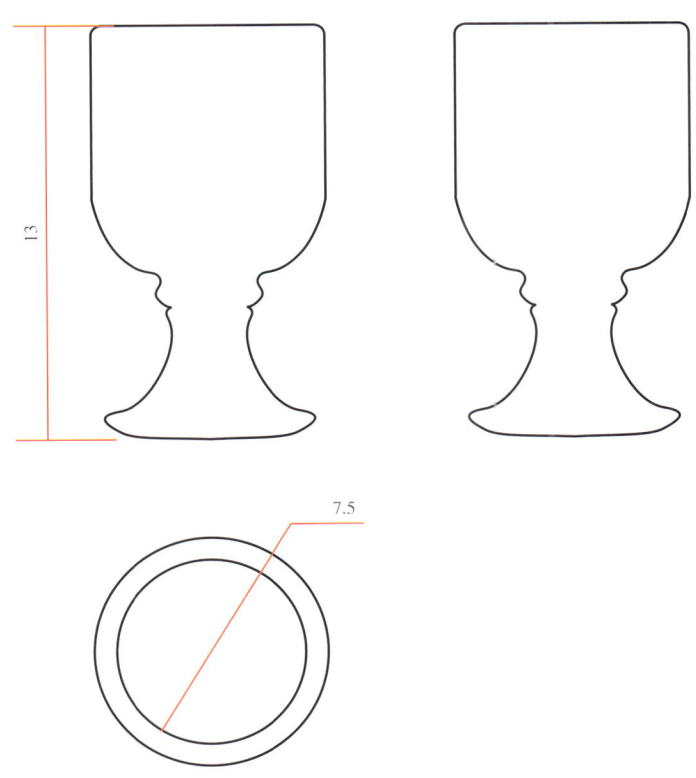

图三 彝族杆杆酒杯三视图（单位：cm）

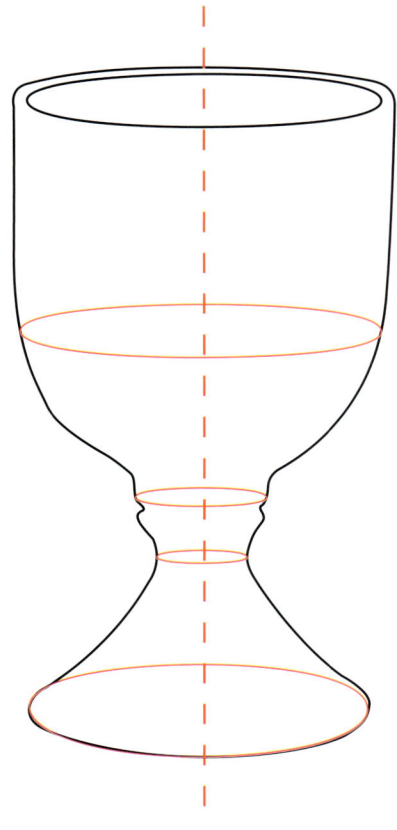

图四 彝族杆杆酒杯内部造型分析图

图五 彝族杆杆酒杯图案造型分析图

图六 彝族杆杆酒杯图案纹样分析图

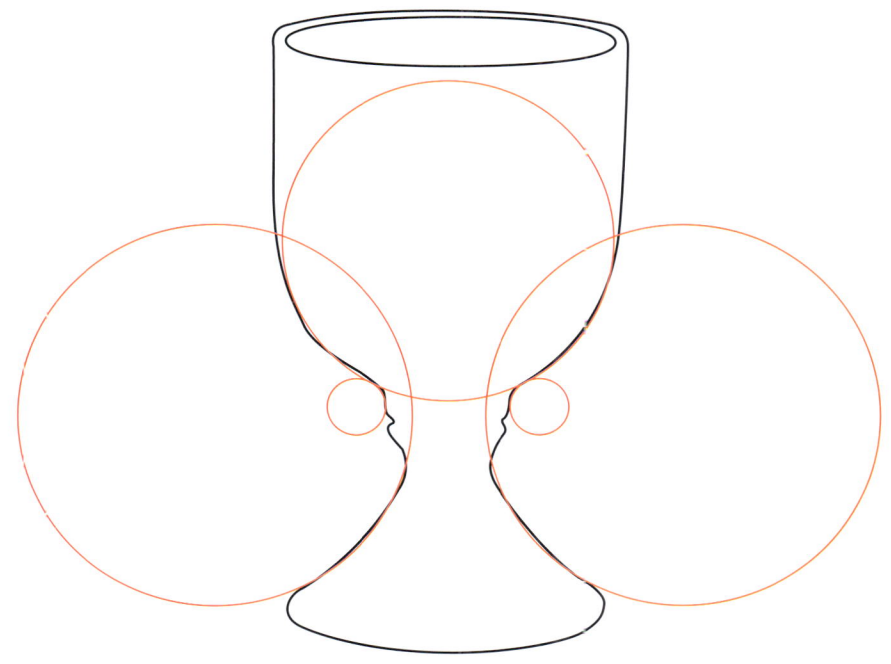

图七 彝族杆杆酒杯外观造型分析图

图八 彝族杆杆酒杯配色方案图

彝族牛角酒杯

图一　彝族牛角酒杯主图

"牛角酒"是楚雄彝族的一种古老的饮酒方式，约1公斤米酒被装在牛角杯内，由亲朋好友轮流畅饮。牛角杯用牛角制成，杯上用土漆绘上各种图案，是彝族古老文化艺术的组成部分。

本案例牛角酒杯为清代彝族彩绘漆器，现存于四川博物院民族文物馆。牛角酒杯长34厘米，杯口直径10厘米。胎骨直接取之于动物体，经磨制彩绘而成，古朴自然。牛角酒杯的杯口为椭圆形，杯身色彩由黑红黄三色构成，辅以少量的其他色彩，黑色表示尊贵和庄重；红色象征勇敢和热情；黄色代表美丽和光明，三色错综调配，间隔使用，色泽明快艳丽。牛角酒杯用线条和色彩分割块面，杯沿有回形纹，其下有用细笔点成的纹样和由圆圈组成的纹样，杯身以黑漆底烘托，使花纹清晰，色彩对比强烈。牛角酒杯纹饰源于自然，来自生活，既反映了彝族先民的图腾观念，同时也反映了彝人尚武好勇的民族气质。

长期以来，畜牧和狩猎在彝族经济生活中占有十分重要的地位，因而制造角杯等特色产品的原料也十分丰富。牛角酒杯的制作较简易：将牛角砍下，用大火煮，掏净角内的血肉等杂物，角表刮削匀净，髹漆彩绘即成。角杯一般都成对组成，并且多在角端钻孔或者在留有突结的地方，以绳拴系两角杯，组成一对，展示出一种和谐美。彝族在宾客临门时，常以牛角杯敬酒，敬酒时，绝不能把杯的角尖弯向客人，否则会被视为不友好的表示。客人回敬时，也绝不能把角尖弯向主人，而应双手平举角杯，使角尖右弯或弯向自己。

图片来源
图一　绿色设计研究所
图二至图八　贺杰　制图

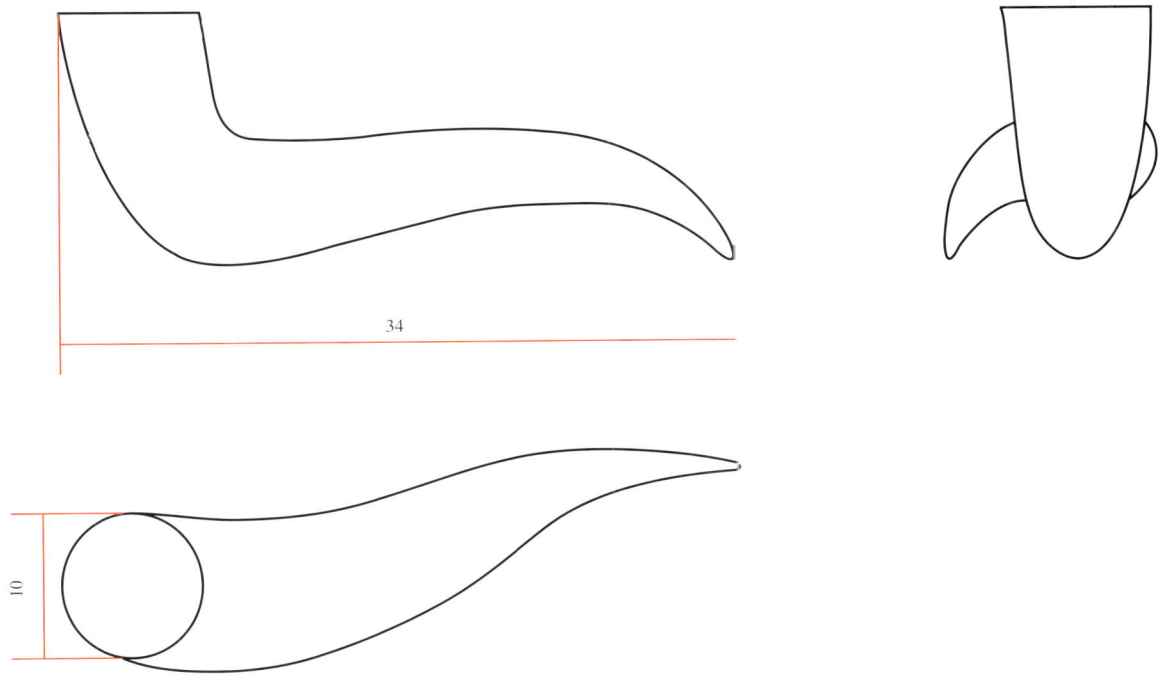

图二　彝族牛角酒杯三视图（单位：cm）

图三　彝族牛角酒杯配色方案图

图四 彝族牛角酒杯局部纹饰图

图五 彝族牛角酒杯剖面图

角杯都成对组成，并且多在角端钻孔或者留有突结，以绳拴系两角杯。

图六 彝族牛角酒杯局部功能示意图

图七　彝族牛角酒杯使用示意图1

敬酒时，绝不能把杯的角尖弯向客人，否则会被视为不友好的表示。客人回敬时，也绝不能把角尖弯向主人，而应双手平举角杯，使角尖右弯或弯向自己。

图八　彝族牛角酒杯使用示意图2

彝族鹰爪杯

图一　彝族鹰爪杯主图

　　鹰爪杯是彝族传统酒具，又称噘喜哲惹，为高脚酒杯，因其底座为鹰爪形，故称鹰爪杯，用于饮酒。其形式多样，但是都由鹰爪和漆器酒杯制作而成。它是彝族饮食文化中非常具有民族特色的典型代表。

　　该酒杯取材于鹰爪，鹰是鸟中之王，天空的神，它象征勇敢、矫健。鹰爪因难得而名贵，故使用鹰爪做成的酒杯更显现出权力与富贵。这既反映了凉山彝族先民的图腾观念，同时也反映了彝族人尚武好勇的民族气质。鹰爪酒杯的杯身如前述高脚杯，杯身下伸出一突锥，将张开晒干定型的鹰爪粘合于此。在色彩上，鹰爪酒杯杯身也用红、黄、黑三色涂彩而成。庄重的黑色、明快的黄色、热情的红色，构成具有浓郁民族风格的几何图案，具有深厚的文化底蕴。在暗黑色的底子上，以鲜明的红黄两色构成冷暖、强弱以及明暗对比，既有局部色彩的协调跳跃，又有整体效果的浓烈艳丽，同时还能形成一定的空间感。除了绮丽的艺术效果，凉山彝族漆器上的色彩还有约定俗成的文化内涵，如黑色表示尊贵和庄重，红色象征着勇敢和热情，黄色代表幸福和光明，体现出彝族人传统的三色崇拜。

　　鹰爪杯其胎骨直接取之于动物体，经磨制彩绘而成，色泽自然古朴。其纹饰来源于各种各样的生活题材，将这些纹饰规范化、连续化，便构成了凉山彝族独特的漆器图案，具有鲜明的民族特点。

图片来源
　　图一　绿色设计研究所
　　图二至图五　罗黛诗　制图

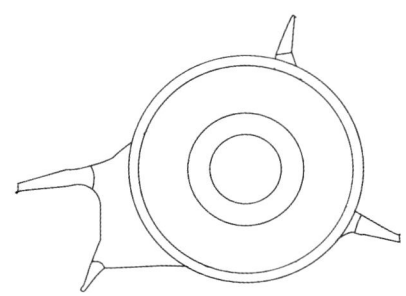

顶视图

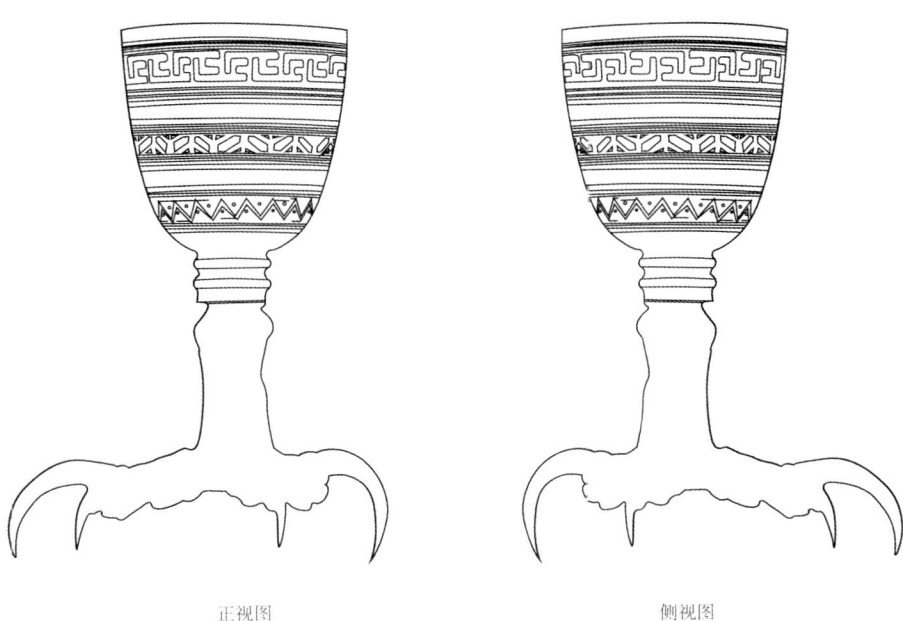

正视图　　　　　　　　　侧视图

图二　彝族鹰爪杯三视图

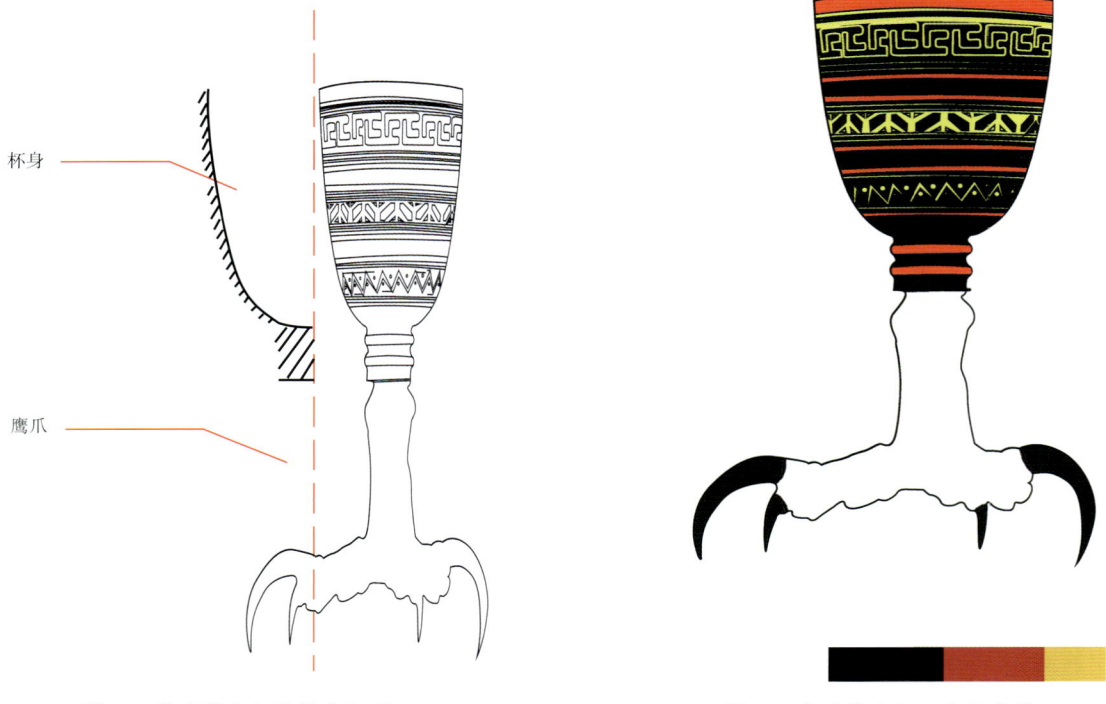

图三　彝族鹰爪杯结构分析图

图四　彝族鹰爪杯配色方案图

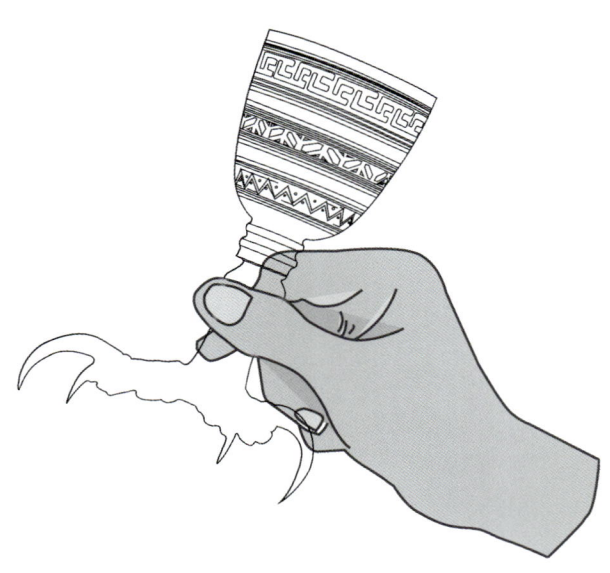

图五　彝族鹰爪杯使用示意图

彝族羚羊角酒杯

图一　彝族羚羊角酒杯三图

彝族是个热情好客、粗犷豪放的民族，酒文化浓烈深厚。由于这种对酒的热爱，因此对酒器的制作也颇为讲究。彝族酒杯形态优美，材质各异，如金、银、牛角、牛皮、羚羊角等制作用材，都寓意着吉祥如意。

本案例长23.5厘米，口径5.7厘米，材质为羚羊角，代表着吉祥，其造型与装饰图案古拙精美，彩绘的花草浑然天成，大气简洁。图案的产生，源于古代的自然崇拜和图腾崇拜。由于彝族先民对天体、大地、动植物的崇拜心理，便出现了对日月、山川、大地、草木进行符号化和图案的描绘，继而又产生出各种图腾崇拜的符号与图案。在彝族酒器图案中，运用各种线条、图案和红、黄、黑三种颜色，精细、协调、柔和地组成精美的图案。红色象征太阳、火；黄色寓意富有、丰足；黑色则代表庄严、权力。

图片来源
图一　《凉山彝族文物图谱》　四川民族出版社 1982年
图二至图五　谢迪、邓茜　制图

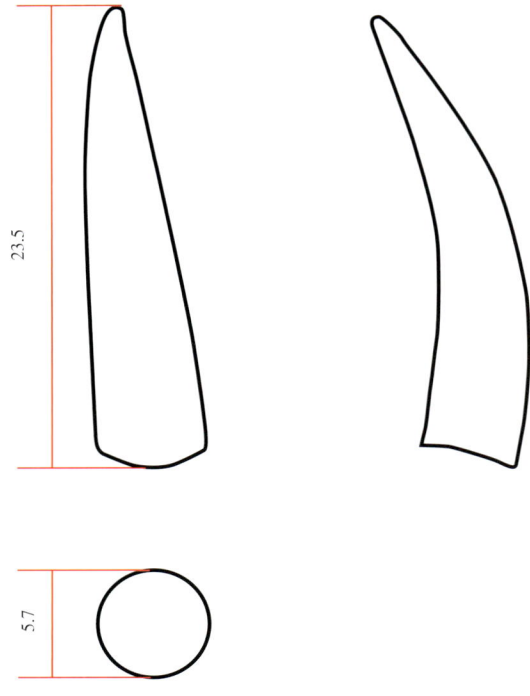

图二　彝族羚羊角酒杯三视图（单位：cm）

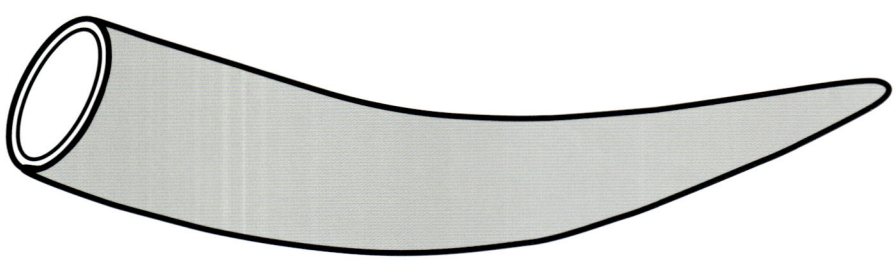

图三　彝族羚羊角酒杯透视图

图四 彝族羚羊角酒杯花纹图

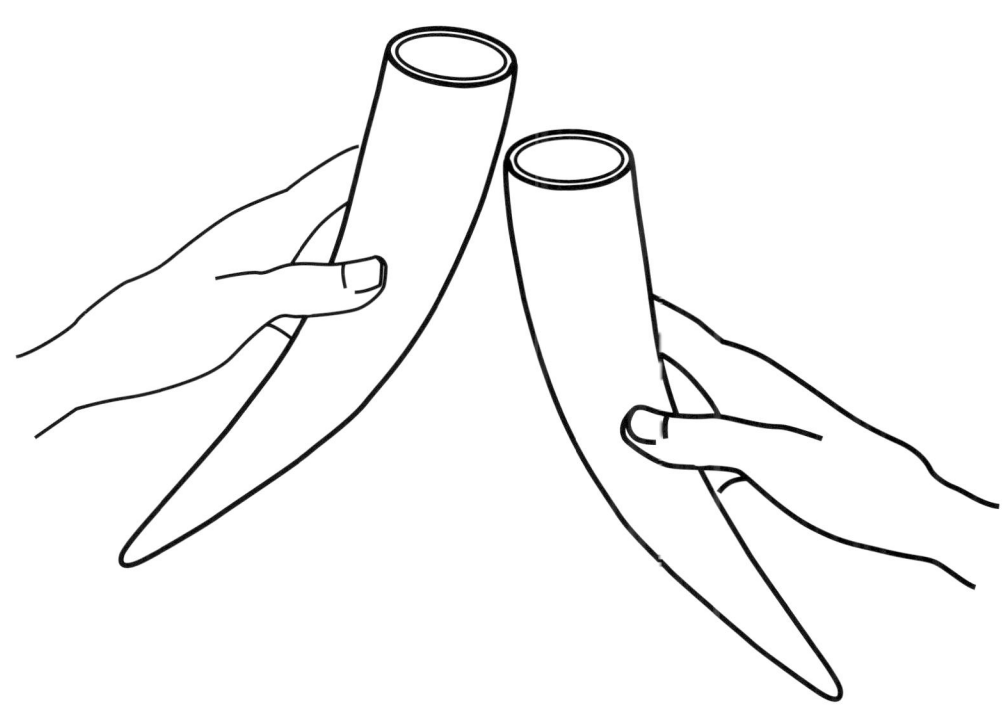

图五 彝族羚羊角酒杯使用示意图

彝族酒壶（一）

图一　彝族酒壶（一）主图

彝族酒壶，是在有数千年历史的彝族古餐具基础上发展起来的民间手工艺品，是彝族家庭的必备之物。

本案例长约18厘米，宽约5厘米，高约30厘米，在造型上打破了传统的酒壶形状（如图四），采用直线型线条跟有机型进行紧密结合，古朴厚重，下部分的扁平形状方便手握，底部为平底（如图七），使产品在桌面摆放时不易翻倒。用生长在海拔3500米以上高寒地带的优质"紫荆"木材作为坯胎，采用土漆、银朱、石黄等珍贵天然原料，以传统手工技艺，经割漆与制漆、胎骨选择与处理、横旋木胎、上色与彩绘等数十道工序精制而成（如图三），由于仅选天然材料，十分考究，因而具有无毒、无异味、耐酸碱、耐高温等特点，堪称为"绿色生态漆器"，享誉海内外。壶体的图案以火和人物为题材，十分讲究装饰纹样的对称性和变形的抽象性，在壶盖上采用指甲纹加以装饰。色彩上用黑、红、黄三色进行错综调配（如图三），间隔使用，色泽明快艳丽、粗放简略。黑底黄线，黑色与红色形成明快的对比，感染力极强。

酒壶主要用来盛装酒水，便于携带。选用优质木材，由彝族能工巧匠手工制作而成，展现了彝族古老而神秘的漆器文化。这种木制酒器的材质经过干燥处理，所以不会裂口，也不容易摔坏。酒塞跟壶腹结合紧密，密封性好，使酒的浓度长期保持不变，且不易蒸发，摇晃摆动，酒液也不会漏出，显示了彝族人的聪明才智。是中国器物设计工艺的一朵奇葩。

图片来源
图一　邹红媛　摄影
图二至图八　邹红媛　制图

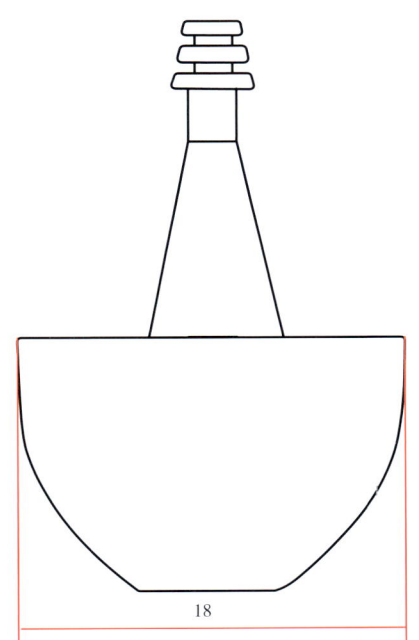
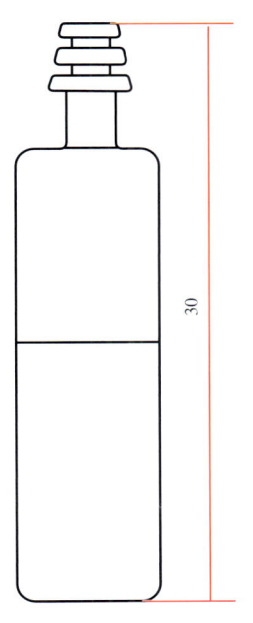

图二　彝族酒壶（一）三视图（单位：cm）

图三 彝族酒壶（一）配色方案图

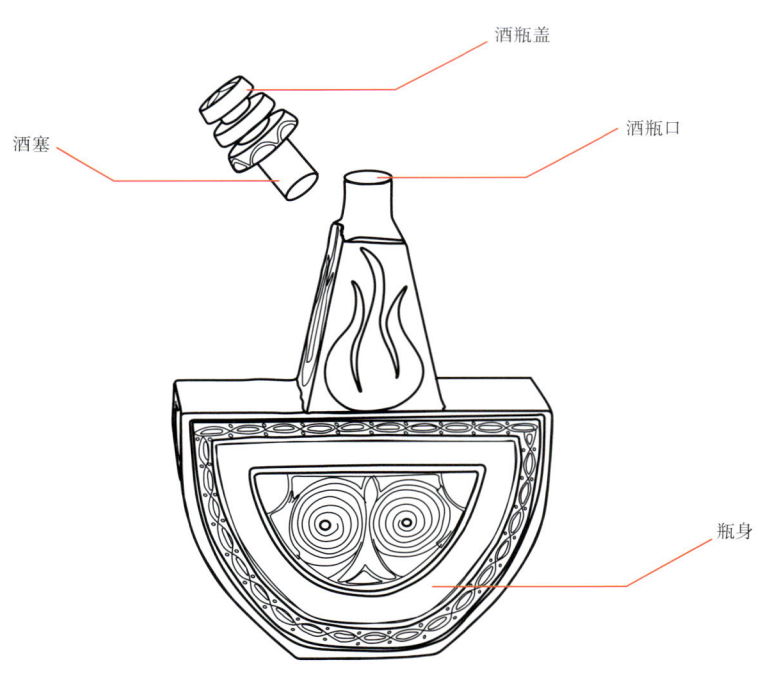

图四 彝族酒壶（一）结构分析图

图五 彝族酒壶（一）线框图

  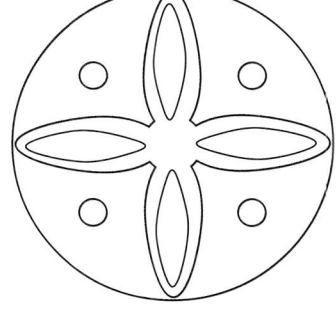

图六 彝族酒壶（一）图案分析图

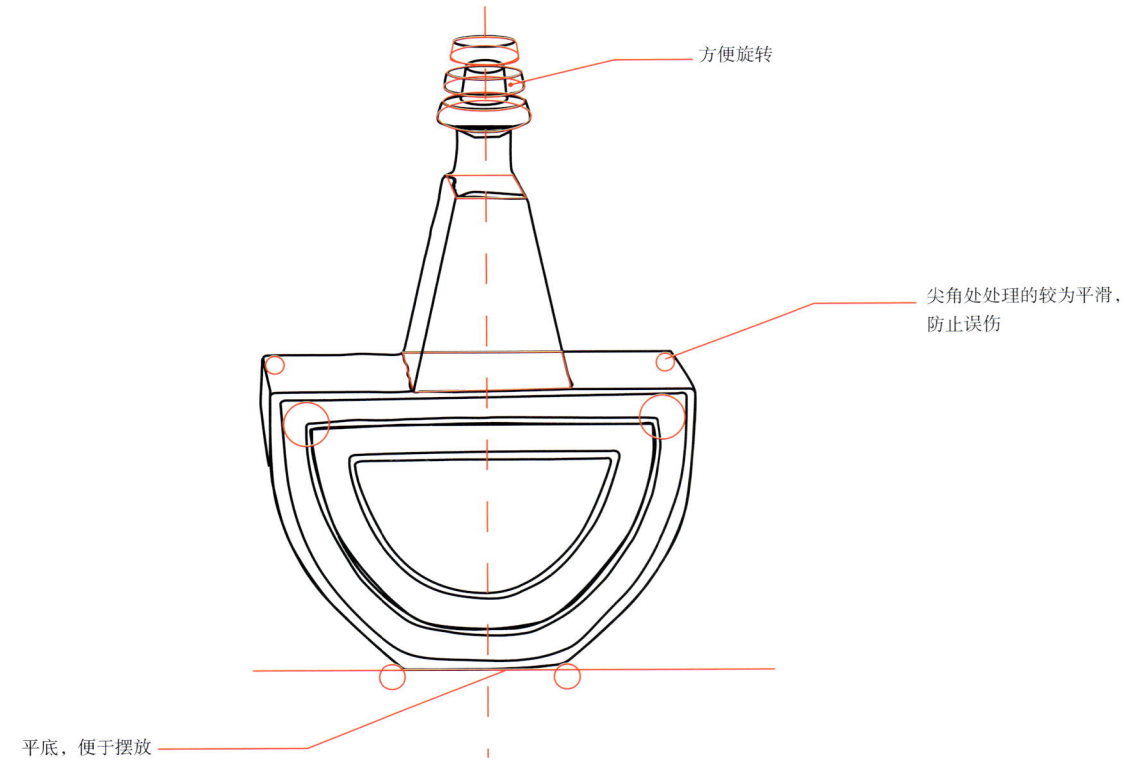

图七 彝族酒壶（一）造型分析图

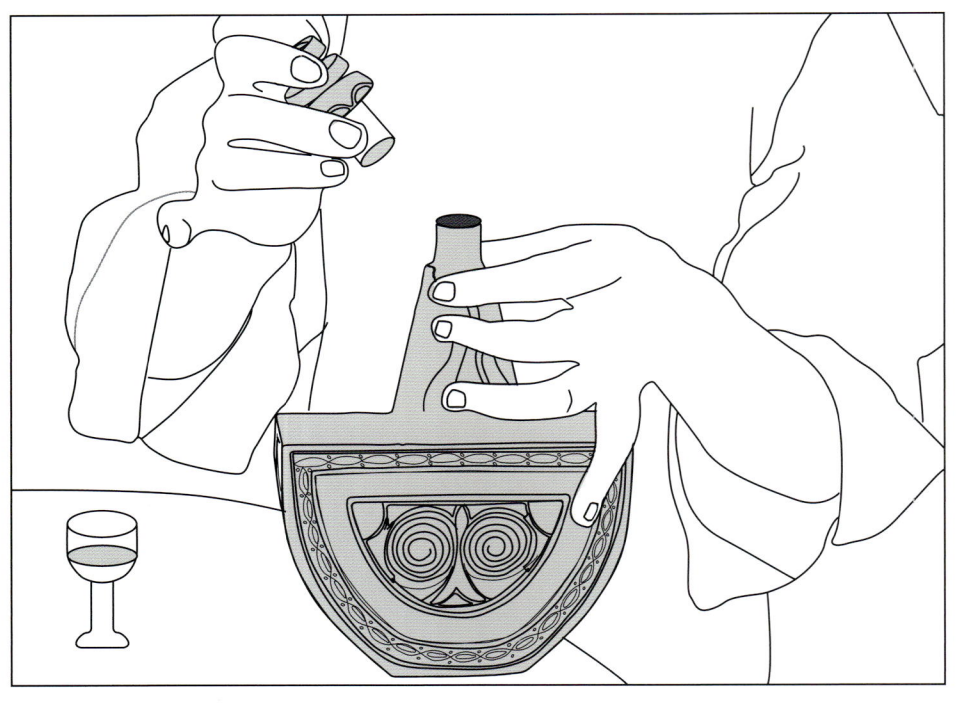

图八 彝族酒壶（一）使用示意图

彝族酒壶（二）

图一　彝族酒壶（二）主图

彝族的传统工艺美术有漆绘、刺绣、银饰、雕刻、绘画等，颇富民族特色，而最具有代表性的就是彝族的酒器，酒器的制作是非常考究的，这些酒器都是选用优质木材，由彝族能工巧匠纯手工制作，体现了彝族古老而神秘的"木头"文化。这种木制酒器不会裂口，也不容易摔坏。酒器也有用金、银、牛角、牛皮制作的，都代表着吉祥如意，家和万事兴的美好意愿。

本案例高约27厘米，底部长约17厘米，宽约6厘米（图二），酒壶呈三角几何形，造型独特，彝族酒壶顶呈圆形蘑菇状，壶体形如宝塔，四平八稳，瓶身用红、黑、黄三种颜色来绘制花纹（图六），这三种颜色以生漆与朱砂、石黄和锅烟分别调和而成，它们的搭配使用，色彩艳丽，图形生动形象，瓶身的正面和侧面都绘有云纹、铜钱纹等作为装饰，这些精美的纹饰充分体现了彝族人民庄重、尚酒的思想，热烈的性格和爱美向上的追求。

图片来源
图一至图六　曹悦　制图

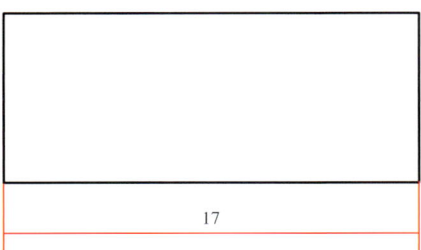

图二　彝族酒壶（二）三视图（单位：cm）

图三 彝族酒壶（二）使用示意图

图四 彝族酒壶（二）侧面配色方案图

第三章 彝族传统餐饮

167

图五 彝族酒壶（二）图案分析图

图六 彝族酒壶（二）正面配色方案图

彝族扁腹漆酒壶

图一 彝族扁腹漆酒壶主图

彝族扁腹漆酒壶，顾名思义就是彝族日常生活中盛放酒水的器具。

此酒壶为扁腹漆酒壶。高31厘米，宽15厘米，木质，腹正视为圆形。腹部正面彩绘四组四瓣花纹，纹饰高出漆面。饮酒时，通过斜插入腹部的吸管来吸吮，酒不易挥发变味，也便于骑马远途之用。彝族漆器酒壶一般用黑、红、黄三色表现图案及结构。此酒壶造型考究，图案丰富，工艺精湛。腹底中心有一孔，插一竹管入腹内，直至腹底，为进酒管。装酒时，将壶倒拿，酒经圈足进入腹内，喇叭形圈足和进酒管起漏斗作用。腹上部斜插一竹管入腹内，直到腹底，为吸酒管。喝酒时，口含吸酒管吸饮，进酒管成为进空气的通道。

彝族彩色酒壶漆器从古到今皆为三色，即黑、红、黄三色。根据彝族的习俗，黑象征黑土，庄重、肃穆、沉静、高贵、威严、沉默；红象征火，给人以坚定、炽热，使人充满活力、幸福、快乐感；黄象征阳光，是万物生存之源、人类生活之本，给人以光明和幸福之感。在彝族绘画、工艺美术方面形成了以黑为主，与红、黄二色相配合的彩绘艺术风格。以黑、红、黄为主的色调，尤以酒具上的绘色最为典型。

彝族扁腹漆酒壶不但有着独特的功能，让人爱不释手，而且造型特别，色彩纹样带有强烈的民族特色，所以它亦是一个做工精细的工艺品摆件。

图片来源
图一　胡海玲　制图
图二至图四　杨承颖　制图

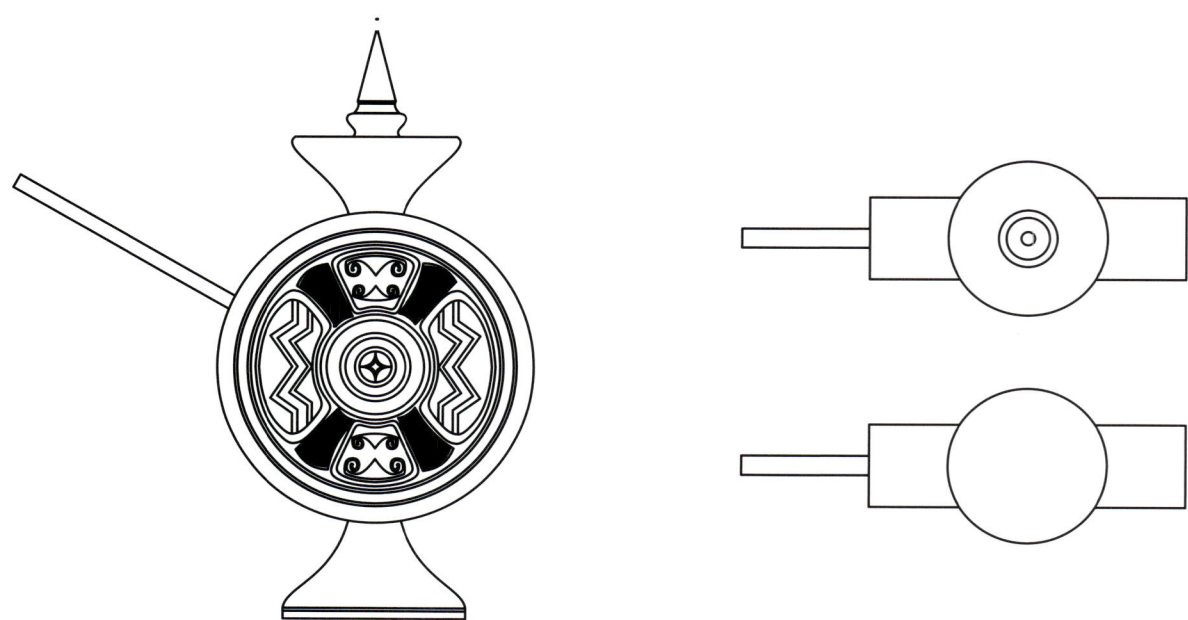

图二　彝族扁腹漆酒壶三视图

图三　彝族扁腹漆酒壶造型分析图

图四　彝族扁腹漆酒壶图案造型分析图

彝族鸽形酒壶

图一　彝族鸽形酒壶主图

此酒壶为鸽型酒壶。酒壶外形仿鸽子、鸡或其他鸟类的形体，以其圆锥形状的足为底座，身部盛放酒水，形态生动活泼，不仅是实用的器具，也是精美的工艺品。

彝族彩色酒壶漆器从古到今使用黑、红、黄三色，根据彝族的习俗，黑象征黑土，庄重、肃穆、沉静、高贵、威严、沉默；红象征火，给人以坚定、炽热，使人充满活力、幸福、快乐感；黄象征阳光，万物生存之源，人类生活之本，给人以光明和幸福之感。在彝族绘画、工艺美术方面形成了以黑为主，与红、黄二色相配合的彩绘艺术风格。以黑、红、黄为主的色调，尤以酒具上的绘色最为典型。

彝族鸽形酒壶不但在盛放酒水上有着独特的功能，让人爱不释手。更重要的是其造型特别，色彩纹样带有强烈的民族特色，所以它亦是一个精美的工艺品。

图片来源
图一　胡海玲　制图
图二至图六　杨承颖　制图

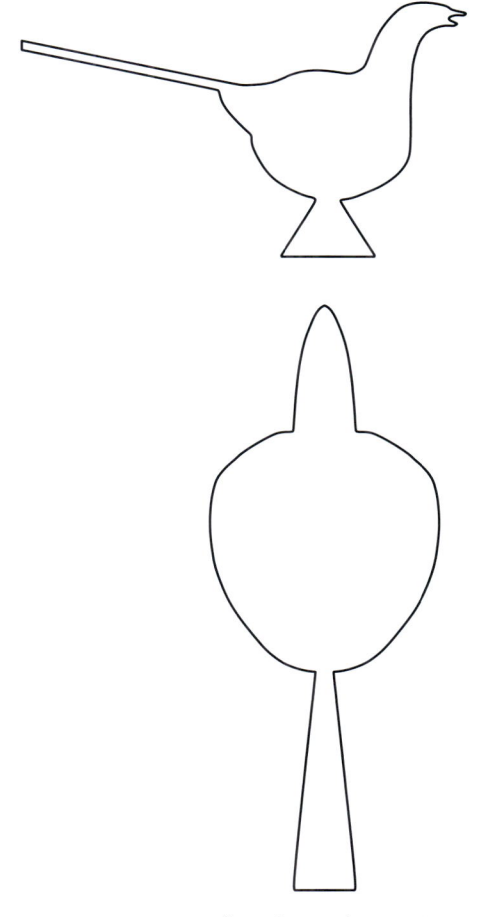

图二　彝族鸽形酒壶三视图

图三 彝族鸽形酒壶造型分析图

图四 彝族鸽形酒壶配色方案图

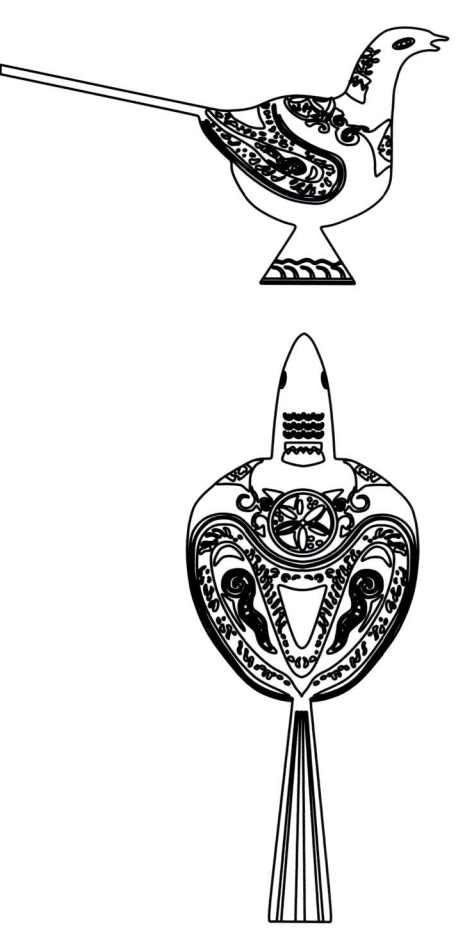

图五 彝族鸽形酒壶图案造型分析图

图六 彝族鸽形酒壶花纹分析图

彝族葫芦酒壶

图一 彝族葫芦酒壶主图

本案例彝族葫芦酒壶产自四川省凉山彝族自治州，是一件漆制酒器。

本案例高22厘米。造型为独特的葫芦形状。酒葫芦为中国民间传统的盛酒器，自古以来受到人们的广泛喜爱，许多文人墨客也在诗词中描写过这类酒器，如元代的徐再思《卖花声》曲："碧桃红杏桃源路，绿水青山水墨图，杖头挑着酒胡芦。"说明这类酒器在我国存在的历史十分悠久。这件葫芦形酒壶正是借鉴了葫芦的形式，以彝家漆器工艺制作的在生活中常用的物品。本案例为纯手工制作，壶体两处弯曲处壁厚略厚于壶身其他地方。纹样以几何纹和抽象的植物纹为主，壶身中间部分以线和点排列组合，形成了像盛开的花朵一样的纹样，壶身的下部纹样则更加多变，曲线与直线的组合，展现了刚与柔的对比。在色彩的搭配上依然是秉承了彝族的三色文化传统，红、黄、黑是不变的主题，使此案例更具彝族的特色。

彝族葫芦酒壶是盛酒的用具，属酒器。使用时只需打开壶口的盖子，灌入或倒出酒即可。本案例不仅蕴含了中国传统的历史底蕴，并且以极具彝族民族特色的方式展现出来，给了我们不一样的感受。

图片来源
图一　胡海玲　制图
图二至图七　杨曼羚　制图

图二　彝族葫芦酒壶三视图（单位：cm）

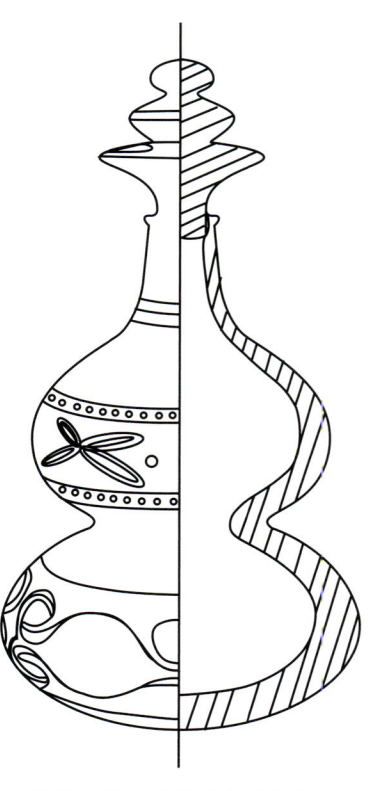

图三　彝族葫芦酒壶造型分析图　　　　图四　彝族葫芦酒壶剖面分析图

图五　彝族葫芦酒壶图案造型分析图

图七　彝族葫芦酒壶使用示意图

图六　彝族葫芦酒壶配色方案分析图

第三章　彝族传统餐饮

175

彝族酒壶盒

图一　彝族酒壶盒主图

彝族的传统工艺美术有漆绘、刺绣、银饰、雕刻、绘画等，颇富民族特色，而最具代表性的就是彝族的酒器。

本案例高24厘米，直径13厘米。彝族漆器的主要色彩有红、黑、黄三色。彝族人民喜爱红色，它象征勇敢、热情，黑色表示尊贵、庄重，黄色代表美丽、光明，这三种颜色错综调配，间隔使用，色彩明快艳丽。三色以生漆与朱砂、石黄和锅烟分别调和而成，它们的搭配使用，充分体现了彝族人民庄重、尚酒的思想，热烈的性格和爱美向上的追求。

彝族酒壶盒种类繁多，形状各异，装潢别致，色彩亮丽。一套完整的彝族酒壶盒通常包括一组酒杯、一个酒壶、一个托盘。酒壶、酒杯全是用整块木头雕凿的，酒壶扁薄而呈椭圆形，小的酒壶只能装二三两酒，大的能装一二斤；酒壶顶呈尖形如塔，身有圆有扁，底部成圆台。壶肩斜伸出一吸管，彝族酒壶有一很独特的设计，就是一根注入管直插壶腹，酒从壶底灌入壶中后，不能倾倒，也不能从壶底流出，饮用时，只能从壶肩那根吸管上吮取，自如潇洒。

图片来源
图一　张本俊　制图
图二至图五　杨承颖　制图

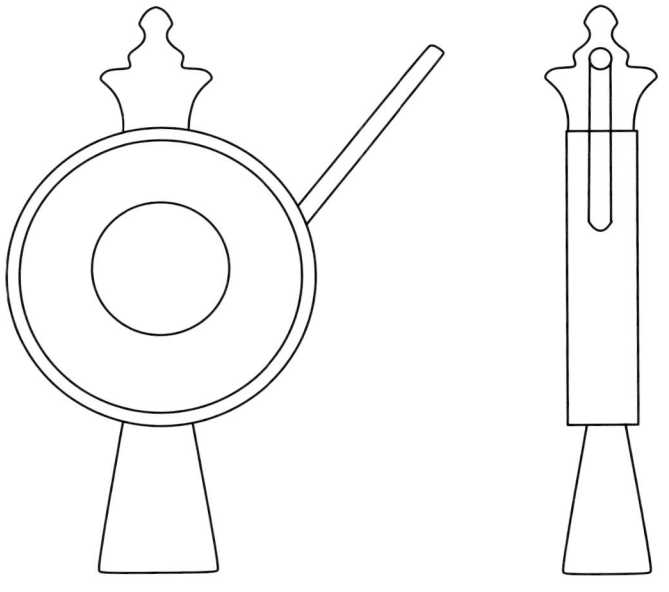

图二 彝族酒壶盒三视图

图三 彝族酒壶盒托盘造型分析图

第三章 彝族传统餐饮

图四　彝族酒壶盒配色方案图

图五　彝族酒壶盒使用场景图

彝族银酒壶

图一　彝族银酒壶主图

彝族酒壶，又称萨拉勃，有木质和银质的两种，银酒壶更具有艺术价值和收藏价值。本案例制作于近代，现藏于凉山彝族奴隶社会博物馆。

银酒壶结构别致，壶身和壶底各安有一根细管，酒液由壶底细管盛入，饮酒时用壶身插入的细管吸酒。酒壶外表满饰各种花纹图案，以金、银镶嵌其间，黄白相映，分外富丽美观，也尽显彝族土司人家的奢华。花纹之间运用对称、连续、交错的手法使得纹饰富有节奏感和韵律。即使在今天看来酒壶的使用方式不是特别便利，但是也因为它的特别更突显出彝族的文化特色。

银酒壶在装酒时要将酒壶倒置，从底部酒口将酒倒入壶内，立正壶身时，酒既不会流出，也不易蒸发。酒壶的形状除一般的瓶、壶形外，还有鸽子形、斑鸠形、喜鹊形等，形体多姿多彩，精美大方，是彝族酒具中的珍品，具有较高的欣赏价值、艺术价值和收藏价值。

图片来源
图一　绿色设计研究所
图二三图八　贺杰　制图

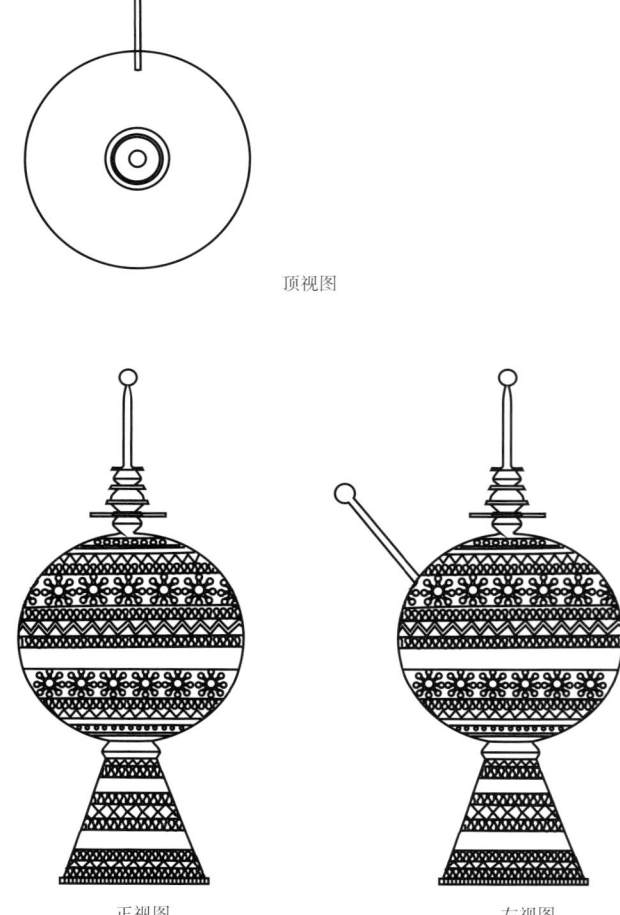

顶视图

正视图　　　　左视图

图二　彝族银酒壶三视图

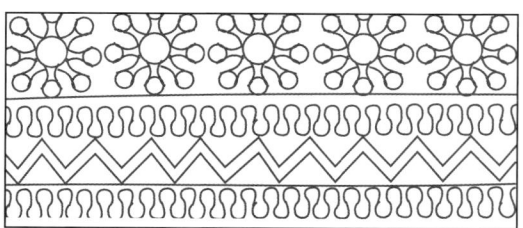

图三　彝族银酒壶图案造型分析图

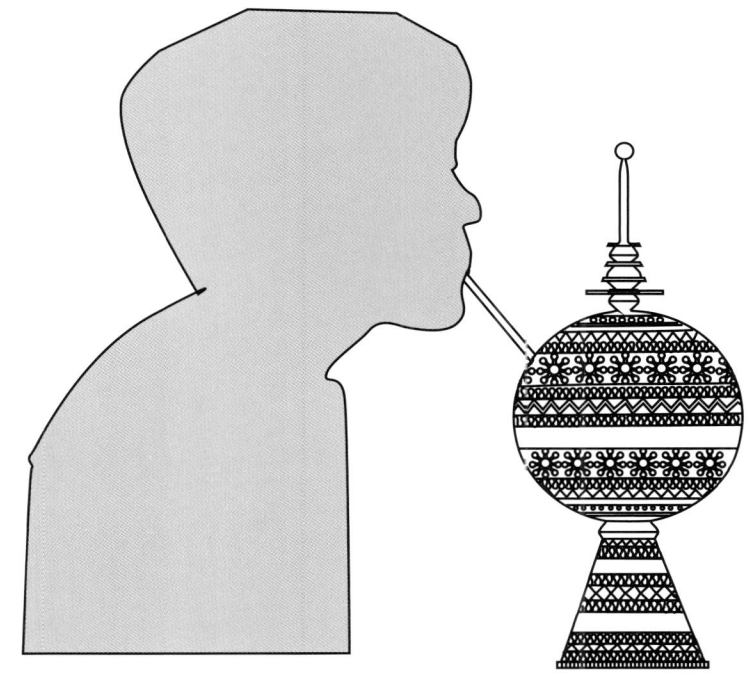

图四　彝族银酒壶使用示意图

图五　彝族银酒壶不同款式比较图

第三章　彝族传统餐饮

彝族银鸽酒壶

图一　彝族银鸽酒壶主图

银鸽酒壶，是一种装酒的银质酒壶，是彝族特有的盛酒器具。

本案例长25厘米、通高18厘米，壶身为鸽形，喇叭形圈足，鸽尾平展向后，鸽首斜前伸，鸽背和腹底各插有两根竹管。盛酒时由杯底竹管注入，然后将杯体摆正，由于杯底竹管较长，几欲接近杯背，故酒液不会溢出。饮酒时则从背部竹管吸饮。用倒装结构的杯、壶盛酒，美酒不易泄漏，浓郁的酒味也不会挥发，如此设计，真可谓巧夺天工，匠心独运，显示了彝族人民高超的工艺水平。

彝族倒装酒器由清代彝人创造，其实，1968年在陕西邠县出土了一件宋代耀州窑的瓷器——青釉刻花倒装酒壶，其设计原理已相当成熟，是目前所知最早的一件倒装酒器。与这件青釉刻花倒装酒壶相同的瓷倒装酒壶，在日本出光美术馆亦收藏一件，大概亦为宋代耀州窑的杰作。

图片来源
图一　石丹沁　制图
图二至图四　张婷　制图

图二　彝族银鸽酒壶三视图

图三　彝族银鸽酒壶线描图

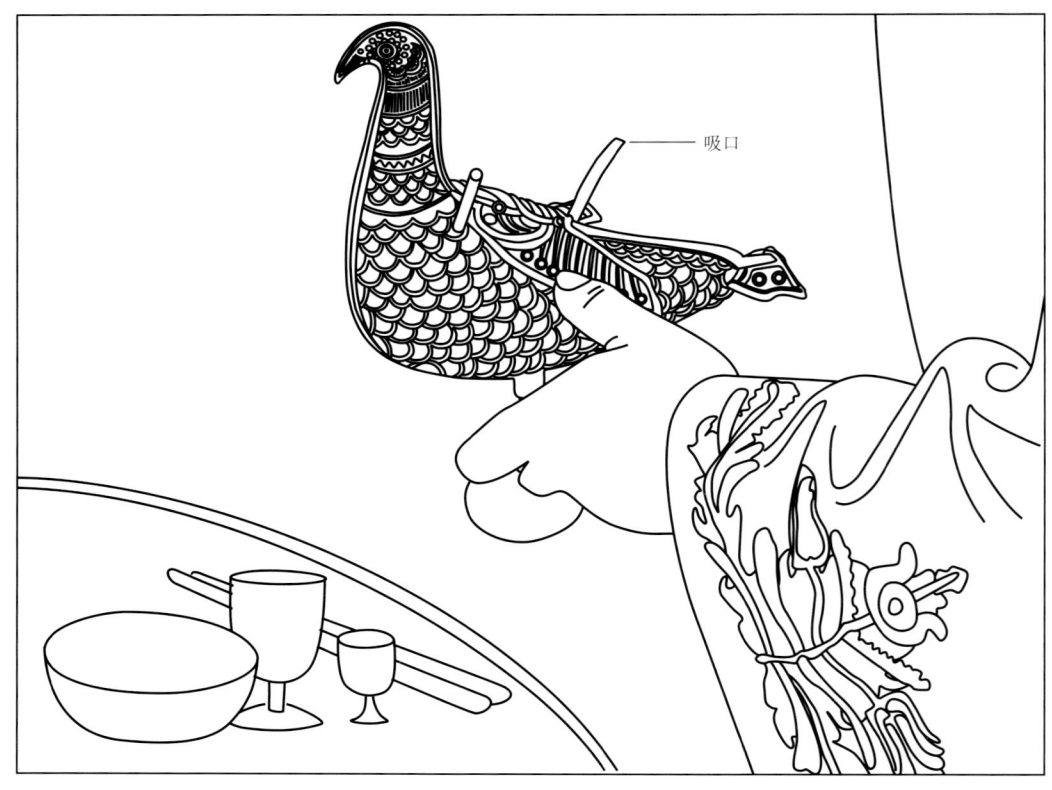

图四　彝族银鸽酒壶使用示意图

彝族五嘴酒壶

图一　彝族五嘴酒壶主图

彝族的银器造型多种多样，其中造型奇异的彝族五嘴酒壶是银酒器中的精品，图中（如图一）的酒壶高24厘米，壶身直径13厘米（如图二），由壶盖、壶身和五个壶口构成。壶面的火镰、彝人头像刻画精美，栩栩如生（如图四）。令人叫绝的是，五个壶嘴中只有一个可以吸酒，其他的壶嘴只是装饰。吸者必须准确地选择可以吸酒的那个壶口才能将酒喝到嘴里，大家在轮番换饮的过程中测验智力，趣味无穷。

彝族人在制作银器前一般会先称出所需的银子，再在火炉中熔为液体，接着将银水倒入铅模冷却成银条，然后把银条用特制的工具打制成各种形状的银片，银片经模子挤压后就是银器的雏形。

这件银制酒器的纹饰是雕刻而成的（如图四）。制造工艺首先是分段铸造，而整体组合则采用了焊接的方式，然后再进行打磨，最后抛光完成。这种制作工艺较之彝族木质漆器的制作工艺有了很大的进步，说明了彝族器物制造的工艺技术是在不断发展的。

图片来源
图一至图二　杨承颖　制图
图三至图五　罗黛诗　制图

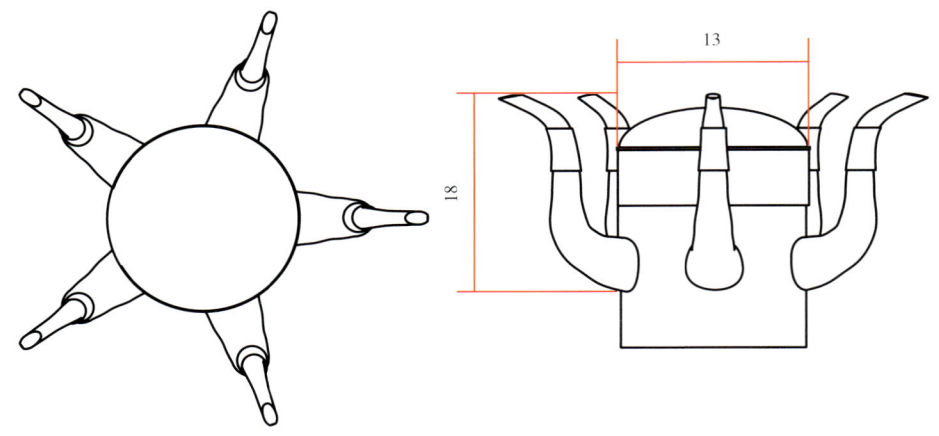

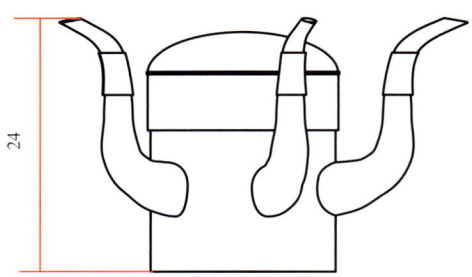

图二 彝族五嘴酒壶三视图（单位：cm）

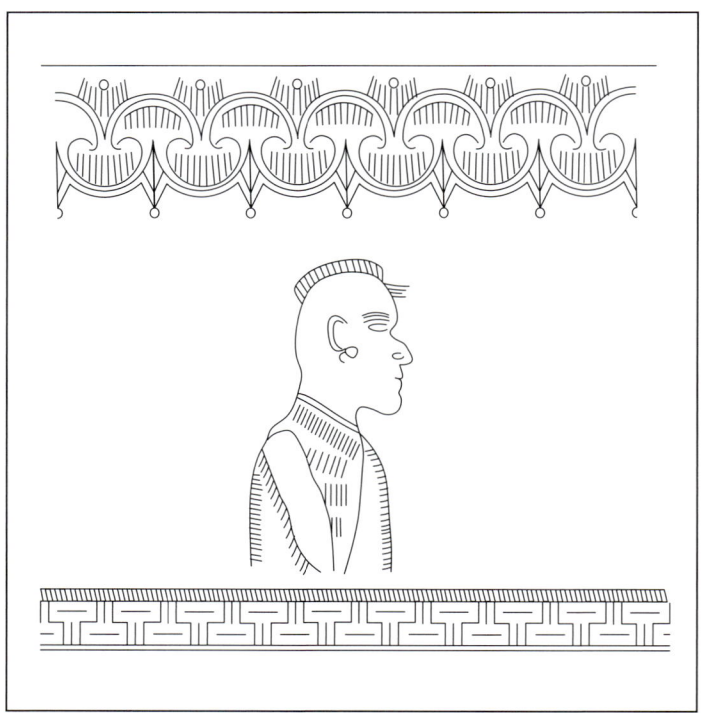

图三 彝族五嘴酒壶纹饰图

图四　彝族五嘴酒壶效果图

图五　彝族五嘴酒壶使用示意图

彝族扁圆形酒壶

图一　彝族扁圆形酒壶主图

彝族酒具造型美观，色彩绚丽，其中扁圆形酒壶尤为精美奇妙。

酒壶顶部无口无缝，连灌酒处也没有，只在壶腰有一细管为壶嘴。酒是从壶底一小孔灌进去的。灌酒时将壶倒拿，从小孔灌入，灌满后不必加塞，将酒壶倒回来，即可从壶嘴处斟酒和吮吸，壶底滴酒不漏。酒壶利用物理流体原理制作而成，所以有此玄妙。其奇妙的构造在于：呈圆形漏斗状的酒壶底座中间有一小孔，小孔由细管相连直达壶顶。酒倒进壶后沿细管流入壶内，酒满后将壶倒过来，酒自然溢满四周。壶底直通顶部的细管倒过来后，管口向上而变高，酒便无法回流。同样原理，壶嘴相连的细管斜插底部，倒拿着灌酒时，管口变高，酒不会流出，酒灌满倒过来后，管口在壶底变低，酒就能顺管流出来了。酒壶的奇妙之处全在于这两管的一颠一倒之间，可谓匠心独具，奇妙无比。酒壶结构巧妙，用这种结构的酒壶盛酒，由于壶顶密封无缝，酒气不易散发，使酒浓香不散，醇味绵长。

酒壶制作方法是，壶体木胎选一截圆柱体木料，从中间均匀地锯成两半，依所需形状挖掉内心，涂漆，然后将两半相对扣合并粘接牢固，即成壶身。扁圆形酒壶是彝族酒具中的珍品，具有较高的欣赏价值。

图片来源
图一　四川传统器具图库
图二至图六　谢迪、谢文婷　制图

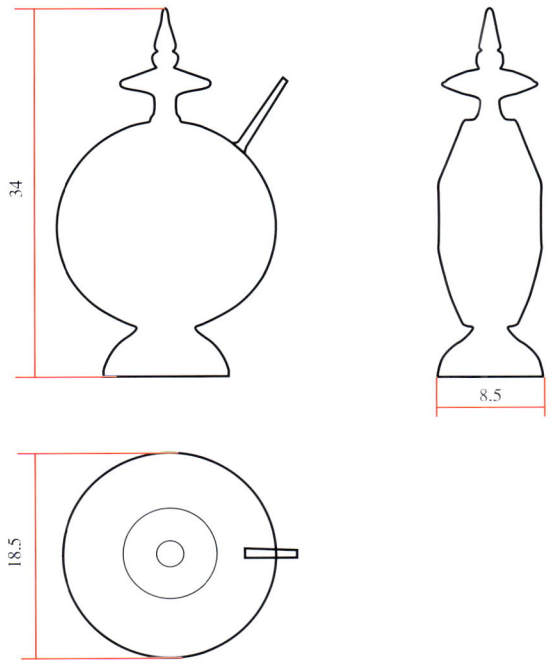

图二　彝族扁圆形酒壶三视图（单位：cm）

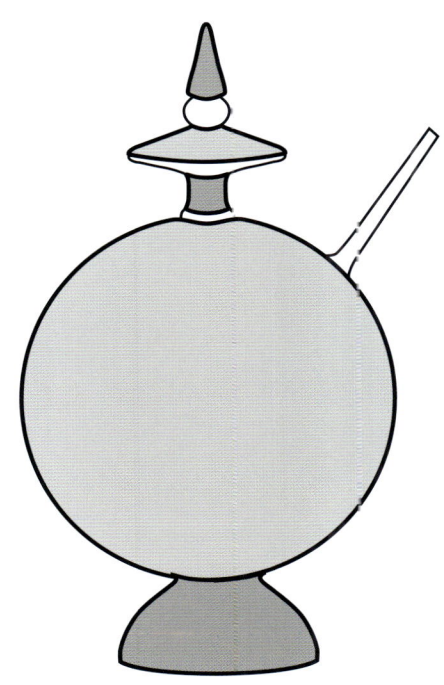

图三　彝族扁圆形酒壶透视图

第三章　彝族传统餐饮

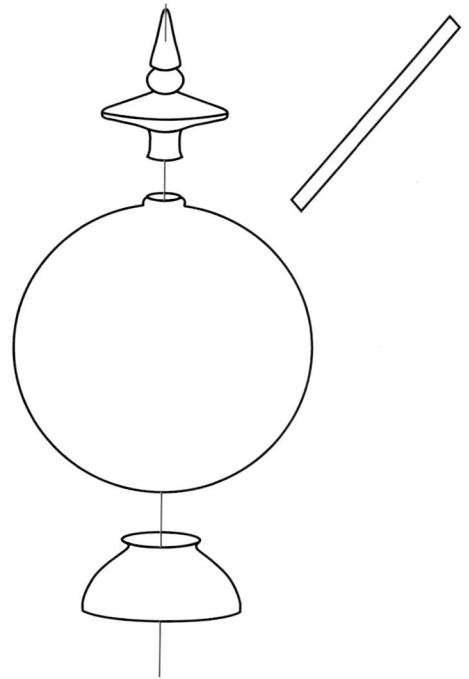

图四 彝族扁圆形酒壶解析图

图五 彝族扁圆形酒壶花纹图

图六 彝族扁圆形酒壶使用示意图

彝族鸡群酒具

图一　彝族鸡群酒具主图

　　鸡群酒具，是彝族传统的漆器酒具。彝族的先祖是游牧民族，漆器防腐耐潮、耐酸耐碱、经久耐用的特点，很适合游牧民族，故漆器在彝族文化中发展至今。鸡群酒具一套共七件，由五个酒杯、一个酒壶、一个盘组成。本案例酒壶高15厘米，酒杯高6.5厘米，盘高5.5厘米。酒壶为老母鸡的形状，背部平坦，腹部丰满，尾部断面凿孔，鸡嘴微启。酒杯为小鸡模样，身体挖空盛酒，尾部自然翘起作为酒槽。

　　彝族鸡群酒具主要采用漆器工艺制作，以天然木材制作木胎，其中杜鹃木最常见。木胎的制作分为用扁钩形以刃挖刀和楔形铁刀进行旋制，故漆器的造型多简单、厚重，以扁圆形居多。漆料以黑、红、黄三色搭配，进行装饰。彝族人尚黑，以"黑"色代表尊贵。彝族被称为"火族"，以"红"和"黄"象征火。漆器装饰中的黑、红、黄三色，被称作彝族的"三色文化"。

　　鸡群酒壶作为彝族漆器非物质文化遗产中最具有代表性的一种，从造型、色彩、图案上都具有独特的艺术特点和美学价值。它作为彝族重要的文化载体，揭示了彝族的民族审美情趣和文化特征。从设计的角度分析，鸡群酒壶不但具有一定的实用价值，而且还有一定的附加价值，符合大部分人的审美情趣。

图片来源
图一　胡海玲　制图
图二至图四　雷霞　制图

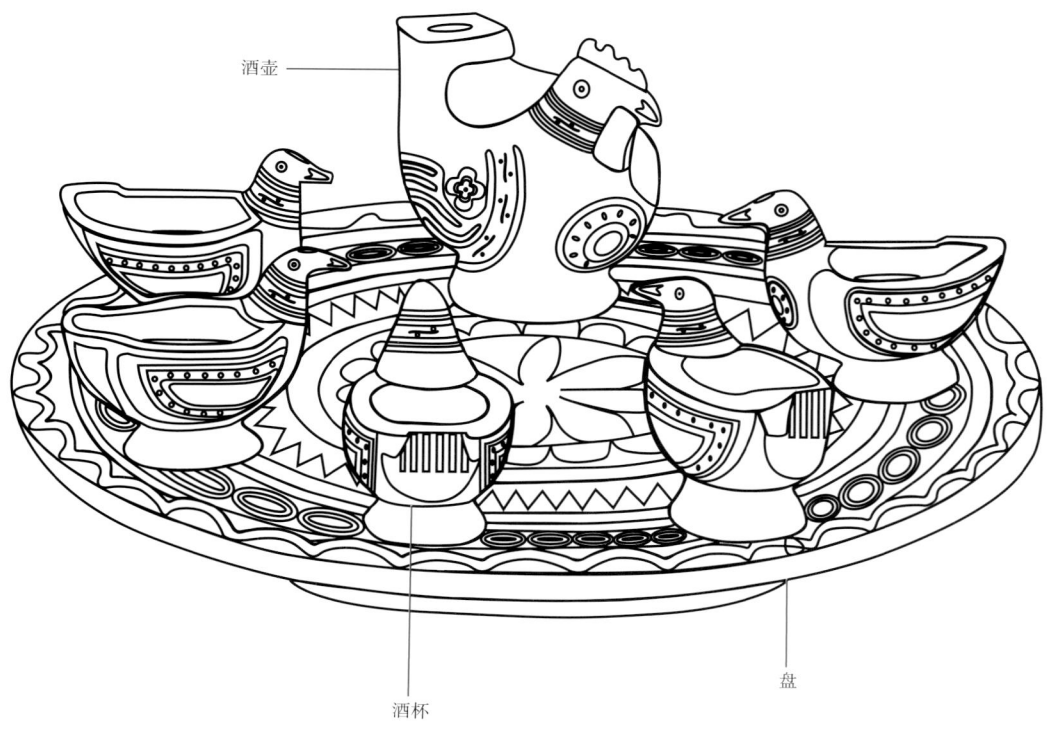

图二 彝族鸡群酒具结构分析图

图三 彝族鸡群酒具线描图

色彩分析：

图四　彝族鸡群酒具色彩分析图

彝族银酒具

图一　彝族银酒具主图

本案例银酒具出自四川凉山彝族地区。彝族是我国最早冶炼、铸造银器的民族之一。彝族喜爱金银，其中银器使用广泛，如餐具、马具、刀具和宗教用具中几乎都有银器。

彝族酒具很考究，除常用的木制、角制酒具和禽爪杯、畜足杯、皮酒杯等外，银酒具也较多。彝族银酒具造型生动，形态各异。彝族银酒具花纹装饰依器型的不同繁简不一。纹饰手法有阴刻、镂空、镶嵌，前、后期的纹样有所变化。

此银制酒具为一整套，锻造而成，由四个银碗和一个托盘组成。银碗直径约为10厘米，高约10厘米，银碗的纹样以圆形为主，象征太阳，表达了对自然的崇拜（如图二）；托盘直径约40厘米，高约10厘米，分为托盘和底座两个部分，托盘的纹样同样以圆形为主，底座的花纹分为上中下三个部分，上部分以圆形为装饰，中间部分三角形的花纹，是对自然环境的描绘，下半部分无花纹装饰（如图四）。

彝族银酒具图案花纹独特，充分体现了古老性和民族性，表达出彝族古老的图腾崇拜和自然崇拜。太阳、月亮等天体符号，反映了彝族对自然的崇拜，彝族会进行祭祀日月星辰的活动，彝族的毕摩会占星，从星辰得到吉祥或凶险的启示（如图三）。山、水、火焰象形图案，反映了彝族的自然崇拜，以及祭山神、火神的习俗（如图五）。

该彝族银酒具，既为实用品，又是具有观赏价值的艺术品。

图片来源
图一　石丹沁　制图
图二至图五　曹宇嘉　制图

主视图 左视图

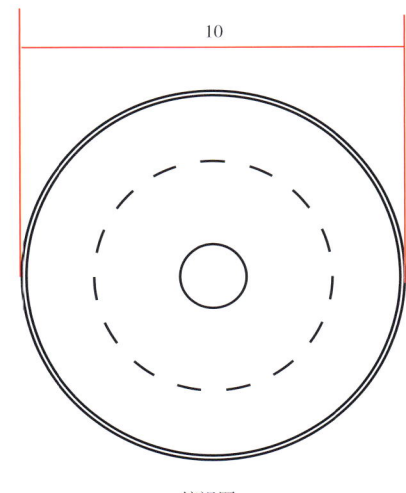

俯视图

图二 彝族银酒具杯子三视图（单位：cm）

图三 彝族银酒具杯子图案展开图

第三章 彝族传统餐饮

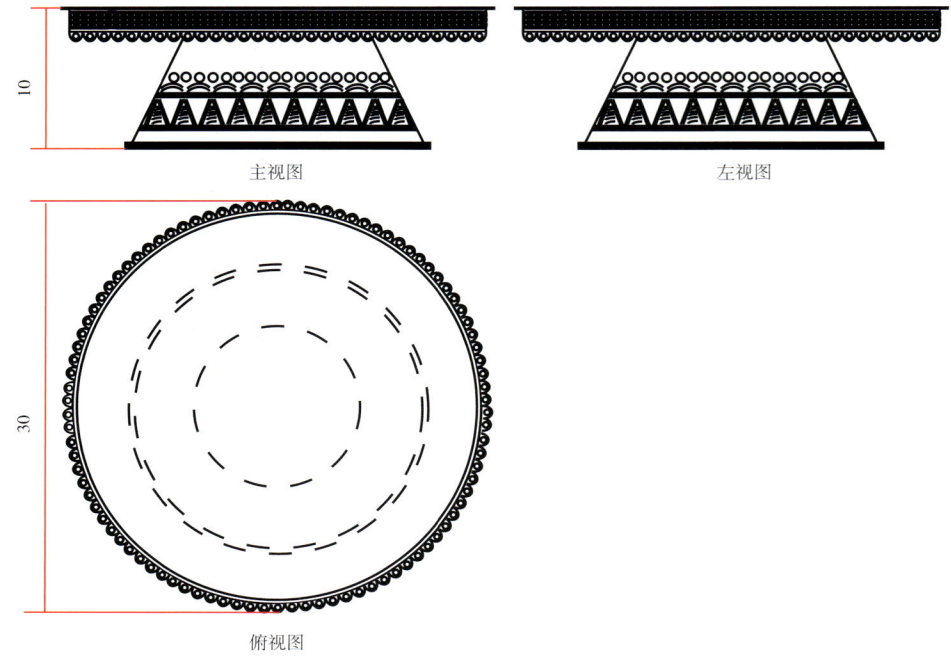

图四　彝族银酒具托盘三视图（单位：cm）

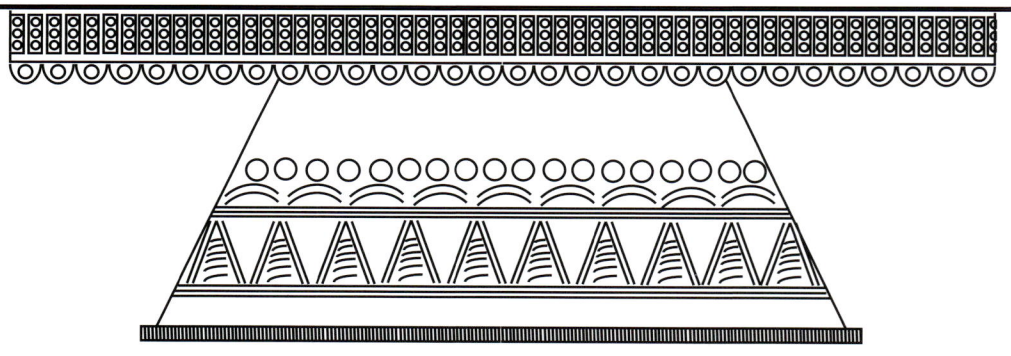

图五　彝族银酒具托盘花纹图

彝族漆工艺水杯

图一　彝族漆工艺水杯主图1

彝族漆工艺水杯，属于彝族百姓的饮食器具之一。该水杯是现代文化和彝族传统文化融合而产生的新的式样，所以至今仍在广泛使用。

本案例高约14厘米，口直径8.5厘米，宽12厘米（图二）。在结构方面，水杯分为三个部分：杯身、把手以及杯盖（图三）。杯身用于盛水，杯盖用于盖住杯身以抑制蒸气散发而保持水温，也防尘以保持水的洁净。把手则便于人在使用时手的抓握（图七），避免水温较烫烫伤手部，具有很强的实用性。在色彩方面，水杯通体以木漆作底（黑）色，用朱砂、石黄作配色颜料，在水杯的木胎上绘制丰富多彩的图案纹饰（图四）。这些原料全部来自天然材质，无毒无害，耐高温不掉漆，因此被彝族人民应用在各种生活用具上。在纹样方面，纹饰都来源于生活，有火镰、金镰、栅栏等纹样，并且采用了二方连续的结构章法，杯盖顶部为单元纹样，由中心图案和周边点缀的辅助纹样构成，疏密有度，非常具有韵律感（图五、图六）。

漆工艺水杯是现代文化与彝族传统文化在时代的发展中相互融合的一个代表性案

例。水杯的造型采用了现代水杯的式样,纹样和制作工艺却使用了传统的纹样和漆工艺,从而创造出了一种具有民族特征的现代化生活用品。

图片来源

图一至图二　杨承颖　制图
图三至图八　罗黛诗　制图

图二　彝族漆工艺水杯主图2

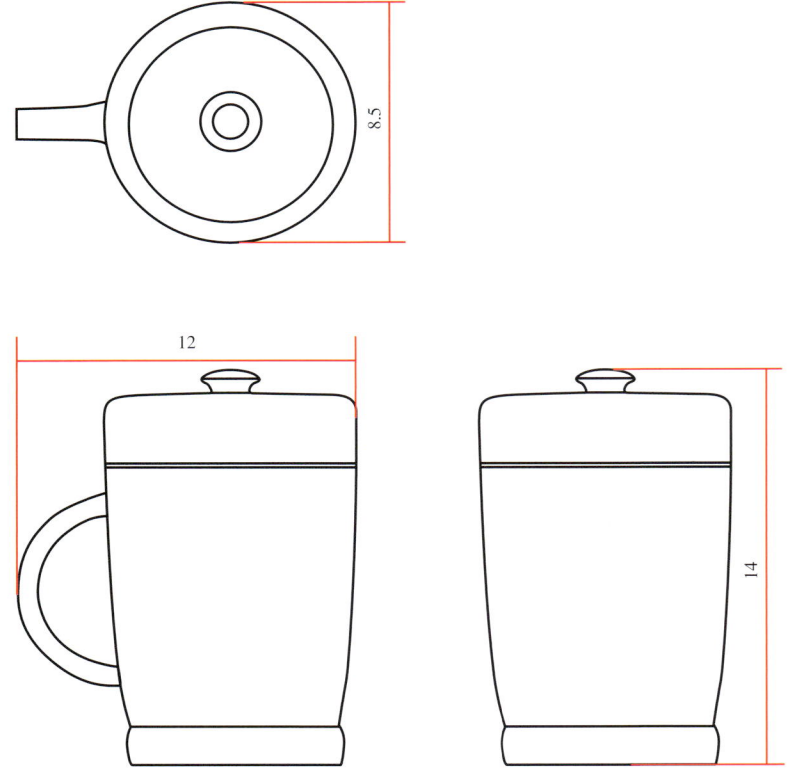

图三　彝族漆工艺水杯三视图(单位:cm)

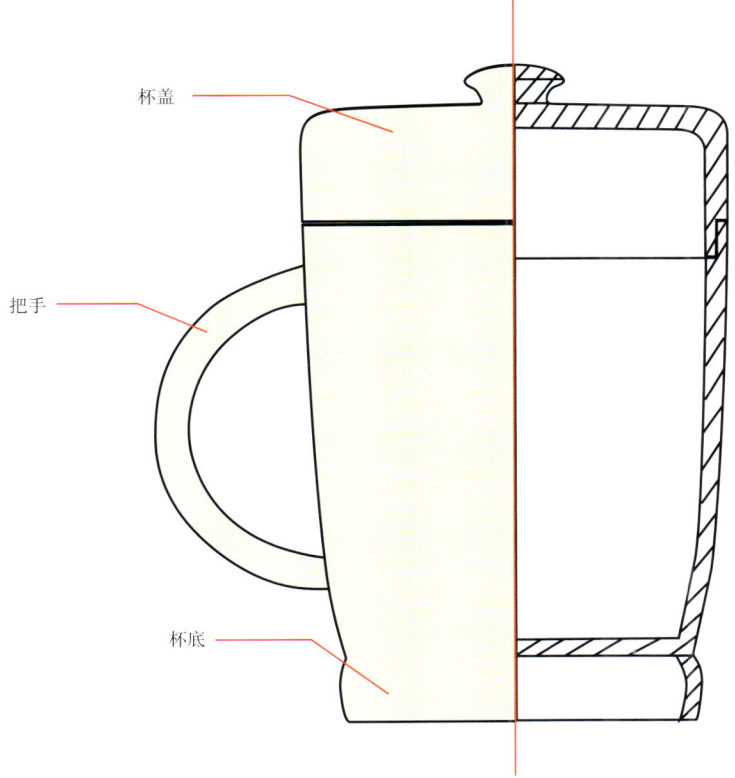

图四　彝族漆工艺水杯结构分析图

图五　彝族漆工艺水杯配色方案图

第三章　彝族传统餐饮

199

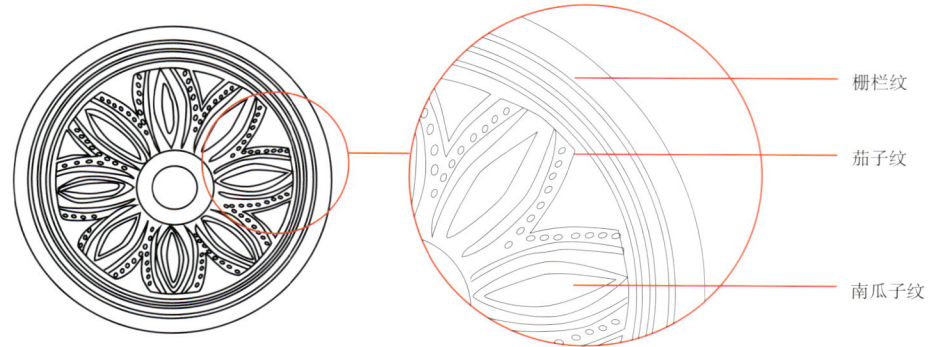

图六　彝族漆工艺水杯盖顶纹样分析图

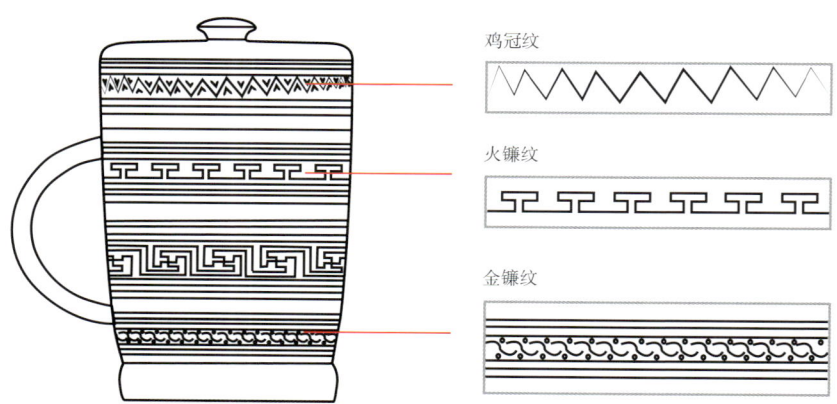

图七　彝族漆工艺水杯杯身纹样分析图

图八　彝族漆工艺水杯使用示意图

彝族木碗

图一　彝族木碗主图

木碗，顾名思义就是使用天然的优质木材制成的用来盛装食物的碗，但彝族的木碗因其髹漆时使用的色彩、图案具有当地特色，从而极具民族特色。

本案例总高7.6厘米，碗口直径11.2厘米，碗底直径5.5厘米。整体造型为半球形，敞口圈足，上大下小，便于盛装食物，碗足在人端着碗使用时起到隔热防烫的作用。木碗为木胎，采用轮制，之后打磨，最后髹漆。本案例木碗的碗口为一圈红色，其下依次为黄色的火镰纹和虫牙纹（或指甲纹），其间用线条进行画面分割。木碗图案为连续纹样，以碗底为中心，纹样以同心圆的方式排列并向四周延伸，以碗底这一圆心控制全图，使画面活而不乱。木碗以黑色为底色，烘托其上的红色和黄色纹样，黑与红的搭配既具有视觉的刺激效果，也具有色彩和亮度上的对比效果，黄色的加入，使木碗的色彩在沉稳中含有跳跃性的效果，打破了红与黑搭配时沉闷乏味的弊端，赋予木碗稳重而又活泼的艺术效果。

彝族木碗主要用于盛装食物，多用于餐桌上，可用来盛饭，也可用来装酒。木碗质地优良，体轻质固，经久耐用，是集实用性与观赏性于一体的传统日用工艺品。现在，彝族木碗由生活用品逐渐变为特色土产及旅游产品，深受游客喜爱。

图片来源
　　图一　绿色设计研究所
　　图二至图八　贺杰　制图

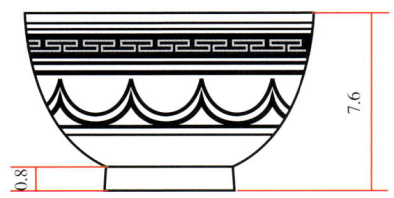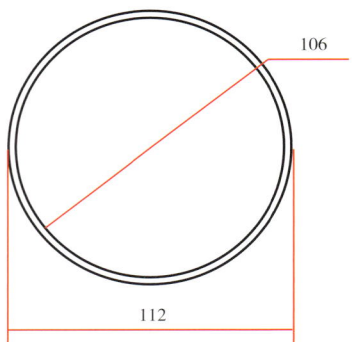

图二 彝族木碗三视图（单位：cm）

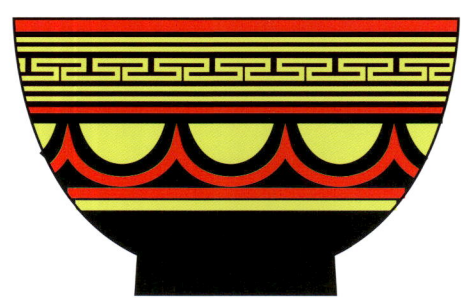

图三 彝族木碗配色方案图

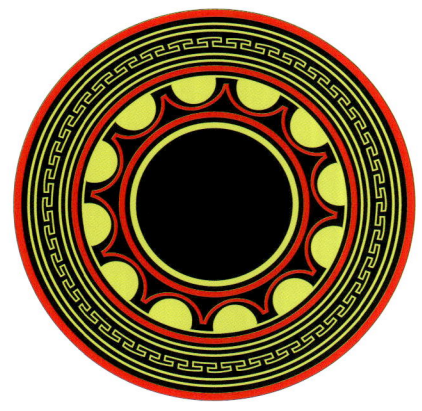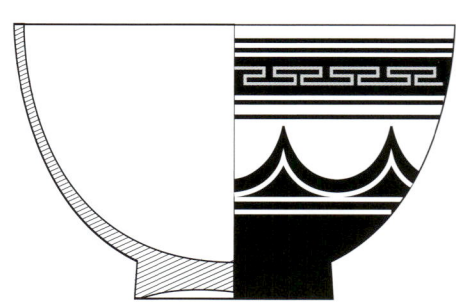

图四 彝族木碗纹饰图　　　　图五 彝族木碗剖面图

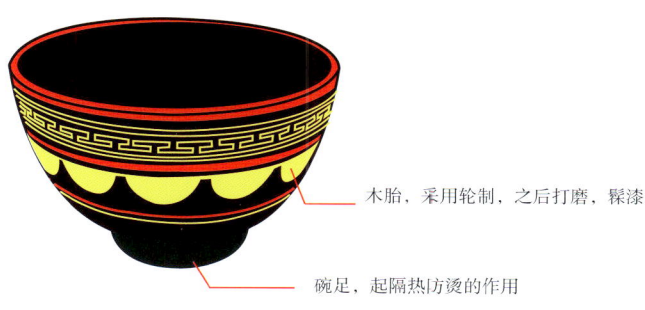

木胎，采用轮制，之后打磨，髹漆

碗足，起隔热防烫的作用

图六　彝族木碗材料及局部功能示意图

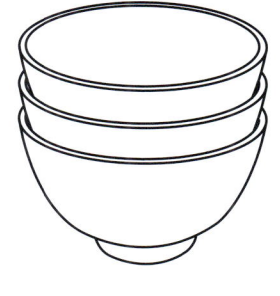

收纳时，可将木碗摞在一起，既形成产品系列，又适度节约空间

图七　彝族木碗使用示意图1

木碗可以作为酒碗使用

图八　彝族木碗使用示意图2

彝族皮碗

图一　彝族皮碗主图

彝族皮碗是极具彝族特色的民间工艺品，曾经几乎被快速发展的市场经济淹没。如今，在各级各部门的关心和支持下，彝族皮碗传统手工制作技艺在传承中得到了发展。

本案例皮碗总高7厘米，碗口直径14厘米，敞口平底，上大下小，便于盛装食物。整体造型为半球形，曲线极富韵味，简约而自然。皮碗的纹饰有水浪纹、鱼眼纹、星星纹和几何纹，图案寓意通过圆圈内一个大黑点来表示鱼，以水波纹象征水等。图纹装饰艺术源于自然界，由点线面组成，直线与曲线相结合，构成一种和谐美。图案布局依据皮碗造型的形体特点以及皮碗的大小作对应性布局。

皮碗的主要制作工序如下：制皮。将选用的牛皮刮尽里面的血肉，用水浸泡去毛。不同的皮子泡的时长不一样，天气越冷，皮子越老，泡的时间越长（如老牛皮比小牛皮泡的时间长），反之则越短。泡时清水中还须加一些木柴灰，这种灰含碱性物质。一般每天都要换水。待皮子的毛和没刮尽的血肉脱尽后即可。成形。将皮子捆扎包裹在木质的内模上，捆扎包裹得越紧越好，然后用木锤敲打平整，慢慢阴干。不能晒太阳，否则易变形。待其干燥后，取下皮套，将边缘加以切割、修整，即成皮胎。最后髹漆彩绘。

皮碗怕烫，一般多用于装冷食。但它轻便，还很结实，不怕摔，便于携带，经久耐用，是集实用性与观赏性于一体的传统日用工艺品。

图片来源
图一　杨思凡　制图
图二至图十　贺杰　制图

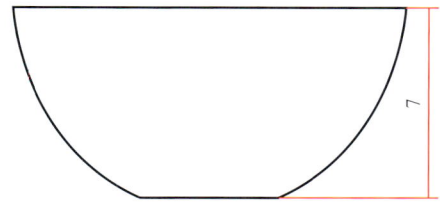

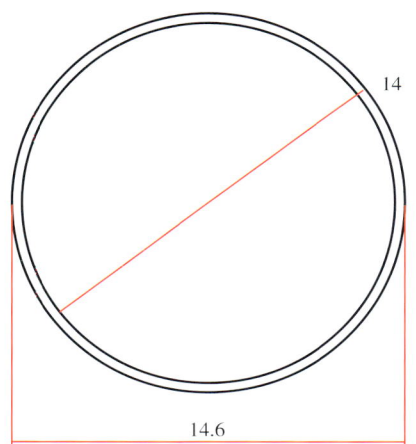

图二 彝族皮碗三视图（单位：cm）

图三 彝族皮碗配色示意图

图四 彝族皮碗纹饰图

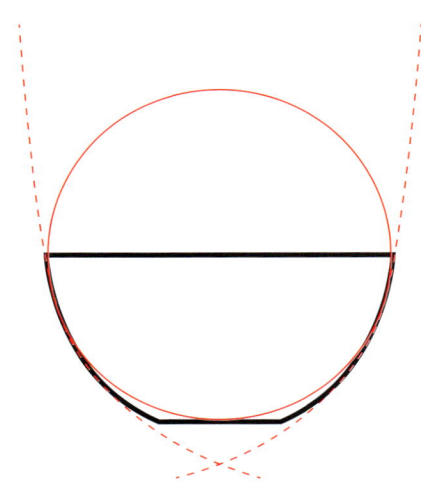

图五 彝族皮碗造型分析图

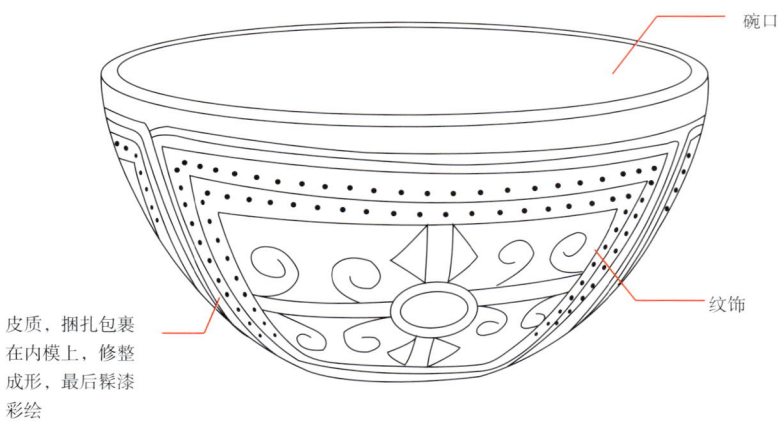

图六 彝族皮碗构件及材料工艺示意图

通过定形风干，皮碗形状初现

图七　彝族皮碗制作示意图

在皮碗上用彩漆绘制纹样

图八　彝族皮碗髹漆场景图

皮碗可以作为酒碗使用

图九　彝族皮碗使用示意图1

彝族皮碗可以作为饭碗使用

图十　彝族皮碗使用示意图2

彝族镶金银碗

图一 彝族镶金银碗主图

彝族银器使用的广泛程度仅次于漆器，凡漆器有的种类，几乎都有同类的银器。因而银器的种类与漆器差不多，有餐具、酒器、马具等，有的则是将漆器包上一层银皮或镶嵌银片，以增加漆器的美观和价值，有的则是纯金银打造的器皿。本案例镶金银碗现存于四川省西昌市的凉山彝族奴隶社会博物馆，器物高12厘米，器物口直径13厘米，器物足直径6厘米（如图七），以纯银为底做碗型，用刻画好装饰纹样的圆形和长方形的金片镶嵌在碗的表面（如图一）。

早期银器的装饰纹样与漆器相同，手工刻画，稚拙朴实，纹样是太阳、月亮、叶片等。后期银器纹饰虽也保留了少许对动植物的模拟，但绘图趋于动植物的全貌，更多的图案是用点、线所组成的几何纹样（如图四），且雕刻细腻，明暗对比强烈。花纹繁简据不同器型而定。

镶金银碗将银与金相结合，镶金银碗既是生活日用品（如图六），也是装点居室的艺术品，更是馈赠、鉴赏、收藏的工艺品，它的制作过程和装饰纹样的刻画技术，凝聚了彝族人民的智慧和创造力。

图片来源
图一至图三 凉山彝族奴隶社会博物馆
图四至图七 傅淑萍 制图

图二　彝族镶金银碗实物图1

图三　彝族镶金银碗实物图2

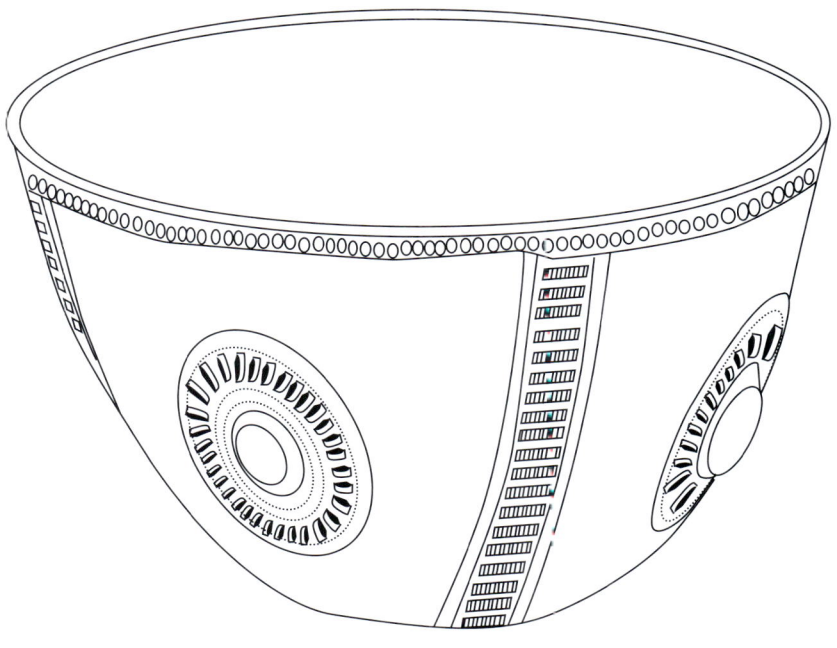

图四 彝族镶金银碗线描图

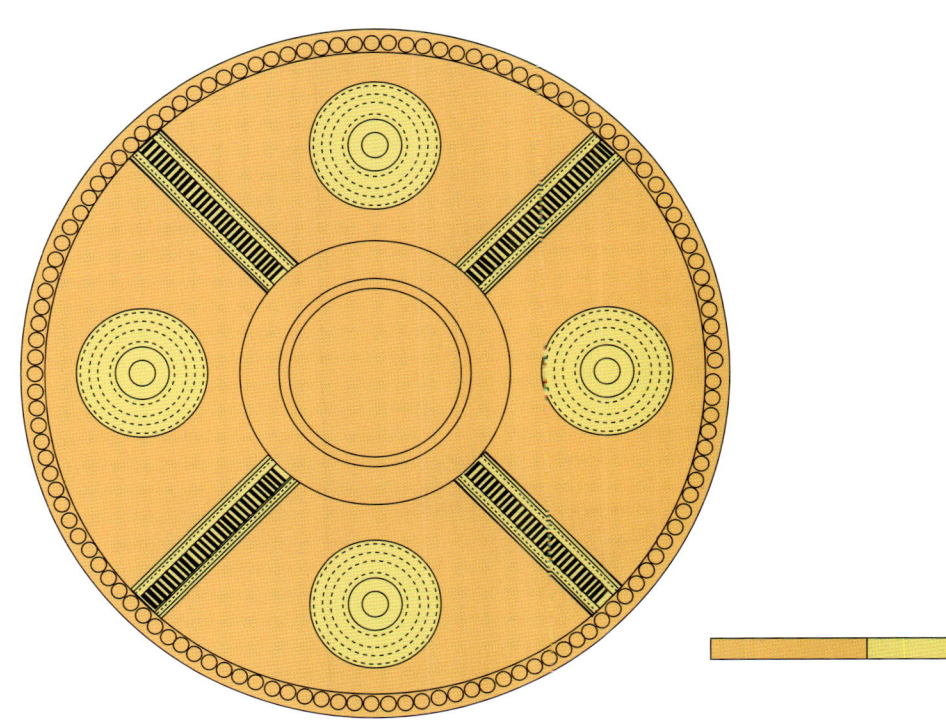

图五 彝族镶金银碗装饰纹样图

211

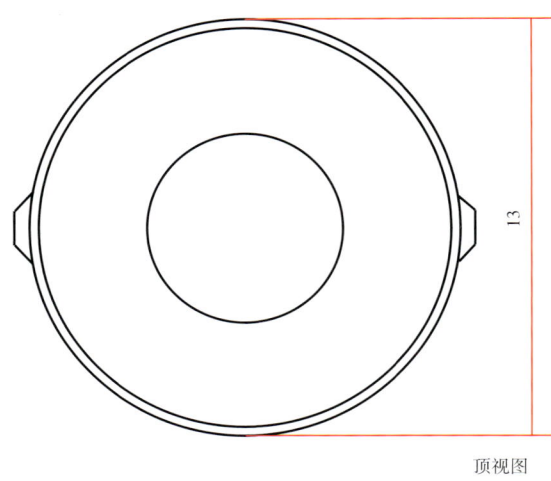

顶视图

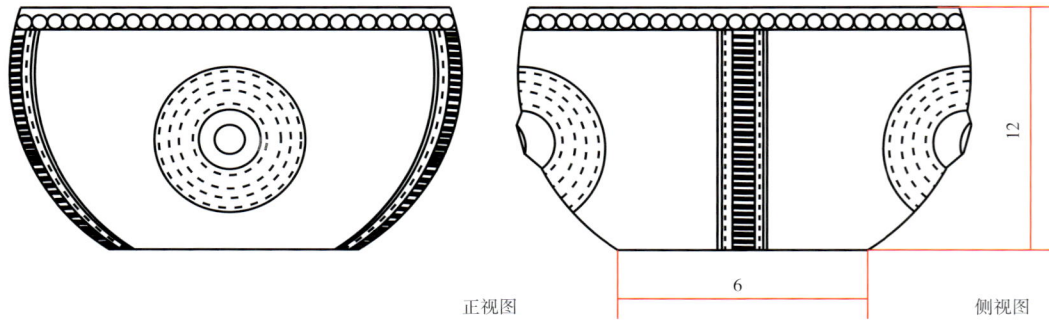

正视图　　　　　　　　　　　　侧视图

图六　彝族镶金银碗三视图（单位：cm）

图七　彝族镶金银碗使用示意图

彝族圆筒形食物漆器

图一　彝族圆筒形食物漆器主图

彝族圆筒形食物漆器，顾名思义就是彝族人日常生活中盛放食物用的漆器。

此圆筒形漆器。高30厘米左右，直径10厘米左右，其主体为一圆筒形棒状物，上端由多个大小不一的圆柱形组成把手，材质为木质。彝族彩色漆器从古到今仍不超过三色，即黑、红、黄三色，根据彝族的习俗，黑象征黑土，庄重、肃穆、沉静、高贵、威严、沉默；红象征火，给人以坚定、炽热、使人充满活力、幸福、快乐感；黄象征阳光，万物生存之源，人类生活之本，给人以光明和幸福之感。在彝族绘画、工艺美术方面形成了以黑为主，与红、黄二色相配合的彩绘艺术风格。漆器采用酸枝木、梨花木作坯、野兰土漆和各种矿物颜料作髹饰，纯天然，无毒（不含铅）、无异味、耐酸碱、耐高温、不脱漆、经久耐用。根据我国医学典籍记载，酸枝木、杜鹃木及天然土漆均有防毒祛病、延年益寿的保健功效。

彝族人喜欢吃饼和粑类的食物，此类食物需要碾压、敲打，而圆柱形漆器横着可以碾压食物，竖着可以敲打食物，再绘以彝族的传统色彩和纹样，使得彝族人在制作食物的时候更加热情奔放，让食物也注入热情的能量。

图片来源
图一　石丹沁　制图
图二至图五　张婷　制图

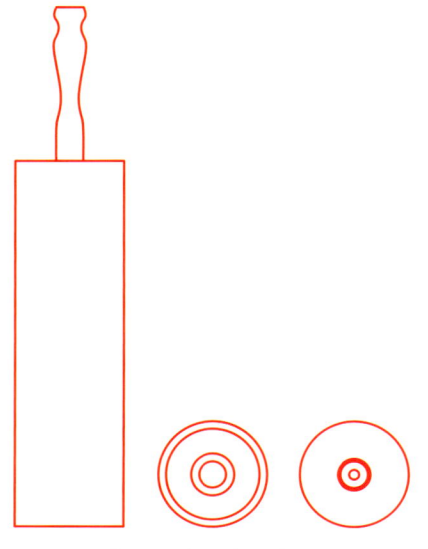

图二　彝族圆筒形食物漆器三视图

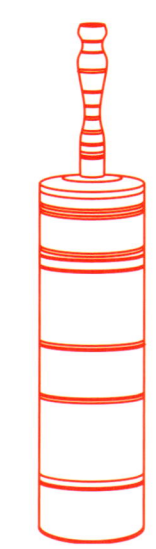

图三　彝族圆筒形食物漆器造型分析图

图四　彝族圆筒形食物漆器配色图

图五　彝族圆筒形食物漆器花纹图

彝族扁腹木钵

图一　彝族扁腹木钵主图

彝族木钵是彝族日常餐具的一种，该案例摄于四川凉山彝族奴隶社会博物馆，为扁腹形态，年代不详。虽然外部面漆已风化暗淡，但仍旧能看出其精致的纹饰和扎实的工艺技术。

该案例器物整体高约25厘米，宽约32厘米，上部木盖高约8厘米，宽约11厘米，短颈宽腹，体态浑厚敦实（见图三）。钵身为木制底胎，由二方连续牛眼纹环绕。器物看似质朴，却蕴藏着原始的审美情趣。顶盖则绘以山形纹和花瓣纹的组合纹饰。由中心向四周延伸，给人以阵列对称的美感（见图五）。该案例年代虽已久远，但器物身上的纹饰仍旧能够清晰辨别出彝族漆器固有的形态与色彩特征。不过与现代较新的漆器相比，其纹饰线条更为粗犷，上漆更加厚实，微微显露出浮雕的质感。这使得器物经过漫长的年岁后，反而增添出另一种古典的味道。

木钵整体为扁圆造型，容量较大，也便于日常放置和用双手移动。这种造型在彝族餐具中经常见到。用一句话来总结其设计特点：不论纹饰繁简，其轴对称结构严谨，明快清朗，匀称扎实（见图六）。

图片来源
图一至图二　杨曼羚　摄影
图三至图七　田棱锐　制图

图二 彝族扁腹木钵实物图

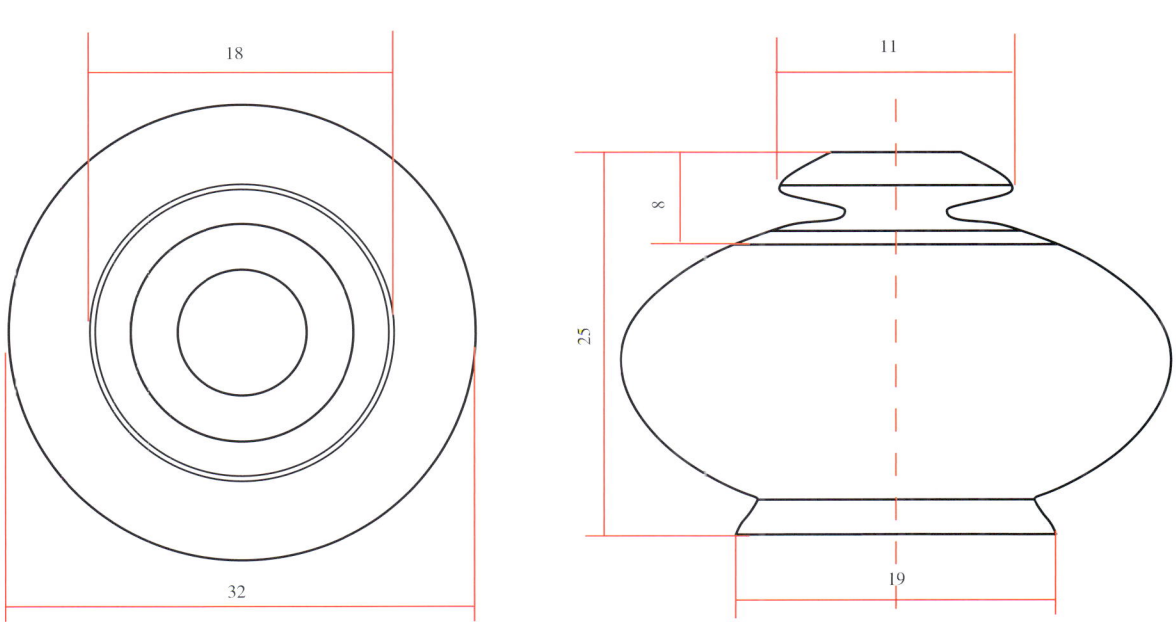

图三 彝族扁腹木钵两视尺寸分析图(单位:cm)

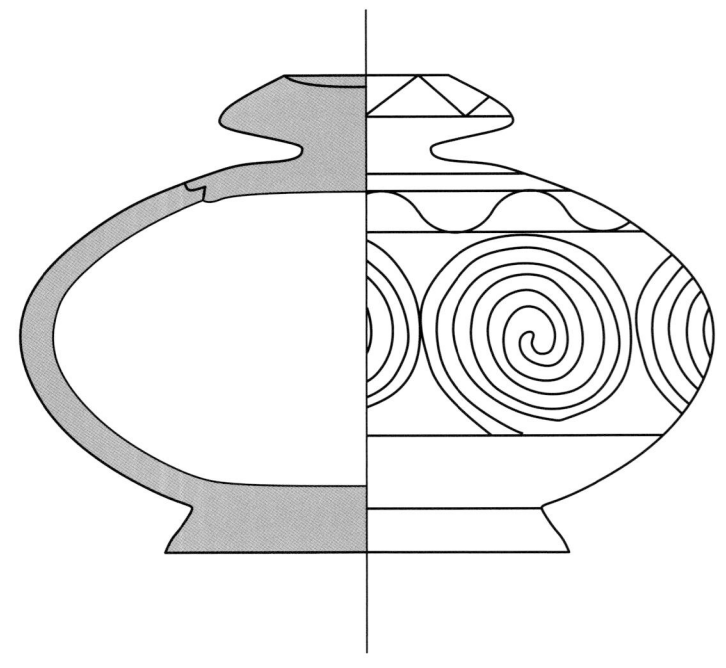

图四　彝族扁腹木钵内部结构剖面示意图

山形纹和花瓣纹的组合纹饰

牛眼纹的二方连续

图五　彝族扁腹木钵纹饰示意图

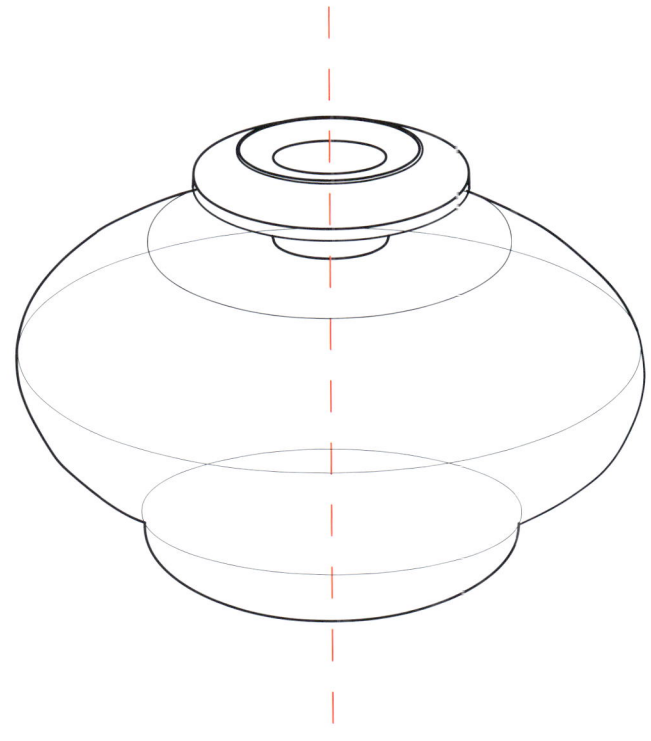

图六 彝族扁腹木钵形态透视分析图

图七 彝族扁腹木钵配色图

第三章 彝族传统餐饮

彝族葫芦形子母钵

图一　彝族葫芦形子母钵主图

彝族子母钵是彝族日常餐具的一种，其器型为彝族常见的类型，具有很强的民族特色。它的上下两部分为子母扣合，两者腹腔都成密封状态，食物不易挥发失味，同时上部的盖钵两用方式也很有特点，既能够密封容器，也可以盛装食品，十分便利。

子母钵多为木制底胎，以彝族常见漆艺制成。其色彩颇具彝族特色。该案例葫芦形子母钵现收藏于四川凉山彝族自治州喜德县彝族漆器展览厅。整体高33厘米，宽24厘米，子钵高10厘米，宽16厘米，母钵高23厘米，宽24厘米（见图四）。木胎轻便但容量不小。器身布满彝族特有的纹饰，其中，子钵的圆形钵底为太阳纹，钵身由四方连续鱼形纹环绕。母钵则由二方连续几何纹和鱼形纹共同环绕。纹饰的颜色以红黄黑三色搭配组成，黑色打底，黄色与红色交织涂绘，显得十分精致，颇具视觉美感（见图六和图七）。

由子母二钵共同组成的整体，优雅而富态。同时，整体的三段式弧形曲线又比一般的木钵更易端拿（见图五）。在这个器物上，彰显了彝族人充满智慧的生活美学。

图片来源
图一至图二　杨曼羚　摄影
图三至图七　田棱锐　制图

图二 彝族葫芦形子母钵实物图

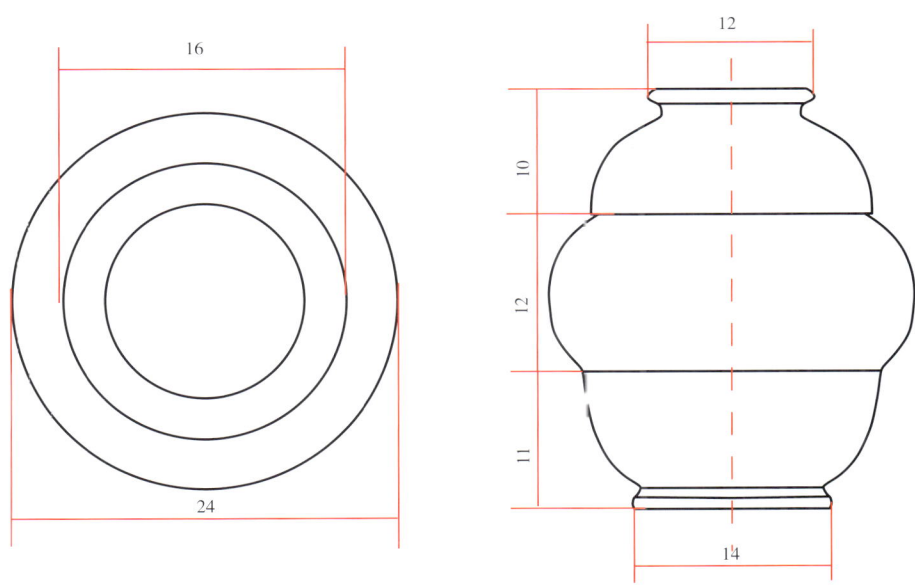

图三 彝族葫芦形子母钵两视尺寸分析图（单位：cm）

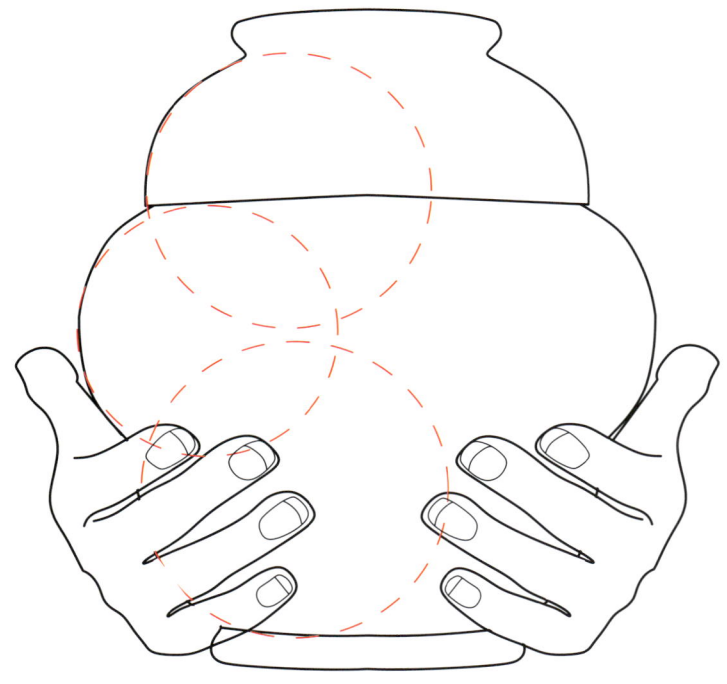

三段式曲线更容易端放，让钵内实物不易颠簸溢出

图四 彝族葫芦形子母钵使用方式示意图

图五 彝族葫芦形子母钵内部结构剖面示意图

圆盖上的菱形纹

鱼纹四方连续

几何纹二方连续

图六 彝族葫芦形子母钵纹饰示意图

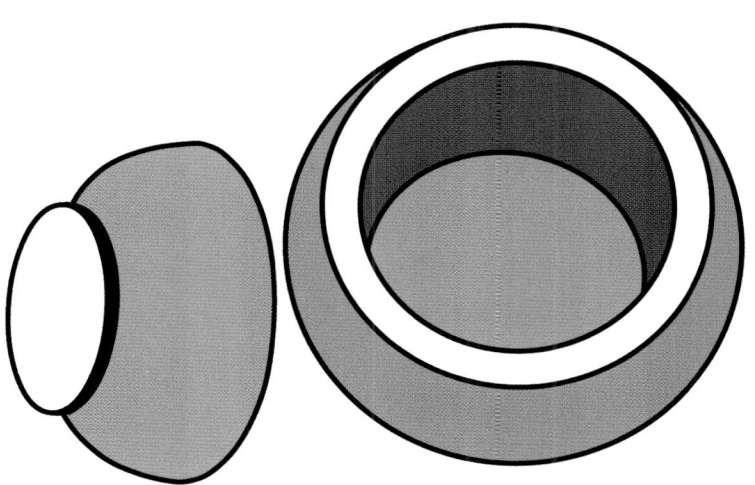

图七 彝族葫芦形子母钵开盖后内部结构线框示意图

彝族青铜食物罐

图一　彝族青铜食物罐主图

彝族人民的青铜器制作水平在少数民族中是较为少见的，彝族青铜食物罐是其代表作品之一。

彝族青铜食物罐，高约22厘米。口径约14.9厘米，底径约14.8厘米，口平、沿宽厚、颈稍高、肩缓平，圆腹，平底，加圈足，肩上双环耳（如图二、图三）。彝族青铜食物罐由于完全由手工制作而成，主要制作方法为铸造，这在我国各少数民族间都是少见的。彝族青铜食物罐在造型上做到极简的同时又考虑到了日常生活中使用者的方便，罐身两侧有大小基本相同的双环耳，在方便拿取的同时也防止由于罐内食物过烫而造成烫伤（如图四）。同时从青铜器的造型上看，瓶口略小，瓶身略大，使其在盛放食物的选择上有了一定的限制，基本只能放置一些流体食物和小型食物（如图五）。

彝族青铜食物罐在中国少数民族器具历史上是罕见的佳作，特别是青铜器的双耳和青铜器器身的比例达到了一种和谐的视觉效果。

图片来源

图一至图七　杨承颖　制图

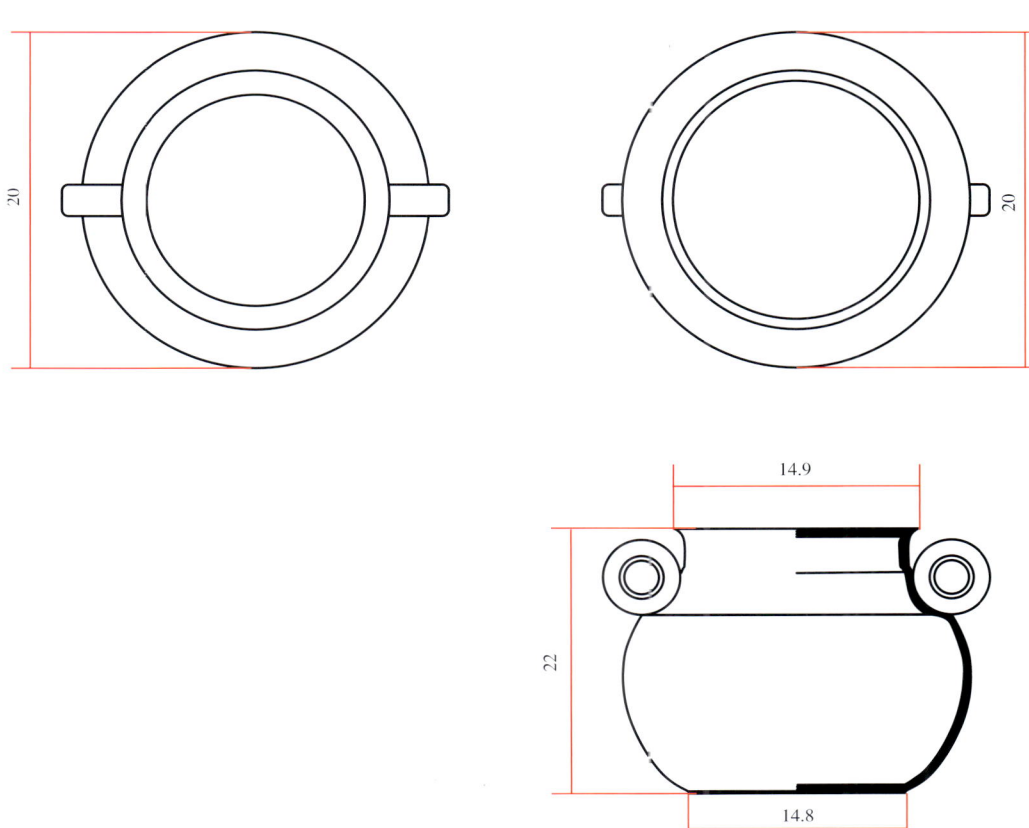

图二　彝族青铜食物罐三视图（单位：cm）

图三　彝族青铜食物罐线描立体图

第三章　彝族传统餐饮

图四　彝族青铜食物罐俯视、仰视图

图五　彝族青铜食物罐明暗分布图

图六　彝族青铜食物罐使用示意图

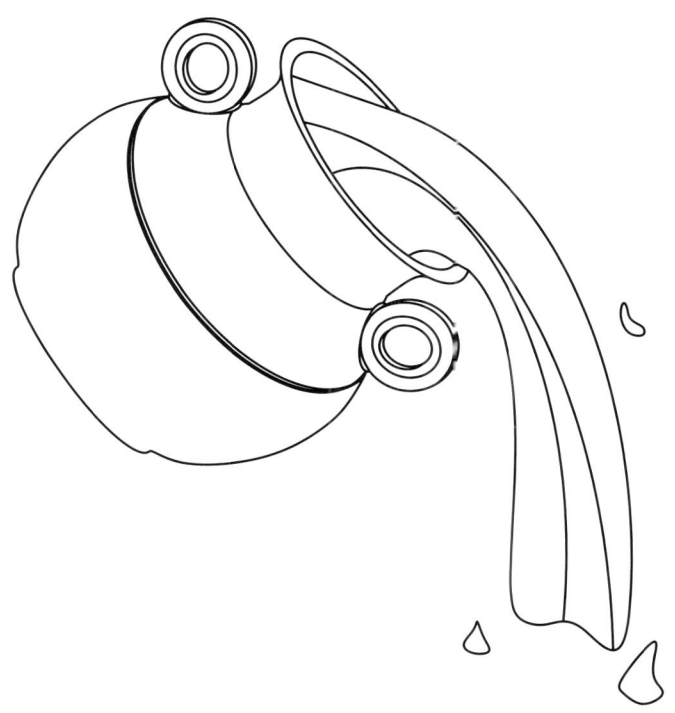

图七　彝族青铜食物罐使用方式图

彝族漆木钵（一）

图一　彝族漆木钵（一）主图

漆木钵属于四川凉山彝族餐具器皿中的一种，主要用于盛放食物。

彝族木钵既是彝族传统生活用品，又是精美的工艺品。本案例通高22厘米，腹径27.4厘米，底径18.6厘米。钵以木胎绘以漆彩。其构造分盖和器身两部分，中由子母口扣合。鼓状的腹部形态给人敦实大方的视觉感。其容量大，可盛饭、菜。值得一提的是其钵盖，圆盘形的盖顶，既具有密封作用，又可当木盘盛物用。想象一下，当剥壳熟鸡蛋沿盖沿摆放，其情景别有风味。木钵内部主要用于盛肉及其他食品，便于携带。外部纹饰以自然纹样如日、月、星辰等和植物纹样为主，同时一些二方连续的图案出现在腹部以作装饰。纹饰的具体布局方式与器皿的造型有关，像木钵一类的腹鼓器形多有横向的分层和分带分布，且纹饰主要集中在鼓腹部。由于木钵属于大型器物，所以纹饰多间隙但显得更加简洁。规范化的纹样设计搭配艳丽的色彩，能增强其视觉冲击感。以黑色为底的木钵给人深沉、厚重的感觉，加上红色、黄色的图纹明快喜气又飘逸。三色的木钵光泽艳丽，并且具有强烈又和谐的民族韵味。

每逢过年过节，彝族有"走亲戚"的习惯，子辈看望父辈，亲朋好友相互串门，都要提酒携肉为礼物，彝族人民精做冻肉，漆木钵是盛肉器具。

图片来源

图一　《凉山彝族文物图谱·漆器》　四川民族出版社1982年

图二至图六　谢迪、谢文婷　制图

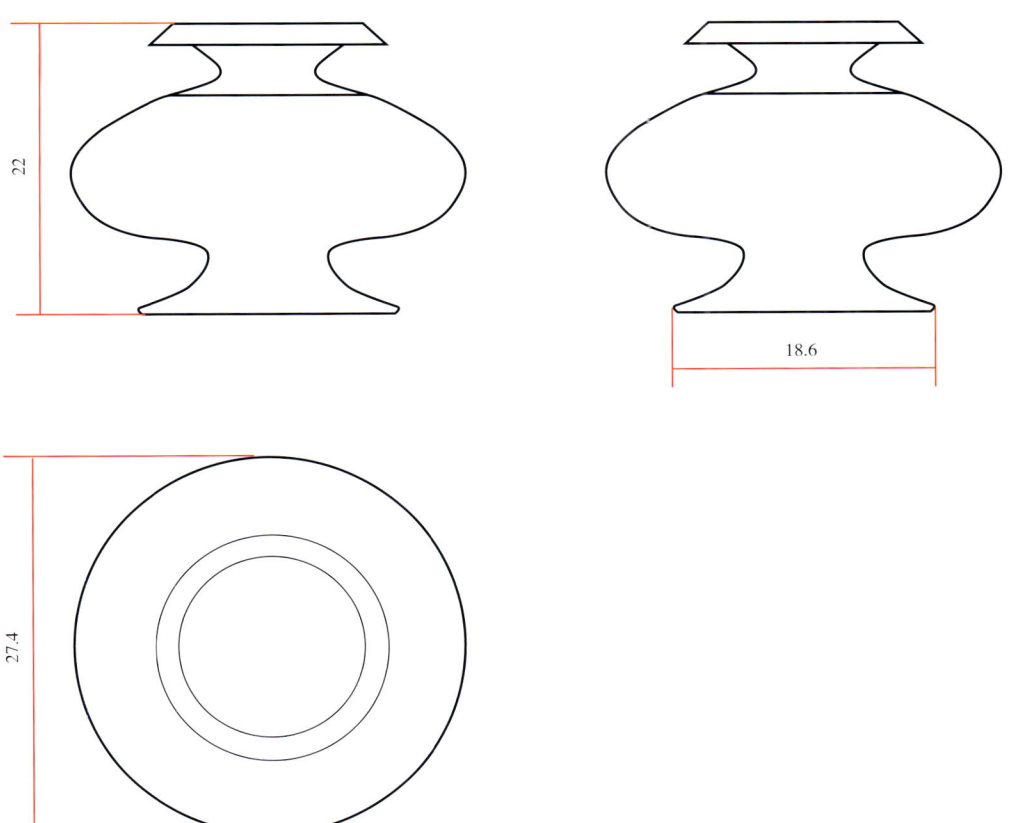

图二 彝族漆木钵（一）三视图（单位：cm）

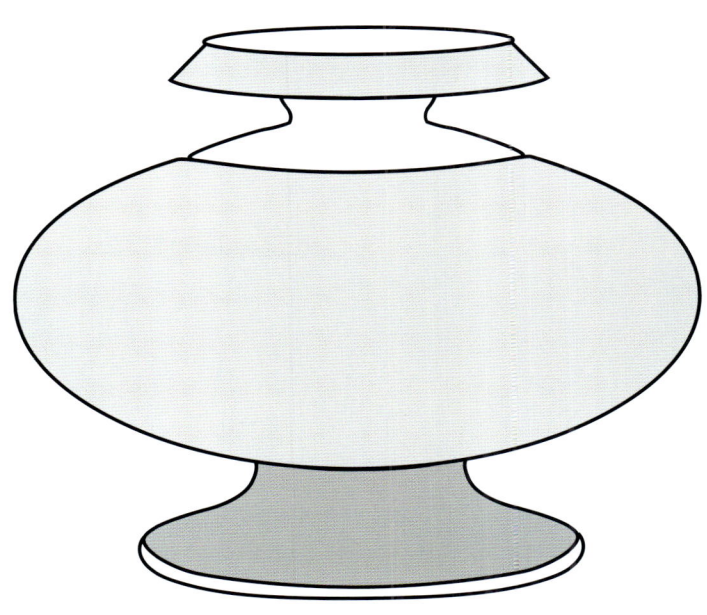

图三 彝族漆木钵（一）透视图

第三章 彝族传统餐饮

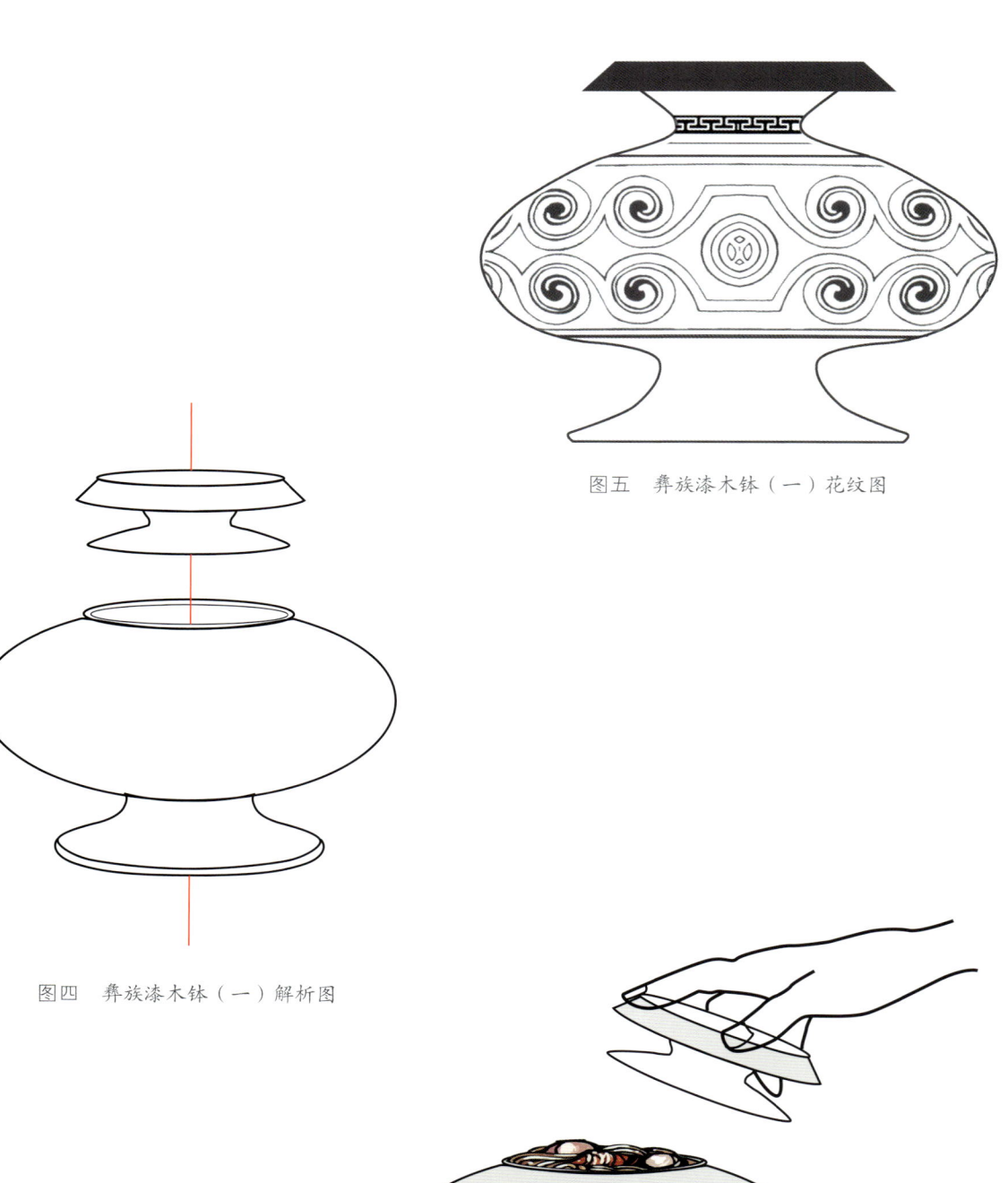

图四　彝族漆木钵（一）解析图

图五　彝族漆木钵（一）花纹图

图六　彝族漆木钵（一）使用示意图

彝族漆木钵（二）

图一　彝族漆木钵（二）主图

彝族人背水用木桶，舀水用木瓢，桌为木，碗为木，磨槽为木，马鞍为木，就连酿酒，传统的做法也是将酒糟密封在木桶里发酵。凡日常生活所用的器皿，大约除铁锅以外，包括锅盖都是木质的。因此诸如木钵这样的具有民族特色的容器，在彝族的日常生活中也是十分常见的。

彝族木钵，有些被彝族居民称为库祖，敛口深腹，用来盛汤不仅容量大，而且可以保温；有些敞口的木钵，便于堆放食物和取食；有些类似小巧的木碗，方便携带。就形态样式方面来讲，彝族木钵类似日常所用的研钵，其上图案大部分秉承了凉山彝族漆器的绘图风格，其纹饰大多自然写实，直接摹拟，有些则是单线条的简单的图饰，能够反映出民族传统的意识理念。虽然各种木钵上的图案形态各异，但是它无不取材于生活，取材于自然。将这些自然摹拟的纹饰加以规范化、连续化，形成了凉山彝族一整套漆器图谱。

图片来源
图一　《凉山彝族文物图谱·漆器》四川民族出版社1982年
图二至图六　谢迪　制图

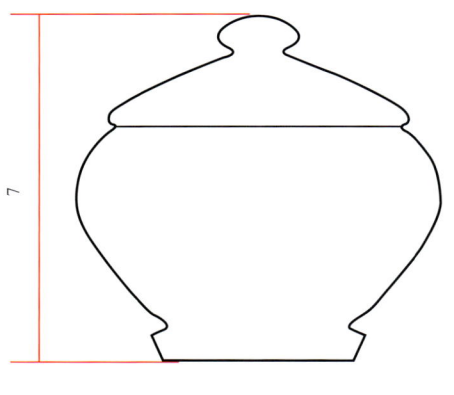
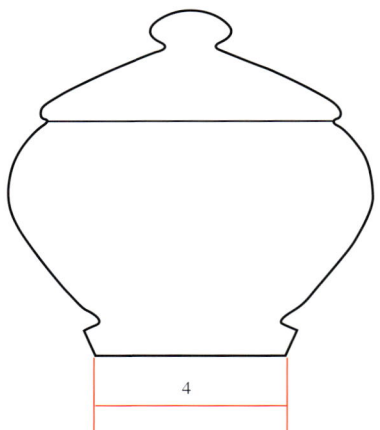
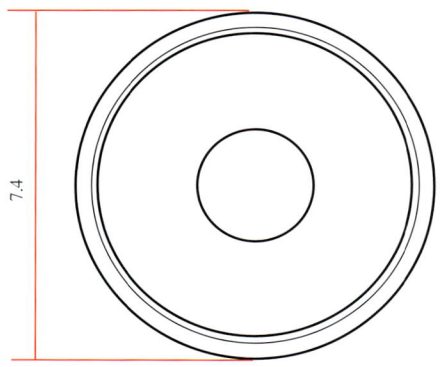

图二　彝族漆木钵（二）三视图（单位：cm）

图三　彝族漆木钵（二）透视图

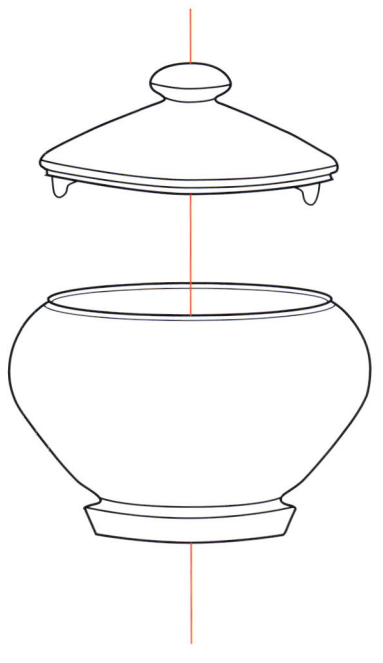

图四　彝族漆木钵（二）解析图

图五　彝族漆木钵（二）花纹图

图六　彝族漆木钵（二）使用示意图

第三章　彝族传统餐饮

彝族汤钵

图一　彝族汤钵主图

　　汤钵，是彝族传统的漆器生活用品，是极富特色的工艺品，主要用于盛汤。

　　彝族漆器十分讲究整体图案和色彩效果，一般通体髹漆，采用了大量的太阳、鸡冠、水纹等自然纹饰。此款产品大量重复的抽象牛眼纹饰运用与渔网纹相结合，纹饰大多自然写实，体现了彝族祖先在古时对自然的原始崇拜。汤钵的材质采用杜鹃、华木等名贵木材（或竹、牛角骨等）制作成坯，用土漆（国漆）涂饰表面。用银珠、石磺等矿物原料加工后调配于土漆之中绘制花纹。

图片来源
图一　杨思凡　制图
图二至图六　张婷　制图

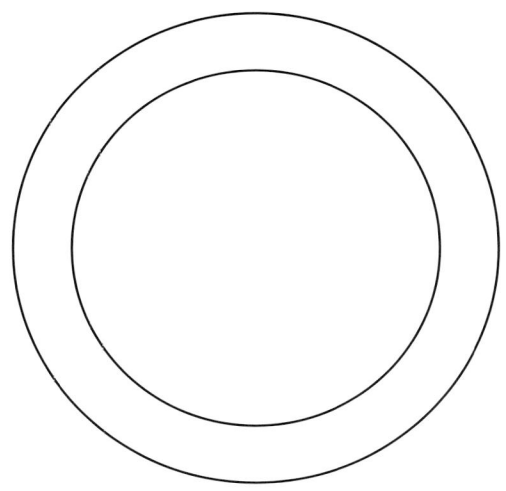

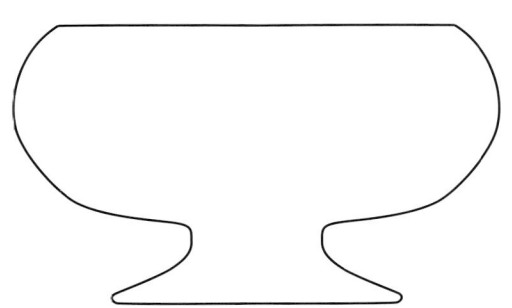 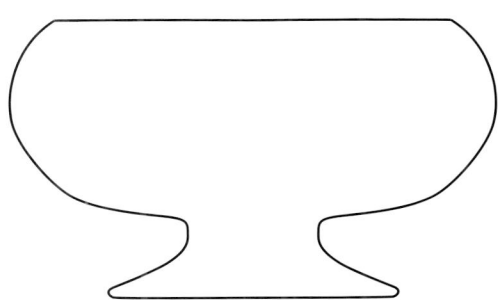

图二　彝族汤钵三视图

图三　彝族汤钵线描图

第三章　彝族传统餐饮

图四　彝族汤钵图案分析图

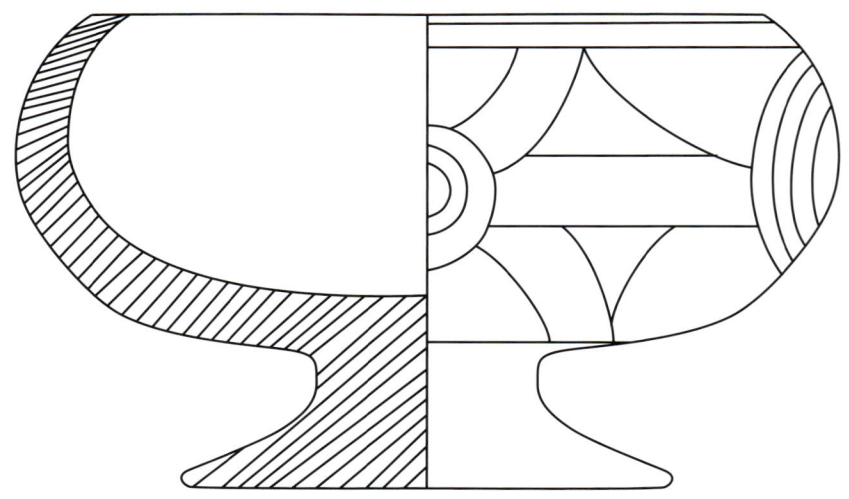

图五　彝族汤钵剖面图

图六　彝族汤钵效果图

彝族饭盘

图一　彝族饭盘主图

　　饭盘，又称高脚盘，是彝族传统的漆器生活用品，也是极富特色的工艺品，主要用于盛饭。

　　这款产品十分讲究整体图案和色彩效果，一般通体髹漆，采用了大量的太阳、鸡冠、水纹等自然纹饰。纹饰大多自然写实，体现了彝族祖先在古时对自然的原始崇拜。饭盘的材质采用杜鹃、华木等名贵木材（或竹、牛角骨等）制作成坯，用土漆（国漆）涂饰表面。用银珠、石黄等矿物原料加工后调配于土漆之中绘制花纹。饭盘的漆器图谱别具一格，红得火烈，黄得艳丽，黑得浓重。彝族漆器在世界上没有完全一样的两件，因为漆器全部由手工制作，所以花色和外观没有完全相同的两件，这也给收藏和使用漆器的朋友带来了无限的乐趣。

　　彝族传统的漆器产品，如肉钵、汤钵、主食钵、库祖、申品、汤勺等，这些最传统的餐具，既是生活用品，又是精美的艺术品。红、黄、黑三色彩绘漆器在彝族传统文化中独树一帜，一代代凉山彝族工匠创造了精美古朴的器具用品，是彝族器物文化的重要构成部分。

图片来源
图一　胡海玲　制图
图二至图七　张婷　制图

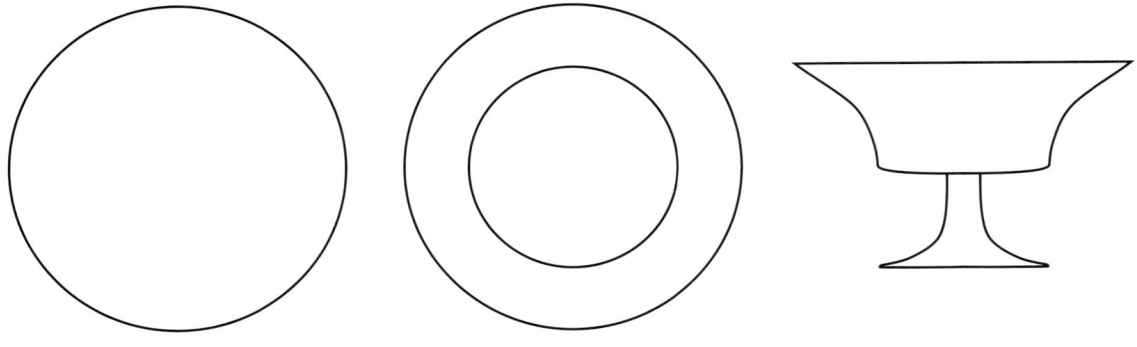

图二 彝族饭盘三视图

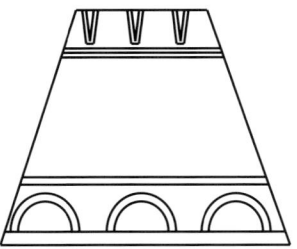

图三 彝族饭盘图案分析图

图四 彝族饭盘配色方案图

图五 彝族饭盘制作示意图

第三章 彝族传统餐饮

图六 彝族饭盘效果图

图七 彝族饭盘线描图

彝族漆木饭盆

图一　彝族漆木饭盆主图

彝族的盆、盘漆器外部造型相似，都具有用以盛饭菜的敞口杯状体，下部再配以造型流畅的圆锥形作为底座。彝族的餐用盆具依据用途及形态，分为饭盆、菜盆等几种。从实用的角度出发，主要作盛饭用的盆，杯状体较深；而盛菜的盘，其杯状体较浅似浅碗状。

本案例通高15.8厘米，口径23厘米，底径15.6厘米。饭盆是彝族用以装盛菜肴、羹汤的食器，木胎着漆彩绘，也如钵一样具有肩圆敞大的鼓状腹部，其口为敞口，有圆锥状的底座，与钵体相似，只是无盖罢了。造型上一样给人以厚重、朴实的感觉。

彝族漆木饭盆形态多样，但总体来说，其形态的组合表现了彝族人的主体审美意识，给人一种圆润敦实的感觉。且在注重实用的前提下，多以圆形作为造型主体，这样的造型容量大、易加工。

图片来源

图一　《凉山彝族文物图谱·漆器》 四川民族出版社 1982年

图二至图六　谢文婷　制图

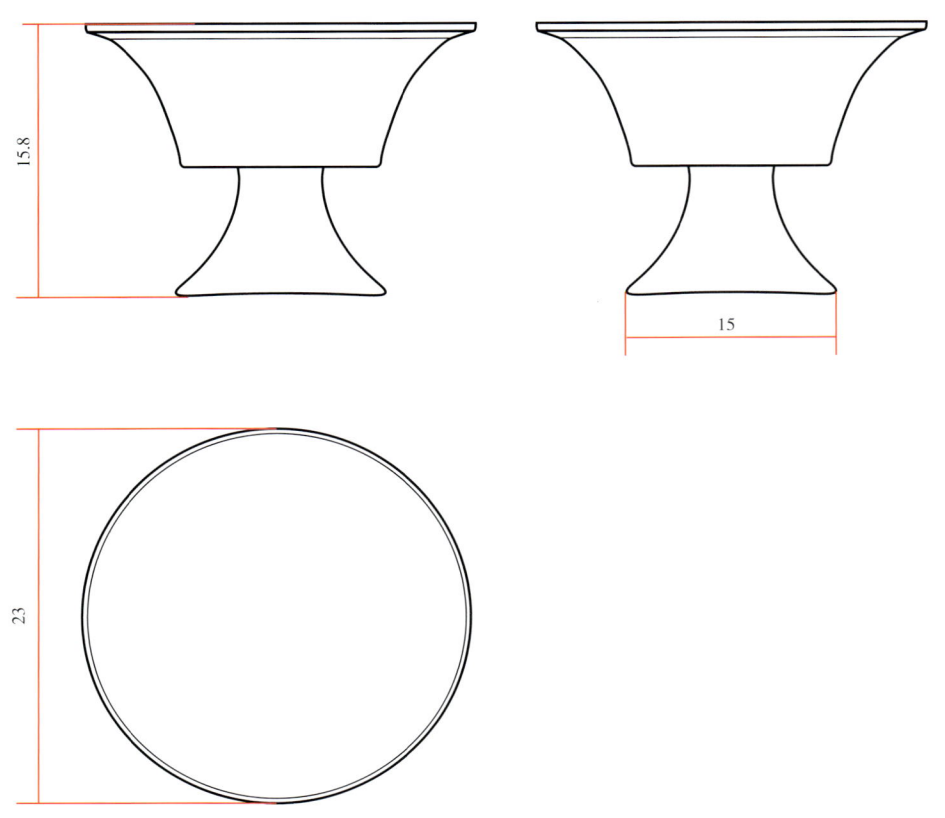

图二　彝族漆木饭盆三视图（单位：cm）

图三　彝族漆木饭盆透视图　　　　图四　彝族漆木饭盆解析图

图五 彝族漆木饭盆花纹图

图六 彝族漆木饭盆使用示意图

彝族梭形食物漆瓶

图一　彝族梭形食物漆瓶主图

　　本案例彝族梭形食物漆瓶，是彝族日常生活中盛放食物的常用漆器。

　　此器物高约20厘米，最大直径约为10厘米，最小直径约为6厘米（如图二）。其主体为一梭形棒状物，上端直径略小于底端直径，这样使其放置的时候重心偏下，不容易晃动（如图三）。梭形食物漆瓶上的色彩也有其分布特点，瓶身上部分主题色调由黄、红色构成，瓶身下部分主要由黑色构成，这样也让人们从视觉上可以区分出梭形食物漆瓶的上、下关系（如图四）。梭形食物漆瓶的图案以彝族传统图案为主，由彝族蒜瓣纹、中心、方向纹、马牙纹、茄子纹、山脉纹等构成瓶身图案（如图五）。梭形食物漆瓶可以分为瓶盖和瓶身两个部分，瓶身是一个倒梯形圆筒状器物，主要用作彝族人日常生活中存放食物的器具,而瓶盖是一个梯形圆筒状器物,形似碗状,彝族人用来盛放食物(如图六)。梭形食物漆瓶瓶盖上端有一个盘形凸起物,在方便取出瓶盖的同时,也可作为瓶盖盛放食物时与平面接触的底座(如图七、图八)。

彝族梭形食物漆瓶在色彩的分布和漆瓶的功能设计上都是十分讲究的,运用了人机工程学的原理。

图片来源
图一　杨承颖　摄影
图二至图八　杨承颖　制图

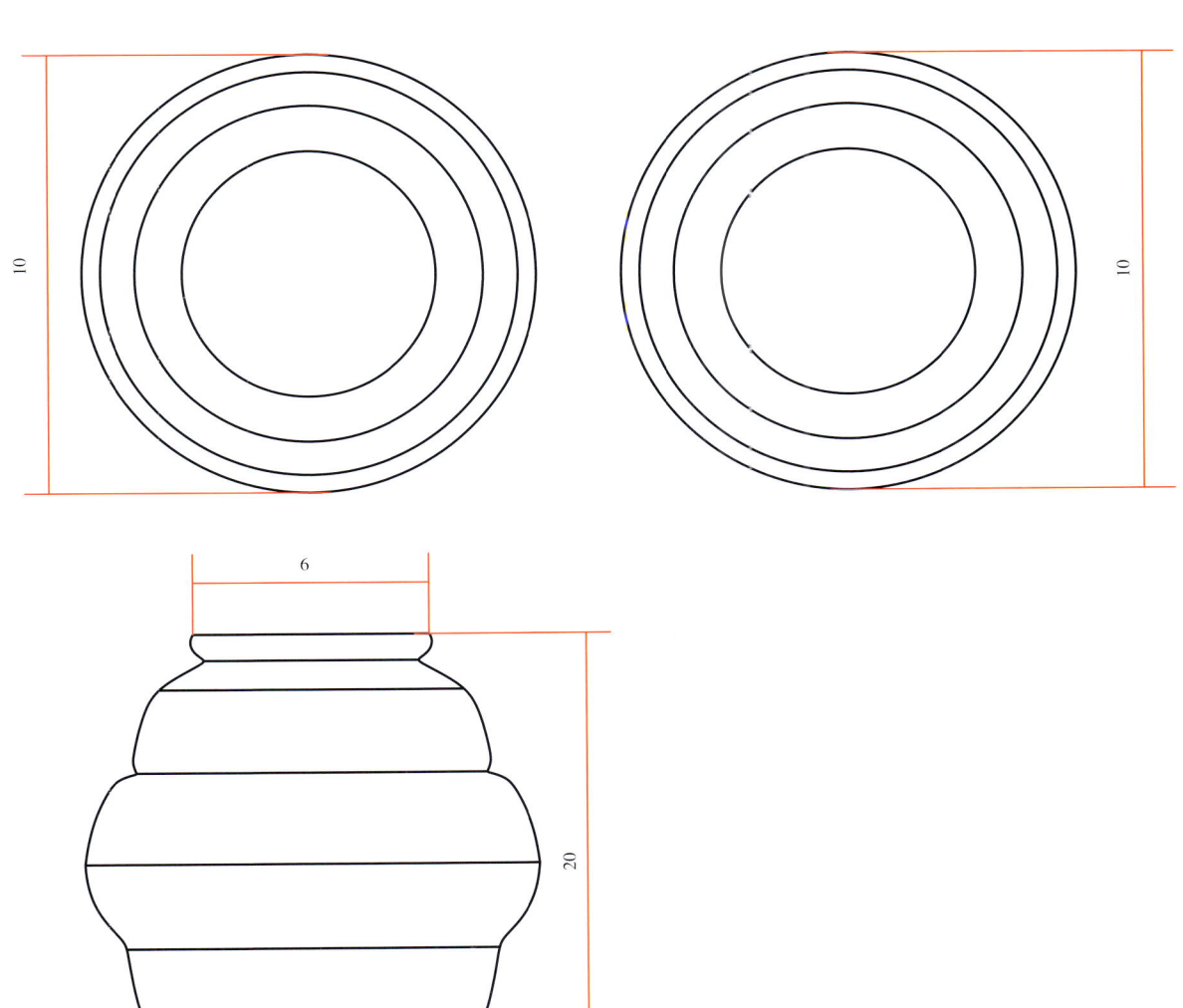

图二　彝族梭形食物漆瓶三视图(单位:cm)

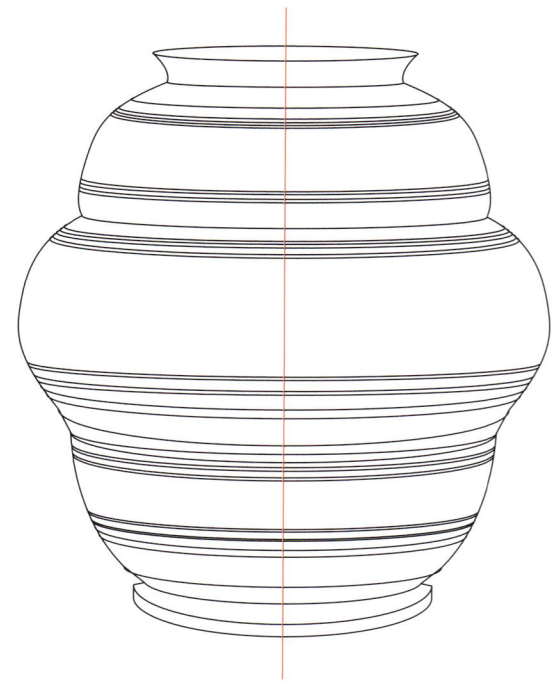

图三　彝族梭形食物漆瓶结构图

图四　彝族梭形食物漆瓶色彩分析图

主体色调以红、黄、黑为主

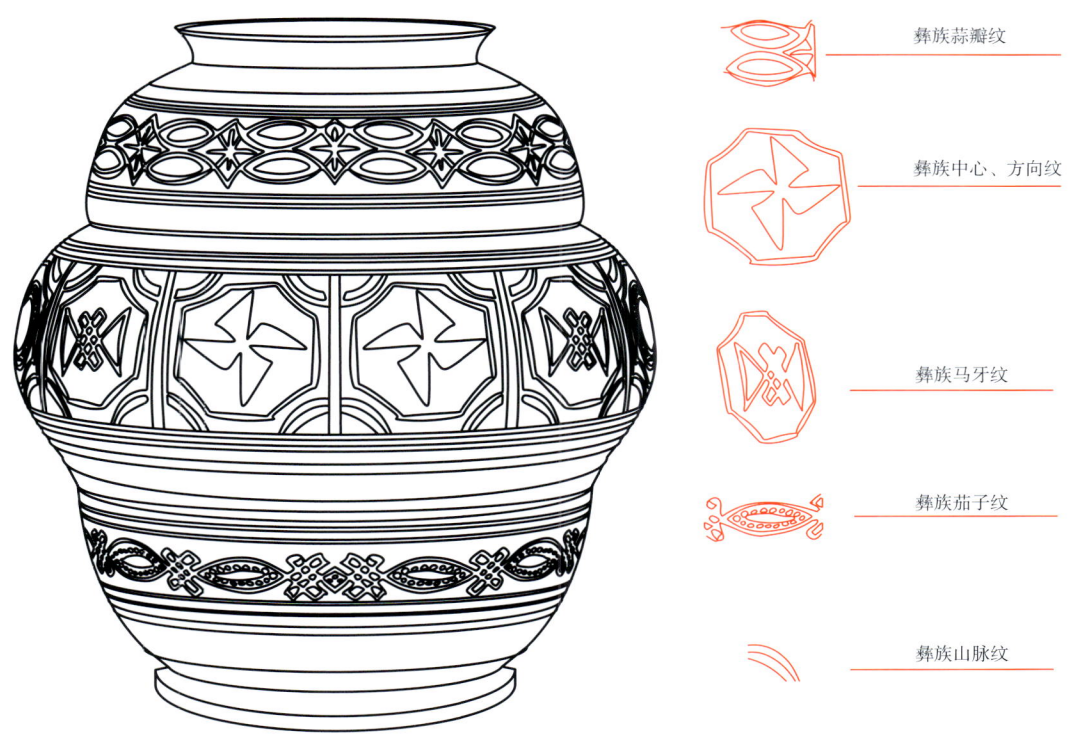

图五 彝族梭形食物漆瓶花纹分析图

图六 彝族梭形食物漆瓶结构分析图

图七　彝族梭形食物漆瓶顶视纹样图

图八　彝族梭形食物漆瓶使用示意图

彝族筷枕

图一　彝族筷枕主图

彝族筷枕，就是彝族餐具中用来架起筷子，防止筷子直接接触桌子的物件。常跟筷子配套使用，是彝族人餐桌上的必备之物。

本案例长约5厘米，宽约1.5厘米，高约2厘米，造型呈圆弧状，中心面稍稍往里凹，防止筷子在摆放的过程中滑落(如图四)，使得筷子更稳定地摆在筷枕上。在筷枕的底部有四个角，起支撑作用（如图一），使筷枕在桌面摆放时不易翻倒。筷枕表面光滑，便于清洗，同时使整个造型更加复杂与丰富，筷枕的尖角处处理得比较圆润，防止误伤（如图四）。筷枕采用杜鹃、华木等名贵木材制作成坯（或直接用牛角、骨），用天然木漆涂饰表面。用银朱、石磺等矿物原料加工后调配于土漆之中绘制花纹。此款筷枕的花纹比较简单，花纹图案讲究对称性和有序性，色彩以黑色为底，用黄色的线加以装饰，使得色彩更加明快，对比更加强烈（如图三）。

彝族筷枕主要是为了摆放筷子，该产品的使用，使得筷子用起来更安心、更健康，保证筷子更加干净与卫生。整个造型小巧，便于收纳，符合使用者的使用需求。彝族筷枕采用纯手工打坯、打磨，手绘制作而成，每个花纹均不相同，具有浓郁的彝族风情。既表现出彝族人民粗犷、豪放的性格，也渲染出其仔细、精致的一面。

图片来源
图一　邹红媛　拍摄
图二至图六　邹红媛　制图

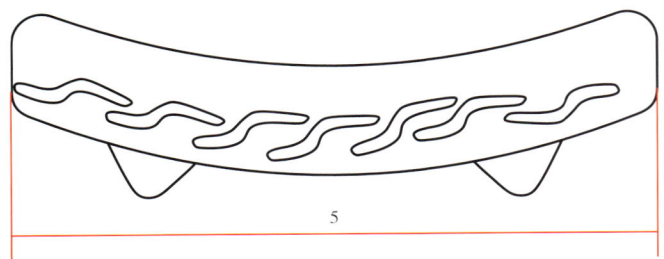
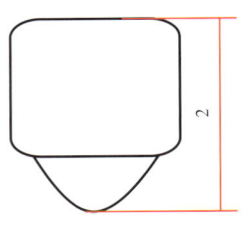

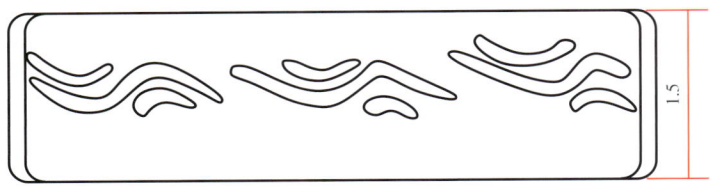

图二　彝族筷枕三视图（单位：cm）

图三　彝族筷枕色彩配置图

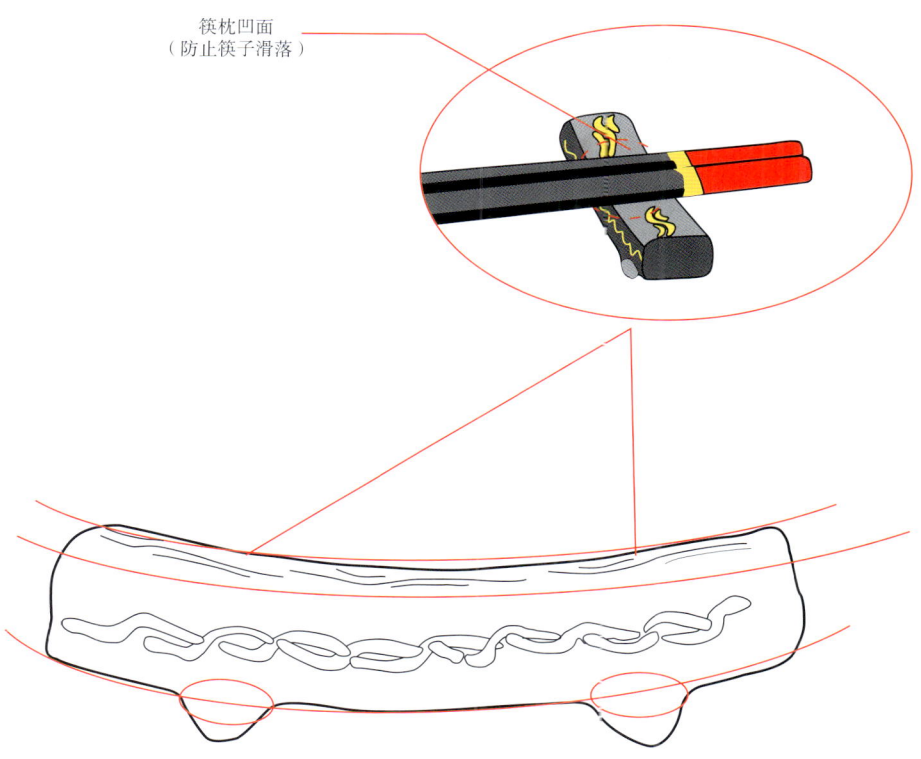

图四 彝族筷枕造型分析图

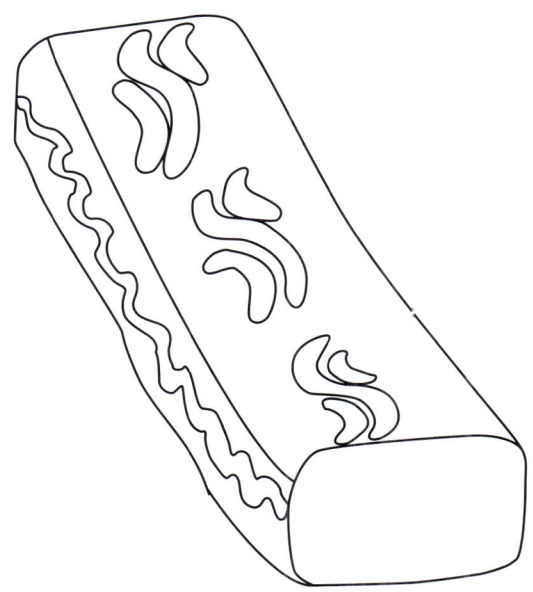

图五 彝族筷枕线框图

图六　彝族筷枕使用示意图

彝族大木勺

图一　彝族大木勺主图

大木勺，顾名思义，就是木质的勺子。它是彝族人民不可缺少的生活用品之一，主要用于盛饭或盛其他谷物类食品。

大木勺分为勺肚、勺杆、勺尾三部分，勺肚呈浅弧状，勺杆长度大约是勺肚最大直径的1.5倍，勺尾凸起，方便勺子的靠放。木勺为纯手工制作而成，制作木勺的工具大多数是各种弯曲的弧形刀，与通常的雕刻刀有所不同，雕刻的手法以刮削为主，再经过数次打磨至光滑。

图片来源
图一至图六　刘萧　制图

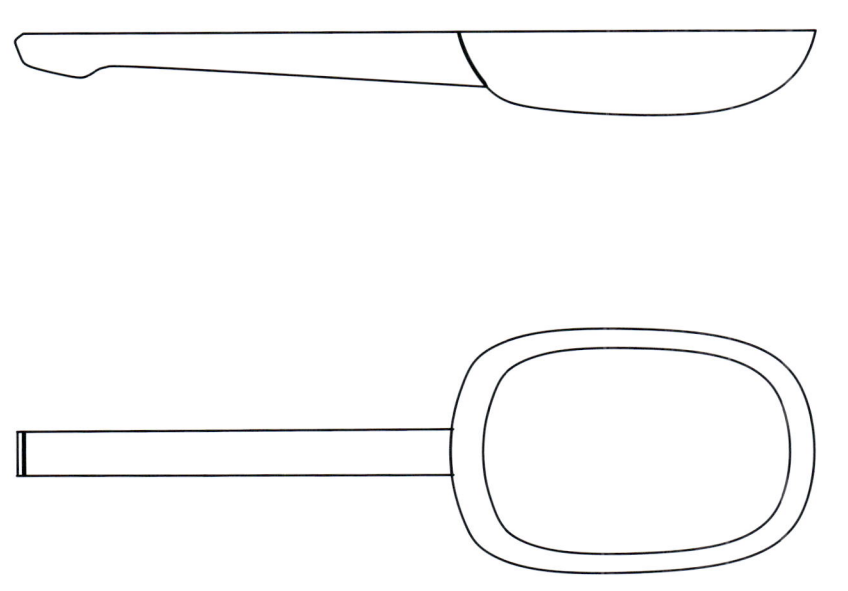

图二　彝族大木勺三视图

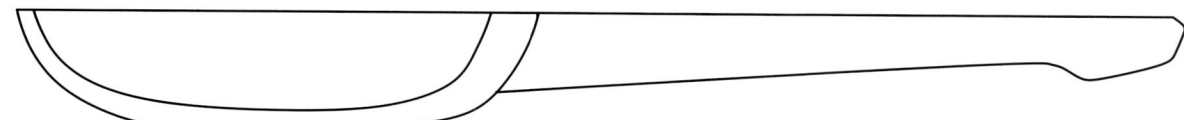

图三 彝族大木勺剖面图

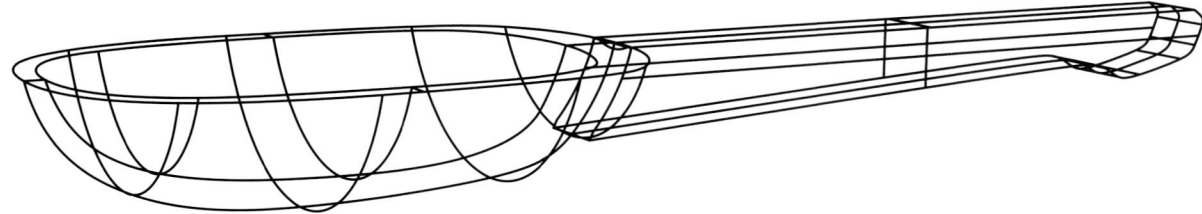

图四 彝族大木勺结构示意图

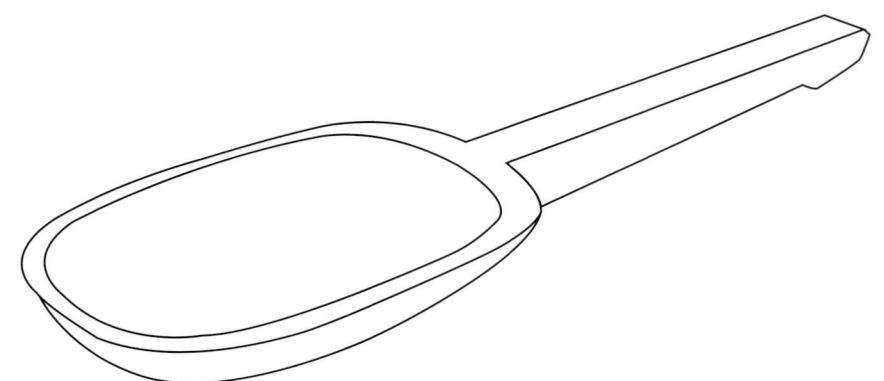

图五 彝族大木勺透视图

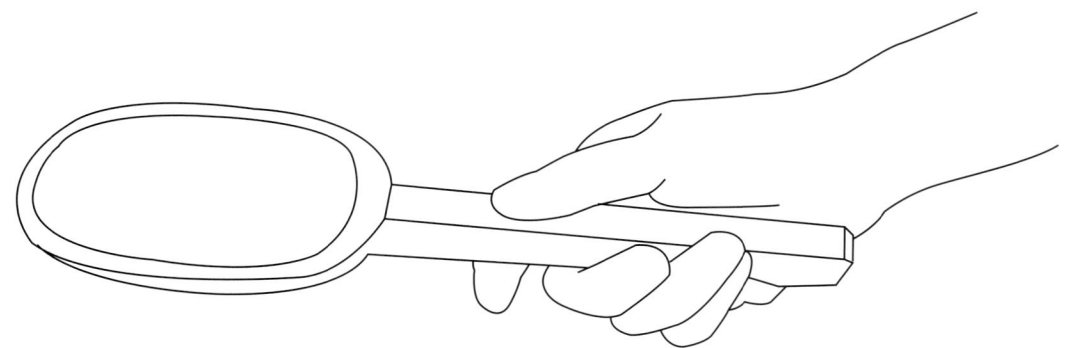

图六 彝族大木勺使用示意图

彝族汤勺

图一 彝族汤勺主图

彝族汤勺（彝语称"依赤"），是彝族人用来吃饭、喝汤的勺子。彝族汤勺在彝族漆器中是最具有代表性的产品，是彝族人生活中不可缺少的日用器具。

本案例勺子底部宽6.5厘米，高2厘米，勺柄宽1厘米，长16厘米，整个勺长20厘米。由木把和木勺衔接而成，木勺的造型呈鸡蛋形，一头宽一头窄，一头深一头浅，浅窄的一头方便喝汤，便于冷却。有的汤勺在木勺的底部设计一些小三角，不仅美观，而且防止汤勺在使用的过程中滑落。在材质上汤勺主要是以木头为主，以木漆作底（黑）色，用朱砂、石黄作配色颜料，在造型独特的汤勺上绘画丰富多彩的图案纹饰。色彩浓烈而明快，感染力极强。而且这些原料全部来自天然材质，无毒无害，耐高温不掉漆。花纹主要以几何形体或植物题材进行对称排列，以圆点进行点缀。色彩上以黑、红、黄三色为主，以黑色作为底色，使得黑色与红色、黄色形成鲜明的对比，感染力极强。在彝族文化中，黑色为天地之本色，寓意庄重与威严；红色代表热情豪放而勇敢；黄色象征着光明与未来。汤勺对于颜色的运用，使得作品的功能与精神性融为一体，极具使用价值和审美价值。

彝族汤勺采用纯手工打坯、打磨，手绘制作而成，每个花纹木纹均不相同，造型上根据需求也略有区别，是民族文化宝库中的瑰宝。

图片来源
图一　杨思凡　制图
图二至图七　邹红媛　制图

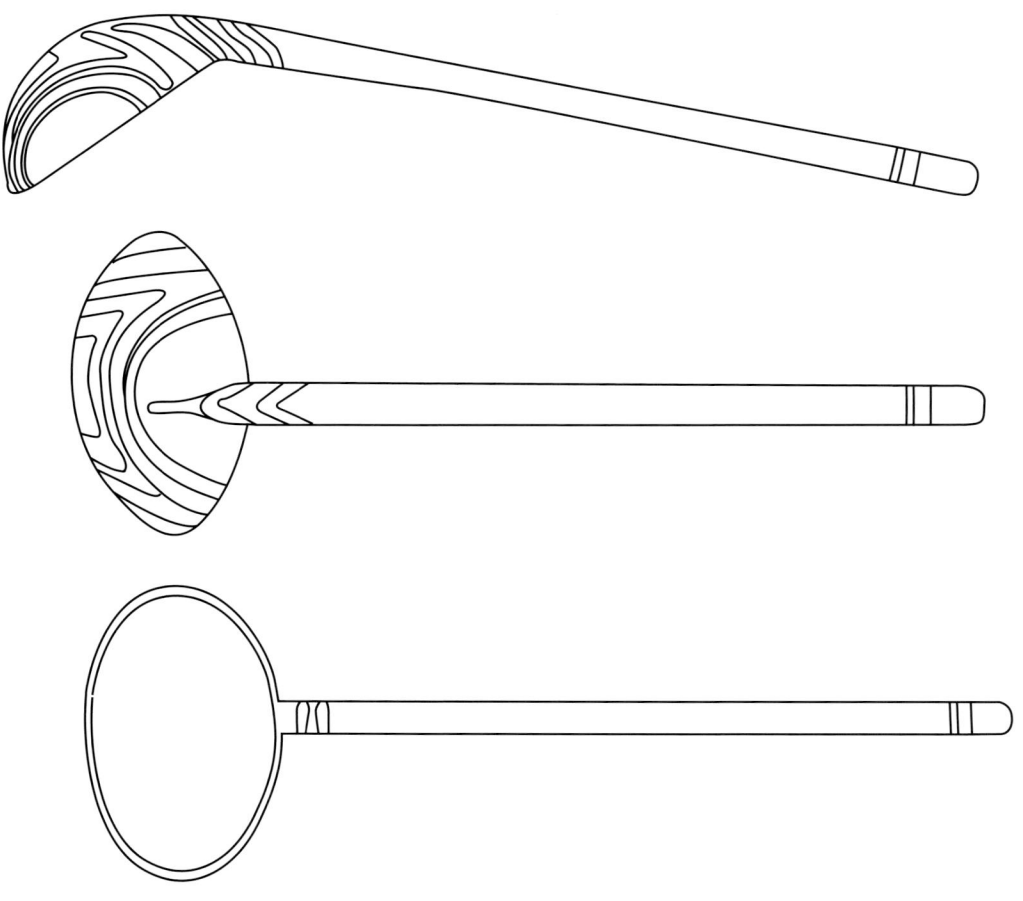

图二　彝族汤勺三视图

图三 彝族汤勺配色方案图

图四 彝族汤勺图案造型分析图

第三章 彝族传统餐饮

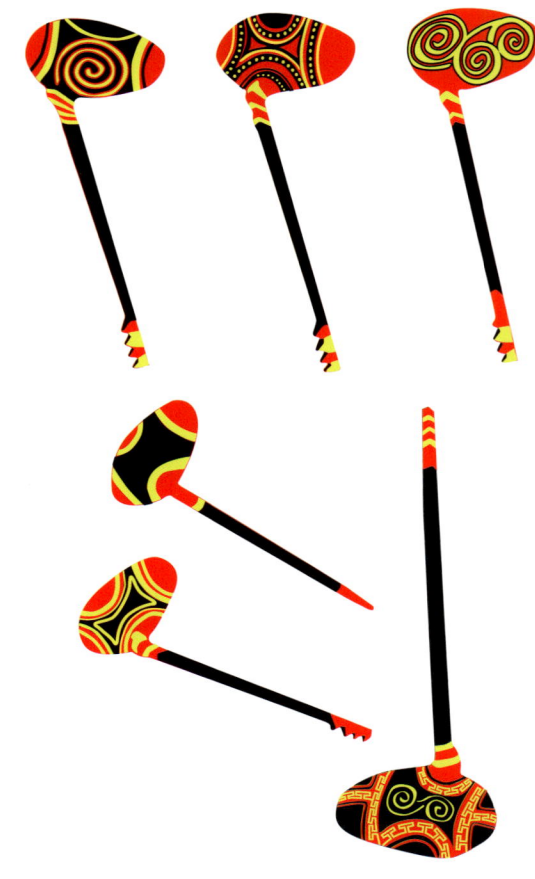

图五　彝族汤勺其他图案花纹分析图

图六　彝族汤勺加工示意图

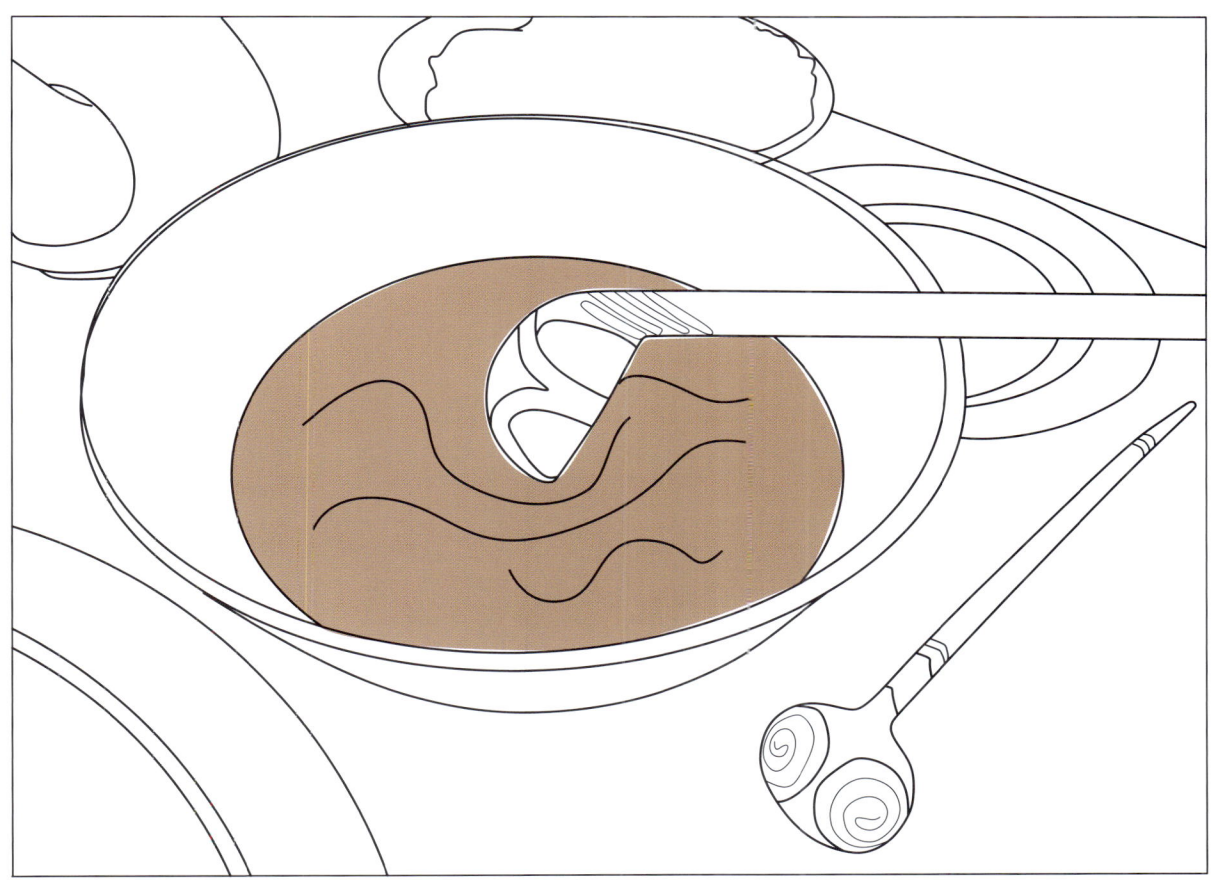

图七　彝族汤勺使用示意图

第三章　彝族传统餐饮

彝族蒸子（勒里）

图一　彝族蒸子（勒里）主图

彝族蒸子（勒里）是一种烹饪木器，其作用及形态与汉族传统烹饪工具蒸笼很相似。

彝族蒸子（勒里）以实木为原材料制作而成，高约40厘米，口径约30厘米，底径约30厘米，平口，圆筒，平底。彝族蒸子（勒里）完全是由手工制作而成的。彝族蒸子（勒里）的器身由多片厚约2厘米的木片拼接而成，外围以亚麻绳捆绑加固。彝族蒸子（勒里）内常放置以竹条编织而成的垫板用以盛放食物，以便于烹饪。彝族蒸子（勒里）烹饪方式以蒸为主，用彝族蒸子（勒里）烹饪后的食物常常带有一点竹的清香，使食用者胃口大开。

图片来源
图一　张婷　制图
图二至图五　杨承颖　制图

图二　彝族蒸子（勒里）效果图

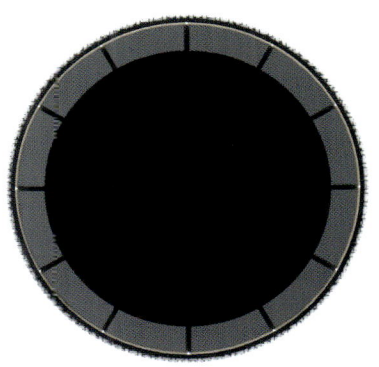
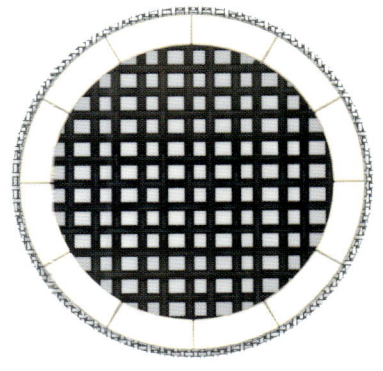

图三　彝族蒸子（勒里）三视图

图四　彝族蒸子（勒里）剖面图

图五　彝族蒸子（勒里）垫板细节图

第四章 彝族传统生活用具

彝族葫芦笙

图一　彝族葫芦笙主图

　　葫芦笙，彝语称为"举尔补惹"，是彝族人最喜爱的乐器之一，亦是彝族地区最流行、最普及的乐器。它由笙斗和笙管组成，在彝族地区，五管或六管笙最为常见。演奏时，不仅可以用手指按住笙管上的音孔发出声音，而且可以用右手按住笙斗底端露出的管口奏出小二度、大二度、大三度的音，还可以用右手大拇指在底端的管口轻轻抹动，奏出轻柔圆润的滑音。

　　彝族葫芦笙的制作因材施制，以细长型苦葫芦为笙斗。笙管则采用亚热带地区生长在海拔千米处的凤尾竹或黄枯竹制作，五管至八管不等，环列于葫芦腹部，笙管微露于笙斗底部，用蜡固定。每根笙管靠近笙斗处有一按音孔，插入笙斗内的管上嵌有竹制或铜制簧片，笙管下端管口通透为底部按孔。

　　葫芦在彝族人的观念中，是从生命的起点到终点的象征，故葫芦笙是彝族特有的一种文化载体。它作为彝族各种场合的必备乐器，和彝家人的生活息息相关。并作为一种常见乐器，不断丰富着人们的精神生活。从制作工艺和取材上，体现出彝族人朴素的造物智慧。

图片来源
图一　胡海玲　制图
图二至图六　雷霞　制图

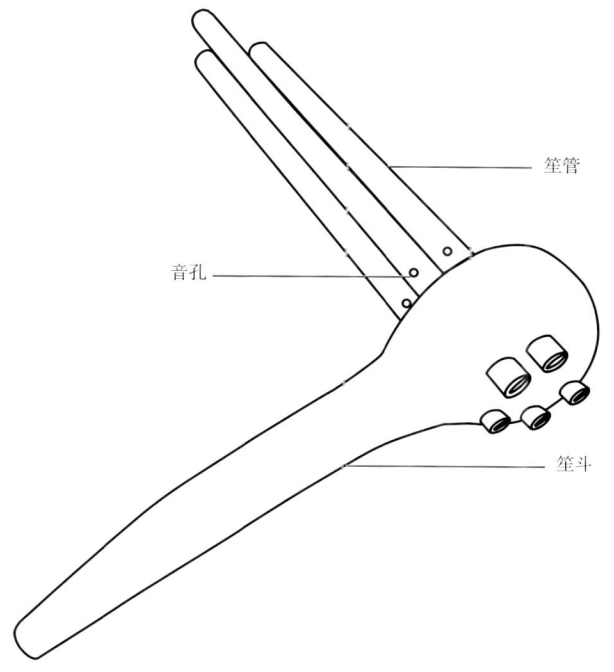

图二 彝族葫芦笙结构分析图

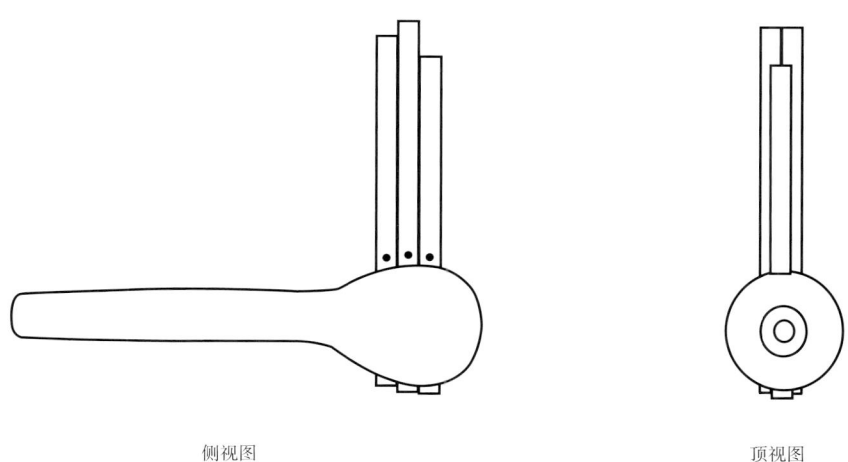

侧视图　　　　　　　　　　　　　　顶视图

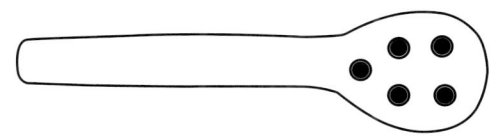

侧视图

图三 彝族葫芦笙三视图

第四章 彝族传统生活用具

265

色彩分析：

图四　彝族葫芦笙色彩分析图

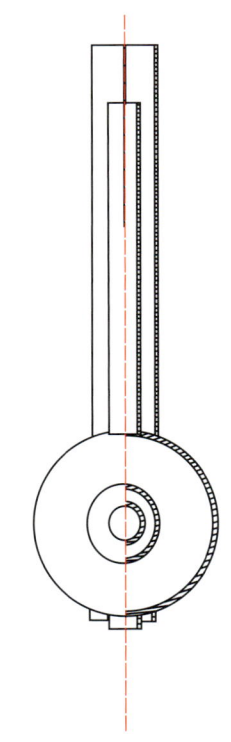

图五　彝族葫芦笙剖面图

图六　彝族葫芦笙演奏示意图

第四章　彝族传统生活用具

彝族两叶口弦

图一　彝族两叶口弦主图

口弦，又称"响篾"，是人类最早使用的乐器之一，亦是彝族地区最为普及、最受人们喜爱的古老乐器。彝语称口弦为"合贺"，它由弦筒和弦片组成，以细绳相连。弦筒为竹质，弦片分为竹片和乌铜片两种；根据弦片数目的不同，又有单片弦和多片弦之分。本案例为两叶口弦，弦筒长7厘米，弦片长约6厘米。演奏时，将弦片排成扇形，左手执弦片尾部放在张开的嘴唇间，右手拇指（也有用食指、中指的）来回拨动弦端。其特点在于利用口腔的共鸣发音。

彝族口弦制作工艺考究，尤其是竹质口弦，需选用年久质坚的金竹或楠竹，经过选材、火烤、打磨、挖槽、启弦、点刀、调音等工序制作而成。最为关键的是精心修理弦片以得到需要的音色，其精妙之处在于启弦和弦舌的调节技术上。该案例结合了彝族最具特色的漆器工艺，用红、黄、黑三色搭配，对口弦进行装饰，使漆器工艺与乐器形制完美结合起来，是彝族人审美情趣的体现。

口弦是彝族先民的文化遗存，堪称人类远古音乐文化形态的"活化石"。它丰富了人们的精神生活，作为文化符号，还是男女青年传情达意的爱情信物。从设计的角度分析，口弦的制作工艺完整地呈现了彝族人因材施制之才能，也体现出其朴素的造物思想。

图片来源
图一　张本俊　制图
图二至图六　雷霞　制图

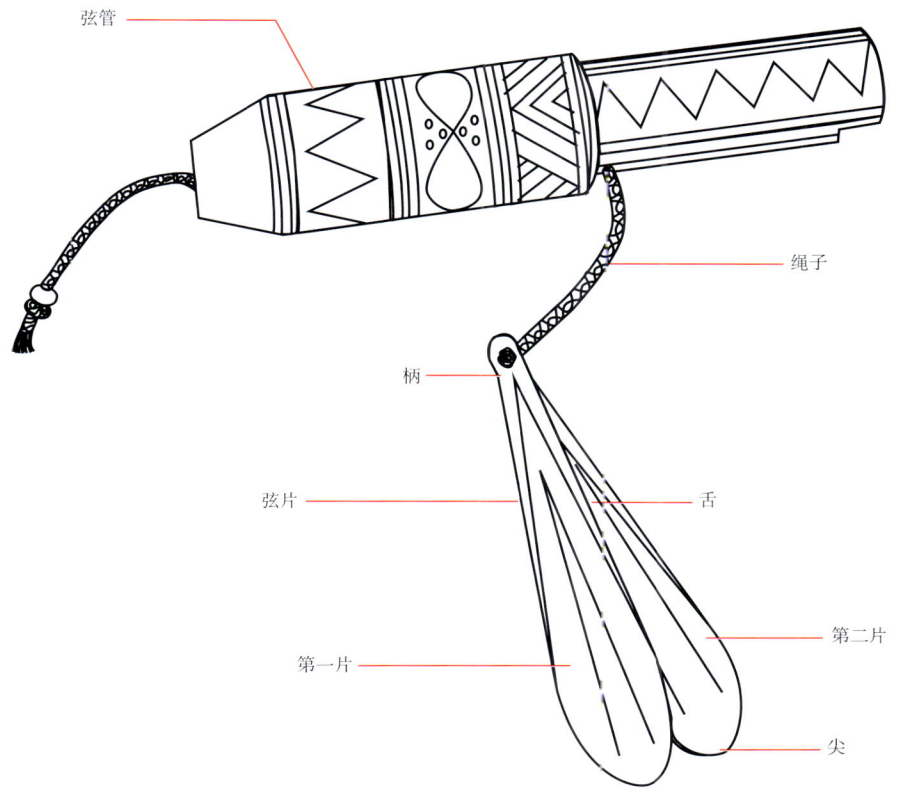

图二　彝族两叶口弦结构分析图

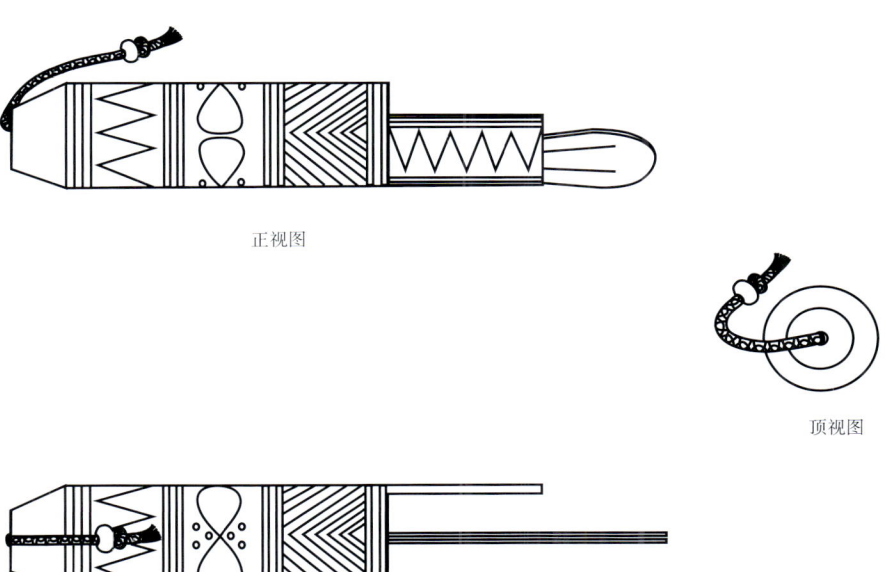

图三　彝族两叶口弦三视图

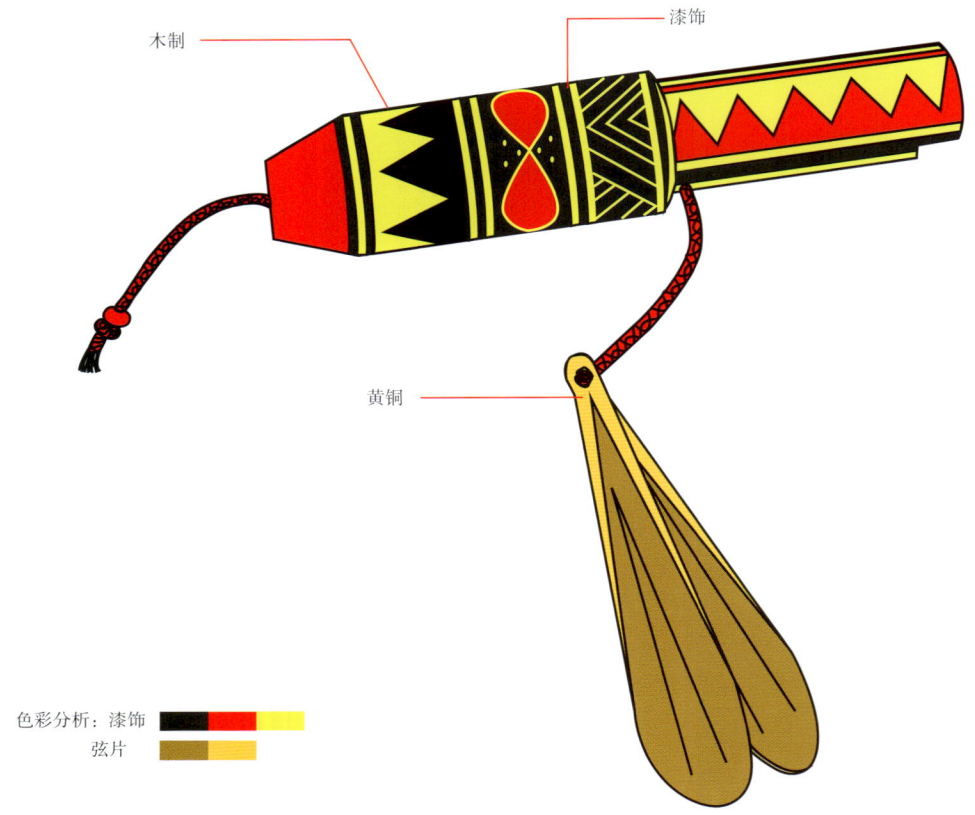

图四 彝族两叶口弦色彩分析图

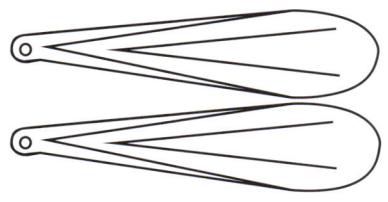

图五 彝族两叶口弦分解图

图六 彝族两叶口弦使用示意图

彝族锣

图一　彝族锣主图

　　锣是一种金属类的打击乐器，以金属制成，不同地方有不同的锣。"大锣笙"是古彝民部落时代传承下来的一种祭祀与娱乐兼有的原始图腾舞蹈，跳大锣笙的主要道具是大锣，因此人们也将跳大锣笙简称为跳锣。

　　锣由锣体、锣架(锣绳)、锣槌三部分组成。锣体铜制，因用"响铜"制成，故也有"响器"之称。结构较简单，锣体呈一圆盘形，直径约为60厘米，四周以本身边框固定。图案由简单的几何图形表现，形似一张动物脸，有角、大嘴、牙齿。颜色主要为红、蓝、白，色彩对比强烈、醒目，充分展现了彝族人民生活的朝气，具有浓郁的彝族风情，给人一种贴近自然的感觉。

　　锣属于金属鸣乐器，无固定音高。其音响洪亮而强烈，余音悠长持久。通常，锣声用于表现一种紧张的气氛和不祥的预兆，具有十分独特的艺术效果。大锣发音较低，锣边钻孔系绳，左手提起或挂于架上，右手执槌击奏。这一民间传统器乐演奏形式，以其悠久的历史渊源，宏壮的民族气派和独特的东方神韵著称于世。从古至今，锣鼓乐无论是作为一种社会文化现象，或是作为一种音乐类别，它始终伴随着彝族人民的生活与思想感情不断繁衍、传承和发展，成为人民大众喜爱的艺术品种而深深扎根于民间音乐沃土之中，并始终发挥着它那无可替代的社会精神效应。

图片来源
图一　张本俊　制图
图二至图六　刘萧　制图

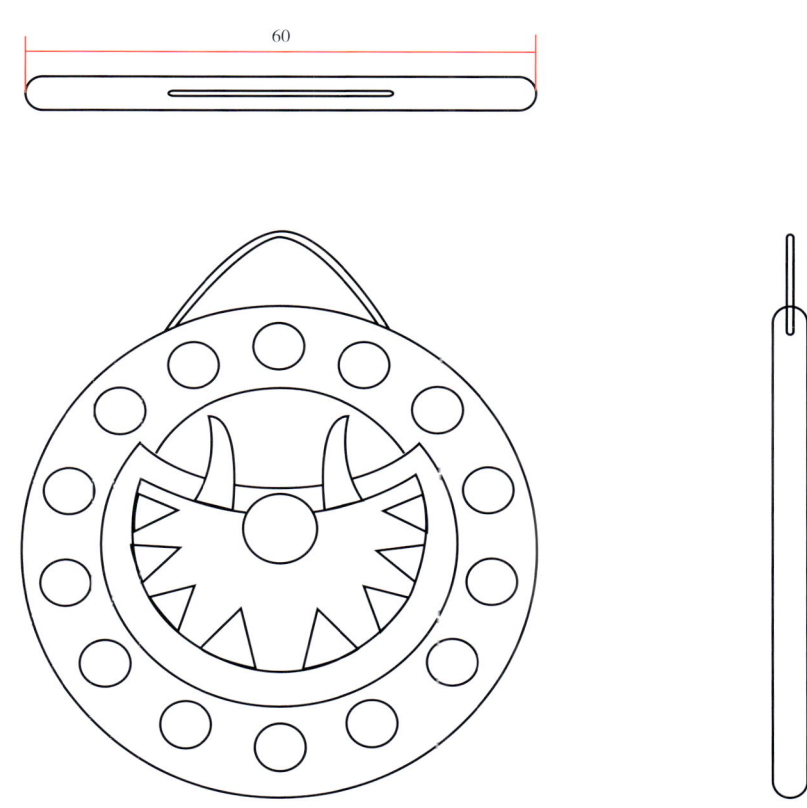

图二　彝族锣三视图（单位：cm）

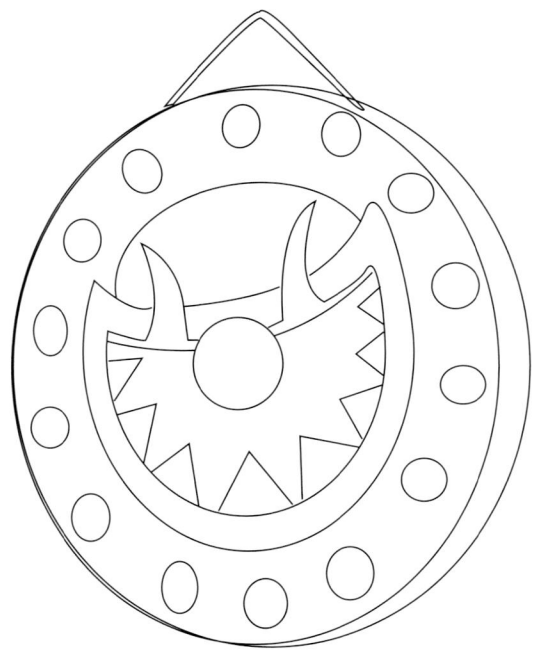

图三 彝族锣透视图

图四 彝族锣图案造型分析图

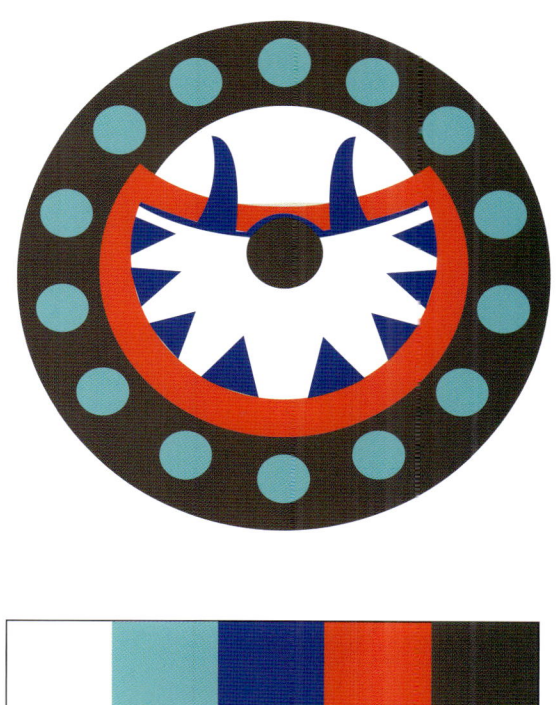

图五　彝族锣配色方案分析图

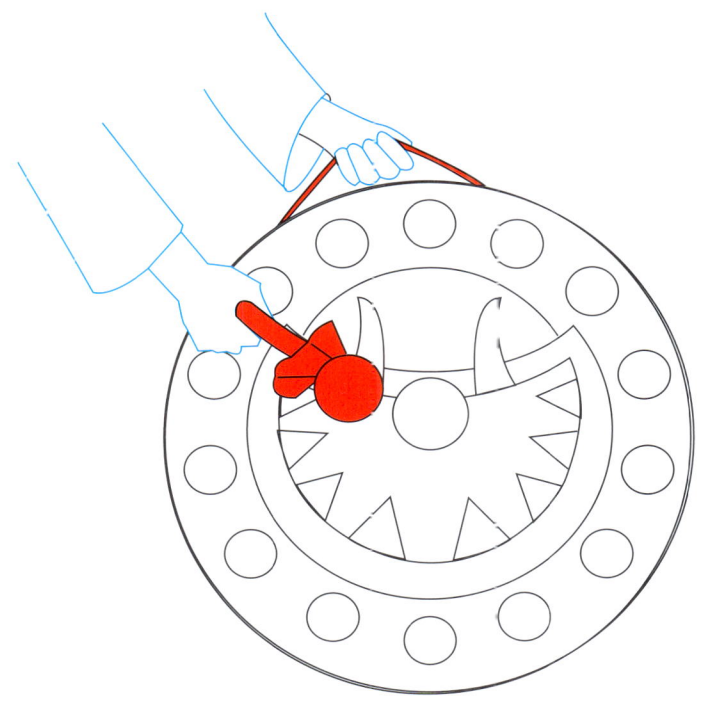

图六　彝族锣使用示意图

第四章　彝族传统生活用具

275

彝族牛角号

图一　彝族牛角号主图

本案例凉山彝族牛角号是一种清代制造的古乐器，现收藏在四川省凉山彝族奴隶社会博物馆。而现代的牛角号，流行于贵州彝族地区。

牛角号长约45厘米，常就地取材，除动物的角以外，还出现了用竹、木、皮革、铜等材料制成的角号。其形与牛角相似，色泽自然，质地坚硬，光洁有韧性，手感舒适，不易破损，自然弯曲如眉月状，上尖，下呈喇叭口状，中空，顶上一孔为吹口。在制作过程中先将牛角尖端锯平，在锯口中心钻一细孔，与角的内腔相通，圆孔上端扩孔并呈钝角状。在牛角号的表面，绘制出各种纹饰，此款牛角号的图案以植物题材为主，以黑色为底色，用褐色和黄色加以绘制，有的牛角号还采用雕刻的形式绘制花纹，增加了牛角号的凹凸感，使牛角号触摸起来别有一番韵味。

牛角号是过去彝族山民的通讯信号，也是彝族一些民俗节日和祭祀活动时吹奏的一种古老的乐器。牛角号彝语称"孩过"，常用于喜庆、丧乐，牛角号吹起来比较费劲，吹奏者以呼气的轻重和唇形的变化而转换音律曲调，音调单纯，但雄浑有力，即使牛角号无按音孔，也无固定音高，但演奏者依靠口形变化和气息控制，也可以吹奏出不同的音高。在北京中国艺术研究院音乐研究所中国乐器博物馆就收藏有牛角号多只。

图片来源

图一　张本俊　制图
图二至图八　邹红媛　制图

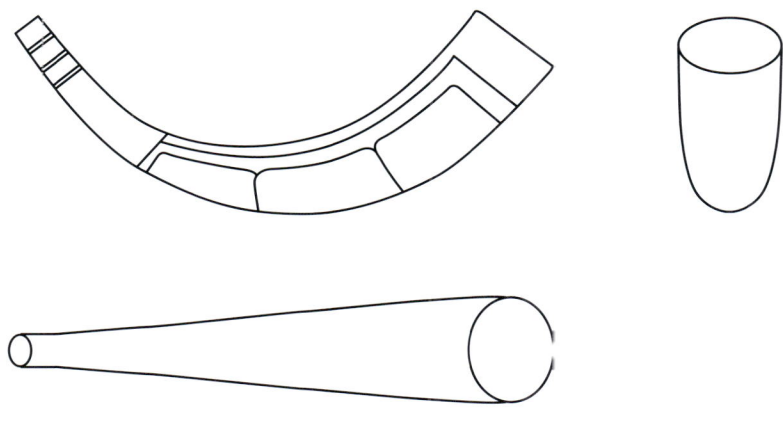

图二　彝族牛角号三视图

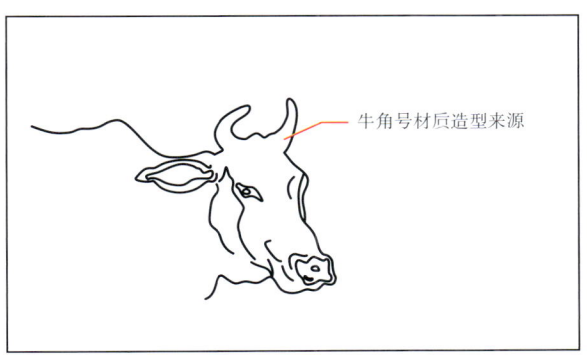

图三　彝族牛角号材质造型来源图

图四　彝族牛角号配色方案图

第四章　彝族传统生活用具

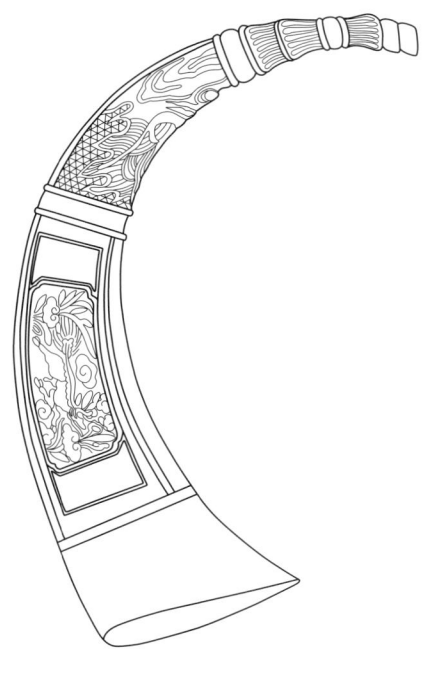

图五　彝族牛角号线框图

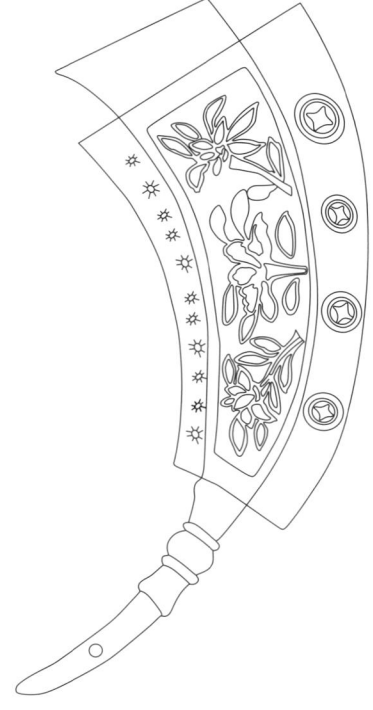

图六　彝族牛角号纹饰局部图

图七　彝族牛角号雕刻纹饰图

图八 彝族牛角号使用示意图

彝族唢呐

图一　彝族唢呐主图

彝族唢呐，双簧气鸣乐器，因其通体木制，又称"彝族木唢呐"。彝语称为"莫合""莫轰""拜来""泽乃"等，它由气盘、哨筒、哨子、木管、唢呐筒组成。本案例通高约76厘米，哨子长约2厘米，木管长约45厘米，木管尾部外径2.4厘米，音孔直径0.6厘米；唢呐筒高22厘米，上口外径4厘米，内径2.3厘米，下口外径12厘米。演奏时，管身竖持，双手扶管，右手食指、中指、无名指按正面上三孔，左手食指、中指、无名指、小指按正面下四孔，用循环换气法吹奏。

彝族唢呐虽然通体木制，但每一部分的材料都有所不同。哨子，主要由大麦的秸秆制成。哨筒，也称"鸭毛筒"，选用鸭子翅膀上最硬且粗而光滑的羽毛杆。木管取材于漆树，用材十分考究，选用刚长一两年并且长的很直的嫩漆树，只在冬天取材。唢呐盘取材于梧桐树，选在冬天取材，并且要等梧桐木阴干之后才能制作，唢呐盘实质上是唢呐的扩音器。

彝族唢呐，是彝族人生活中主要的吹奏乐器，使用范围十分广泛，是彝族人生活中不可缺少的一部分。其独特的制作材料和制作方法，展现了彝族人在乐器制作上的高超技艺。它通体使用木材，区别于其他民族唢呐的制作材料，具有一定的研究价值。

图片来源
图一　杨思凡　制图
图二三图六　雷霞　制图

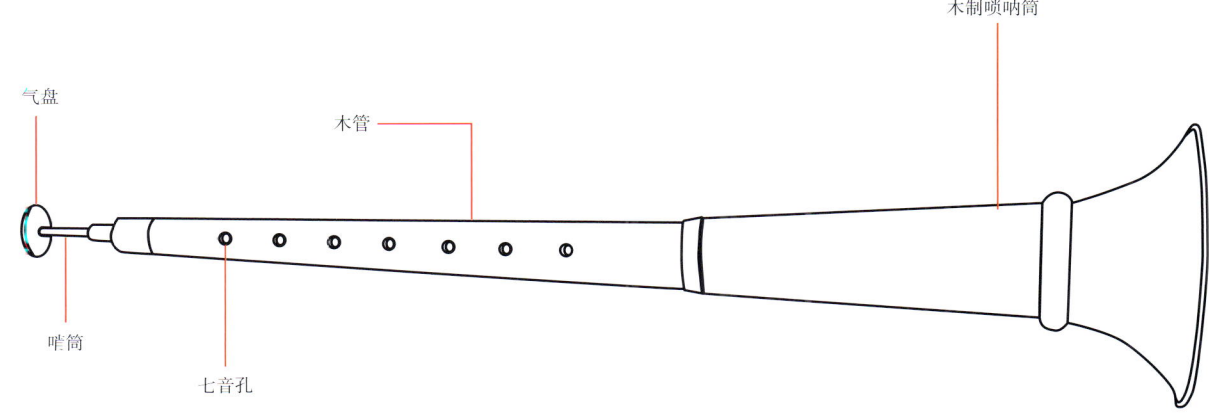

图二　彝族唢呐结构分析图

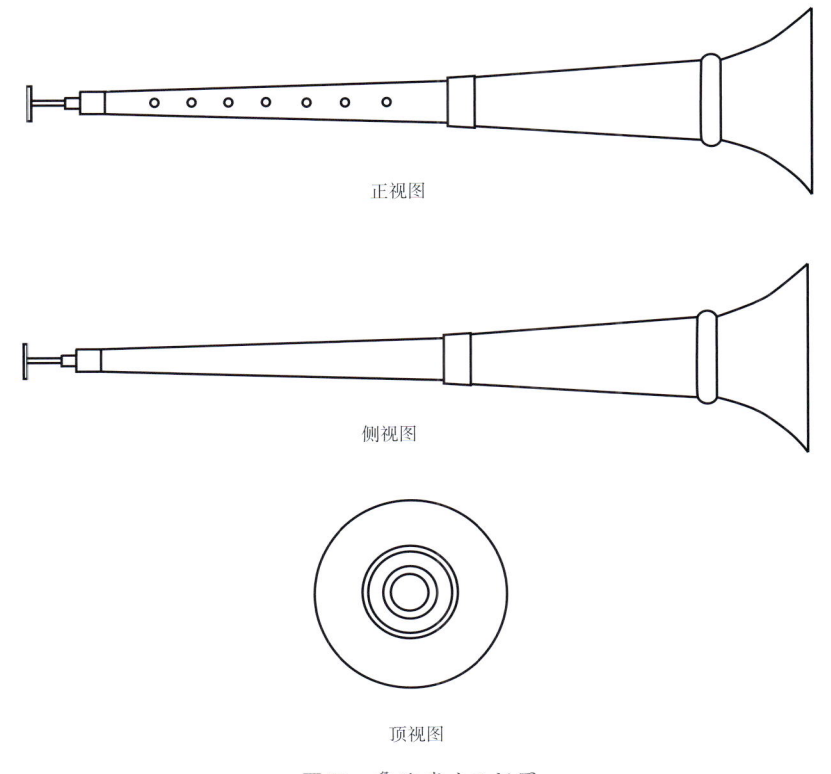

图三　彝族唢呐三视图

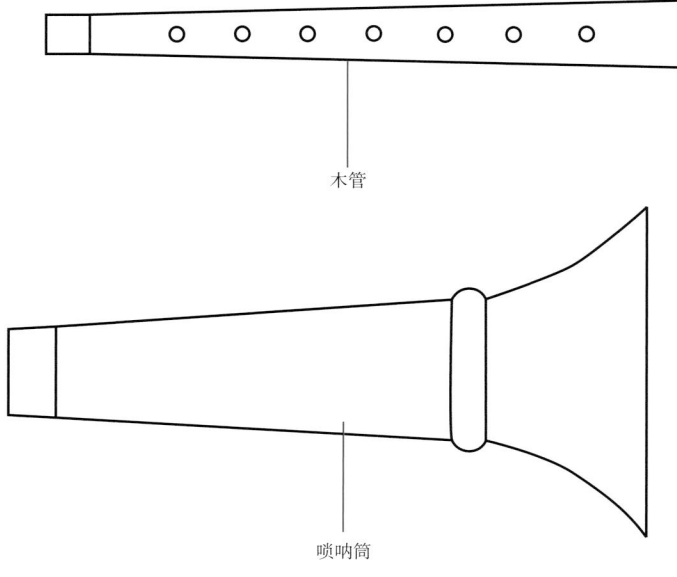

图四　彝族唢呐分解图

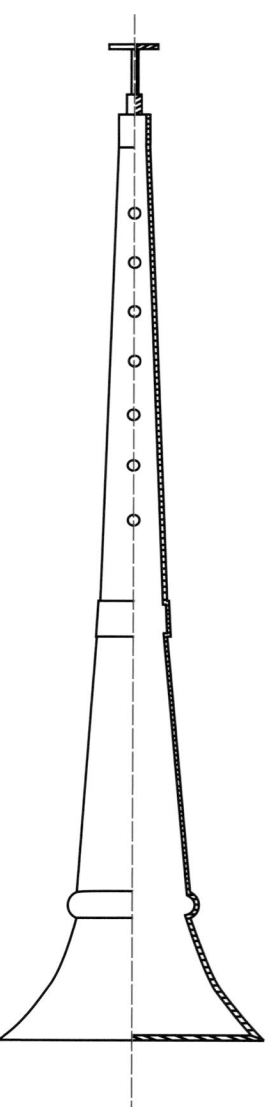

图五　彝族唢呐剖面图

图六 彝族唢呐演奏示意图

彝族铜号

彝族铜号，流行于四川凉山彝族地区。铜号属于过山号的一种，传统的过山号迎宾主要用铜号、唢呐、芦笙、多卡多利等民族乐器。在婚丧嫁娶、节日喜庆、迎接宾客时，俐侎人（彝族支系）都有打歌的习俗，通常分为喜事打歌、丧事打歌，根据人员又分为男女混合打歌和男女分场打歌。彝族铜号通常用于迎宾。

铜号主要由号嘴、号身，喇叭等几部分组成。并且采用铜材质打制而成。造型简洁，功能性强。它所发出的声音宏大响亮，所以也称为过山号。

"铜号声声迎佳宾，唢呐曲曲迎贵人……"当进入俐侎山寨，你会情不自禁被当地的浓郁风情所吸引。铜号迎宾是俐侎人婚丧嫁娶、节日喜庆、迎接宾客时所采用的一种隆重欢迎仪式，表达了俐侎人对美好生活的热爱和对尊贵客人最热烈的欢迎。

图片来源
图一　石丹沁　制图
图二至图三　罗黛诗　制图
图四　石丹沁　制图

图一　彝族铜号主图

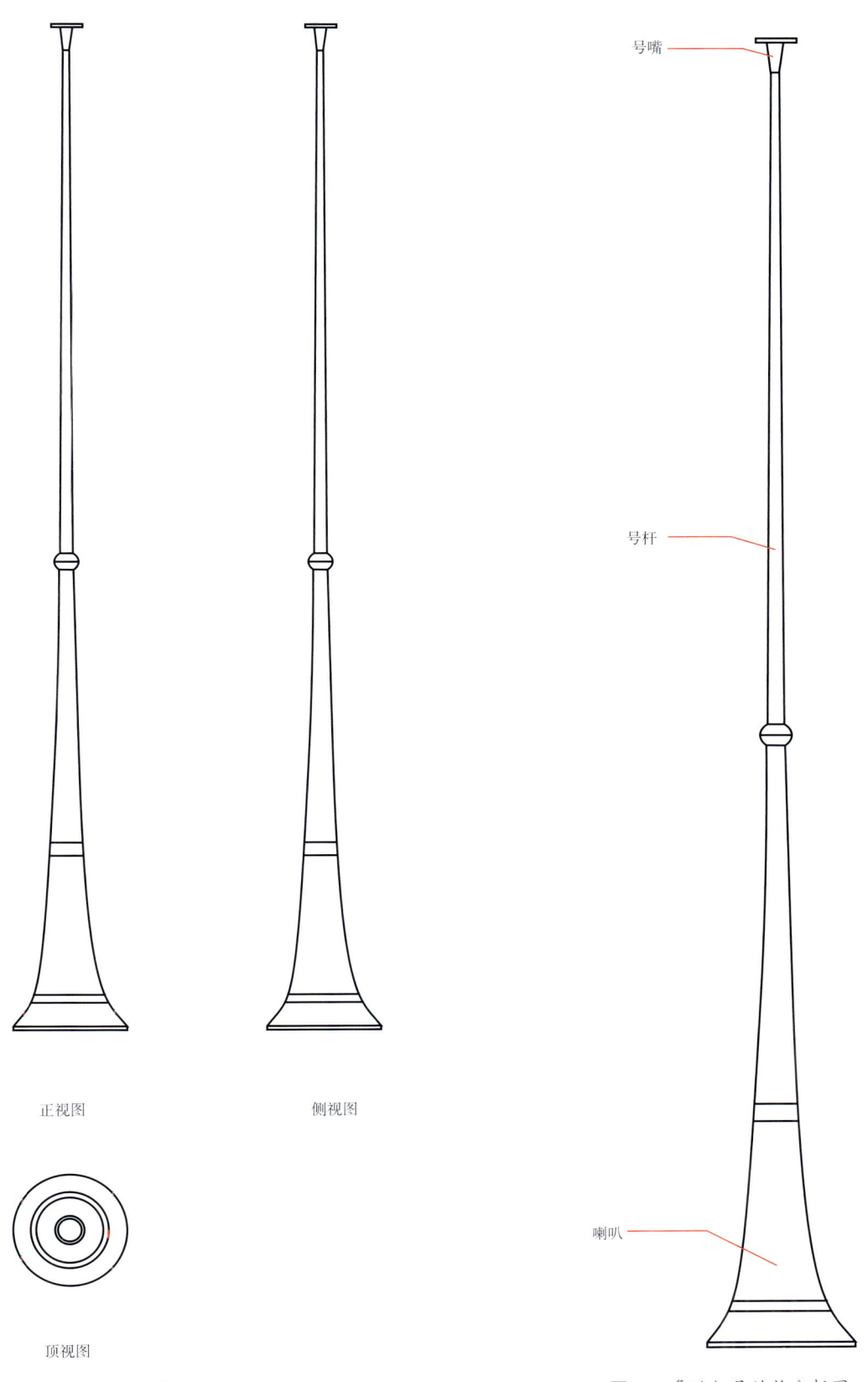

正视图　　　　　　侧视图

顶视图

图二　彝族铜号三视图

图三　彝族铜号结构分析图

号嘴

号杆

喇叭

第四章　彝族传统生活用具

图四 彝族铜号使用示意图

彝族小三弦

图一　彝族小三弦主图

　　彝族小三弦，彝族弹拨弦鸣乐器，形制与汉族三弦相似，流行于云南省楚雄彝族自治州、红河哈尼族彝族自治州和玉溪、思茅、保山等地区。彝族小三弦可用于独奏、合奏或为民歌、舞蹈、彝剧伴奏，是彝族人民喜爱和常用的弹弦乐器。

　　本案例属于小三弦中的一种类型的代表。以下将在结构和材料上对小三弦进行分析。彝族小三弦形制与汉族三弦相似，由共鸣箱、琴头、琴杆、弦轴、琴马和琴弦等部分组成，规格尺寸不一，琴身全长50—70厘米。共鸣箱（琴鼓）多呈扁圆形，琴框多用四块花梨木、核桃木、樱桃木、茶木、楠木或其他硬木板拼接胶粘而成，上下开有插入琴杆的方孔，两面蒙以蟒皮或羊皮，皮面四周用竹钉固定，再用稠猪胶粘牢。琴箱面径9.2—16厘米、厚4.5—8厘米。琴头多为扁铲形，上部较宽而厚、并向后朝上呈45°角弯曲，也有的地区在琴首上部雕刻以龙头或马头为饰。琴头下部中间开有弦槽，两侧设有三个硬木制弦轴（左一右二），多呈花蕾形或圆锥形，轴长9—14厘米，外表刻有直条瓣纹为饰。琴杆较宽，为半圆形柱状体，前平后圆，正面为按弦指板，不设品位，上端与琴头相接、设有木制山口，下端与琴箱相连。琴马呈桥空形，用黄杨木等硬木制成，长3厘米、高1.5厘米，置于正面皮膜中央。三条琴弦，过去民间曾用马尾弦或羊肠弦，现多用丝弦或钢丝弦，琴弦下端系于琴杆末端的尾柱上。在琴身的弦轴和尾柱之间，还拴系有一条彩色绸布背带，不仅起到一定的装饰效果，也便于背在身上使用。

彝族小三弦演奏时，采用立姿或坐姿均可，将背带挎于颈项，琴杆斜于胸前，琴箱放在右腹处或右大腿根处，琴头斜向左上方，左手虎口托持琴杆，用食指、中指、无名指按弦取音，并常以食指为主，用指甲部位触弦，民间称其为"跪指"，可使发音脆亮、余音较长。右手用拇指、食指弹拨琴弦发音。小三弦以五度、四度关系定弦，即里弦和中弦为五度关系，中弦和外弦为四度关系，里弦和外弦为八度关系。音色柔和、清脆，音量较大。左手技巧有滑音、打音、揉音等，右手技巧有弹、拨、滚、扫等。可用于独奏、合奏或为民歌、舞蹈、彝剧伴奏，是彝族人民喜爱和常用的弹弦乐器。

图片来源
图一　石丹沁　制图
图二至图四　罗黛诗　制图

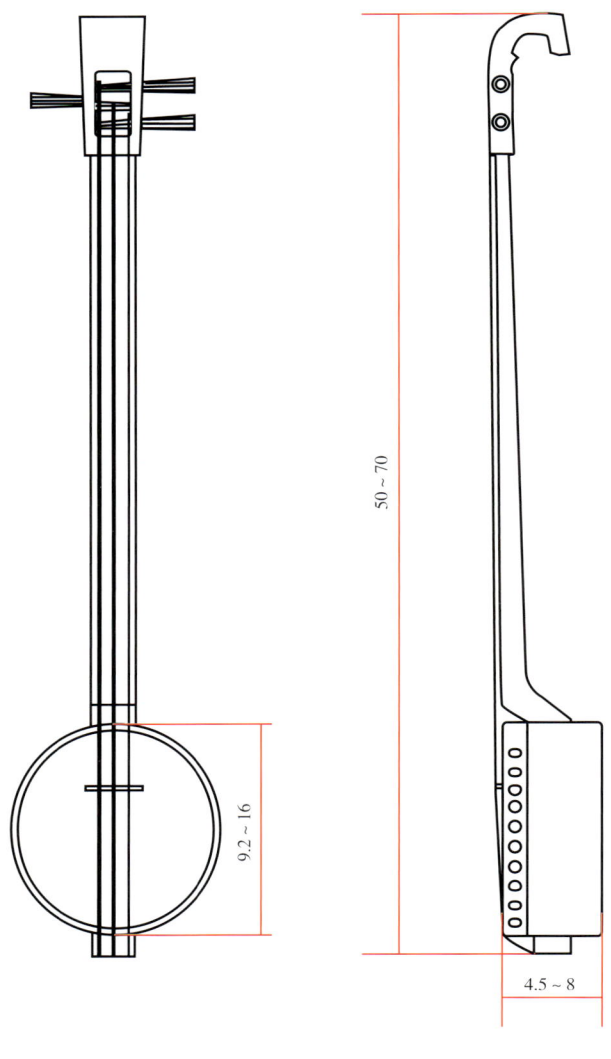

图二　彝族小三弦三视图（单位：cm）

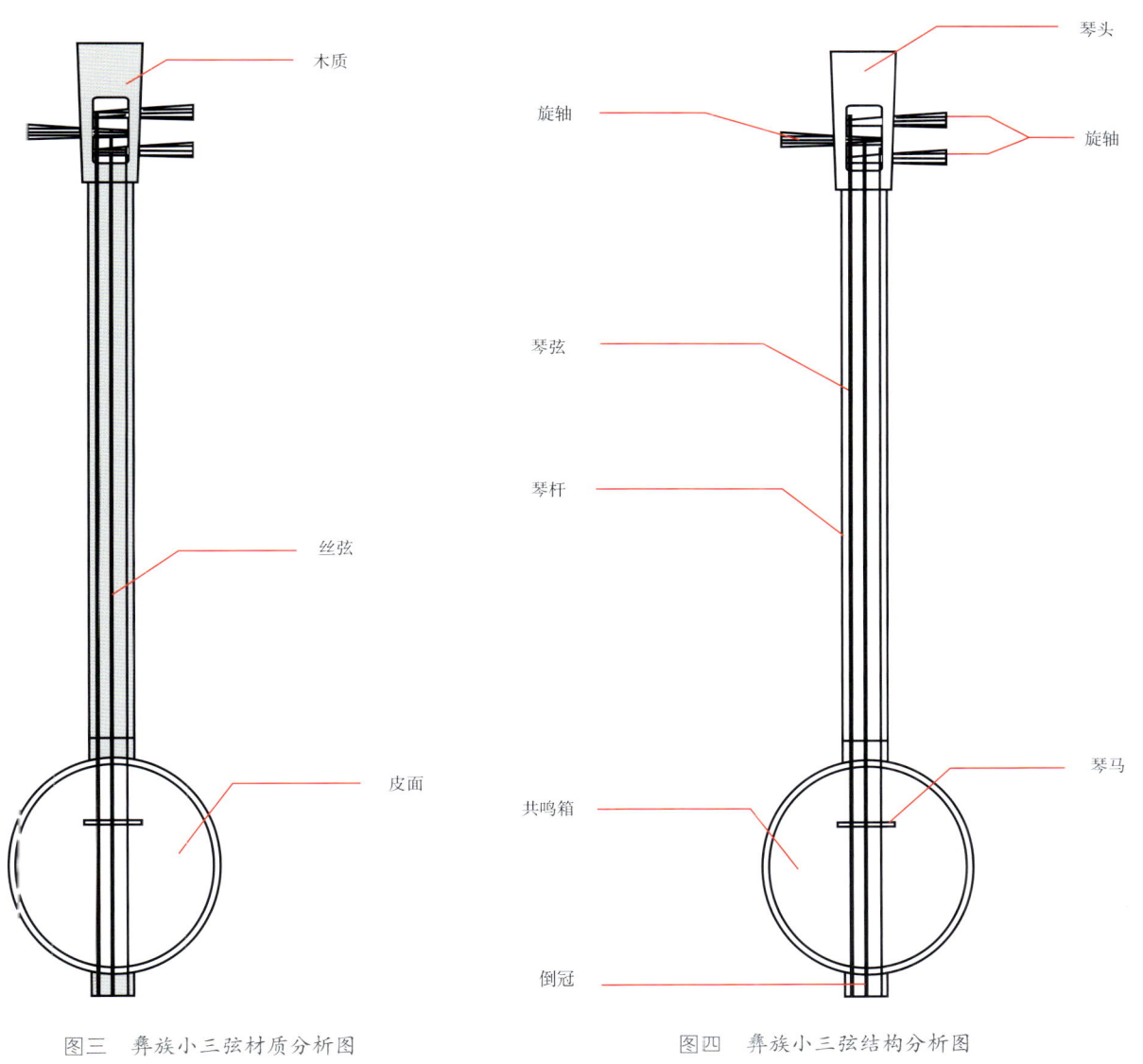

图三 彝族小三弦材质分析图　　图四 彝族小三弦结构分析图

彝族大三弦

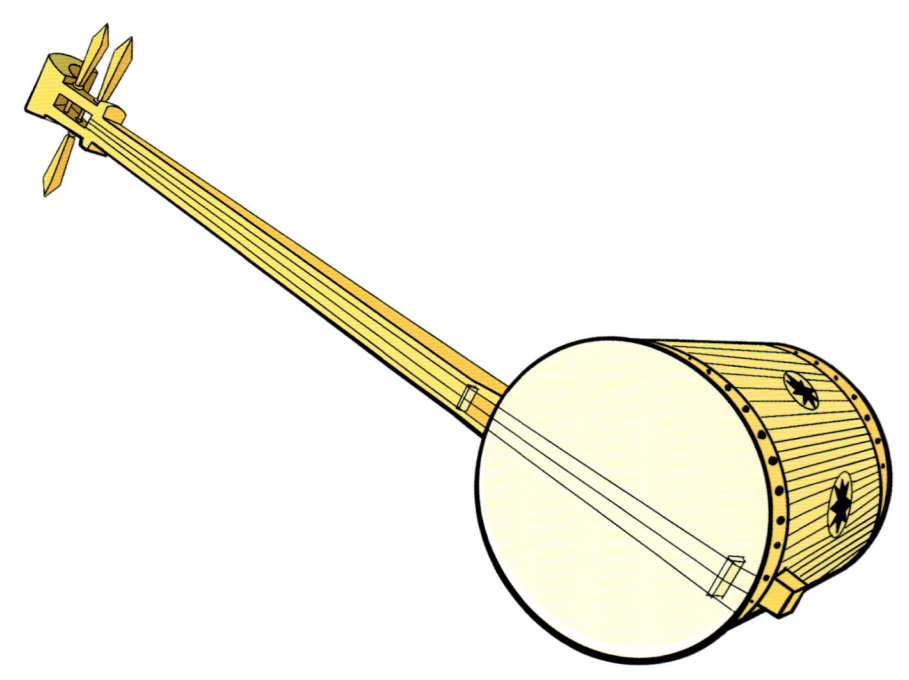

图一 彝族大三弦主图

彝族大三弦，又称"火之弦"，是我国最古老的弹弦乐器之一，亦是我国最大的弹弦乐器。其音色浑厚，是彝族重大节日的必备乐器。它分别由共鸣筒、琴头、琴杆、弦轴、琴马、缚弦和琴弦等构成。本案例琴长130厘米，共鸣筒长40厘米，筒径35厘米。弹奏时，将背带挂于颈部，琴杆横于腹前，琴筒置于腰胯右侧，琴头斜向左上方。左手虎口扶持琴杆用食指、中指、无名指并拢后只按外弦，右手执拨片弹弦发音。彝族还有体型硕大的大三弦，人无法背弹，故悬挂于大树枝杈或架子上拨奏。

彝族大三弦制作工艺十分复杂，每一构成部分的使用材料都有所不同。共鸣筒用木质较轻的树干（如椿木、松木、杉木、桐木）挖空后，再在筒的背面以木质板材密封，晒干后蒙上羊皮。琴头、琴杆使用稍硬的木材（如冬瓜木或攀枝花木）制作；弦轴使用质地细密的木材（如红椿木、黄檀木或黄杨木等）制作；琴马用硬木或老竹制成，置于琴筒膜面；琴弦分为牛筋和尼龙线两种，现在多用粗尼龙线。拨片用硬木或老竹制作，中间窄而扁，两端稍宽、呈坡形、均可用于弹奏。

彝族是一个具有深厚"火"文化的民族，而大三弦是其"火"文化的载体。它作为彝族文化的标志之一,象征了彝族人对幸福和美满生活的向往,并象征着文化之火长盛不息。从设计角度分析,大三弦的制作工艺体现了彝族人朴实而达观的审美情趣。

图片来源

图一　玥海玲　制图
图二至图六　雷霞　制图

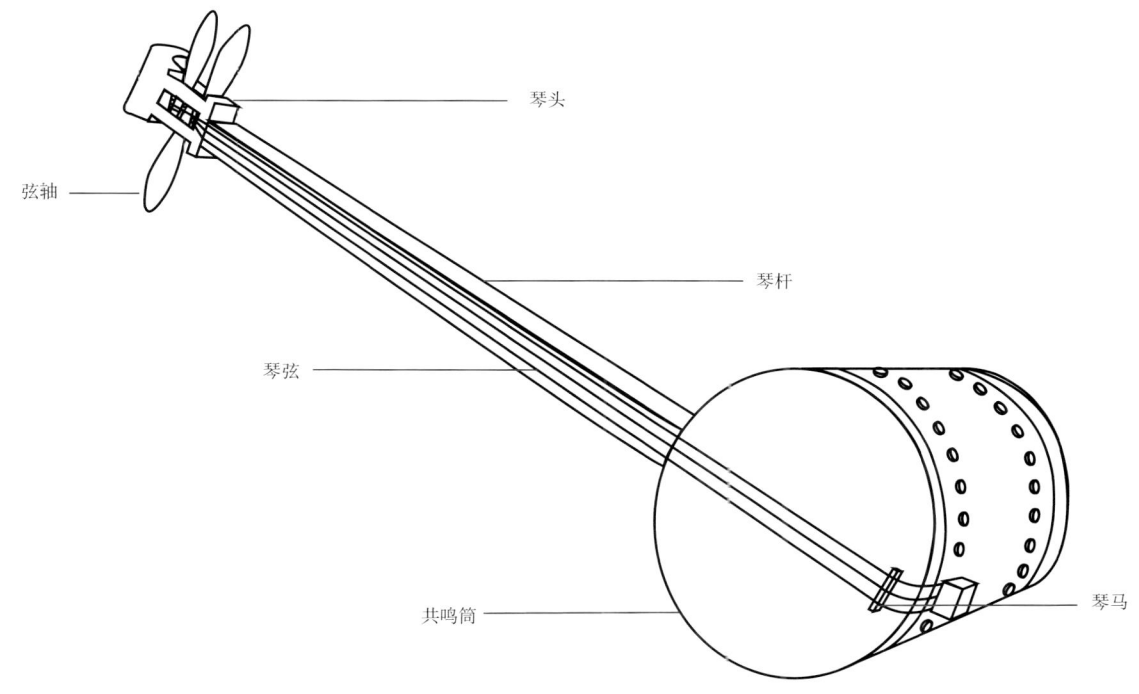

图二　彝族大三弦结构分析图

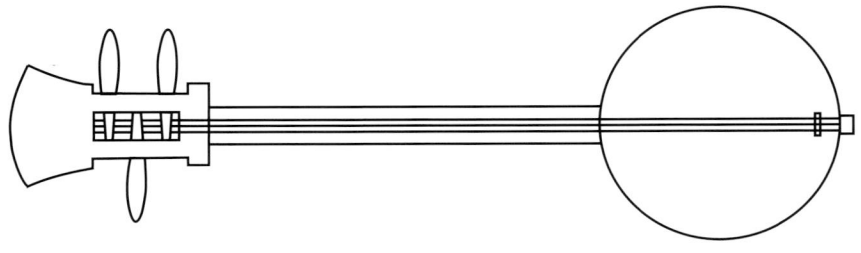

正视图

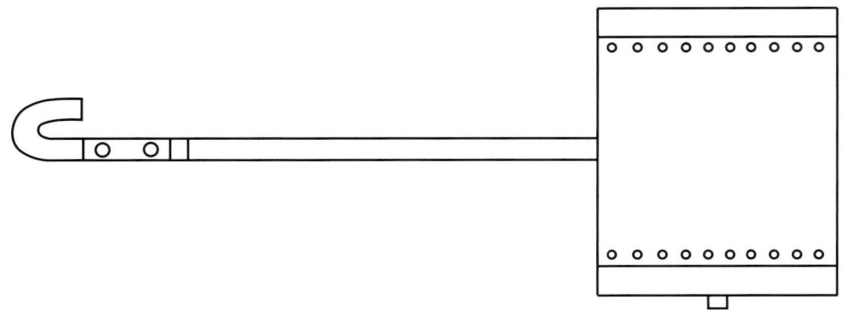

侧视图

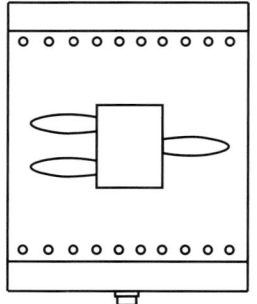

顶视图

图三 彝族大三弦三视图

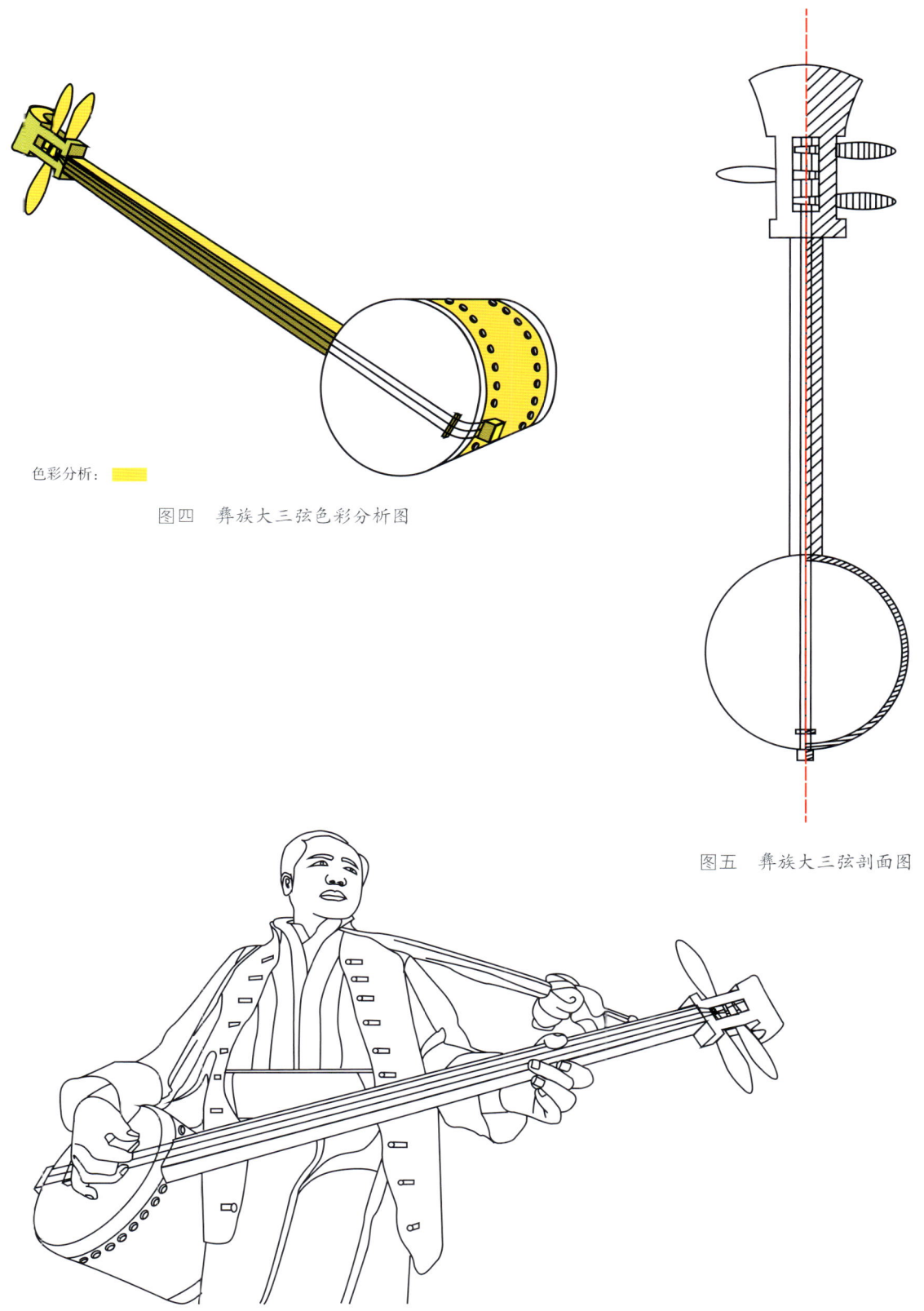

色彩分析：

图四　彝族大三弦色彩分析图

图五　彝族大三弦剖面图

图六　彝族大三弦演奏示意图

第四章　彝族传统生活用具

彝族鹿笛

图一　彝族鹿笛主图

鹿笛，是一种吹奏乐器，能发出鹿鸣的嗷嗷声。每当农历八、九月鹿群发情期，公鹿、母鹿互相鸣叫寻找配偶时，猎人即摹仿公鹿的叫声吹鹿笛，鹿群闻声而至，猎人便开枪射击。这种猎鹿方法也称"叫鹿围"。金秋时节是鹿类动物的交配时期，在一些开阔的林区，牝牡相互追逐，正是猎获的好时机，猎人们在林间吹响鹿笛，模拟马鹿、驼鹿和梅花鹿等公鹿的叫声，母鹿就会闻声而至，公鹿也会与笛声相应，前来争夺母鹿，猎手待鹿群进入伏击圈，便会先射杀母鹿、再射杀痴情的公鹿。

鹿笛多用桦木制成，形似牛角，一端粗，一端细，管身原用牛角制，后为木制，现多用桦木制成牛角形。外观式样还有直角形、长方形、喇叭形和菱形等多种，管长也因式样不同而有异。弯角形鹿笛，管身扁平、微弧，上小下大，两端通透、呈号筒状，管长90—100厘米，首端为吹口，外径4—5厘米、内径2—3厘米，尾端为喇叭口，外径16—20厘米、内径9—12厘米，口内设有底板，板面中部开有出音槽，槽长8厘米、宽1.5厘米，槽侧呈锯齿状。鹿笛管身外部常箍以三至五道金属圈，首尾两端拴系皮带，可以斜挎于肩上。鹿笛不仅实用，也丰富了彝族人的业余生活。

图片来源
图一　张本俊　制图
图二至图五　刘萧　制图

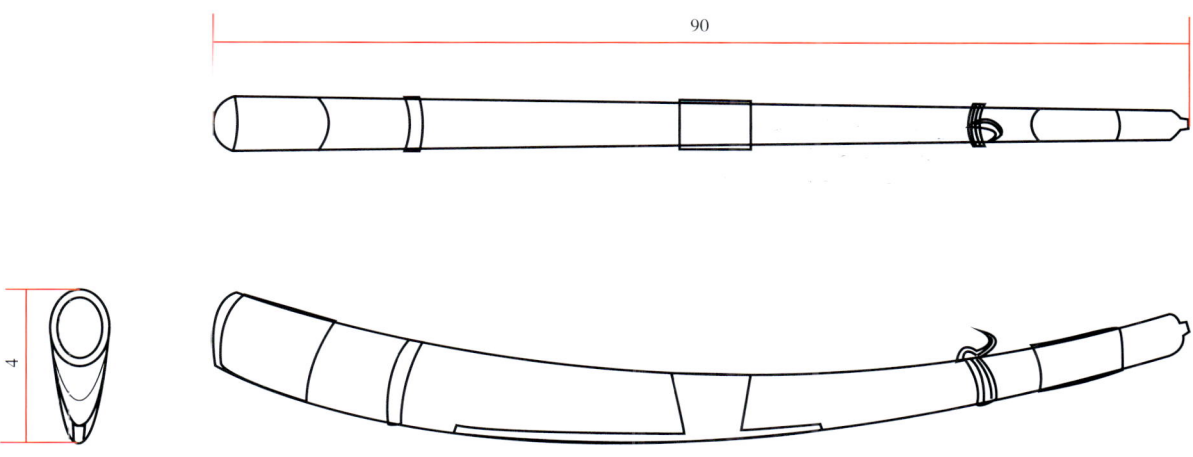

图二　彝族鹿笛三视图（单位：cm）

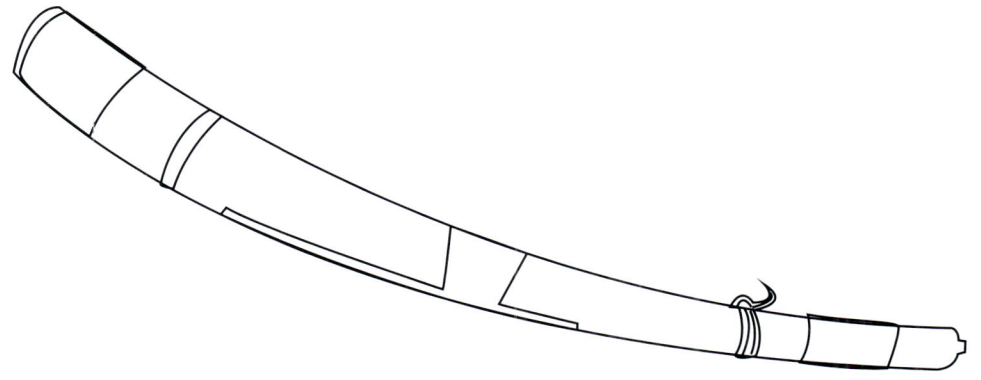

图三　彝族鹿笛线描图

图四　彝族鹿笛上色图

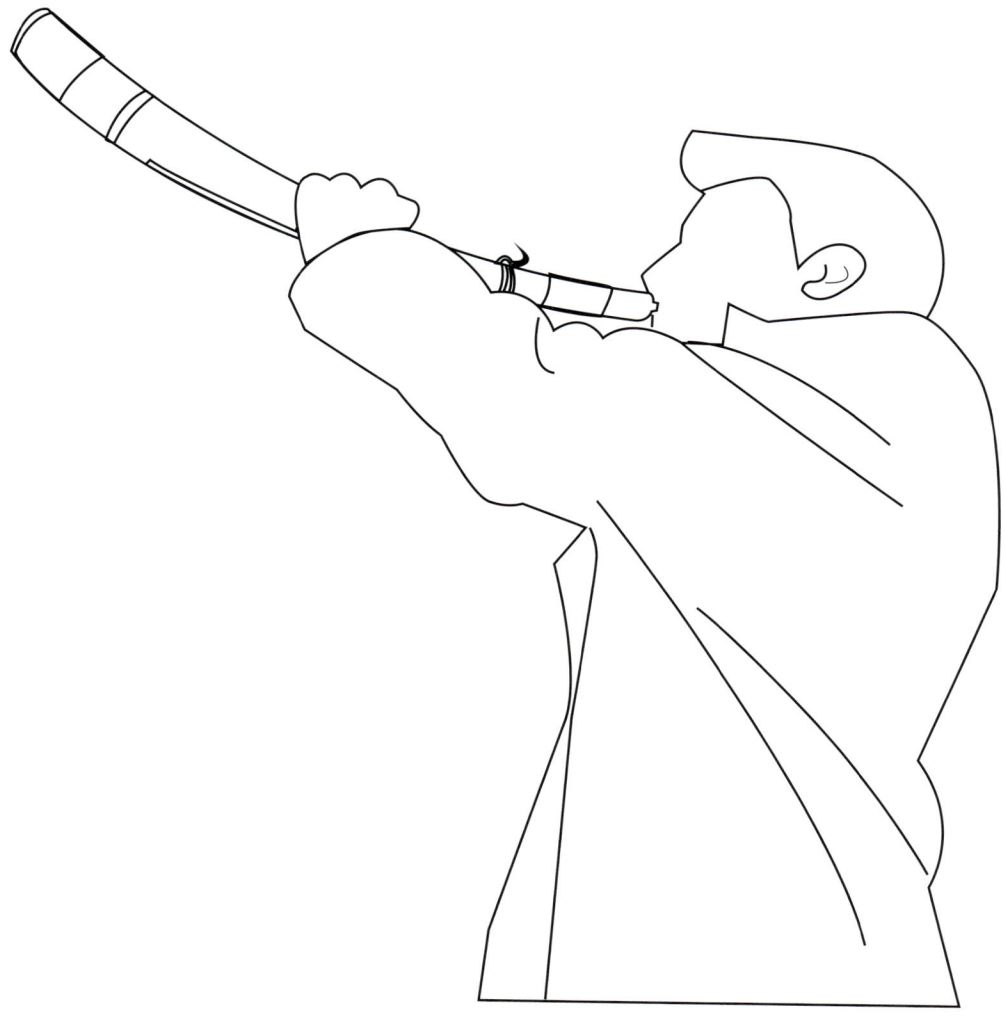

图五　彝族鹿笛使用示意图

彝族小竹笛

图一　彝族小竹笛主图

小竹笛，又称"金竹笛"，是彝族民间吹奏乐器。演奏时，管身横持，双手扶管，右手食指、中指、无名指按正面上三孔，左手食指、中指、无名指、小指按正面下四孔，嘴对准吹孔，用循环换气法吹奏。

彝族小竹笛，以金竹制作，分为高音和中音两种。两种竹笛的形制相同，有六个按孔和一个吹孔，无笛膜孔。两种竹笛的区别主要在于笛管的粗细和音的高低。该案例结合了彝族的漆工艺和银工艺，用竹、漆、银三种不同材质进行搭配，对笛身进行了装饰，使漆、银工艺与乐器制作完美结合。

小竹笛是彝族古老的民间吹奏乐器，以其清脆响亮的音色和丰富的表现力，成为彝族人多种场合的必备乐器。从设计的角度分析，小竹笛的制作，采用了多种工艺相结合，充分体现了彝族人乐器制作方面的高超技艺和独特的造物思想。

图片来源
图一　石丹沁　制图
图二至图六　雷霞　制图

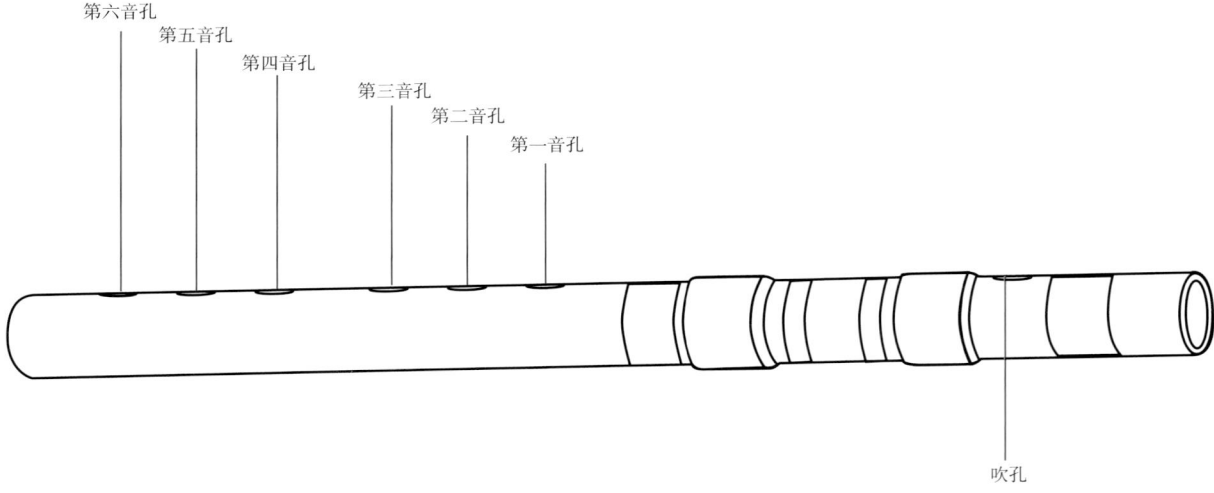

图二 彝族小竹笛结构分析图

顶视图

正视图

侧视图

图三 彝族小竹笛三视图

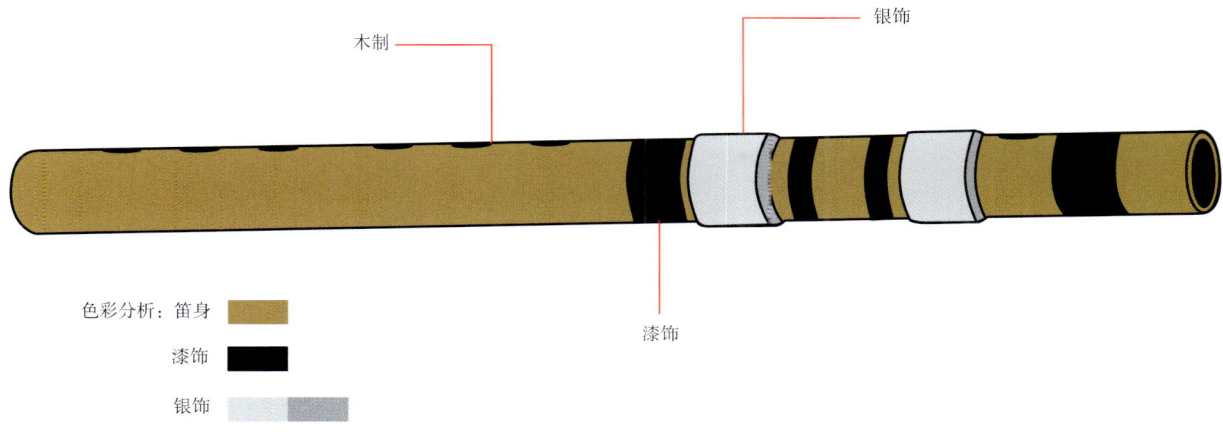

图四 彝族小竹笛色彩分析图

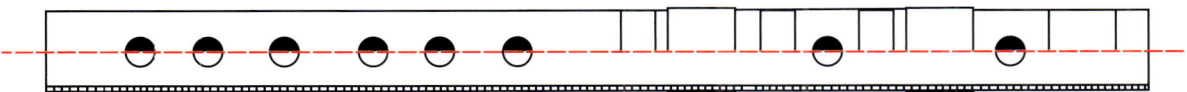

图五 彝族小竹笛剖面图

图六 彝族小竹笛吹奏示意图

彝族月琴

图一　彝族月琴主图

彝族月琴，是一种彝族传统弦乐器，在云南巍山彝族自治县文昌宫桥墩清代壁画上的彝族《打歌图》中，绘有弹月琴的舞者，说明它深得云南少数民族的喜爱。

彝族月琴的制作注重选料和装饰，多为木质琴身，长颈圆腹，头雕有含珠龙头，龙头上插两个五彩绒球，面板装饰华丽，多用漆绘或雕刻有牡丹龙凤或镂空的民族图案，多为对称环绕排列方式，颜色丰富。面板上设四弦，音色清脆明亮（见图五）。

云南26个民族中有近三分之二将月琴作为本民族的传统乐器，其中彝族更是将月琴视为其音乐文化的标志。尤以镇南郭氏抱月斋月琴、牟定方形月琴、木雕龙首月琴等最具代表性（见图二、图三、图四）。在彝族传统庆典和节日中，常常出现它们的身影。

图片来源
图一　云南省楚雄彝族自治州博物馆
图二至图六　田棱锐　制图

图二　彝族镇南郭氏抱月斋月琴

图三　彝族牟定方形月琴

图四 彝族木雕龙首月琴

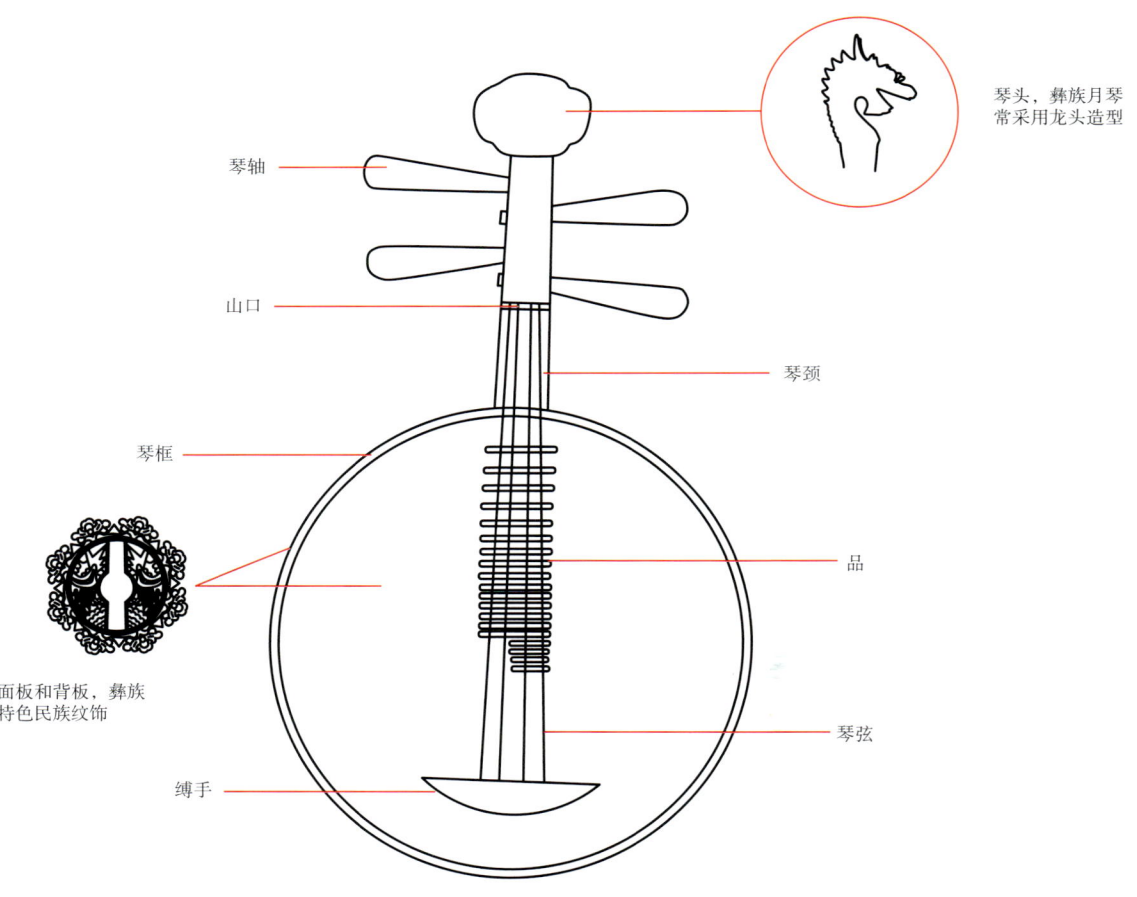

图五 彝族月琴结构分析图

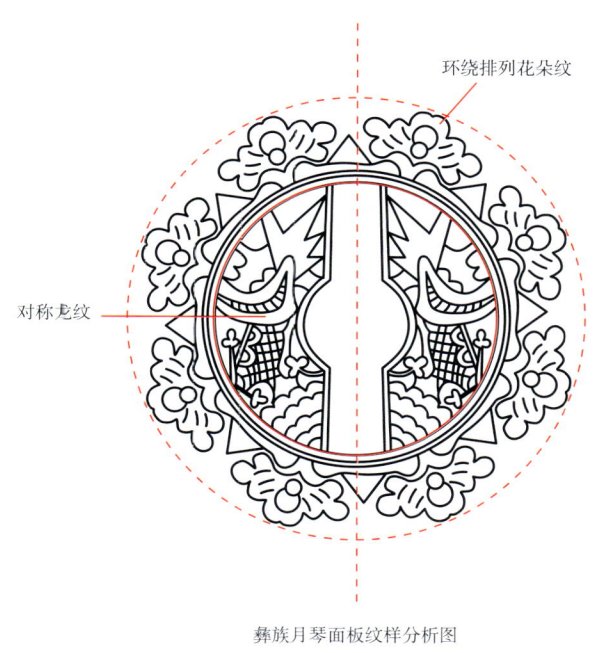

环绕排列花朵纹

对称龙纹

彝族月琴面板纹样分析图

彝族月琴面板纹样设色图

图六　彝族月琴面板纹样图

彝族烟盒

图一　彝族烟盒主图

烟盒，顾名思义是抽烟的人用来装烟丝的盒子，本是彝族人民抽烟筒的用具，是一种民族工艺品。后来发展为一种乐器，成为"烟盒舞"的道具，千百年来在滇南地区广为流传。烟盒也是世界上最小的鼓之一。在北京中国艺术研究院音乐研究所的中国乐器博物馆里，就陈列着一个来自云南民间的烟盒，做工细致，小巧玲珑。盒边镶铜箍、饰铜铃，已被载入《中国乐器图鉴》中。

本案例直径约7—9厘米，高约5—7厘米，壁厚0.2厘米，烟盒造型呈圆形，可分可合，上盖与盒底紧密套合，烟盒的材质是用当地所产水冬瓜木或梧桐木薄片。此款烟盒制作比较精致，先在外部涂上朱漆，在盒壁的四周镂刻花纹或银饰，盒边镶铜箍、系珠链及铜铃，图案也十分讲究装饰纹样的对称性，以花瓣的形式进行点缀，使得烟盒显得更加小巧玲珑。

彝族烟盒原为生活用具，居住在云南红河地区的彝族人民，喜欢吸龙竹大口径烟筒，也随身携带盛放烟丝的烟盒。最早的烟盒是用皮革缝制的，后来才改为木制。由于这种烟盒用手指弹击盒盖或盒底，就会发出响亮的乐音，后经美化，这种原为生活用具的烟盒，便成了民间舞蹈"烟盒舞"的伴奏乐器和舞具。平时用来装烟丝，舞蹈时，将雌雄两半分开来，抖去烟丝，左右手各扣上一个，用中指卡住外壳，食指与大母指配合在盒内敲击，烟盒便发出清脆的"哒哒"声，同时振动盒边小铜铃作响，以加强节奏和欢乐气氛。如今,烟盒已变成了当地彝族人民的著名乐器,"烟盒舞"已经被列为国家非物质文化遗产,深受人们的欢迎。

图片来源
图一　石丹沁　制图
图二至图八　邹红媛　制图

图二　彝族烟盒三视图

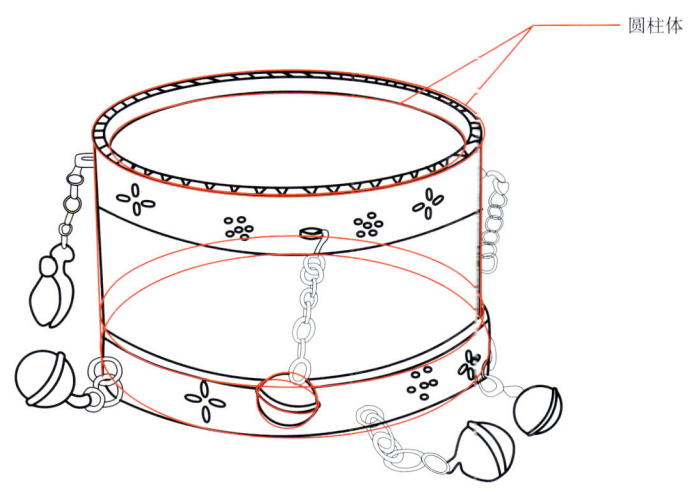

图三　彝族烟盒造型分析图

图四 彝族烟盒配色方案图

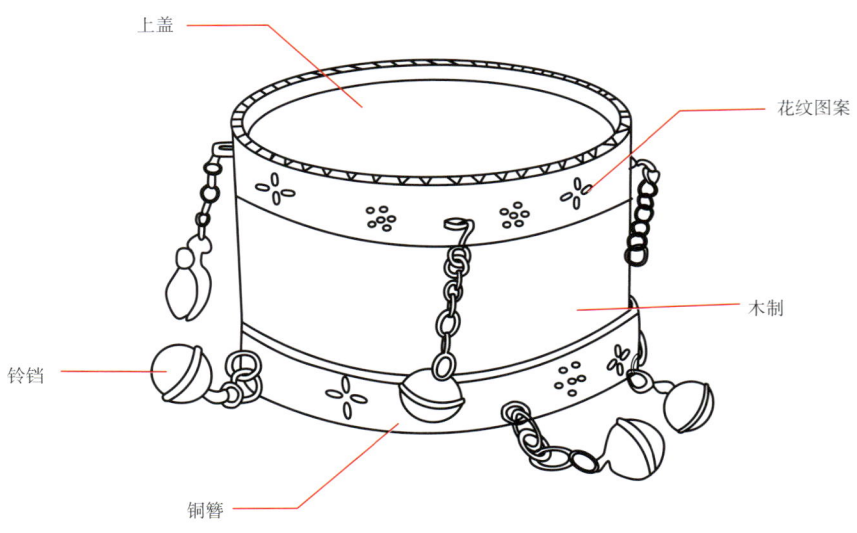

图五 彝族烟盒结构分析图

图六　彝族传统烟盒与现代烟盒比较图

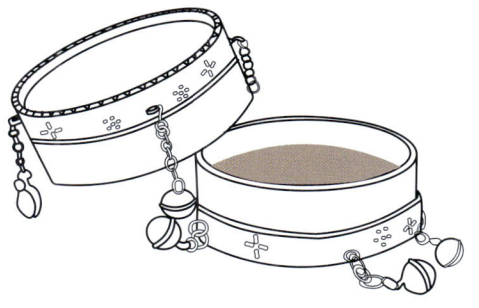

图七　彝族烟盒示意图

第四章　彝族传统生活用具

307

图八　彝族烟盒使用示意图

彝族木鱼

图一 彝族木鱼主图

彝族木鱼，为打击乐器，为佛教"龚吹"（宗教歌曲）的民族乐器，清代以来流行于民间。木鱼呈团鱼形，腹部中空，头部正中开口，尾部盘绕，其状昂首缩尾，背部（敲击部位）呈斜坡形，两侧为三角形，底部椭圆；木制槌，槌头橄榄形，形似鱼。

木鱼随大小不一，音高也不同。常用的中型木鱼有五种，圆径在7—16厘米之间，多用桑木或椿木制作。小木鱼一般用檀木或红木制作。寺庙中使用的木鱼分为圆形和长条形，圆形木鱼规格多种多样，而长条形木鱼多在1米左右。

该案例（如图三），长13厘米，宽10.5厘米，高8厘米，现存放于四川省布拖县布拖文化馆。此案例通体木制，两侧均以两条鱼作为装饰，鱼周围用水纹修饰，纹样与木鱼相互映衬。从设计的角度分析，木鱼纹样雕刻熟练，充分体现了彝族人民对木材的熟练使用。

图片来源
图一 邹红嫒 摄影
图二至图六 雷霞 制图

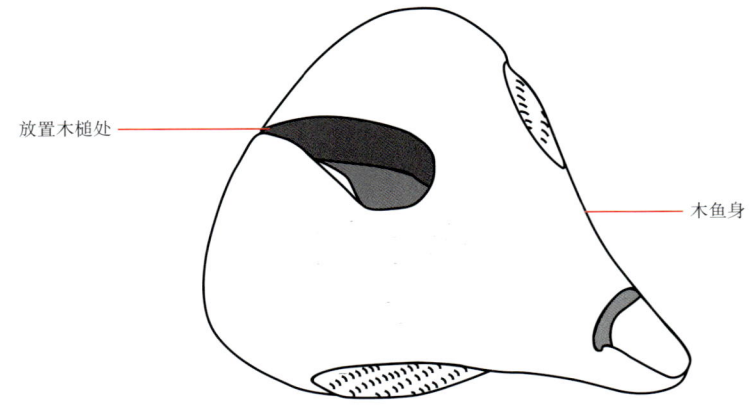

图二 彝族木鱼结构分析图

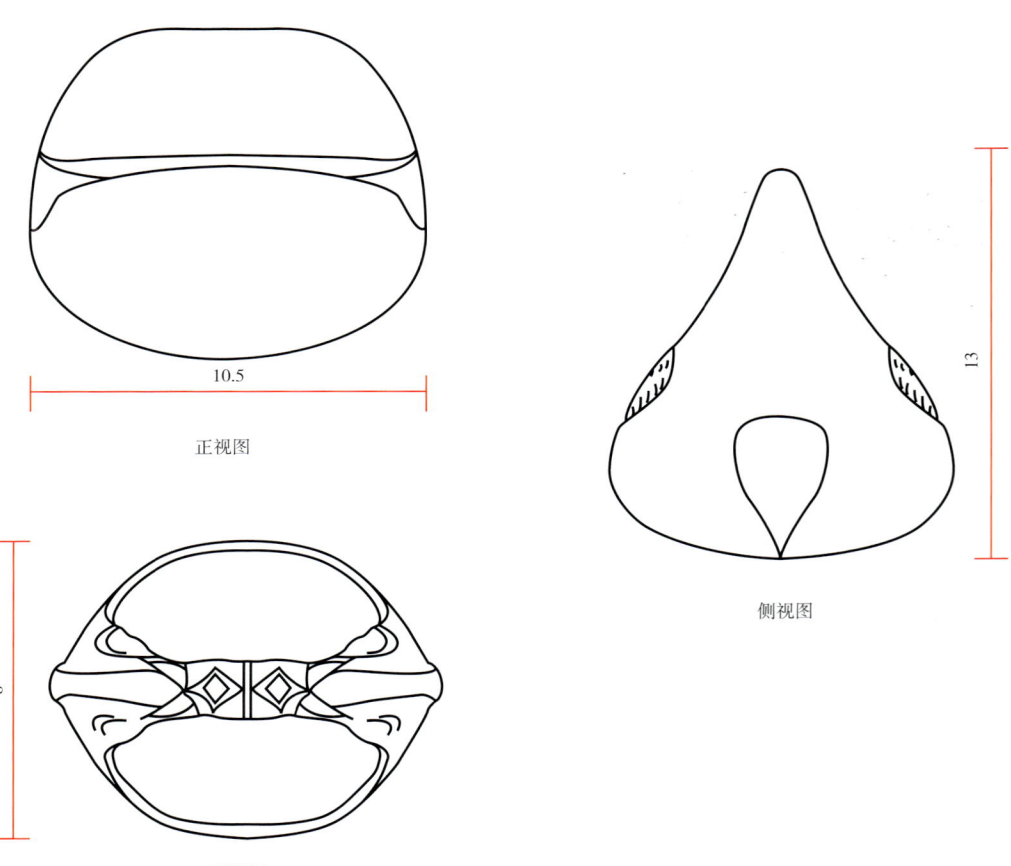

图三 彝族木鱼三视图（单位：cm）

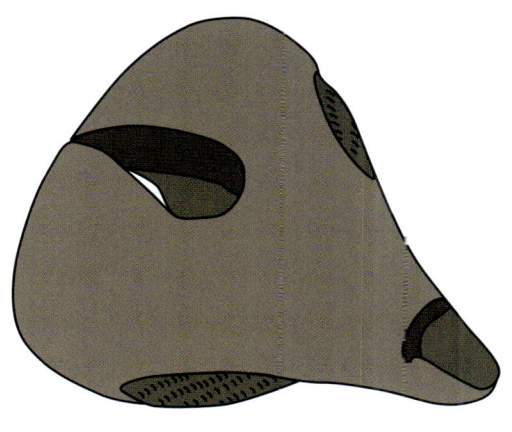

色彩分析：

图四　彝族木鱼色彩分析图

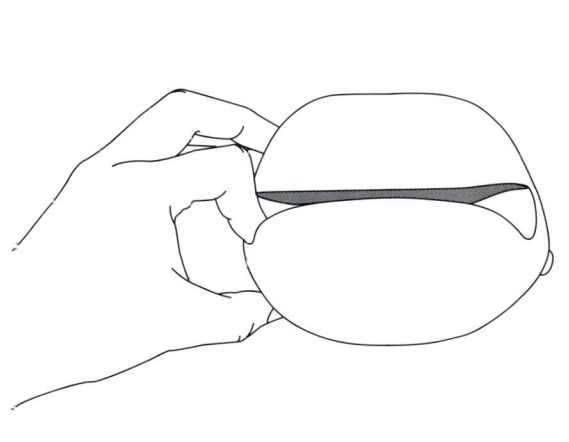

图五　彝族木鱼手持图

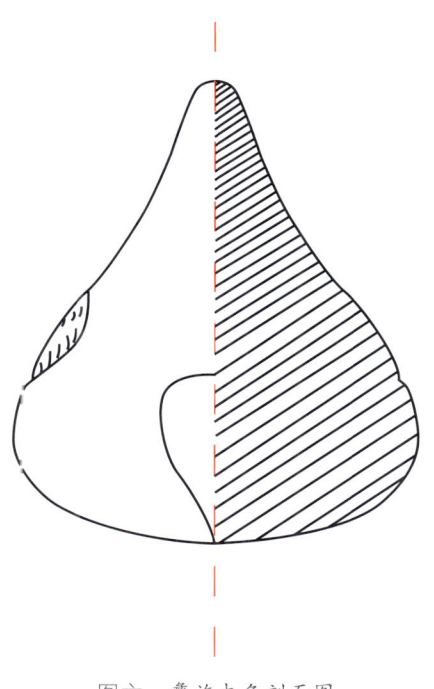

图六　彝族木鱼剖面图

第四章　彝族传统生活用具

彝族妇女银烟袋

图一　彝族妇女银烟袋主图

妇女银烟袋，即妇女专用的银制烟袋。由于彝族成年、老年男女几乎都吸烟，青年男女也有吸烟者，所以这件物品几乎是每个妇女的必备之物。

彝族妇女银烟袋制作讲究，以十分好看的花纹石磨制而成，并在烟杆和吸管上嵌绣各种图案，有些烟袋还在吸管穿过的两端包上银制花纹，堪称一件精美的工艺品。此文中的案例便是其中的典型代表之作。烟斗上精致复杂的雕刻纹饰显示出彝族人民手工艺的精湛，也使得一个吸烟的工具变得具有女性特征，给人以优雅的感觉。花纹围绕烟斗对称装饰，题材来源于自然界的花的式样。在烟杆把手的地方，采用了凹凸的设计，使得使用时更便于把握，凹凸的地方也和装饰纹样相结合，起到了一定的装饰作用。

妇女银烟袋作为彝族妇女的随身之物，可见此物所透露出的吸烟文化。烟是凉山彝族的"见面礼"，无论在什么地方相见，他们都有互敬烟草的习惯，方法是用前三指抓一撮烟（刚好可装一袋）递给对方，并用彝语说："依嘟"（即吃烟）。并且凉山彝族还将烟作为药来使用。如在凉山彝族的传统治病方法中，便有用烟杆吸管里的烟油搽抹肿块和无名肿痛、治疗肚痛和乳腺肿胀的习惯。

图片来源
图一　《凉山彝族民间图案集》　四川民族出版社 2013年
图二至图五　罗黛诗　制图

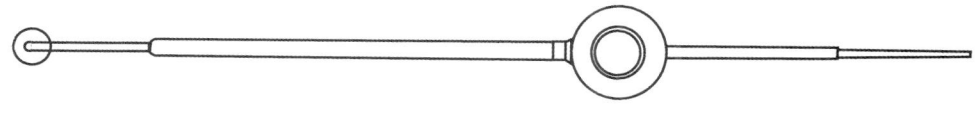

顶视图

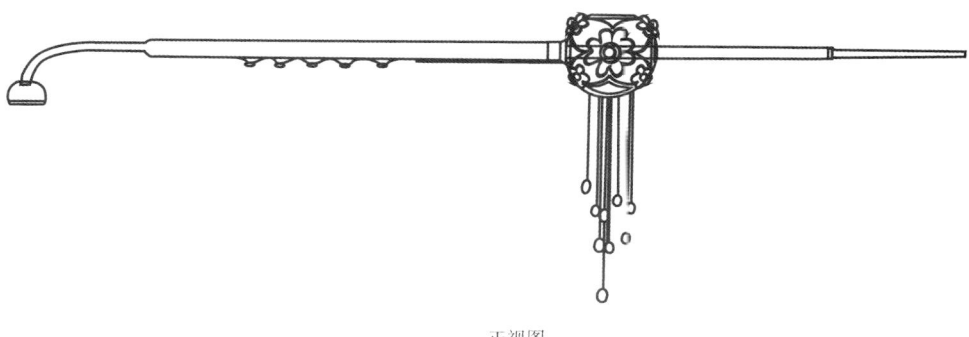

正视图

图二 彝族妇女银烟袋两视图

图三 彝族妇女银烟袋花纹细节图

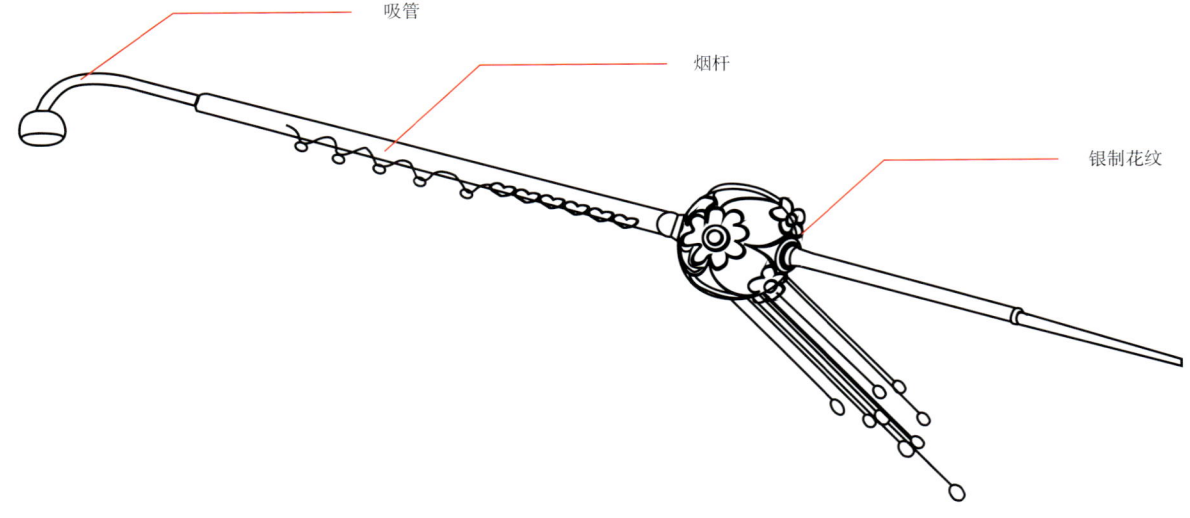

图四 彝族妇女银烟袋结构分析图

图五 彝族妇女银烟袋使用示意图

彝族旱烟杆

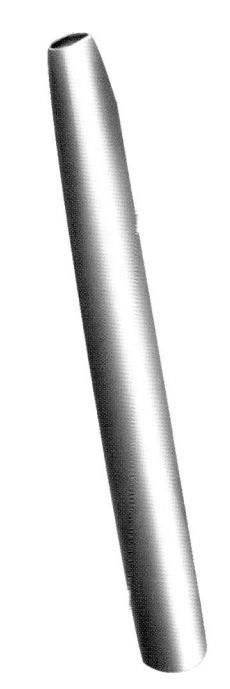

图一　彝族旱烟杆主图

　　旱烟杆也称烟杆，是彝族百姓用来抽旱烟的一款便捷工具。彝族人民使用的旱烟杆形状各异，本案例是其中的一种。

　　本案例长约22厘米，口径约1.85厘米，看似一根铁管，外形上小下大。旱烟杆按长度分为四种，分别是袖珍烟杆、小烟杆、短烟杆、长烟杆，此处根据外形我们判定其为一款短烟杆。烟杆一般由烟嘴、烟锅、烟杆组成，其多用金属铜、铁、锡或者玉石等材料做成，本案例造型奇特，外形简约，给人一种爽朗大方之感。彝族人民几乎家家户户都备有烟叶，揉碎了便可随身携带。旱烟一般有两种抽法，一是用薄纸卷着抽，二是用烟锅抽。卷烟是一个手艺活，虽说抽旱烟的人都会卷，但很多人认为太麻烦，没有卷烟纸的时候人们会有更多的方法。

　　抽旱烟是凉山彝族自治州的一种生活方式，各种各样的旱烟杆也随之成为人们生活中不可或缺的一部分。

图片来源
图一至图七　何欢　制图

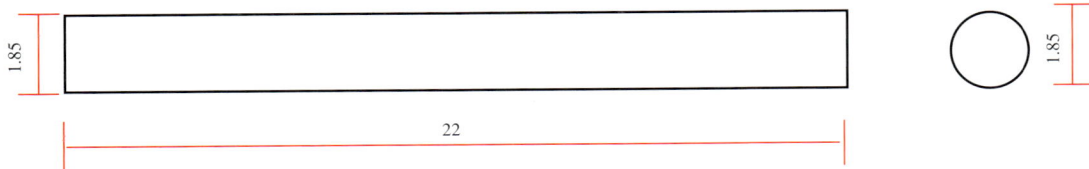

图二　彝族旱烟杆两视图（单位：cm）

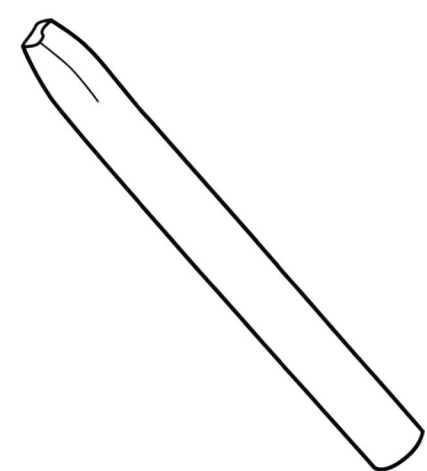

图三　彝族旱烟杆线框图

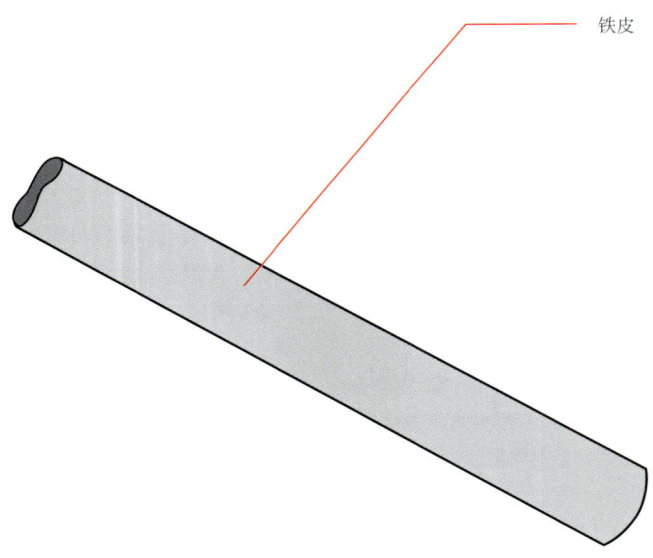

图四　彝族旱烟杆材质分析图

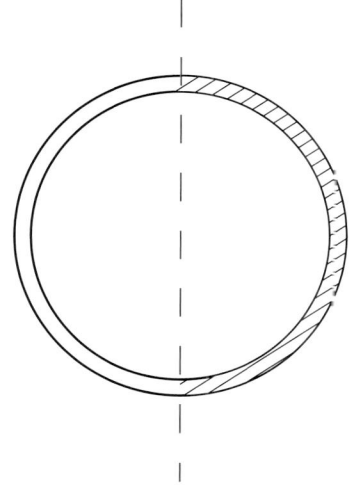

图五　彝族旱烟杆剖面图

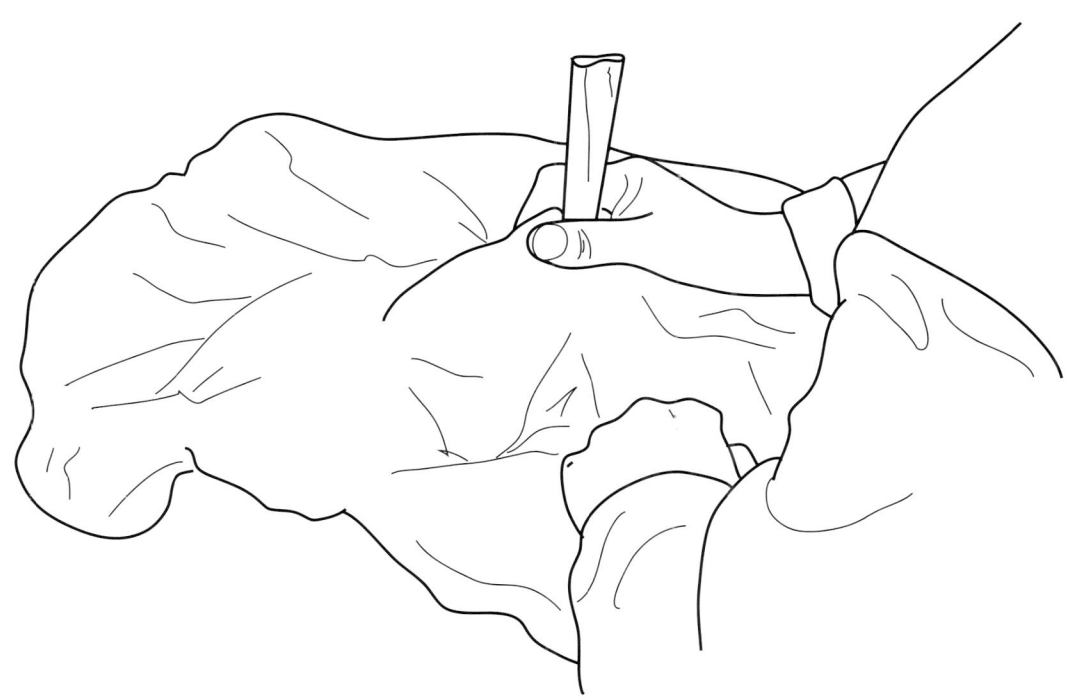

图六　彝族旱烟杆使用示意图1

图七　彝族旱烟杆使用示意图2

彝族烟草盒

图一　彝族烟草盒主图

本案例彝族烟草盒出自于凉山彝族自治州，是一种盛放烟丝的容器。烟草盒材质独特，做工精细，且其整体外形小巧，便于随身携带。目前该器物十分罕见，只有少数的彝族百姓家中还有保留。

该器物长约6厘米，宽约3厘米，高约7厘米。当地盛产牛角，就地取材，采用牛角为原料，取其一部分材料用传统的手工艺精心制作打磨，选材也尤其要注意盒盖与盒身接口处的大小和色泽，需要选择口径大小一致、颜色相近的牛角，制作出来的成品效果才较好。牛角制成的烟草盒手感温润厚实，牛角色泽圆润，不起静电且质地坚实。

彝族百姓喜爱抽烟、喝酒，一般最喜欢兰花烟，因这种烟的叶片小，亦能揉碎储存，彝族百姓便自创了这种烟草盒。烟草盒常常跟烟杆配套使用，烟盒盒身的两边有两根麻绳，人们将麻绳系在烟杆上，抽烟时便能快速地取出烟丝，且不易丢失，非常便于随身携带。该器物作为人们常备的生活用品，非常具有传统的彝族地方特色。

图片来源
图一　何欢　摄影
图二至图五　何欢　制图

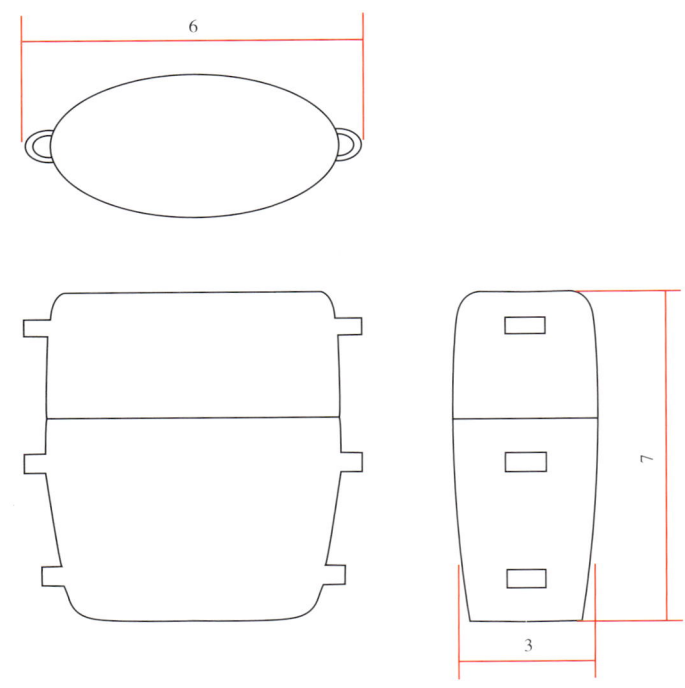

图二　彝族烟草盒三视图（单位：cm）

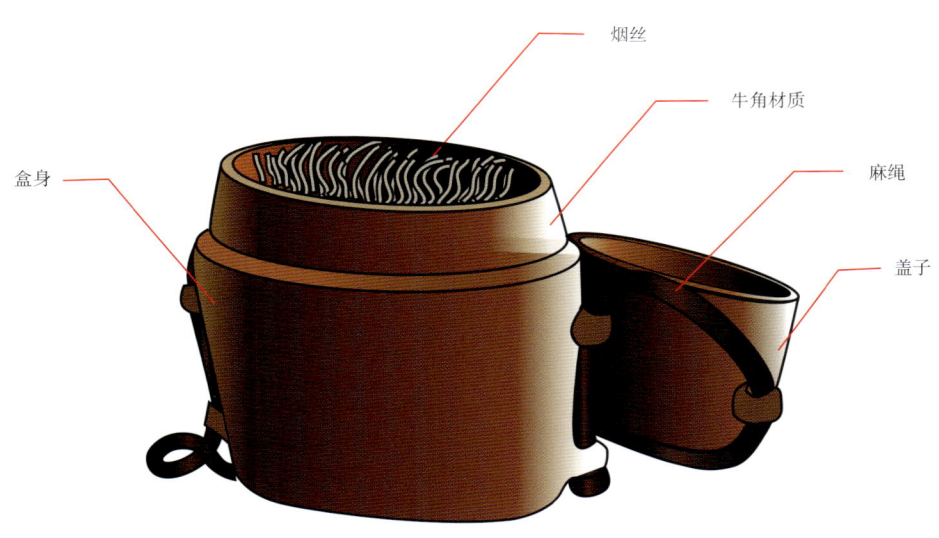

图三　彝族烟草盒功能材质分析图

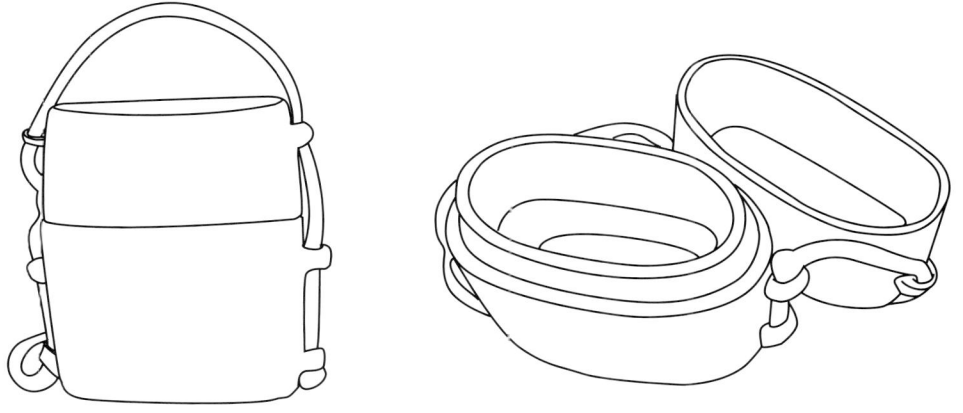

图四　彝族烟草盒线描图

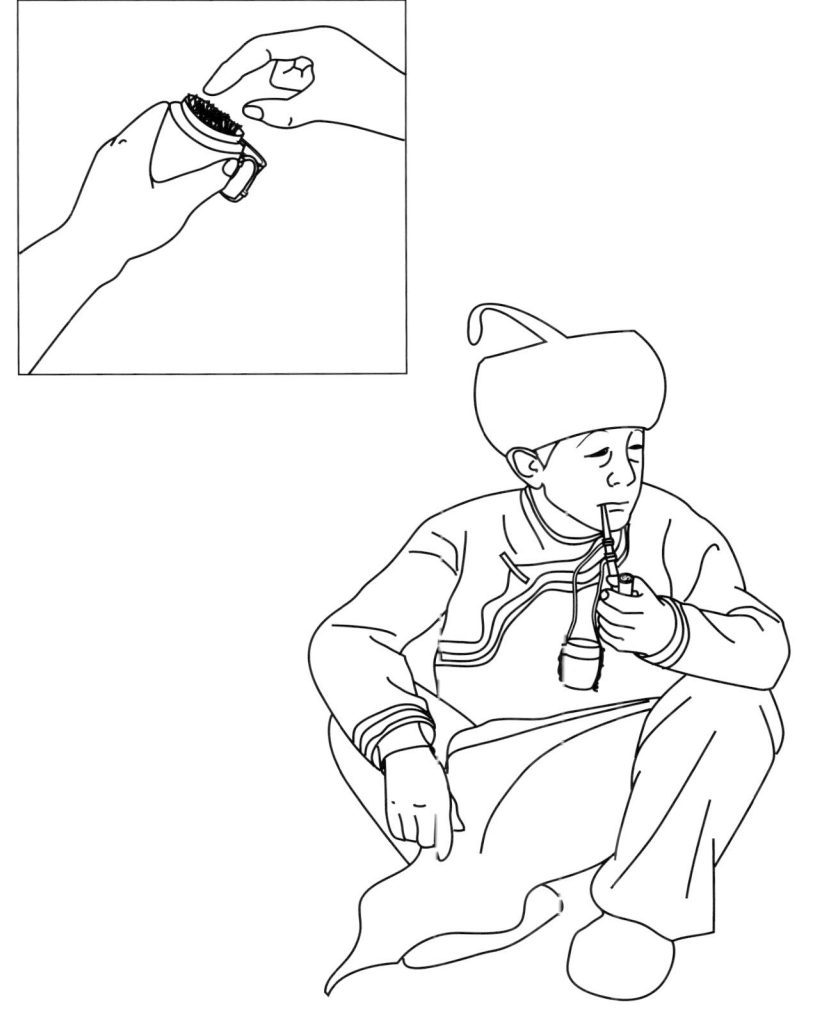

图五　彝族烟草盒使用示意图

第四章　彝族传统生活用具

321

彝族烟斗

图一　彝族烟斗主图

　　烟斗是彝族百姓中最为普及的物品之一，很受人们的喜爱。它由九个部分组成，每一部分都有它特殊的功能，缺一不可。这九部分为斗钵壁、斗柄、口柄、榫、烟嘴、斗钵、积炭饼、烟道、滤嘴口。

　　斗钵壁是斗钵的外壁，也是斗钵存在的依托。斗柄连通斗钵，烟草燃烧的烟气从中通过。口柄和斗柄连接，此部分可以拆卸，方便烟斗的清洁。榫是口柄和斗柄相连接之处，通常为凸榫。烟嘴为吸食的部分，通常会有一个凸缘设计，供牙齿轻轻咬着，防止滑落。斗钵是供烟草存放和燃烧的部分。积炭饼是通过多次烟草燃烧，慢慢积存起来的，有效地阻隔了高温传导到斗壁，防止内壁烧穿，起到保护斗钵内壁的作用。烟道是烟气进入烟嘴的一个通道。滤嘴口起到接放滤芯，过滤水汽、烟灰微粒及降低烟气温度的作用。

　　烟斗作为彝族百姓的文化符号，是他们生活中不可缺少的物品。此案例（如图一），总长为20厘米，总宽为5厘米，斗钵壁直径为1.6厘米（如图二）。此烟斗区别于一般烟斗，专供彝族女性使用。制作工艺独特，斗柄以下部分用白色大理石根据烟斗的结构制作一个"内胎"，再用黄铜进行包裹，使黄铜与白色大理石在材质上相互衬托，在视觉效果上更加丰富。并以梅花纹、水波纹进行装饰，做工十分精细（如图四）。它充分体现了彝族百姓对金属工艺的灵活运用及聪明才智。

图片来源
图一　傅淑萍　摄影
图二至图六　雷霞　制图

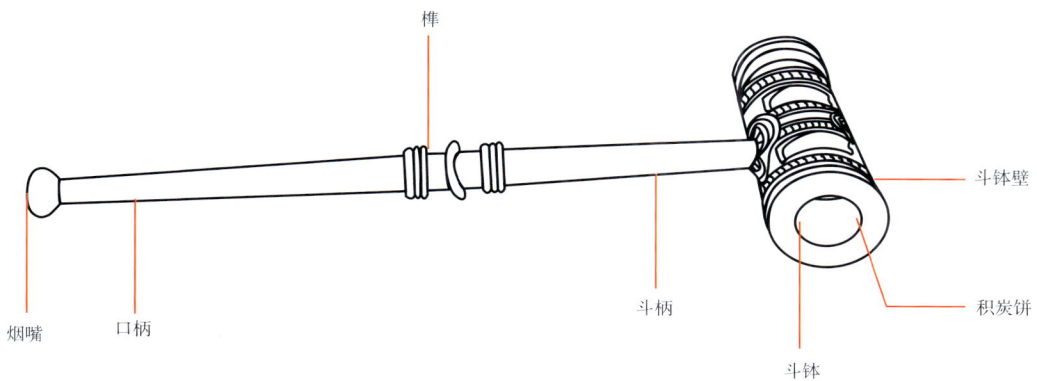

图二　彝族烟斗结构分析图

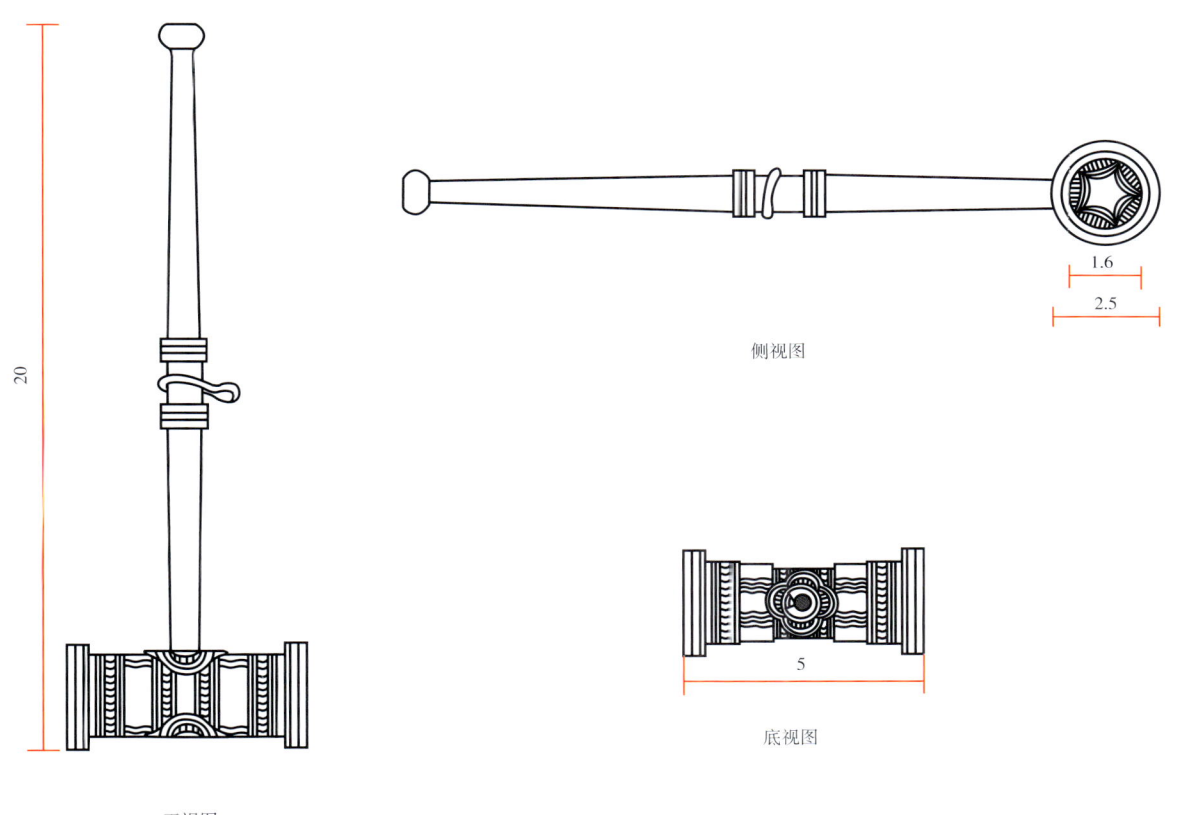

图三　彝族烟斗三视图（单位：cm）

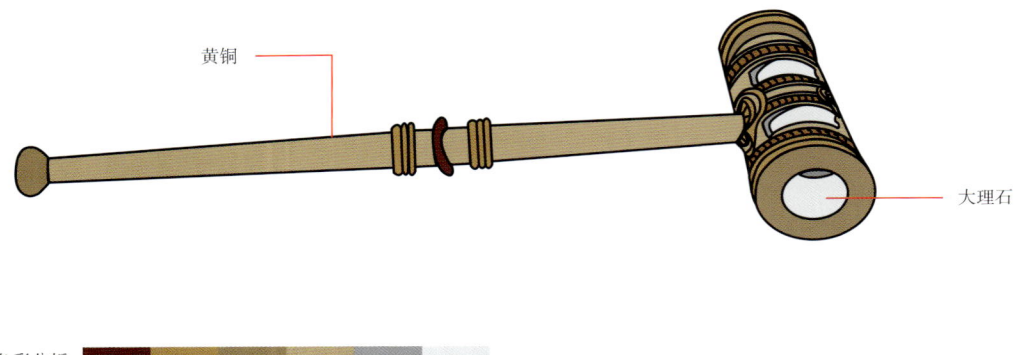

色彩分析：

图四 彝族烟斗色彩、材质分析图

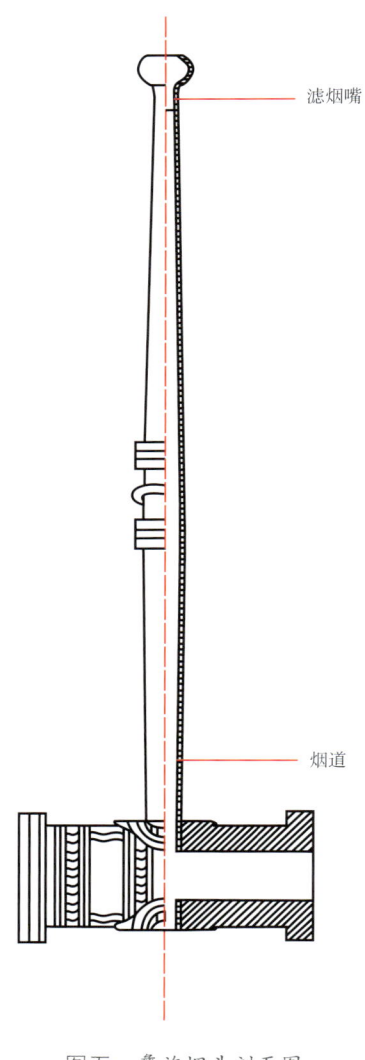

图五 彝族烟斗剖面图

图六　彝族烟斗使用示意图

彝族烟灰缸

图一　彝族烟灰缸主图

　　烟灰缸，不在彝族传统漆器的范围内，它是彝族文化和外来文化相结合的产物。烟灰缸通常以香烟置放槽和烟灰槽形成主体，比较特殊的则是多一个烟灰缸盖。

　　该案例（如图一）主要由香烟置放槽和烟灰槽组成，宽7厘米，高6厘米。选用杜鹃、桦木等名贵木材制作烟灰缸毛坯，再用土漆（国漆）、银珠（中药）、石黄（矿物质）等天然原材料调配手工漆进行绘制。色彩以黑、红、黄三色为底，红黄走线，黑红形成明快的对比，色泽对比强烈，主次得当，繁复相宜，精美大方；纹饰主要以南瓜子纹样为单位进行连接和组合，形成带纹和中心图案带纹对烟灰缸进行装饰。

　　烟灰缸的出现再一次体现了彝族百姓因材施制之才能，灵活地将外来文化和本土文化相融合，并保留了本民族的特色。烟灰缸绚丽的纹饰和优美的造型浑然一体，和谐统一，民族风格浓郁。

图片来源
图一　何欢　摄影
图二至图六　雷霞　制图

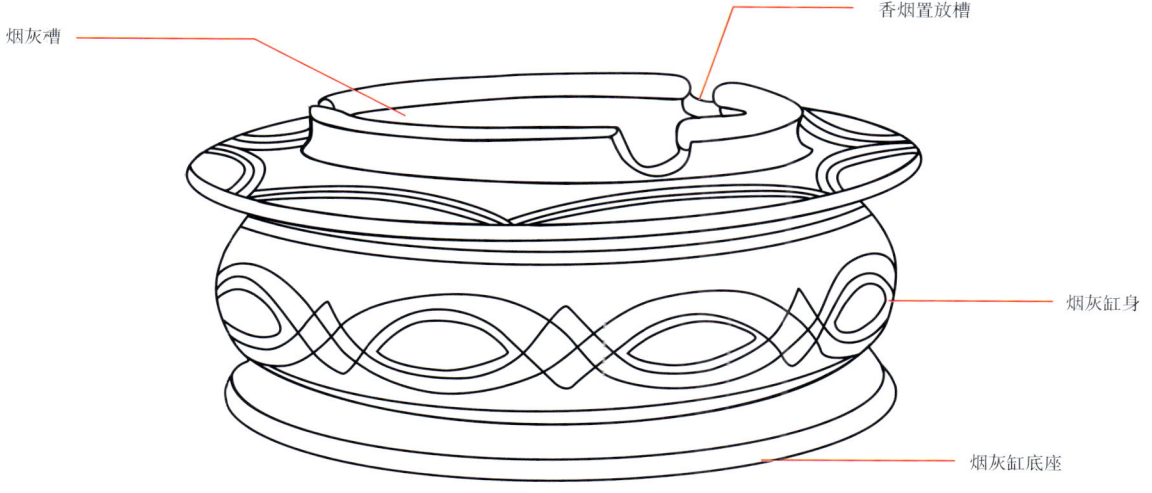

图二 彝族烟灰缸结构分析图

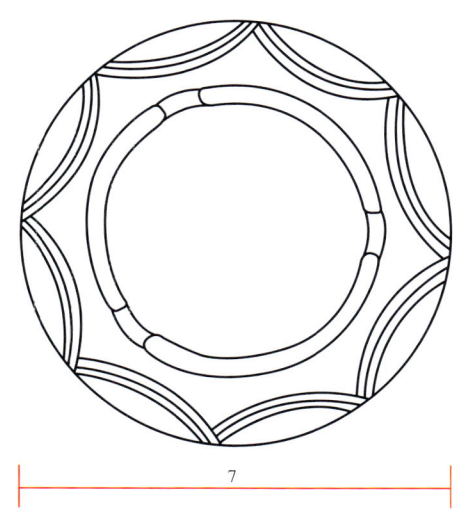

顶视图

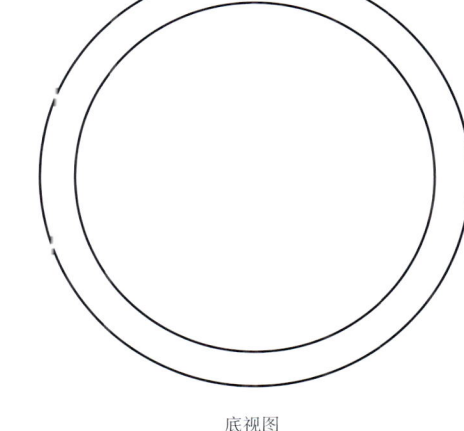

底视图

正视图

图三 彝族烟灰缸三视图（单位：cm）

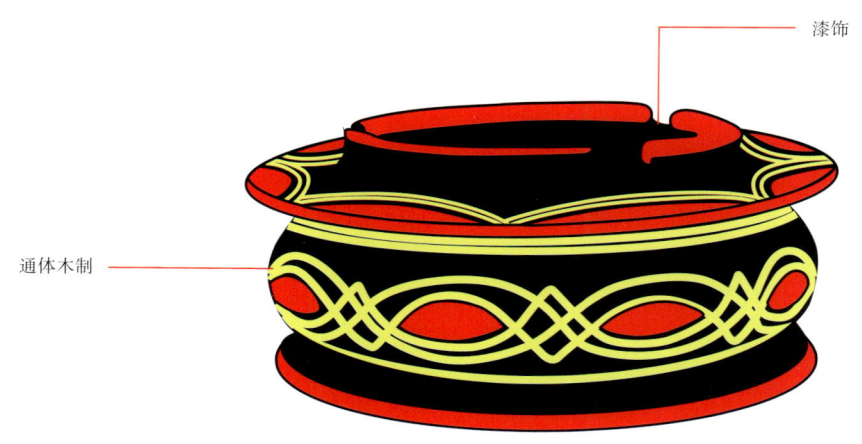

色彩分析：漆饰

图四　彝族烟灰缸色彩、材质分析图

图五　彝族烟灰缸剖面图

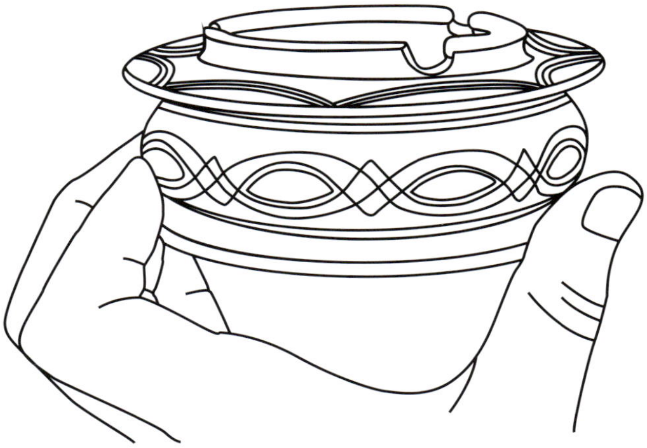

图六　彝族烟灰缸使用示意图

彝族水烟筒

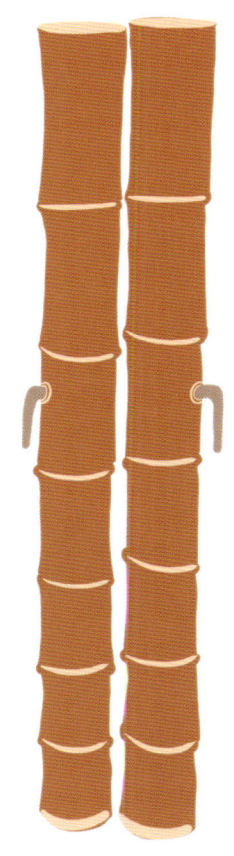

图一 彝族水烟筒主图

水烟筒又叫大碌竹，于20世纪初叶产生于云南东南一带，后在云南各地流行，在彝族民族众中广泛使用。

水烟筒一般以大竹筒或金属材料制成，筒内灌清水，于距底部约25厘米处挖一小孔，斜插一小竹管并以铜片镶口，形成烟锅。吸水烟是中国传统的吸烟方式之一，水烟筒以其天然的竹木清香传承数百年，堪称经典，在云南吸水烟筒至今还可以看到。水烟筒经过加工打滑，口端光滑圆润，不挂嘴，容易抽。由于材料自然生长，每一件都有其独特的外形，并不完全一致。

燃吸时灌进半筒清水，以下鄂和腮帮将筒上口封住，用大力气吸气，使筒内产生负压，使烟气从水中进入筒内，发出"咕噜咕噜"的声音。烟丝的选择颇有讲究，众多的烟丝，只要摆在行家面前，用手摸摸，用鼻子闻闻，马上就能够知道烟丝的优劣。民国时期，当官的吸烟土者甚多，有"三杆枪"之称，即步枪、烟枪与云南水烟筒，成为当时滇军的一大特征。有一则故事说：在抗日战争中滇军打台儿庄时，人人背有一具烟筒，当时日本侵略者讶然失惊，怀疑是滇军的新武器。从这个故事中可说明一个问题，一种长期形成的消费习惯是不易改变的。在云南农村，上了年纪的老人，抽的多是水烟筒。劳累了一天的人们，三五成群地聚在一起，怀里抱着一只水烟筒，旁边放一包烟丝，咕噜咕噜，一边聊着田间地头的庄稼长势、左邻右舍的婚丧嫁娶，一边传递着水烟筒，你来几口，我来几口。展示出来的奇风异俗，让人心醉神迷。

图片来源
图一　杨思凡　制图
图二至图六　张婷　制图

图二　彝族水烟筒效果图

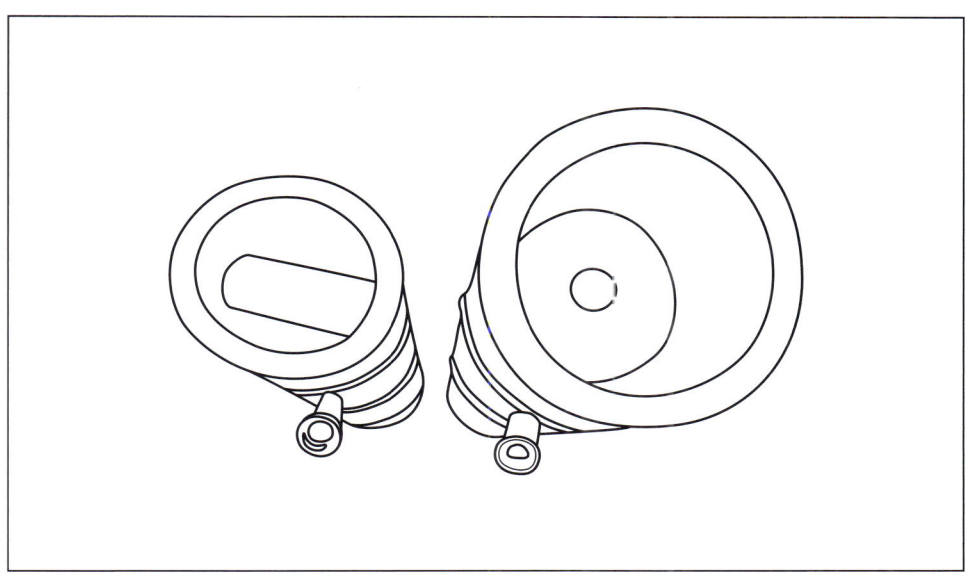

图三　彝族水烟筒结构分析图

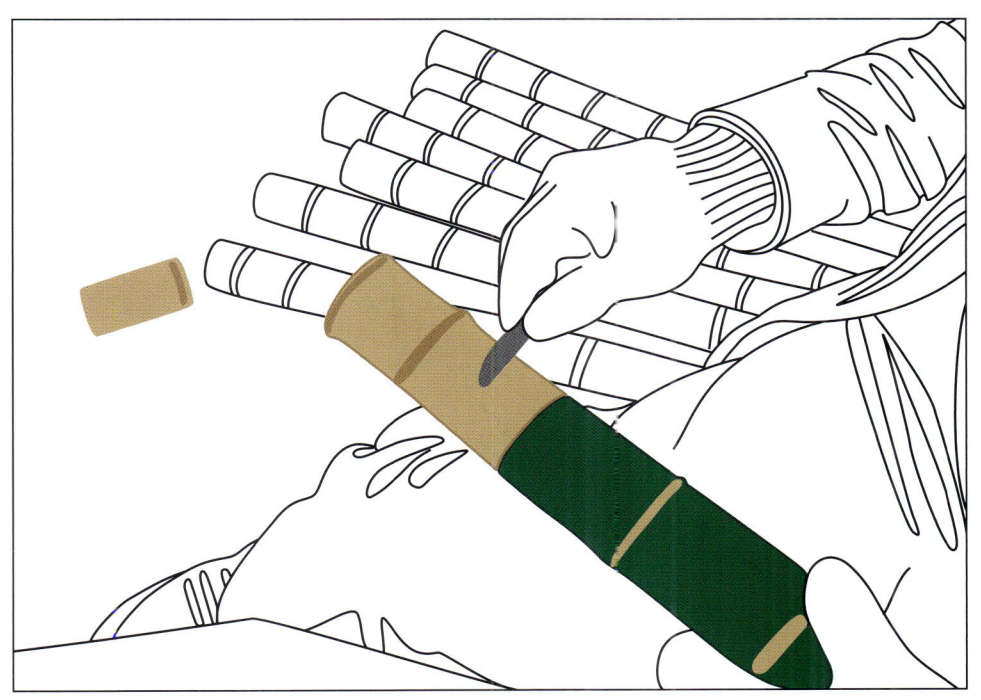

图四　彝族水烟筒制作图1

图五　彝族水烟筒制作图2

图六　彝族水烟筒使用示意图

彝族漆器花瓶

图一　彝族漆器花瓶主图

漆器花瓶，用于插花，是彝族漆器文化艺术的代表作之一。彝族是我国具有悠久历史和古老文化的少数民族，作为中华民族大家庭中的一员，在祖国西南一隅生息繁衍，创造了灿烂的民族文化。其中彝族漆器文化艺术是彝族文化中的一颗明珠。

该漆器造型古朴厚重，兼具实用和美观的功能。其纹饰组合饱满，疏密兼顾，主次得当，繁简相宜，章法严谨而和谐统一。在色彩上，彝族文化中"三色崇尚"的观念，也在漆器中被体现得淋漓尽致：黑色表示尊贵和庄重，红色象征勇敢和热情，黄色代表美丽和光明。最经典的漆器均以黑、红、黄三色搭配，尤为明快艳丽、粗放简略。红、黄、黑三色巧妙搭配，间隔使用，色彩明快艳丽，无过渡色和混合色。漆器纹饰制作方法有描绘、雕刻、镶嵌和堆漆四种。在题材选择上，纹饰大多自然写实，直接摹拟，如以日、月、山、河、牛眼、羊角、鸡冠、虫蛇、菜籽、蒜瓣、南瓜子、鱼网、火镰、矛头、经纬线、栅栏纹、指甲纹等基本图形绘成自然风物形状，以及生产生活场景等图案。将这些自然摹拟的纹饰加以规范化、连续化，便形成了别具一格的特色：红得火烈，黄得艳丽，黑得浓重。

漆器花瓶其功能就是插花草，从案例中可以看出，其突出的特点仍然是纹饰，繁杂而有序，活泼而细致，简洁明快而又刚劲豪放，瑰丽典雅而庄重古朴，具有强烈的装饰性和民族特色。因此，彝族漆器常被视为彝族文化艺术的代表，享誉世界。

图片来源
图一　杨思凡　制图
图二至图四　罗黛诗　制图

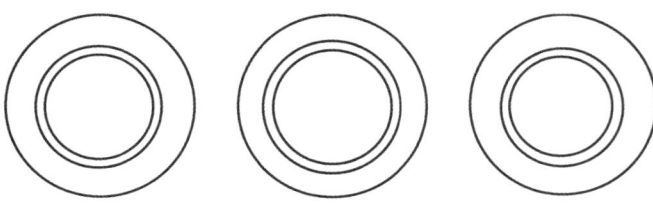

花瓶俯视图

花瓶正视图

图二　彝族漆器花瓶两视图

图三 彝族漆器花瓶配色分析图

图四 彝族漆器花瓶使用示意图

第四章 彝族传统生活用具

彝族高脚花瓶

图一　彝族高脚花瓶主图

该案例为高脚花瓶（如图一），制作中充分利用了车木成型的特点，追求造型的变化，造型较独特。案例实物现存放于四川凉山彝族自治州奴隶社会博物馆。瓶身总高25厘米，总宽6厘米，瓶托总高12厘米，总宽11厘米（如图二）。高脚花瓶制作工艺考究，选用杜鹃、桦木等名贵木材为原料，并在其晾干后用车木加工成型。实木毛坯加工好后，用红、黄、黑三色搭配，对瓶身和瓶托进行装饰。其色彩具有独特的象征寓意，器物显示出彝族人民勇敢而热情豪放的民族性格。纹饰主要以牛眼纹、南瓜子纹、太阳纹、回纹根据造型以及器物的形状、面积进行连接和组合，形成带纹和中心图案带纹对瓶身和瓶托进行装饰（如图六）。

高脚花瓶装饰工艺典雅、质朴，色彩搭配协调，生动，有着彝族浓厚的民族特点及生活气息，是彝族审美情趣与实用性相结合的产物，是彝族民族文化的代表作品。

图片来源

图一　杨承颖　摄影

图二至图六　雷霞　制图

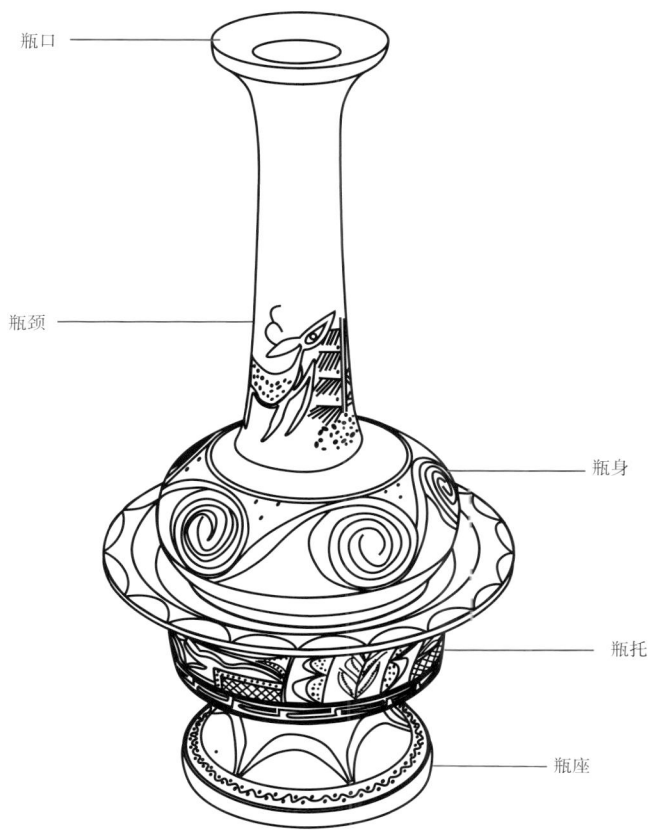

图二　彝族高脚花瓶结构分析图

正视图

顶视图

底视图

图三 彝族高脚花瓶三视图（单位：cm）

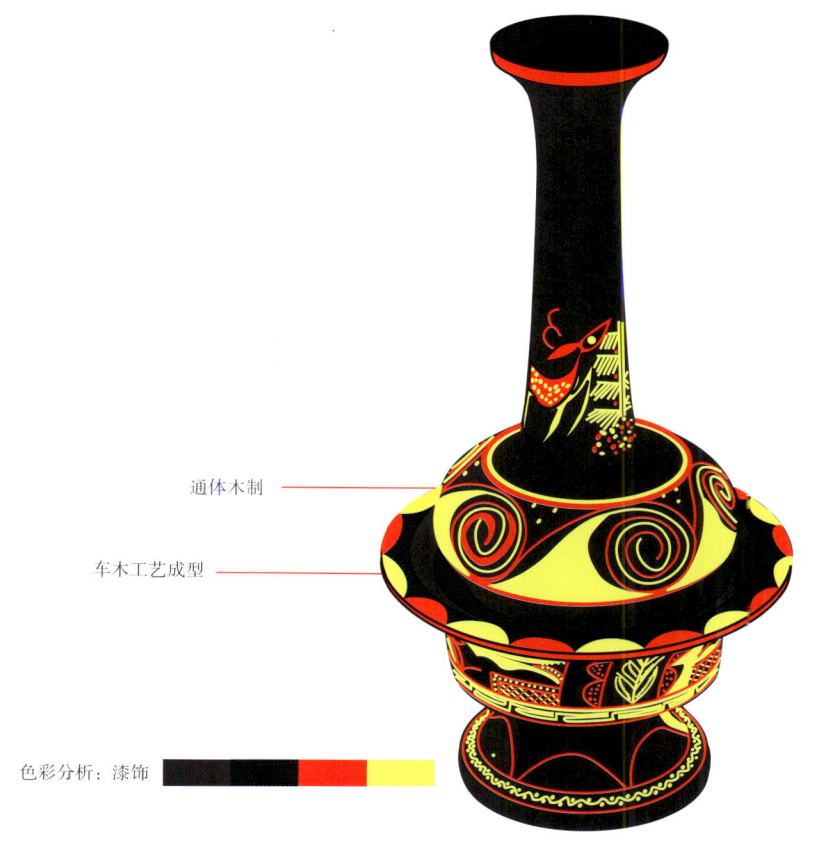

图四　彝族高脚花瓶色彩、材质分析图

通体木制

车木工艺成型

色彩分析：漆饰

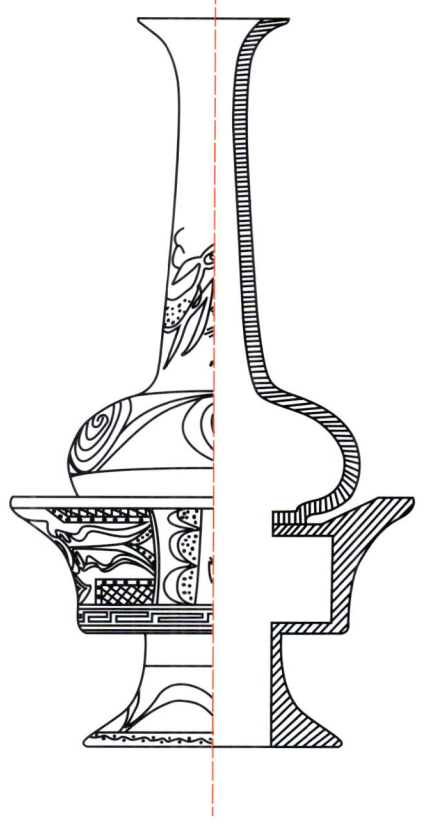

图五　彝族高脚花瓶剖面图

第四章　彝族传统生活用具

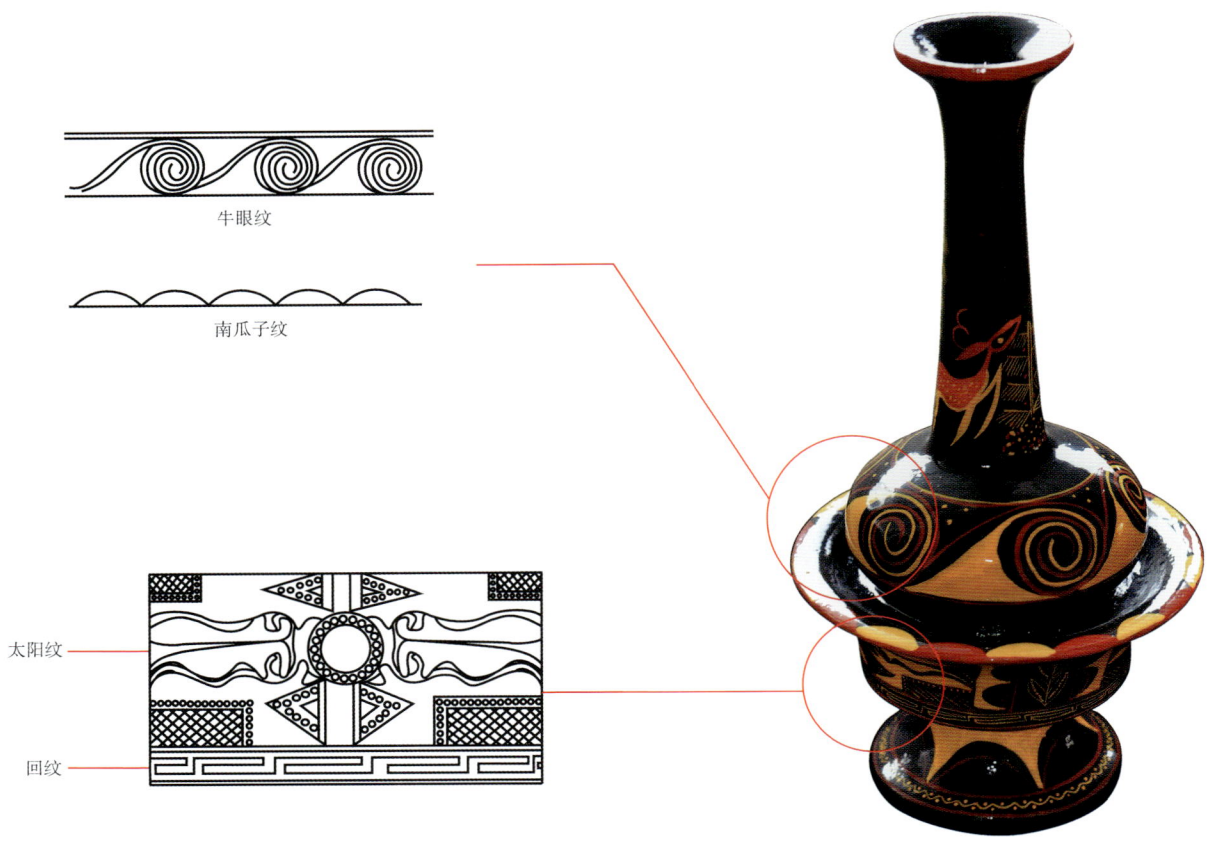

图六　彝族高脚花瓶纹样分析图

彝族漆器人物画盘

图一　彝族漆器人物画盘主图

漆器人物画盘，是凉山彝族人民传统的民间手工艺品，该手工艺品的制作技艺在彝族民间流传已有一千多年历史，是彝族人民根据本民族的特点创造出的具有独特造型和图案的漆器工艺品。

本案例直径约32厘米，支架高度约4厘米，造型为圆形，象征彝族人们的感情如太阳一样，热情似火。人物画盘的背面为平底，方便倚靠在后面的支架上。在支架的两腿处设计了一块凸面，防止画盘从支架滑落。画盘的材质是由实木制作成坯，然后再用土漆（国漆）涂饰表面，用银珠、石黄等矿物原料加工后调配于土漆之中绘制花纹。

此款画盘的图案以彝族生活人物画为题材，淋漓尽致地展现了彝族人民的生活场景。表现出彝族人民节庆的欢乐氛围，图案上十分讲究装饰纹样的生动性、对称性、变型的抽象性，同时，点、线、面运用简洁得体。色彩以黑、红、黄三色为主，绿色加以点缀，黑色为天地之本色，寓意为庄重与威严，红色赋予热情豪放和勇敢，黄色象征光明与未来。此款人物画盘以黑色为底，红黄走线，黑红形成鲜明的对比，色彩浓而明快，在朴素中显现华美。

彝族漆器人物画盘主要是用来观赏陈设的，是一件美观的家居装饰品，也是馈赠好友的特色礼物。同时也具有一定的使用功能，在卸掉支架的情况下可以当果盘使用。画盘分为盘和支架两部分，支架是用来固定盘子的，使得盘子摆在桌子上更加稳固。彝族漆器人物画盘是审美和实用性结合的典范，图案线条动静相间，灵活与气质融于一体，具有浓郁的民族特色。

图片来源
图一　杨思凡　制图
图二至图六　邹红媛　制图

 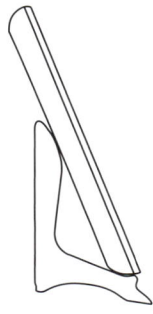 

图二　彝族漆器人物画盘三视图

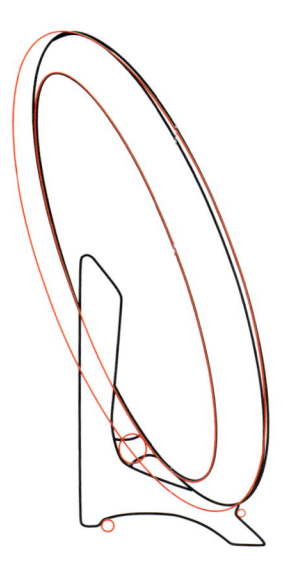

图三　彝族漆器人物画盘造型分析图

图四　彝族漆器人物画盘配色方案图

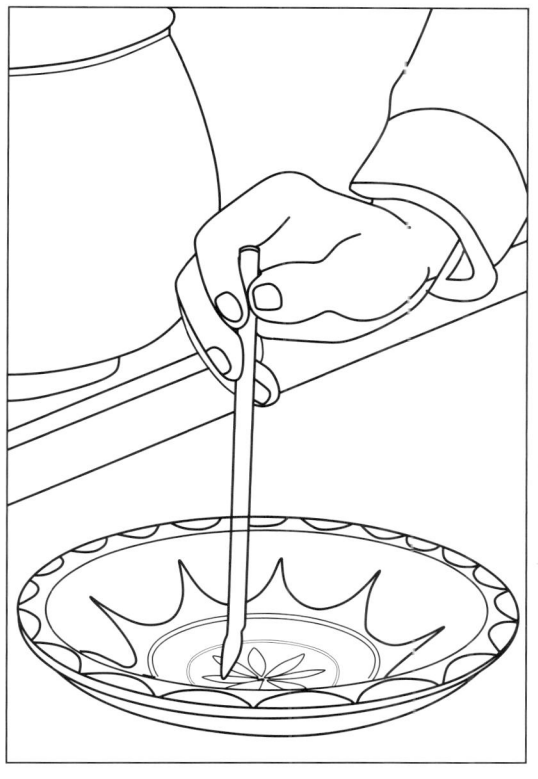

图五 彝族漆器人物画盘加工工艺图

图六 彝族漆器人物画盘使用示意图

彝族漆器画盘

图一　彝族漆器画盘主图

彝族漆器画盘，其作用主要是摆件，装饰品，亦可作为果盘等食物容器使用。

画盘主体盘身直径大约40厘米。画盘主体材质使用天然环保的木材和国漆（天然漆树浆汁），画盘采用梨花木、桦木等多种名贵木材作坯，再用土漆涂饰表面，用银朱、石黄等矿物质原料经加工后调配于土漆之中绘制花纹。漆器的色彩以黑色、红色、黄色为主，黑色为底色，红色和黄色走线，形成明快的对比，在朴素中显现华美。黑色为天地之本色，寓意庄重与威严；红色象征热情豪放和勇敢；黄色象征光明与未来，作品做工讲究，色彩浓艳而明快。图案纹饰更独具一格，画盘图案主体是一只太阳神鸟，代表彝族人民向往光明，表达了彝族人民热情好客的民族精神。漆器采用酸枝木、梨花木作坯胎、野生土漆和各种矿物颜料作髹饰，纯天然，无毒（不含铅）、无异味、耐酸碱、耐高温、不脱漆、经久耐用。根据我国医学典籍记载，酸枝木、杜鹃木及天然土漆均有防毒祛病、延年益寿的保健功效。

画盘主体是一个圆形盘，盘身由上而下直径逐渐变小，使其在放置的时候重心集中于下部，这样整个画盘会更加稳定，从形态上看也更有层次感。

图片来源
图一　杨思凡　制图
图二至图六　杨承颖　制图

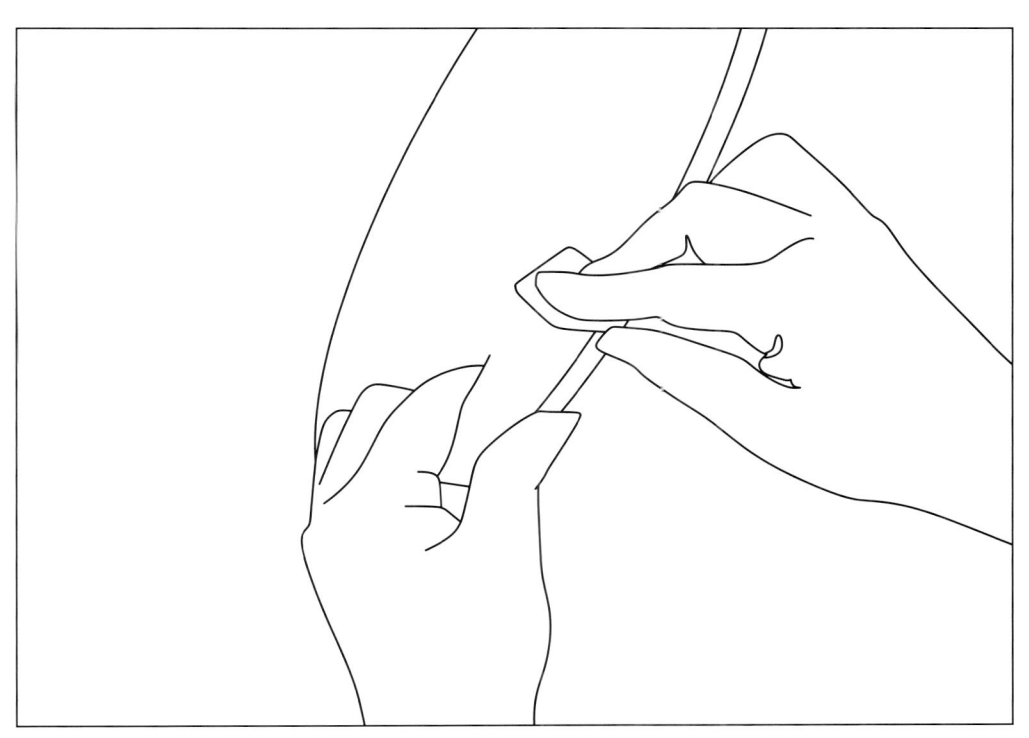

图二　彝族漆器画盘制作工艺图

图三　彝族漆器画盘图案造型分析图

图四　彝族漆器画盘配色方案图

图五　彝族漆器画盘图案色彩分析图

图六　彝族漆器画盘使用示意图

第四章　彝族传统生活用具

347

彝族南瓜形漆盒

图一　彝族南瓜形漆盒主图

南瓜形漆盒，此物的作用在于盛放一些小饰品，小玩意。

此案例直径21厘米，材质木质。此盒形制写实逼真，腹形扁圆，呈南瓜状。中央置南瓜梗形盖把，盒体叶筋叶脉饰纹精美，漆色光亮，色泽艳丽，极富乡土气息。

南瓜形漆盒是彝族漆器的一个代表作，图案幽雅逼真，造型朴实，漆色光亮可照人影，色泽艳丽，经久耐用，并具有鲜明的民族色彩。用作食具，不导热，不串味，不漏水，不生虫，耐酸、碱，不易腐朽，不褪色。彝族南瓜形漆盒具有质地坚实、造型古朴雅致、涂漆光亮、漆色润泽生辉的特色。

图片来源
图一　张本俊　制图
图二至图五　杨承颖　制图

图二　彝族南瓜形漆盒三视图

图三　彝族南瓜形漆盒造型分析图

图四　彝族南瓜形漆盒配色方案图

图五　彝族南瓜形漆盒使用示意图

彝族首饰盒

图一　彝族首饰盒主图

彝族首饰盒，用来放置首饰，也可作为首饰包装及首饰礼品盒。本案例产自四川省凉山彝族自治州，是凉山彝族家庭女子闺房中常见之物。

本案例高10厘米，直径为9厘米。造型方面，与一般首饰盒方体或圆柱体的造型相比，更像是一个带底座的罐子，内部也不像传统的首饰盒有许多的功能分区，而是一个大容器，这是由于彝族的首饰装饰性较强，体积较大，制作成大的容器使用反而更加方便。底座的设计使首饰盒整体看起来更加完整，其由上至下呈扇形缓慢展开也使整个产品显得更加高贵。本案例运用的纹样较多，盖子部分以抽象的花朵纹为主，顶部更像是盛开的红黄相间的花朵，象征彝族女子的貌美如花；盒体部分则运用曲线和椭圆等纹样，象征女子的妙曼身姿。本案例采用手工制作，以木成坯，采用彝族漆器传统的三色，即红、黄、黑三色土漆涂饰在表面，明暗强烈的色彩与女性化的装饰纹样使这件产品更富有趣味。

彝族漆器首饰盒主要用于存放女性的配饰装饰。首饰盒分为盖子和首饰盒体两部分，多置放于女子梳妆台上，使用时打开盖子，放入或取出首饰即可。盒子装饰具有女性化色彩，符合女性审美，具有浓郁的彝族风情。

图片来源

图一　杨思凡　制图

图二至图七　杨曼羚　制图

图二　彝族首饰盒三视图（单位：cm）

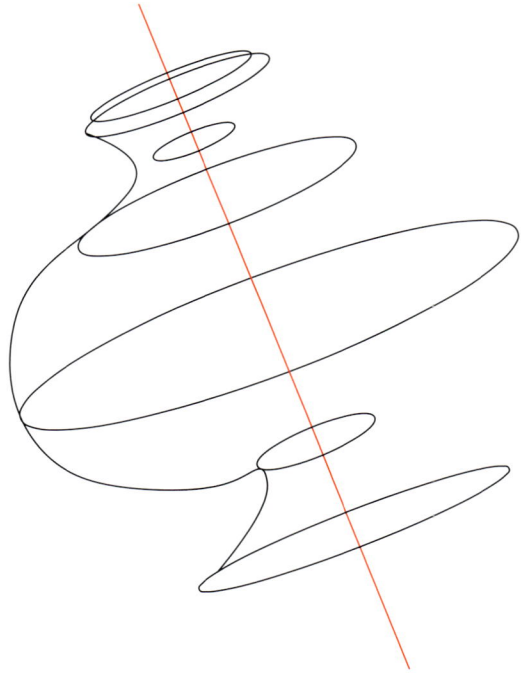

图三　彝族首饰盒产品造型分析图

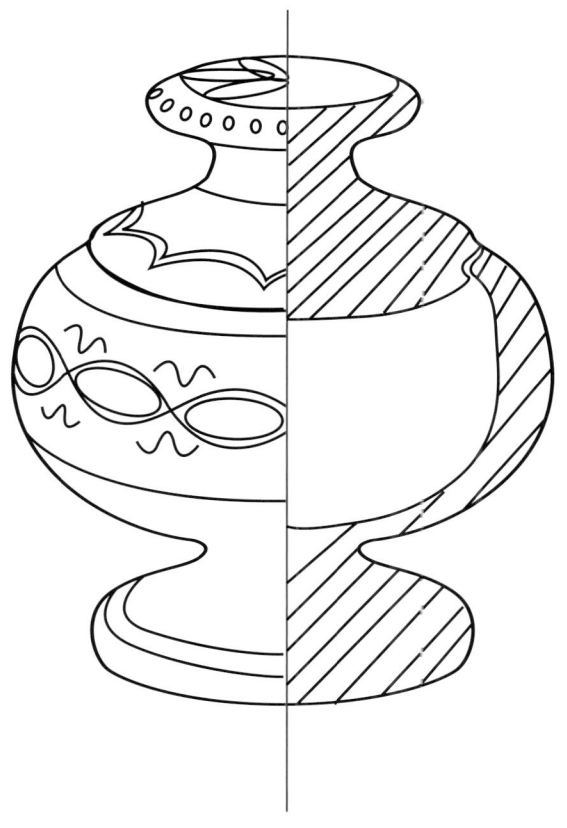

图四 彝族首饰盒剖面图

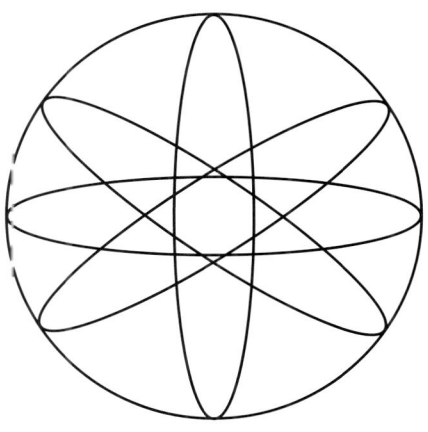

图五 彝族首饰盒图案造型分析图

图六 彝族首饰盒配色方案分析图

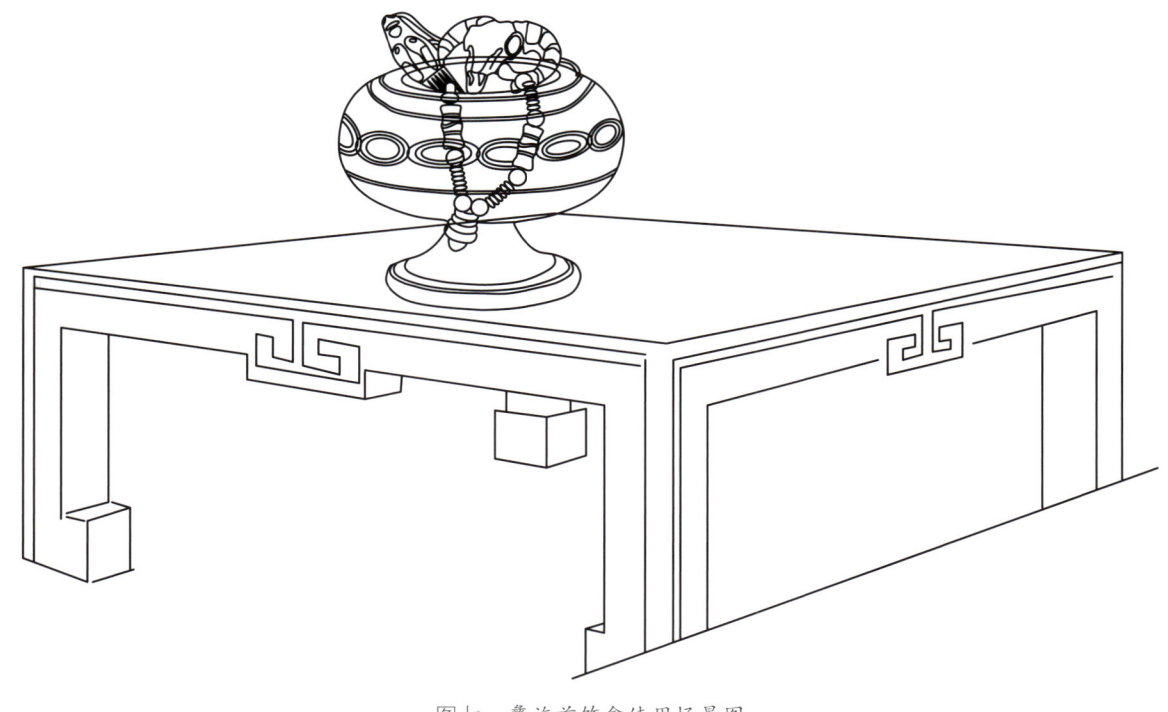

图七 彝族首饰盒使用场景图

彝族胭脂盒

图一　彝族胭脂盒主图

　　胭脂盒，顾名思义就是女子用来存放胭脂水粉的盒子，是彝族家庭闺房必备之物。

　　本案例高4厘米，直径9.5厘米，造型为光滑扁圆形。底部为平底，使产品在桌面摆放时不宜翻倒。胭脂盒的材质采用杜鹃、华木等名贵木材（或竹、牛角骨等）制作成坯，用土漆（国漆）涂饰表面。用银珠、石黄等矿物原料加工后调配于土漆之中绘制花纹。此款胭脂盒体上的图案以植物为题材，十分讲究装饰纹样的对称性，图案以花瓣绽放式样呈现，表现了闺房中少女的美丽犹如花瓣绽放一般。色彩以黑、红、黄三色为主，黑底黄线，黑色与红色形成明快的对比。黑色为天地之本色，寓意为庄重与威严，象征黑土，给人以肃穆、沉静、高贵、沉默之感；红色富以热情豪放和勇敢，象征火，给人以炽热、活力、幸福、快乐之感；黄色象征阳光，万物生存之源，人类生活之本，给人以光明和幸福之感。

　　彝族漆器胭脂盒主要用于存放女性装点面部的胭脂粉。胭脂盒分为盖子和盒身两部分，使用时可根据用量更换盒内的胭脂粉。使用后盖上盖子，可保证盒内胭脂质地新鲜，色泽艳丽，气味芳香。盒体小巧，便于闺房收纳，符合女性使用者的审美趣味。彝族漆器胭脂盒采用纯手工打坯、打磨、手绘制作而成，每个花纹木纹均不相同，具有浓郁的彝族风情。

图片来源
图一　石丹沁　制图
图二至图六　周丽雯　制图

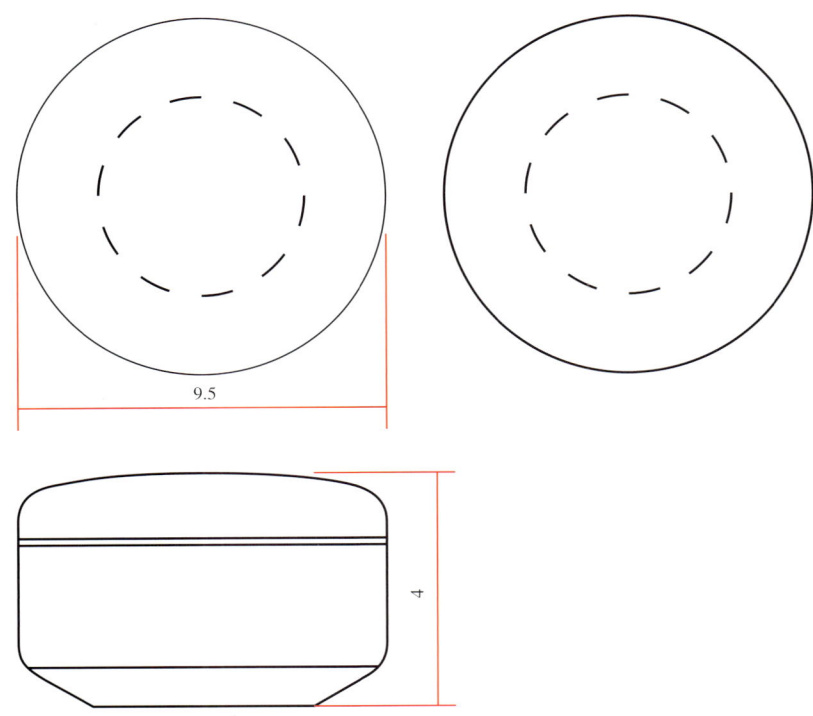

图二 彝族胭脂盒三视图（单位：cm）

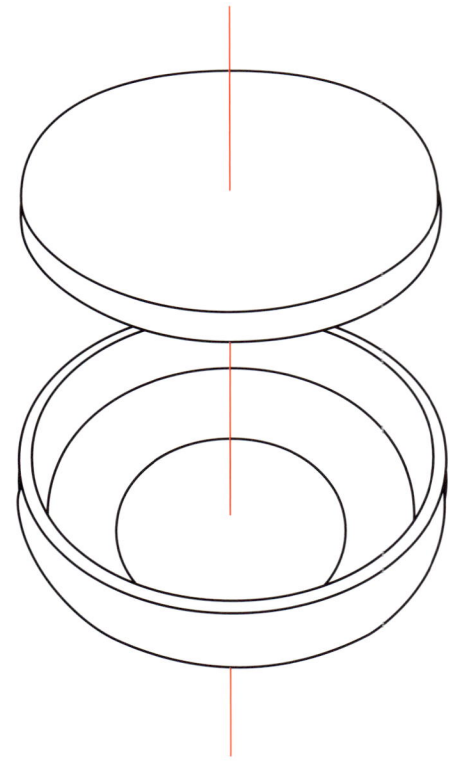

图三 彝族胭脂盒造型分析图

图四　彝族胭脂盒配色方案图

图五　彝族胭脂盒图案造型分析图

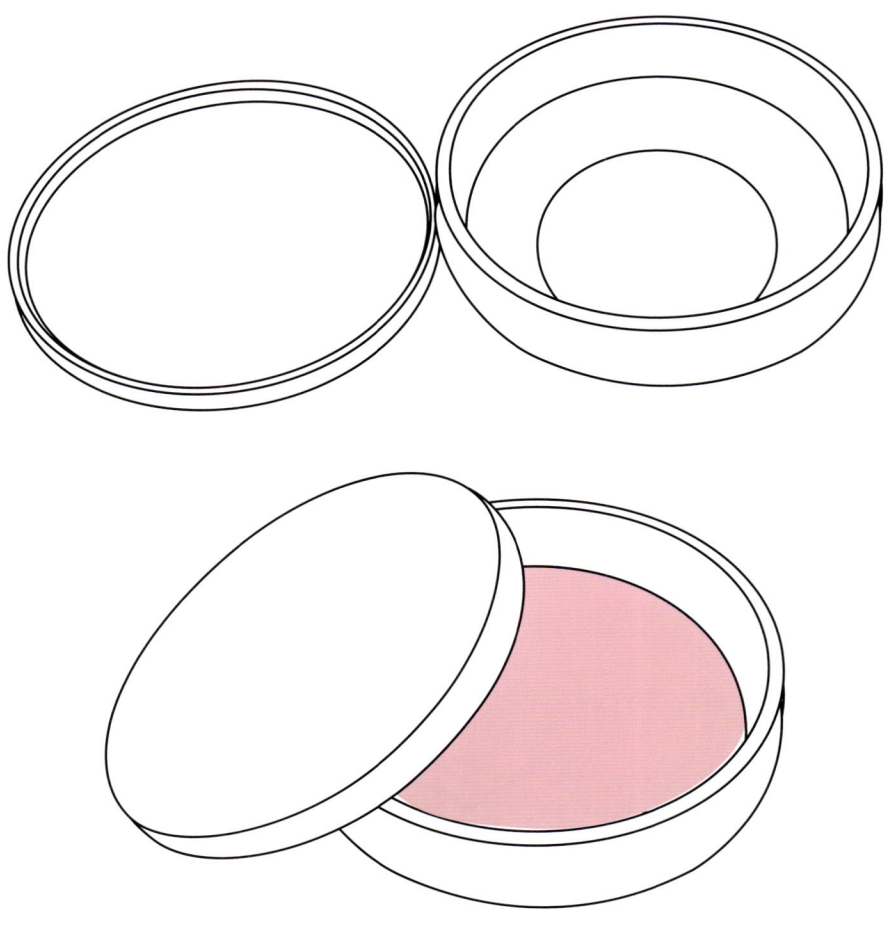

图六　彝族胭脂盒使用功能分析图

彝族圆形带盖木盒

图一　彝族圆形带盖木盒主图

　　圆形带盖木盒，其主要用途在于盛放食物，在古时候有着一定的保鲜作用和防腐作用。

　　彝族圆形带盖木盒，产地四川凉山，整体形态大致为直径27.5厘米，高21厘米，材质是彝族漆器的传统材质——木质。

　　彝族圆形带盖木盒彝语称"库不"。鼓腹，敛口，喇叭状实心高足。盖与钵身子母扣合，盖揭下反置可用作木盘。内髹黑漆，外壁黑漆底，红、黄漆彩绘螺纹、三角形等纹饰。主要用于置放冻肉、汤和饭菜，年节也用其装食物探望亲友。圆形带盖木盒因其鼓腹，敛口，喇叭状实心高足的形状，有利于盛放更多的食物，而敛口则是利用了一定的物理性质使得每次开启容器时进入的空气减少，以保持食物的新鲜度。

　　彝族圆形带盖木盒的色彩浓烈而明快，感染力极强。对色彩的运用寓意民族审美意识和精神气质。用黑、红、黄三色，黑色为天地之本色，寓意为庄重与威严；红色代表热情豪放而勇敢；黄色象征着光明与未来。再饰以图案纹饰日月星辰、山川河流、天文地理。用其十分讲究装饰的对称性和变形的抽象性，使其点、线、面的运用简洁得体。

这样的色彩和图案使用在圆形带盖木盒上予以一种保护、守护的寓意，更有一种感激上天恩赐的意义。

图片来源
图一　石丹沁　制图
图二至图五　杨承颖　制图

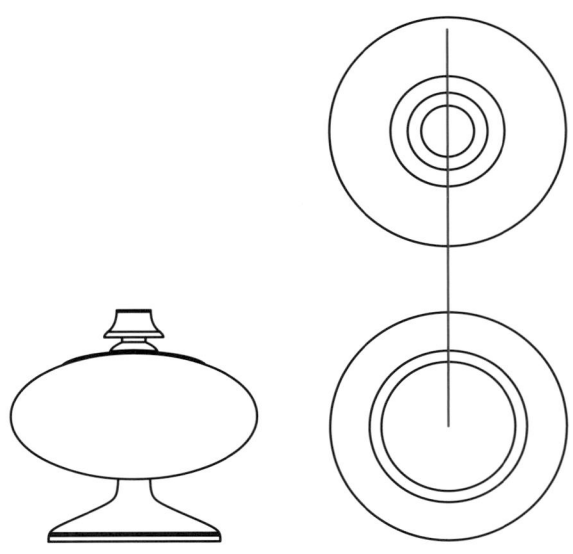

图二　彝族圆形带盖木盒三视图

图三　彝族圆形带盖木盒造型分析图

图四　彝族圆形带盖木盒配色方案图

图五　彝族圆形带盖木盒制作工艺分析图

第四章　彝族传统生活用具

彝族圆形带盖木制首饰盒

图一　彝族圆形带盖木制首饰盒主图

圆形带盖木制首饰盒，顾名思义其主要用途就是盛放饰品、首饰。

本案例为四川凉山彝族产物，直径27.5cm，材质为木质。每个爱美的女性都会有一批自己爱不释手的宝贝首饰，合适的首饰就像女性身体中不可或缺的一部分，无论从外在还是内在都会大大的提升女性的靓丽指数和自信度。而一个精美的首饰盒不但能让爱美女性的宝贝们找到一个漂亮的家，更能体现一个女性不凡的审美和品味，也是女性携带首饰、点缀生活情趣的绝佳选择。而此款首饰盒结合了彝族传统文化，以传统工艺——漆器的制作特点以传统纹样勾绘首饰盒整体，色彩使用彝族漆器的代表颜色黑、红、黄，彝族人民喜爱红色，它象征勇敢、热情，黑色表示尊贵、庄重；黄色代表美丽、光明。三色错综调配，间隔使用，色泽明快艳丽，再配上彝族的传统纹样就使得这款首饰盒带有强烈的神秘色彩，而其中规中矩的圆形形态，又使其在充满神秘元素的同时又不乏稳重，整体形式上充满了安全感，更是让女性爱不释手。

图片来源
图一　石丹沁　制图
图二至图五　杨承颖　制图

图三　彝族圆形带盖木制首饰盒造型分析图

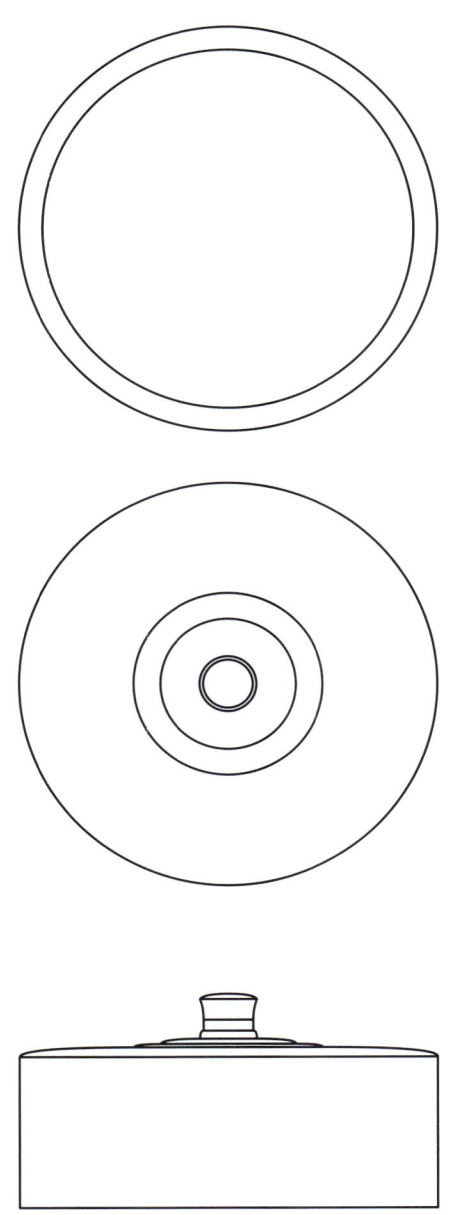

图二　彝族圆形带盖木制首饰盒三视图

图四　彝族圆形带盖木制首饰盒配色方案图

第四章　彝族传统生活用具

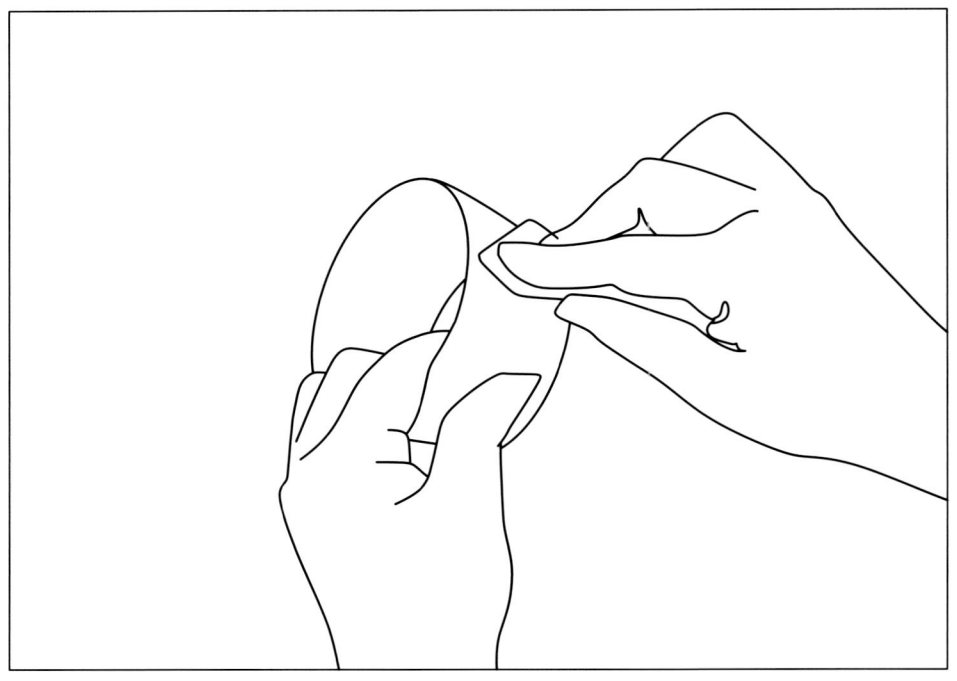

图五　彝族圆形带盖木制首饰盒制作工艺分析图

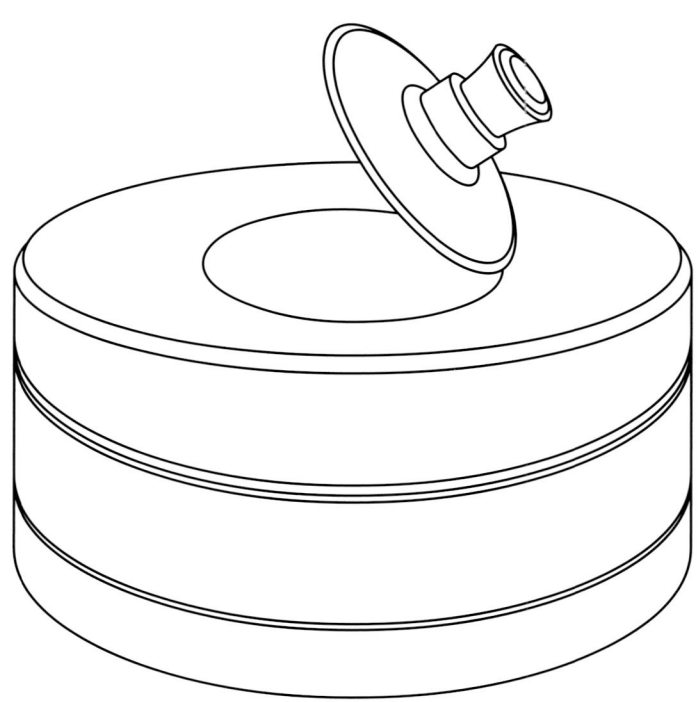

图六　彝族圆形带盖木制首饰盒使用分析图

彝族纸巾盒

图一　彝族纸巾盒主图

纸巾盒，顾名思义就是人们用来装纸巾的盒子，是彝族必备的家居产品，是送礼和闺房的漂亮饰品。

本案例长约26厘米，宽约13厘米，高约8.3厘米，造型呈长方体，棱角较圆润，在纸巾盒的上面开了一个椭圆形的口，便于抽取纸巾。此款纸巾盒材质采用杜鹃、华木等名贵木材（或竹、牛角骨等）制作成坯，用土漆（国漆）涂饰表面。用银珠、石黄等矿物原料加工后调配于土漆之中绘制花纹。其装饰图案以植物为题材，在纸巾盒的顶部用半圆形的几何体和线条进行有序排列。图案十分讲究装饰纹样的生动性，对称性。这款彝族漆器纸巾盒主要运用了红、黄、黑三种颜色。黑色象征高贵、庄重；红色象征勇敢、热烈；黄色象征吉庆、幸福与光明。此款产品以黑为底色，用红和黄在底色上绘制花纹，三色错综调配，间隔使用，色彩明快，感染力极强。

彝族漆器纸巾盒是彝族的传统手工艺与现代产品的融合，它既是生活用品，又是精美的工艺品，经久耐用、防潮、不易变形、体制轻巧、外表光洁如镜。该纸巾盒分为盖子和盒体两部分，使用时可根据用量更换盒内的纸巾。使用后盖上盖子，可保证盒内纸巾质地干净，健康环保。纸巾盒经过锯、刨、磨、粘等工序，并在其表面精心绘制图案纹饰，着漆均匀，给人以光滑亮丽的快感，具有独特的彝民族风格。

图片来源
图一至图六　邹红嫒　制图

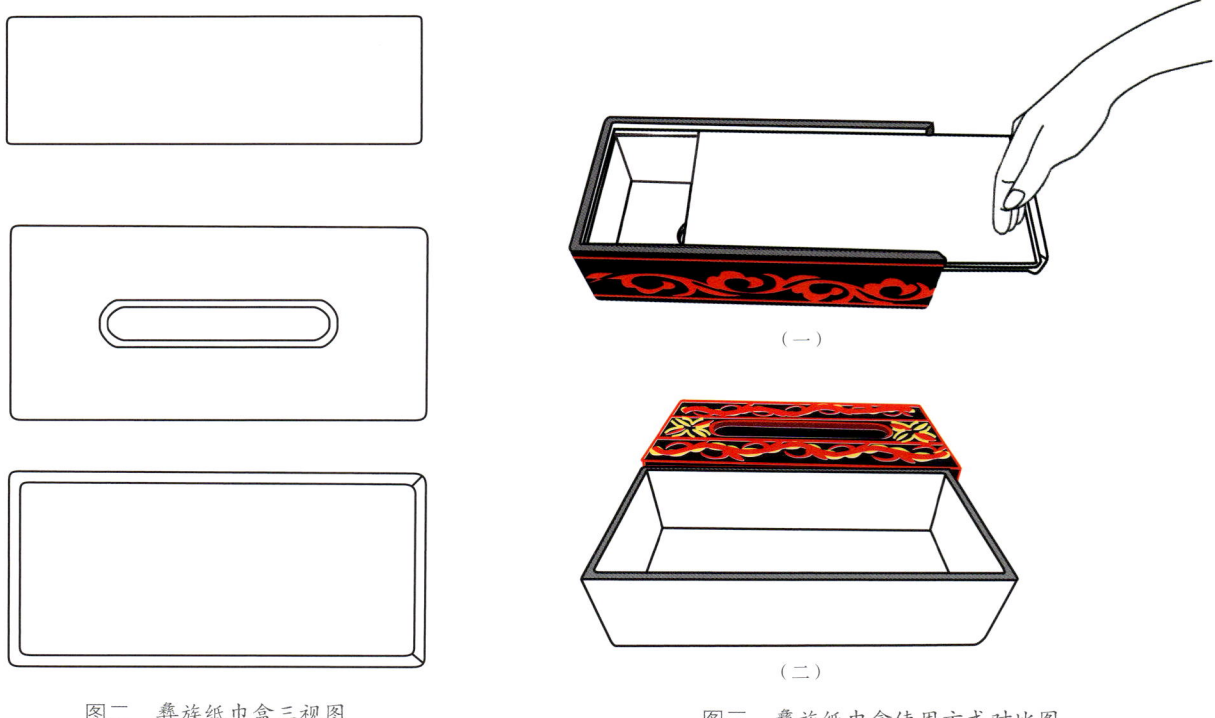

图二　彝族纸巾盒三视图

图三　彝族纸巾盒使用方式对比图

图四　彝族纸巾盒图案造型分析图

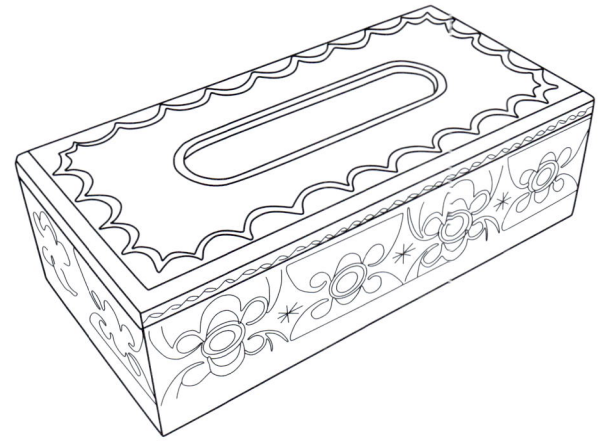

图五　彝族纸巾盒线框图

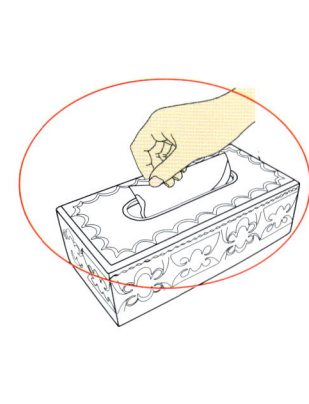

图六　彝族纸巾盒使用功能分析图

彝族收纳盒

图一　彝族收纳盒主图

收纳盒，即装东西的盒子，是将东西（多指小件物品，如办公文具、化妆品、文件资料、小工具等）收集起来的器物，顾名思义就叫收纳盒。本案例产自四川凉山彝族自治州喜德县，喜德是凉山漆器制作大县，喜德彝族漆器装饰风格精致细腻，大方美观，喜德因此被誉为"彝族漆器之乡"。

本案例长约30厘米，宽约6厘米，高约20厘米。整体造型呈不规则的长方体，侧面为圆弧状向上微微凸起，比起死板的长方体造型显得更加多变。这件收纳盒纹样较为复杂，正面由大小不一的方框构成，外环有象征金镰的图案围绕，内部则是彝族漆器的经典图案，有代表河流的水波纹，代表土地的山脉纹以及鸡肠纹、羊角纹等等；背面则在靠左部分绘有一个大圆，内部装饰以四方纹样，并配有窗格纹、羊角纹；侧面部分的装饰则更为复杂，外围以火镰纹装饰一圈，中间部分为动物纹样，纹饰变化莫测，耐人寻味（如图三）。彝族漆器的漆绘方法一般用黑漆为底色，加绘黄色和红色的花纹组成图案。

彝族漆器收纳盒主要用于收纳生活物品，可置于书桌、电视柜、茶几等平面上，使用时往里放入杂物即可（如图五）。这件收纳盒是根据当代人生活方式和需求而设计，并加入了彝族元素，反映出了彝族人民在器物设计上与时俱进的一面。

图片来源
图一　杨思凡　制图
图二至图五　杨曼羚　制图

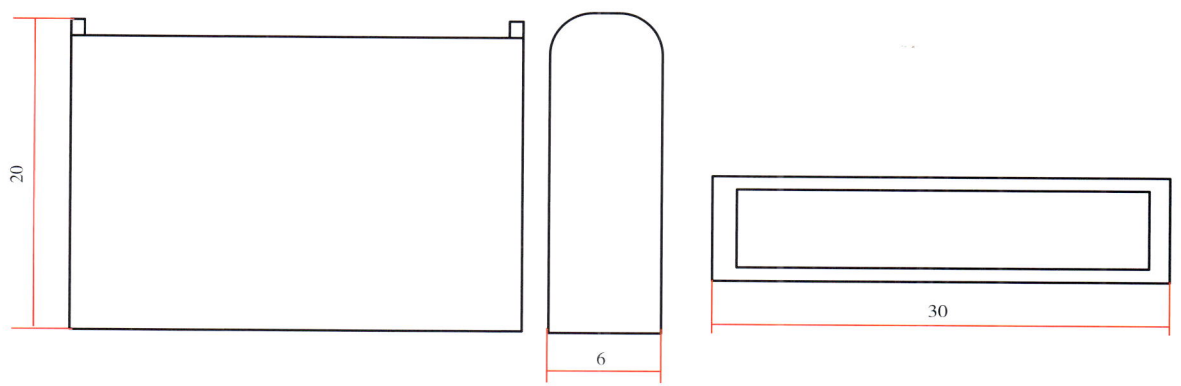

图二　彝族收纳盒三视图（单位：cm）

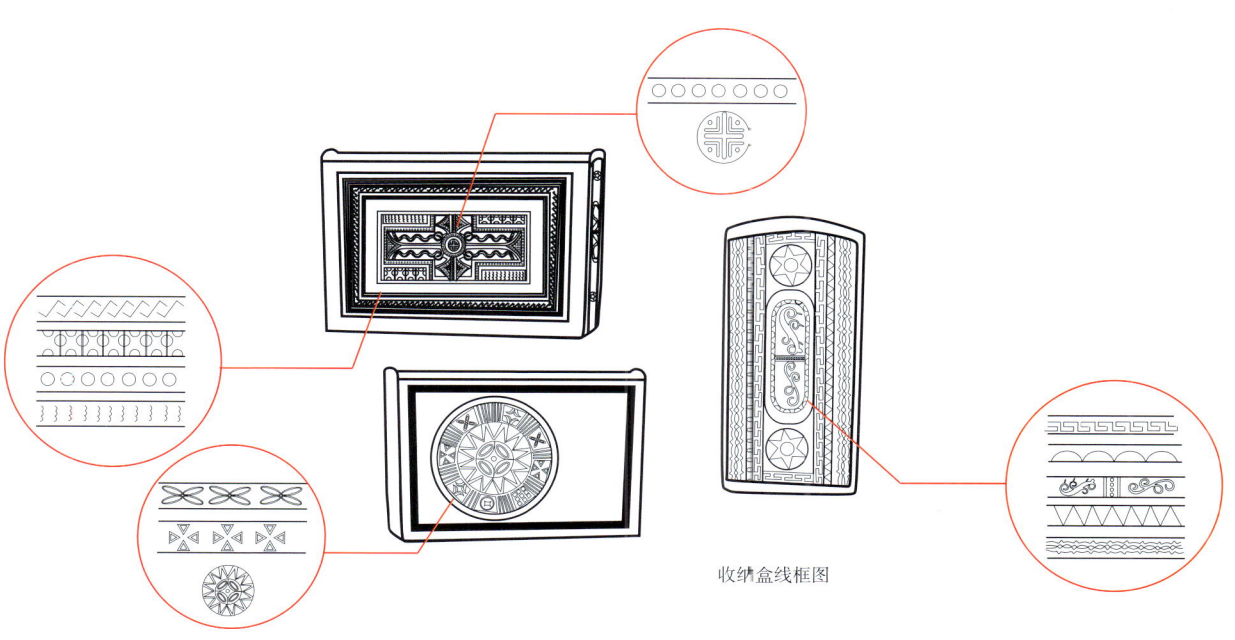

收纳盒线框图

图三　彝族收纳盒图案设计分析图

第四章　彝族传统生活用具

369

图四 彝族收纳盒色彩分析图

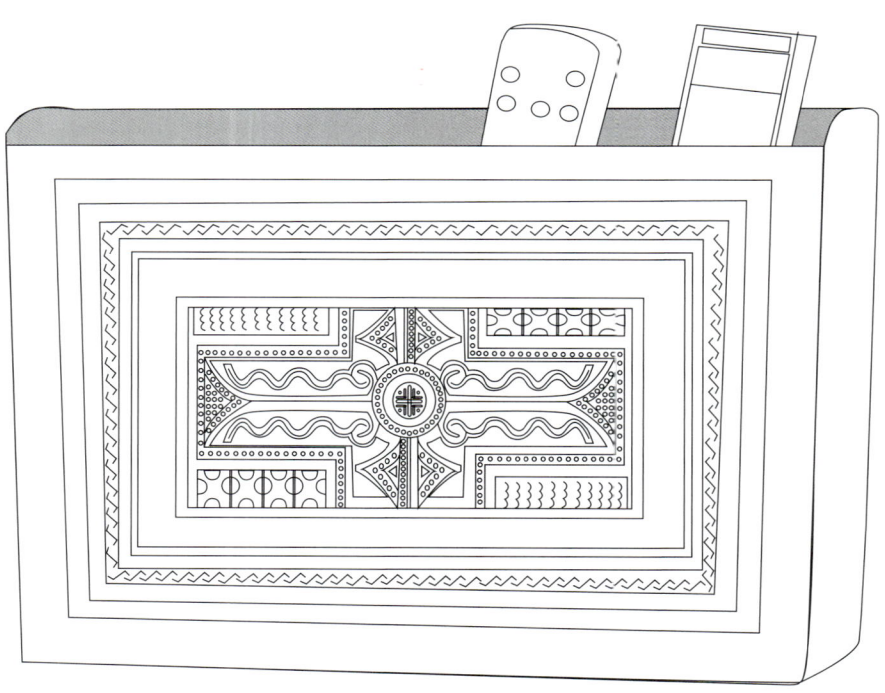

图五 彝族收纳盒使用示意图

彝族围棋盒

图一　彝族围棋盒主图

彝族围棋盒，是彝族地区传统与现代相结合的器物。

本案例最大外径约15.1厘米，罐口直径约10.2厘米，不带盖的高度约7.3厘米（见图二）。用木材制成坯胎，表面全部用天然木漆纯手工漆绘而成。围棋盒分为盖和器身两部分，从整体上看，具有流畅的造型美，其形体配以天然木漆图纹，正中间由南瓜籽和金链等植物或其他纹饰组成一个统一的单元纹样，构成主纹路（见图四），盒盖则用传统的黑、红、黄三色绘制围棋图案（见图三），起到指示作用。色彩以黑、红、黄三色为主，黑色为底，红黄走线，黑红形成明快的对比。黑色为天地之本色，寓意为庄重与威严；红色赋予热情豪放和勇敢；黄色象征光明与未来，色彩浓而明快，在朴素中显现出民族韵味。

凉山彝族漆器对纹样的应用十分广泛，从酒具、餐具到祭祀用具等，可以说是无器不纹。所以，当一些外来物品被彝族人民所接纳和使用时，他们也会用传统工艺的方式对一些简单的生活器具进行同化制作，在继承中发展，在发展中传承，彝族围棋盒即是其中的一个典型案例。

图片来源
图一　杨承颖　摄影
图二至图五　张婷　制图

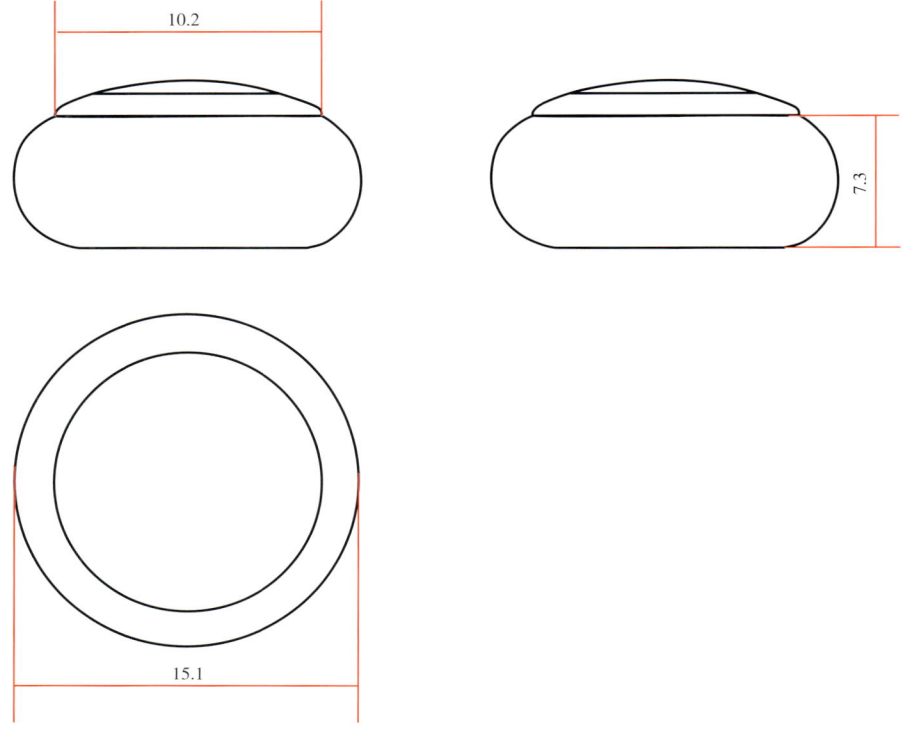

图二 彝族围棋盒三视图（单位：cm）

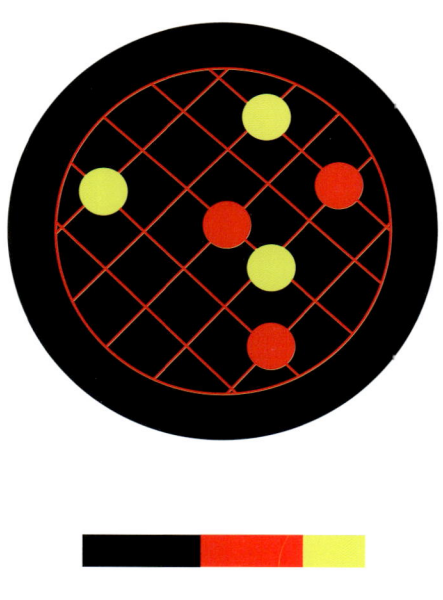

图三 彝族围棋盒配色方案图

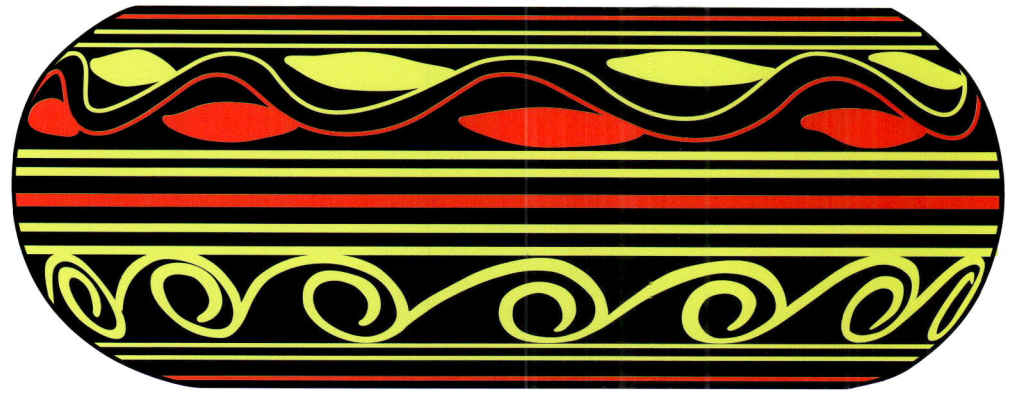

图四　彝族围棋盒图案分析图

图五　彝族围棋盒使用示意图

彝族漆器笔筒

图一　彝族漆器笔筒主图

笔筒，即用木、陶瓷、竹等制成的筒形插笔器具。本案例产于中国最大的彝族聚居区四川凉山州。漆器在彝族人的生活中十分常见，经过几千年的发展，在保留了原始古朴风格的同时，人们为了适应现代生活而制作出新的器具。

本案例高11.5厘米，口直径7厘米，底直径7.5厘米。造型整体成筒形，但与传统的笔筒纯粹的圆柱形又有所区别，造型借鉴了花瓶一类器具的形式，口直径较笔身直径大，像一个张开的大喇叭，而底直径大于口直径，更好地保证了笔筒使用时的稳定性，使其载物放置于桌面时不会倾倒，这些设计也让整个产品的造型更加丰富。产品的材质为木质，将木材制作成坯，用矿物原料加工调配而成的土漆涂饰表面，并绘制花纹。本案例表面纹样以植物为主，主体纹样是花朵，展现出了勃勃的生机。纹样的形式以连续纹样为主，点线面的运用简洁而得体。彝族木质漆器的色彩主要是以红、黄、黑为主，红色代表热情豪放而勇敢；黄色象征着光明与未来；黑色为天地之本色，寓意庄重与威严。色彩浓烈而明快，感染力强。

彝族漆器笔筒主要是用于插笔的器具，属于文具的一种，使用时通常将其置于书桌上，便于书写时拿取用具。彝族漆器笔筒采用纯手工制坯、打磨、手绘制作而成，每个花纹木纹均不相同，具有浓郁的彝族风情。

图片来源

图一　胡海玲　制图
图二至图六　杨曼羚　制图

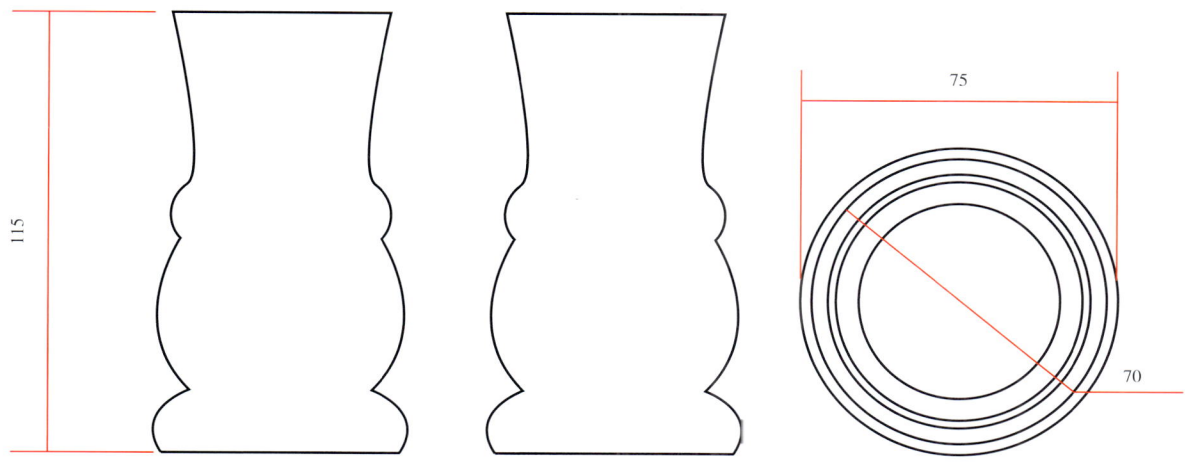

图二　彝族漆器笔筒三视图（单位：cm）

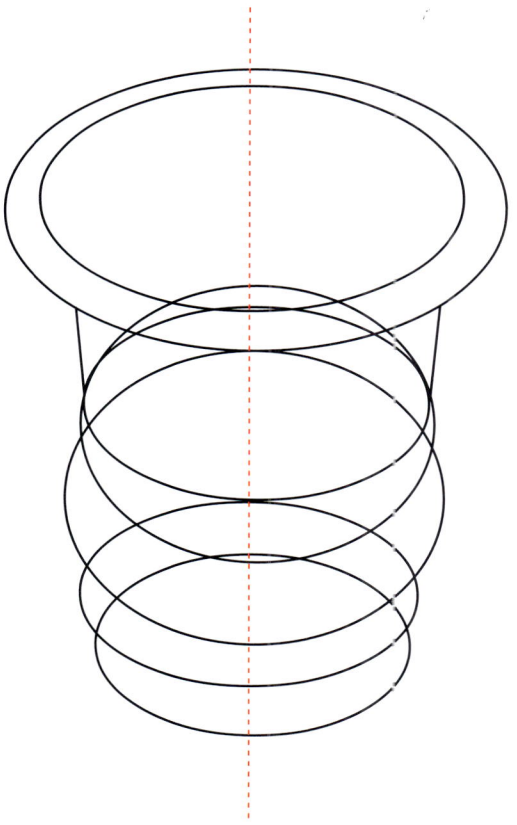

图三　彝族漆器笔筒产品造型分析图

图四 彝族漆器笔筒图案造型分析图

图五 彝族漆器笔筒配色方案分析图

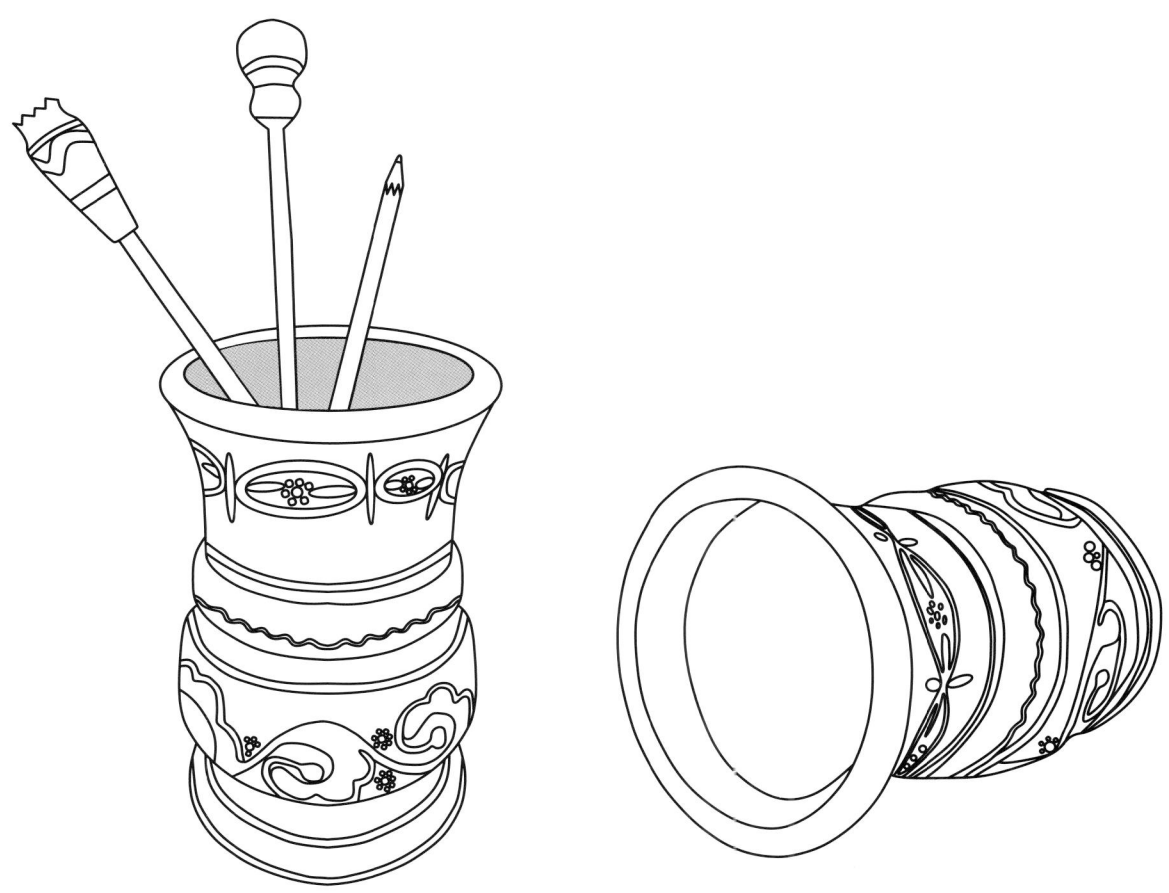

图六 彝族漆器笔筒使用功能分析图

彝族银扣

图一　彝族银扣主图

银饰是彝族文化中非常重要的一部分，彝族人民素爱打扮，并以披金戴银为时尚，特别是银器，使用广泛，如餐具，马具，刀具和宗教用具中几乎都有银器。彝族尚银，在彝族的装饰品中，银饰被视为美和富有的象征。熠熠生辉的彝族首饰有着独具一格古老民族的风貌。

本案例是一枚银扣，是彝族服饰上扣合

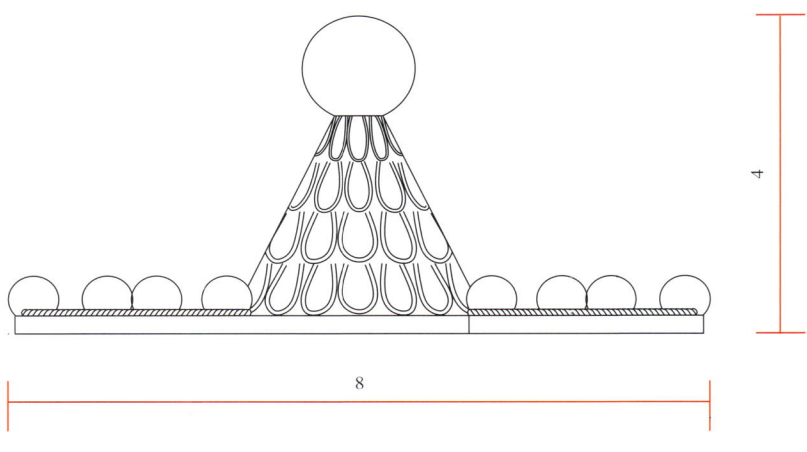

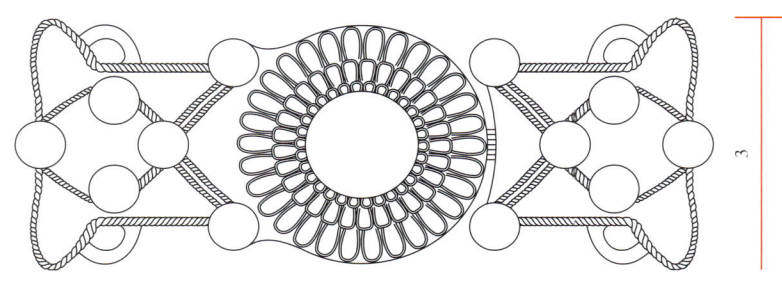

图二　彝族银扣尺寸分析图（单位：cm）

衣襟的部件，长8厘米，宽3厘米，体量虽小，但做工极为精细，银扣上的雕花最细微处不到1毫米，娴熟运用镌刻、镂空、焊接等手法于方寸之间，尽显富丽，而这仅仅为彝族银饰的小小一角，可见彝族银饰的雍容华贵。

图片来源

图一　曹宇嘉　摄影

图二至图四　曹宇嘉　制图

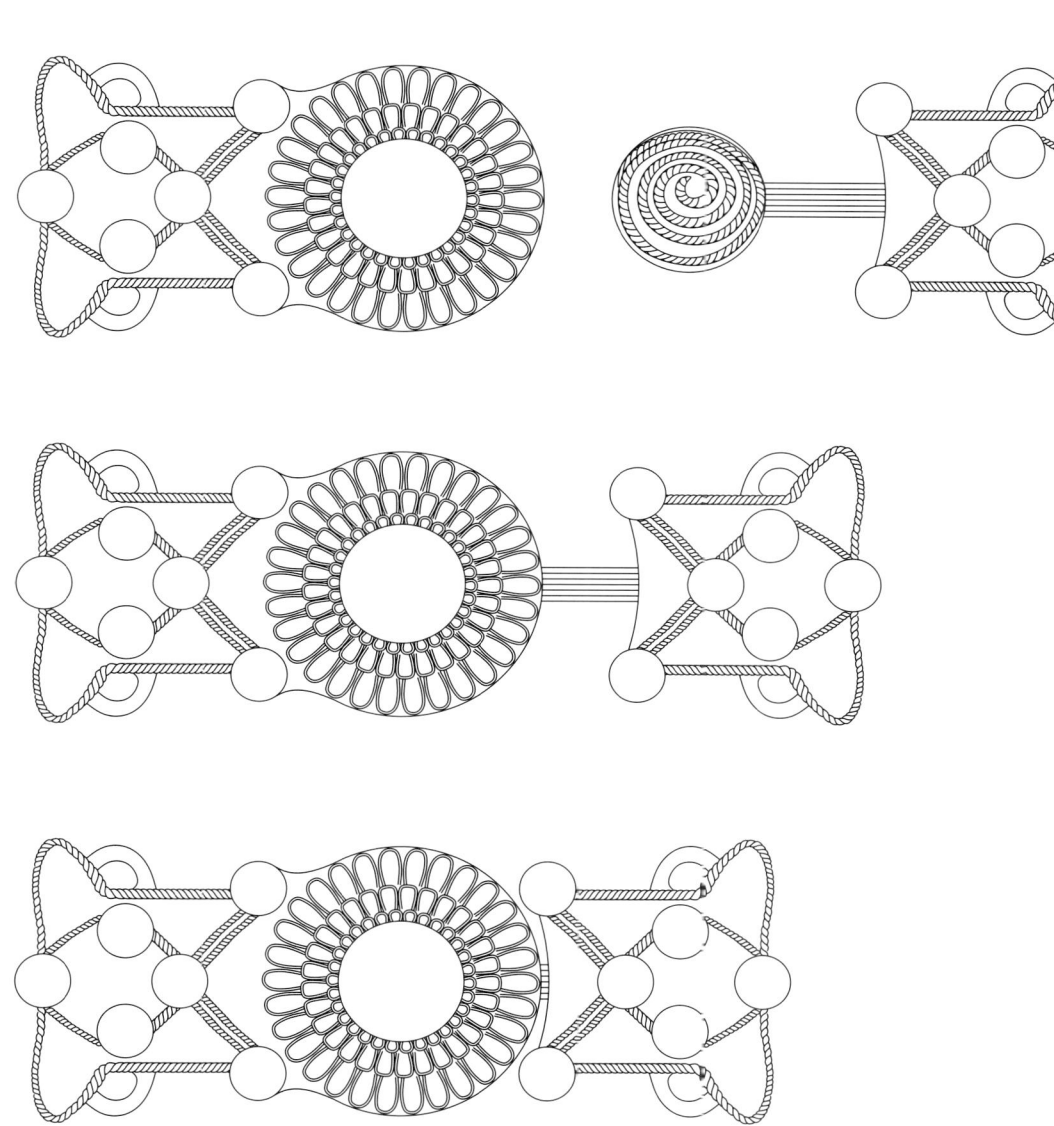

图三　彝族银扣扣合方式图

图四　彝族银扣使用示意图

彝族发簪

图一　彝族发簪主图

彝族发簪，是彝族女人用于束发的饰品，是彝族家庭闺房必备之物。

这款产品由盘发扣与发簪两部分构成，采用了传统的彝族漆器的制作工艺，采用杜鹃、华木等名贵木材（或竹、牛角骨等）制作成坯，用土漆（国漆）涂饰表面。用银珠、石黄等矿物原料加工后调配于土漆之中绘制花纹。图案采用了汉族的八宝纹，彝族受汉族影响较大，反映在家具上，表现为家具图案吸收了汉族的某些传统图案和构成手法，如缠枝花、八宝纹等，这款发簪正是运用了汉族的八宝纹。盘发扣呈椭圆形，附于盘发之上，再插入发簪用以固定，用法简单明了。

发簪小巧玲珑，便于闺房收纳，十分符合女性佩用者的审美趣味。彝族漆器发簪采用纯手工打胚、打磨、手绘制作而成，具有浓郁的彝族风情。

图片来源
图一至图五　张婷　制图

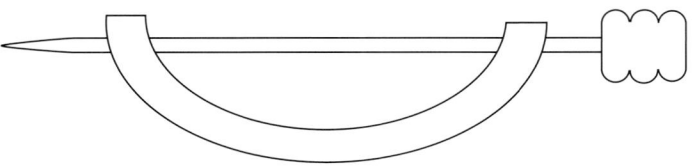

 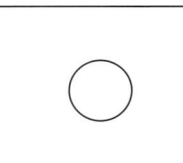

图二　彝族发簪三视图

图三　彝族发簪图案分析图

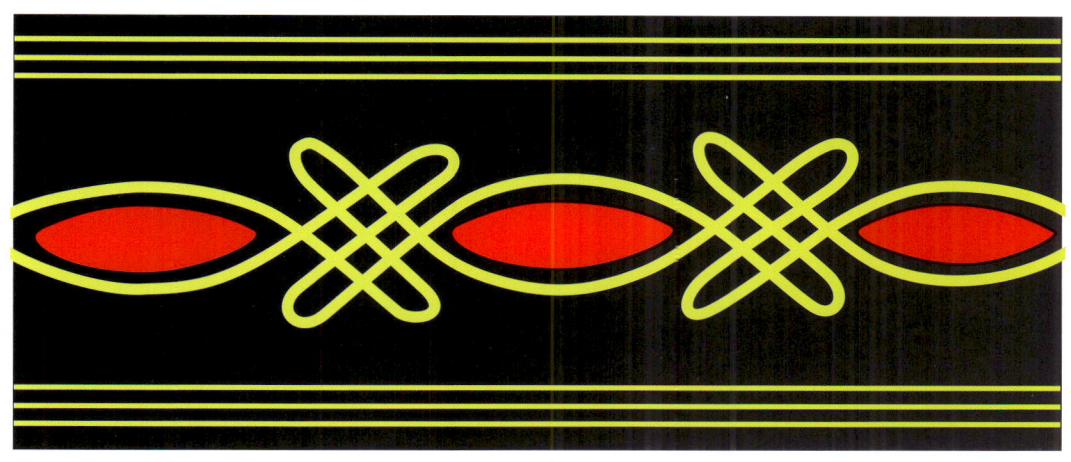

图四　彝族发簪色彩分析图

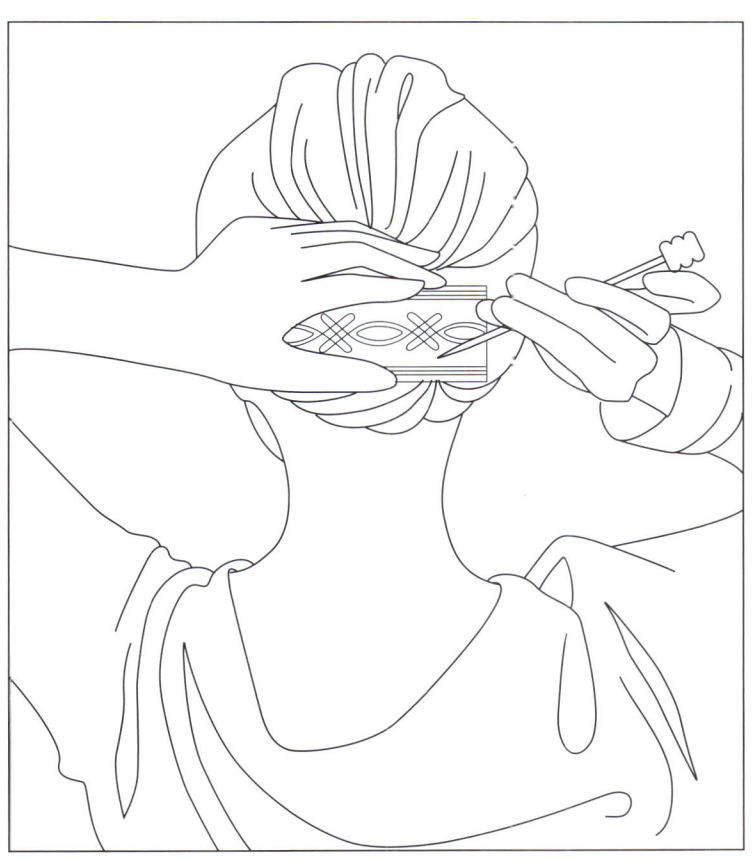

图五　彝族发簪使用示意图

第四章　彝族传统生活用具

彝族木梳

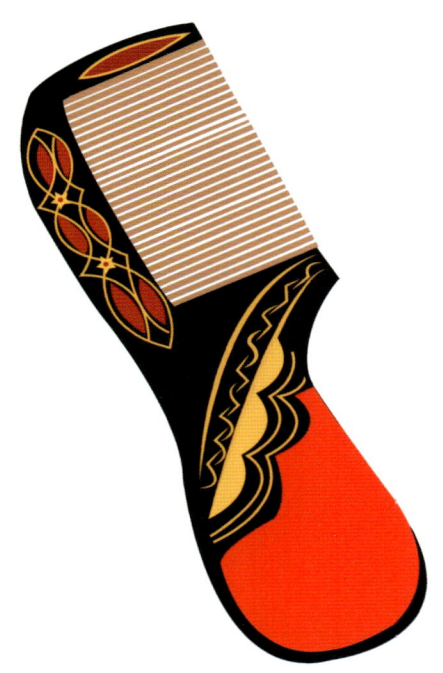

图一　彝族木梳主图

木梳，即用木材所制的梳子，是梳理头发的工具。在彝族家庭生活中是十分常见的用具。本案例产自四川省凉山彝族自治州，是一件漆艺木梳。

本案例造型上与一般木梳无异，梳柄与梳齿设计合理，曲直得宜，使用起来十分舒适顺手。木梳最大优点是无静电，能有效刺激穴位，促进头部皮层血液循环，可畅通经脉，清脑提神，调整血气，对增强记忆，改善失眠、眩晕、脱发均有明显功效，实现了实用型与保健型的完美统一。本案例为手工制成，采用杜鹃、华木等名贵木材制作成坯，再用土漆涂饰表面。木梳上的纹样以抽象的植物纹为主，上半部梳齿部分，纹样简洁，重叠的曲线组成了抽象的花朵纹样；下半部梳柄处则利用面与线的关系，勾勒出了花瓣的纹样。在色彩上，本案例采用了红、黄、黑彝族传统漆器三原色，使木梳更具有本民族的特色。

图片来源
图一　张本俊　制图
图二至图六　杨曼羚　制图

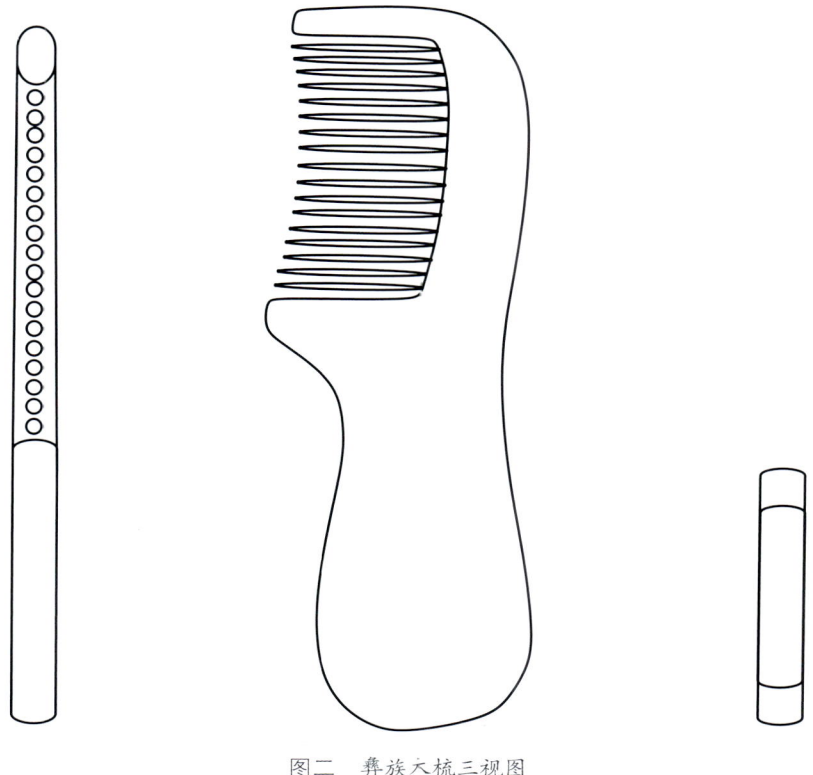

图二 彝族木梳三视图

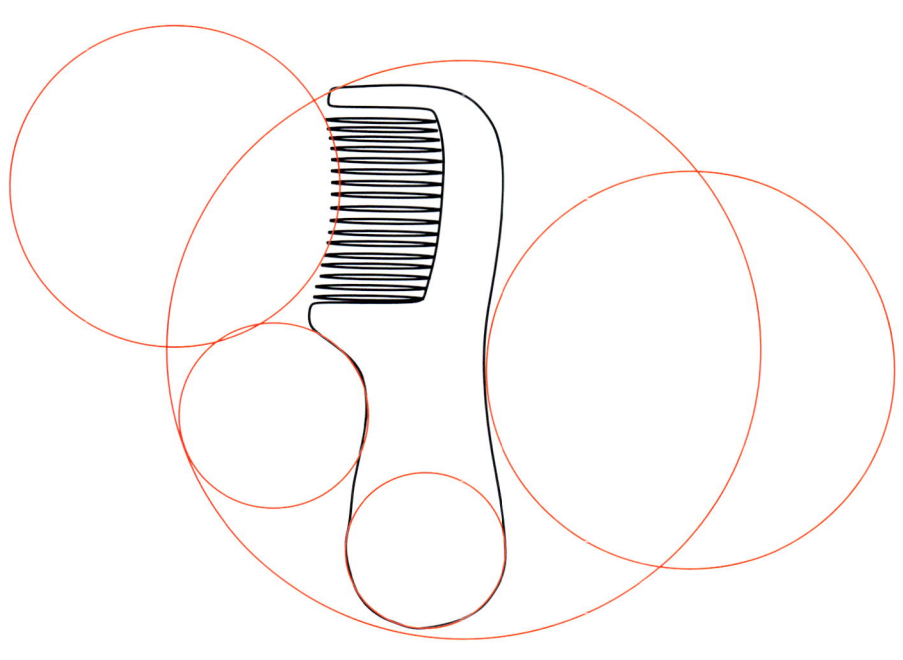

图三 彝族木梳产品造型分析图

图四　彝族木梳图案造型分析图

图五　彝族木梳配色方案分析图

图六 彝族木梳使用示意图

彝族铜镜

图一　彝族铜镜主图

　　铜镜一般由含锡量较高的青铜铸造，最早出现于商代，直到西汉末期才慢慢地走向了民间，成为了人们不可缺少的生活用具。由于该案例中的铜镜造型简单古朴，无刻意的雕花或者其他形式的装饰纹案，为彝族民间的物品，与汉族的用品相似，这也证明彝族当时的文明发展也是多元化的。

　　本案例（如图四）最大直径为40厘米，高4厘米，现存放于四川省凉山彝族自治州布拖县内。制作方式为铸造，造型规整简洁，显示出了彝族同胞当时的生产技术已经达到了一定的高度。

图片来源
图一　张婷　摄影
图二至图五　糜思尧　制图

图二　彝族铜镜复原图

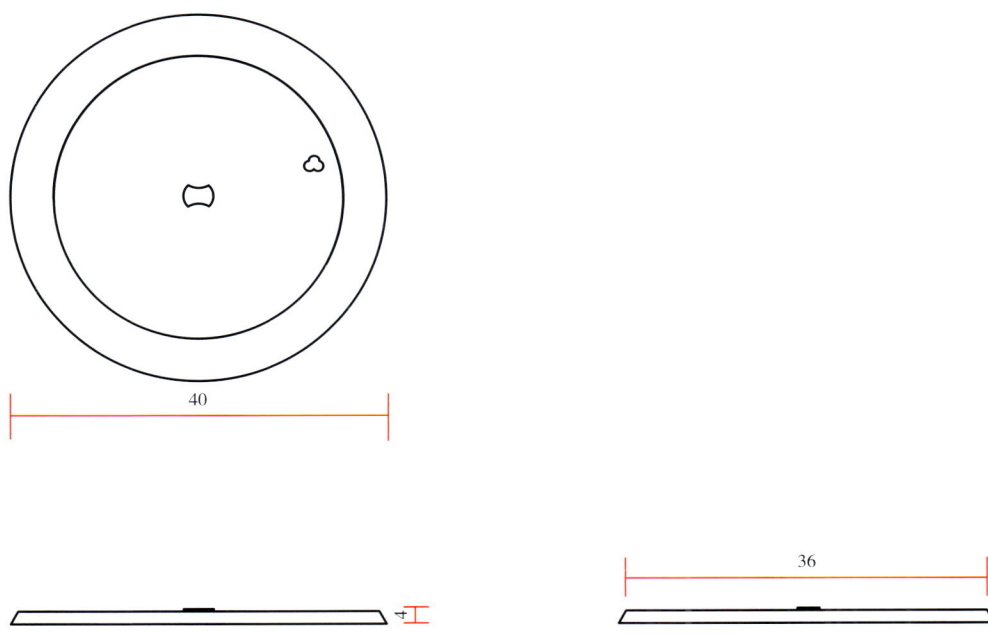

图三　彝族铜镜三视图（单位：cm）

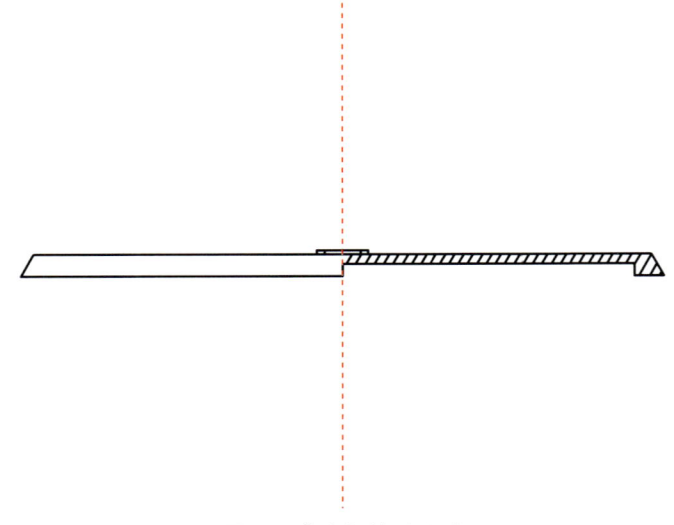

图四 彝族铜镜剖面图

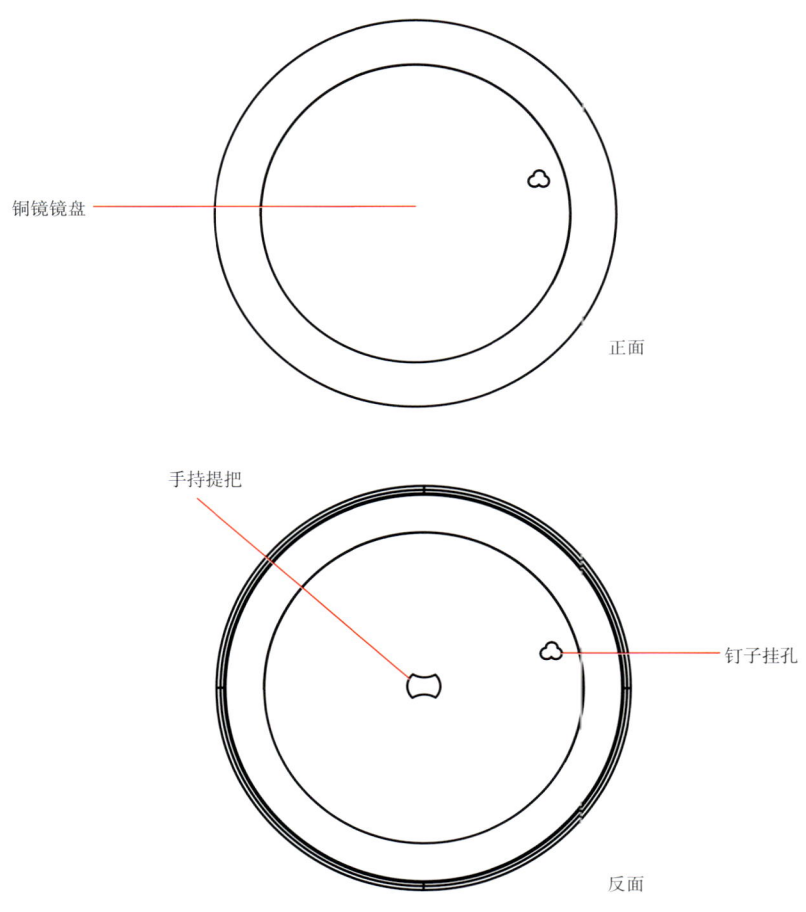

图五 彝族铜镜部件分析图

彝族凳子

图一　彝族凳子实物主图

彝族凳子，常与餐桌配套，是彝族家庭中客厅的必备之物。

本款产品采用杜鹃、桦木等名贵木材制成坯胎，表面全部用土漆、银珠、石黄等天然原料纯手工漆绘而成。正中间几个夸张的抽象牛眼纹构成主纹路，中间以太阳纹点缀，周围以解构花瓣组成圆形团图案。色彩以黑、红、黄三色为主，黑色为底，红黄走线，黑红形成明快的对比，在朴素中显现华美。黑色为天地之本色，寓意为庄重与威严；红色赋予热情豪放和勇敢；黄色象征光明与未来，色彩浓而明快。

本品具有木质细腻、紧密坚硬、不变性、不破裂、不脱漆、不败色、耐酸碱、耐高温、无毒、无异味等优点，经久耐用。彝族传统漆器制作已有几百年历史，匠人们用生漆调配锅烟、石黄、朱砂后制成"黑、黄、红"漆，再将其绘制在木或皮的餐具、酒具、马鞍及铠甲上，图案则以太阳、索玛花、山川、云彩、火镰等形象为主。

图片来源
图一　凉山民族经济促进会网
图二至图七　张婷　制图

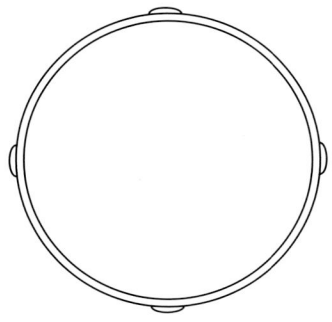

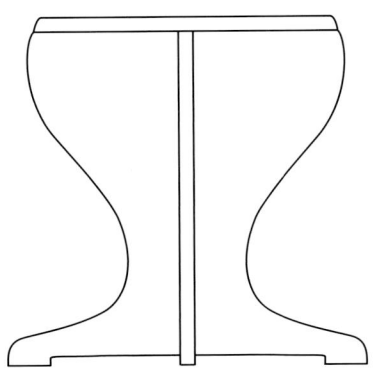
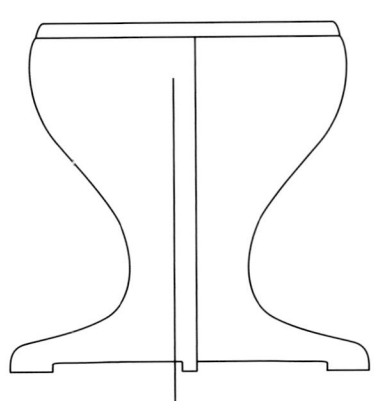

图二　彝族凳子三视图

图三　彝族凳子图案分析图

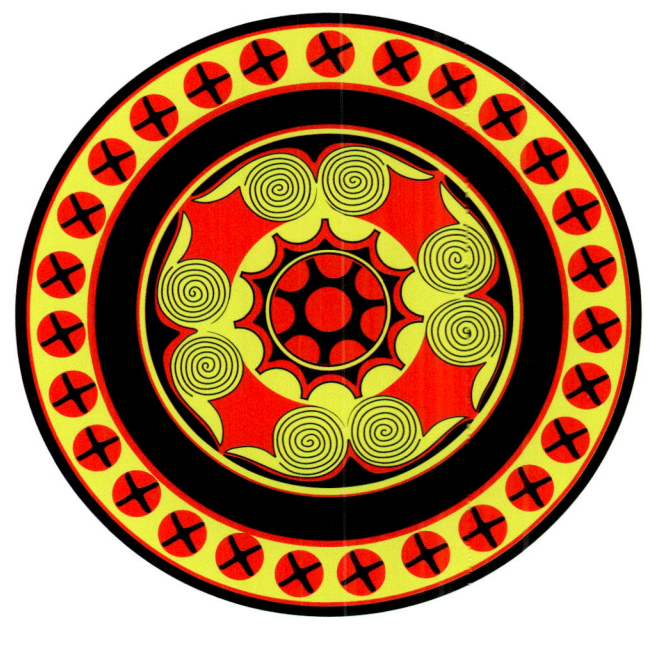

图四 彝族凳子配色方案图

图五 彝族凳子使用场景图

第四章 彝族传统生活用具

图六　彝族凳子线描图

图七　彝族凳子效果图

彝族漆工艺凳子

图一　彝族漆工艺凳子主图

　　现代彝族漆工艺凳子,是凉山彝族自治州喜德县具有代表性的生活器具之一,大约产生于二十世纪初的文化融合时期。彝族自古以来是席地而坐的民族,但是由于时代的发展,汉、彝文化的不断融合,彝族百姓的生活习惯逐渐受文化融合的影响而开始转变。漆工艺凳子,就是这种生活方式转变的具有代表性的器具之一。

　　本案例约高42厘米,坐面直径30厘米,为木质底胎。喜德境内传统的彝族漆器一般有木、竹、皮、兽角、竹木混合和皮木混合胎之分。本案例中的凳子是木胎,通体髹漆,采用传统的黑白红三色上色描绘,装饰性很强。它不仅具有实用性,还是精美的工艺品。尤其是凳面的图案设计,精细疏密兼顾,主次位置得当,具有韵律感。可以看出,图案纹样有像花瓣一样的植物纹样,也有以星辰为原型的自然纹样,这些纹样看似简单,但是它们在彝族人的生活中是具有象征意义的。比如圆点型的图案在酒器上是星星的符号；在木钵上代表苏麻，让人产生食欲；而在其他漆器上可能会代表菜籽，寓意后代繁盛。这个凳子的纹饰结构采用了单元纹样的绘制方式，是彝族漆器的纹饰结构章法之一。它由中心图案和周边点缀的辅助纹样构成，由中心向外扩散，对称统一，视觉上形成平衡感。

整体来说，凳面的复杂装饰与凳子下部的简洁造型形成了鲜明的对比，同时色彩和造型也相互呼应、相得益彰，使漆器的图案和器物本身形成了和谐的统一体，兼具美观和实用的功能。漆工艺凳子是汉、彝文化相互融合而产生的具有民族性的生活器具的典范。

图片来源
图一至图二　曹悦　摄影
图三至图六　罗黛诗　制图

图二　彝族漆工艺凳子实物图

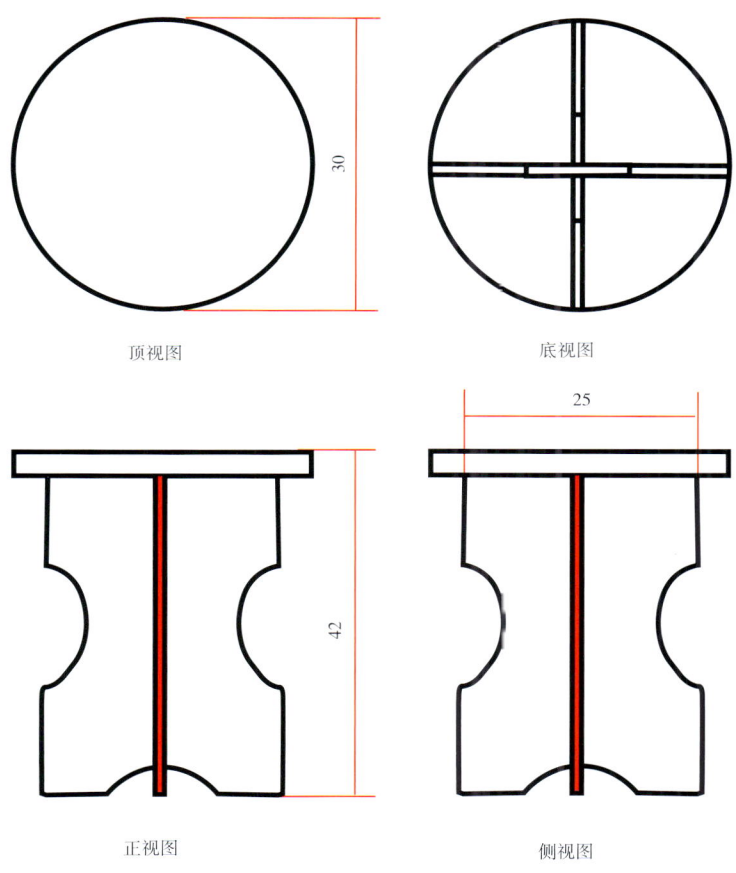

图三 彝族漆工艺凳子四视图(单位:cm)

凳面配色方案图

图四 彝族漆工艺凳子配色分析图

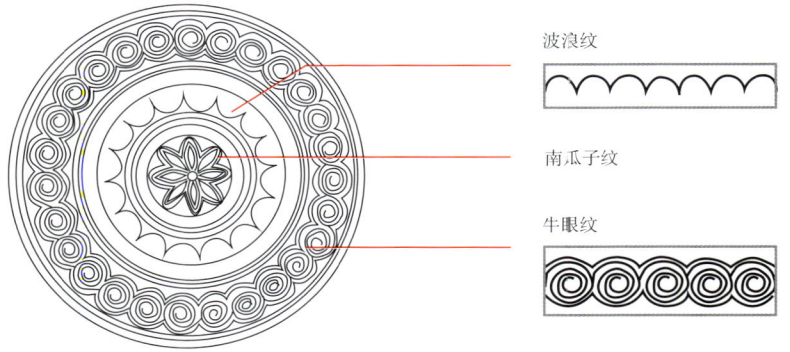

图五　彝族漆工艺凳子纹样分析图

图六　彝族漆工艺凳子使用示意图

彝族矮凳

图一　彝族矮凳主图

彝族矮凳，可以与小茶几配套使用，也可单独使用，是彝族家庭客厅中的常见之物。

本案例高约38厘米、凳面直径约22厘米、底座直径约18厘米（见图三）。表面用天然木漆纯手工漆绘而成。彝族的桌、椅、凳基本为木胎漆绘，过去只有富裕的土司和黑彝家中才有。凳身车木成型，束腰造型精致大方（见图六），在圆形坐面正中间，几个夸张的抽象牛眼纹构成主纹路，中间以太阳纹点缀（见图四）。凳身矮小，其造型敦实可爱。彝族人素来有席地用餐的习俗，矮凳由此发展而来。由于受浓厚的民族文化习俗的影响，矮凳表面的底色一般为黑色，在黑底上再用红、黄手工绘出美丽的装饰纹样（见图五）。

彝族漆器工艺匠人，根据所制木凳大小、用途以及器物的部位，按图纹样式搭配三种颜色，形成各部分的统一协调，在以圆形为造型主体的漆器表面绘上具有民族特色的纹饰，做到了色彩与主体间的协调，体现了彝族漆器匠人的独特审美观。

图片来源
图一　何欢　摄影
图二三图七　张婷　制图

图二 彝族矮凳效果图

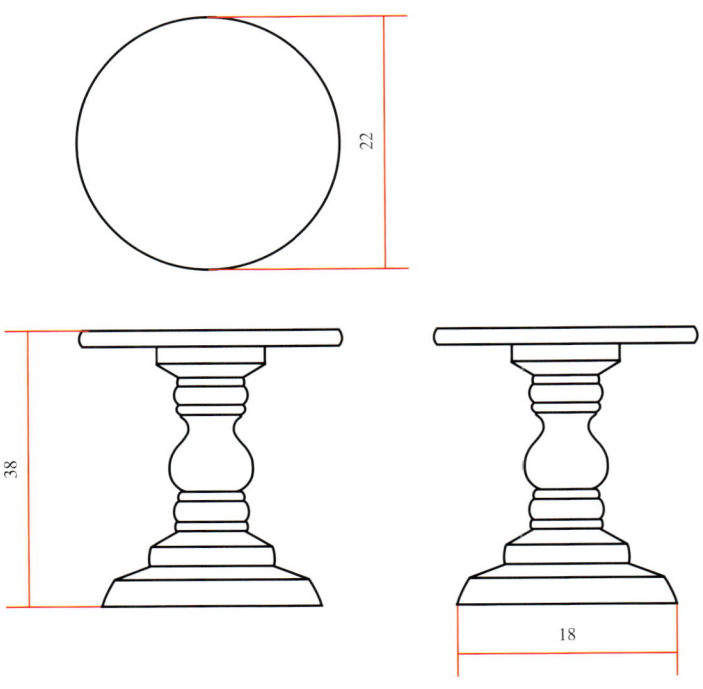

图三 彝族矮凳三视图（单位：cm）

图四　彝族矮凳图案分析图

图五　彝族矮凳配色方案图

第四章　彝族传统生活用具

401

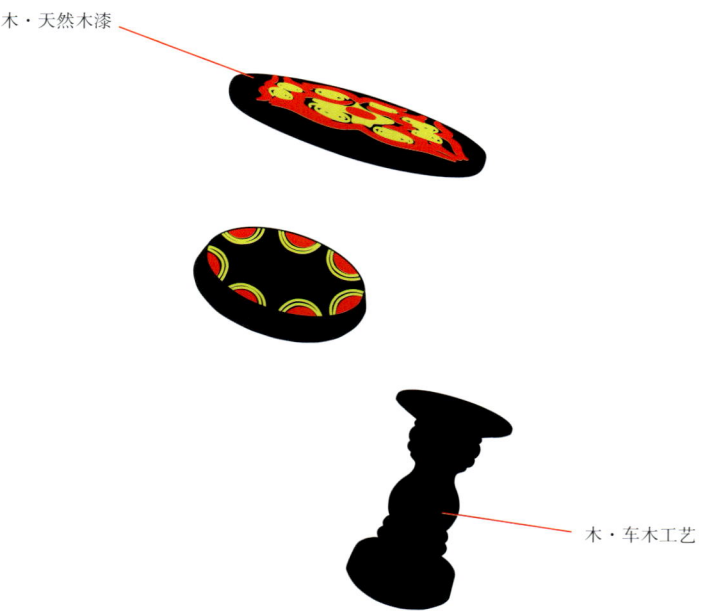

图六 彝族矮凳材料工艺分析图

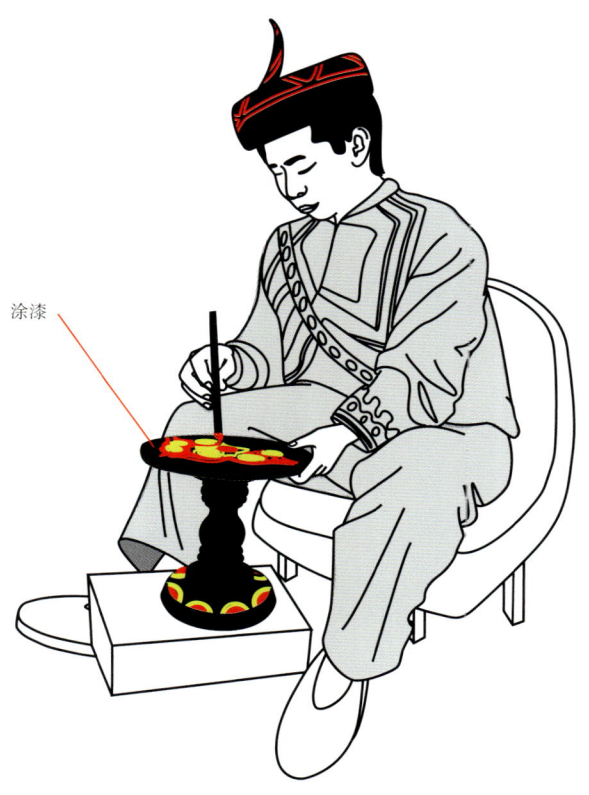

图七 彝族矮凳制作示意图

彝族漆工艺椅子

图一　彝族漆工艺椅子主图

千百年来，凉山彝族文化已经形成了一道独具地域文化特征的民族文化风景线。随着社会的发展和生活方式的转变，彝族文化在近现代社会也开始逐步发生变化，与现代文化融合而产生一系列新的生活器具。本案例漆工艺椅子就是其中的代表作之一，它在满足彝族人民生活需求的同时也颇具民族文化特色。

本案例约高100厘米，坐面宽44.5厘米，椅背高56厘米，宽33厘米（图二）。漆工艺椅子主要由椅背、坐面、椅脚三个部分组成。总体造型借鉴了明清家具的式样，其尺寸大小较为合理。椅子在许多细节处具有民族自身的文化特色。椅背上部的羊头造型和椅脚下部的曲线造型贯通在一起，让人感觉椅子本身就是一头站立的羊，从而使看起来普通的椅子展现出彝族百姓的宗教文化信仰。而且，羊头的造型不仅具有装饰效果，也具有实用性，其造型便于人的头部舒适地枕在上面，所以此部分也叫"搭脑"（图六）。在色彩上，椅子采用彝族漆工艺中的传统三色，通体为黑底，在椅背和坐面上绘以红、黄色花纹，与造型相配合，彰显出庄重的气势。在纹样上，椅子采用的公绵羊头纹饰、鹰纹饰都具有宗教意义，代表着神力，是彝族宗教观念的表征（图三）。

总体来看，本案例造型与色彩纹样有机结合，是生活器具中较为出色的佳作，在装饰性很强的同时也具备很强的实用性（图五）。

图片来源

图一　杨曼羚　摄影
图二至图六　罗黛诗　制图

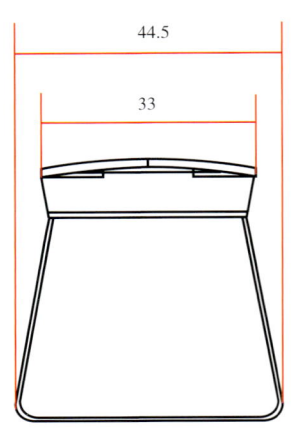

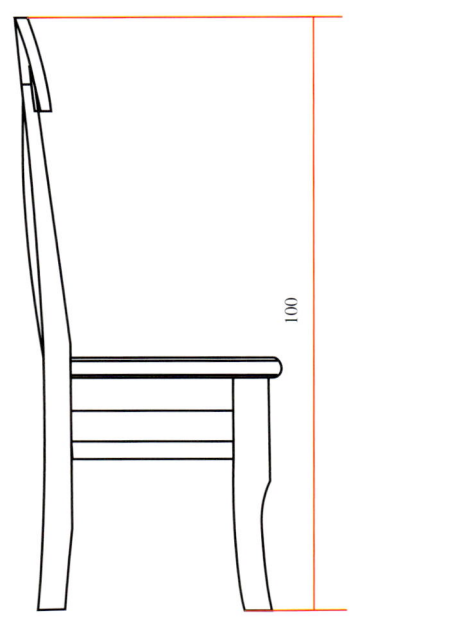

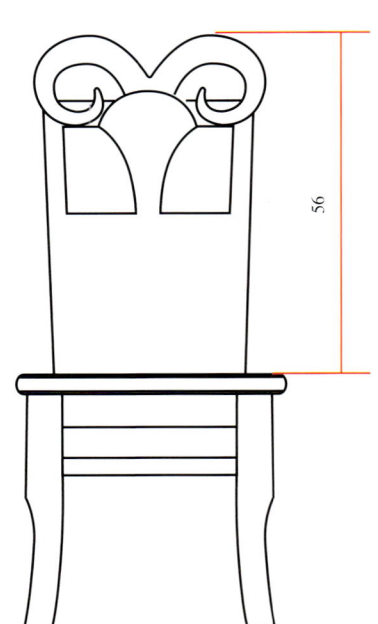

图二　彝族漆工艺椅子三视图（单位：cm）

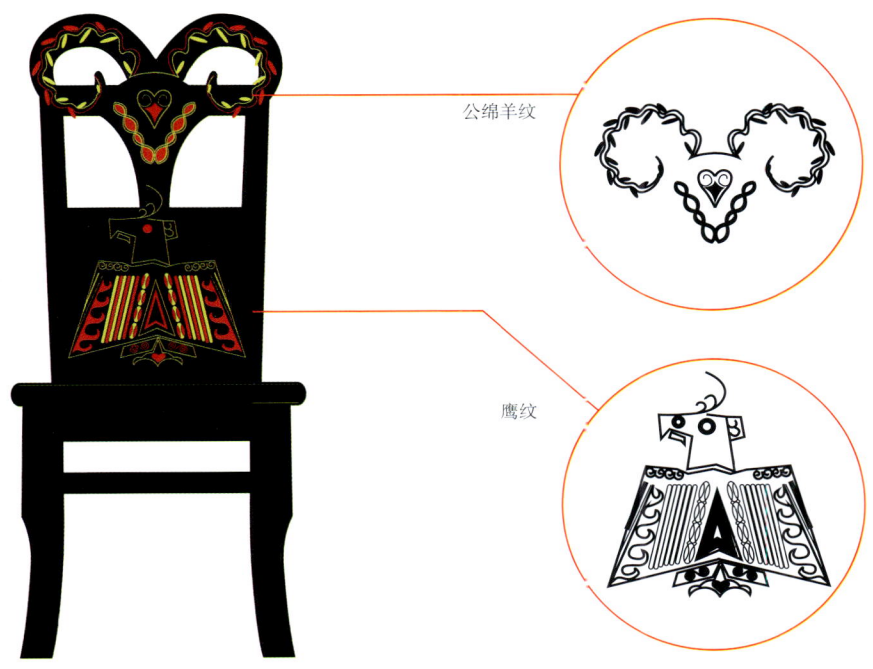

图三　彝族漆工艺椅子色彩纹样分析图

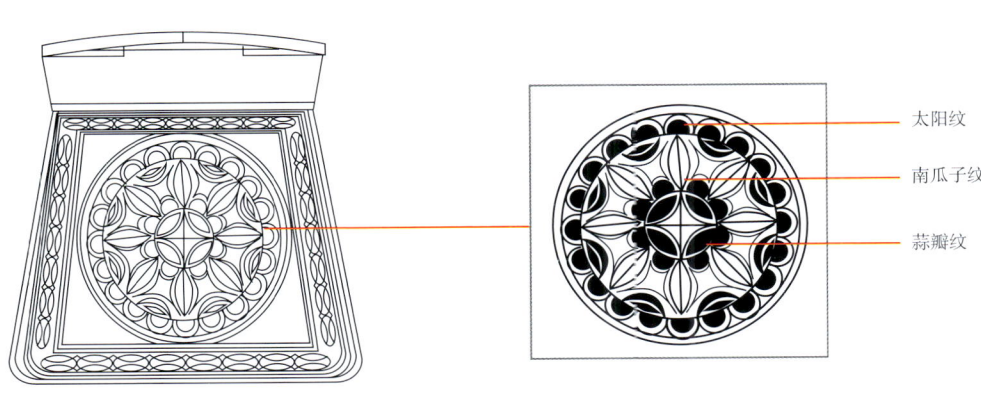

图四　彝族漆工艺椅子坐面纹样分析图

405

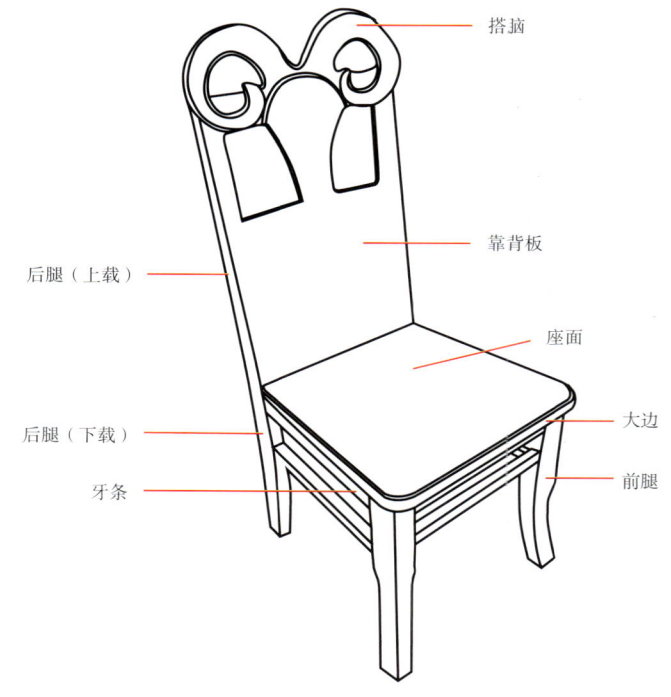

图五　彝族漆工艺椅子结构分析图

图六　彝族漆工艺椅子使用示意图

彝族火塘

图一　彝族火塘主图

火塘，是由石块雕刻而成的，通常由三个独立个体形成三个点，围绕在篝火边。火塘的造型使它能够在锅底形成稳定的支撑。方便将烹饪的锅具放置在火上，火塘表面雕刻有花纹，用于装饰，使其在具有实用性的同时又保证美观。

彝族家庭无论大房子或是小房子，室内火塘必不可少，主要是当地的高原气候使然。火塘内的火常年不熄，反映了彝族对火的依赖性及火崇拜的古老遗风。

旧时，由于生活的原始，生火较为困难，故保存火种极为重要，但方法又极其简单，即只要保持塘火终年不灭就行。另外，火还能帮他们吓跑野兽，心理上获得安全感。更实际的用处在于，经济的贫穷使彝族许多家庭无被盖或少棉衣，有的只有兽皮和干茅草。每当冬季寒冷袭来之时，只有借助火来获得足够的温暖，故围绕火塘席地而卧便成为必然。

直至现在，彝族地区的经济仍不发达，生活水平较低，家家户户虽不再围绕火塘席地而卧，火塘仍担负着凉山山区的彝族人烹煮食物、烤火取暖、夜晚照明的任务。若不在夏季，人们在室内的活动都围绕着火塘展开，尤其是一早一晚，人们围坐在温暖的火塘边或吃饭喝酒；或谈天说地，或唱歌做手工活。而火塘作为彝族人一直以来家居活动的中心，自然地，在现在彝族普遍家家有床、有单独的卧室的情况下，火塘所在的室内空间发展成了起居室，除家庭成员日常起居之外，兼有作为客厅待客的功能。

图片来源

图一　张本俊　制图

图二至图七　李思祎　制图

图二　彝族火塘效果图

图三　彝族火塘视图分析图

图四 彝族火塘图案造型分析图

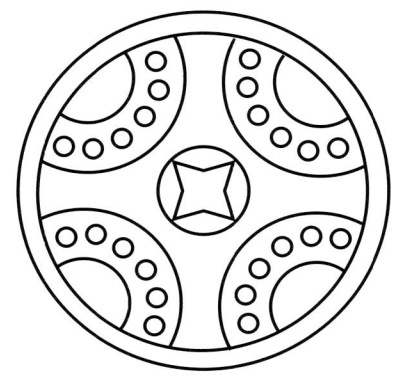  

图五 彝族火塘图案纹样分析图

  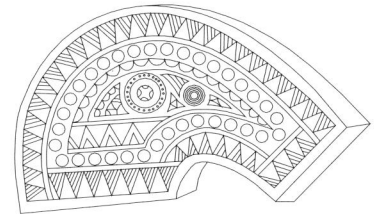

图六 彝族火塘线描分析图

图七 彝族火塘使用示意图

彝族银质马鞍

图一 彝族银质马鞍主图

银质马鞍，放于马背之上，相较于木制马鞍，银质马鞍更具有观赏价值，值得珍藏。

本案例鞍座通长48厘米、鞍鞒前高26厘米、鞍鞒后高15厘米。该马鞍通体银质，外侧绘制八角太阳纹，里侧为十二角太阳纹，图案以波浪形、铜钱纹为主，马腹两边的长形吊坠极具装饰作用。还有彝族人最爱的索马花，四周有回纹镶嵌，中有福纹、云纹装饰。主要的加工工艺锤揲、錾刻、镂空、掐丝、镶嵌、焊接等。彝族银质马鞍均由手工打造，做工精细漂亮，美观大方。彝族是一个马背民族，许多彝人以拥有一匹上好的马而自豪，常将自己精心饲养调教出来的骏马炫耀示众，寻找对手比高低。古代拥有这马鞍的一定是大户人家，马鞍传承时间越久，越显珍贵。

四川凉山彝族有佩戴银饰和使用银器的传统。银饰种类主要有头（帽）饰、耳饰（耳环、耳坠）、领饰（领扣、领花）、胸挂、银衣扣、手镯、戒指等。现在凉山彝族佩戴银饰的还较多。此外还有一些其他银器，如银酒具（酒壶、酒杯）、银斗笠、银刀鞘、银烟杆、银马鞍等，这些银器现在仅少数人家才有。近年来，银饰的需求量逐渐上升，银器的制作也呈兴盛的局面。

图片来源

图一 《中国彝族》 四川民族出版社 1999年

图二至图四 张婷 制图

图二 彝族银质马鞍线描图

图三 彝族银质马鞍图案分析图1

图四　彝族银质马鞍图案分析图2

彝族护手筒

图一 彝族护手筒主图

护手筒，顾名思义就是保护手的工具，是古代彝族人打仗时用来保护手腕的兵器。同铠甲、头盔、箭筒、皮盾牌等武器一样，是战场上的必备之物。

此案例属于皮胎漆器，皮胎的原料有水牛皮、黄牛皮、牦牛皮和羊皮，而护手筒的原料用水牛皮，甚至还选水牛皮背部较厚的部位，目的是使护手筒更加坚固。彝族护手筒的下部分为圆柱体，上部分为敞开状态，方便手伸进去，整个侧面稍有弯曲，符合人体工程学，护手筒的上部分微微翘起，是为了方便手活动，使使用者用起来比较舒服。其图案纹样讲究对称性、抽象性、等距离排列，给人以美感，点、线、面运用简单得体。彝族人崇尚黑、红、黄三色，黑色为天地之本色，寓意庄重与威严，给人以肃穆、沉静、高贵、沉默之感；红色象征热情豪放和勇敢，给人以炽热、活力、幸福、快乐之感；黄色象征阳光，给人以光明和幸福之感。用厚重明亮的黑、红、黄三色在护手筒的表面上交相着色,形成了以黑色为底,红与黄二色在黑色漆地上交替使用的传统彩绘艺术风格。并用水波纹的纹样图案粉饰装点,使绚丽多彩、色彩斑斓的护手筒更显饱满艳丽,给人以奔腾跳跃、赏心悦目的视觉感受。

彝族漆器皮护手筒的制作工序是先将选用的皮子刮尽里面的血肉,水泡去毛,然后浸泡,待皮子的毛和没刮尽的血肉脱尽后,在皮子湿润柔软时,固定在器物模型上,最后打底色,绘制图样。护手筒的整个制作过程为纯手工制作,显示了彝族人民的智慧。

图片来源
图一 胡海玲 制图
图二至图七 邹红媛 制图

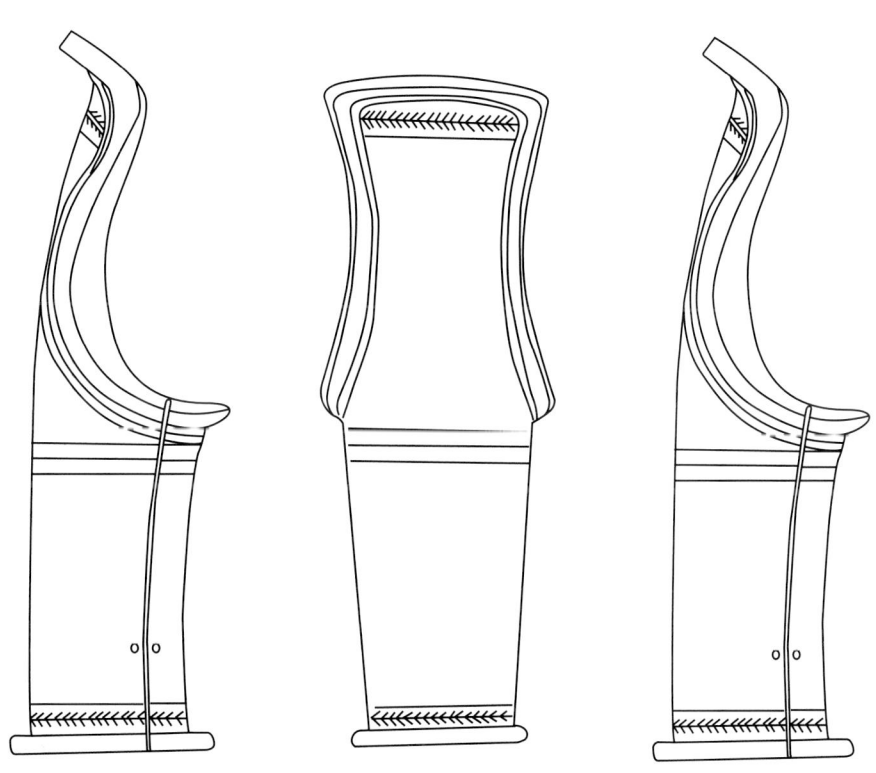

图二 彝族护手筒三视图

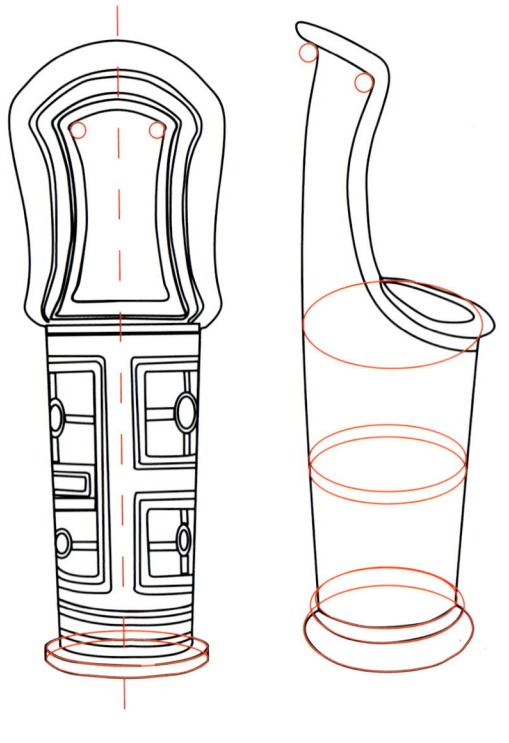

图三　彝族护手筒造型分析图

图四　彝族护手筒配色方案图

图五　彝族护手筒图案造型分析图

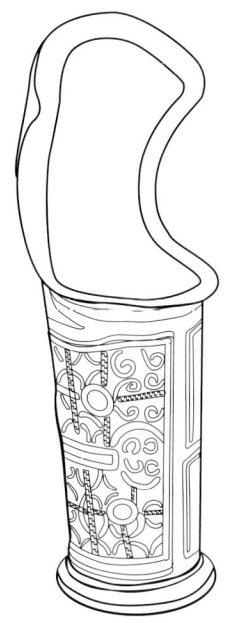

图六　彝族护手筒线框图

图七　彝族护手筒使用示意图

彝族竹针筒

图一　彝族竹针筒主图

竹针筒，盛行于民国时期，用于装针随身携带。兼具实用功能和装饰功能。针筒的类别很多，材质主要有银器、铜器、锡器、漆器、竹器、牛角器等，造型也颇为丰富，有长方形、圆柱形、花瓶形等，竹针筒只是其中的一个例子。竹针筒不仅是过去妇女们做女红的必备工具，更是一件件精雕细琢的工艺品。

竹针筒产于南方，由于当地空气潮湿，针很容易生锈，所以使用金属、木、竹等材料制成针筒装针防潮，如果表面再涂上一层生漆，既显得富丽堂皇，又可增强防潮作用。在结构上，竹针筒可分为筒身、筒盖两大部分。一般筒身中间从上到下有一圆孔，便于丝线穿过，与筒盖上的小孔相连，其作用一是将其系在腰间，便于携带；二是拴住筒盖不易丢失；三是便于筒与盖扣得严丝合缝，形成整体。在竹针筒的形式上，为了追求美感，许多针线筒表面都饰以雕花，大都是吉祥图案，寥寥几刀，带给人美而不俗之感。

竹针筒通常佩戴于腰间或者胸前，不仅实用还起到了作为衣服配饰的效果。从这个小小的竹针筒可以看出彝族人热爱生活、崇尚艺术的情调。

图片来源
图一至图四　罗黛诗　制图

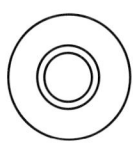

顶视图

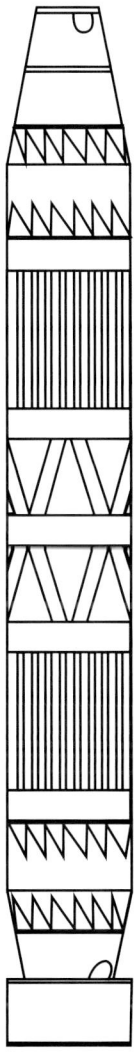 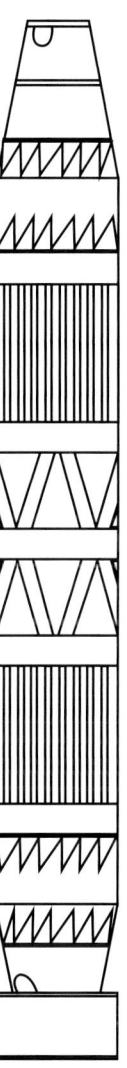

正视图　　　　　　　　　　　左视图

图二　彝族竹针筒三视图

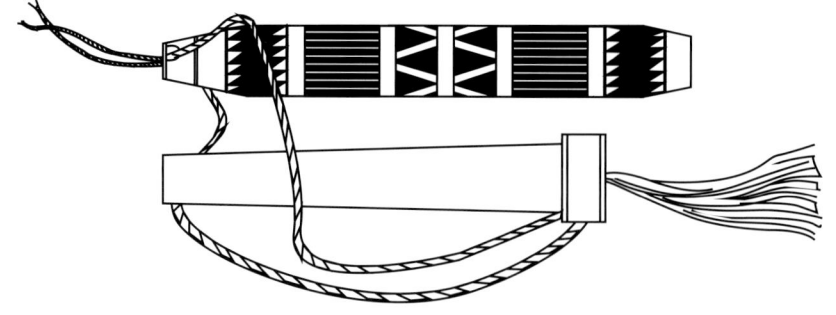

图三　彝族竹针筒打开示意图

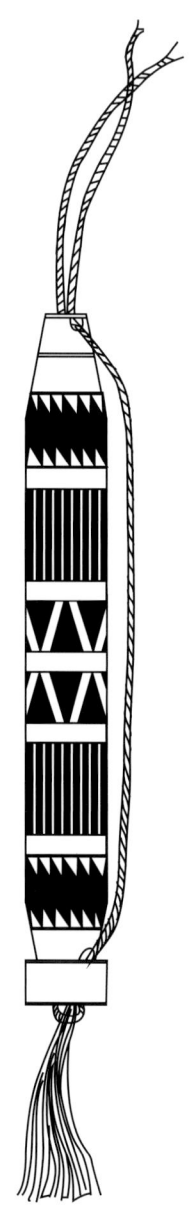

图四　彝族竹针筒花纹分析图

彝族烛台

图一　彝族烛台主图

　　烛台，照明器具之一，指带有尖钉或空穴以托住一支蜡烛的无饰或带饰的器具。本案例产于贵州省大方县，是极具彝族特色的烛台。

　　本案例高24厘米，最大直径为7厘米。造型整体呈圆柱体，像细长颈的花瓶。烛台顶部扁平，有口，便于放入蜡烛，底部比颈部宽大不少，这样的设计更利于烛台的摆放，使其能够稳立于桌案上而不易倾倒。一般在结婚等重大喜庆活动的时候，彝族上流社会就使用这种烛台点烛祭祀。烛台主要是祭祀时使用，所以在彝族人的日常生活中并不常使用。在装饰纹样上，本案例采用了较多的几何纹样来装饰，点、线、面的运用简洁得体，颈部线与面的交织以及中间穿插的以点团组成的纹样，严肃中又带着热烈的气氛；底部线与面缠绕的连续纹样环绕，使这件祭祀用具更具有民族特色。颜色上，一如既往采用了彝族传统的红、黄、黑三色，充分体现了彝族漆器的特色文化。

彝族漆器烛台主要用于彝族喜庆活动的祭祀，属于祭祀用具。在使用时，将蜡烛置于烛台之中即可。这件祭祀用具既庄严又不失热情活泼，为我们展现了彝族祭祀器具不同的一面。

图片来源
图一　张本俊　制图
图三至图六　杨曼羚　制图

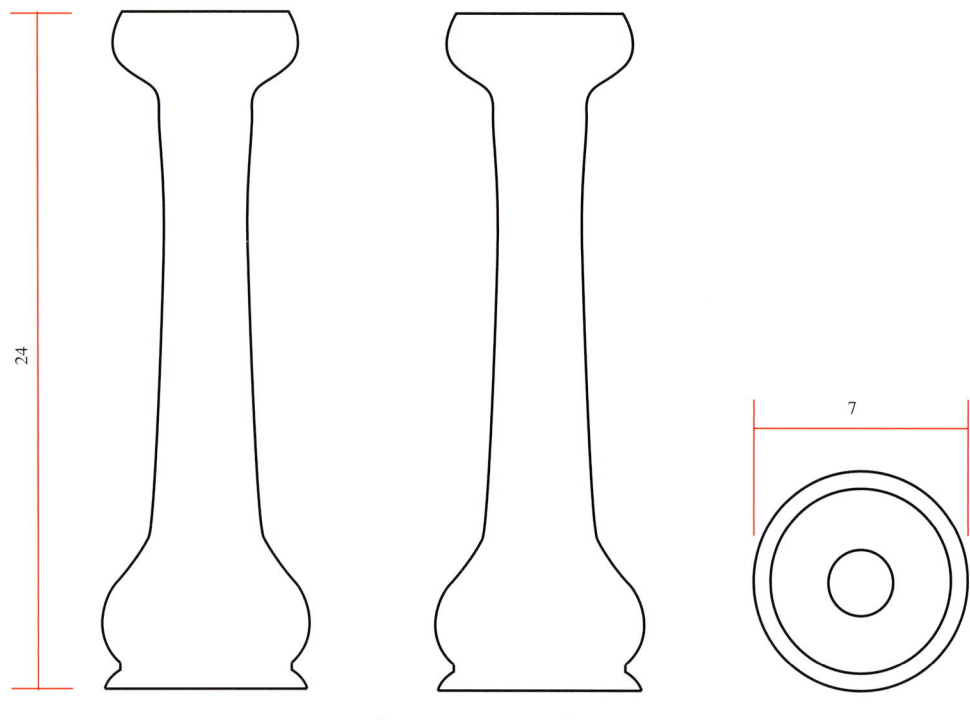

图二　彝族烛台三视图（单位：cm）

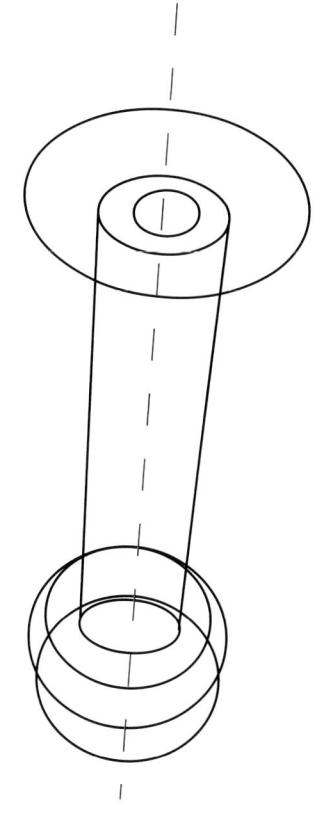

图三 彝族烛台造型分析图

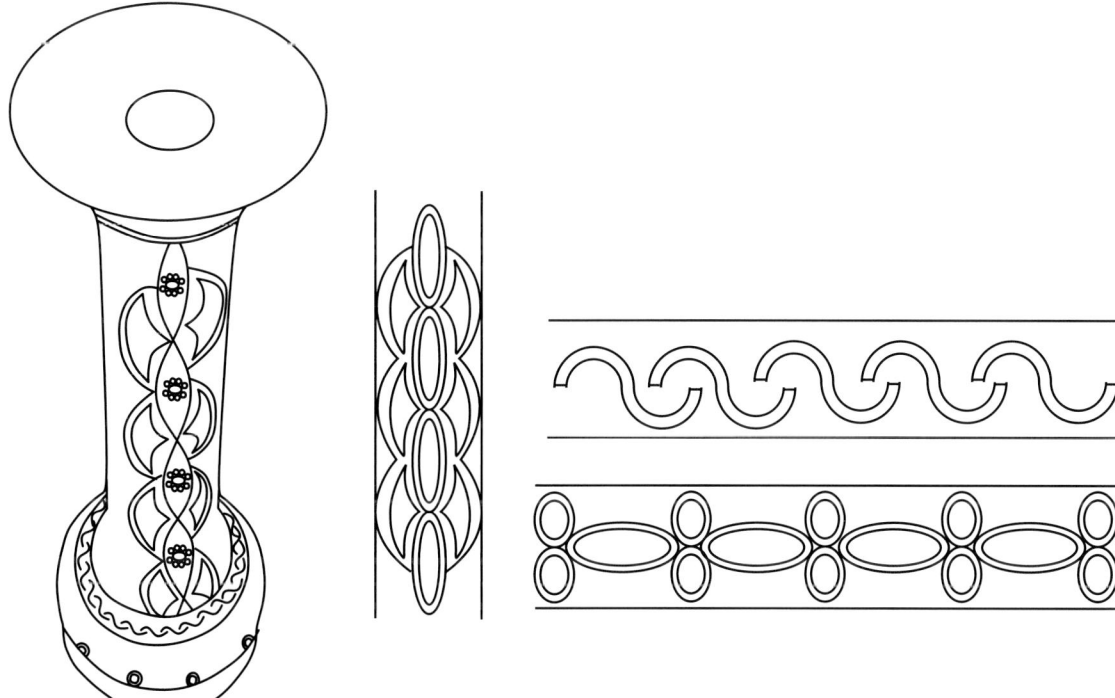

图四 彝族烛台图案造型分析图

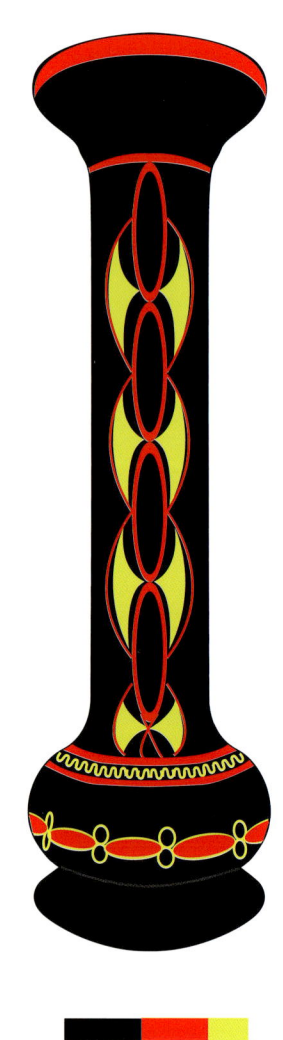

图五　彝族烛台配色方案分析图

图六　彝族烛台使用示意图

彝族斗笠

图一　彝族斗笠主图

斗笠，彝族称之为"依玛尔布"。本案例采集的斗笠是凉山彝族自治州美姑县一种实用的日常生活用具，它有很宽的边沿，用竹篾编制而成。

斗笠高约25厘米，直径约40厘米，是用竹篾编制而成的宽大帽子，帽顶从下往上逐渐缩小，帽顶上有一个用竹篾编制的实心锥状体，上面可系红缨须，像一个把手，既美观又便于取放。彝族是一个善于学习其他民族优秀文化的民族。据说，在清朝时，彝族手工艺人模仿清朝官员的官帽，用生长在水边的水竹编织成了这种斗笠，斗笠上装饰着散开着的红缨须。斗笠比清朝官员的官帽大些，更加美观大方。

在凉山彝族自治州，由于地理环境差异，彝族斗笠与其他斗笠有所不同。由于地处西南的凉山彝族自治州海拔高，空气稀疏，紫外线强，勤劳的彝族人民每日都会顶着烈日去地里干活，斗笠具有防晒、透气、隔热、防雨和遮阳的作用，几乎每家每户家都有斗笠。因斗笠夏日可遮阳，雨天可遮雨，又因彝族人民是个爱美丽的民族，斗笠又可作为装饰，故常常可以看见戴着斗笠外出的彝族人。

图片来源
图一　胡海玲　制图
图二至图六　何欢　制图

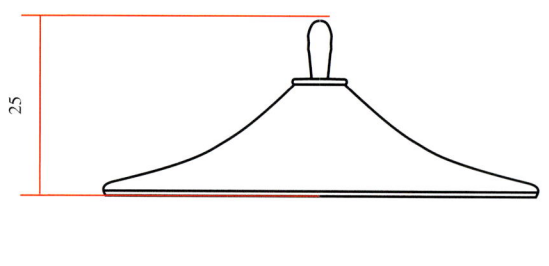
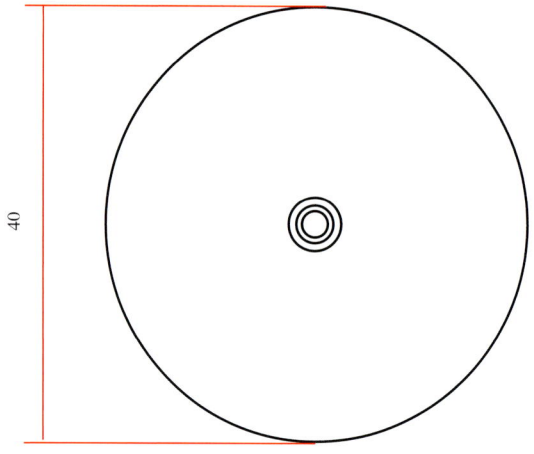

图二　彝族斗笠三视图（单位：cm）

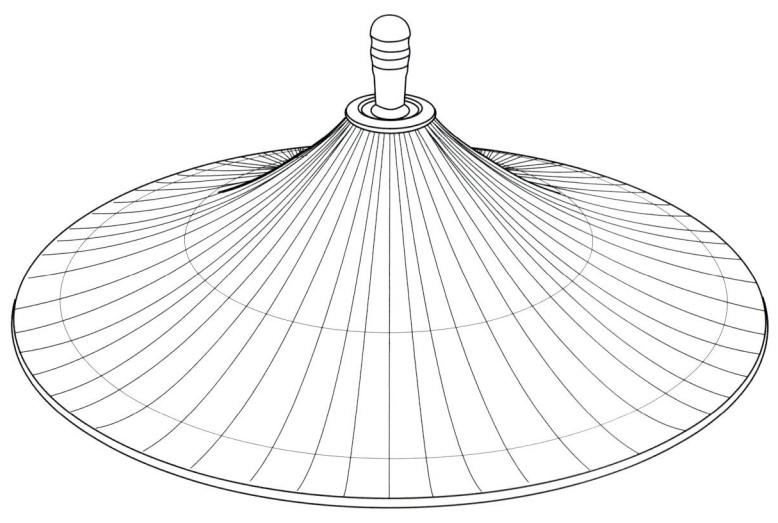

图三　彝族斗笠线框图

图四　彝族斗笠功能分析图

图五　彝族斗笠使用示意图1

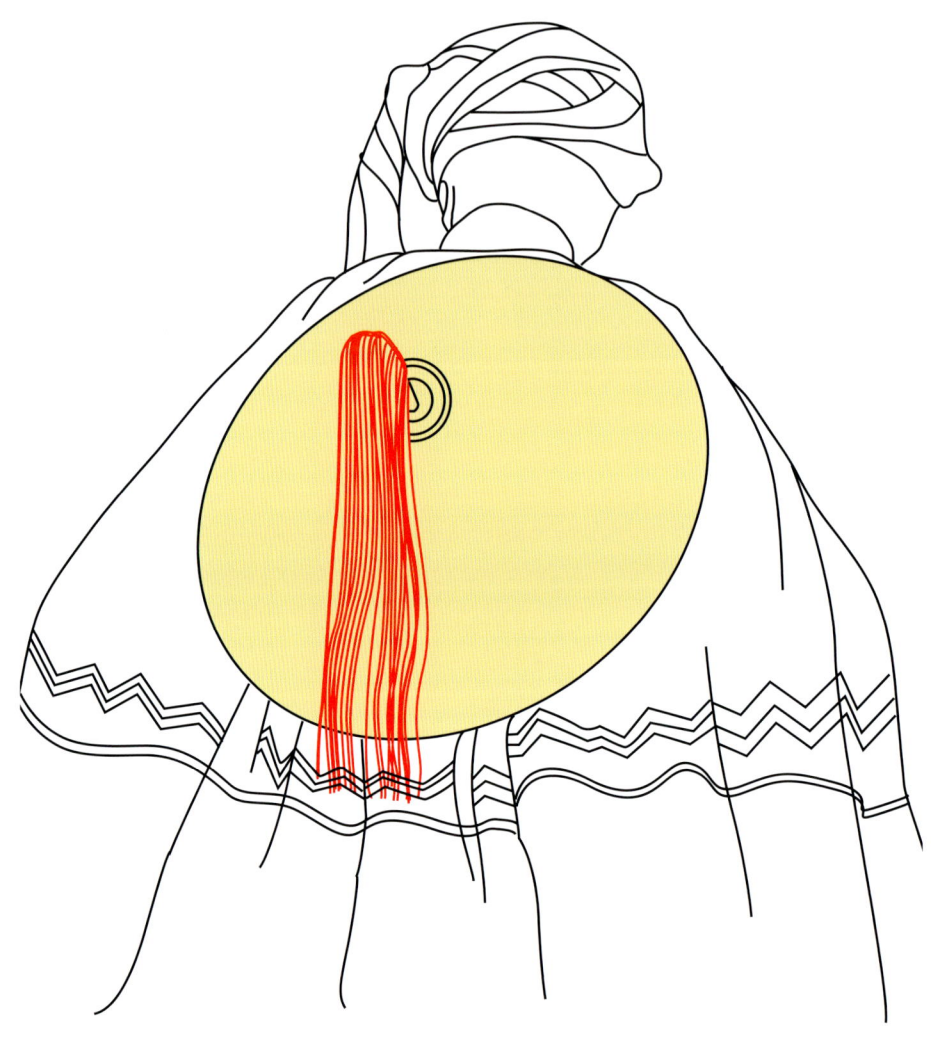

图六　彝族斗笠使用示意图2

彝族木瓢

图一　彝族木瓢主图

木瓢是凉山彝族百姓家中常见的一种日常生活工具，用木头制作而成，主要用于舀水和喂养牲畜。木瓢物美价廉，经济适用，目前仍有许多彝族百姓还在使用。

木瓢形状单一，通身长约35厘米，宽约22厘米，高约14厘米。常常就地取材，把木头锯成一尺长的段，劈成两半，用刀斧砍成粗坯，固定在木马上，经过挖瓢、削口、削把、削背等十几道工序，经由熟练的木匠纯手工打磨制作（如图四），20分钟左右便可制作完成。该器物表面不上漆，手感细腻厚实，木质纹理通达，外部亦没有其他任何花纹装饰，造型朴实美观，具有极高的实用性和耐用性。

该器物历史悠久，在近代工业发展起来之前几乎所有彝族百姓家中皆有。彝族人民在日常生活中淘米煮饭、舀水洗衣、喂养牲畜，都少不了木瓢，地处四川西南部的彝族地区，常年干旱，彝族百姓必须得外出取水，木瓢亦显得尤为重要，所以木瓢是家家户户必备的家用日常工具。

图片来源
图一　星雅　摄影
图二至图五　何欢　制图

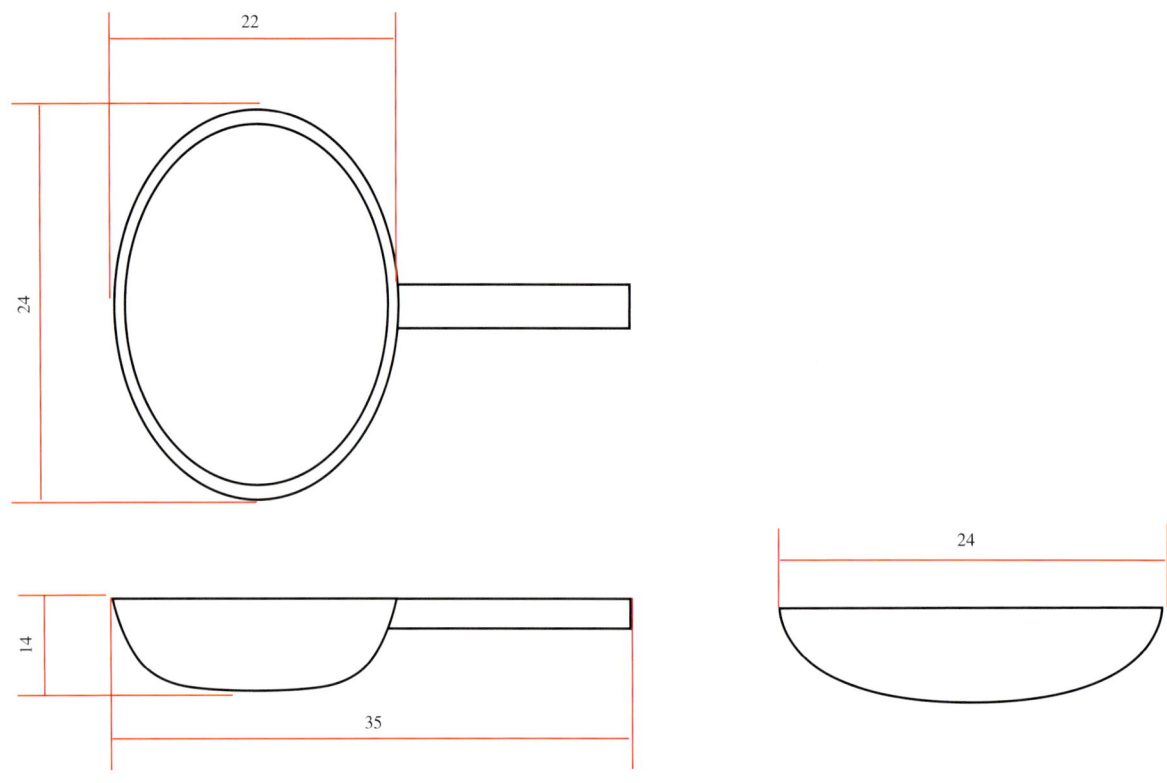

图二　彝族木瓢三视图（单位：cm）

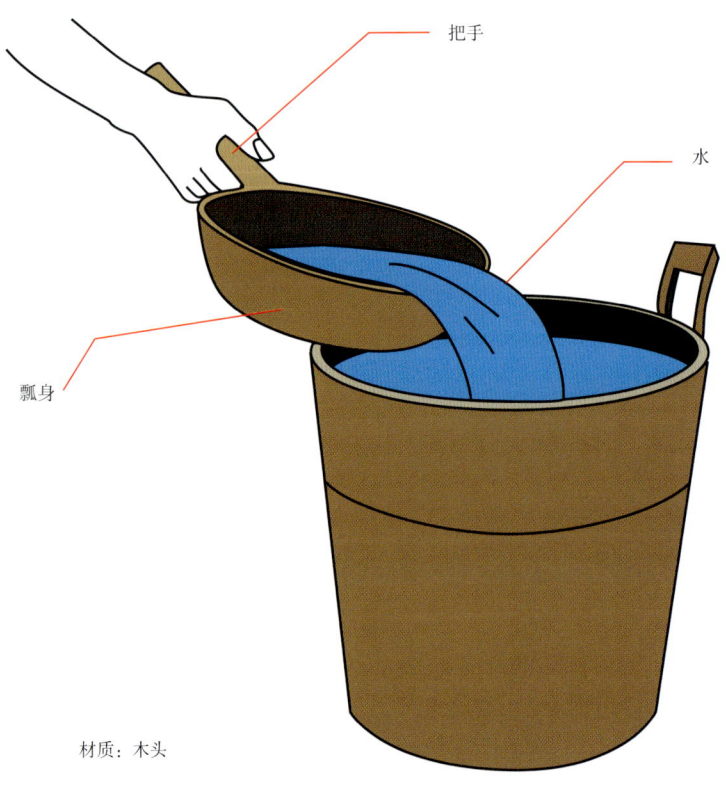

图三　彝族木瓢材质功能分析图

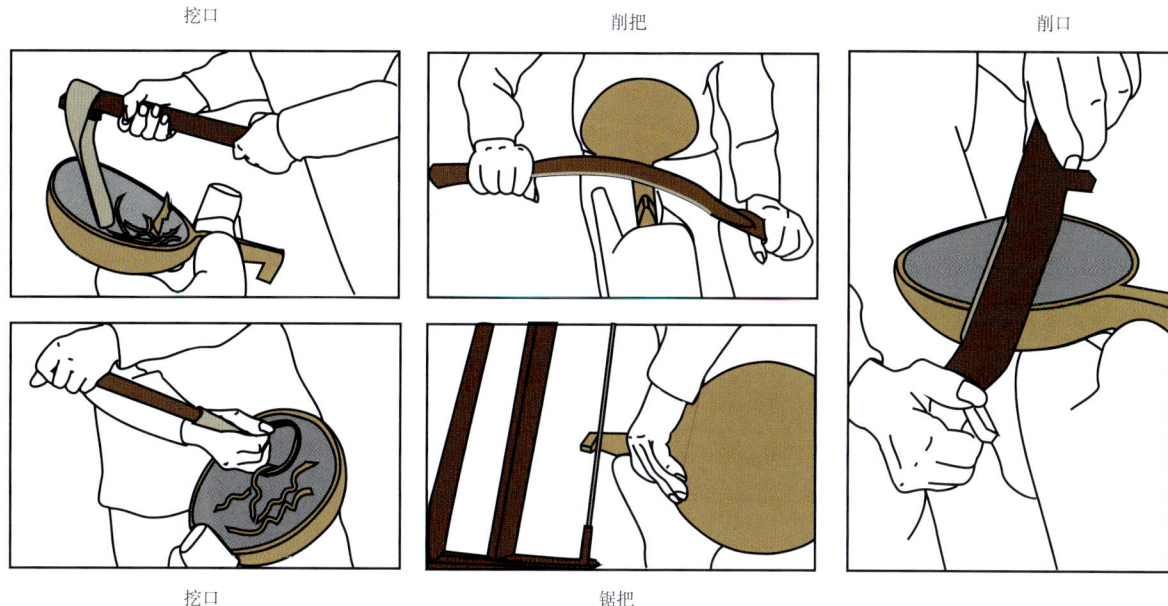

图四　彝族木瓢制作过程图

图五　彝族木瓢使用示意图

第四章　彝族传统生活用具

彝族葫芦形打水瓢

图一　彝族葫芦形打水瓢主图

葫芦形打水瓢是彝族古代日常生活用具中一种常见器物。该案例采集于四川凉山彝族奴隶社会博物馆。器物整体构造虽然简单，但却能反映出彝族人古老的顺应自然的生活方式。

打水瓢制造工艺简单，一般选用成熟的葫芦果实，在果实的中腹部开鹅蛋大小的入水孔，再简单打磨上漆即可（见图八）。不过葫芦的选择非常严格，一般来说，葫芦上柄的长度和弧度需要适合成年人单手拿放，同时也便于拴上绳子等延长物。葫芦的大小容量也需要考量，长度在35厘米，容量在800毫升左右为上品。这样的大小会在打水过程中更稳定，更容易操作。本案例长37厘米，葫芦底腹直径2厘米，中间进水开口7厘米，能承装700毫升左右的水量（见图一和图四）。

在彝族古代日常生活中，取水常常用"打"，而不是舀的方式，彝族山区地形险要，河流湍急，人们常常采用抛物取水的方式来获得水源。因此，每一滴水都格外珍贵。为了提高效率，打水瓢中腹部的孔不能过大，并且需要开在中上腹，这样才能保证水不会过多溢出。葫芦内部可以放入石块等重物，便于增加水瓢重量，方便沉入水底自灌（见图七）。

朴实简单的器物自身虽没有过多的工艺技术，但其巧妙利用自然产物去解决生活中困难的这种方式却值得我们深思和学习。

图片来源
图一　杨曼羚　摄影
图二至图七　田棱锐　制图

图二　彝族葫芦形打水瓢模型渲染图

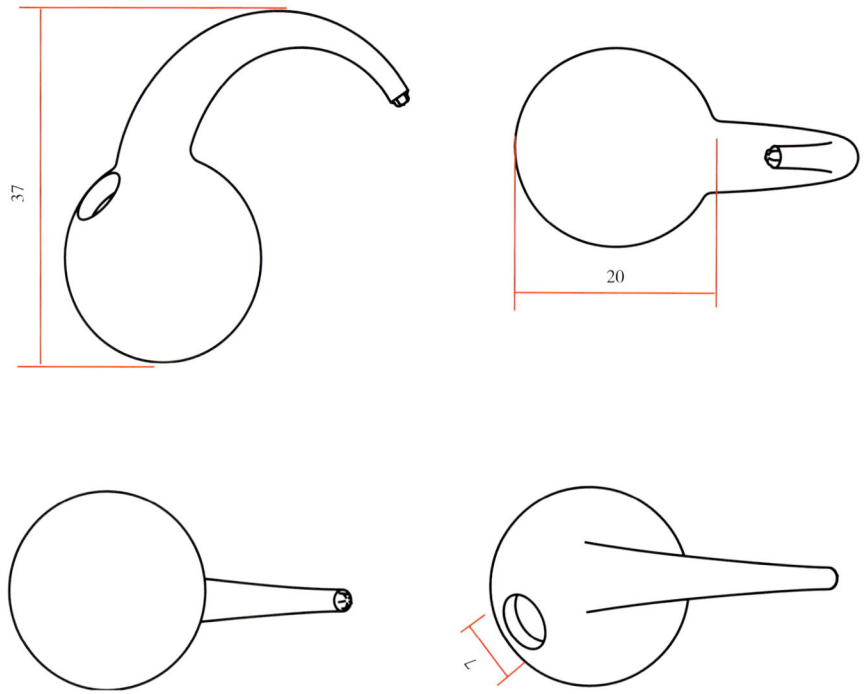

图三　彝族葫芦形打水瓢四视尺寸示意图（单位：cm）

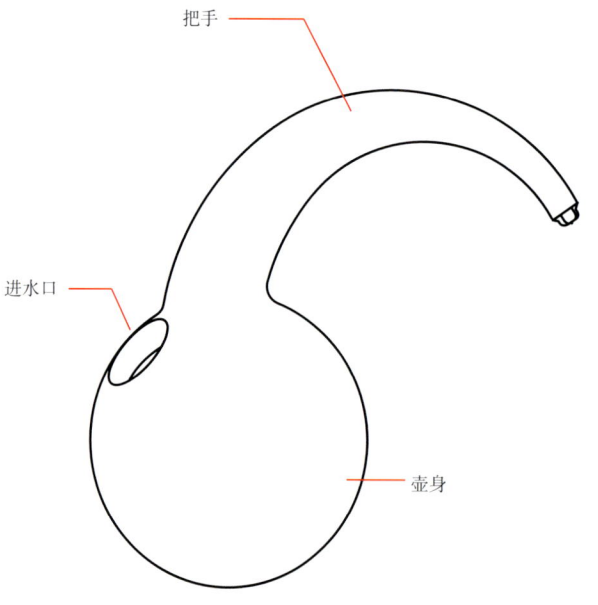

图四　彝族葫芦形打水瓢构造示意图

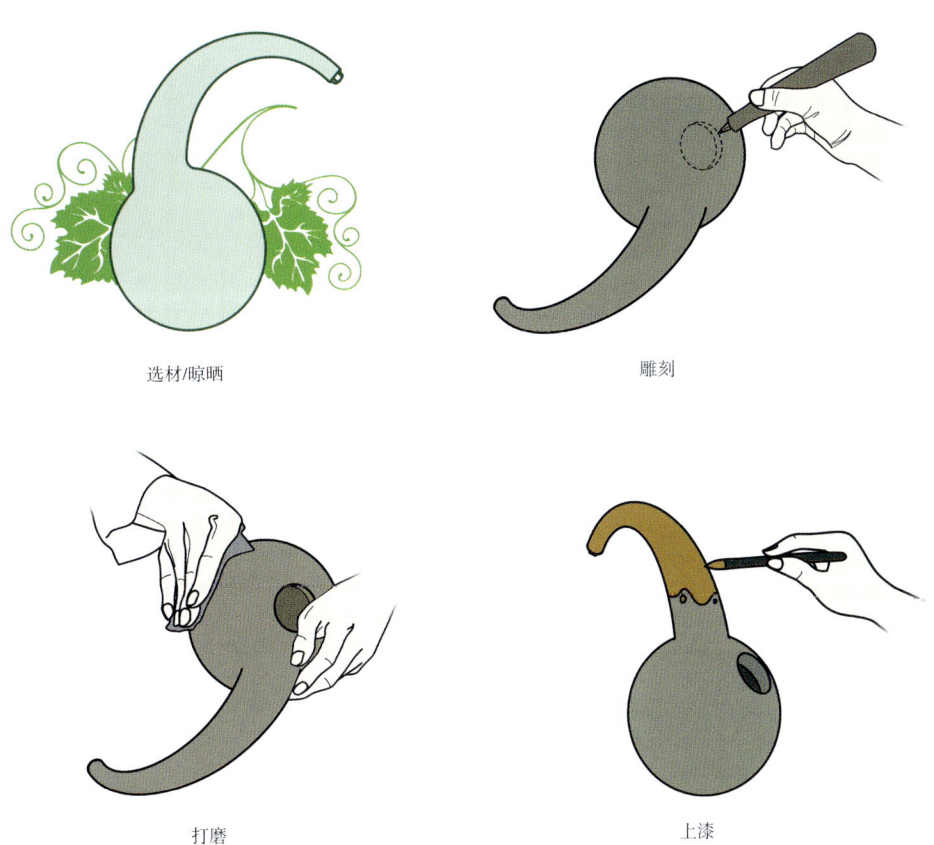

图五　彝族葫芦形打水瓢制作过程示意图

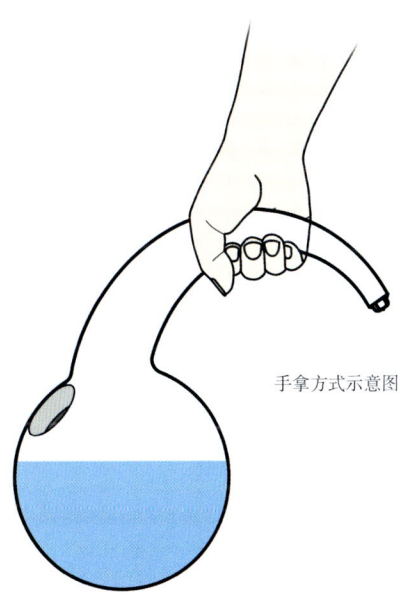

图六　彝族葫芦形打水瓢手拿方式示意图

第四章　彝族传统生活用具

435

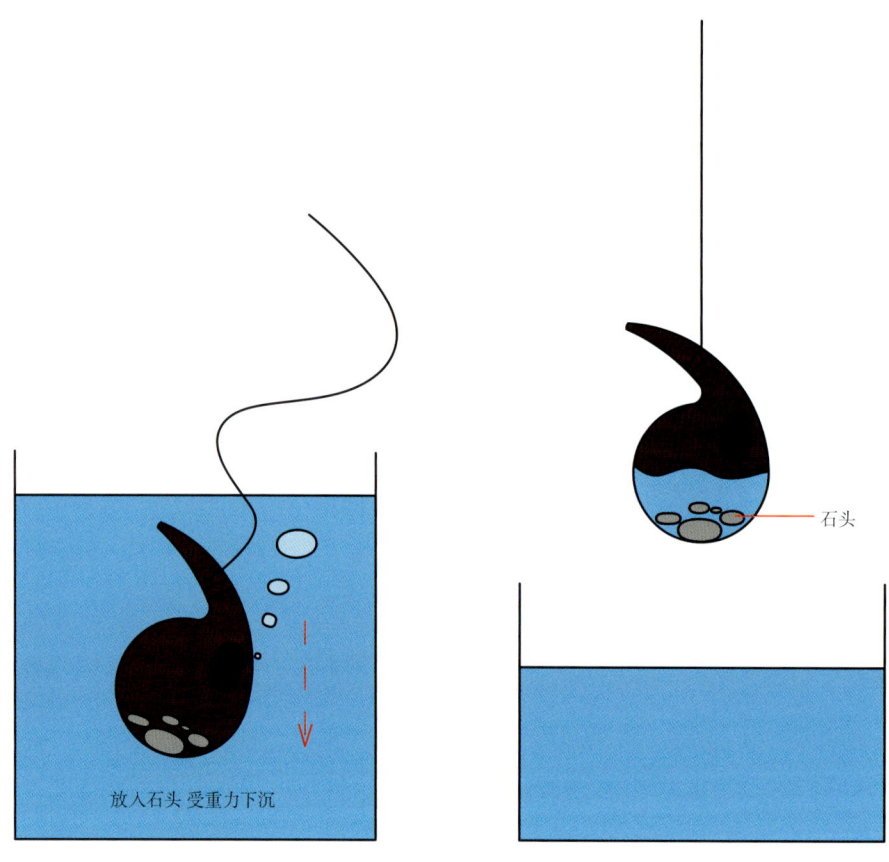

打水方式示意图（河，井）

图七　彝族葫芦形打水瓢打水方式示意图

彝族三锅庄

图一 彝族三锅庄主图

彝族在其漫长的发展过程中创造了丰富的文化，彝族三锅庄是其石质材料的代表器物之一。

彝族"三锅庄"纯手工制作，它高约40厘米，最大直径约150厘米（如图二），只需一把铁锤和几根尖口和平口的錾子即可完成制作。在打造"三锅庄"的过程中，选材和制形这两个步骤是最为关健的，同时也是最不易进行的。制作"三锅庄"的石头必须选用坚硬而耐高温的岩石，因为在日常使用中三锅庄体会常常被高温烘烤。

制作"三锅庄"的过程可大致分为四步：一是选材，二是打磨，三是造型，四是雕纹。首先必须选取"三锅庄"石料，而在找"三锅庄"石料的时候不仅仅是用肉眼看，而且还要用铁锤一边敲打一边选料，这一步被称为"试石"。而后便开始打磨光滑和打成大体锥形，然后将打磨好的石材进行造型（如图三、四）。在造型这一工序上，对技术的要求相当高，力量大了石材易破损，力量轻了又不能达到预想效果，一切全凭经验。最后一道工序是雕刻。在雕刻过程中，

第四章 彝族传统生活用具

铁锤在敲打砧子时，用力一定要平衡均匀。彝族三锅庄所雕刻的纹络、图案主要采用阳刻手法，雕刻的花纹主要为彝族人们意念中象征吉祥、幸福的物种图案。例如星星、月亮、太阳、火把，以及动、植物等等（如图五）。而一套完整的彝族"三锅庄"则可分为2组，每组3块，共6块，一组为半圆形，作铺垫火塘边待用，一组为月牙形，作支撑庄柱。其中每块大约有5至6厘米厚。在彝族人的日常生活中，"三锅庄"具有火塘、承载、食物加热等功能（如图六）。同时也能反映出彝族人的生活习俗文化。

图片来源
图一　杨思凡　制图
图二至图六　杨承颖　制图

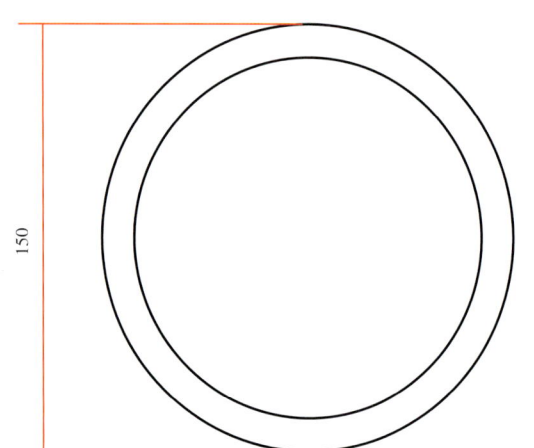
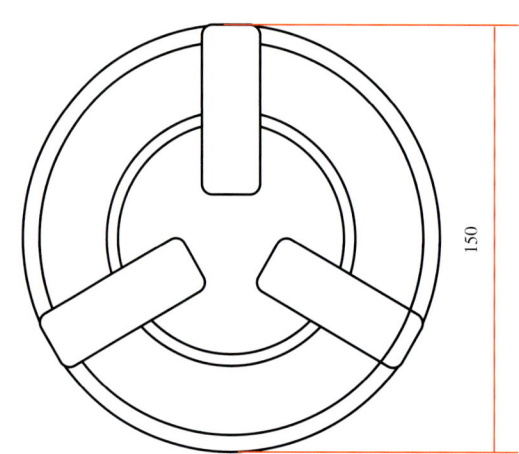
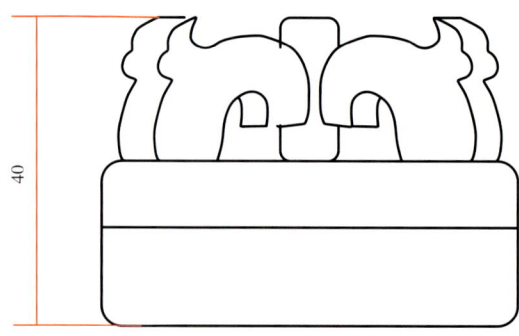

图二　彝族彝族三锅庄三视图（单位：cm）

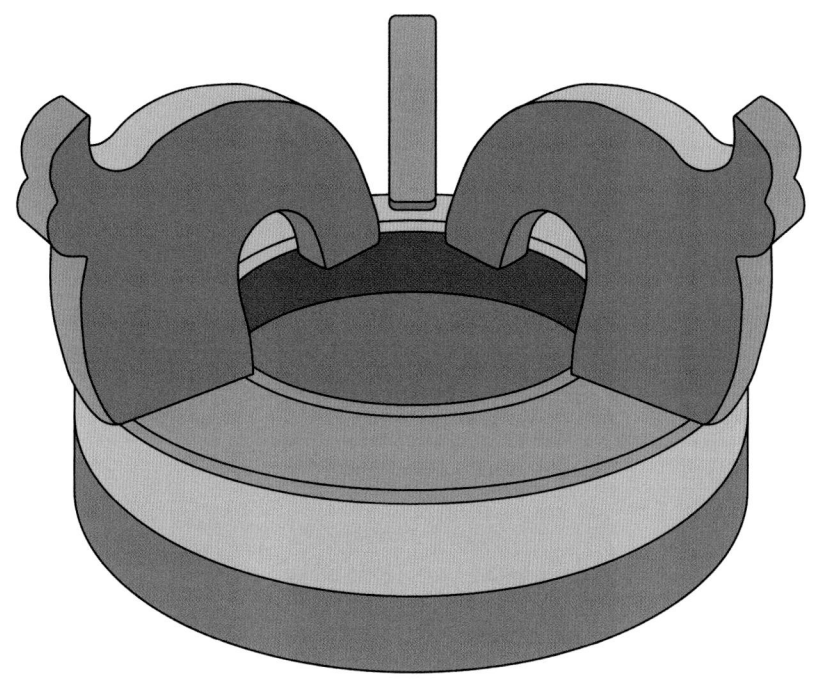

图三　彝族三锅庄立体图

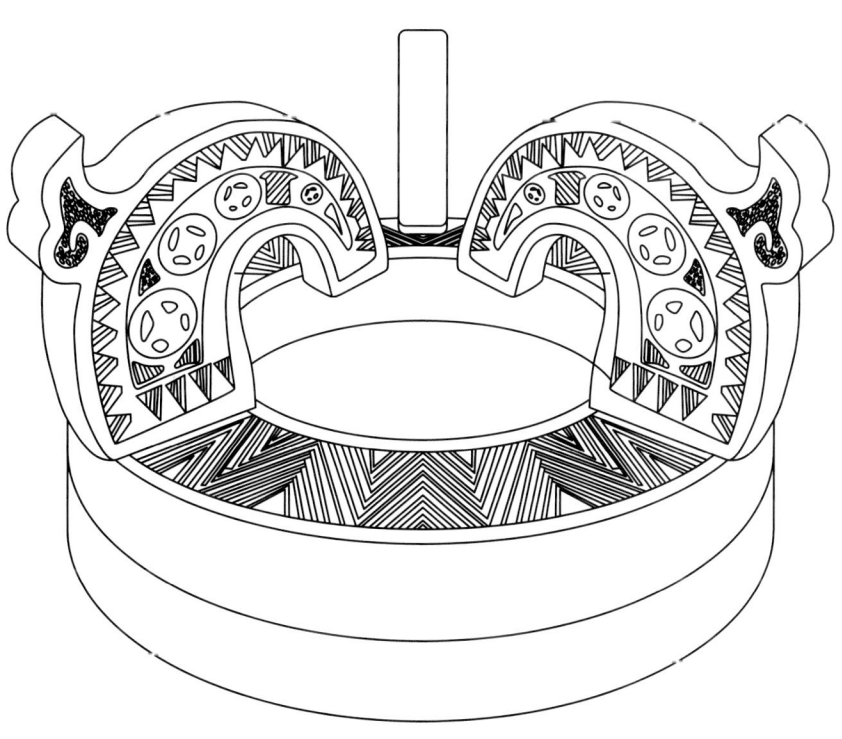

图四　彝族三锅庄线框图

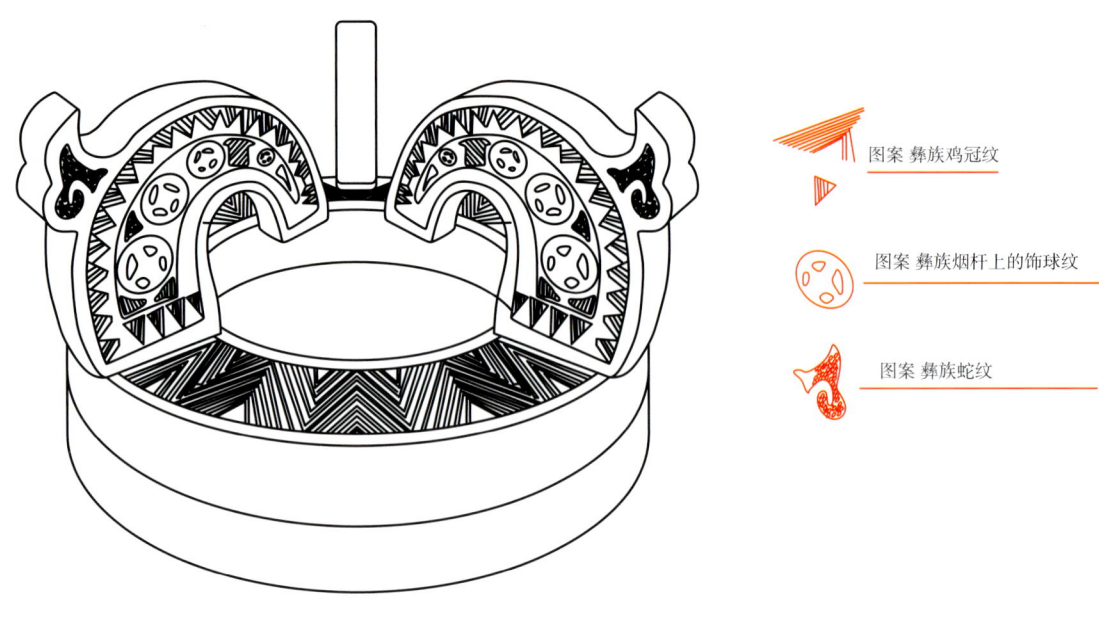

图案 彝族鸡冠纹

图案 彝族烟杆上的饰球纹

图案 彝族蛇纹

图五　彝族三锅庄图案分析图

图六　彝族三锅庄使用示意图

彝族秤

图一　彝族秤主图

彝族秤，就是彝族人用来称东西的器物，在凉山彝族地区使用范围非常广泛，此案例现收藏于民间作坊。

本案例长约35厘米，宽约10厘米，高约3厘米。该案例体积小，重量轻，主要用来称贵金属和药材，并配有专门的秤盒，整体造型与琵琶相似（如图一），曲线与直线紧密结合，秤盒的下部分设计为平底，使其在桌面摆放时不易翻到，在其内部进行功能区域的划分，使秤头和秤杆按其形状和尺寸进行摆放，方便存取。秤的尖角处打磨较为平滑，可防止误伤。秤盒、秤杆和秤砣在材质上分别使用了木材、竹材和金属（如图七），三种材质在色泽上和纹理上，都形成鲜明的对比（如图三）。秤杆非常小巧，在平滑的杆面上用阴刻填色的方式雕刻出细黑线，既实用又美观。

值得一说的是，该秤配有的专属秤盒，主要用来收纳秤杆和秤砣（如图五），一方面便于携带，另一方面显得美观、典雅，在彝族器物中实属罕见。这种使用方式体现了彝族人民的聪明才智，也凝结了大量的精巧工艺技术，具有鲜明的民族特征。

图片来源
图一　邹红媛　摄影
图二至图八　邹红媛　制图

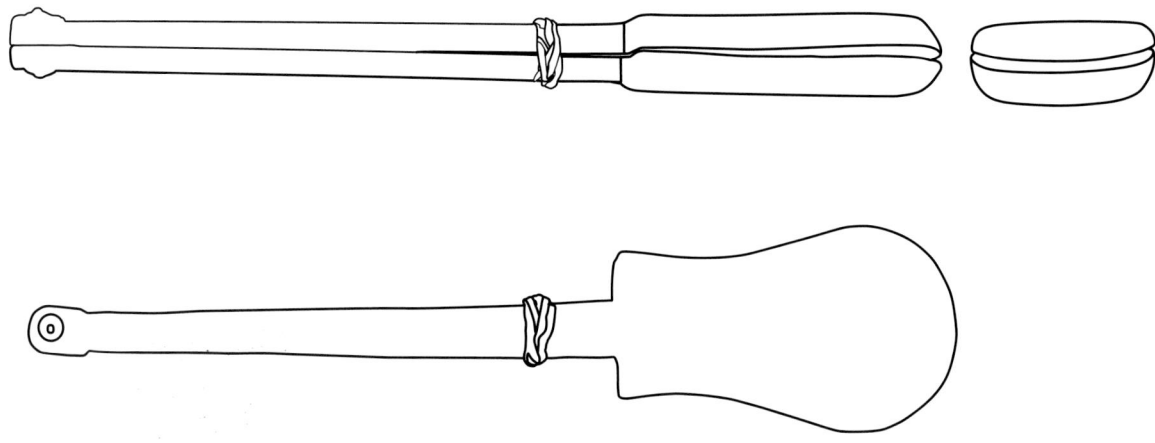
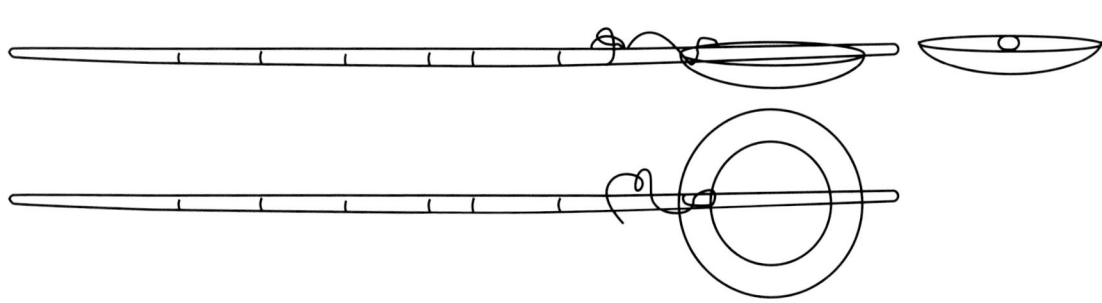
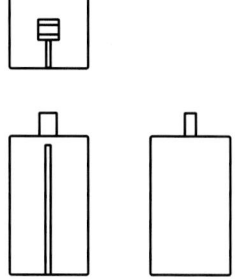

图二　彝族秤三视图

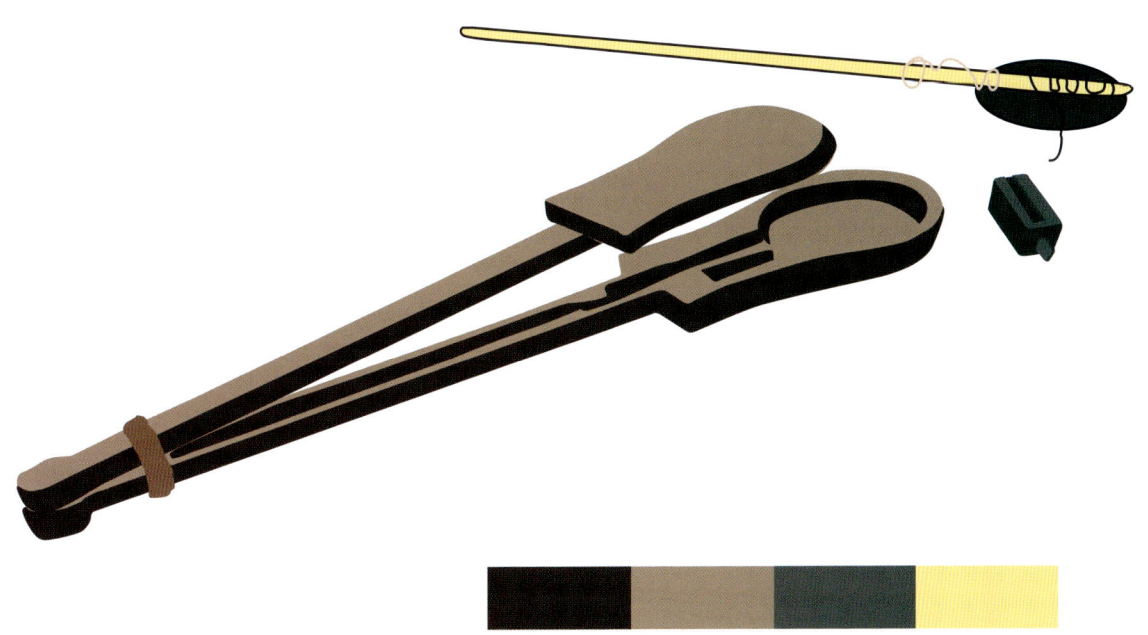

图三　彝族秤色彩配置图

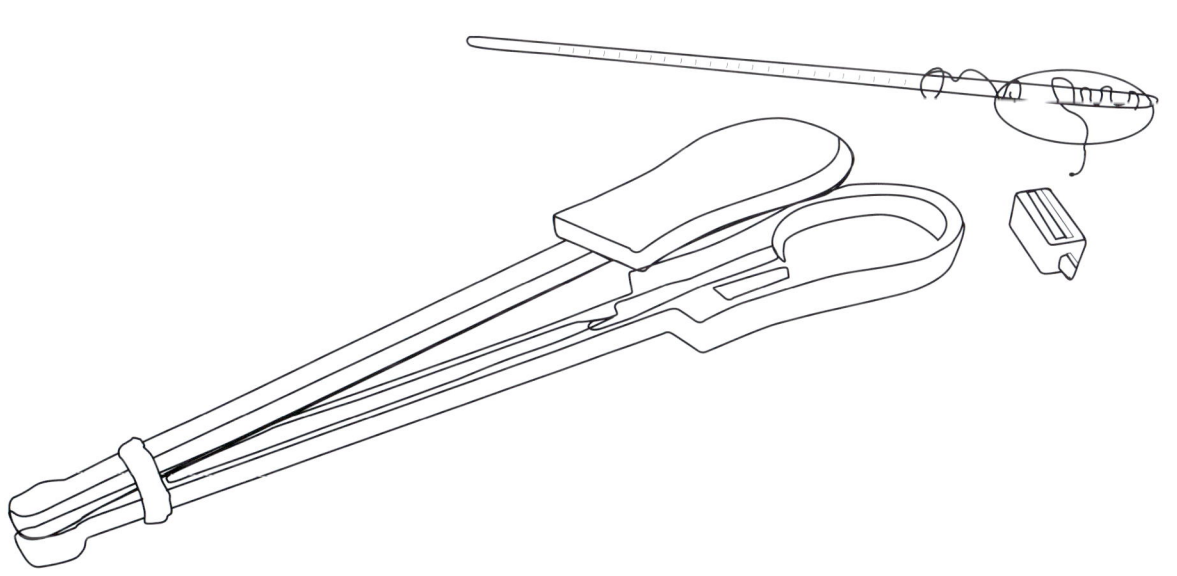

图四　彝族秤线框图

第四章　彝族传统生活用具

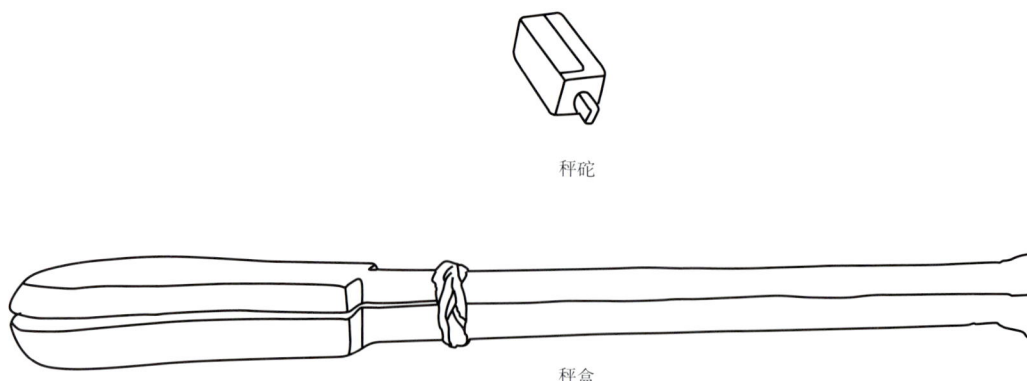

图五　彝族秤组件图

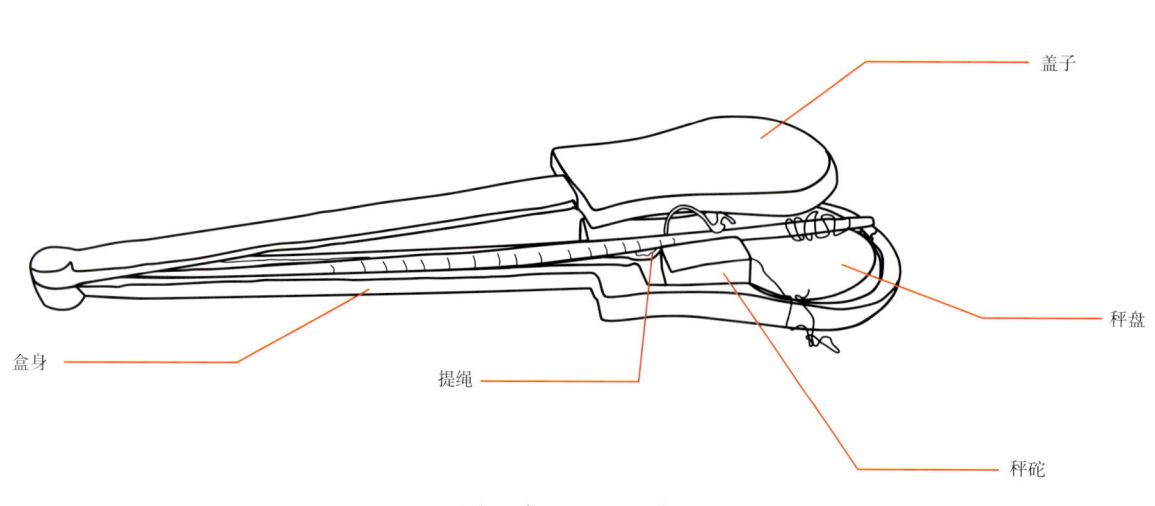

图六　彝族秤结构分析图

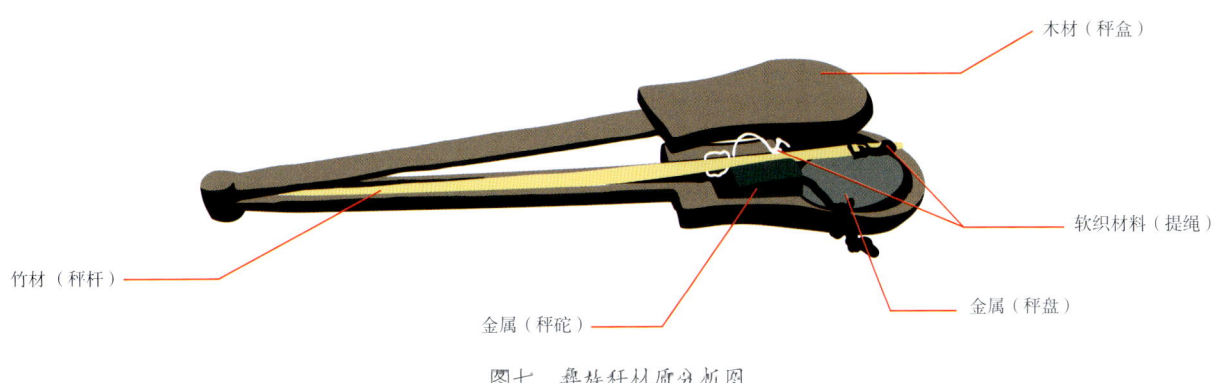

图七　彝族秤材质分析图

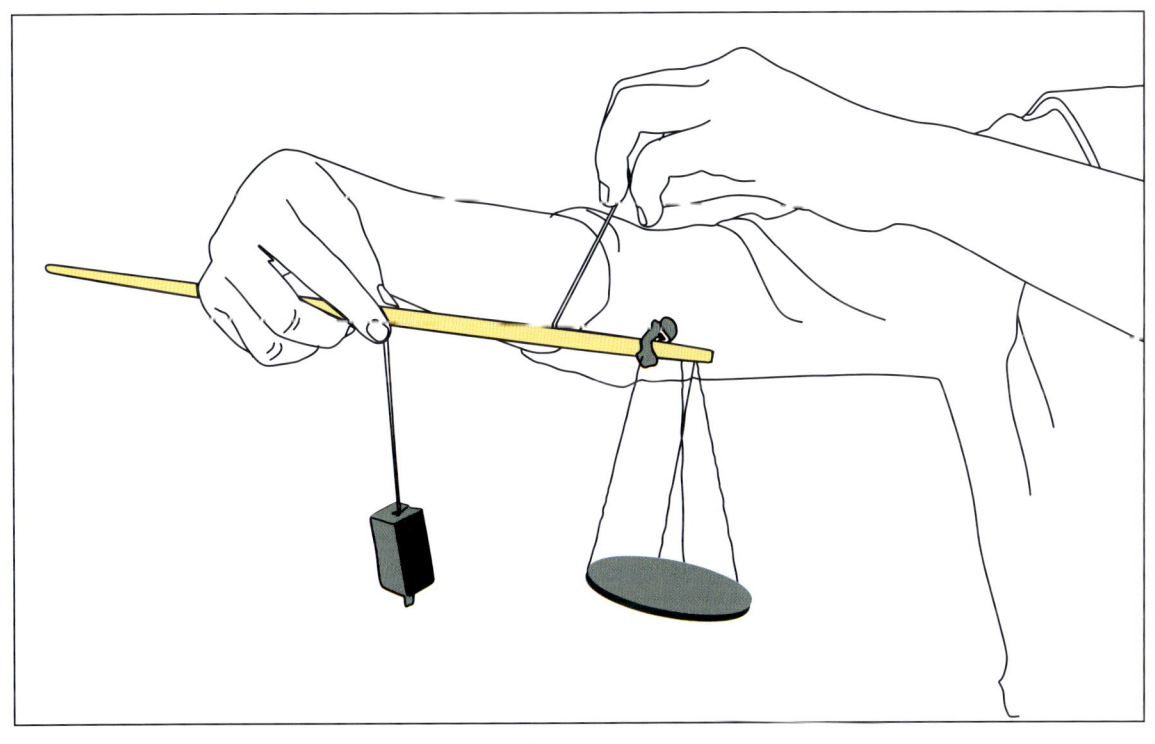

图八　彝族秤使用示意图

彝族烤茶陶罐

图一　彝族烤茶陶罐主图

彝族烤茶陶罐，是用来烤茶的器具。烤茶是大理地区白、彝等民族饮茶的一种方法，老年人尤其喜欢。按彝族习惯，主人烤的茶，通常由他单独饮用，不与其他人共饮。如果有远方的客人到家，主人就递上一个土罐、一个茶盅，让客人自己烤、自己斟、自己饮。在当地，民间有"喝他人烤的茶不过瘾"之说。

烤制时，先将陶罐放到火上烤热取下来，然后，将半把茶叶放进陶罐，再将陶罐放到火上焙烤，直到茶叶烤香、烤黄后，再用开水冲进陶罐内，熬煨片刻，便可饮用（如图二）。彝族的烤罐茶，色、香、味和浓度俱佳。

彝族烤茶的陶罐质地粗糙（如图一）。传统的陶罐是首先制作一个底板，再将搓好的泥条在底板上盘筑，最后对未干的陶罐进行按压。传统的陶罐多是手工制作，所以陶罐表面可以看到手工师傅们的手印。陶罐手把采用传统的加固方法，横竖叠加，简单又结实（如图三）。

彝族烤茶陶罐凝聚了传统手工艺人的智慧，是长期生产劳动中经验的产物。

图片来源
图一　曹宇嘉　摄影
图二至图四　曹宇嘉　制图

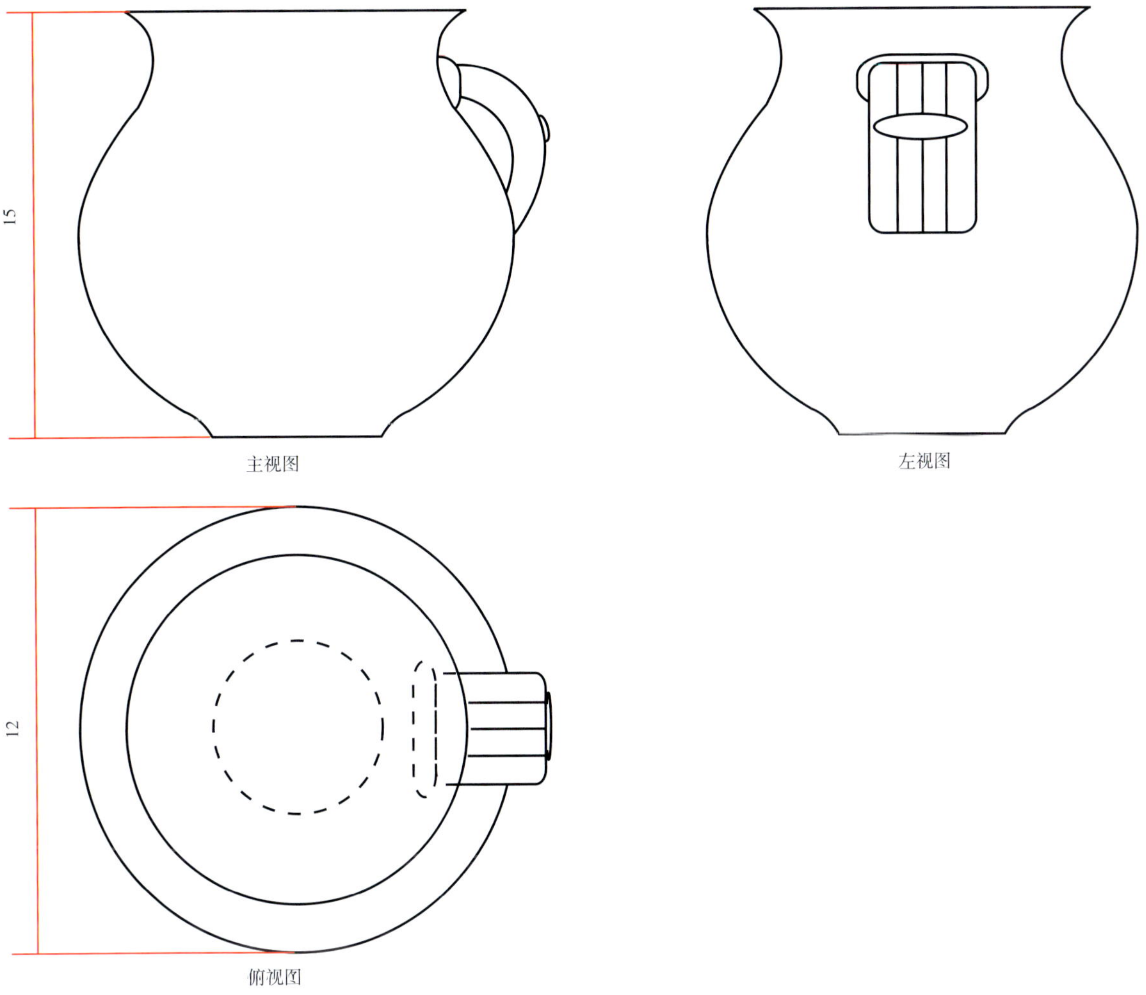

主视图

左视图

俯视图

图二 彝族烤茶陶罐线描图三视图（单位：cm）

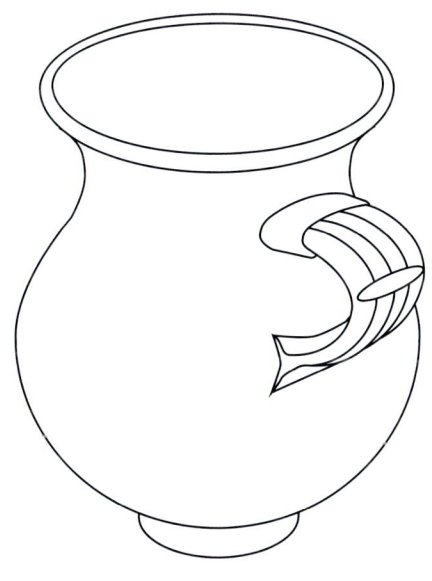

图三 彝族烤茶陶罐线描图

第四章 彝族传统生活用具

图四 彝族烤茶陶罐使用示意图

彝族石槽

图一 彝族石槽主图

本案例彝族石槽出自凉山彝族自治州，是一种用来盛放猪食和水的器具。石槽是从中国农耕社会传承下来的工具之一。随着农业机械化时代的到来，只有少数偏远的农户家里还在使用。

该器物大致为长方体，上宽下窄，呈放射状。上方开口，内部凿空。其基本材料为岩石，以大块青石居多，青石所造石槽不易损坏，所以颇受欢迎。其工艺是用传统的凿子和锤子由人工开凿而成。其表面有凿子留下的粗糙凿痕，因为是人工开凿而成，其形状往往不规则。青石制造的石槽结实、耐用，可长久使用。

石槽的发展有几千年的历史，它的制造和用途已远超过当初实用的范畴，它不仅仅是一种工具，更是农耕文明的一个象征。

图片来源
图一 曹宇嘉 摄影
图二至图六 曹宇嘉 制图

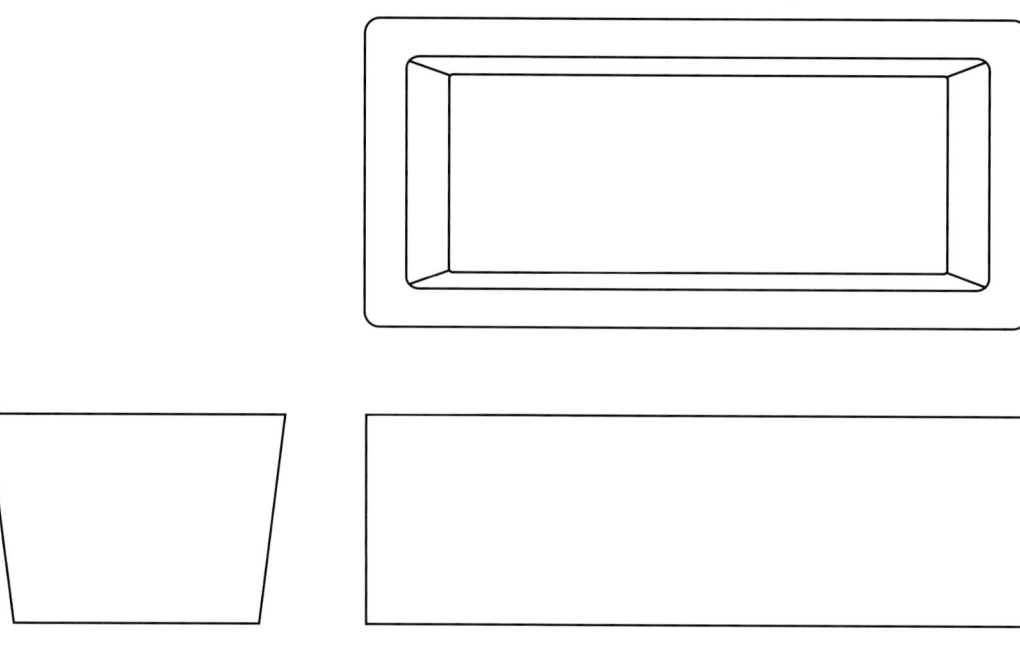

图二　彝族石槽三视图

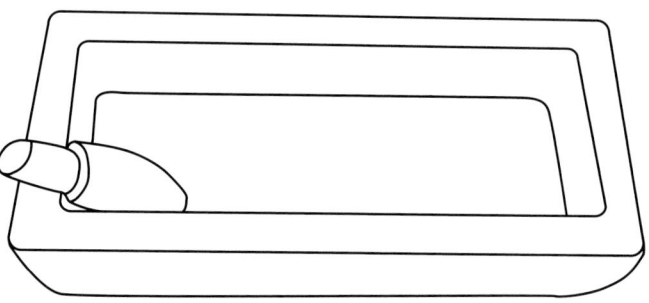

图三　彝族石槽线框图

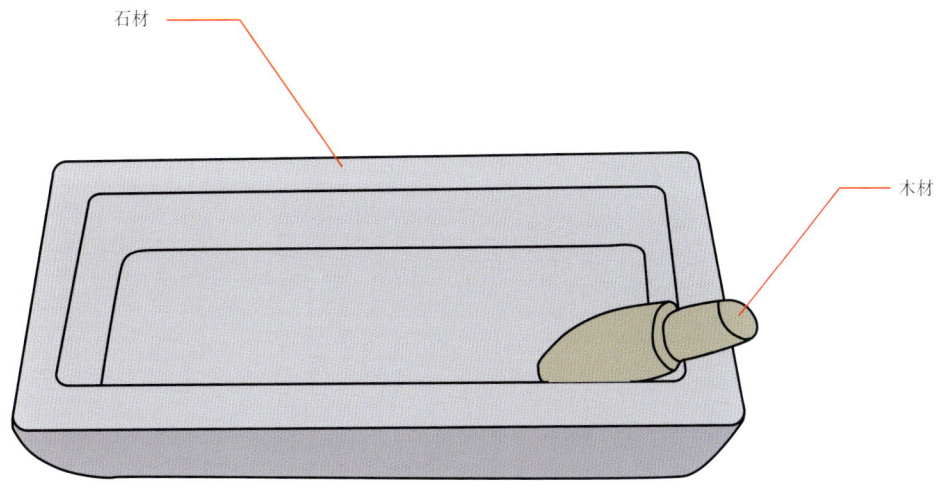

图四 彝族石槽材质分析图

图五 彝族石槽功能分析图

图六　彝族石槽使用示意图

彝族印槽

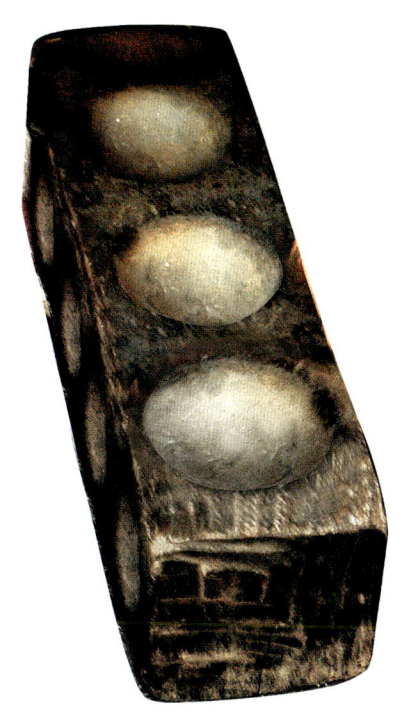

图一　彝族印槽主图

彝族印槽是彝族人制作银饰的最常见工具之一，是将银片打造成半球形的模具。由于银的熔点不到1000摄氏度，质地也较软，所以更易熔化和打造成型，银匠"打银"时，把银片放在印槽的球形凹陷里，辅以锤子和錾子将银片打出一定的弧度来。

本案例长约36厘米，高、宽均约12厘米。印槽呈长方体，印槽的四面具有数个直径大小不一的半球形凹槽，从大到小依次排列。印槽质地为硬木，结实耐用，是彝族匠人"打银"时的得力助手。"打银"需要先使用坩埚用烈火将碎银熔化、再浇铸出焕然一新的银块。用锤子将银块打成银片，再将银片放入印槽的半球形凹槽中，顺着凹槽的弧度，用锤子和錾子敲打出一块外表光滑、弧度优美、质地轻薄的半球形银片，这种半球形银片多用作彝族银扣拱起的那一面。

彝族人在传统服饰上大量使用银扣。银扣中空，大小有如鸡蛋，挂在上衣的两侧开襟处，非常惹眼。而印槽则充分体现了彝族匠人手在传统手工艺的传承中，对于银饰造型的把握，以及从祖先那里传承而来的智慧。

图片来源
图一　曹宇嘉　摄影
图二至图五　曹宇嘉　制图

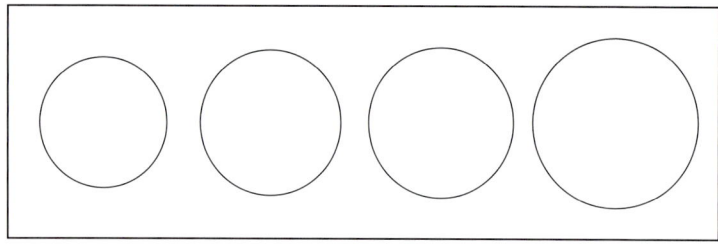
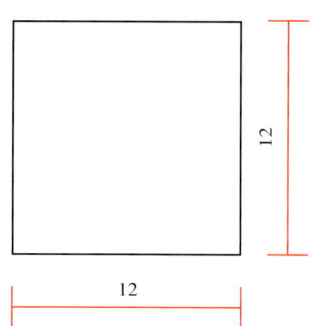
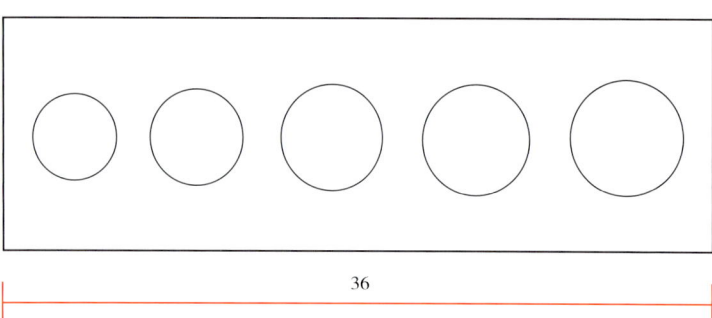

图二　彝族印槽三视图（单位：cm）

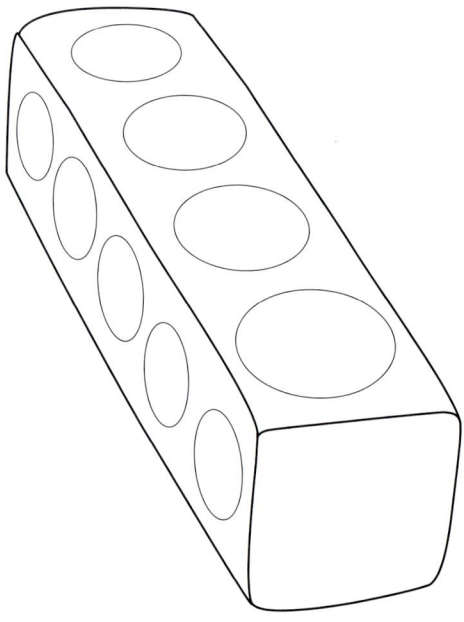

图三　彝族印槽线框图

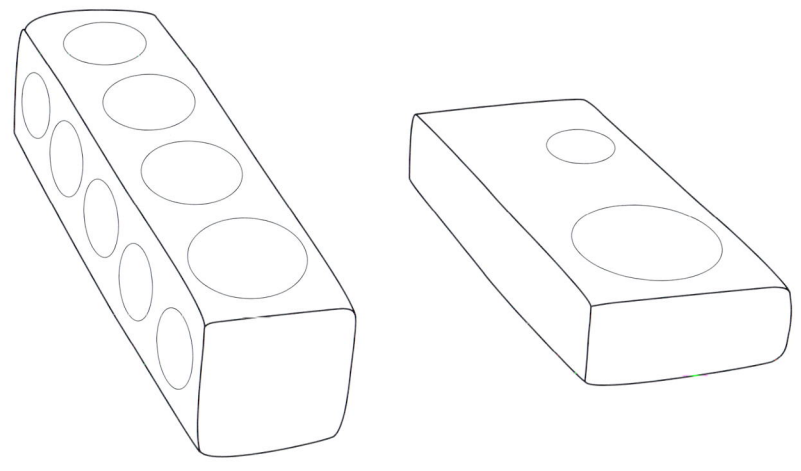

图四　彝族类型对比图

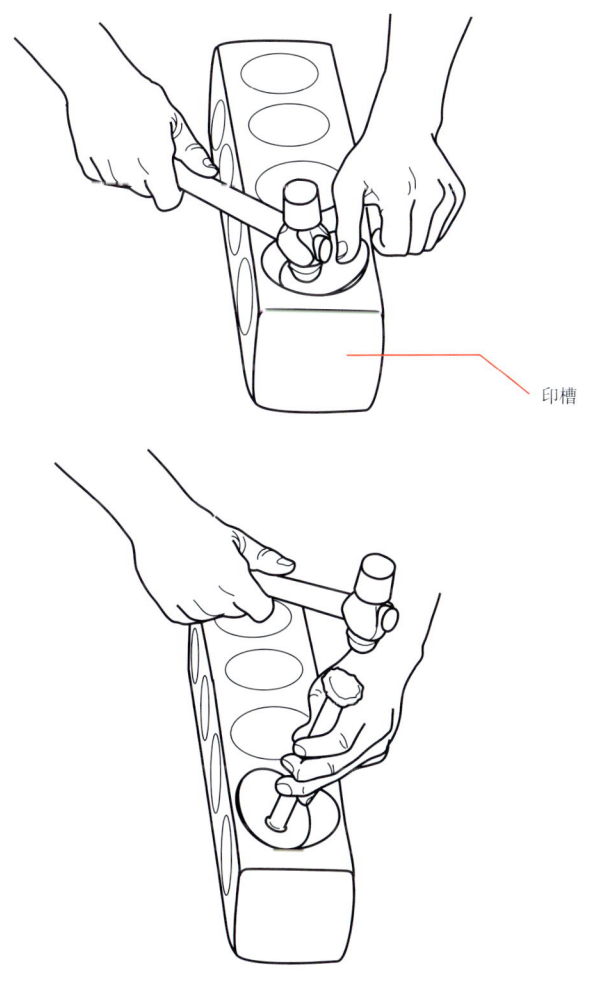

图五　彝族印槽使用示意图

彝族砧板

图一 彝族砧板主图

彝族砧板，顾名思义就是彝族人民用来切菜剁肉的案板，是日常生活必需品。

本案例长约22厘米，宽约8—10厘米，高约2.7—3.9厘米，由两部分组成，一部分为手柄，另一部分为切菜部位，便于拿握，符合人机工程学。砧板体形小巧，轻巧方便，便于携带。从结构上来看，砧板的手柄和切菜部位由榫卯结构穿插而成，卯口结合严密牢靠，既考虑到构造上的力学要求，又考虑到加工简便和安装容易，反映出当时木作工艺的精湛。砧板美观实用，体现了彝族人的智慧。

砧板主要由木材组合而成，所以它质轻而坚韧，富有弹性，色泽悦目，纹理美观，加之木材在彝族地区分布广，取材方便，具有环保的设计理念。

图片来源
图一　曹宇嘉　摄影
图二至图六　曹宇嘉　制图

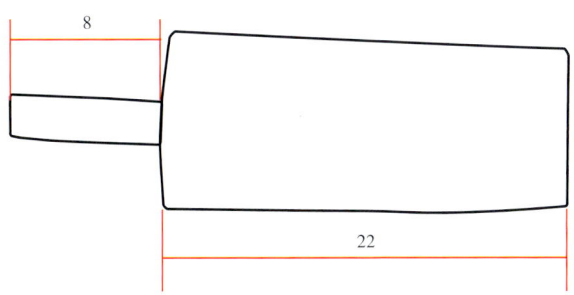

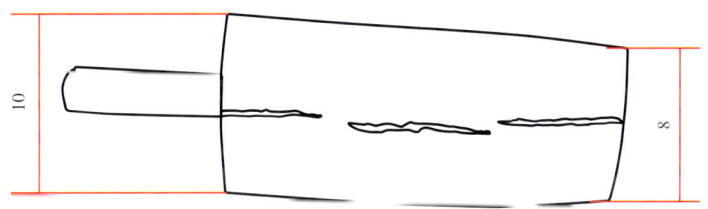

图二 彝族砧板三视图（单位：cm）

图三 彝族砧板结构分析图

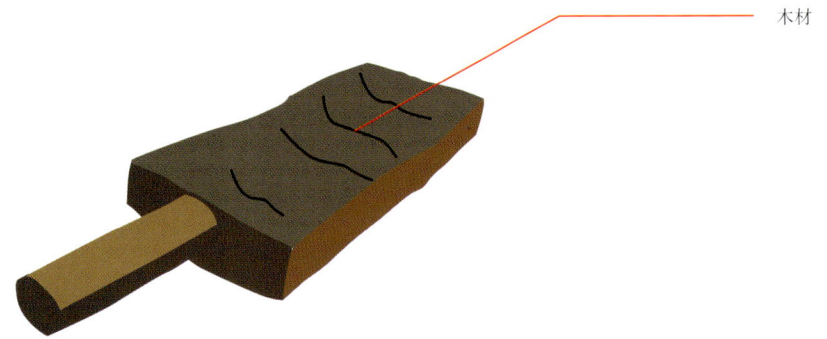

图四　彝族砧板材质分析图

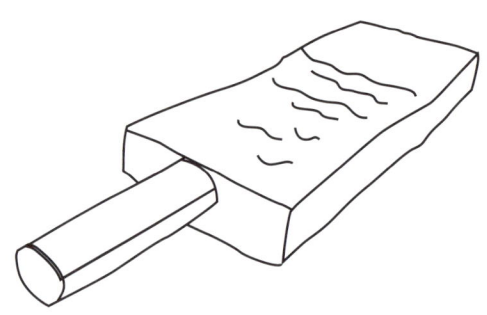

图五　彝族砧板线框图

图六　彝族砧板使用示意图

彝族簸箕

图一　彝族簸箕主图

彝族簸箕，是彝族人民用来盛放坨坨肉和荞麦粑粑的工具。该产品主要是凉山彝族地区民族特产——坨坨肉的产物。

本案例直径约50厘米，造型简单。中间为封闭圆形，周边凸起，由竹篾编织而成，轻巧实用。彝族簸箕的品种有大簸箕、小簸箕，还有净物簸箕。净物簸箕是介乎大小簸箕之间的一种小型簸箕，没有撑角，主要是装坨坨肉时用。还可将簸箕平放在地或者放在几个木凳上，可以在里面晒谷物、豆子等，或者用来盛放荞麦饼。

彝族簸箕的优点是窝深、掌平，不撒粮食和簸物。掌平利于播出杂物，不留残渣。而且价格是极为便宜的，簸箕的制作材料在农村随处可见，既环保又省钱，是一件非常实用的工具。

图片来源

图一至图五　本书编写组　制图

第四章　彝族传统生活用具

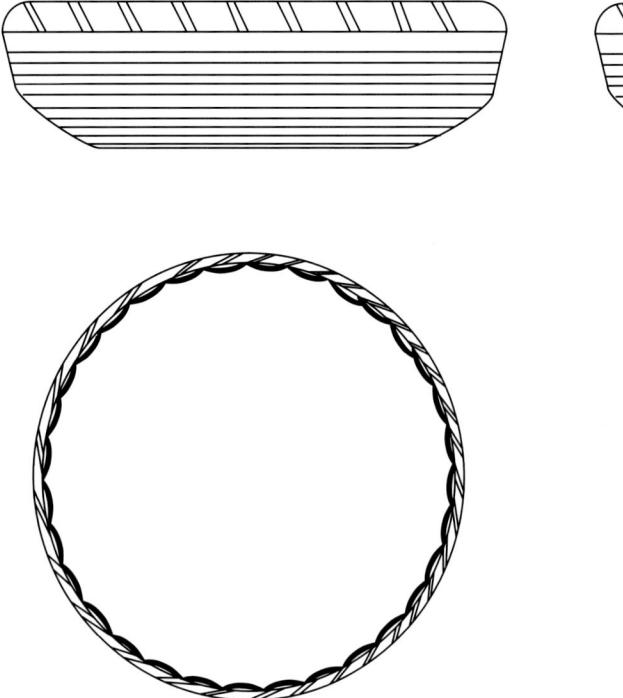

图二 彝族簸箕三视图

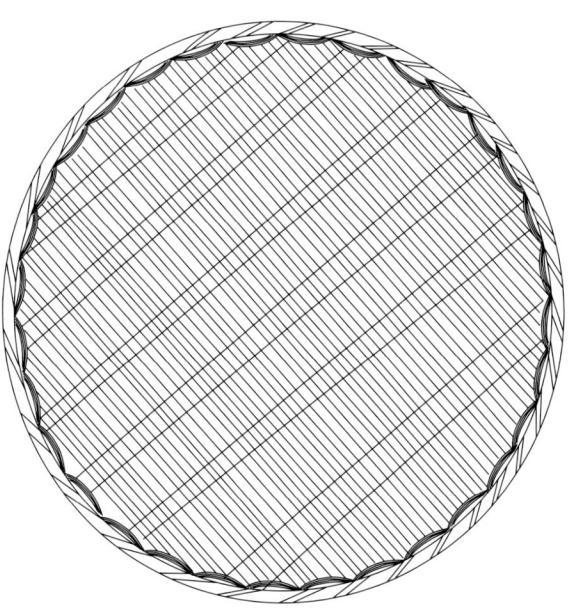

图三 彝族簸箕线框图

图四　彝族簸箕上色图

图五　彝族簸箕使用示意图

第四章　彝族传统生活用具

461

彝族粮柜

图一　彝族粮柜主图

彝族粮柜，顾名思义，是彝族人民用来盛放粮食的柜子。由于其用于盛放粮食，所以在造型上是有着一定的要求的，离开地面的柜体是为了避免粮食与地面接触后受潮变质（如图二），当然，也有防鼠害的目的。六根柜脚向上延伸至盖子之上是为了将盖子控制在一个滑动轨迹范围之内，这样盖子就不容易滑落或者由于不小心的碰触而没有盖紧。

该案例（如图四）长度为160厘米，高110厘米，宽80厘米，现存放于四川省凉山彝族自治州布拖县内。柜体材质为木质，各部件接合未用一点粘胶，全由榫卯构成，这也体现了当时的彝族人民在家具制作工艺方面达到了一定的高度。

图片来源
图一　张婷　摄影
图二至图五　糜思尧　制图

图二 彝族粮柜复原图

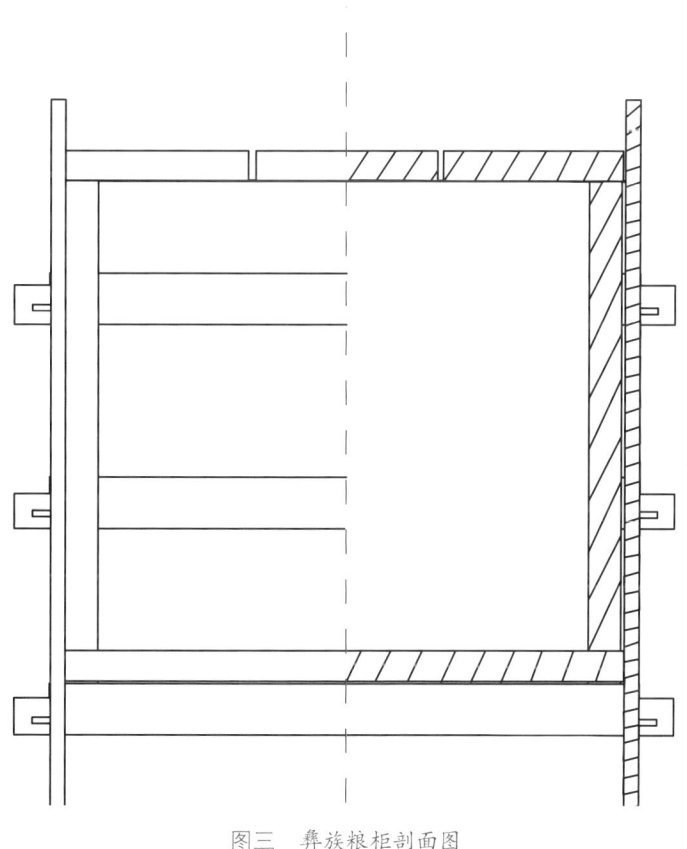

图三 彝族粮柜剖面图

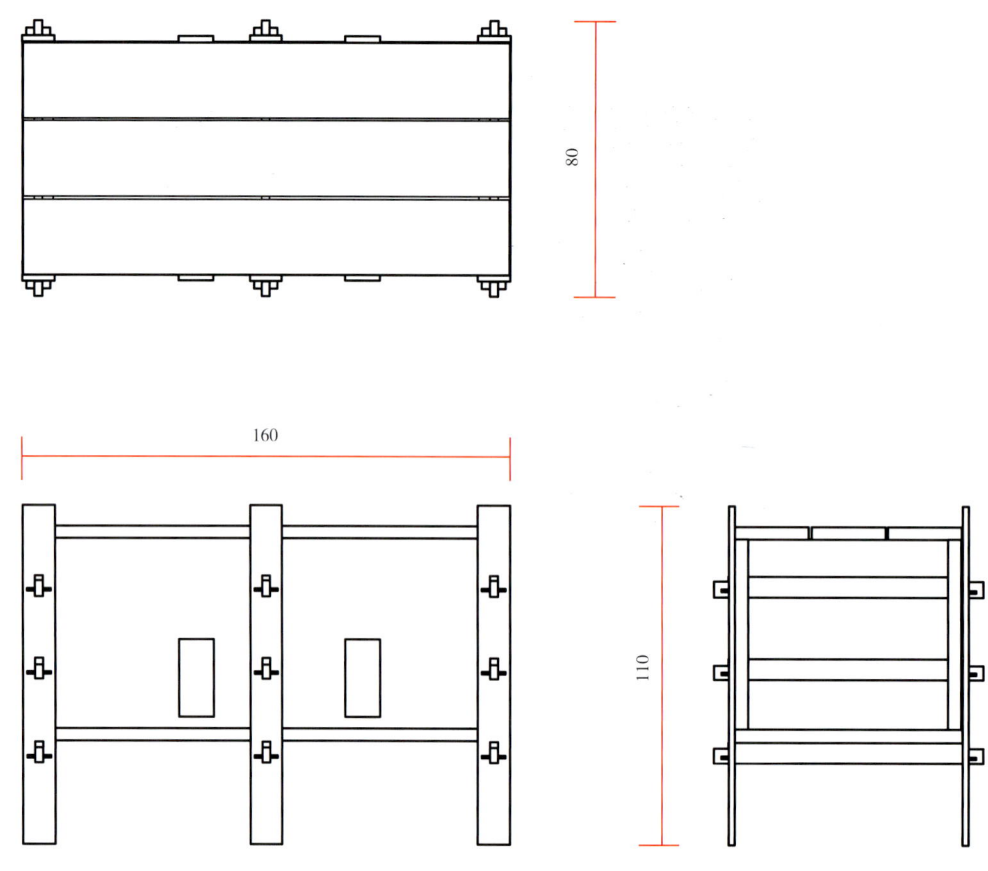

图四　彝族粮柜三视图（单位：cm）

图五　彝族粮柜盛粮图

彝族木面桶

图一 彝族木面桶主图

木面桶，就是彝族人民用来盛装面粉的桶子，在彝族家庭中非常常见，是彝族家庭的必备之物。该案例现收藏于云南石林糯黑彝族文化博物馆。

本案例桶口直径约40厘米，底部直径约28厘米，高约50厘米，整个造型由下往上逐渐变大，方便拿取食物。木面桶采用木头拼接（如图四），经过手工打磨而成。在桶腹处用两扎铁丝进行固定（如图四），防止木桶松裂，使其更加牢固，延长其使用寿命。"木"在彝族人眼中是有灵性的，"生死皆靠木"，人生在世的各种需要都靠木材，所以，木材成为家庭器物的主要材质之一。

木桶盖子处设计一个把手，方便使用者打开木桶盖存取食物，把手的设计还能加强盖子的牢固性，简单又实用。在盖子的底部，设计一横梁（如图五），既不影响美观，又能提高其使用价值。木面桶主要用来存储荞麦粉，这跟彝族人的饮食习惯有关，荞麦和土豆是彝族人的主食，所以木面桶在当地非常流行。木面桶密封性能较好，可保证桶内荞麦粉质地新鲜，防潮（图三）或防止螂虫的破坏。木面桶造型简单，存取方便，整个产品都透露着彝族人浓厚的生活气息，物品虽然年代并不久远，也谈不上精贵，但从中却反映出了彝族人的勤劳和智慧。

图片来源

图一　邹红媛　摄影
图二至图六　邹红媛　制图

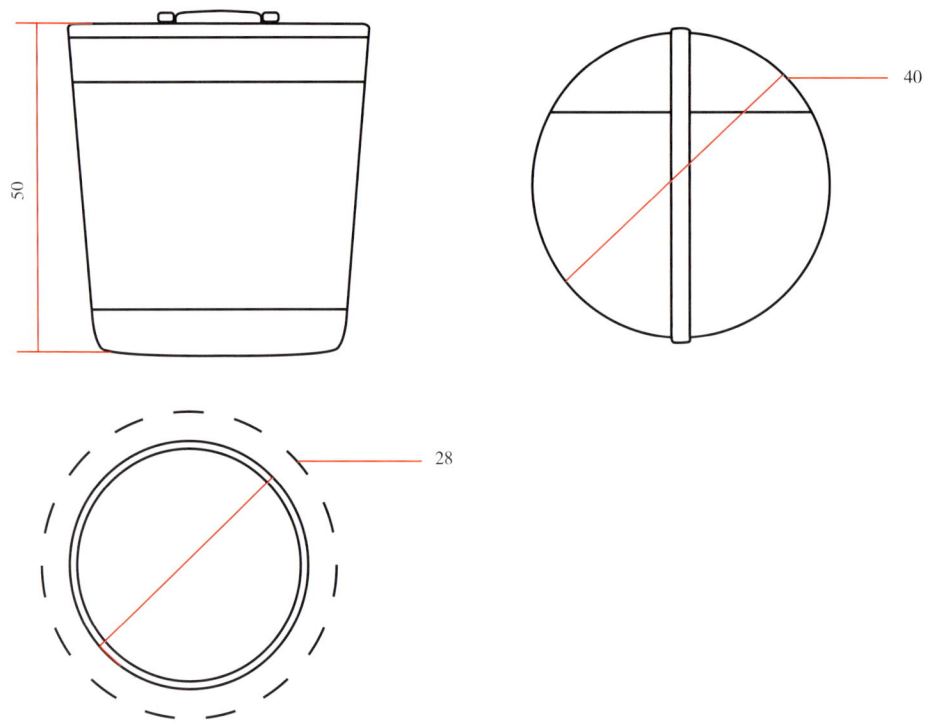

图二 彝族木面桶三视图（单位：cm）

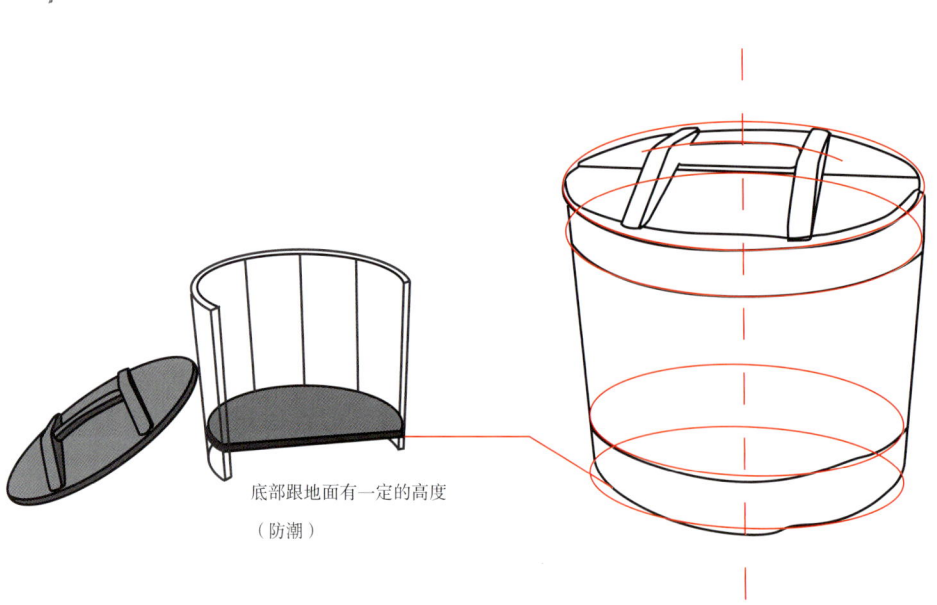

底部跟地面有一定的高度
（防潮）

图三 彝族木面桶造型分析图

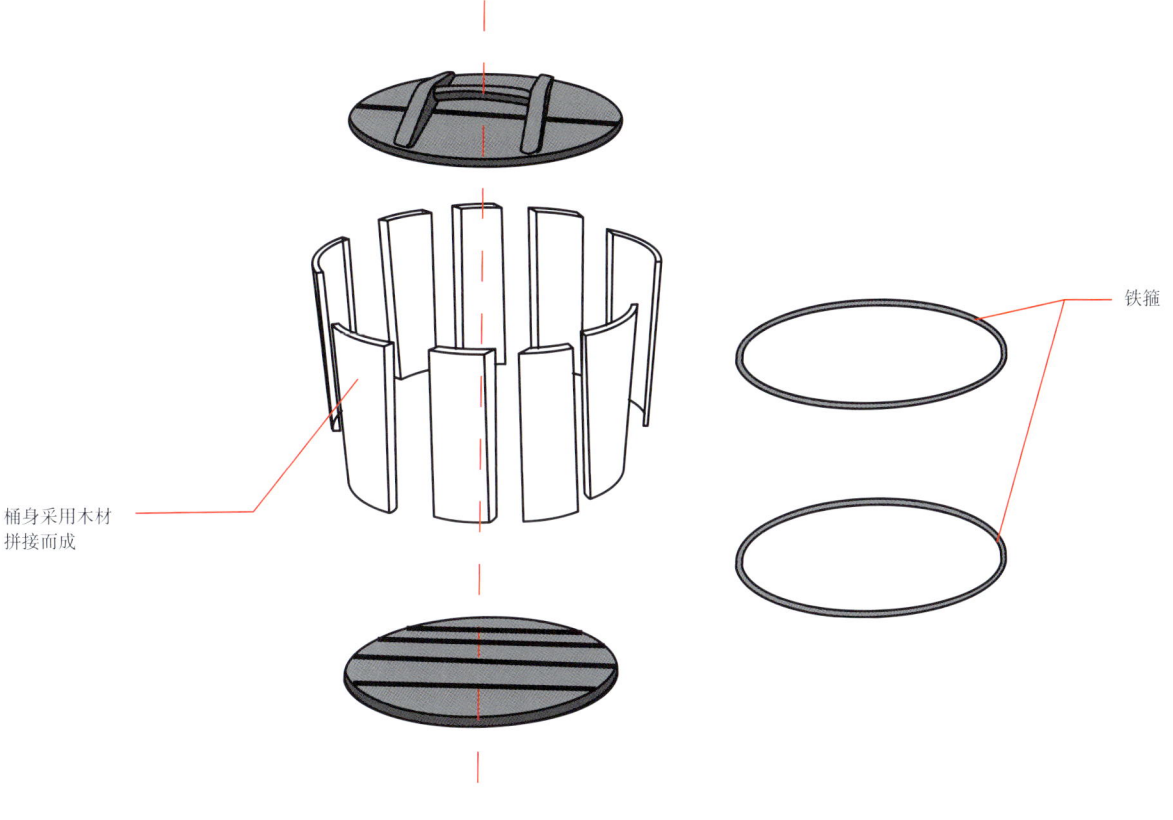

图四　彝族木面解析图

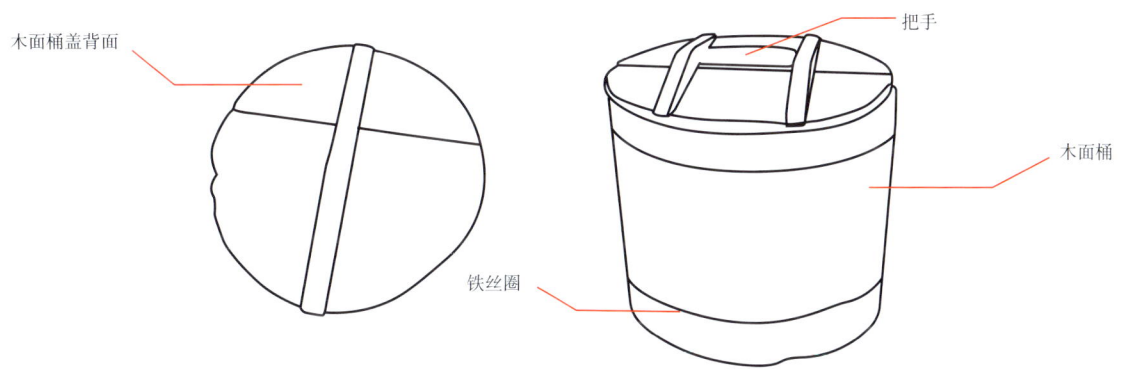

图五　彝族木面桶结构分析图

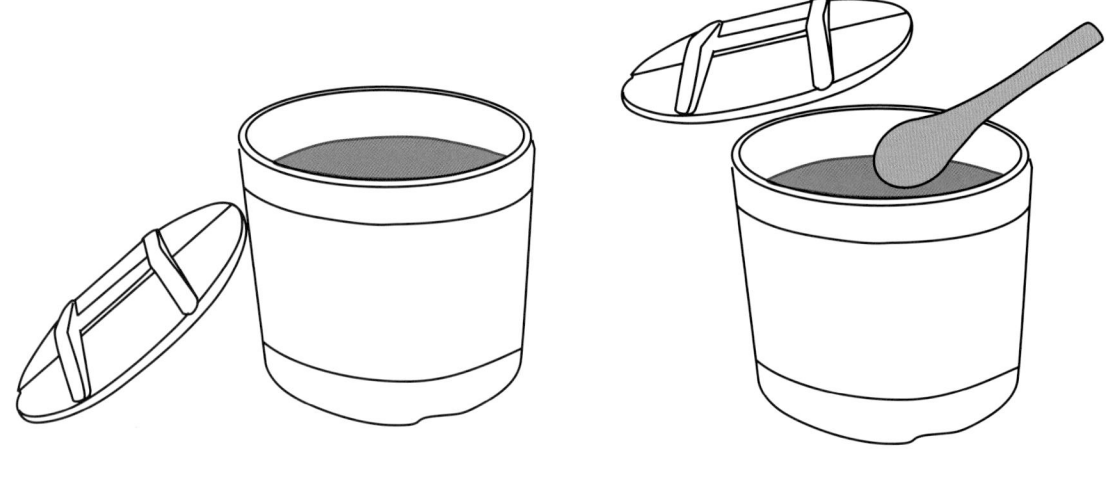

木面桶使用场景图1　　　　　　　　　　木面桶使用场景图2

图六　彝族木面桶使用场景图

彝族漆器储物盒

图一 彝族漆器储物盒主图

凉山州是我国最大的彝族聚居区，喜德县乃彝族漆器之发源地，制作漆器迄今已有1700多年历史。经过长期的传承和发展，产品受到各界人士赞美并远销世界各地。

此件彝族漆器储物盒的材料为天然木漆。盒子由两部分组成，盒盖直径约8厘米，高约5厘米，盖子顶面的纹样是由三角形的色块组成的圆形，抽象地用几何形表现太阳与光芒，反映了彝族人民对自然的尊重与崇拜，盖子侧面由黄色弧形线条围绕，弧线中间点缀红色圆点（如图四、五）；储物盒盒身直径约8厘米，高约15厘米，盒身侧面花纹分为五组，均由几何纹样构成（如图六）。

彝族漆器色彩以黑、红、黄三色为主，以黑色为底色，以红色和黄色作为装饰。三色错综调节搭配，间隔运用，色泽明快艳丽。彝族漆器制作从原木选材到完成需要34道工艺，其中打磨补灰就要进行三遍。

彝族漆器十分讲究整体图案和色彩效

果。一般都做到精细疏密兼顾，主次位置得当，繁简相宜，绚丽的纹饰和优美的造型浑然一体，和谐统一。不论纹饰繁简，均以一心控制全局，结构严谨，均匀简洁，明快清朗，匀称不乱。漆器所反映的彝族三色崇尚，均有约定俗成的文化象征意义：黑色表示尊贵和庄重；红色象征勇敢和热情；黄色代表美丽和光明。

彝族漆器既是生活日用品，也是装点居室的艺术品，更是纪念、馈赠、鉴赏、收藏的工艺品。

图片来源
图一至图二　曹宇嘉　摄影
图三至图八　曹宇嘉　制图

图二　彝族漆器储物盒实物图

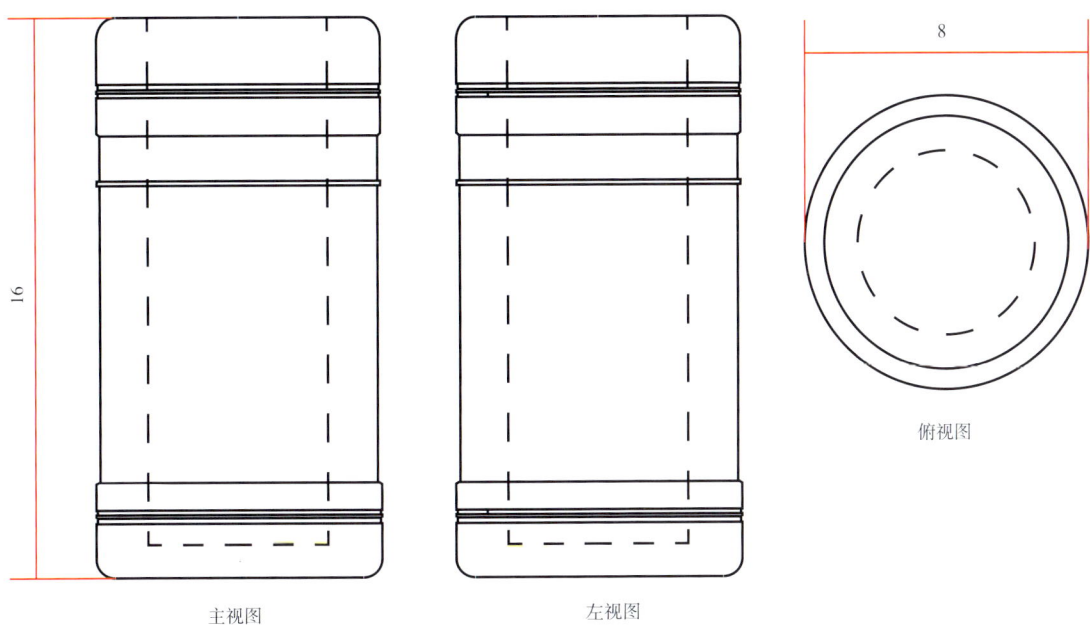

图三 彝族漆器储物盒线描三视图（单位：cm）

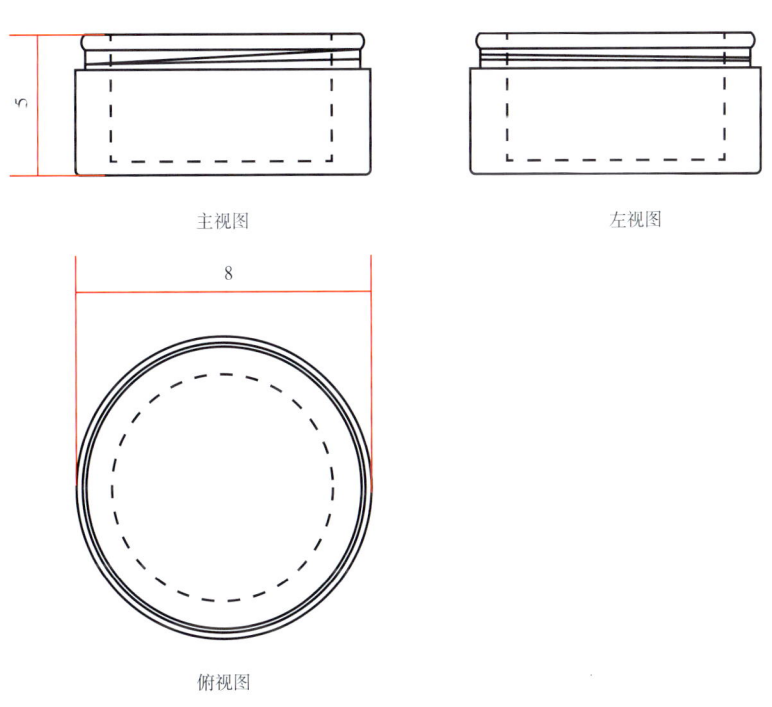

图四 彝族漆器储物盒盖子线描三视图（单位：cm）

图五　彝族漆器储物盒盖子顶视纹样配色图

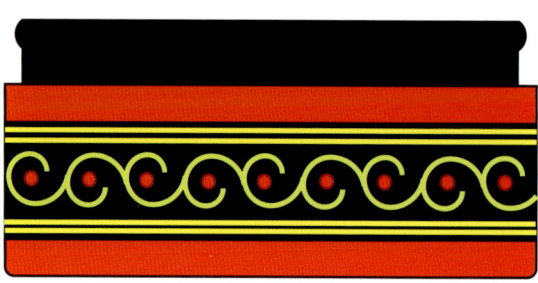

图六　彝族漆器储物盒盖子侧面纹样配色图

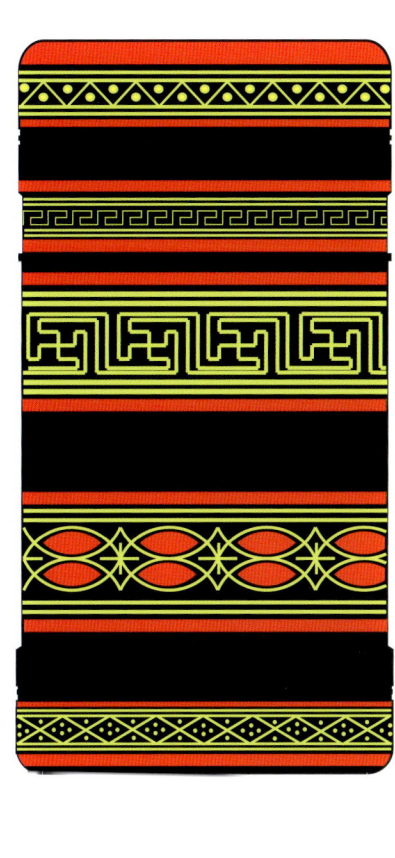

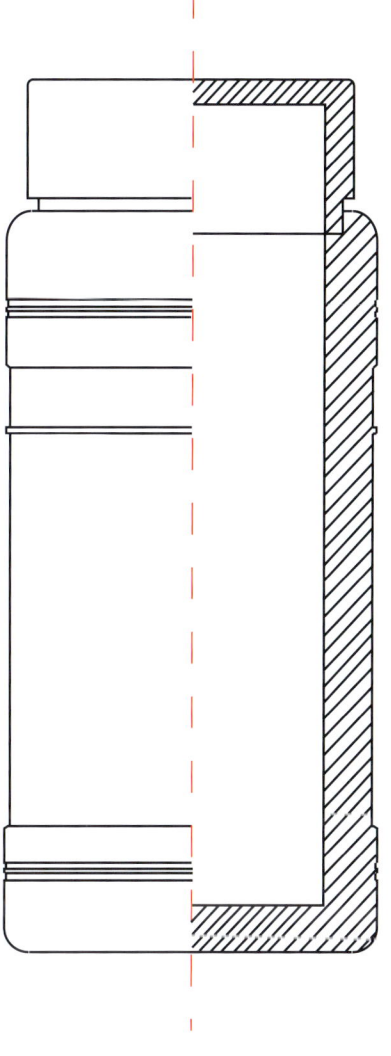

图七　彝族漆器储物盒侧面纹样配色图　　　　　　图八　彝族漆器储物盒储物盒剖面图

第四章　彝族传统生活用具

彝族木水桶

图一　彝族木水桶主图

　　木水桶，是彝族百姓日常生活中不可缺少的盛水器具，大都用来挑水、盛水，或是给牲口攒泔水。木水桶是彝族传统生活中具有代表性的器具之一，通常世代相传。在改革开放后，木水桶逐渐被其他材质的水桶所取代。

　　该案例木水桶大约高40厘米，口直径27厘米，底部直径19厘米。木水桶选用实木制作，坚固耐用。桶身采用实木木片拼接，由铁丝制成铁箍对木片进行捆绑而成型，最后再涂刷数遍桐油，以达到防水耐用的目的。木水桶分为两个部分，即桶身和提梁（图三）。提梁用于捆绑绳索便于水担（挑水的扁担）使用，也用于手直接抓握进行提拉。在彝族地区，还有一种比本案例尺寸大的木水桶，也称为背水桶。背水桶的材料和制作工艺都与木水桶一样，只是尺寸较大且没有提梁。在20世纪五六十年代，彝族妇女常用背水桶背水。通常一个村子的背水井离家都较远，每天每家所需要的用水量很大，所以妇女就半夜三更去取水回来使用。无论是背水桶还是木水桶，它们的造型和结构都对现在的桶类器具产生了影响，如洗黄桶浴时使用的黄桶、家庭用于盛装东西有盖的木桶等。

如今，木水桶在许多地方都看不见了，也没有人使用木水桶背水，大都是用于盛装粮食或者其他东西。现在彝族百姓几乎都使用自来水，生活更为便利了。虽然木水桶逐渐淡出了我们的视线，但其作为一种传统的手工制品，仍具有重要的文化意义。

图片来源
图一　杨曼羚　摄影
图二至图四　罗黛诗　制图

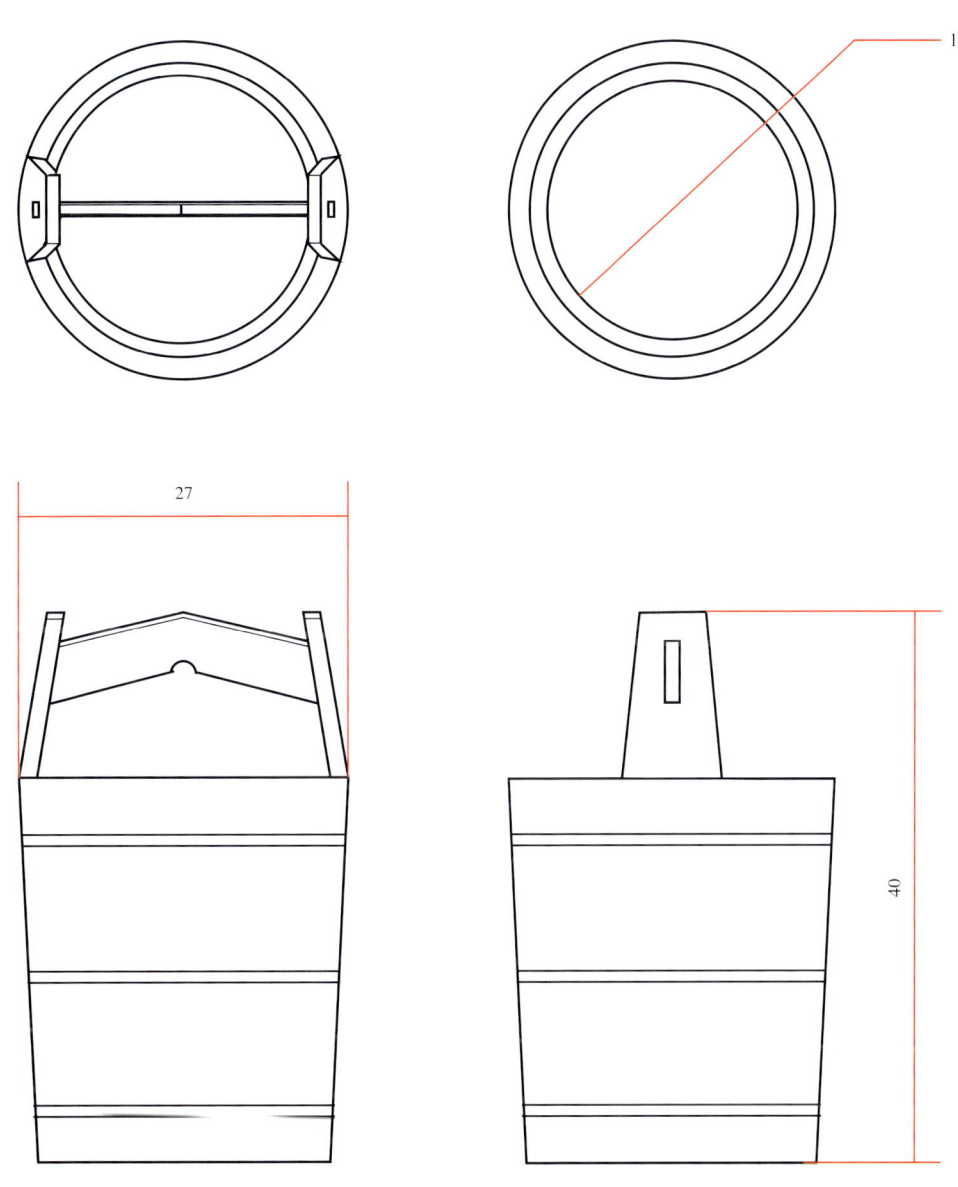

图二　彝族木水桶四视图（单位：cm）

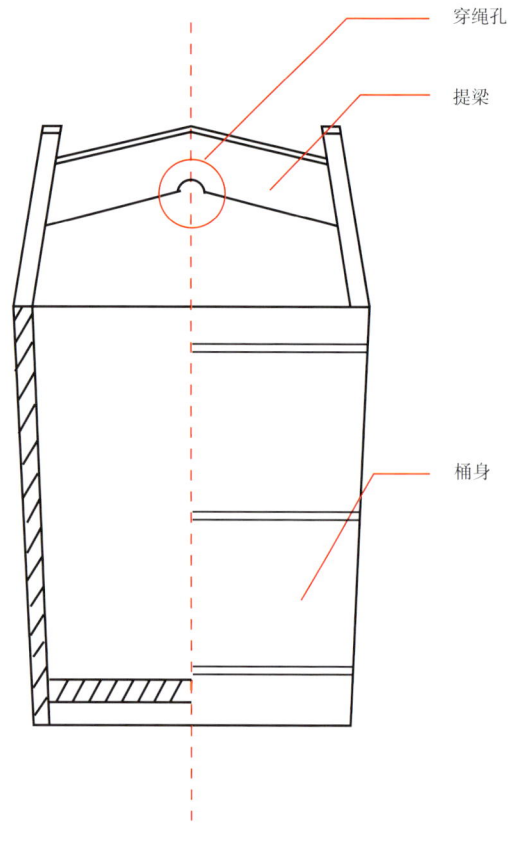

图三　彝族木水桶剖面结构分析图

图四　彝族木水桶使用示意图

彝族小木桶

图一　彝族小木桶主图

小木桶是彝族人民常用的木质桶装容器，是旧时最常见的木桶，一般是在婚嫁时，女方当作嫁妆的器物，包括洗脸的（面桶）、洗澡的（脚桶）、方便使用的（屎桶）、洗碗的（碗斗），以及生小孩子时接生用的（腰桶），是古代彝族常见的家用品。

小木桶主要由两部分组成，分别为桶身和桶盖。制作木桶是一项技术含量很高的工艺，若干块木板要刨出内外弧，经过加工打磨形成不漏水的桶身，桶身上端有两个对称的耳伸出。桶盖上有一个把手方便揭盖，把手中间有一孔，由一凹凸木条穿过，可与桶身上的两耳形成一个锁扣，防止桶盖脱落。总之，小木桶是彝族人民不可缺少的家用品。

图片来源
图一　刘萧　摄影
图二至图五　刘萧　制图

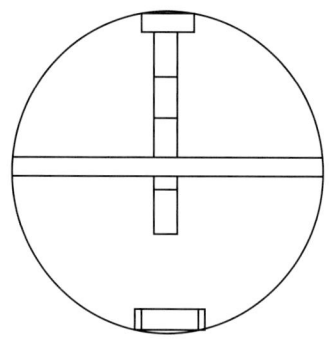
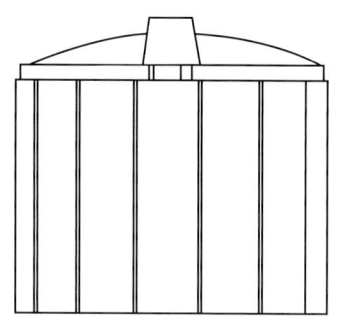
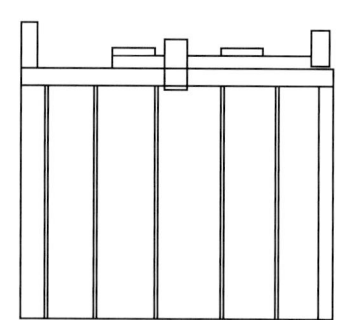

图二　彝族小木桶三视图

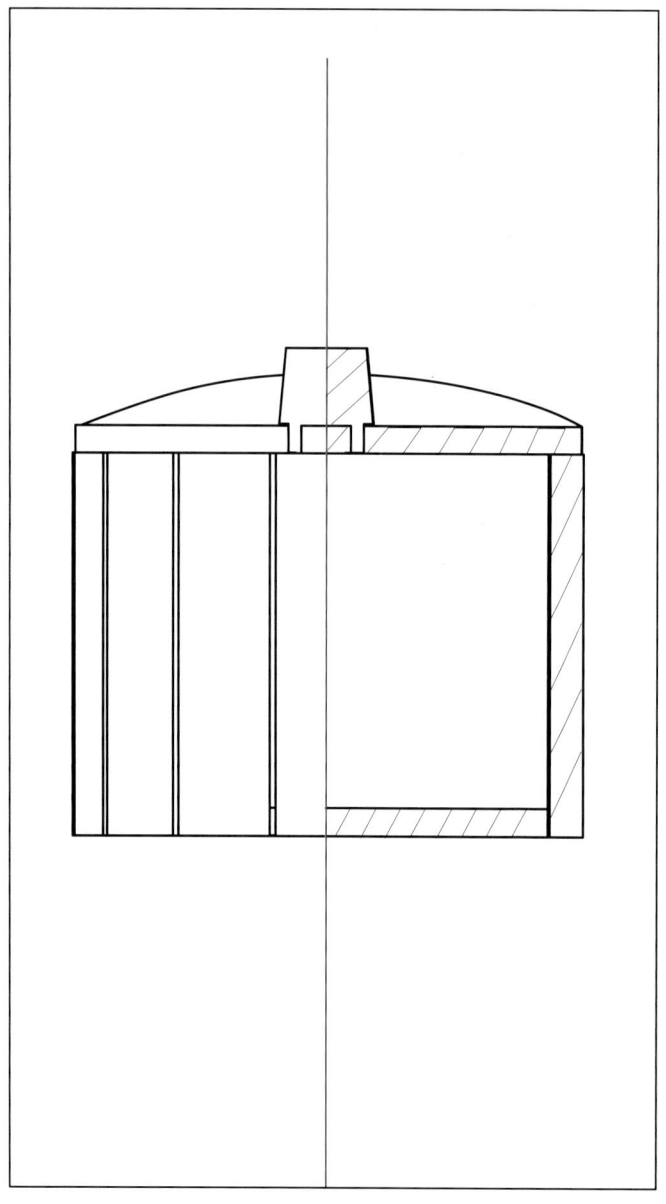
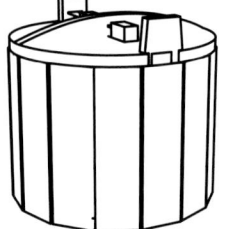

图三　彝族小木桶剖面图

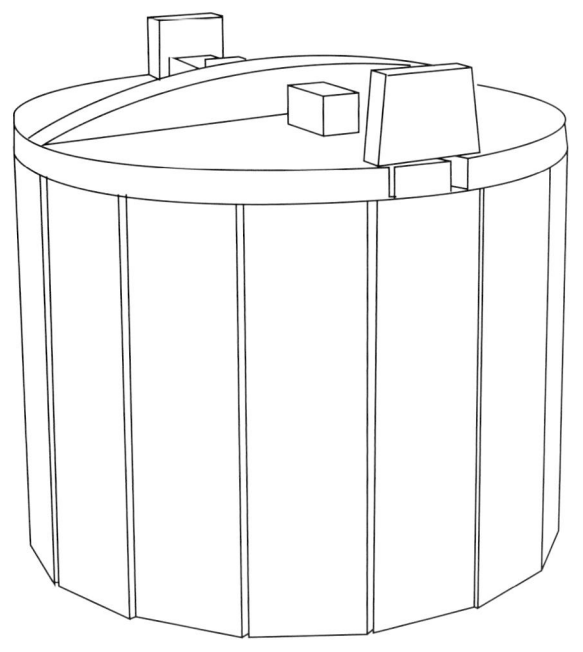

图四　彝族小木桶透视图

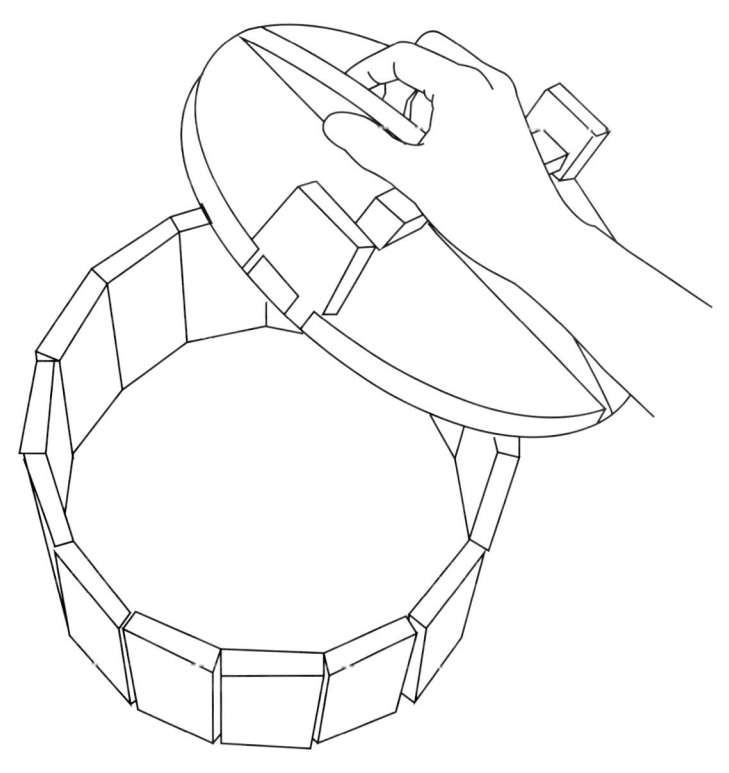

图五　彝族小木桶使用示意图

彝族圆木罐

图一　彝族圆木罐主图

彝族人民在罐形器物上与汉族有很多相似之处，圆木罐就是其中之一。

彝族圆木罐以实木为原材料制作而成，高约22厘米，口径约7厘米，底径约14.8厘米，口平，沿宽厚、颈稍矮、肩缓平、圆腹，平底，圈足。圆木罐完全是是由手工制作而成。彝族圆木罐是以车木工艺加工而成，车木工艺指的是用刀去削旋转着的木头，和金属车床原理类似，加工出来的是圆形的木制品。这在我国各少数民族间都是少见的。彝族圆木罐在造型上做到极简的同时也考虑到了日常生活中使用者的方便，其矮短的颈部，使人在拿取的过程中更加方便且不易滑落。

图片来源
图一至图三　杨承颖　制图

图二 彝族圆木罐三视图

图三 彝族圆木罐剖面图

第四章 彝族传统生活用具

彝族黄油布伞

图一　彝族黄油布伞主图

伞，是一种提供阴凉环境或遮蔽雨、雪的工具。伞的历史悠久，我国是世界上最早发明伞的国家，其应用也十分广泛。本案例黄油布伞来自四川凉山彝族自治州布拖县，手持黄油布伞的彝族女子是每年火把节上的独特风景（如图一、七）。

伞高约85厘米，展开直径约110厘米（如图二）。黄伞被外界赞美为盛开在大凉山最美的花朵。彝族女子几乎人手一把黄伞，高原气候变化大，紫外线强，伞能够遮阳避雨（如图五）；彝族火把节又是火的节日，火焰是黄色的，打黄伞很好地迎合了这一主题；黄色又是彝族最崇拜的三色之一，彝族人自古以黄色为美，所以黄伞就自然而然地成为了彝族姑娘们在重大节日里的一件饰物。黄油布伞的制作工序也较为复杂，伞骨的制作上首先要将毛竹按尺寸劈开，削制成短骨、长骨，然后打上孔，并用铁钉连接成形，再将伞柄与伞骨连接并用钢丝固定，伞骨架成形（如图三）。伞面制作工序也很复杂，先把一卷卷的棉布裁成长条形，再用一个竹三角形架子把布条裁成三角片，然后把三角片用缝纫机缝合成伞面。伞面完成后，再在每个角上缝上塑胶伞珠，之后把伞面与伞骨缝合在一起。最后，刷上桐油，晾晒。

彝族黄油布伞不仅具有装饰性，更具有实用性，是很具代表性的彝族物品。使用时,打开黄伞,手持黄伞举于头顶即可。

图片来源

图一　俄的尔以　摄影
图二至图五　杨曼羚　制图
图六至图七　俄的尔以　摄影

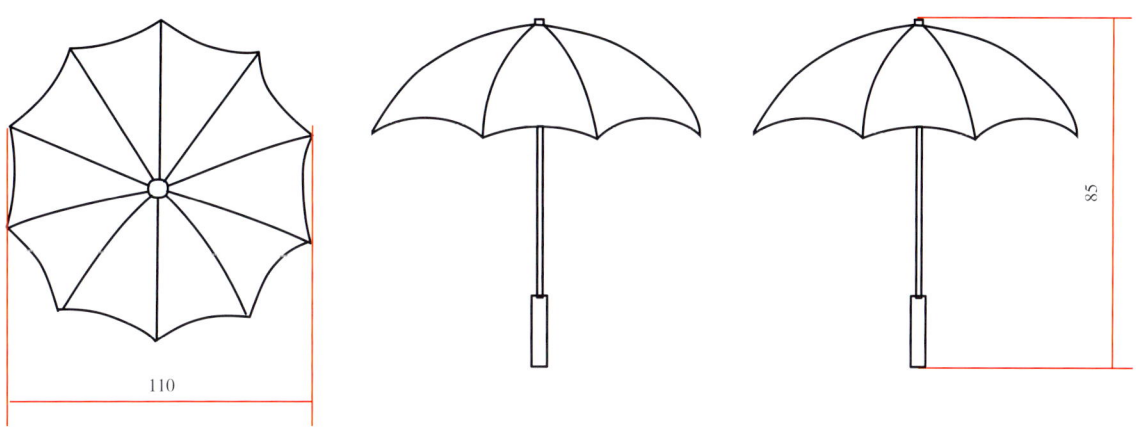

图二　彝族黄油布伞三视图(单位:cm)

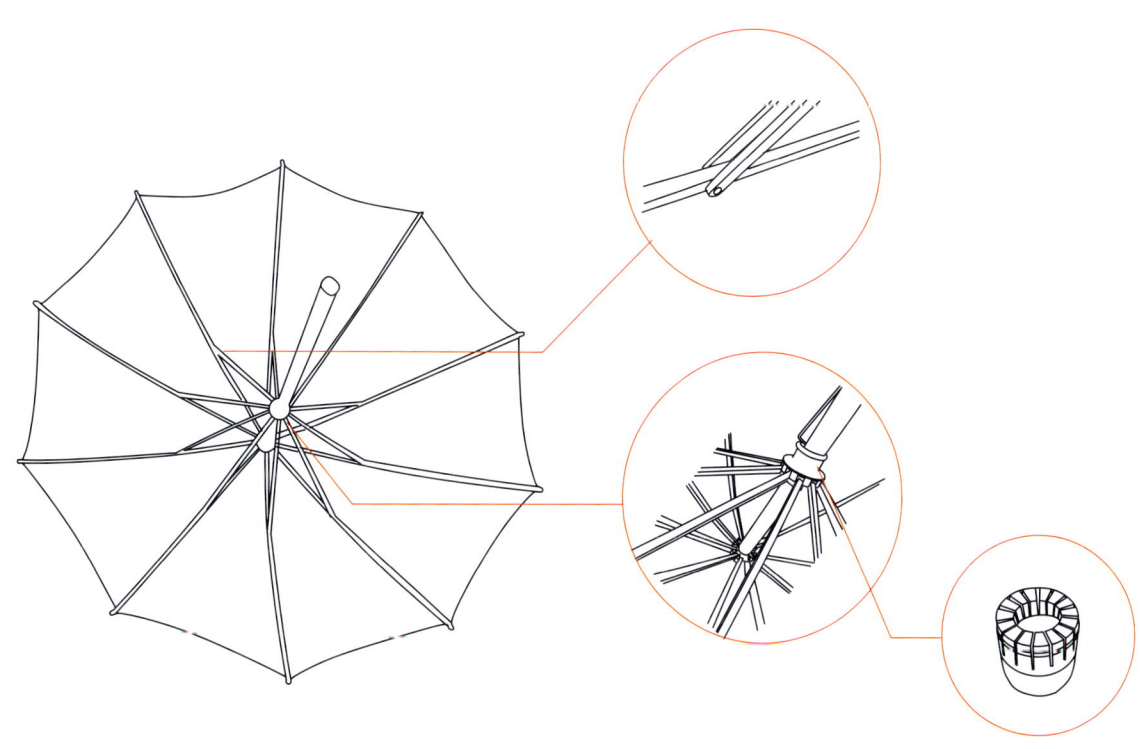

图三　彝族黄油布伞结构细节图

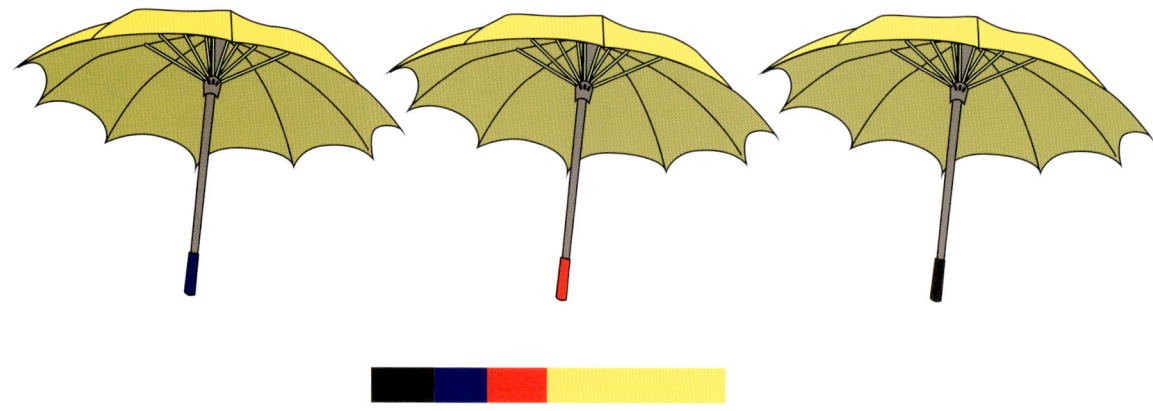

图四　彝族黄油布伞色彩分析图

图五　彝族黄油布伞使用示意图

图六　彝族妇女在制作黄油布伞

图七　火把节上手持黄油布伞的彝族女子

第四章　彝族传统生活用具

彝族宝剑

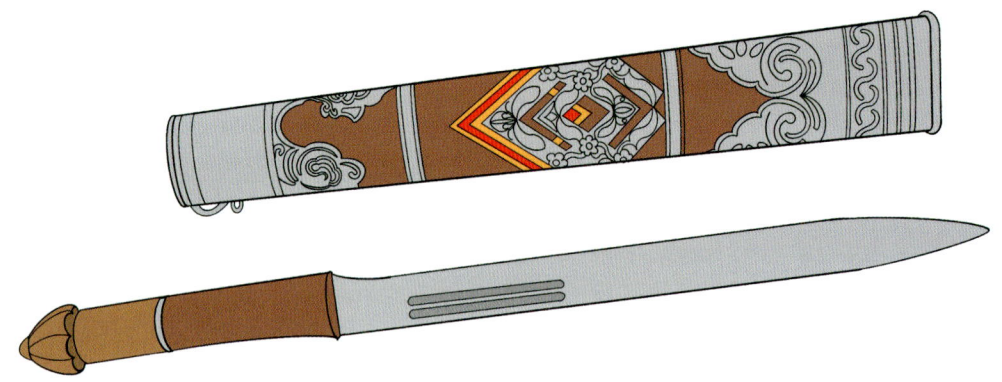

图一 彝族宝剑主图

宝剑,古代兵器之一,属于"短兵"。素有"百兵之君"的美称。古代的剑是长条形、前端尖、后端安有短柄、两边有刃的一种兵器。

此案例为彝族宝剑,全长约35厘米,由三部分组成,剑身、剑柄以及剑鞘。剑柄层次较多,有利于握时防滑。剑鞘上有两处精细的图案,纹饰体现出彝族人的纯朴与乐观,图案多为植物纹样,多以曲线为主,讲究对称却不呆板,内容十分丰富却不花哨,最外还加一方框,使整个图案更加统一,也使其与整个宝剑的气质更加吻合。整体色感偏深,显得稳重。

图片来源
图一 胡海玲 制图
图二至图六 刘萧 制图

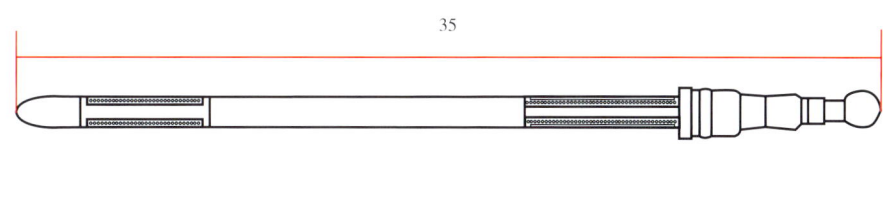

图二　彝族宝剑三视图（单位：cm）

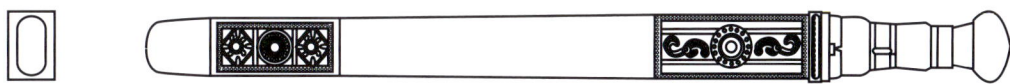

图三　彝族宝剑线描图

图四　彝族宝剑上色图

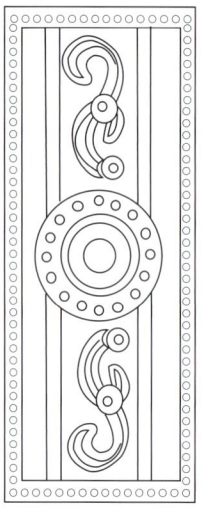 

图五　彝族宝剑图案细节图

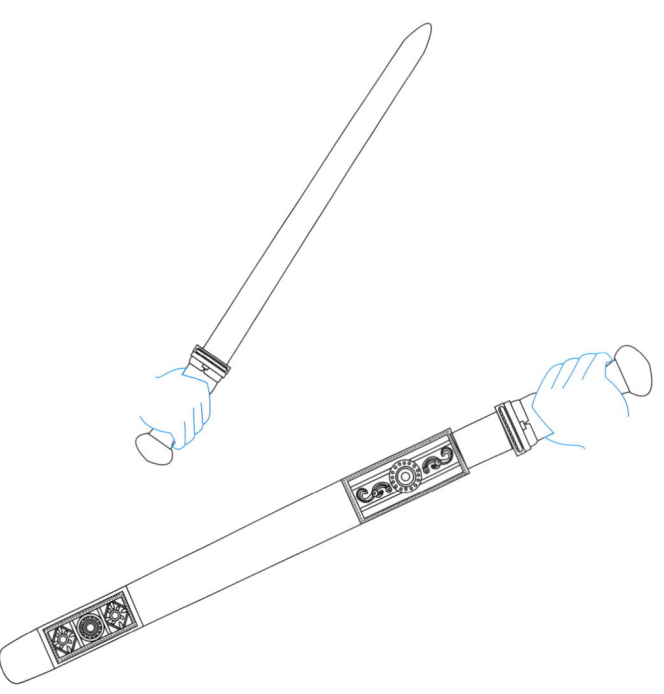

图六　彝族宝剑使用示意图

彝族匕首

图一 彝族匕首主图

匕首，属于中国武术器械，是短剑或狭长的短刀。匕首彝语称为"木英布"，短小锋利，携带方便，是近距离搏斗的有效武器。本案例采集于凉山彝族自治州，是一件装饰较强且极具彝族特色的武器（如图一）。

本案例长约30厘米，厚约3厘米（如图二）。匕首因其首形状类匕（古人取食的器具），因而得名。彝族男子骁勇善战，匕首更是随身携带之物。这把匕首的独特之处在于它的纹样装饰。本案例装饰繁多，纹样则主要是以几何和植物纹为主，银制的刀柄顶端为一个空心圆环的造型，其余部分雕刻有形似指甲的弧形花纹，内部再以竖线穿插，外部饰以点点星辰；在刀刃的部分，中线的一端雕刻有交叉排列的月亮纹样，另一端则以方中带圆的几何纹样排列组合（如图三）；刀鞘部分分为内外两个部分，内部以木为芯，外部包裹一层铜片；刀鞘的装饰也更具彝族特色，装饰有大量的几何纹样，色彩也是以彝族崇尚的红、黄、黑三色来装饰，独具彝族特色（如图四）。

匕首在使用时手握刀柄，将刀刃拔出刀鞘，向敌方刺去即可（如图六）。然而随着时代的变迁，匕首如今已经不再是彝族男子随身可携带的物品，但每逢重大节日，人们盛装出席，都会随身佩带匕首，以彰显英勇的民族个性。所以如今彝族地区的匕首，更多的是以一种装饰物而存放于彝族家庭之中。

图片来源
图一　杨曼羚　摄影
图二至图六　杨曼羚　制图

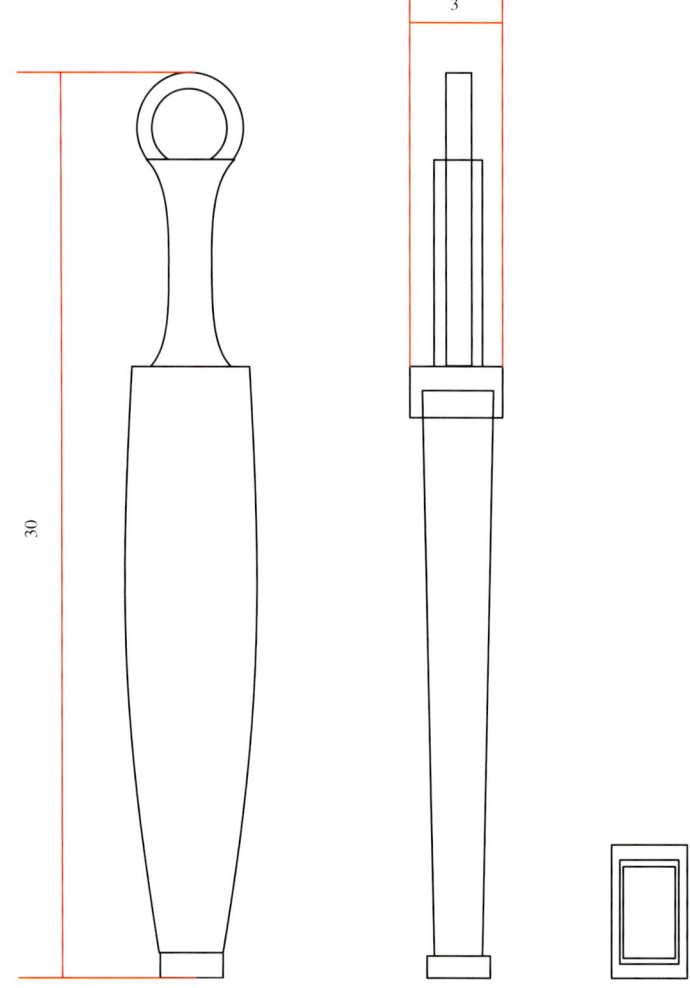

图二　彝族匕首三视图（单位：cm）

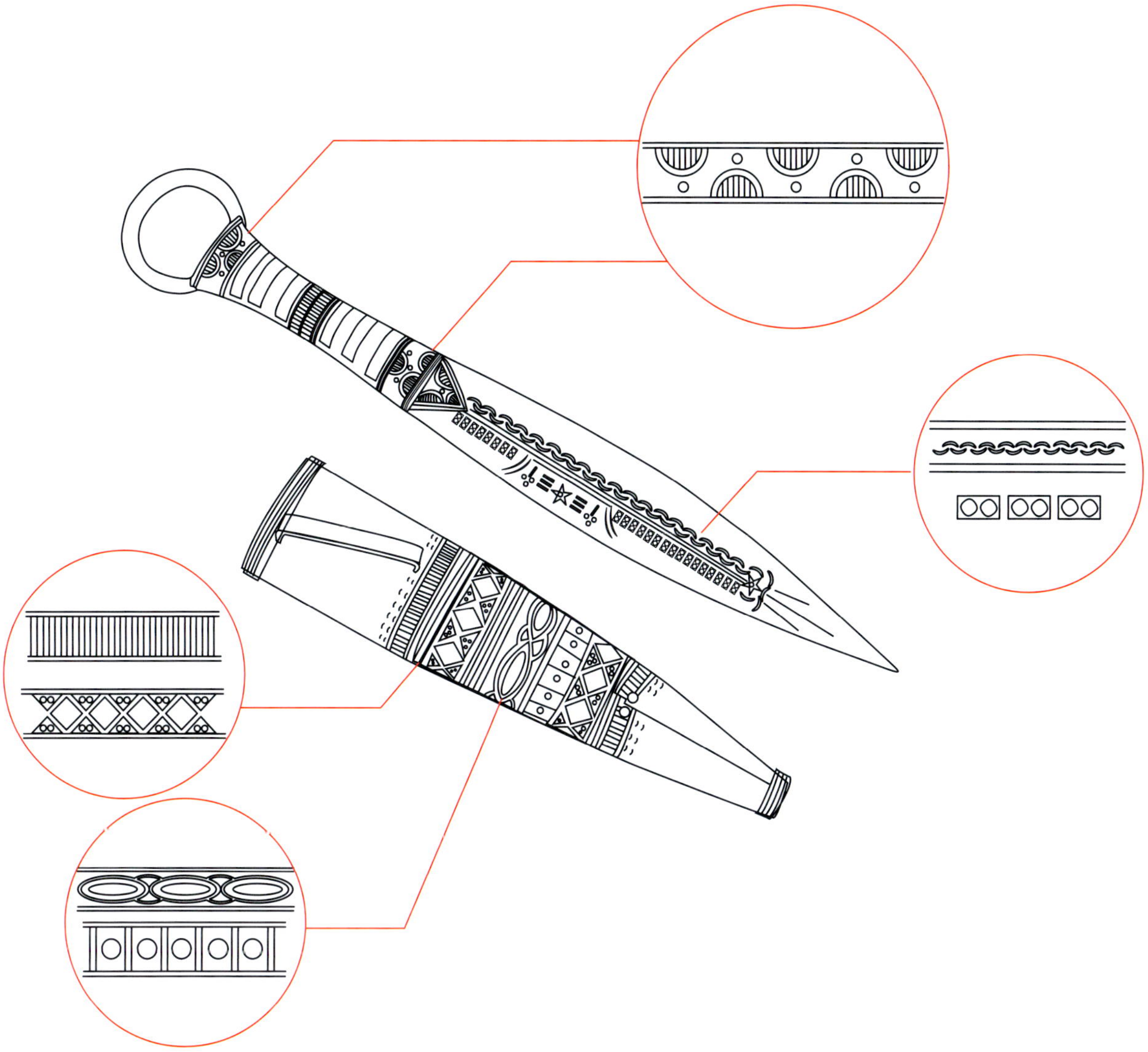

图三 彝族匕首图案造型设计图

图四 彝族匕首色彩分析图

第四章 彝族传统生活用具

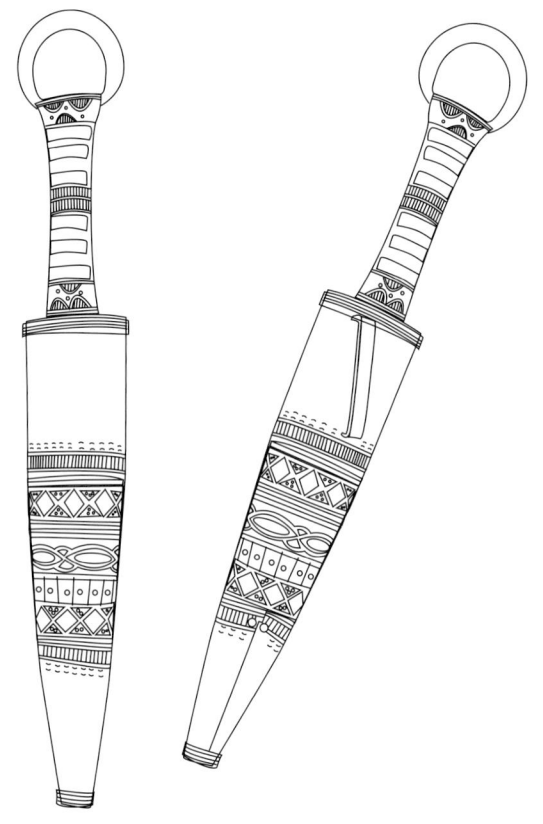

图五 彝族匕首线框图

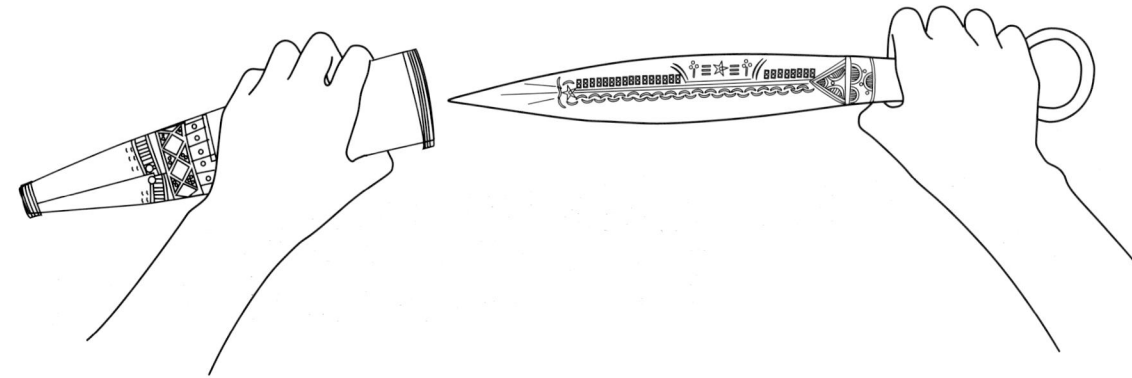

图六 彝族匕首使用示意图

彝族剑

图一　彝族剑主图

彝族剑，是彝族战争时使用的武器，彝族称之为"免除"。本案例实物是国家二级民族文物。它由剑柄、剑身、剑鞘三大部分组成。剑柄分为柄首、柄环、护手三个部分；剑身分为剑刃、剑脊、剑锋三个部分；剑鞘分为鞘口、鞘尾两个部分。

该案例长81.5厘米，宽3.8厘米，重2.2千克。制作工艺考究，剑柄及剑身采用钢质铸造，防止剑的腐蚀老化。剑柄工艺较为复杂，先用黑漆进行漆饰，再用黄铜进行部分包裹，并且剑的柄首区别于一般的剑，采用了象牙骨作为柄首。剑鞘为木质，制作好后，外面包一层羊皮，再把剑鞘通体漆成黑色。本案例的制作工艺及造型具有独特的民族特点，可作为彝族各种工艺相融合的一个典范。它的出现，反映出在数百年前，彝族人就能够灵活运用综合材料，制作工艺也达到了比较高的水平。

图片来源
图一　李思祎　摄影
图二至图六　雷霞　制图

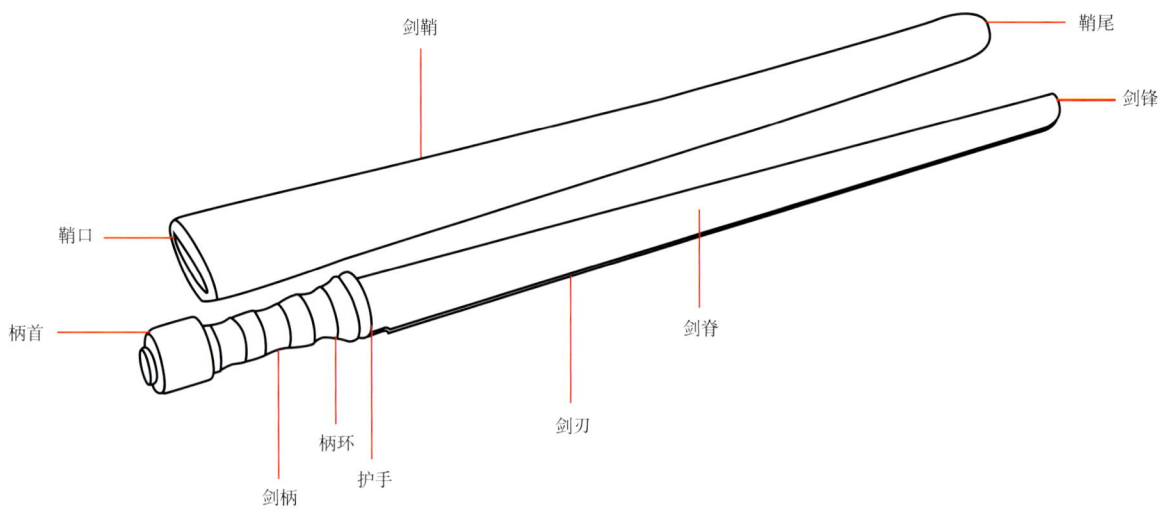

图二　彝族剑结构分析图

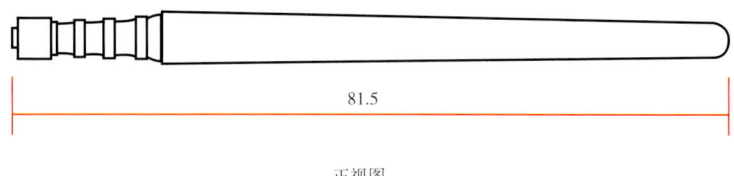

正视图

顶视图

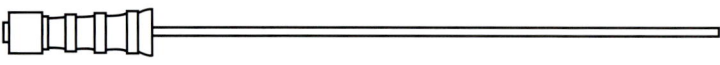

侧视图

图三　彝族剑三视图（单位：cm）

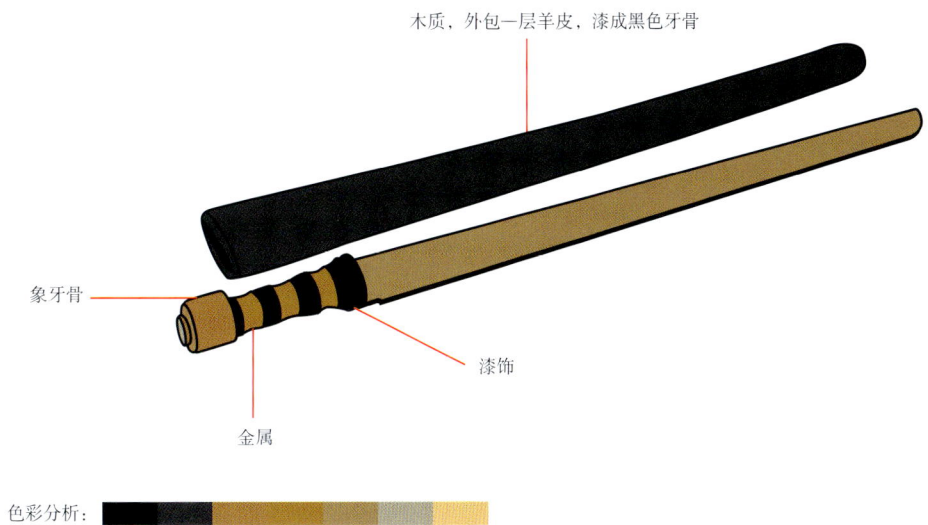

图四 彝族剑色彩、材质分析图

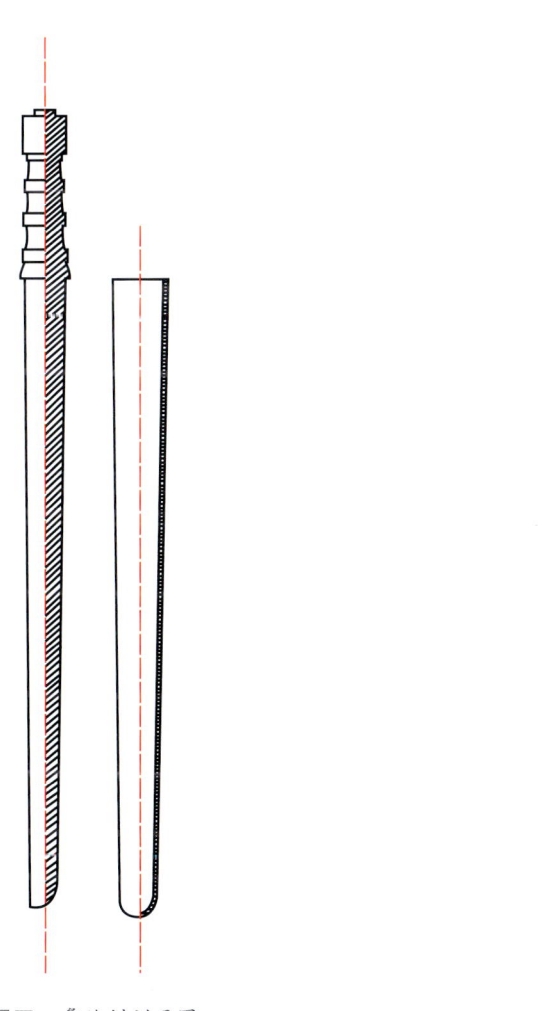

图五 彝族剑剖面图

图六　彝族剑使用示意图

彝族青铜剑

图一　彝族青铜剑主图

该件青铜剑是古代青铜兵器的一种，现存于中国四川省西昌市凉山彝族奴隶社会博物馆的兵器馆中，该件青铜剑的剑长约32厘米，分为剑柄与剑茎两个部分，整体是椭圆实心茎棱脊腊长形刀，剑柄处有螺旋纹，剑茎是窄长身厚腊"山"字格剑。由下端往上两丛渐窄以致突锋锐尖（如图二）。

2005年8月底，云南省巍山县彝族回族自治县马鞍山乡村二村民在被雨水冲塌的自家地块中发现了这把青铜剑。由于没有准确的文物出土层位，在断代和文化属性上只能根据云南省多年来的考古成果来进行对比研究。而巍山出土的这把青铜剑的年代不晚于战国中期。

中国青铜器的制作，其时代可上溯到商代。它的制作过程是：将合金融化后，用泥沙做型腔（如图四），在外范上刻画器物所需的花纹，再将内范与外范相合烘干浇注成器物（如图五）。

古代彝族人常常随身佩带青铜剑，用以自卫防身时进行格斗（如图三）。在巍山彝族回族自治县出土的这把青铜剑中，螺旋纹柄山字形格剑、曲刃式矛的文化面貌与滇西（洱海）区域青铜文化相同和相似，也说明了巍山是滇池青铜文化与滇西青铜文化相互交融的重要地区。

图片来源
图一　凉山彝族奴隶社会博物馆
图二至图五　傅淑萍　制图

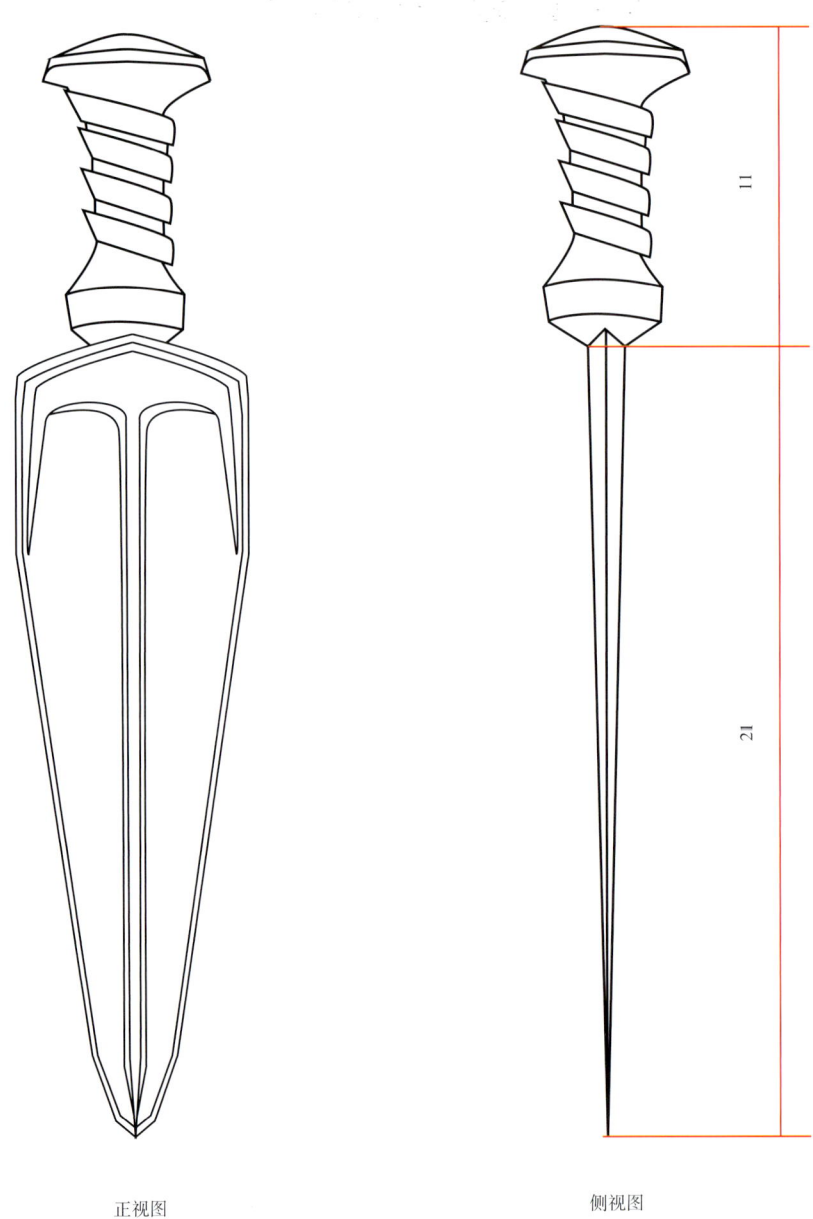

图二 彝族青铜剑三视图(单位:cm)

图三　彝族青铜剑使用场景图

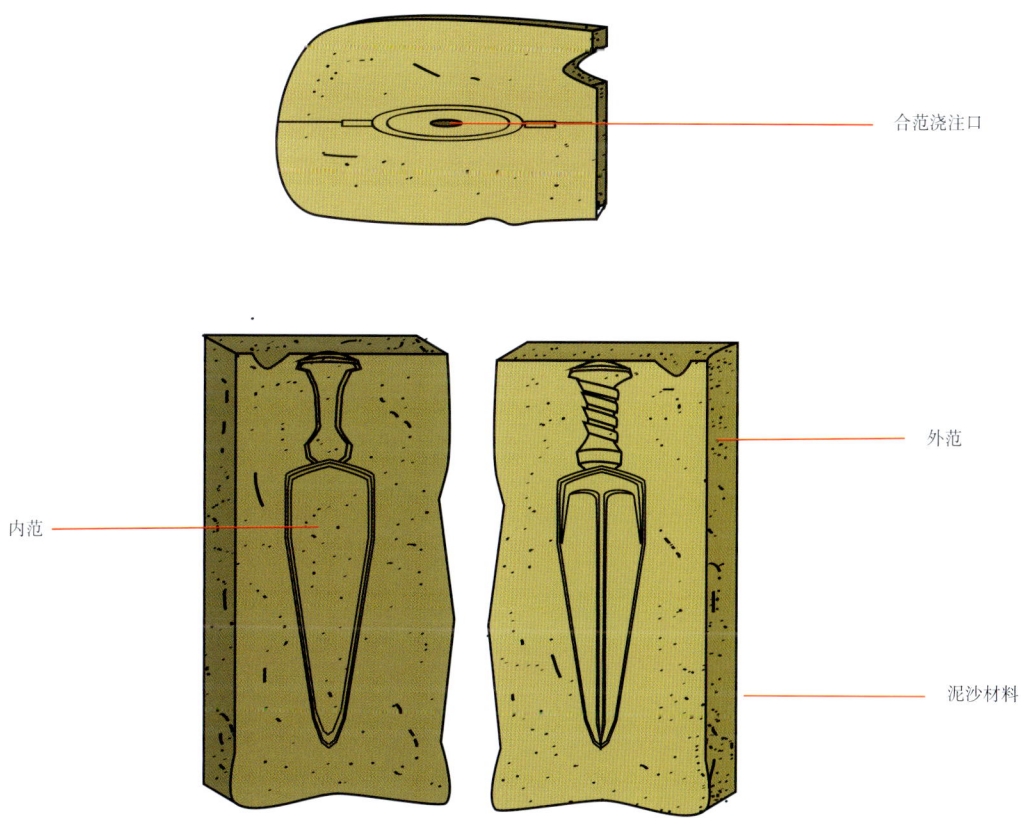

图四　彝族青铜剑型腔图

合范浇注口

外范

内范

泥沙材料

第四章　彝族传统生活用具

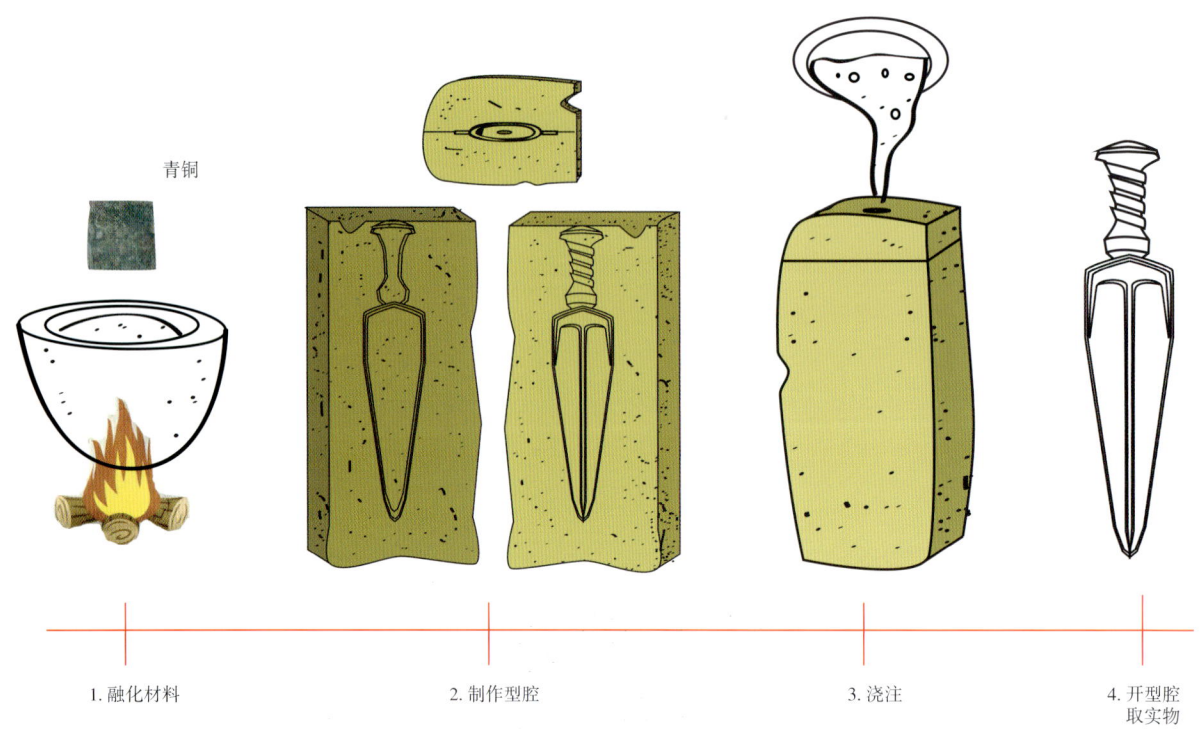

图五　彝族青铜剑制作过程图

彝族盾牌

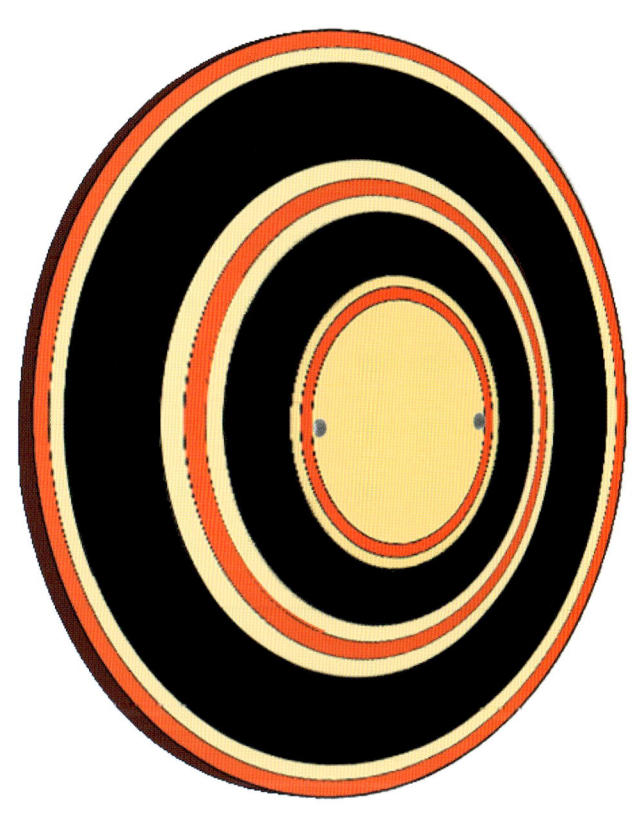

图一　彝族盾牌主图

  盾牌是彝族冷兵器中的一种手持防御性兵器，用来遮蔽身体，远距可抵御箭支的射杀，近战则抵御刺击和砍击兵器的进攻。

  该盾牌为圆形，直径为50厘米，外漆黑色，有几圈红黄间用同心圆彩色图案，中心绘一黄色内圆。也有的彝族盾牌正面绘有红黄二色填涂成的星状图案等。该盾牌中部钻有两个相距17厘米左右的小孔，用来穿绳索，系于左手，轻便灵活。该盾牌质地为皮胎，由一块厚而硬的生牛皮制作而成，其皮质坚厚，可抵挡强箭射击，历经百年而不变形状。盾牌的使用方式为单手把持，通常与刀、剑等兵器配合使用，以保护自己免受兵器伤害，另一只手则能够自由活动对付敌方兵器的攻击。

  彝族盾牌除了皮胎，也有皮木胎，彝族古代的盾牌文物，作为防御性兵器装备之一，能为我们今天研究古代西南地区军事历史，和了解古代冷兵器时代的防护装备提供依据。

图片来源
图一至图七　贺杰　制图

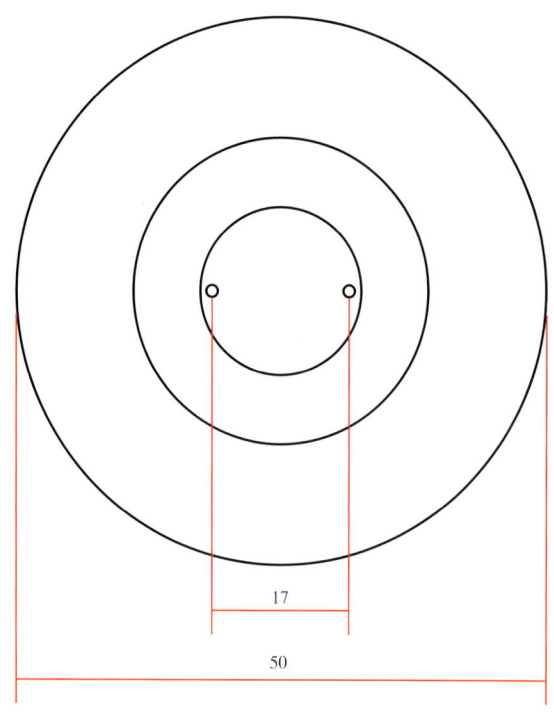
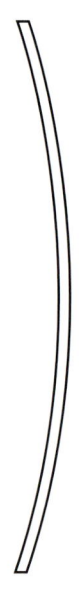

图二 彝族盾牌三视图（单位：cm）

图三 彝族盾牌纹饰示意图

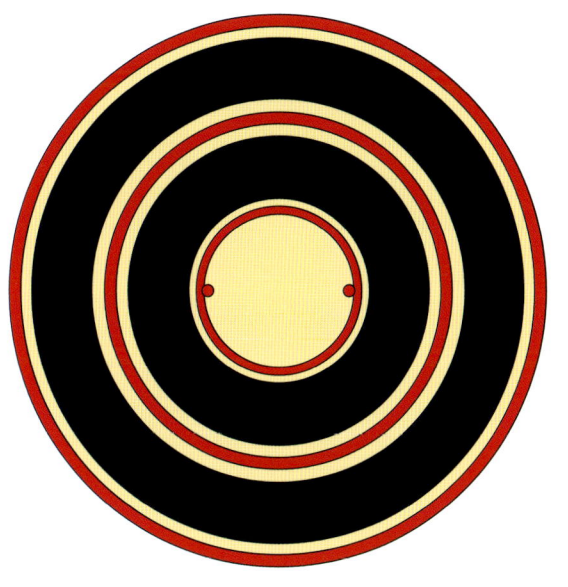

图四 彝族盾牌配色方案及纹饰示意图

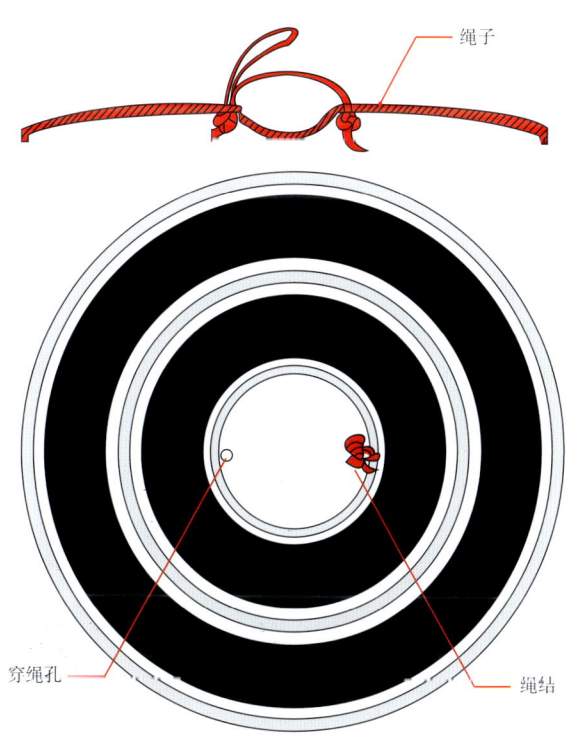

图五 彝族盾牌系绳示意图

第四章 彝族传统生活用具

图六　彝族盾牌使用场景图

图七　彝族盾牌使用方式示意图

第五章 彝族传统生产工具

彝族织布机

图一　彝族织布机主图

彝族服饰随着不同地域、生态和方言而各具特色，异彩纷呈。彝族人的服饰多为自己制作而成。彝族织布机是彝族人纺织用的工具，基本上是自制的木制工具，手工纺织是获得服装原料的主要途径。

本案例由13个部分组成，有固定棉麻线的钢条、用于脚蹬的细钢材、数根竹子质地的绞线棍、两块木板、绕布匹的竹棍、圆形的垫子等。纺织时需要坐在地上，双脚蹬住前方的钢条，双手来回纺织，加上棉麻线的长度可达3米左右，极具特色。其材质容易寻找，制作简便，也是彝族妇女纺织时最常见的工具之一。

彝族在漫长的历史岁月中，不仅用勤劳的双手和智慧创造了博大精深的彝族文化，而且也传承了美轮美奂、多姿多彩的彝族服饰。千里难寻的彝族织布机，让人们感受到勤劳能干的彝族人的纺织的技巧和聪明智慧。

图片来源
图一　本书编写组　摄影
图二至图四　本书编写组　制图

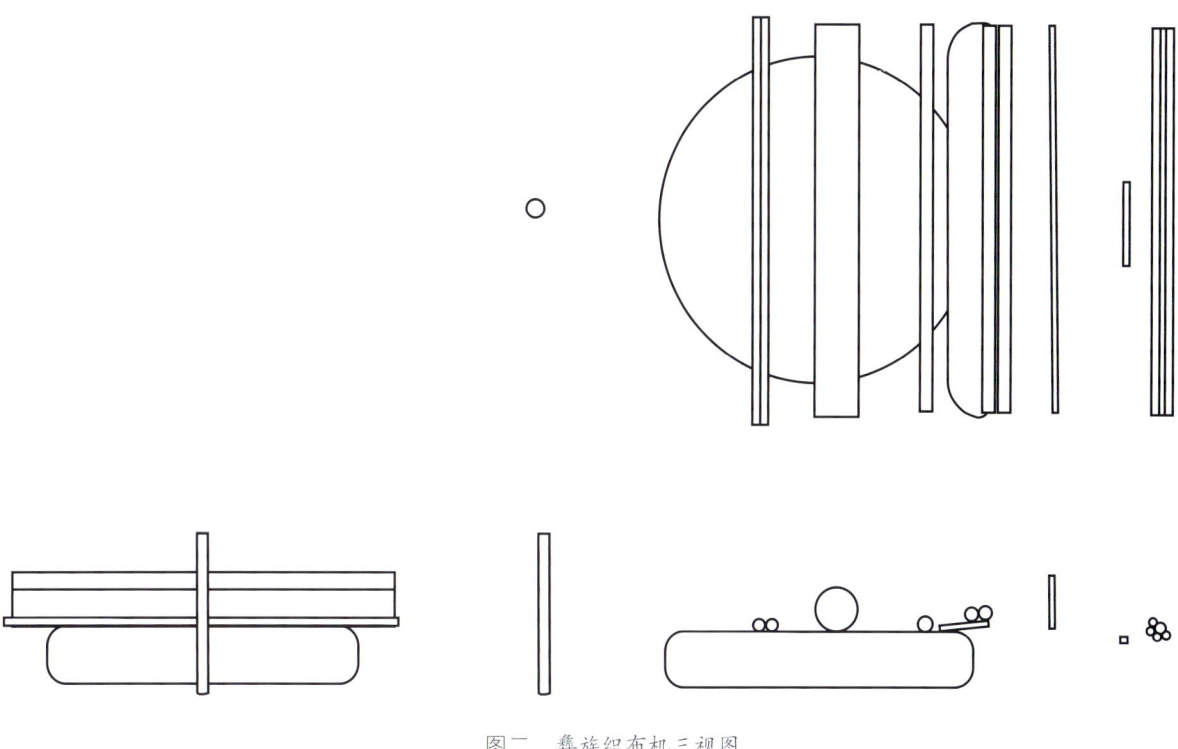

图二　彝族织布机三视图

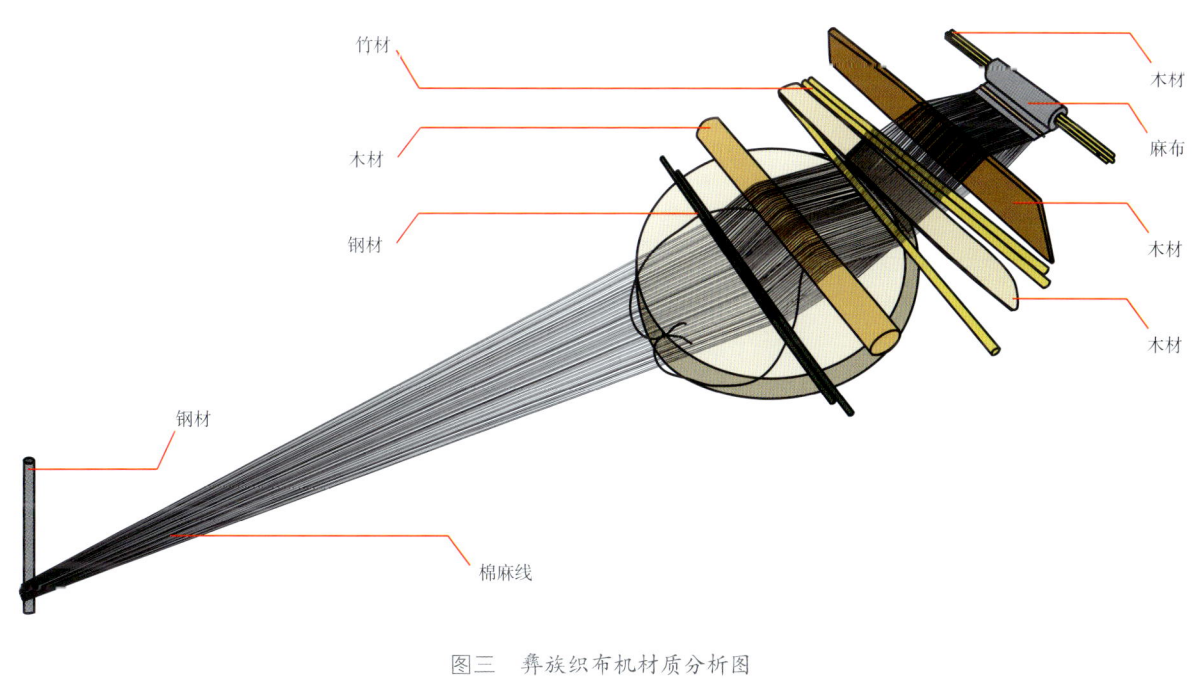

图三　彝族织布机材质分析图

第五章　彝族传统生产工具

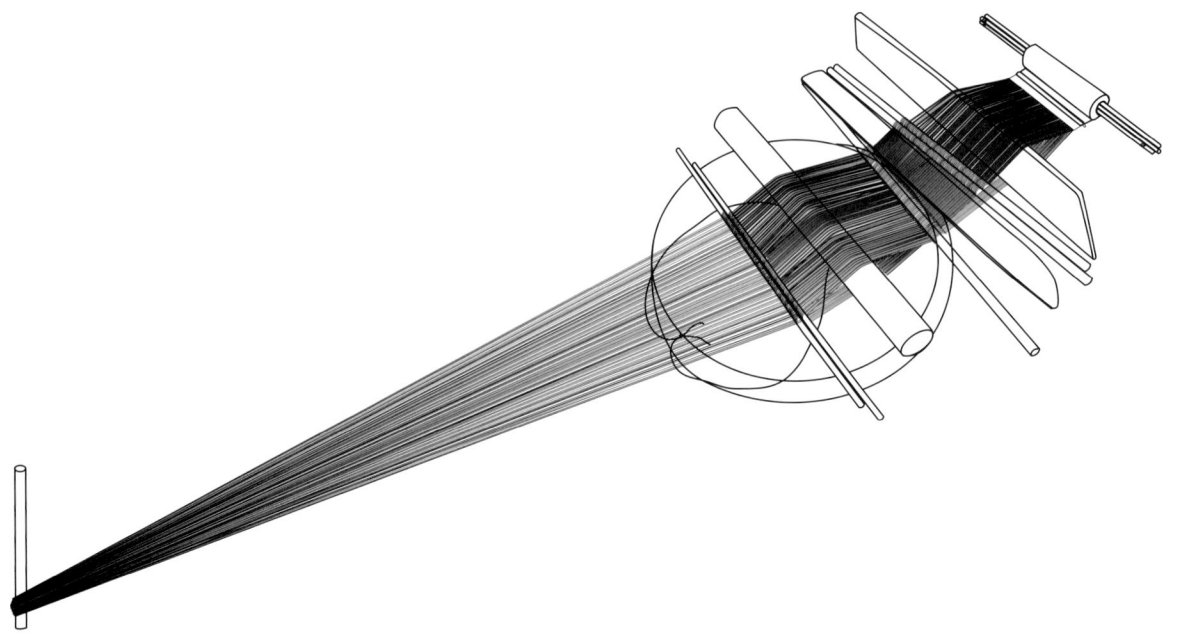

图四　彝族织布机线框图

彝族纺织机刀

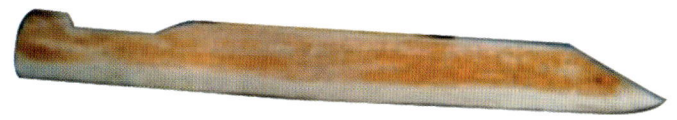

图一 彝族纺织机刀主图

彝族纺织机刀,是用于彝族纺织布料的织纬步骤的工具。早前彝族社会的生产力水平十分落后,部分地区还处在粗放性的生产阶段,纺织用具基本上是自制的木制工具,手工纺织是获得服装原料的主要途径,过去彝族所穿的服装主要以绵羊毛制品和野生荨麻制品为主。

纺织机刀又称纬刀或打纬刀,因织纬后用其击纬而得名。一般由硬木削制,有一定的重量,形状与匕首相似,背部较厚而刀刃较薄,刃部平直,长度一般为15厘米至20厘米。

其作用分为两种:一是控制经线密度,二是把纬线推向织口。使用的时候配合彝族织布独有的腰机,一般的妇女只要单手操作机刀即可。其刀柄的设计更加符合使用者单手使用的习惯,具有更好的握感,这是彝族人在长期的生产实践过程中对于纺织工具制造经验的总结。

图片来源
图一 凉山彝族文化研究所
图二至图六 糜思尧 制图

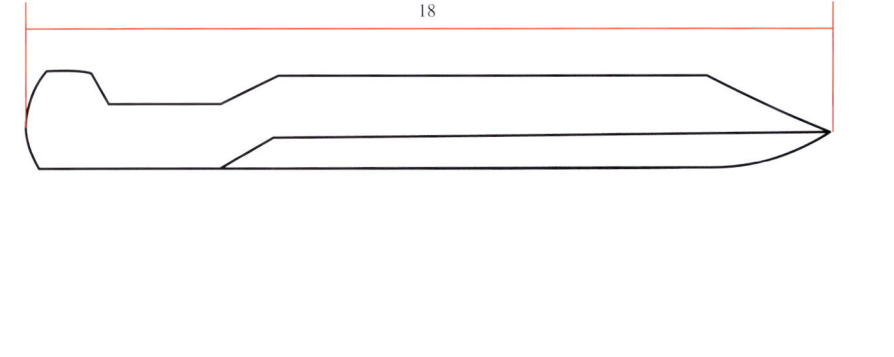

图二 彝族纺织机刀三视图(单位:cm)

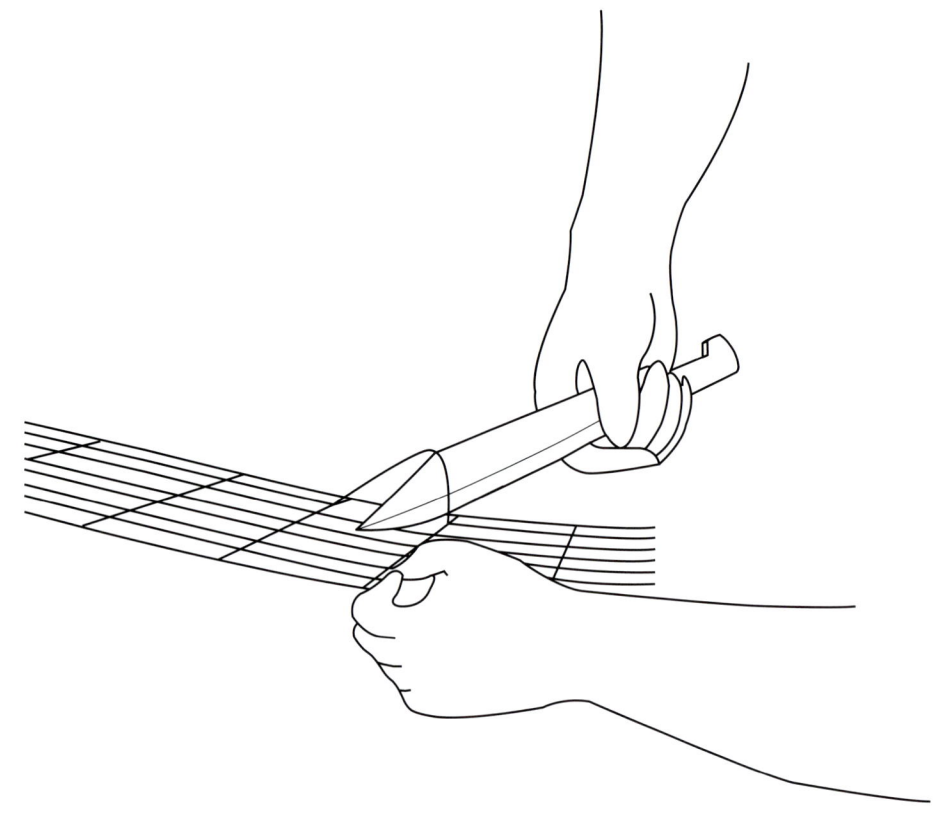

图三 彝族纺织机刀使用分析图

图四 彝族纺织机刀效果图

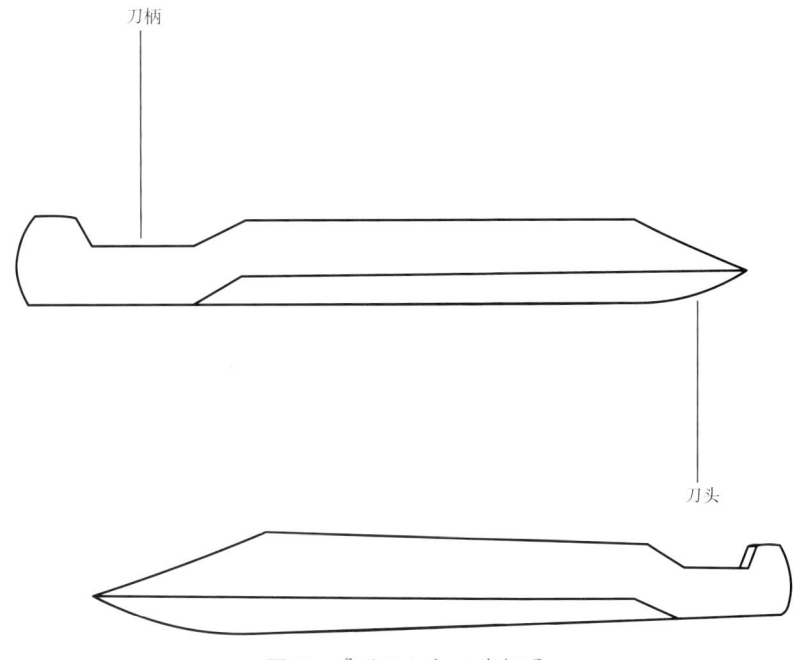

图五　彝族纺织机刀线框图

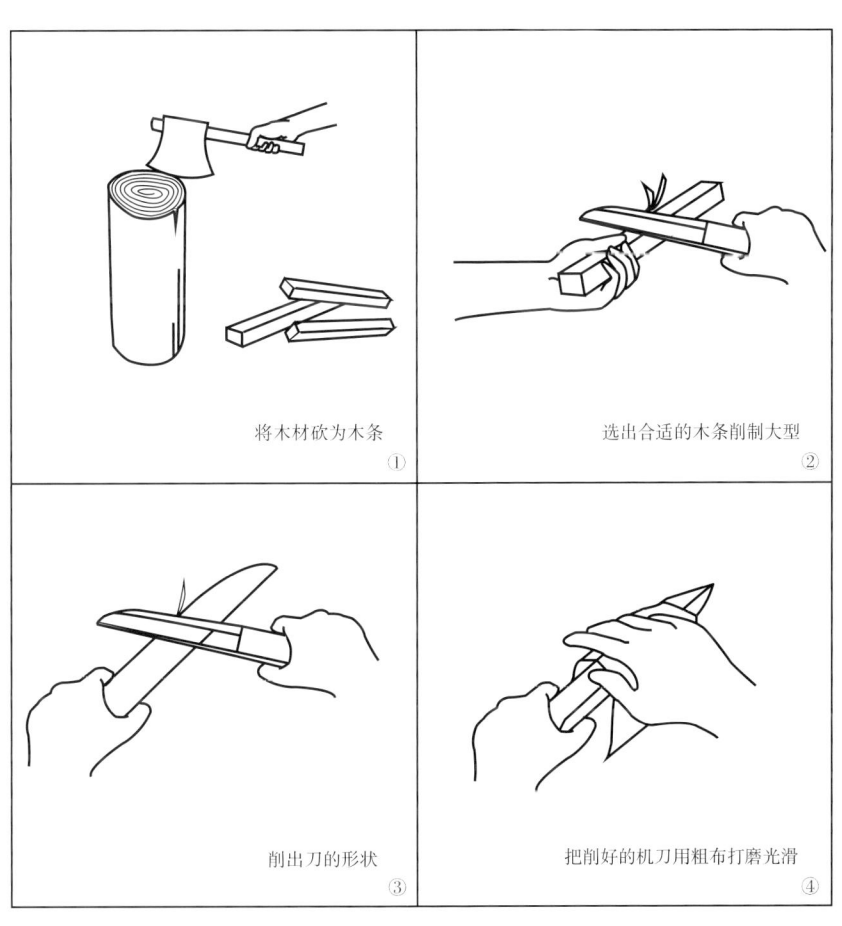

图六　彝族纺织机刀制作流程图

彝族漆器车刀

图一　彝族漆器车刀主图

彝族漆器车刀，顾名思义就是彝族用来制作木质漆器的车刀，在上漆之前需要对木料车削成相应的造型，所以车刀在彝族木质漆器的制作过程中具有不可或缺的作用，图中（图一）的车刀长15厘米，套口直径为2厘米。

从古至今，在彝族民间，制造木胎的车床都是靠脚踩手拉的土机器。这种原始简单的土机器，主要是由反方向缠绕在转轴两头的两根皮条来带动转轴，又将转轴从中分作两节并紧紧地装卡在木胎两端，然后平稳地罩于车床架上，用脚踩动已安好的脚踏板，使木胎随转轴来回地旋转，师傅则用手握住车刀并将车刀的刀口倾斜一定的角度来对木胎进行车削造型。

制作木器的车刀一般由工匠用准备好的铁块锻造成型，刀头在顶端，具有一定的弯曲度，而底部则是套口，使用时可以用符合套口尺寸的小树或者较硬的树干插入套口来作为车刀的握柄。

图片来源
图一　杨曼羚　摄影
图二至图四　糜思尧　制图

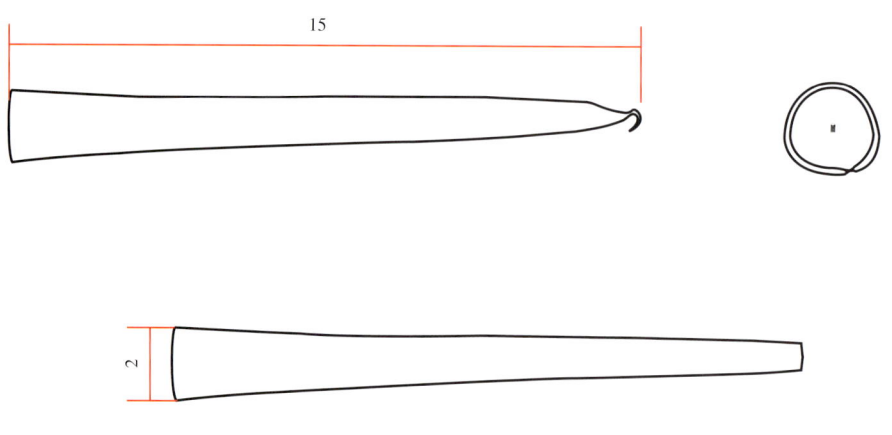

图二　彝族漆器车刀三视图（单位：cm）

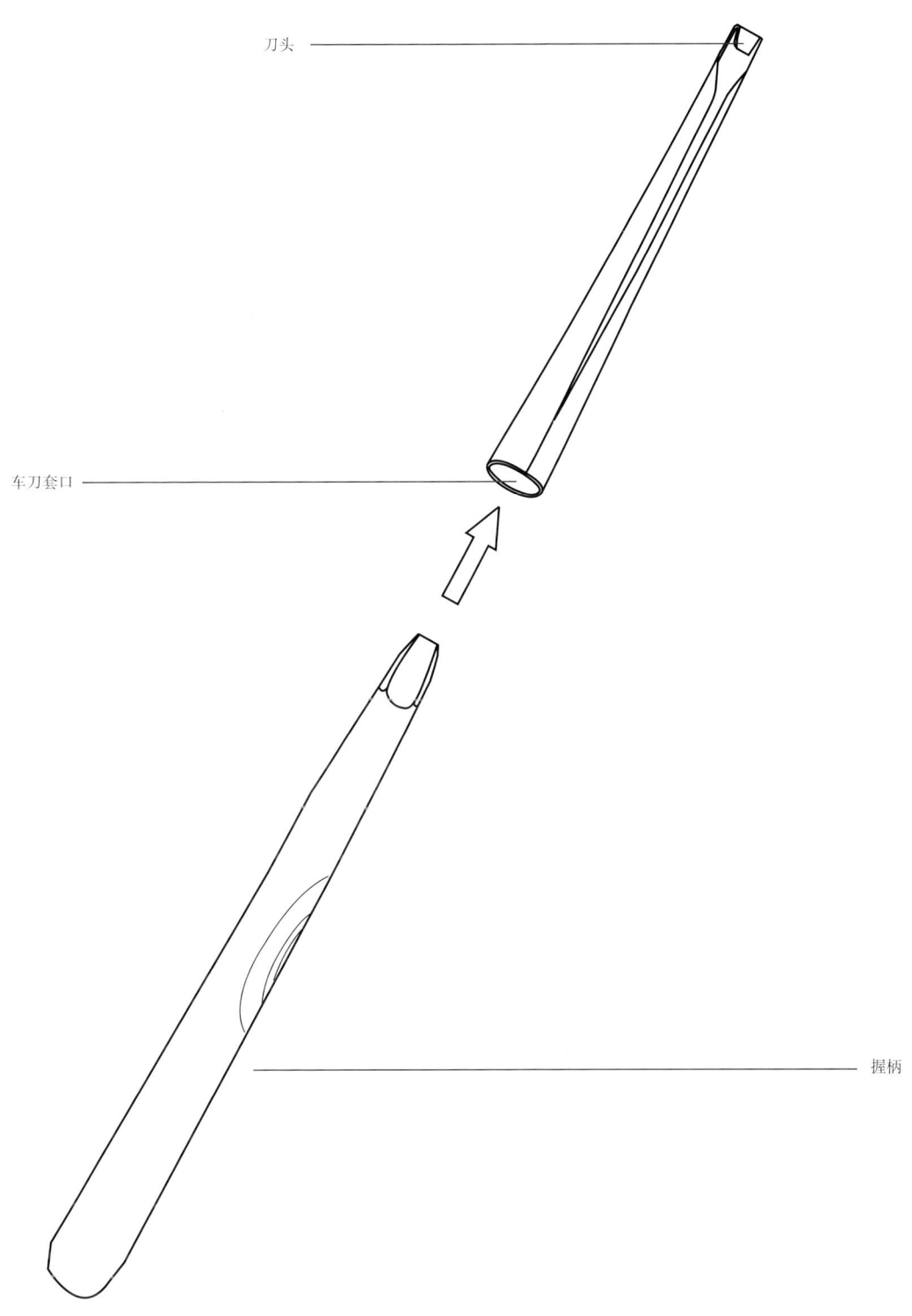

图三　彝族漆器车刀木柄组合图

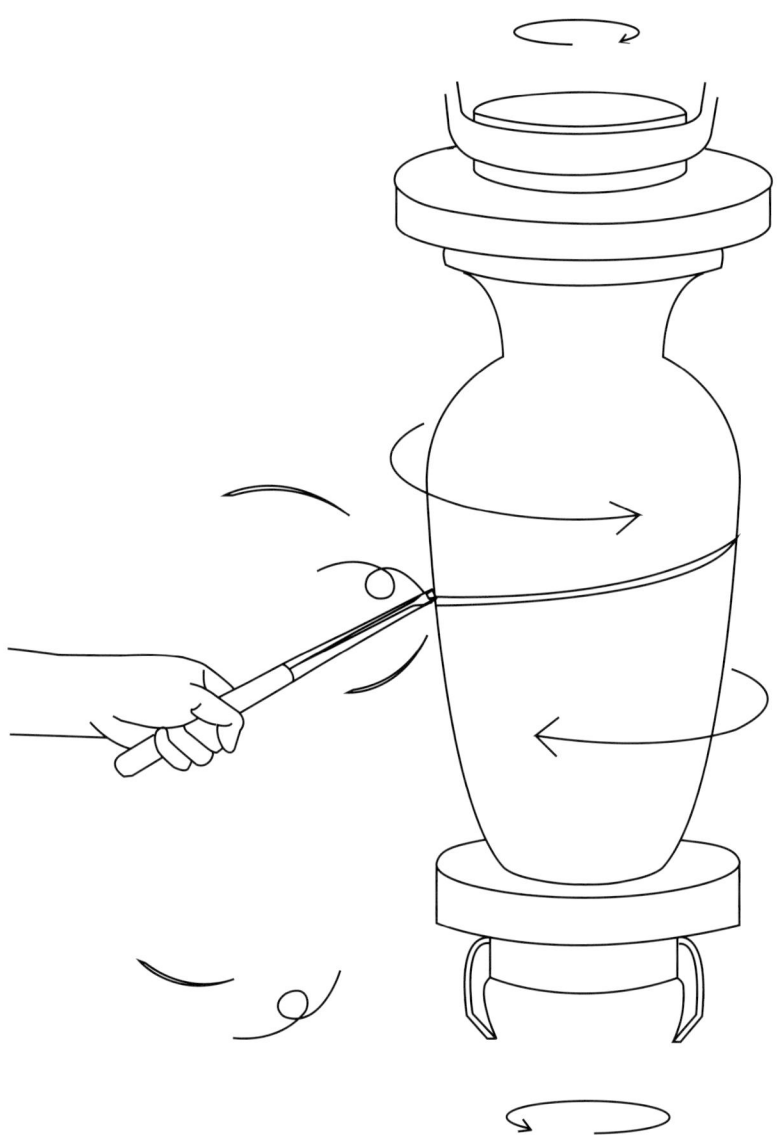

图四　彝族漆器车刀使用示意图

彝族银饰制作工具

图一　彝族银饰制作工具主图

本案例实物采集于四川凉山彝族自治州昭觉县。制作银饰的工具广见于当地银匠的家庭作坊中。

制作银饰最常用的工具是各种铁锤、钳子、錾子、印槽和松香板（如图一）。人们习惯把银匠称为"打银"的，这也是因为铁锤是彝族银饰制作中最为常见的工具。无论是把银打制为薄片或是在印槽的球形凹陷里把银片打出一定的弧度来，或是錾刻图案、花纹，都离不开锤子。在錾刻时，錾子通常和锤子配合在银饰上打出花纹来（如图五）。錾刻也离不开松香板，在需要錾刻时，就将松香加热至柔软并集中堆高，再把银饰粗坯嵌入松香之中。

精美的银饰，需要经过多道工序才能加工完成，制作过程考验着打银匠们的耐心和技巧。彝族银器的纹饰手法大都以阴刻、镂空、镶嵌为主。银匠们精确地称量出银子后，便通过火炉将其加温熔为银水，然后再将银水倒入铅模，冷却后便可形成银条。此时银条经过特制工具的打制便形成了各种形状的银片（如图四）。银片经模子挤压后便形成了银器的雏形。最后还需经过上胶、雕花、镂空、焊接（如图六）、打磨、上光等多道工序。直到这些步骤全部完成，一件漂亮的银饰才能够完美地呈现在人们面前。

图片来源
图一　何欢　摄影
图二至图六　贺杰　制图

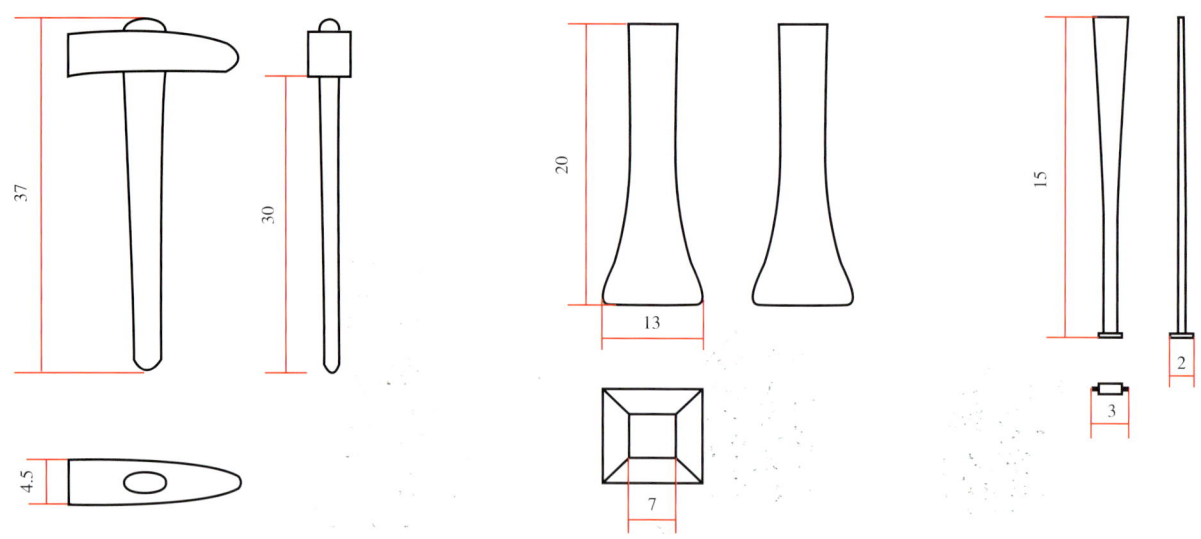

图二　彝族银饰制作工具三视图（单位：cm）

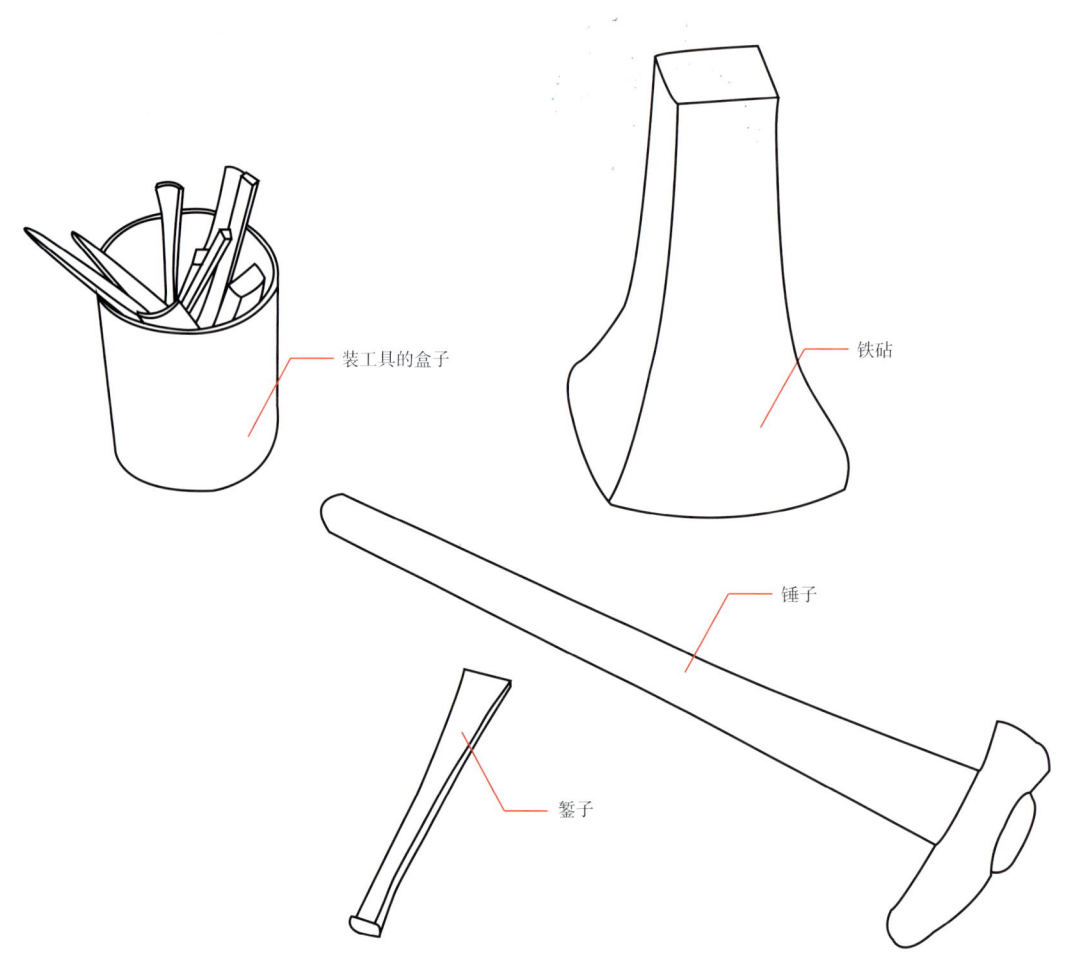

图三　彝族银饰制作工具名称图

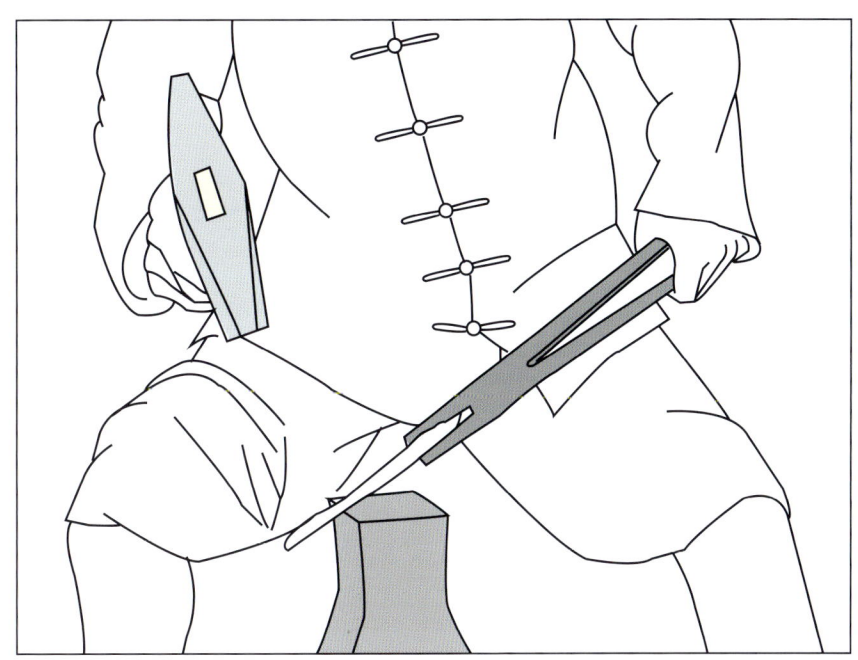

图四　彝族银饰敲打冷却银条示意图

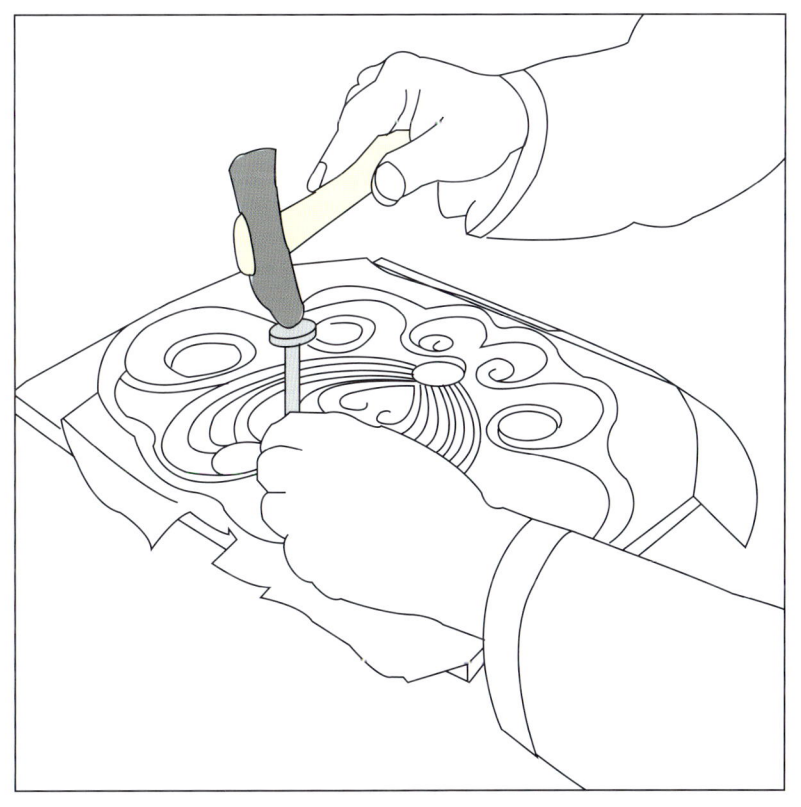

图五　彝族银饰錾刻图案示意图

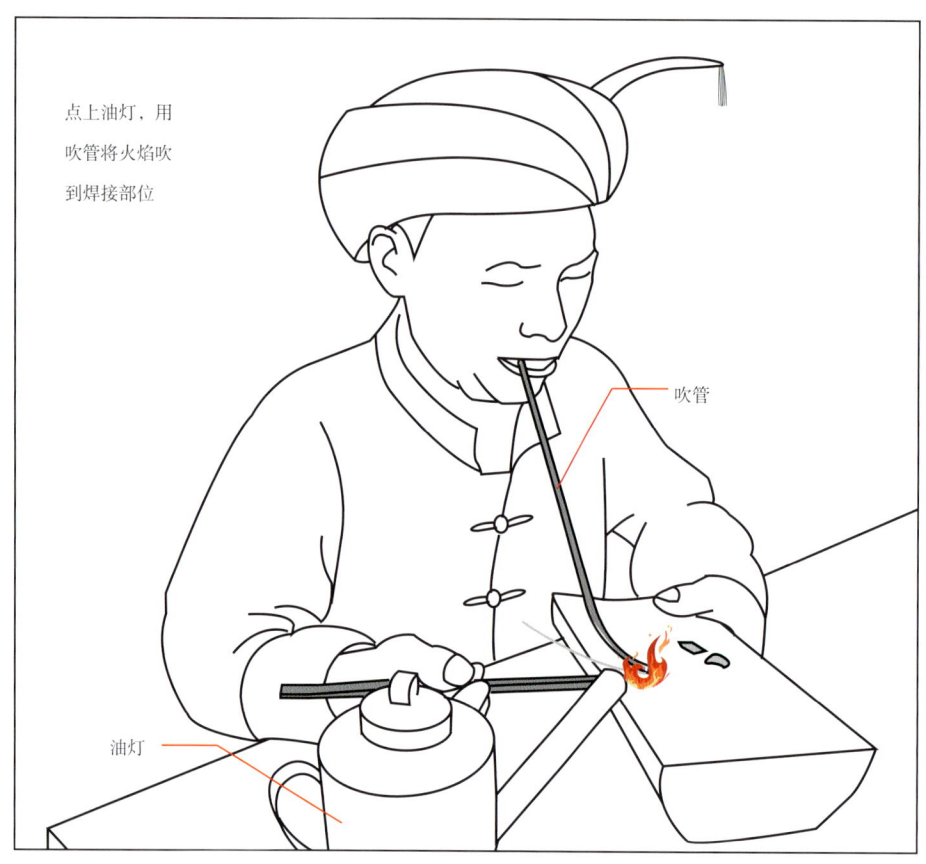

图六　彝族银饰焊接工艺示意图

彝族玉米脱粒机

图一　彝族玉米脱粒机主图

玉米脱粒机是凉山彝族自治州常见的一种农具，其作用是快速地给玉米脱粒。本案例实物收集于糯黑彝族博物馆。

彝族玉米脱粒机多为木质的手持工具，主体为方锥形，下大上小，长约36厘米，宽约28厘米，高约16厘米，木质纹理清晰，朴拙美观。其侧面挖出一个浅浅的凹槽，用弧形铁丝排列在其中。底部两侧下方分别有一根圆细木棒作为支撑，也可手持。木匠往往因材施艺，根据原材料的形状进行修整打磨，在制作过程中多直接选用带有分枝的木枝，简化工艺的同时还能体现浑然一体的造型美感。

在玉米脱粒机使用过程中，彝族妇女往往一手持把手，一手拿玉米，通过在凹槽中弧形锯齿上来回摩擦，使玉米粒分离，达到脱粒的效果。

玉米脱粒机的原材料广泛易得，工艺传统考究，工具实在而便捷，反映了当地人民高超的技艺和朴实的生活态度。

图片来源
图一　星雅　摄影
图二至图五　何欢　制图

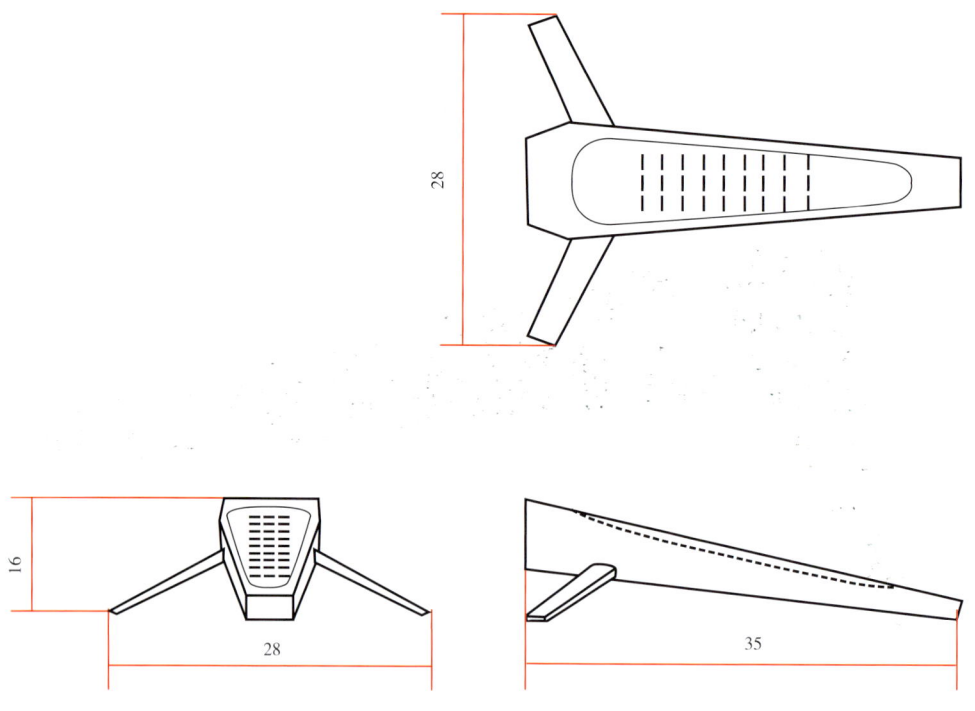

图二 彝族玉米脱粒机三视图（单位：cm）

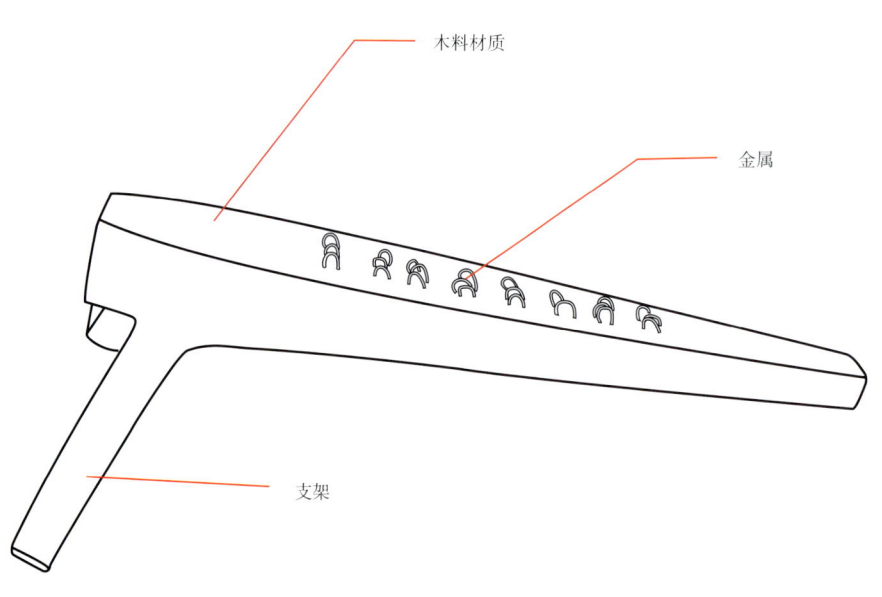

图三 彝族玉米脱粒机材质分析图

图四 彝族玉米脱粒机功能分析图

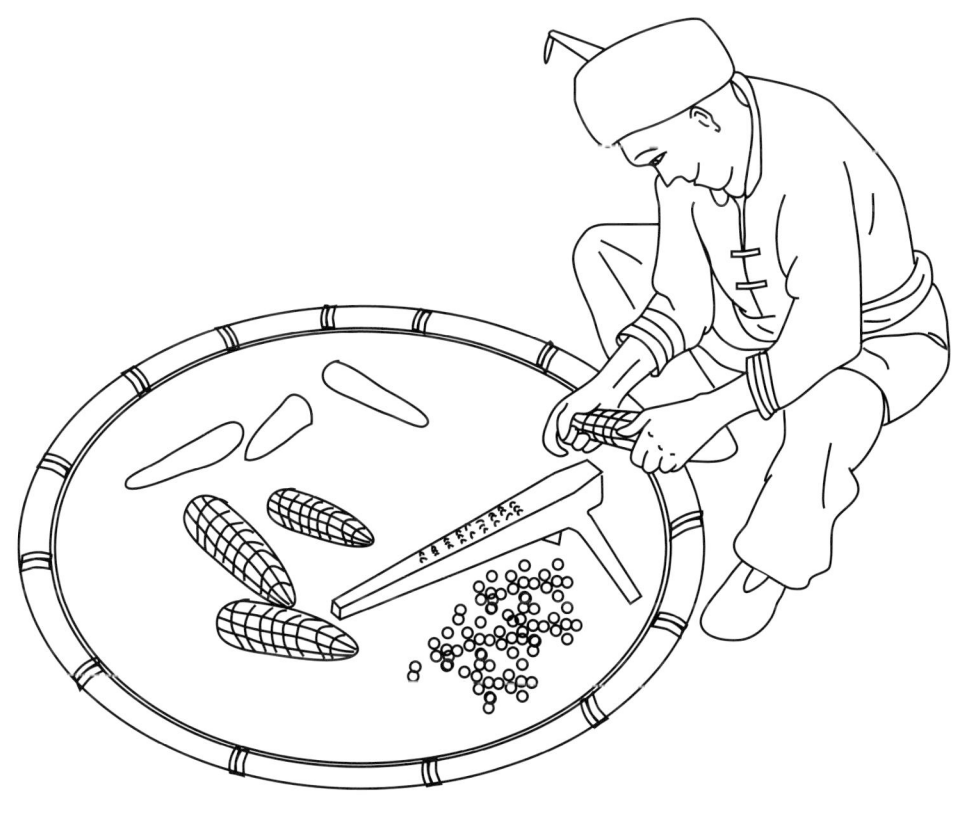

图五 彝族玉米脱粒机使用示意图

第五章 彝族传统生产工具

521

彝族拧线工具

图一　彝族拧线工具主图

拧线工具，顾名思义，就是彝族人民用来拧线的工具，是彝族传统手工艺——织布过程中使用的一个重要工具，是彝族传统智慧的结晶。

本案例长约20厘米，直径约3.5厘米，由两部分组成，上部分为细小竹签形式，下部分为扁圆柱体，造型简洁，轻巧便携。用拧线工具拧出来的麻线织成麻布，保暖性强，经久耐用。

拧线工具是彝族人的日常生活用品，妇女们平时不用的时候可以把它夹在耳朵上，不会占太多的存储空间，其简洁的造型继承了传统的民族智慧，是中国工艺美术的一朵奇葩。

图片来源
图一　曹宇嘉　摄影
图二至图六　曹宇嘉　制图

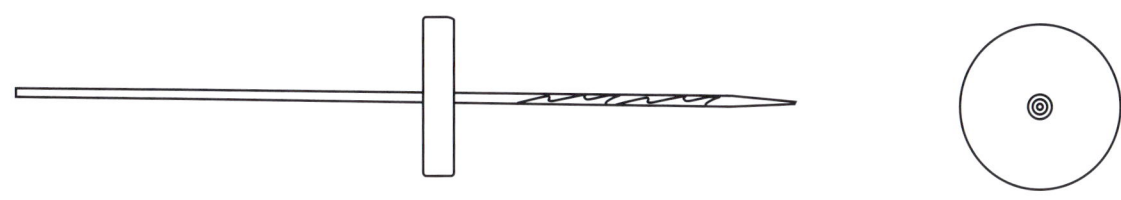

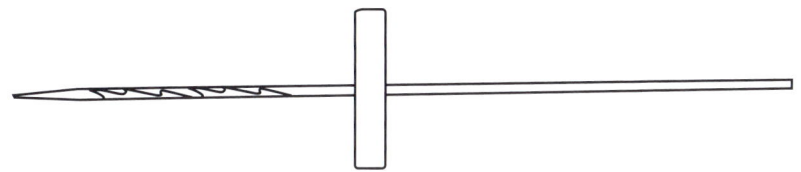

图二 彝族拧线工具三视图

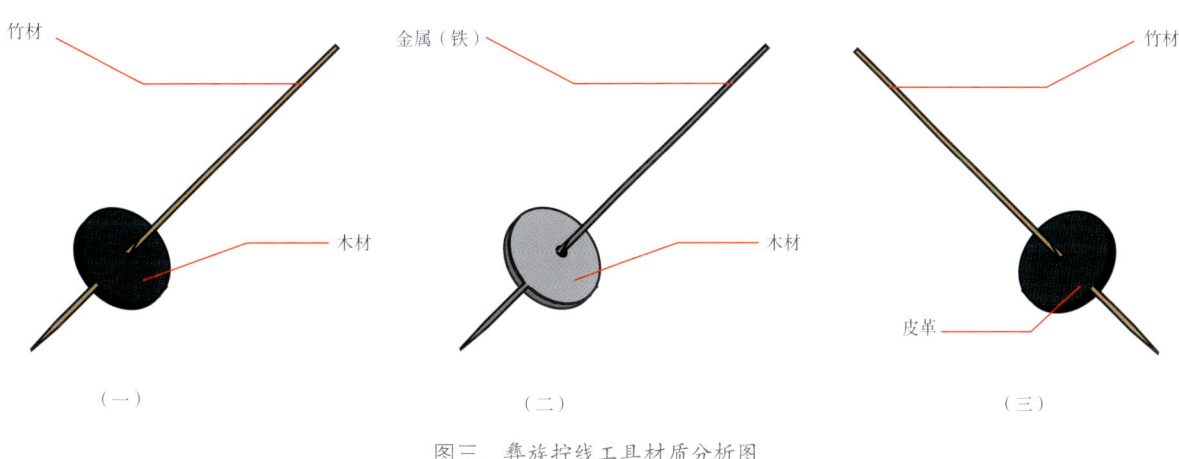

图三 彝族拧线工具材质分析图

523

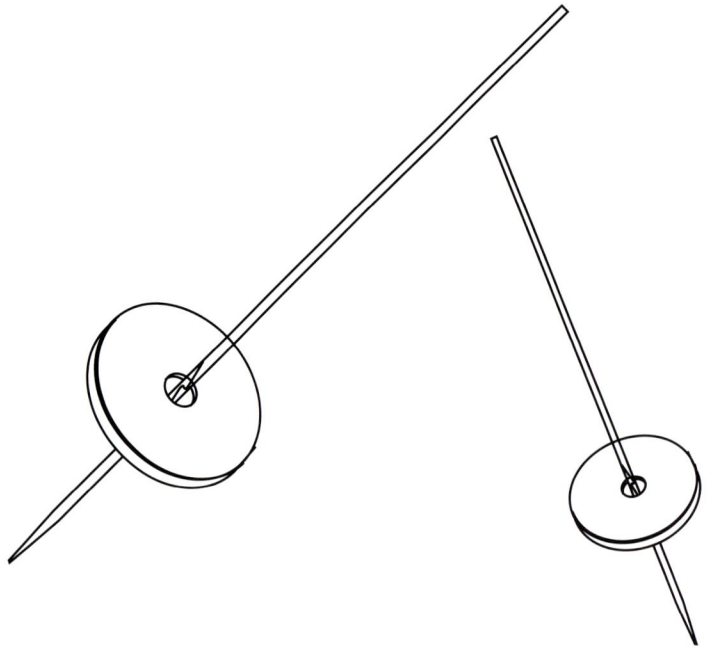

图四　彝族拧线工具线框分析图

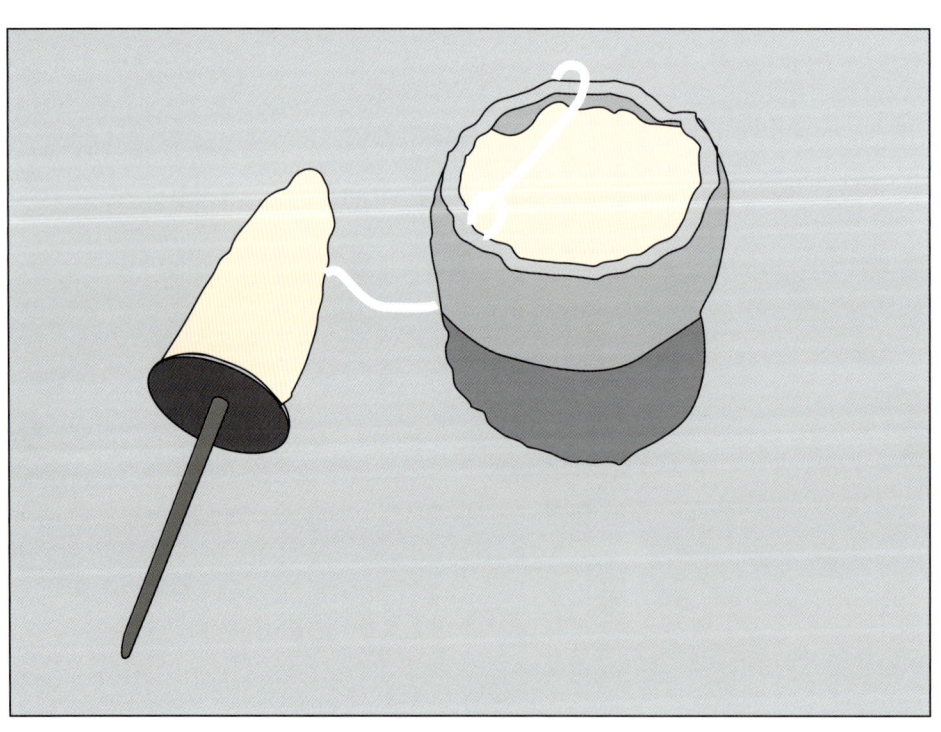

图五　彝族拧线工具使用示意图1

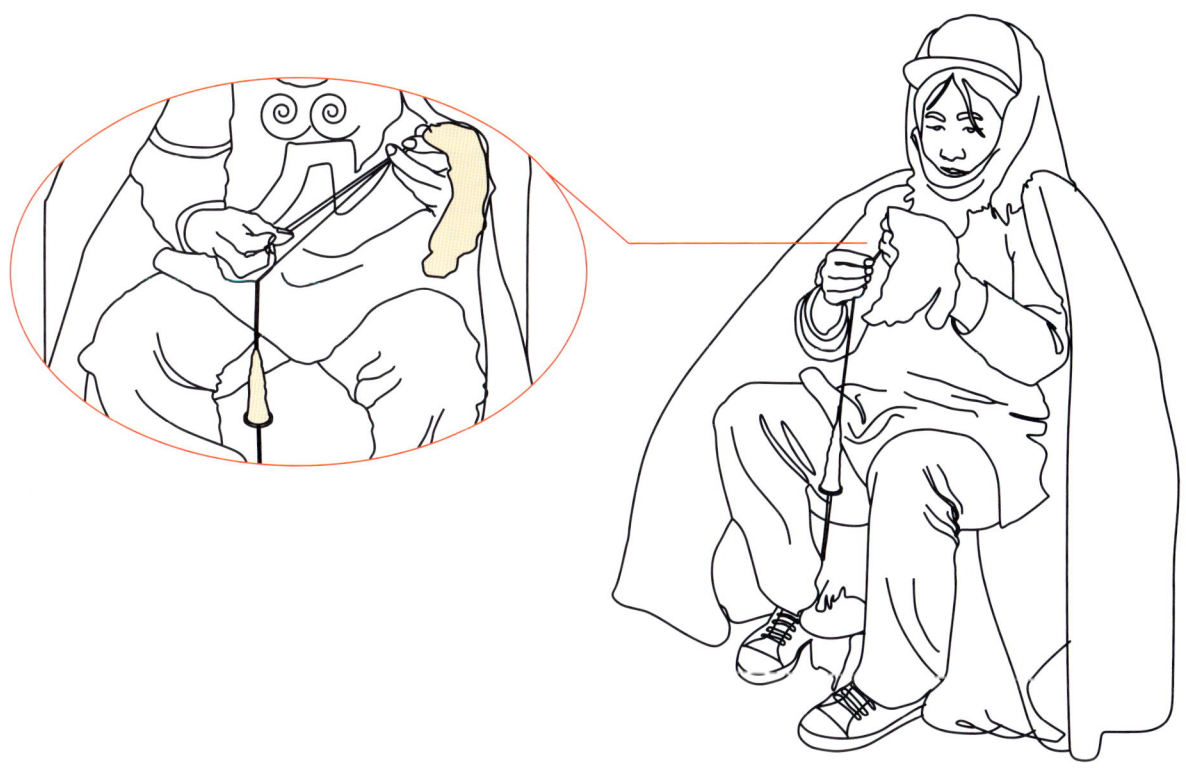

图六　彝族拧线工具使用示意图2

彝族传统弓

弓，古代兵器之一，是抛射兵器中最古老的一种弹射武器。"弓者，揉木而弦之以发矢"，在古代战争中，"两军相遇，弓弩在先"。无论是攻守城镇，还是伏击战、阵地战都可以用弓箭为利器。古代典籍里，不少文人重笔泼墨描写了生动逼真的弓箭战斗场面，有"强弓四射，箭如飞蝗"之说。作为远射兵器，在古代应用相当普遍，被列为兵器之首。本案例实物来自于四川凉山彝族自治州，是一件具有彝族传统样式的弓（图一）。

此弓长约120厘米，弓把直径30厘米以内（图二）。整个弓由富有弹性的弓臂和柔韧的弓弦构成（图三）。弓以硬木制成，这把彝族传统弓有别于其他彝族弓的一点在于其表面涂有天然木漆，并绘制有彝族传统图案。其图案纹样较为简单，以植物纹为主，弓的上下部侧面有形似麦穗的图案，正面以连续的植物花纹为主，表达了彝族人民对美好生活的向往（图四）。配色方面依然是彝族人民崇拜的红、黄、黑三色装饰，使其更显彝族特色（图五）。

彝族传统弓和箭搭配使用，使用时把拉弦张弓过程中积聚的力量在瞬间释放，便可将扣在弓弦上的箭或弹丸射向远处的目标（图五）。每逢重大节日，彝族人民载歌载舞，就会有射箭表演，彰显出了彝族人骁勇善战的民族精神。

图片来源

图一　杨曼羚　摄影
图二至图六　杨曼羚　制图

图一　彝族传统弓主图

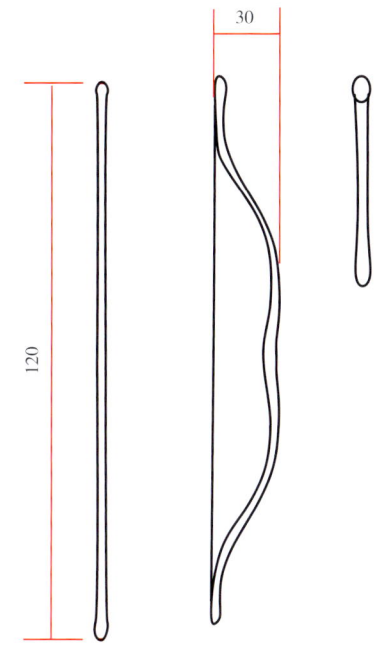

图二 彝族传统弓三视图（单位：cm）

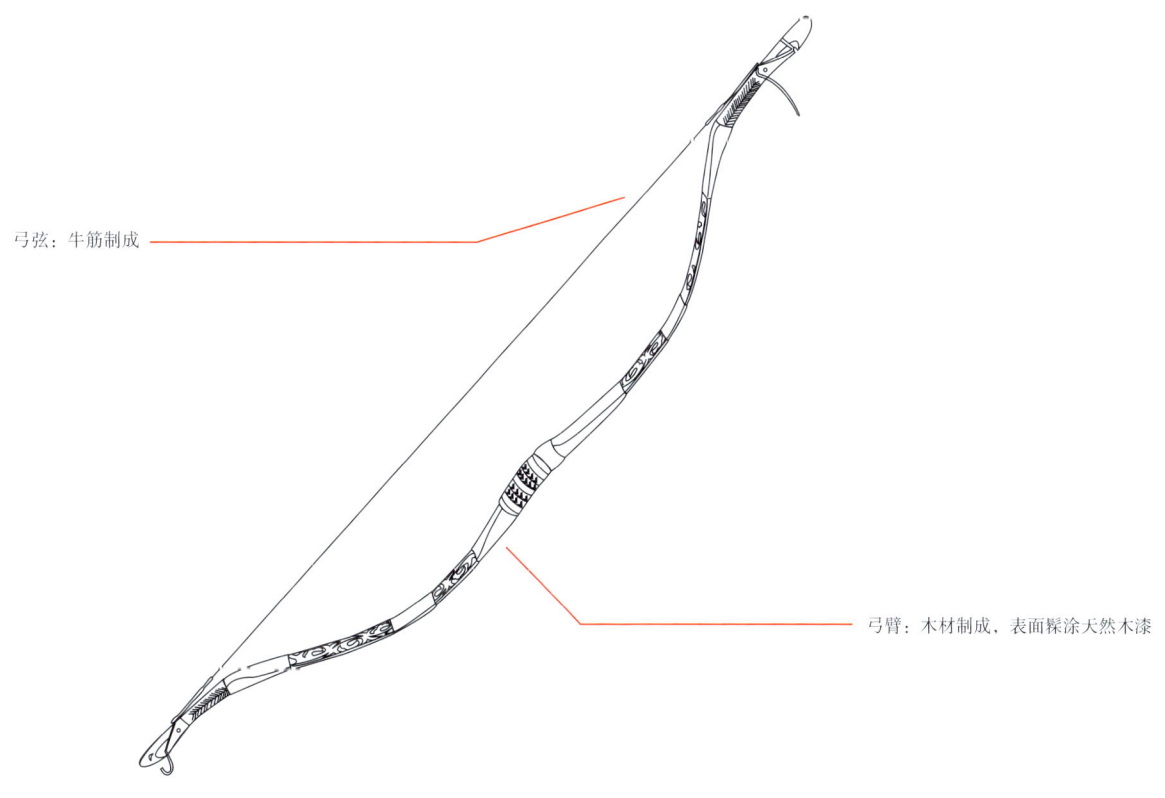

图三 彝族传统弓解析图

第五章 彝族传统生产工具

527

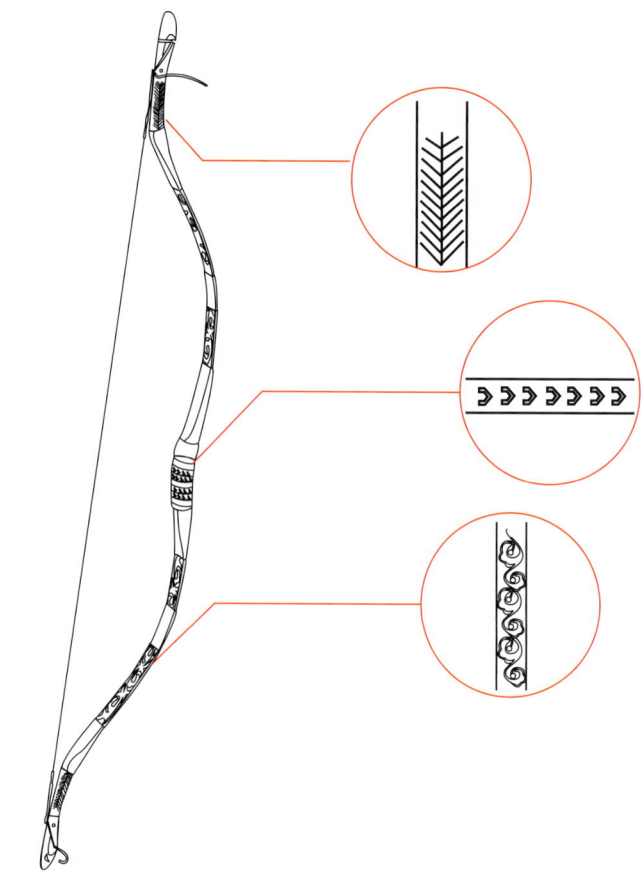

图四 彝族传统弓图案分析图

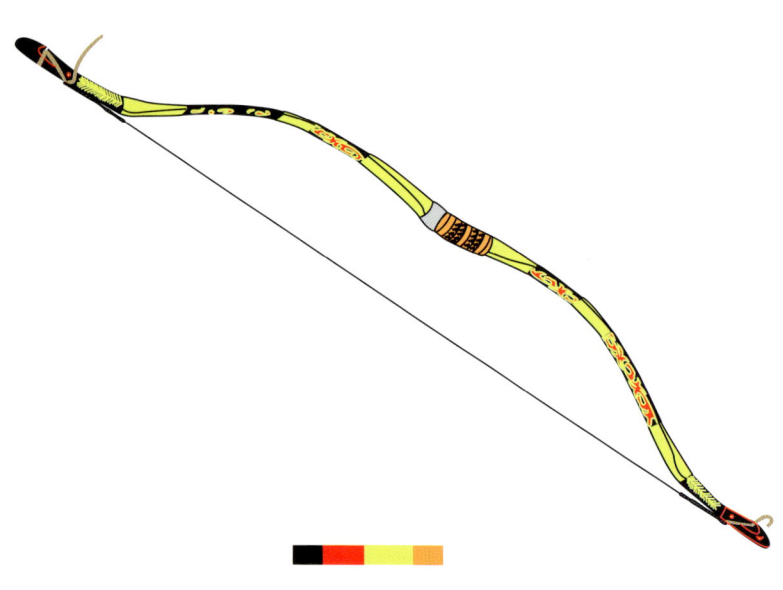

图五 彝族传统弓色彩分析图

图六　彝族传统弓使用示意图

彝族箭囊

图一　彝族箭囊主图

箭囊，顾名思义，就是装箭的袋子。

射箭是彝族民间的一项竞技项目，箭囊除了本身功能属性外，彝族人民还为它增加了一个装饰功能，他们在箭囊上涂上了带有强烈的彝族特征的色彩。

本案例为挤压式箭囊，用牛皮制成，厚3.5—4毫米，可装16支箭。图案为植物纹样，讲究对称，像绽放的花，主要颜色以黑、红、黄为主，以黑色为底，使得图案更加鲜明，引入注目。它有别于普通箭囊构造，短小、实用，里面的皮子能够紧紧夹住箭头使之在马背或者奔跑过程中不掉箭，适合骑射。它最大的特点就是拔箭方便，可以提前将箭尾的角度、方向在插箭时调整好，最大限度提高射速。

图片来源

图一　张本俊　制图
图二至图六　刘萧　制图

图二　彝族箭囊三视图

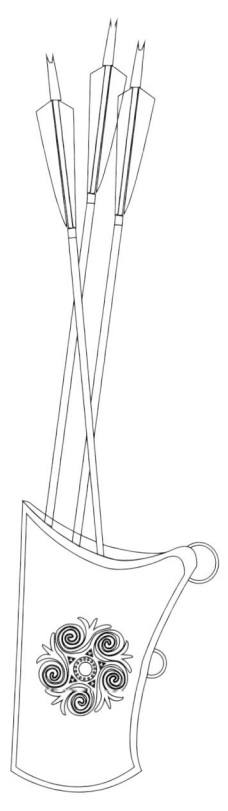

图三　彝族箭囊线描图

第五章　彝族传统生产工具

531

图四 彝族箭囊图案分析图

图五 彝族箭囊色彩分析图

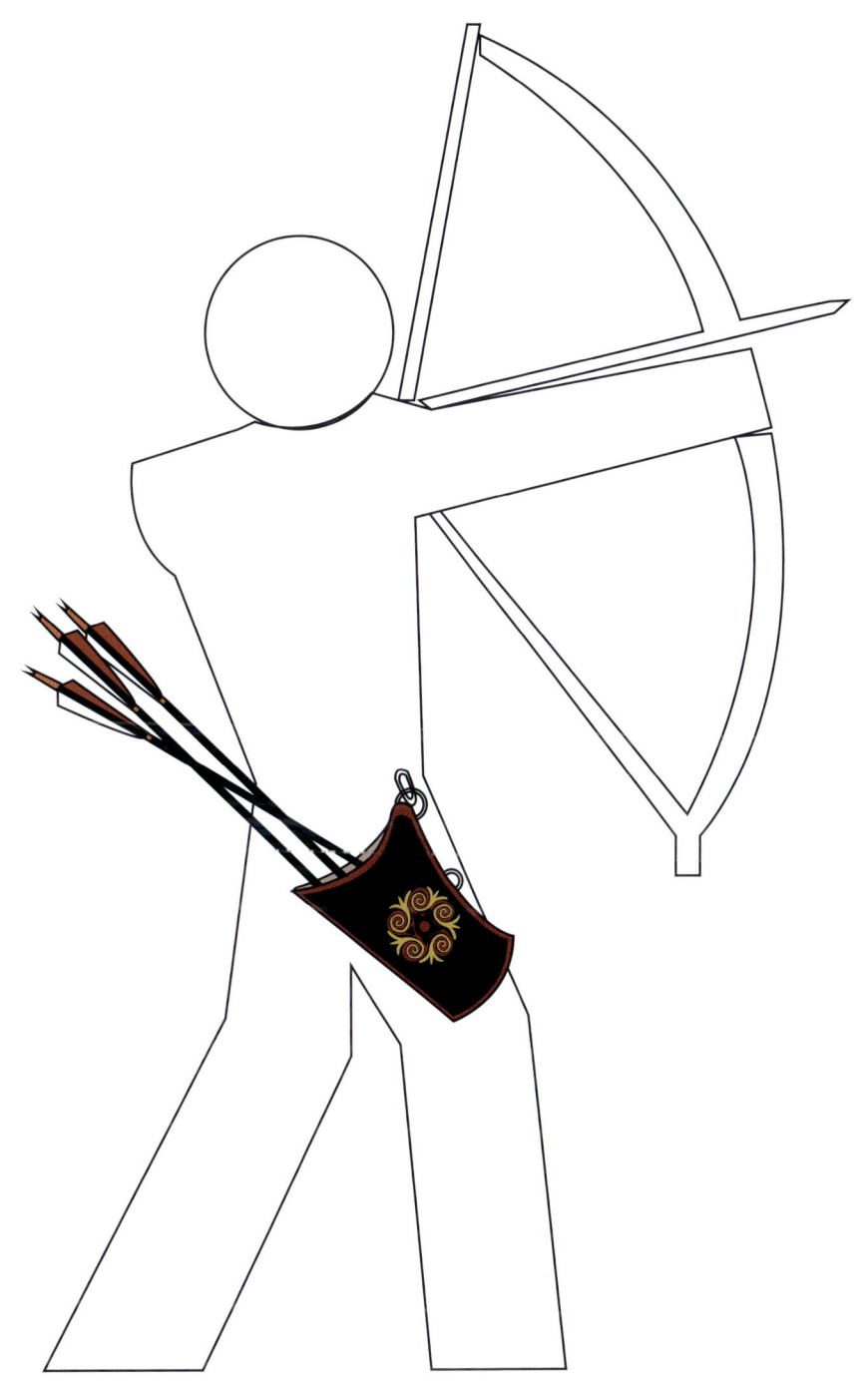

图六　彝族箭囊使用示意图

第五章　彝族传统生产工具

彝族箭筒

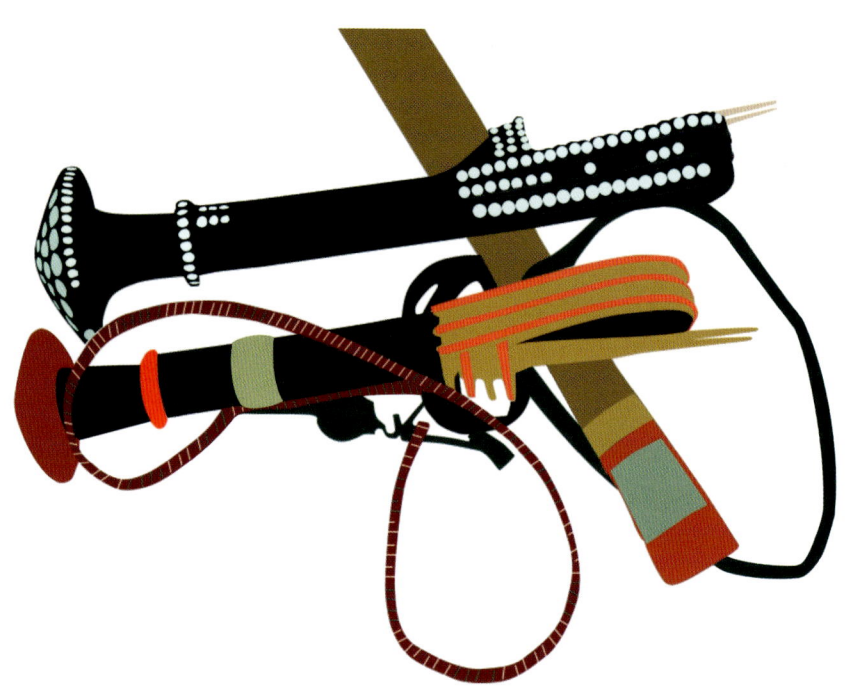

图一　彝族箭筒主图

箭筒，是彝族人用于装箭的盒子，彝族人称之为"核合"，早在清代就已经出现。本案例清代彝族彩绘漆器竹箭筒现藏于四川博物院四川民族文物馆，为国家三级民族文物。

本案例造型别致，盒底为菌形，盒口为半封闭状，方便存取箭。在材质上，用竹筷编制成筒状，或多用竹编织成胎骨，盒身以纯色为底，用红、黄两色彩绘出各种花纹和图案，或用几何圆形在盒底等各个部分加以点缀。彝族人喜爱红色，红色象征着对太阳和火的崇拜。黄色代表美丽与光明，寓意吉祥。其装饰纹样讲究对称性和统一性。其纹饰结构也很讲究章法，以圆为中心，由中心向四周延伸，等距离排列，给人以美感，并显得巧致饱满。每个部位的花纹，做到疏密有致，主次得当，和谐而统一。颜色用料虽简洁单薄，但色泽鲜明，相互衬托明显，再经过以点定位控面、等距离划分的表现手法，给人一种赏心悦目的视觉享受。

彝族箭筒分为箭盒和挂绳两部分，箭盒主要用来储存箭，而挂绳的设计主要方便携带，箭筒为腰鼓形，常常斜挂于左腋下或腰间。

彝族箭筒是漆器艺术上的一朵奇葩，散发出浓郁的传统文化气息。箭筒纯手工制作，是彝族人民智慧的结晶。

图片来源
图一　张本俊　制图
图二至图八　邹红媛　制图

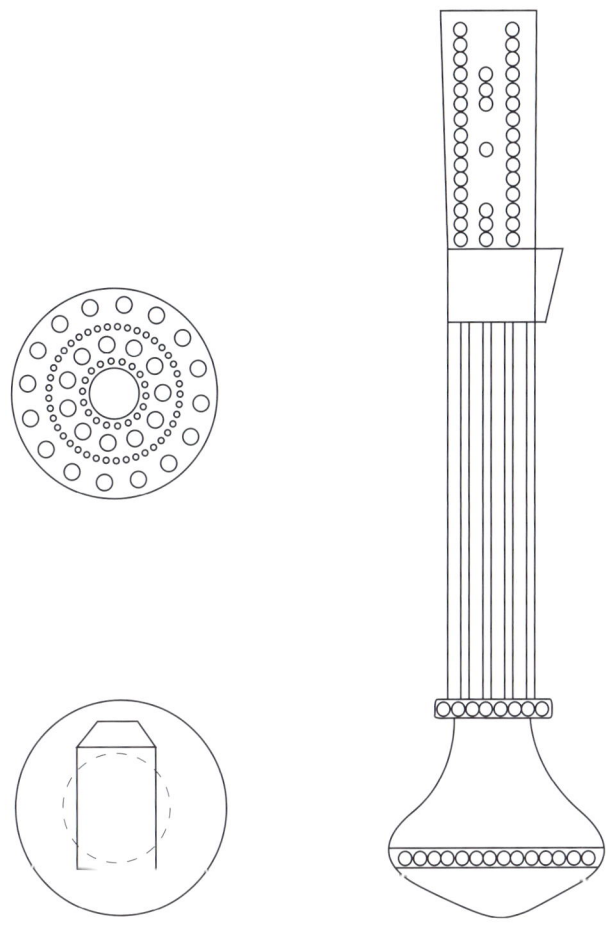

图一　彝族箭筒三视图

图三　彝族箭筒同类产品比较图

第五章　彝族传统生产工具

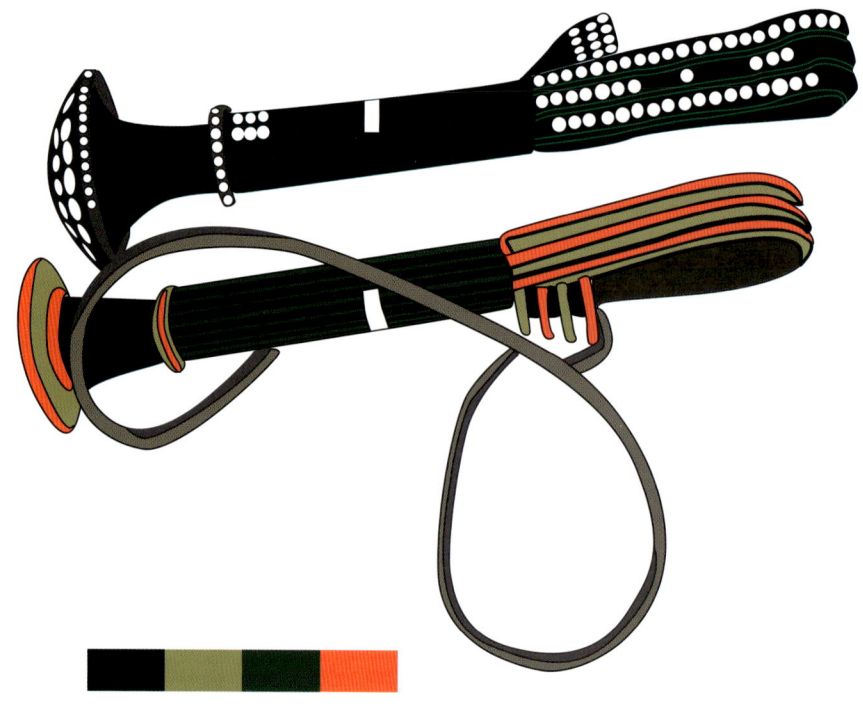

图四 彝族箭筒配色方案图

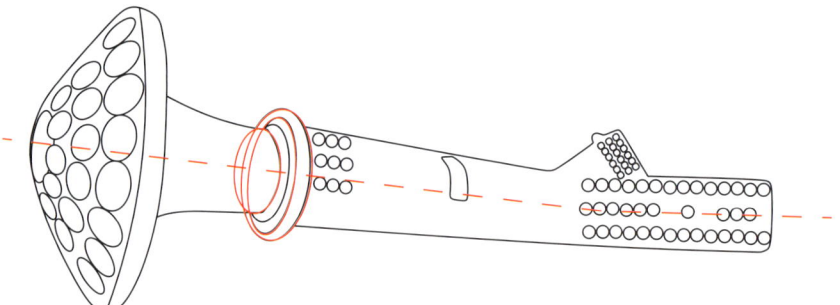

图五 彝族箭筒造型分析图

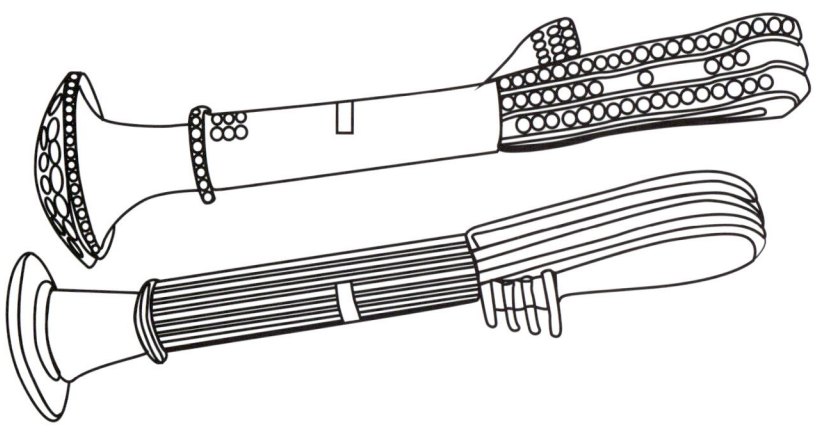

图六 彝族箭筒线框图

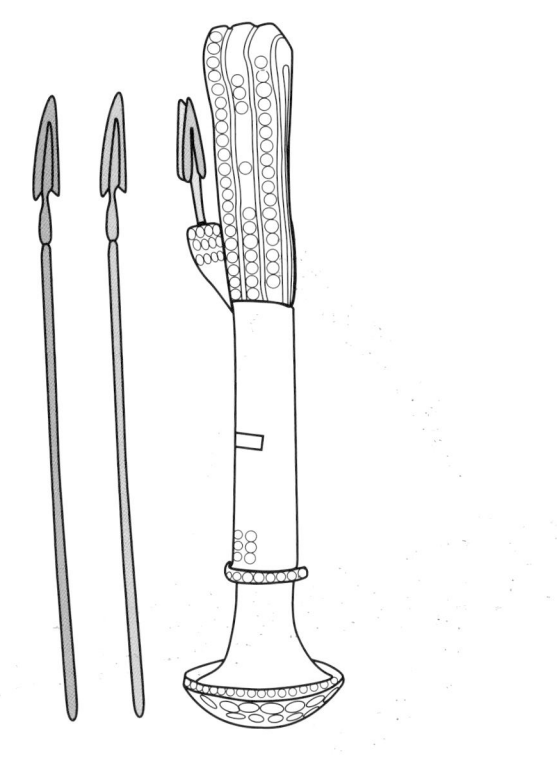

图七　彝族箭筒使用功能分析图

图八　彝族箭筒使用示意图

彝族弩

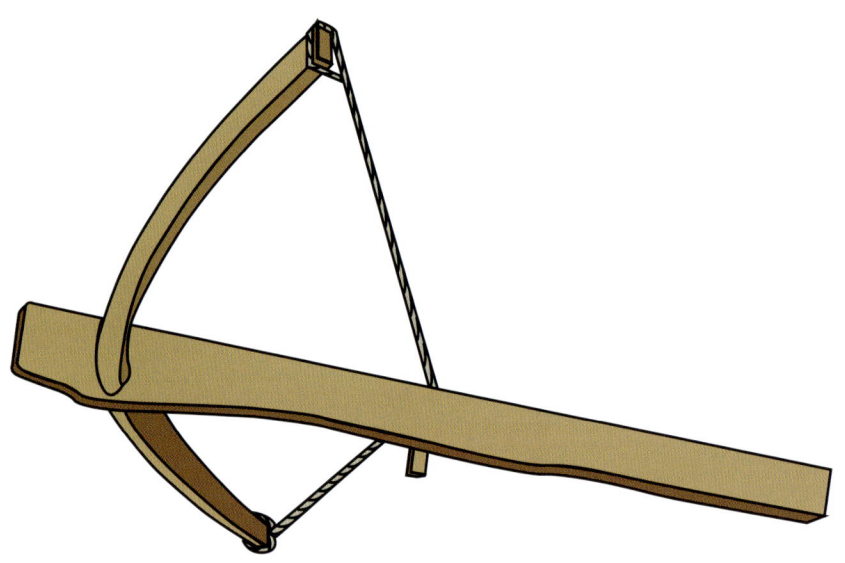

图一　彝族弩主图

弩是冷兵器时代一种重要的远程武器，亦是彝族人生活中不可缺少的防身武器、狩猎工具。它由（扁担）弓、弩身、扳机、弩绳（弦）、弩箭组成。射弩是彝族一项古老的射击运动，其一直延续到现在春节比箭的民间习俗。

彝族弩在使用时，类似水平托弓射箭，只要扣动扳机，箭便顺弩床中的箭槽飞出。弩上弦时需要很大的力，故射程十分远。弩的形状似弓，用坚硬的岩桑木或梨木制作。弩绳是用青麻编织而成的麻绳。制作弩时先选用木材做弓，并在弓的两端各削出较细的一小段作为绳槽，再对弩身进行加工，挖出箭槽，制作扳机，最后安上弩绳。

由于地理和气候原因，彝族离不开火，被称为"火族"。弩作为彝族传统体育项目的用具，成为彝族火文化的传承符号，它丰富了彝族人的精神生活。其传统的制作工艺，使彝族的传统文化得到传承。

图片来源
图一至图五　雷霞　制图

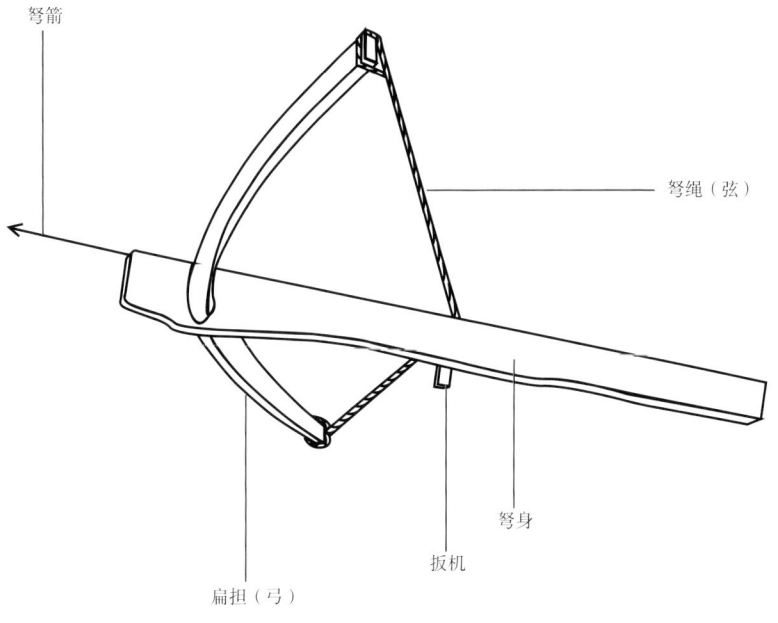

图二 彝族弩结构分析图

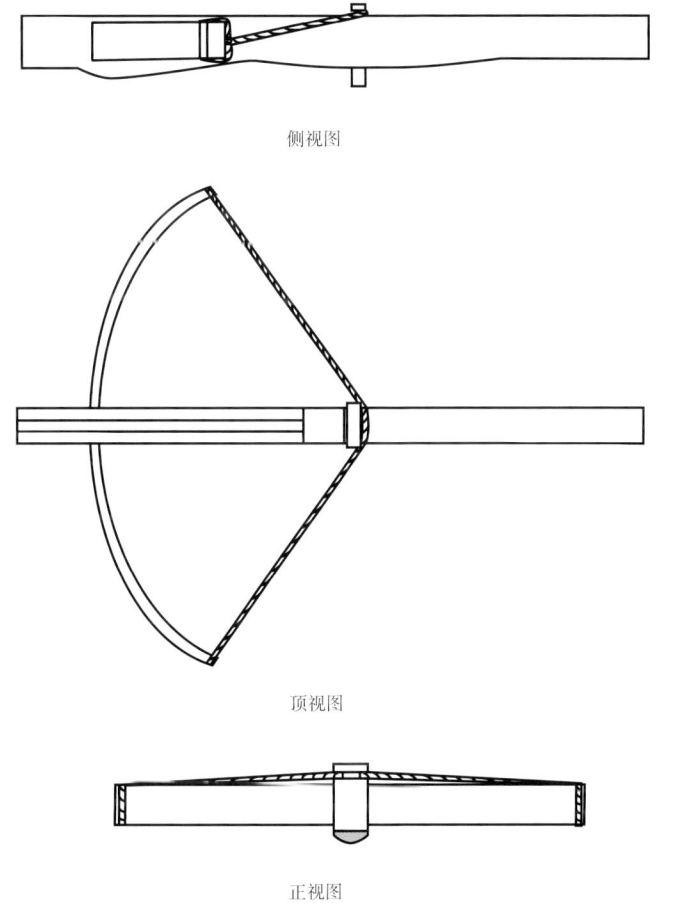

图三 彝族弩三视图

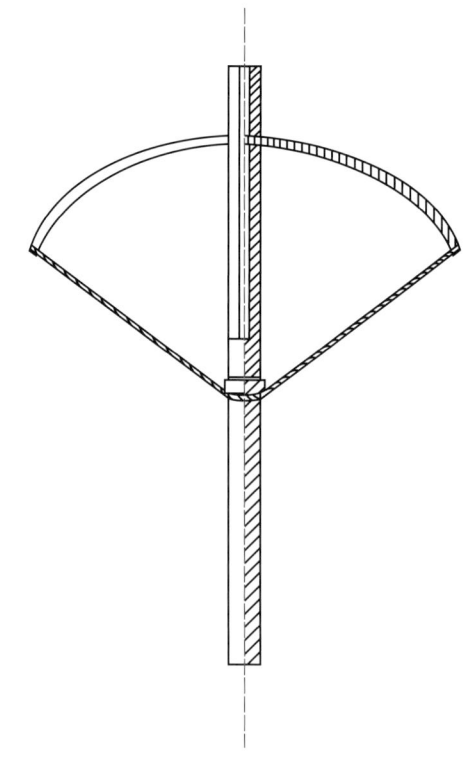

图四　彝族弩剖面图

图五　彝族弩使用示意图

彝族猎人猎枪

图一　彝族猎人猎枪主图

彝族猎人狩猎所用的猎枪，是一种在木制长柄上装有锐利尖头的器械。分为枪头与枪杆两个部分，枪头以铁制成，可为单独的棱形，也可为组合月牙形结构，枪杆是木制圆柄，将枪头套在木柄上用铁钉固定。这种猎枪制作简易而轻便，以狩猎鹿、岩羊、野猪等为主，在遇到身躯较庞大的野兽如山猪、熊，或兽类逼近时亦可用此类武器搏杀或自卫。

图片来源
图一　张本俊　制图
图二至图七　高小墡　制图

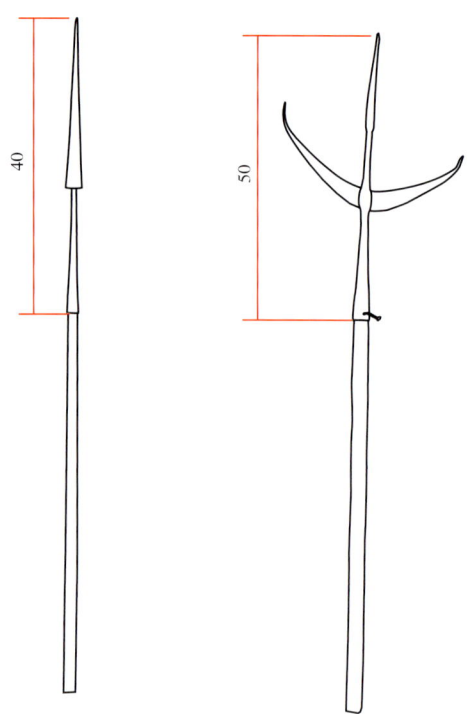

图二　彝族猎人猎枪尺寸分析图（单位：cm）

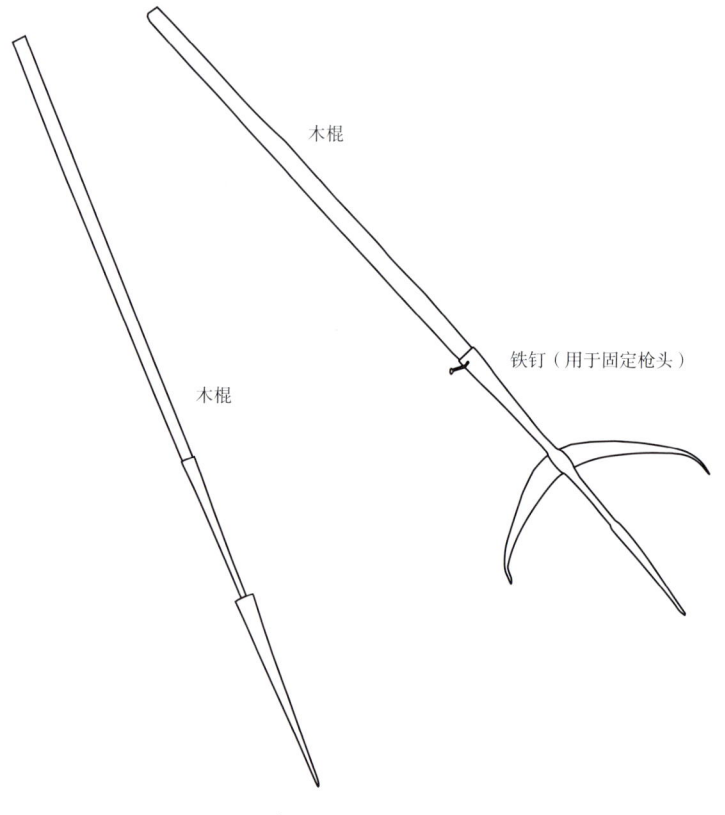

图三　彝族猎人猎枪结构分析图

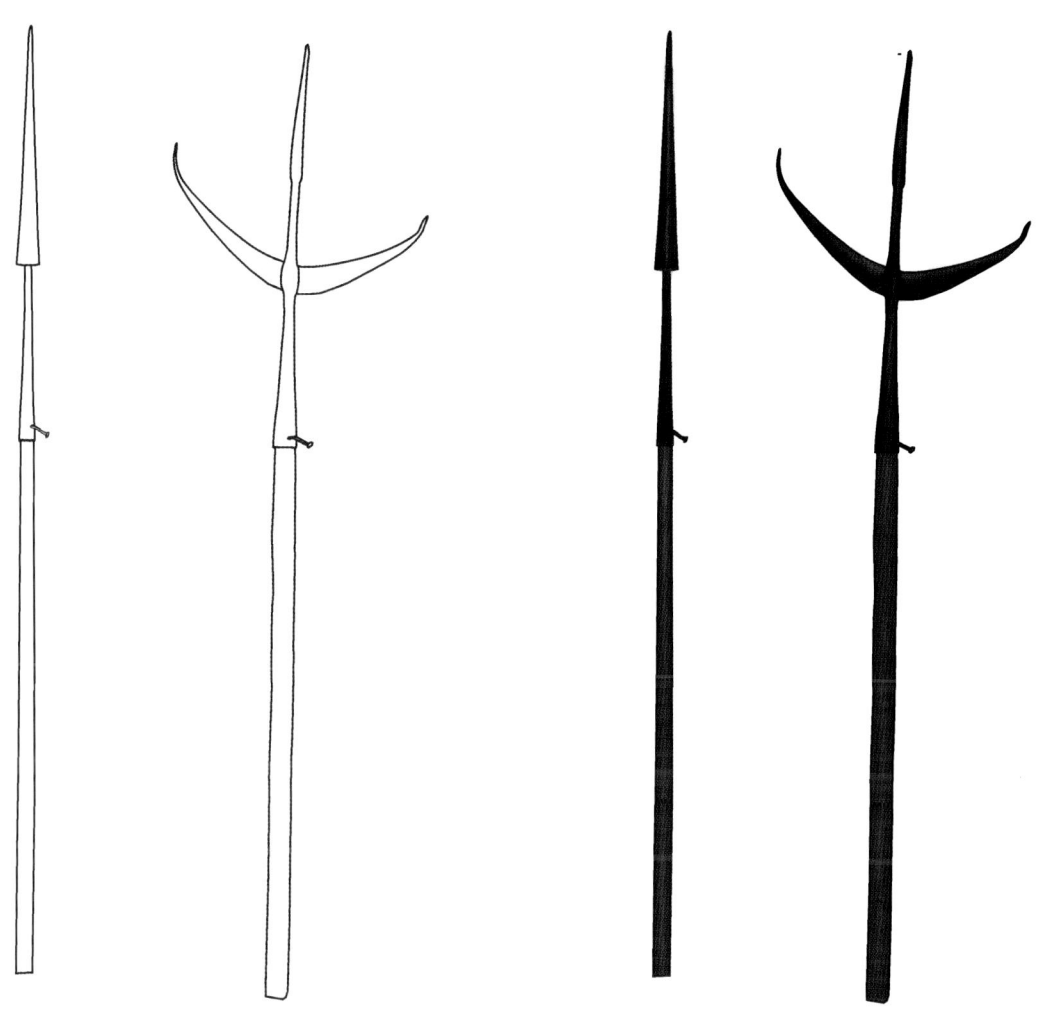

图四　彝族猎人猎枪勾线图　　　　图五　彝族猎人猎枪上色图

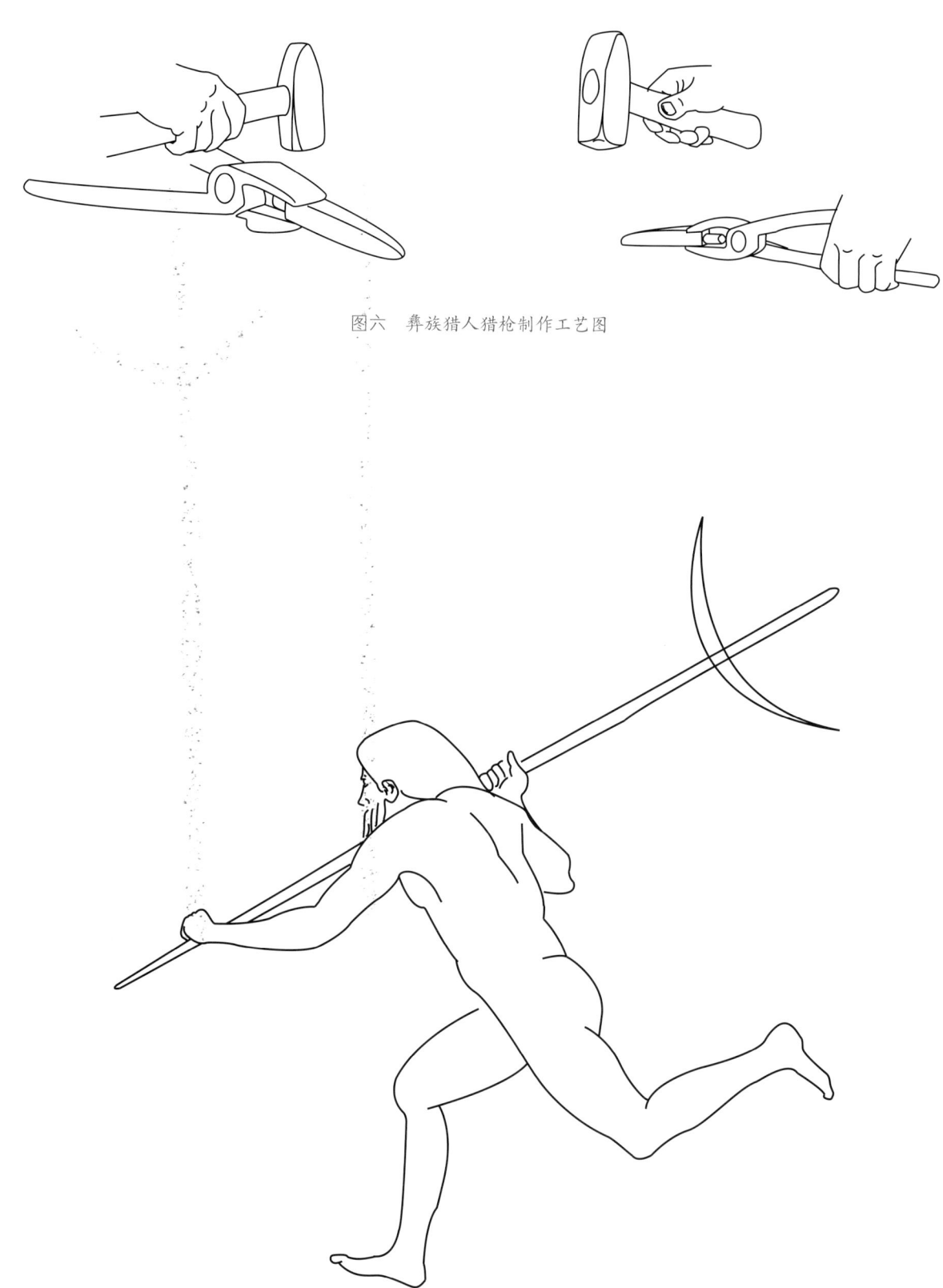

图六　彝族猎人猎枪制作工艺图

图七　彝族猎人猎枪使用示意图

彝族火把

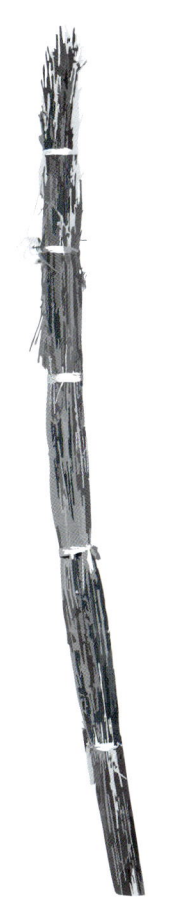

图一　彝族火把主图

在彝族地区，对火的崇拜和祭祀非常普遍，云南泸西县彝族在正月初一和六月二十四，由家庭主妇选一块最肥的肉扔进燃烧的火塘祈祷火神护佑平安。永仁县彝族在正月初二或初三祭火，称作开"火神会"，凉山彝族把火塘看作是火神居住的神圣之地，严禁触踏和跨越。

到了节日，各族男女青年点燃松木制成的火把，到村寨田间活动，边走边把松香撒向火把。或进行集会，唱歌跳舞，或赛马、斗牛、摔跤。近代，人们利用集会欢聚之机，进行社交或情人相会，并在节日开展商贸活动。

图片来源
图一至图七　高小璐　制图

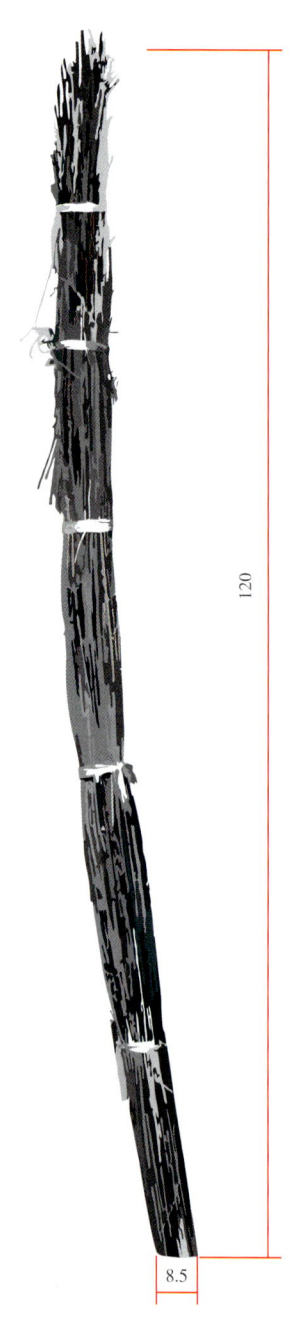
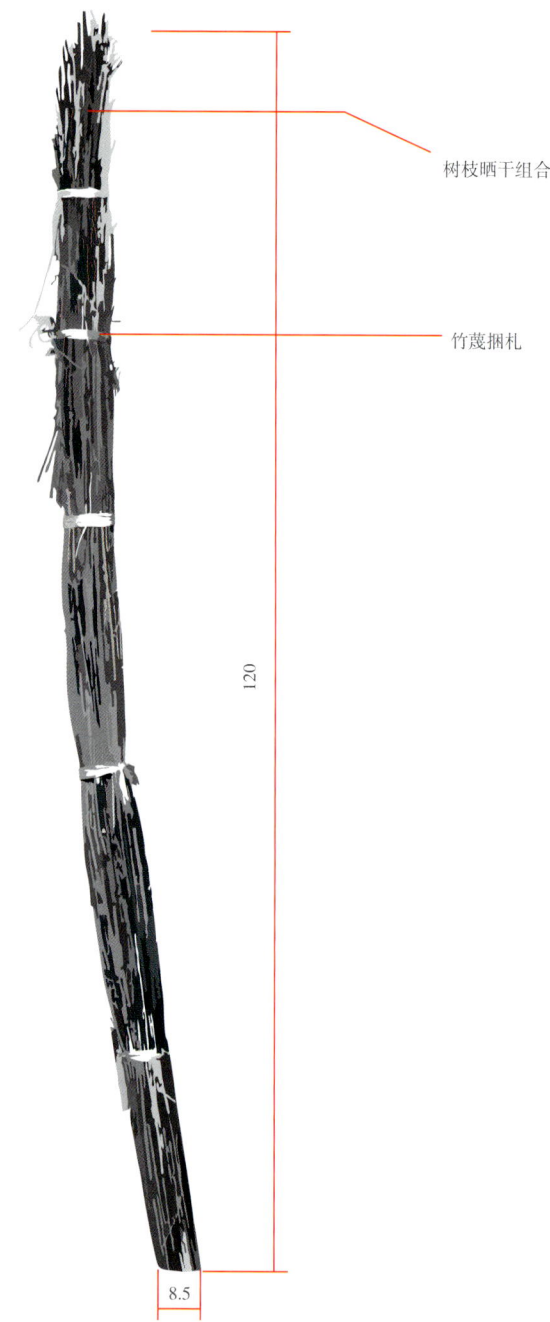

图二　彝族火把尺寸分析图（单位：cm）　　　　图三　彝族火把结构分析图（单位：cm）

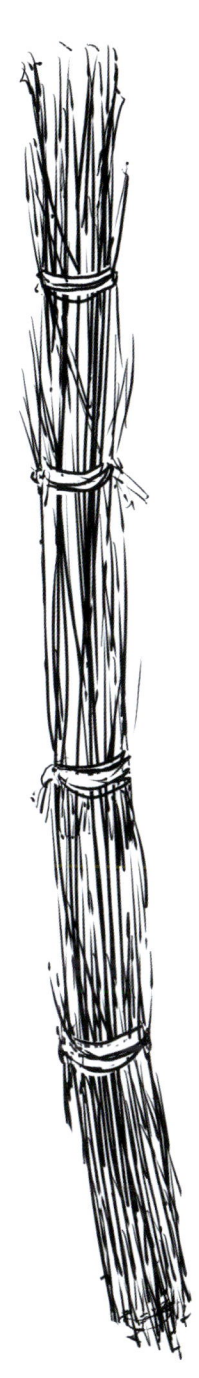

图四 彝族火把勾线图

图五 彝族火把上色图

图六　彝族火把制作工艺图

图七　彝族火把使用示意图

彝族锄头

彝族锄头，是彝族人民用来锄菜的农具，在彝族地区非常常见。

本案例长约150厘米，造型简单，由铁刃和长木柄两部分组成。第一部分又叫"锄刃"，用来松土、除草。锄刃形状是扁扁长长的，也有些比较特别的，像是长方形、狭长形、梯形等等。而"柄"是第二部分，柄是一根木棍，非常硬，是用硬木制成的圆形木棍。柄是装在锄刃的后面一个孔来用来支撑锄刃的，将木柄穿插在铁刃上，简单牢固，便于使用者操作。锄头的刀身宽大而锋利，有的略有弧度，呈月牙形，有的没有弧度，刃口平直。其高度小于宽度，较板锄略轻、薄。木手柄的长度刚好，符合人体工程学，能够提高彝族人民的工作效率。

图片来源

图一至图六　本书编写组　制图

图一　彝族锄头主图

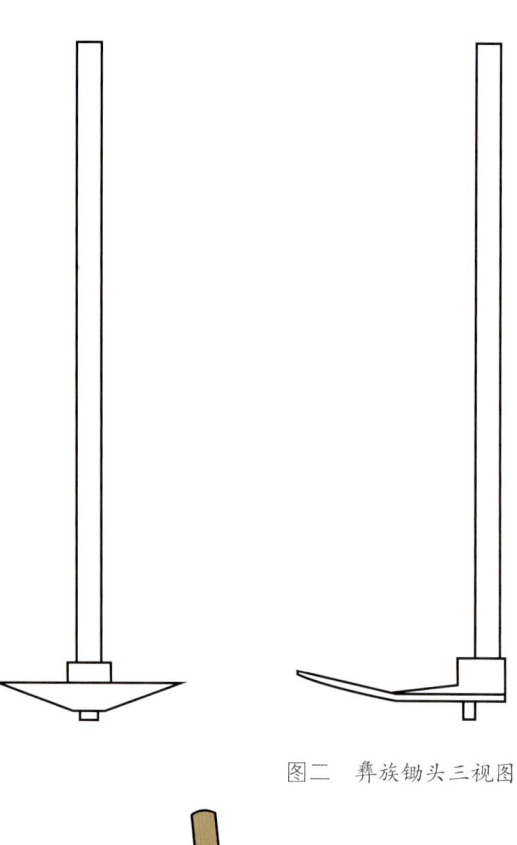
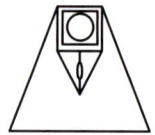

图二　彝族锄头三视图

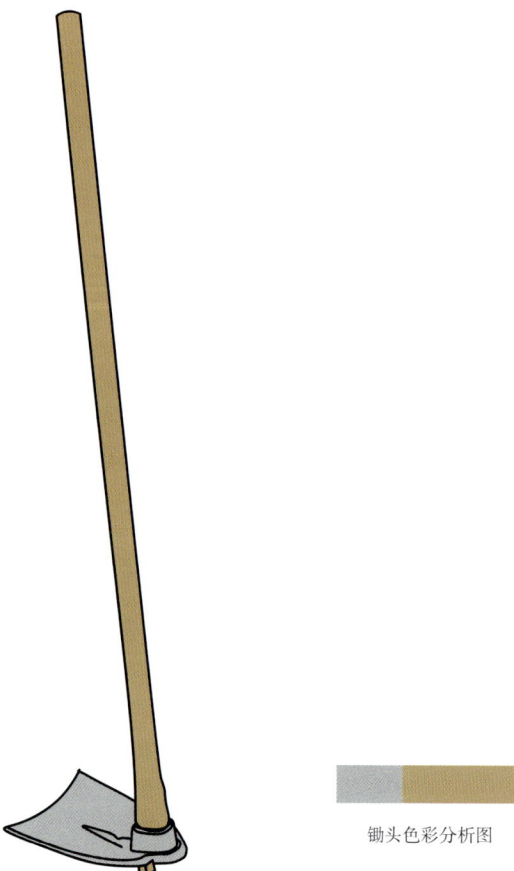

锄头色彩分析图

图三　彝族锄头色彩分析图

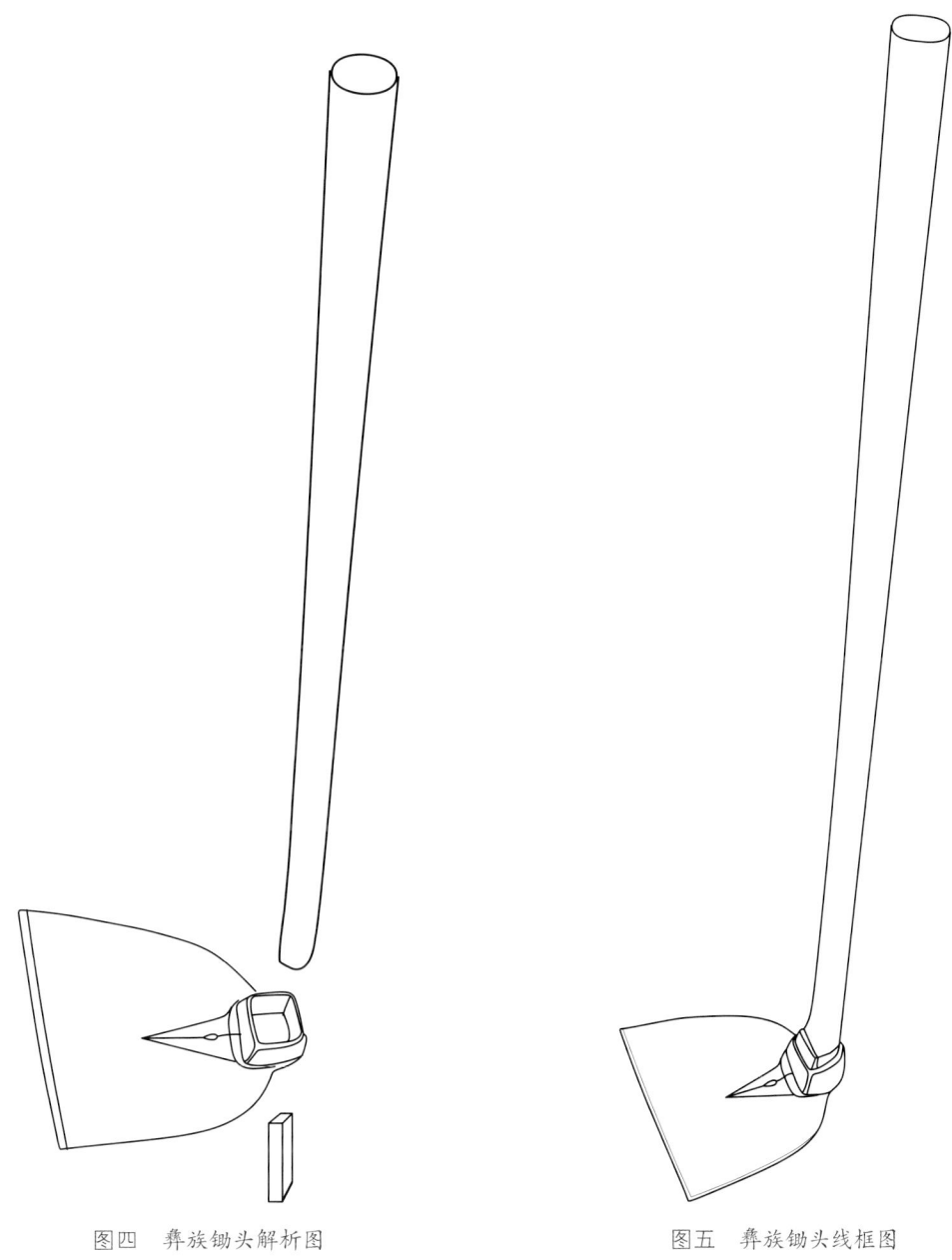

图四 彝族锄头解析图　　　　　图五 彝族锄头线框图

图六　彝族锄头使用示意图

彝族犁

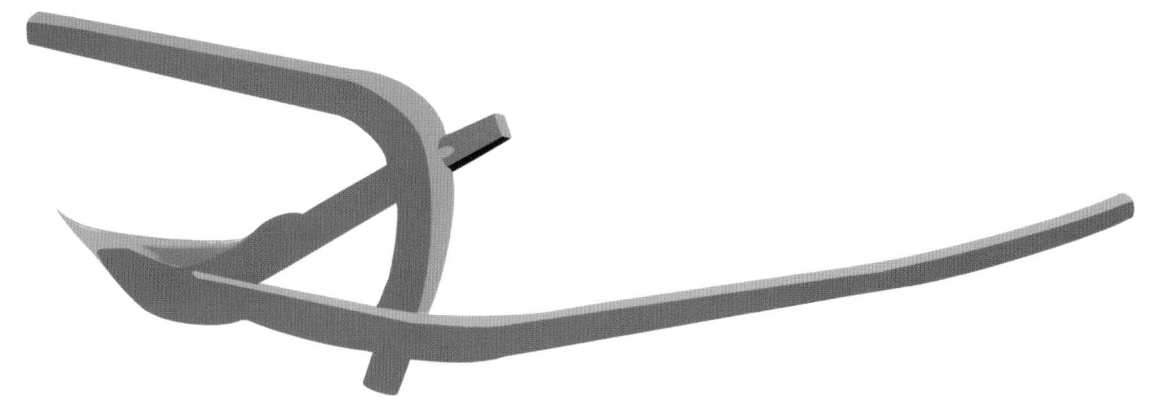

图一　彝族犁主图

犁是一种耕地的农具。由在一根横梁端部的厚重的刃构成，通常系在一组牵引它的牲畜或机动车上，也有用人力来驱动的，用来破碎土块并耕出槽沟从而为播种做好准备。

早期的犁是用Y形的木段制作的，下面的枝段雕刻成一个尖头，上面的两个分枝则做成两个把手。当将犁系上绳子并由一头牛拉动时，尖头就在泥土里扒出一道狭小的浅沟。农民可以用把手来驾驶犁。

犁耕的发明是农业史上的一件大事，它使个体经营农业终於成为现实，从而为封建农业最后取代奴隶制农业奠定了坚实的物质技术基础。犁以翻土为主要功能并有松土、碎土作用的土壤耕作机械。这充分体现了犁在农业史的重要地位。

图片来源
图一　张本俊　制图
图二至图六　刘萧　制图

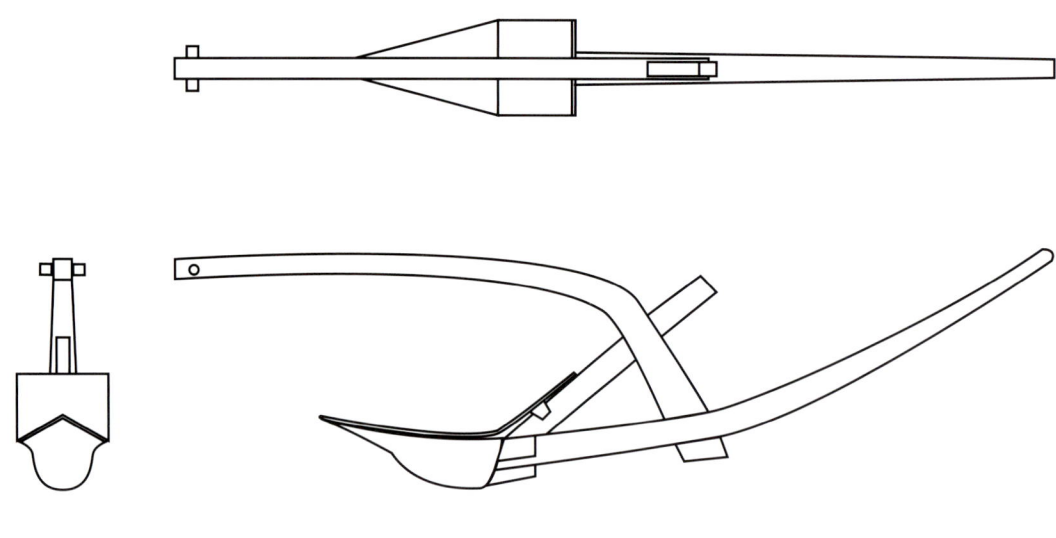

图二 彝族犁三视图

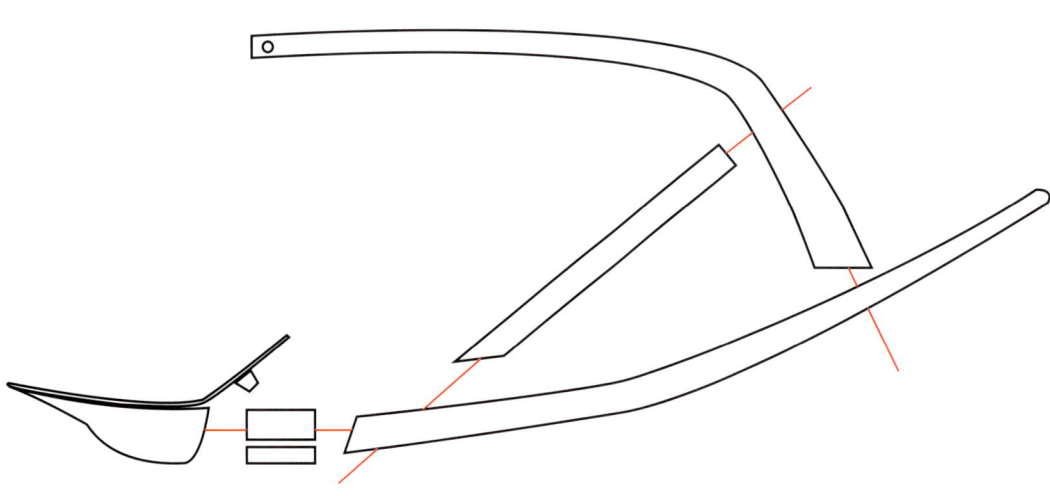

图三 彝族犁结构分析图

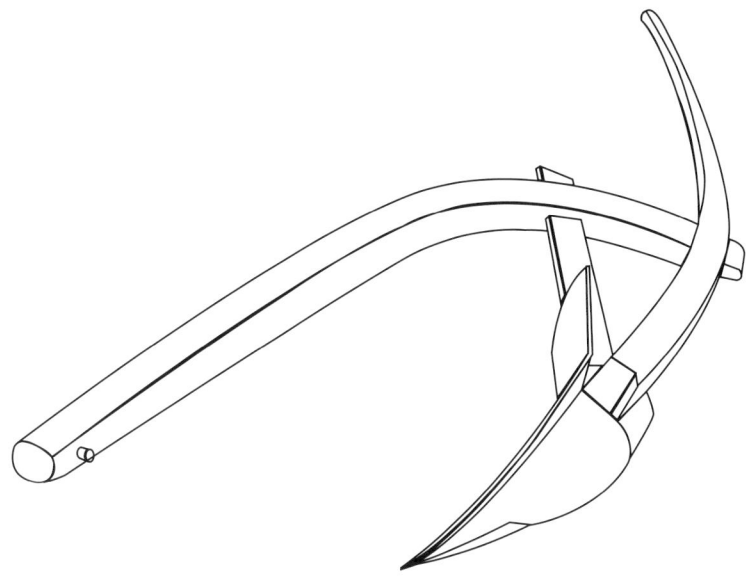

图四　彝族犁透视图

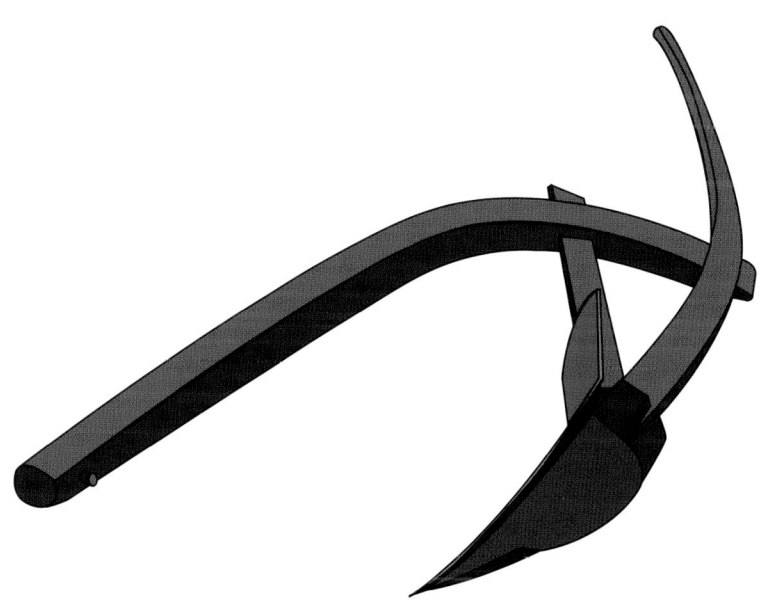

图五　彝族犁上色图

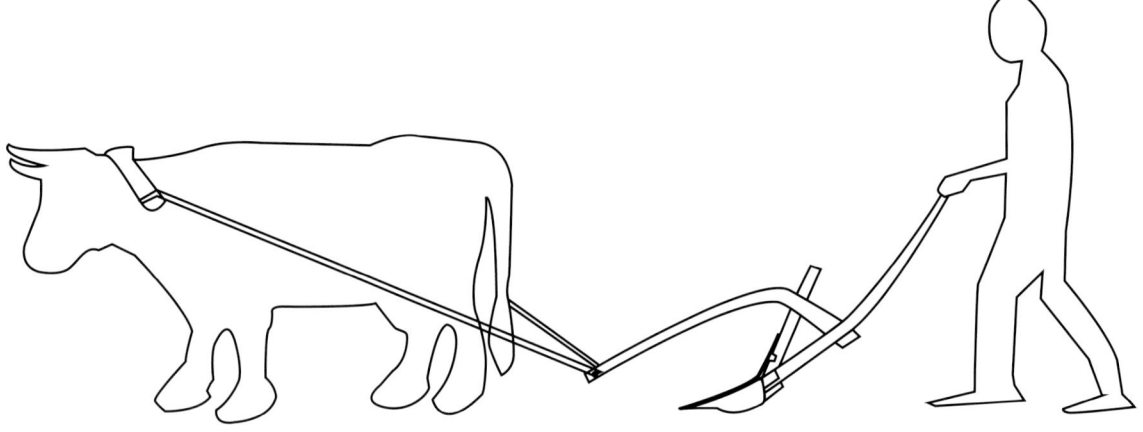

图六　彝族犁使用示意图

彝族三齿耙

本案例彝族三齿耙出自于凉山彝族自治州，是传统的农业耕作用具之一，是一种装有木柄的铁耙。铁耙做为农家必备用具之一，现在仍然在使用。

三齿耙柄木制，头为铁制。木制把柄长约120厘米。铁制部分一头由圆环扣在木制把柄一端，另一侧是三个排列整齐的、比较锋利的、相互间隔一定距离的尖齿，尖齿长约30厘米。使用时两手一前一后，握在前面的手柄用力向下刨，可以将密实的土块挖起，疏松土质。

随着现代化农业工具的发明与应用，很多传统的农业用具已经退出历史舞台，但三齿耙因其灵活性，可处理一些现代化农业用具不能达到的地方，仍然有所使用。三齿耙作为传统农业用具，除了其实用的一面之外，还反映出了农耕时代先民的智慧，代表着农耕文明。

图片来源
图一至图六　本书编写组　制图

图一　彝族三齿耙主图

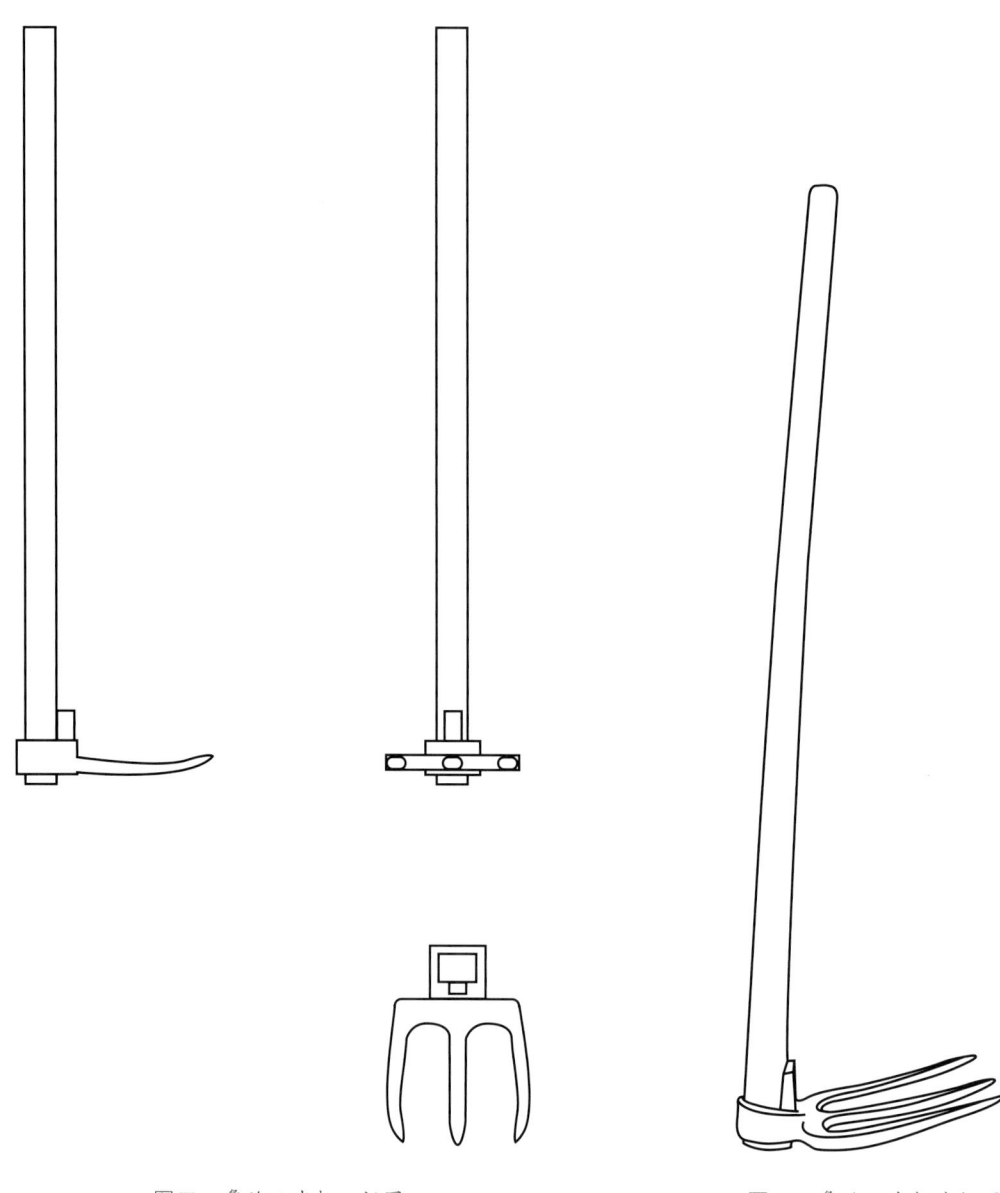

图二 彝族三齿耙三视图　　　　图三 彝族三齿耙线框图

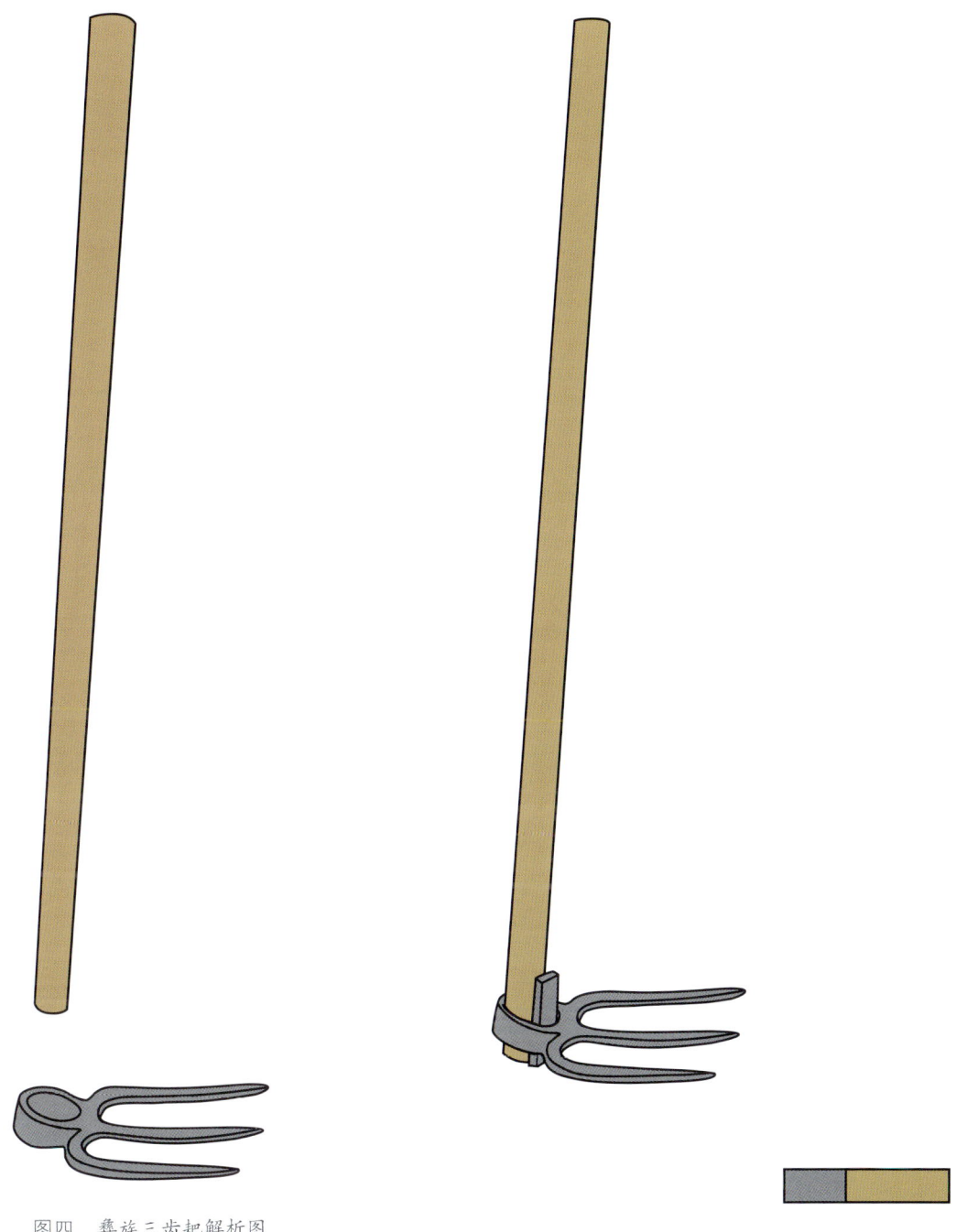

图四　彝族三齿耙解析图

图五　彝族三齿耙色彩分析图

第五章　彝族传统生产工具

图六　彝族三齿耙使用示意图

彝族耙

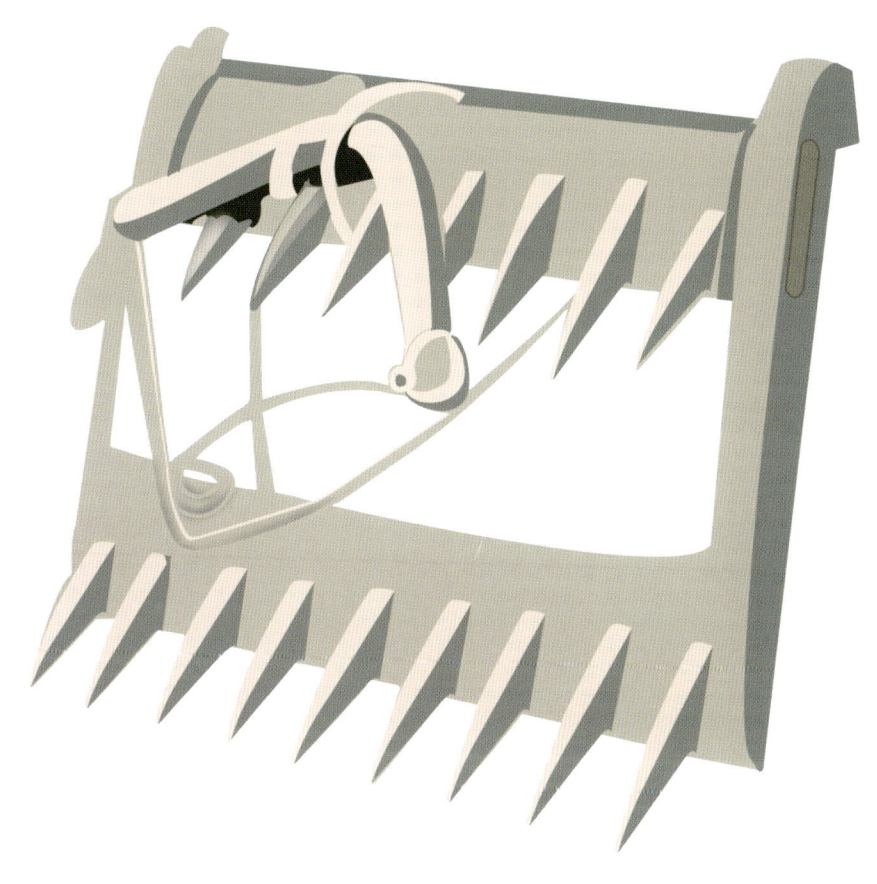

图一　彝族耙主图

耙，是农业生产中传统的翻地农具，曾经是农家必备的农具之一，用于碎土、平地和消灭杂草，也可用于覆盖撒播的种子和肥料，以及苗期除草、疏苗等。用耙进行的一种表土耕作，通常在犁耕后、播种前或早春保墒时进行，有疏松土壤、保蓄水分、提高土温等作用。

此案例长约100厘米，宽约60厘米。主要分为两个部分，一是木质割耙架；二是钢制耙片，形状为刀形，长度约为5—6厘米。

耙的使用方法，以绳索绑在割耙两端，以牛拖拉，人站在割耙架上，在牛的牵引力下，耙片刃口切入土中，切断草根和作物残茬。耙的使用不仅提高了人们的劳作效率，节省了人自身的劳力，而且环保、实用，因此流传至今。

图片来源
图一　张本俊　制图
图二至图六　雷霞　制图

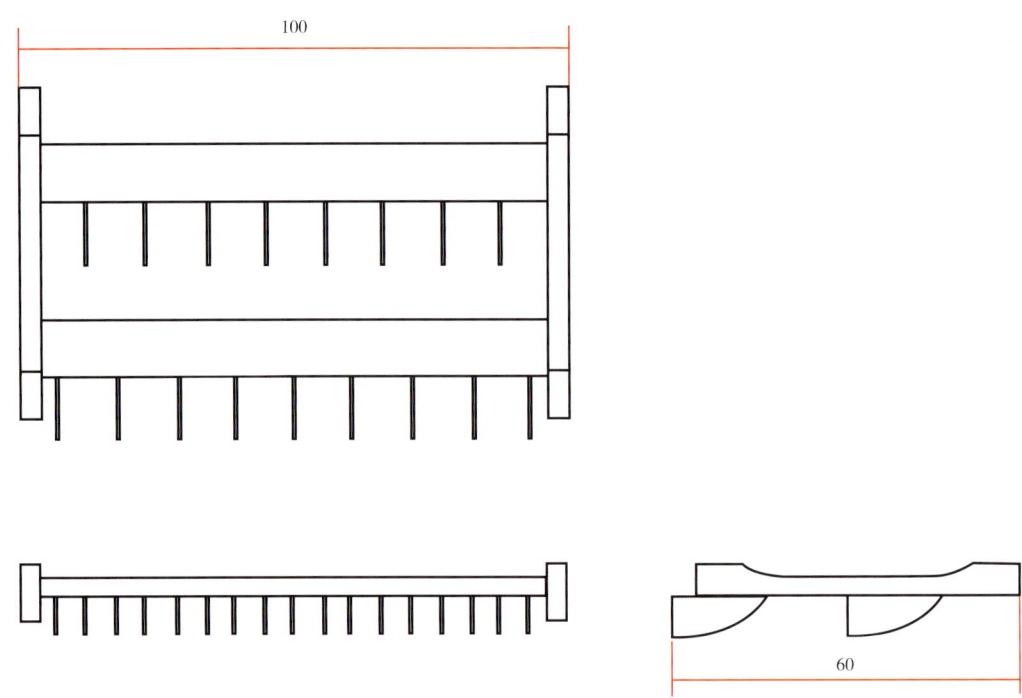

图二 彝族耙三视图(单位：cm)

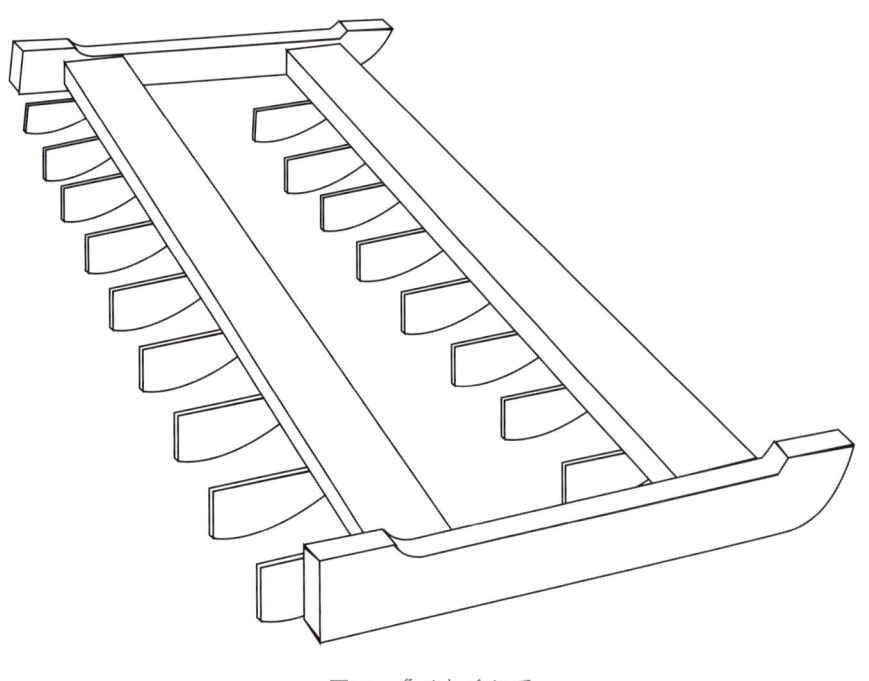

图三 彝族耙透视图

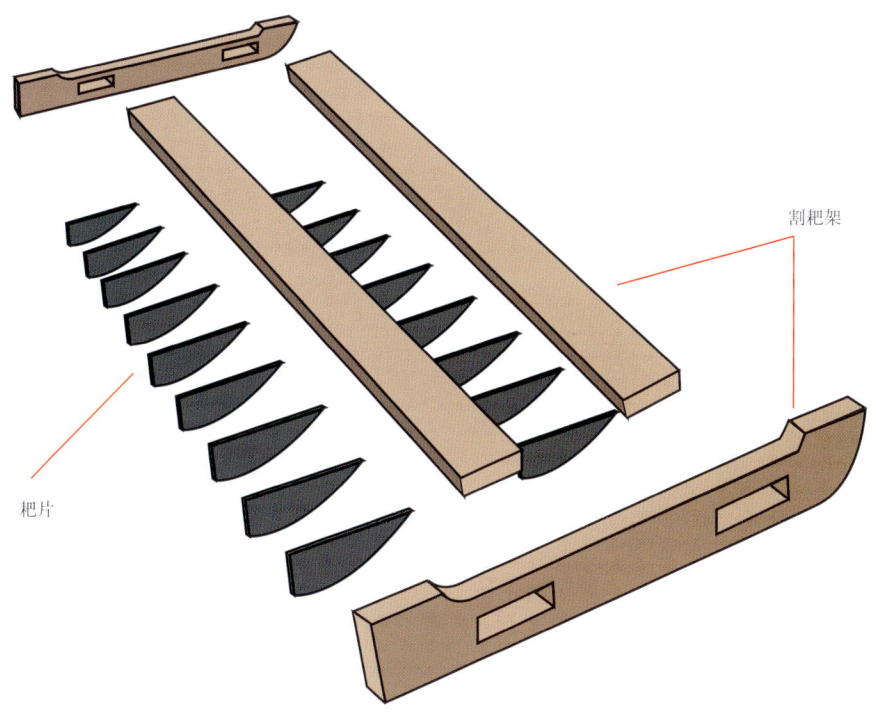

图四　彝族耙结构分析图

图五　彝族耙上色图

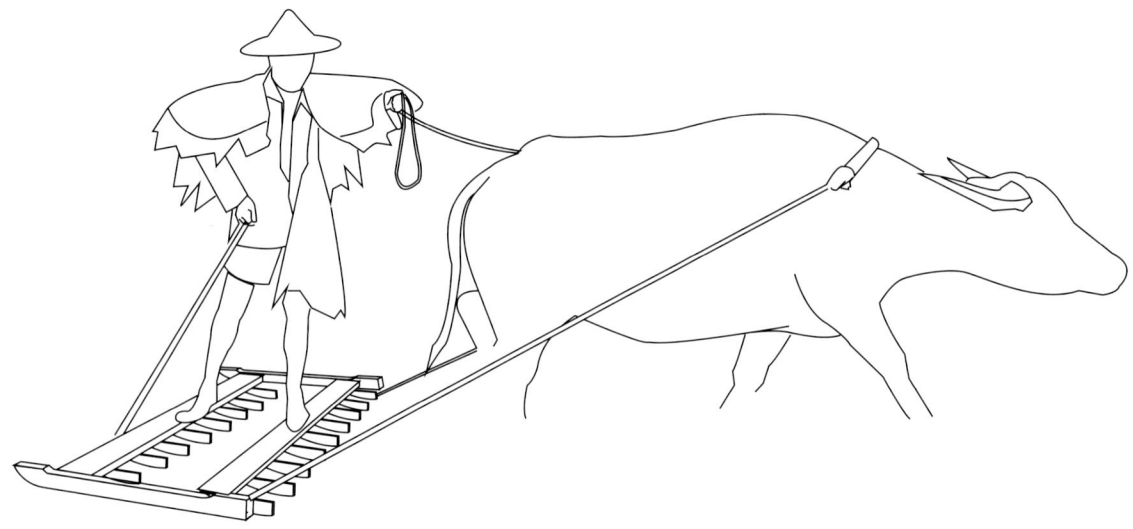

图六　彝族耙使用示意图

彝族连枷

图一　彝族连枷王图

连枷，原为农村手工脱粒农具，工作时上下挥动竹柄，使敲杆绕轴转动，敲打麦穗使表皮脱落。然而早在唐代，连枷就经过加重改造用于军事，主要用于守城，后又用于马上骑兵，今天使用的双截棍，就是连枷的改良品。

连枷由一个长柄和一组平排的竹条或木条构成，结构简单却巧妙，大大提高了劳作效率，五月麦子黄，连枷响起来。每当麦收时节，村里的禾场上，就会响起"噼啪""噼啪"的连枷声。听起来很悦耳，富有节奏感。其实，那是个辛苦活儿，在炎炎的烈日下，女人们一干就是一天，但她们一点不觉累。每当夜晚来临，彝族妇女们十几人排成两队面对面地挥动连枷在月光下打麦子，还一边工作，一边唱歌。那连枷声声，清脆悦耳，歌声阵阵，宛转悠扬，与优美的月色融为一体，使人感觉如诗如画般的美妙，他们在欢乐中获得收获，在收获中获得欢乐。

图片来源
图一　张本俊　制图
图二至图六　刘萧　制图

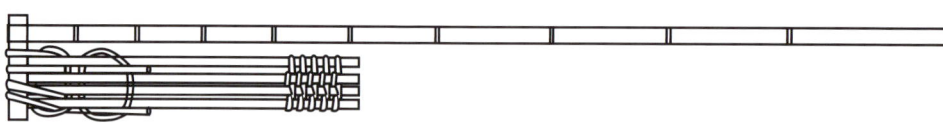

图三 彝族连枷上色图

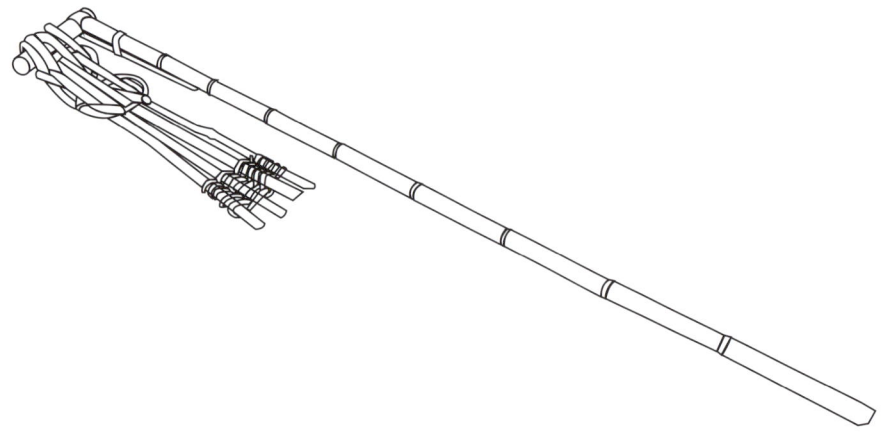

图四 彝族连枷透视图

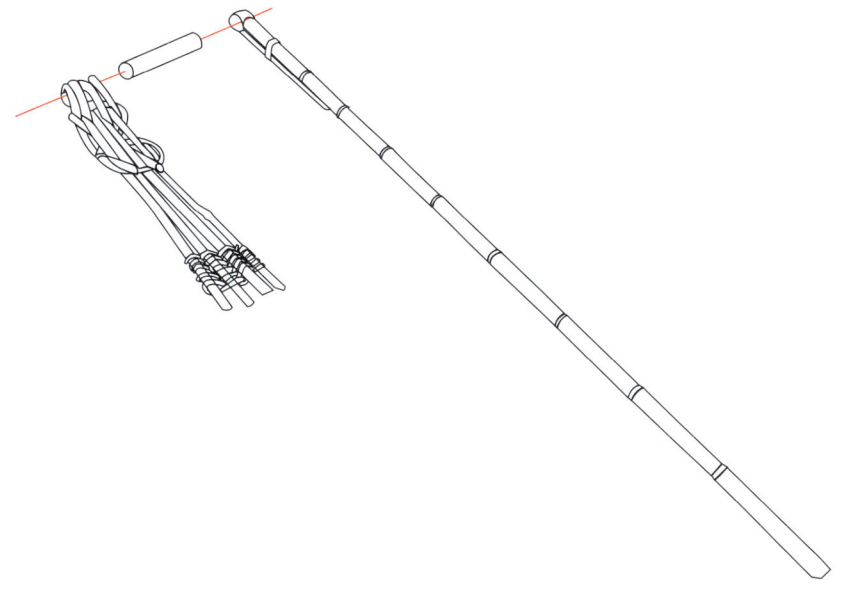

图五 彝族连枷结构分析图

图六 彝族连枷使用示意图

第五章 彝族传统生产工具

567

彝族爪爪

彝族爪爪是彝族人使用的一种农具，类似于一把耙子，又酷似一个大型爪子。是用以归拢或散开谷物、柴草、农作物的一种农具，柄长，装有木、竹或铁制的带齿耙子。

本案例约高130厘米，包括耙体和手柄。手柄材质为木头，该手柄中心位于耙体对称中心线上，手柄下端中心有一个小孔，用于插入耙体两端和中心的钢材，剩余钢材再由铁丝固定。耙身由8根较细的钢材组成，呈现扇形或爪形，中间加上一根细铁丝横向固定，使其更加牢固实用。

彝族爪爪的手柄施加到耙体上的作用力通过耙体对称中心线再予以均匀分散，使用方便，操作顺畅，且连续强度好，不易损坏。其制作材料简单易寻找，穿插方式简单而牢固，是彝族人日常生活中较为常见的农作工具。

图片来源
图一至图六　本书编写组　制图

图一　彝族爪爪主图

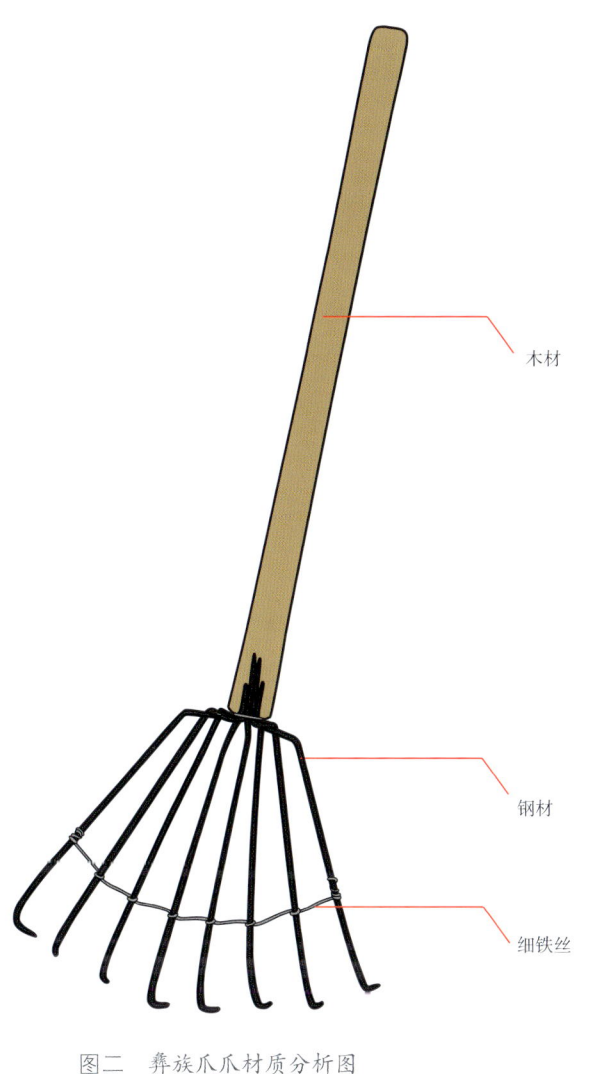

图二 彝族爪爪材质分析图

木材

钢材

细铁丝

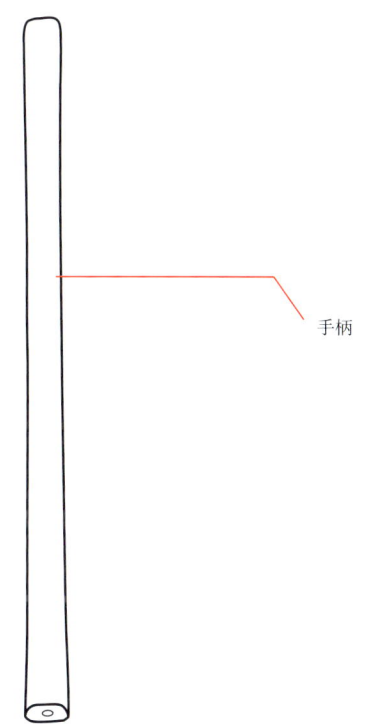

手柄

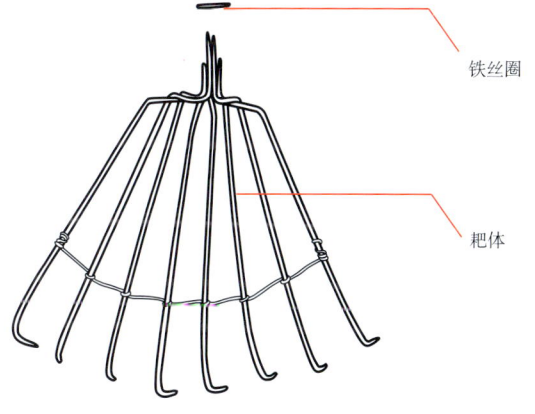

铁丝圈

耙体

图三 彝族爪爪结构分析图

第五章 彝族传统生产工具

569

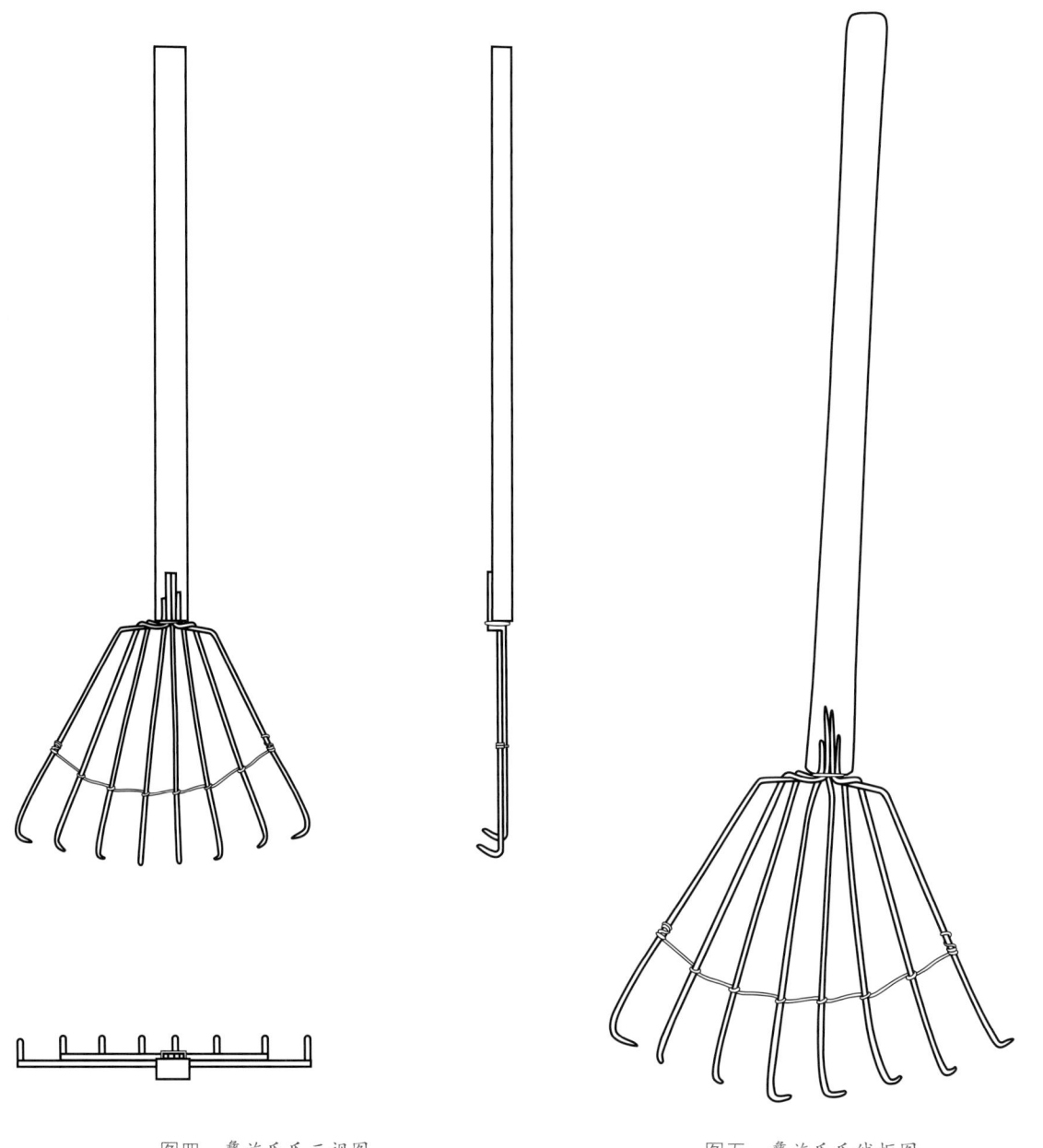

图四 彝族爪爪三视图　　　　图五 彝族爪爪线框图

图六　彝族爪爪使用示意图

彝族铁铧

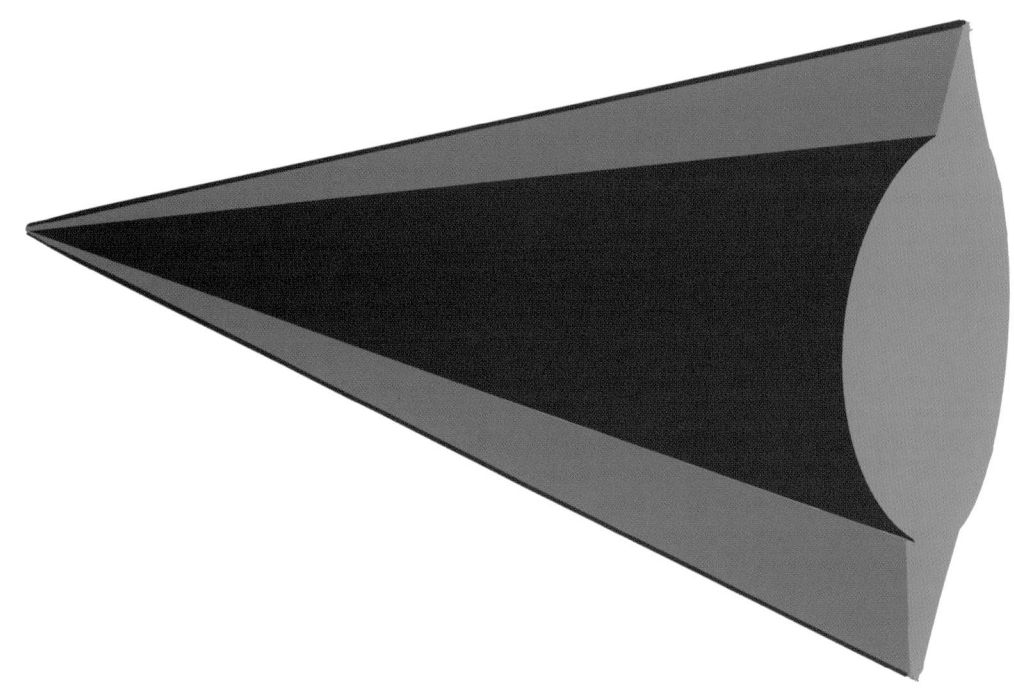

图一　彝族铁铧主图

彝族铁铧是农业生产中传统的耕翻农具铁犁中的组成部分。由铁铧、犁架和铁镜可组成一个铁犁。

犁铧亦称犁铲、犁头，是安装在犁床前端的切土起垄零件，外形有舌形、V形、梯形之分，其夹角有大有小，然其作为等腰三角形的大体轮廓不变。这种铧冠形制小而重量轻。铧重465克，总长约18厘米，中央尖部宽约6厘米，两侧宽约4厘米，铧刃顶端上下两面均起脊线。将这种铧冠装上木犁头，可以松土划沟，便于翻土、起垄，用力少而见功多。犁铧的种类有全铁大铧、小铧、犁冠、犁壁及巨型犁铧等，根据各个地区的土质来定大小。犁铧配合在铁犁上的使用是具有科学性的，符合人机工程学，在历史上还创造出了二牛抬杠与直辕结合，并且受到相当的重视。铁铧的发明、应用和发展，凝聚了广大劳动人民的心血，并显现了他们的智慧。

图片来源
图一　杨思凡　制图
图二至图四　傅淑萍　制图

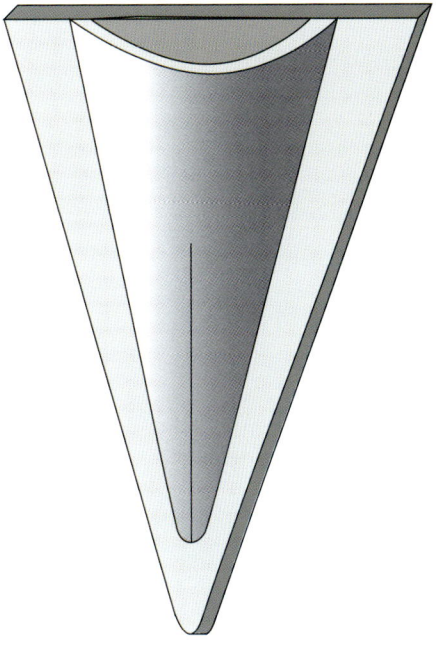

图二　彝族铁铧视图分析图

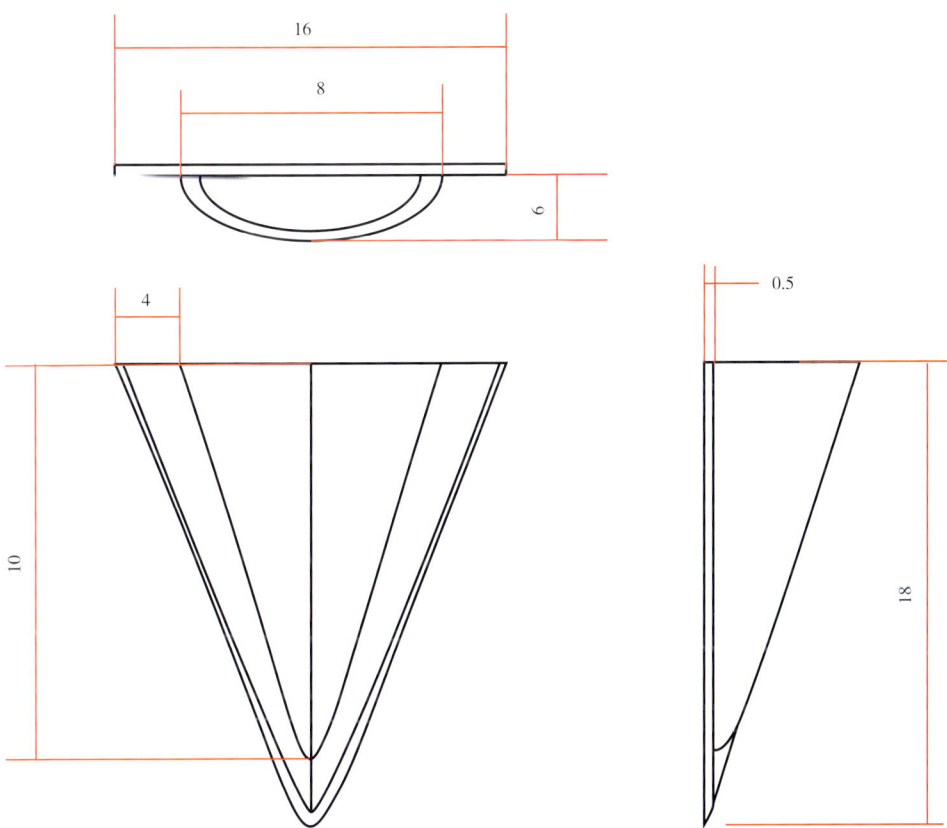

图三　彝族铁铧三视图（单位：cm）

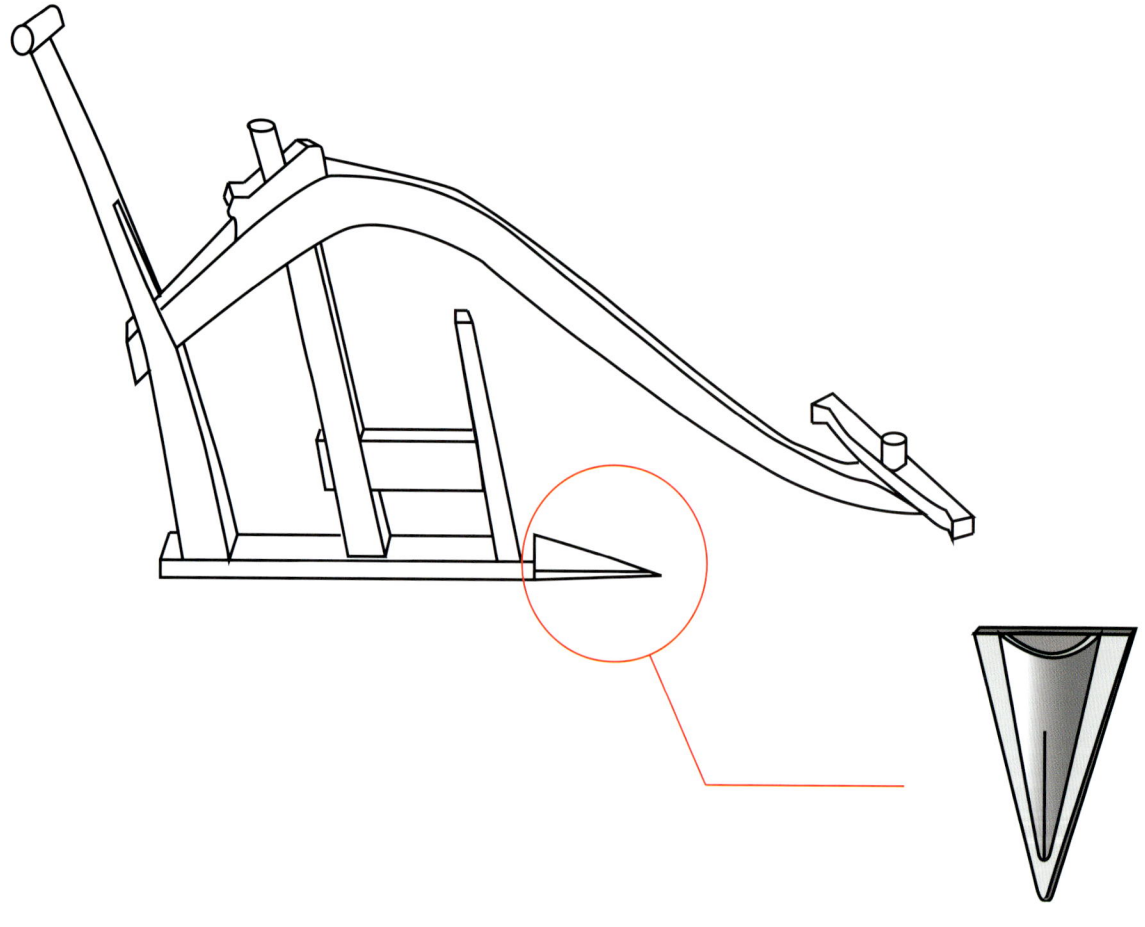

图四　彝族铁铧使用示意图

彝族铁镰刀

图一 彝族铁镰刀主图

铁镰刀俗称割刀，呈月牙状，刀背约0.5厘米宽，刀口约0.1—0.2厘米宽，刀柄长约4厘米，刀身长约20厘米，铁镰刀总长约24厘米，是彝族百姓收割庄稼和割草的农具，在西南彝族聚居地一些农村地区广泛使用。

据说，人类有了麦子之后，就有了镰刀。正因为如此，镰刀与锄、铁锹和犁一样，不仅是一件古典的农具，更是中国古老农业文明的一个象征。镰刀俗称割刀，呈月牙状，刀口有斜细锯齿，尾端装木柄，在挥舞镰刀割农作物时，若镰刀使用不当，木头部分的刀柄易与刀身脱离而造成危害，因此彝族铁镰刀在制作方式上做了一些改变。彝族百姓将镰刀的刀身与刀柄，选用同一种材料——铁，交融铸造成为一体，一是避免刀身与刀柄分离造成危害，二是减少了材料种类和制作的步骤，形成了具有彝族特色的农具——铁镰刀。此外，彝族人民对铁镰刀的使用和摆放有一些禁忌，例如铁镰刀不能用来割肉、铁镰刀不能与锄、斧一起扛或搁放在一起。彝族人民热情好客，能歌善舞，有一种具有彝族特色的舞蹈，叫做镰刀舞。铁镰刀的制作上与镰刀舞的编排上，都凝聚着彝族人民的智慧和对生活的热爱。

图片来源
图一 杨思凡 制图
图二至图四 傅淑萍 制图

第五章 彝族传统生产工具

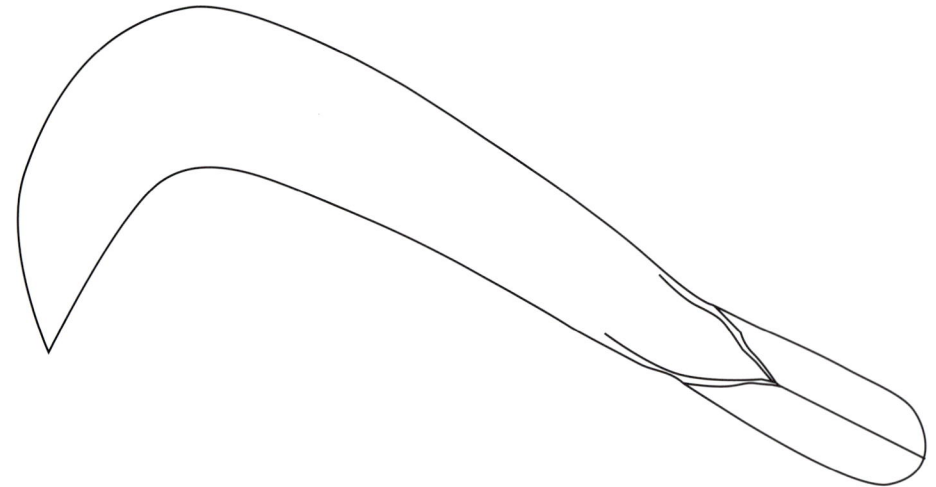

图二 彝族铁镰刀线描图

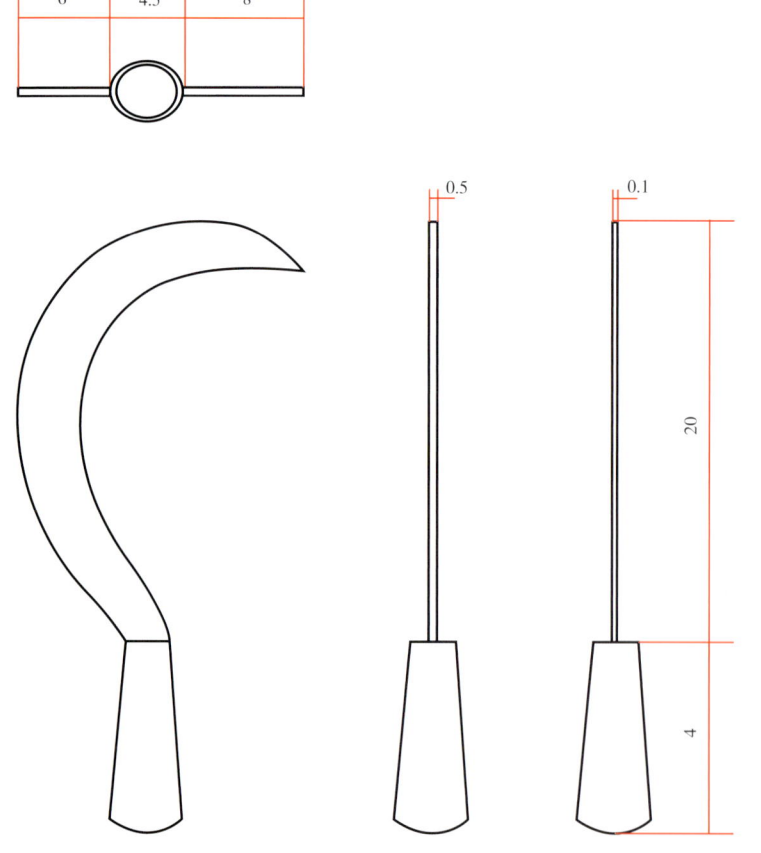

图三 彝族铁镰刀三视图(单位:cm)

图四　彝族铁镰刀使用示意图

第五章　彝族传统生产工具

彝族牲畜食槽

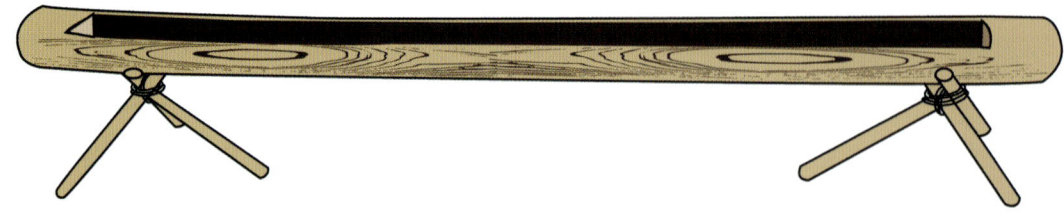

图一　彝族牲畜食槽主图

牲畜食槽广见于彝族农村地区，是传统生活用具之一，包含着民间智慧和制作技巧。凉山彝族由于居住环境都在深山丛林中，他们很早就善于利用身边的自然资源，如树木和竹子制做各种器具。牲畜食槽就是其中之一（图一）。

该牲畜食槽整体形态为长条形长约130厘米，宽约20厘米，高约42厘米。牲畜食槽由上下两部分组成，上部分四边高起，中间凹入，凹下的部分叫槽（图三），该槽是当地彝族人用传统工具在整木上挖凿而成的（图五）。下部分的木支架起到固定上部分原木槽的作用，同时便于人向里边投放饲料，也便于腿长身高的牲畜食用（图六）。上部分的原木槽并没有和下部分的木支架固定成为整体，可以从支架上轻松拿下来放到地上，由于原木槽底部原有的弧度被加工成平的，所以摆放在地上时并不会摇晃，同时将上部分的木槽摆放在地上也便于腿比较短的牲畜使用（图七）。木槽的作用是喂牲畜饲料或盛盐水喂牲畜。该木槽是彝族人民用自己的聪明才智，以周围环境中的木材作为材料，对其进行简单加工制作而成的。

彝族木槽反映了彝族人民质朴的生活态度和方式，如今，在它们逐渐退出人们的现实生活后，会成为人们的乡土记忆和寄托乡愁的载体。

图片来源
图一至图七　贺杰　制图

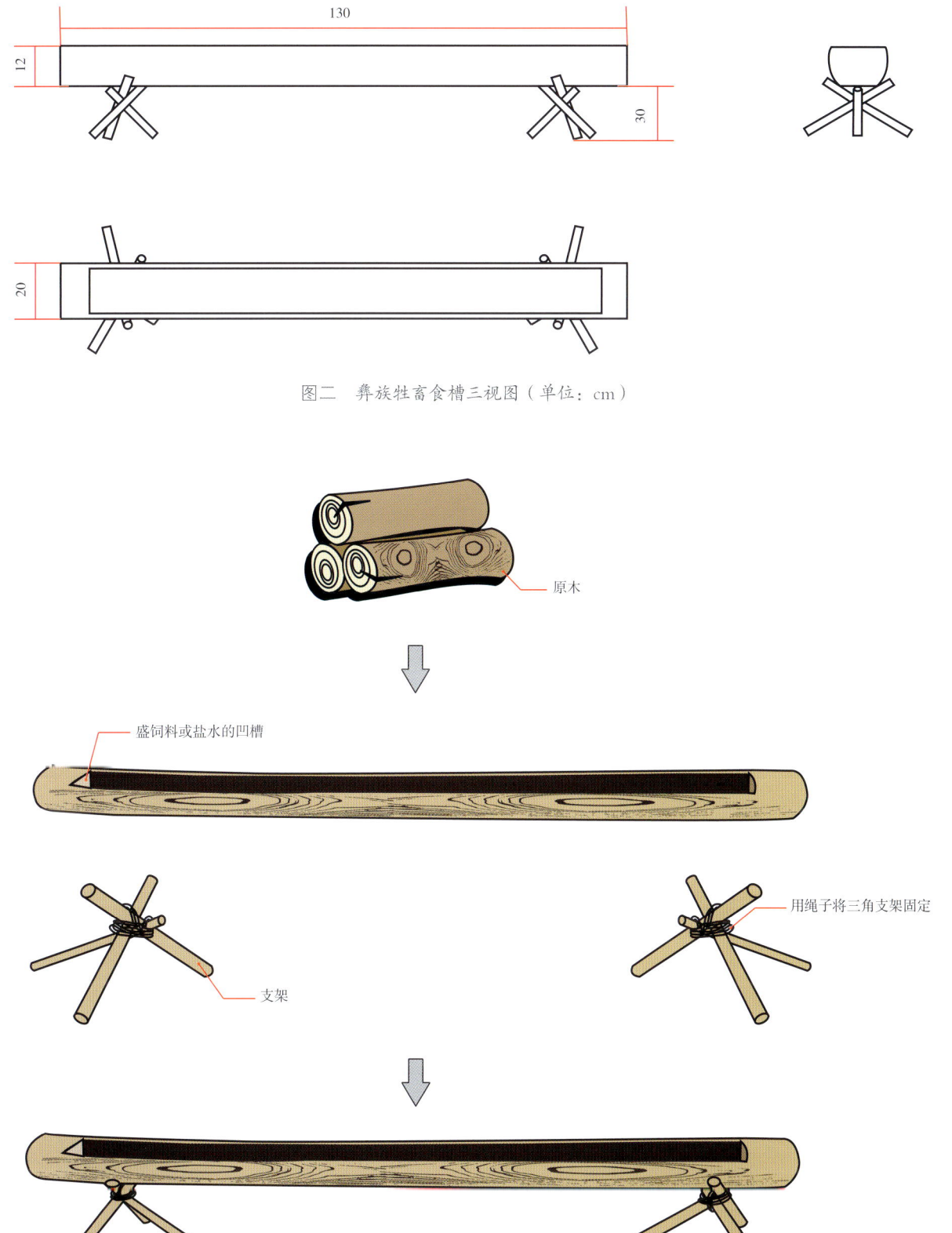

图二　彝族牲畜食槽三视图（单位：cm）

图三　彝族牲畜食槽使用方法示意图

第五章　彝族传统生产工具

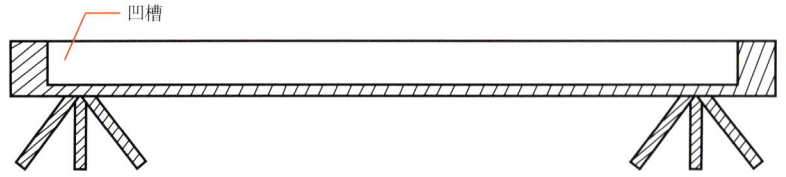

图四　彝族牲畜食槽剖面图

图五　彝族牲畜食槽制作方式示意图

图六　彝族牲畜食槽使用示意图1

图七　彝族牲畜食槽使用示意图2

彝族石磨

图一　彝族石磨主图

彝族石磨是彝族人民用来把米、麦、豆等粮食加工成粉、浆的一种机械。

彝族石磨与常见的两层式石磨不一样，常见的石磨由两块尺寸相同的短圆柱形石块和磨盘构成，一般都需要架在另一个较为牢固的台上。彝族石磨在制作时，不仅有上下两层相似大小的圆柱石块，而且在石块下，有一个长约100—120厘米，宽约60厘米的半圆形木块，做成磨盘；并在半圆形木块长约为40—60厘米之间横插两根10—15厘米厚的木块，用来牢固地架住石磨。半圆形磨盘下，选用四根结实的木桩做两个十字交叉，形成石磨的两个脚架，架住半圆形磨盘。上下两个圆柱石块的接合处都有纹理，粮食从上方的孔进入两层中间，沿着纹理向外运移，在滚动过两层中间时被磨碎，形成粉末，并流入磨盘中。

彝族石磨在选材上都是原生态的材料，自然朴实。彝族人民对于大自然的馈赠怀有浓厚的感激之情，并且编写了一曲《石磨的歌》来表达对自然的感谢与热爱。

图片来源
图一　杨思凡　制图
图二至图四　傅淑萍　制图

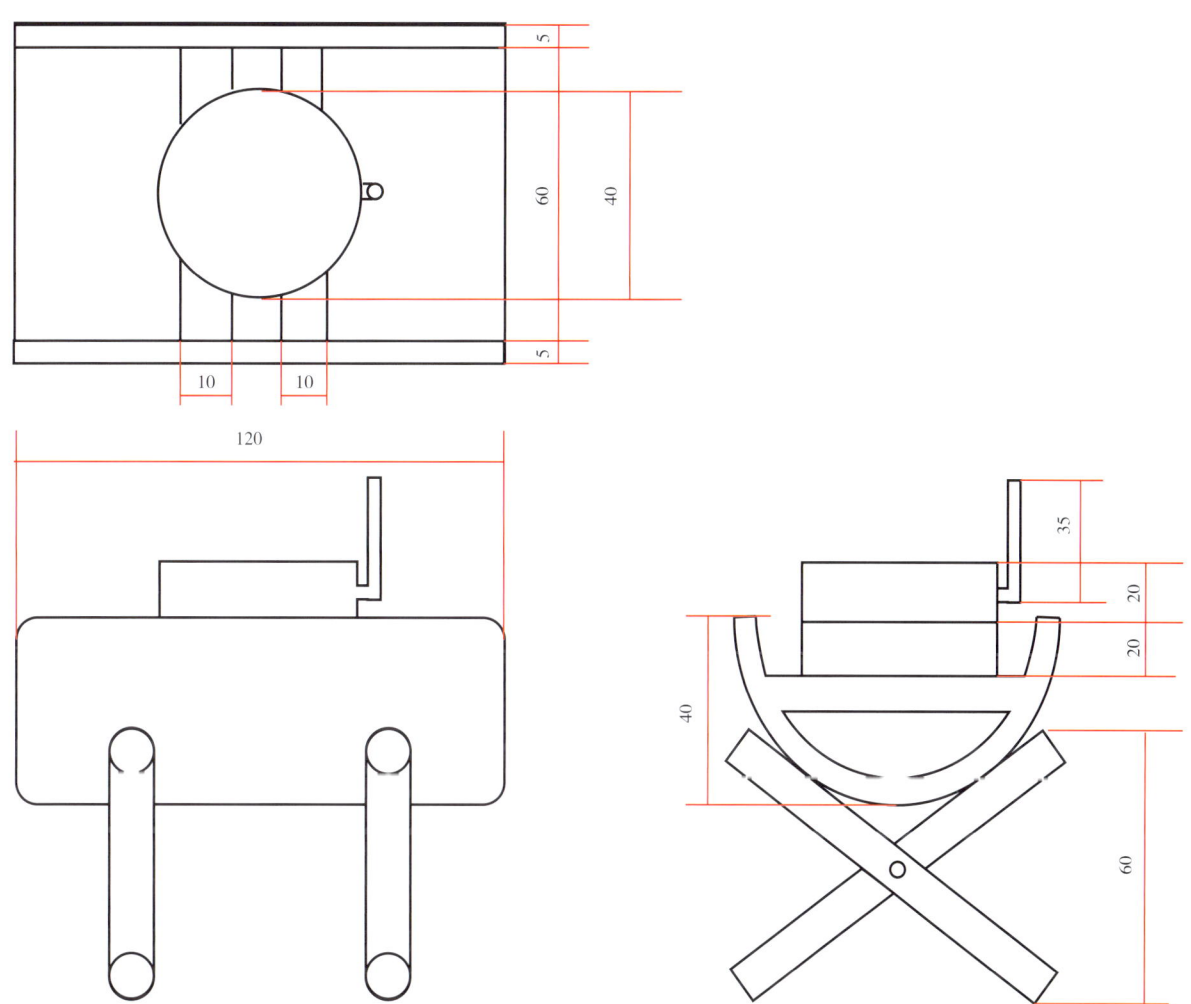

图二 彝族石磨三视图（单位：cm）

图三　彝族石磨线描图

图四　彝族石磨使用示意图

彝族侧地

图一　彝族侧地主图

彝族侧地是一种彝族木器。彝族侧地以实木为原材料制作而成，高约120厘米，宽约60厘米。无底，有侧板。彝族侧地其完全由手工制作而成。彝族侧地的器身由多片厚约2厘米至4厘米的木片以榫卯连接方式制作而成，外围侧板以一些小木条加以少许螺钉加固。彝族侧地一面由木板封口，另一面无木板，由高约120厘米的木条架子构成，架身由横放的两条木条以及竖放的两条木条组成。

彝族侧地在结构上使用了汉族古家具常使用的榫卯结构，这说明彝族人民有着好学的精神。

图片来源
图一　张婷　摄影
图二至图六　张婷　制图

图二 彝族侧地效果图

图三 彝族侧地三视图

图四　彝族侧地结构细节图1

图五　彝族侧地结构细节图2

图六　彝族侧地结构细节图3

彝族木撮箕

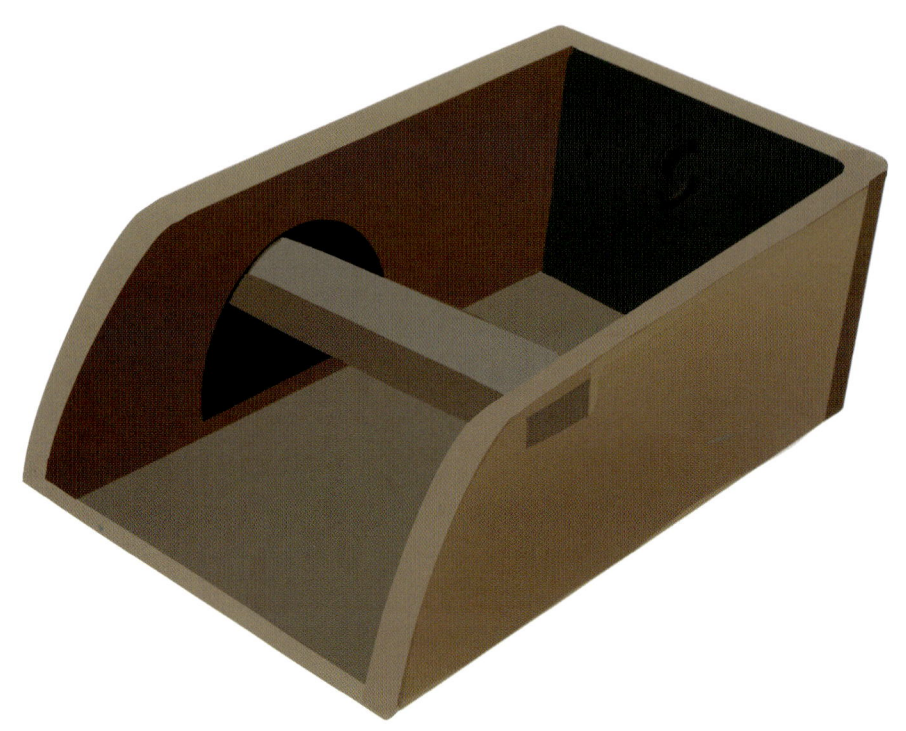

图一　彝族木撮箕主图

撮箕，在我国西南部分地区使用这个称谓。通常用竹子编织而成，现代也有铁和塑料等材料制成的。撮箕分为撮垃圾和撮粮食的两大类，随着时代的发展，塑料工具取代了大部分竹制品，撮箕已渐渐退出人们的生活。

该案例彝族木撮箕，长20厘米，宽13厘米，高10厘米。属于近代生活用品，现存放于石林县圭山镇大糯黑村的糯黑彝族文化博物馆内。此案例区别于一般撮箕，主要材料为木材，用榫卯结构将木材组合，并采用少量金属作为辅助材料。灵活运用了木材的特性，将木材运用于生活器具当中，独具特色，具有研究价值。

图片来源
图一　张本俊　制图
图二至图六　雷霞　制图

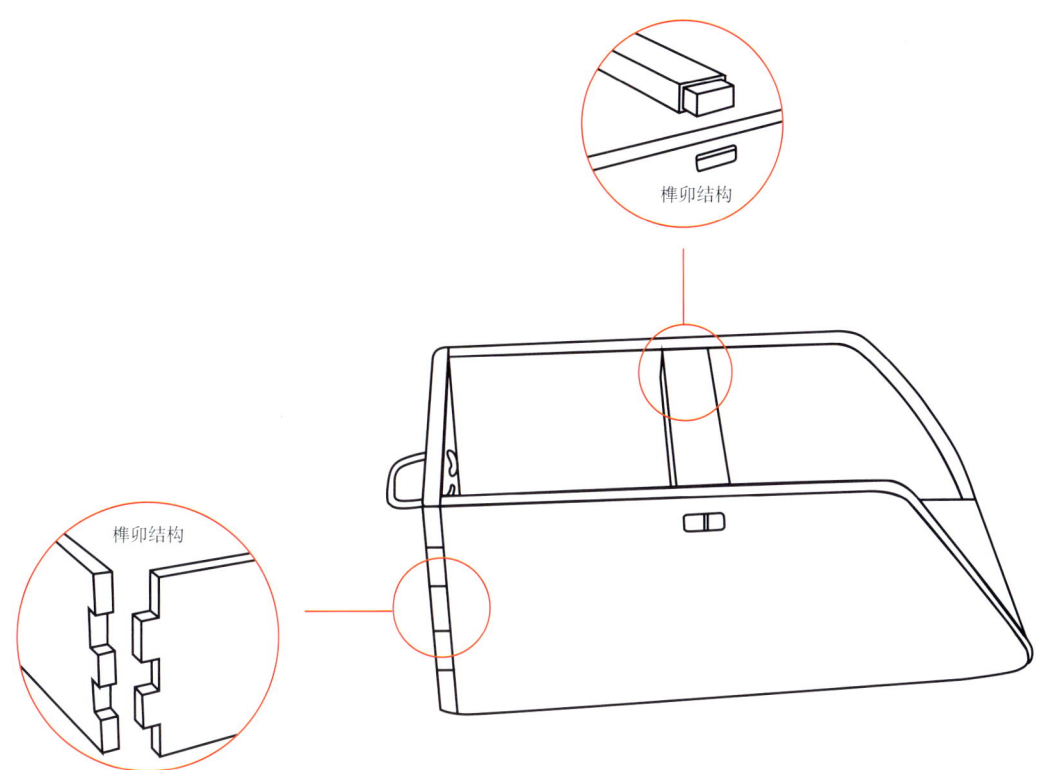

图二　彝族木撮箕结构分析图

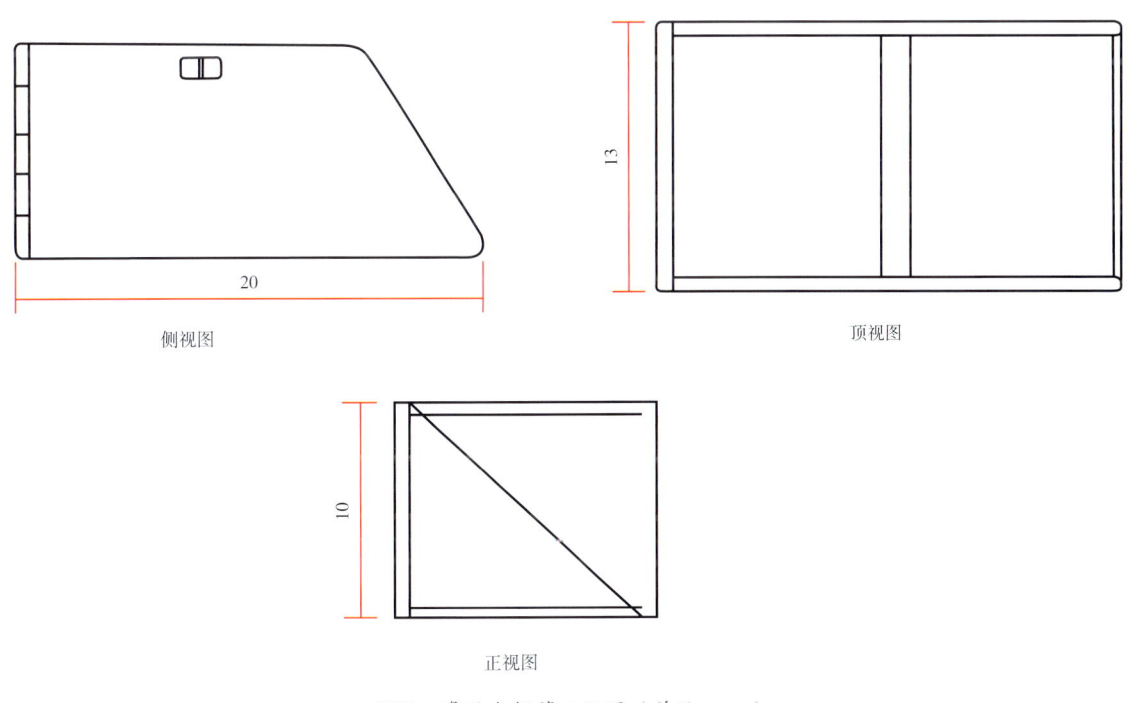

图三　彝族木撮箕三视图（单位：cm）

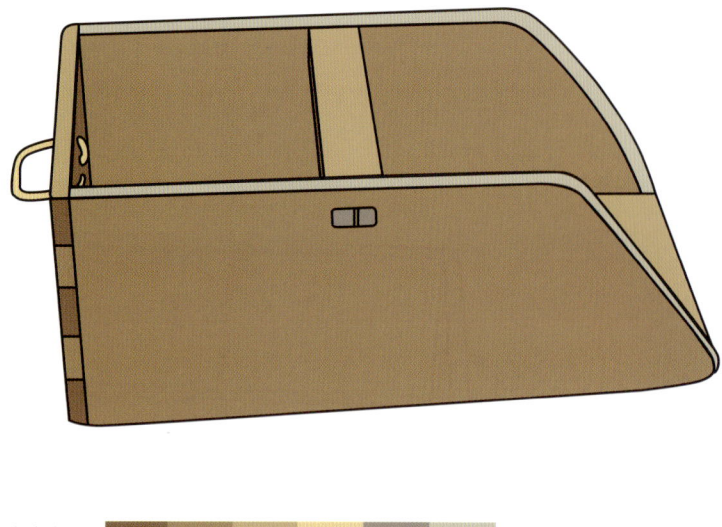

色彩分析：

图四　彝族木撮箕色彩分析图

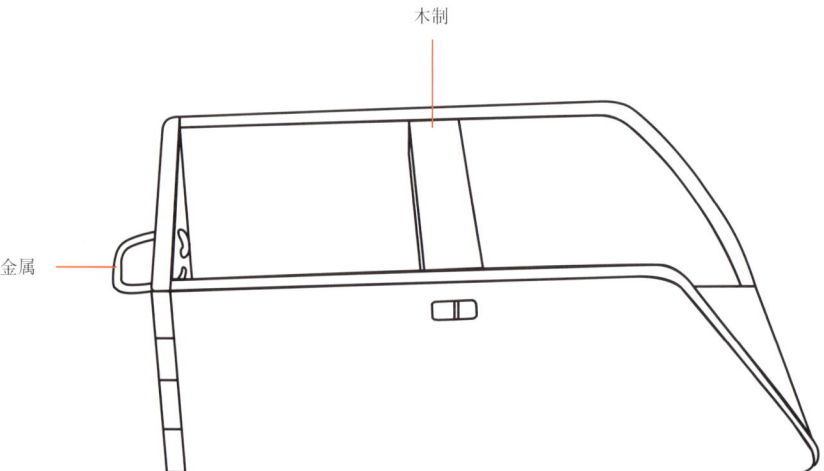

图五　彝族木撮箕材质分析图

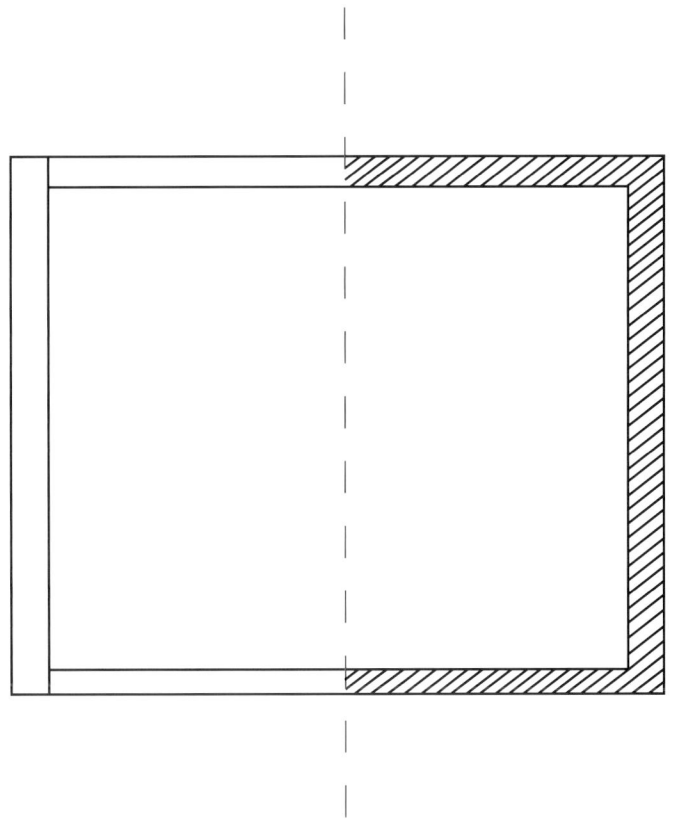

图六　彝族木撮箕剖面图

彝族木马鞍

图一　彝族木马鞍主图

彝族木马鞍，放于马背之上，相较于银质马鞍，木马鞍更具有实用价值，是彝族家庭农作运物的必备之物。

本案例鞍座通长48厘米、鞍鞒前高26厘米、鞍鞒后高15厘米。该马鞍通体木质，无花纹点缀，区别于银质马鞍的精致。木马鞍主要用来连接马与车，起固定马车的作用，也是拖货的主要媒介，彝族农民将捆好的两包货物用绳子连接，放于木马鞍两侧，既可以固定货物，又可以减轻马背的受累程度。

彝族是一个马背民族，许多彝人以拥有一匹上好的马而自豪，常将自己精心饲养调教出来的骏马炫耀示众，寻找对手比高低。而同样的，马和马车更是彝族运送货物的主要运输工具，有时候还可以当做交通工具。因此，马鞍在彝族人的生活中起着十分重要的作用。

图片来源
图一至图五　张婷　制图

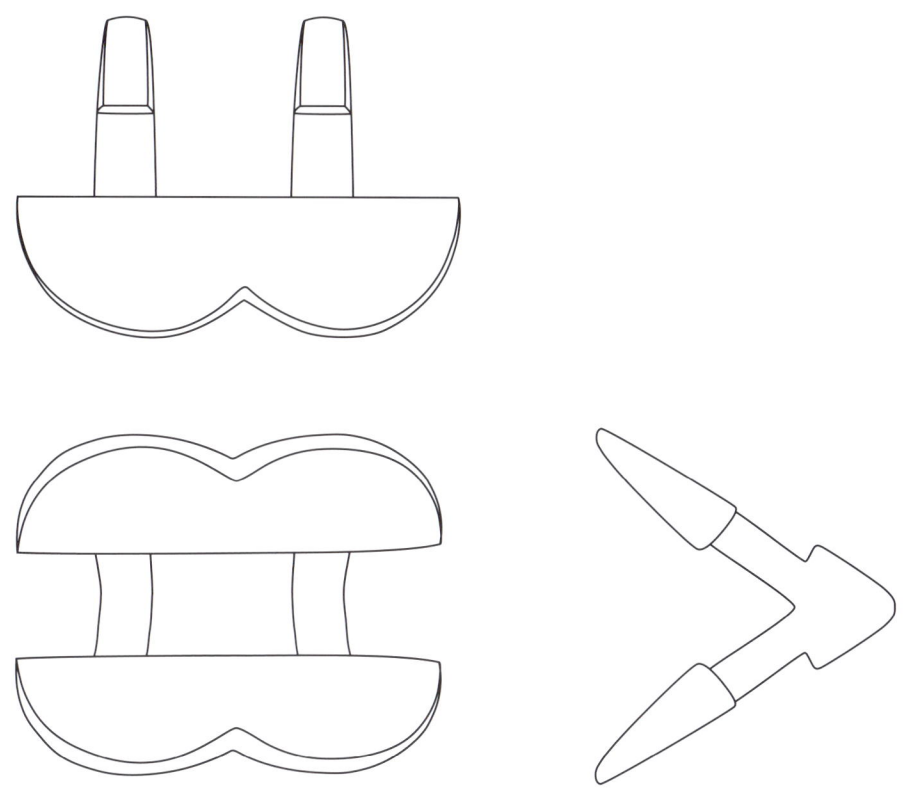

图二　彝族木马鞍三视图

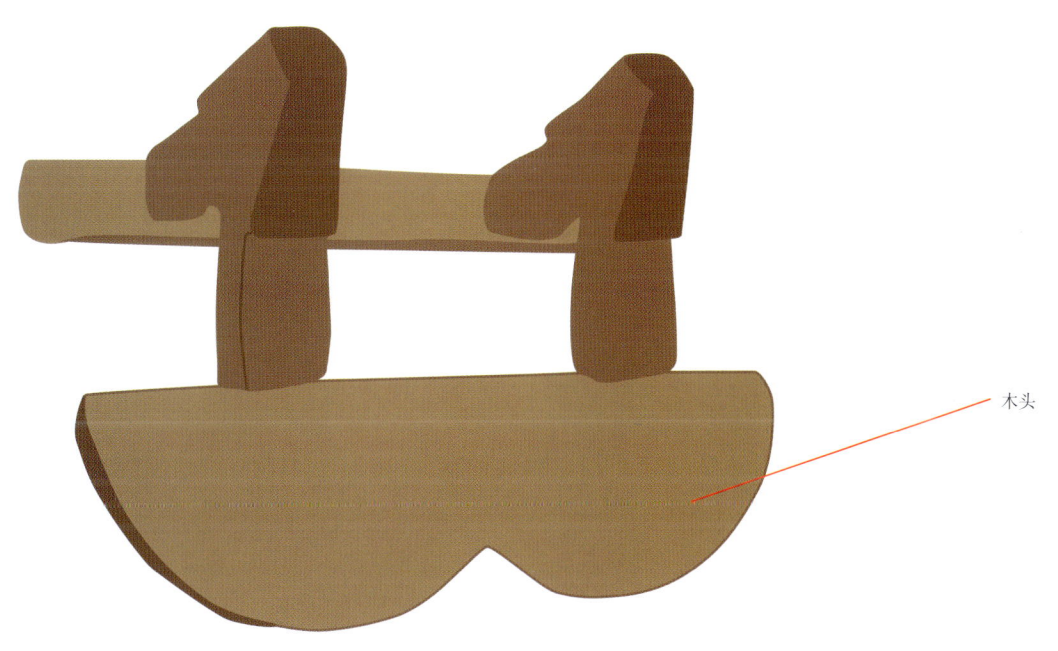

图三　彝族木马鞍材料分析图

木头

第五章　彝族传统生产工具

图四　彝族木马鞍结构分析图

图五　彝族木马鞍使用场景图

彝族对窝

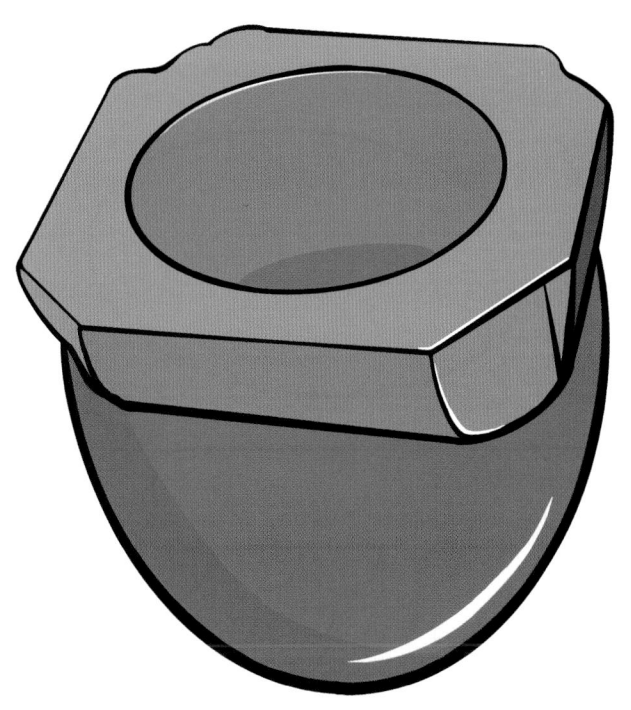

图一　彝族对窝主图

彝族对窝亦写作"碓窝",碓,古时用木石做成的捣米器具。蜀地及附近人多写作"对窝"。四川地区的彝族部落称臼为"对窝""擂钵",称配套用的杵为"对窝棒"。材质有木质、石质、铁质,彝族的对窝主要是用用石头打出凹型,用来捶捣米、辣椒、花椒的用具。很早以前用来舂米的基本都是石对窝,石对窝可用来将各种东西舂成粉或糊、酱状。一般宽约60—80厘米、高约50—60厘米,由一块整的石块打造上下两个部分,上部是约厚10厘米的正方形,下部约40—60厘米的半圆柱,中间掏出凹型。对窝惯用石块制作的原因是,石块较为沉重,在使用对窝棒捶捣米、花椒之类的小型硬物时,沉重的石块不易跑动。对窝现在已经很少见了,在某些农村或者旅游地带还可以见到这种古老的工具。

图片来源
图一　胡海玲　制图
图二至图四　张婷　制图

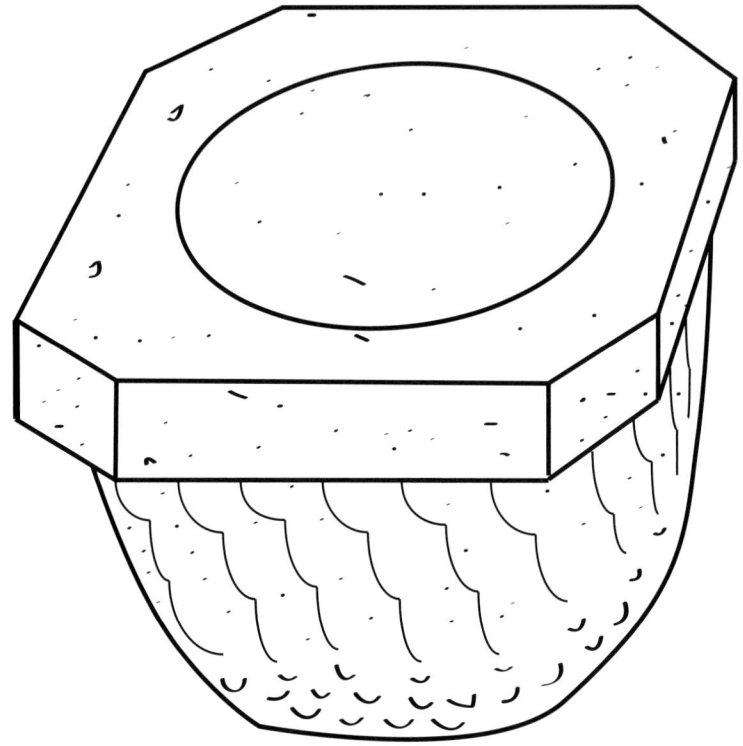

图二　彝族对窝线描图

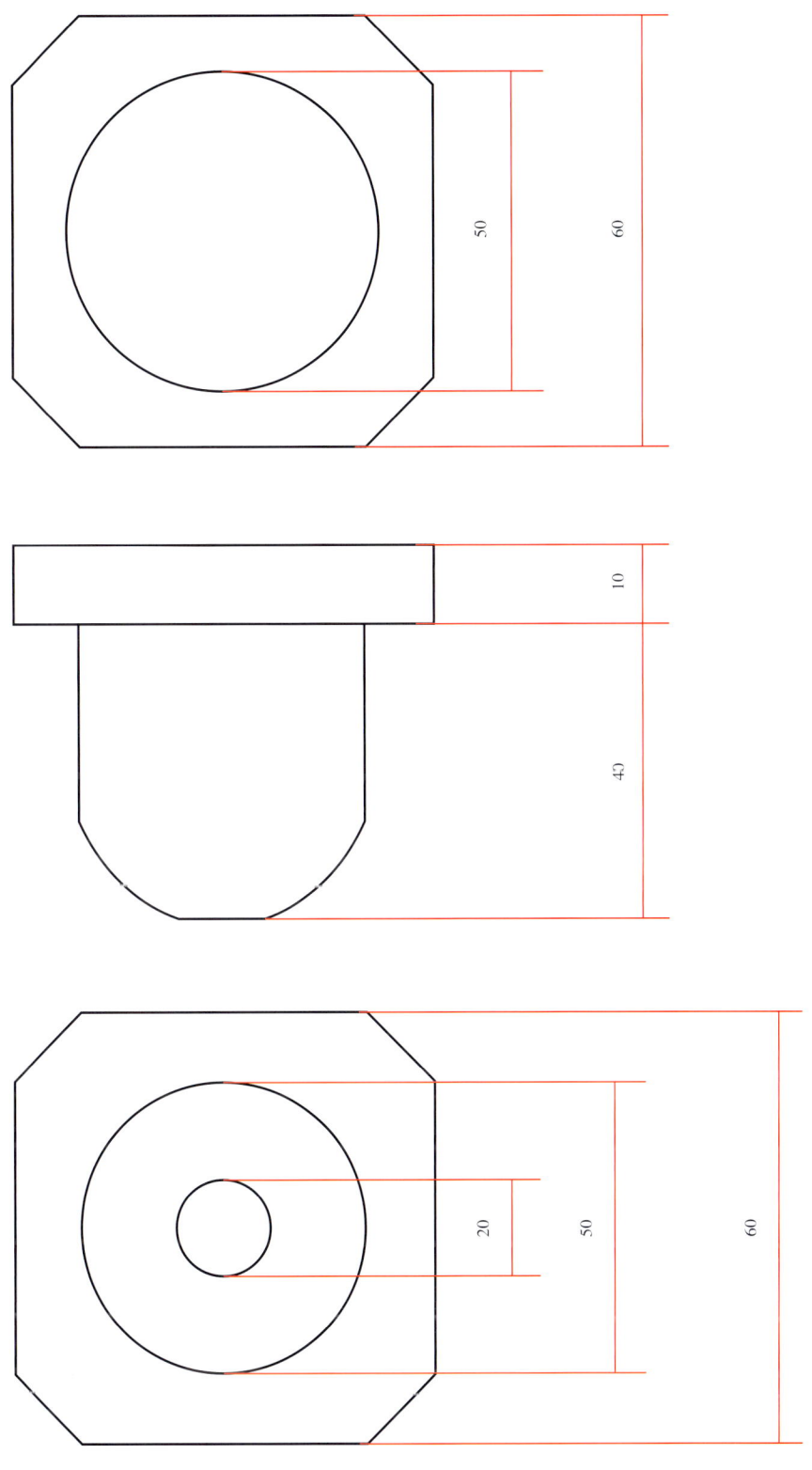

图三　彝族对窝三视图（单位：cm）

图四　彝族对窝使用示意图

彝族竹篓

图一　彝族竹篓主图

本案例彝族竹篓出自于大凉山彝族自治州，是彝族百姓家中常见的一种生活用品。它是一款用竹篾编制而成的圆柱形盛器，主要用于盛放食物。本案例拍摄于布拖文化馆。

竹艺是我国传统的一种民间工艺美术，它从选材、材料加工，到自身的创作编制都含有及其精密的技巧，所以编制出来的产品自身结构严谨、结实耐用。本案例用竹篾作为编制的材料，高约33厘米，底部直径约25厘米，顶部直径约20厘米。小竹篓整体的外部形状为扁平的椭圆形，口部和底部较小，中间部分略鼓。小竹篓的编功细腻、精巧，横竖交错的竹篾相互交错，自然形成一种韵律和节奏的美感。

竹篓外形小巧，在日常生活中，主要用于盛放蔬菜、鱼类等食物，是生活中非常便利的一款日用器具。

图片来源
图一　布拖文化馆
图二至图五　本书编写组　制图

图二 彝族竹篓线框图

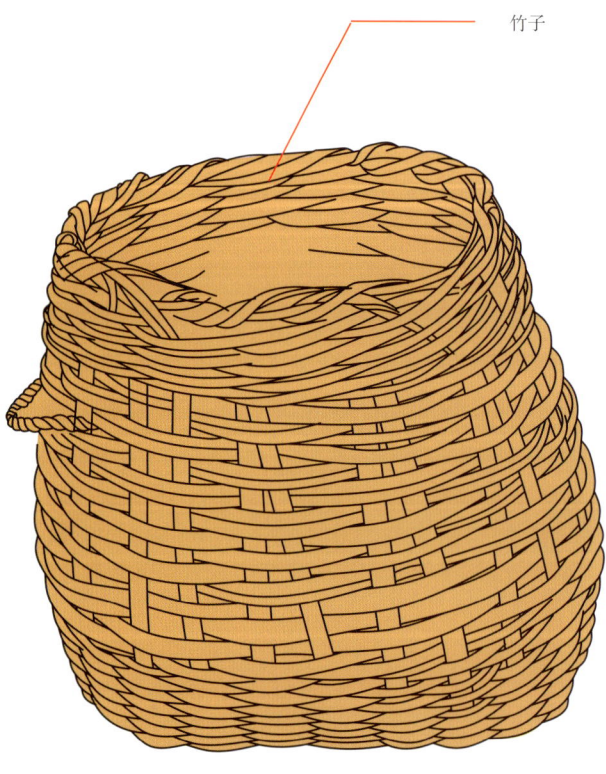

竹子

图三 彝族竹篓色彩分析图

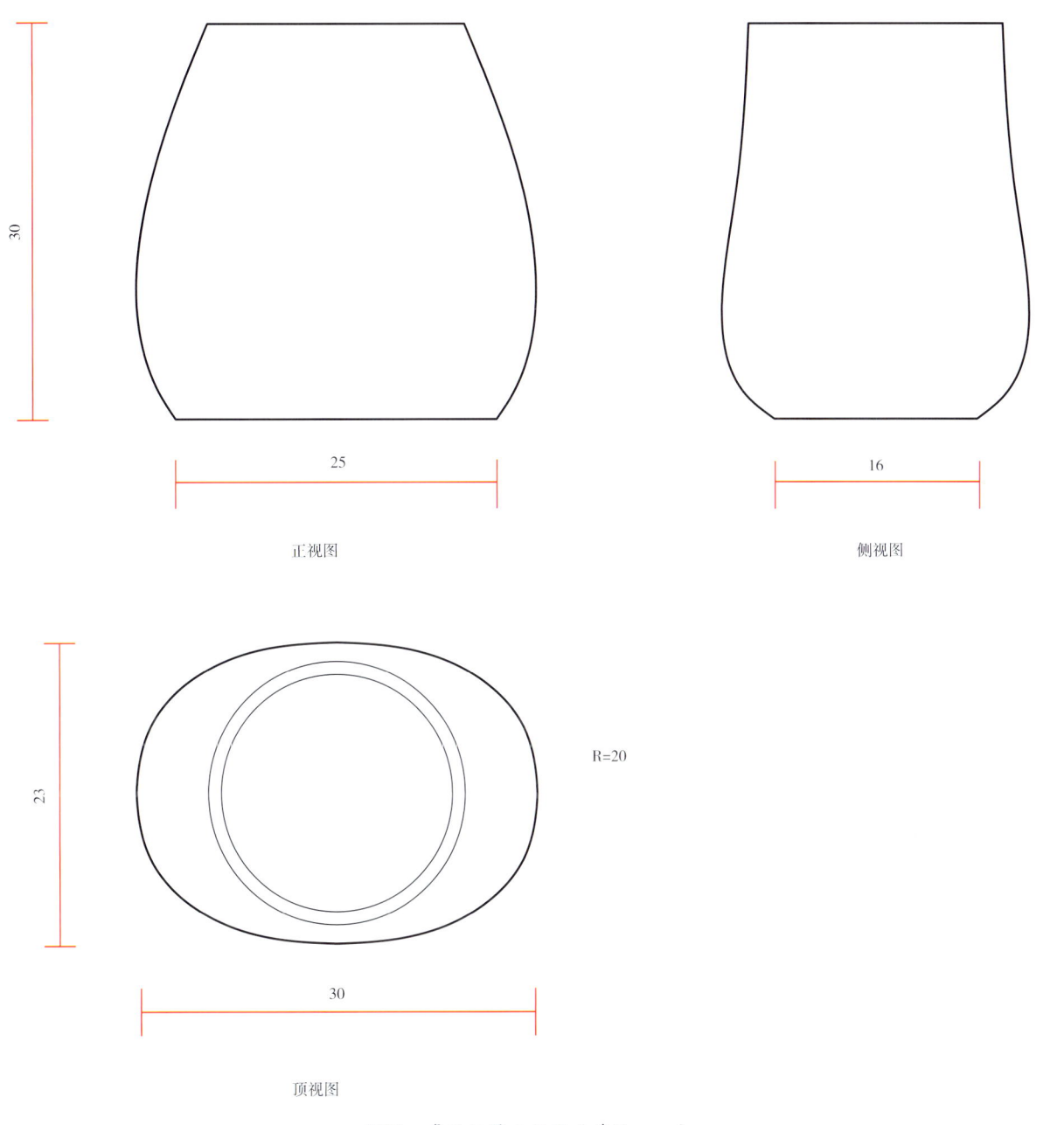

图四 彝族竹篓三视图（单位：cm）

图五　彝族竹篓使用示意图

第六章 彝族传统手工艺

彝族镶银玻璃酒瓶

彝族是最早冶炼、铸造银器的民族之一。银器或厚实、或轻便、或繁琐、或简洁，让人目不暇接，美不胜收。彝族人民素爱打扮，并以披金戴银为时尚。特别是银器，使用之广泛，如餐具、马具、刀具和宗教用具中几乎都有银器。

彝族镶银玻璃酒瓶制作工艺过程全是手工，图案花纹独特，充分体现了古老性和民族性，反映了彝族祖先的聪明才智和丰富情感，表达出古老彝族的图腾崇拜和自然崇拜。太阳、月亮等天体符号，反映了彝族对自然的崇拜，彝族会进行祭祀日月星辰的活动，彝族的毕摩会占星，从星辰得到吉祥或凶险的启示。山、水、火焰象形图案，与大汶口文化的陶文、纳西族的东巴文相近，反映了彝族的自然崇拜。此外，还有祭山神、火神的习俗。

彝族镶银玻璃酒瓶以现代酒瓶为造型，以彝族银饰作为装饰。是现代文化与彝族文化的融合与创造。

图片来源
图一　石丹沁　制图
图二至图五　曹宇嘉　制图

图一　彝族镶银玻璃酒瓶主图

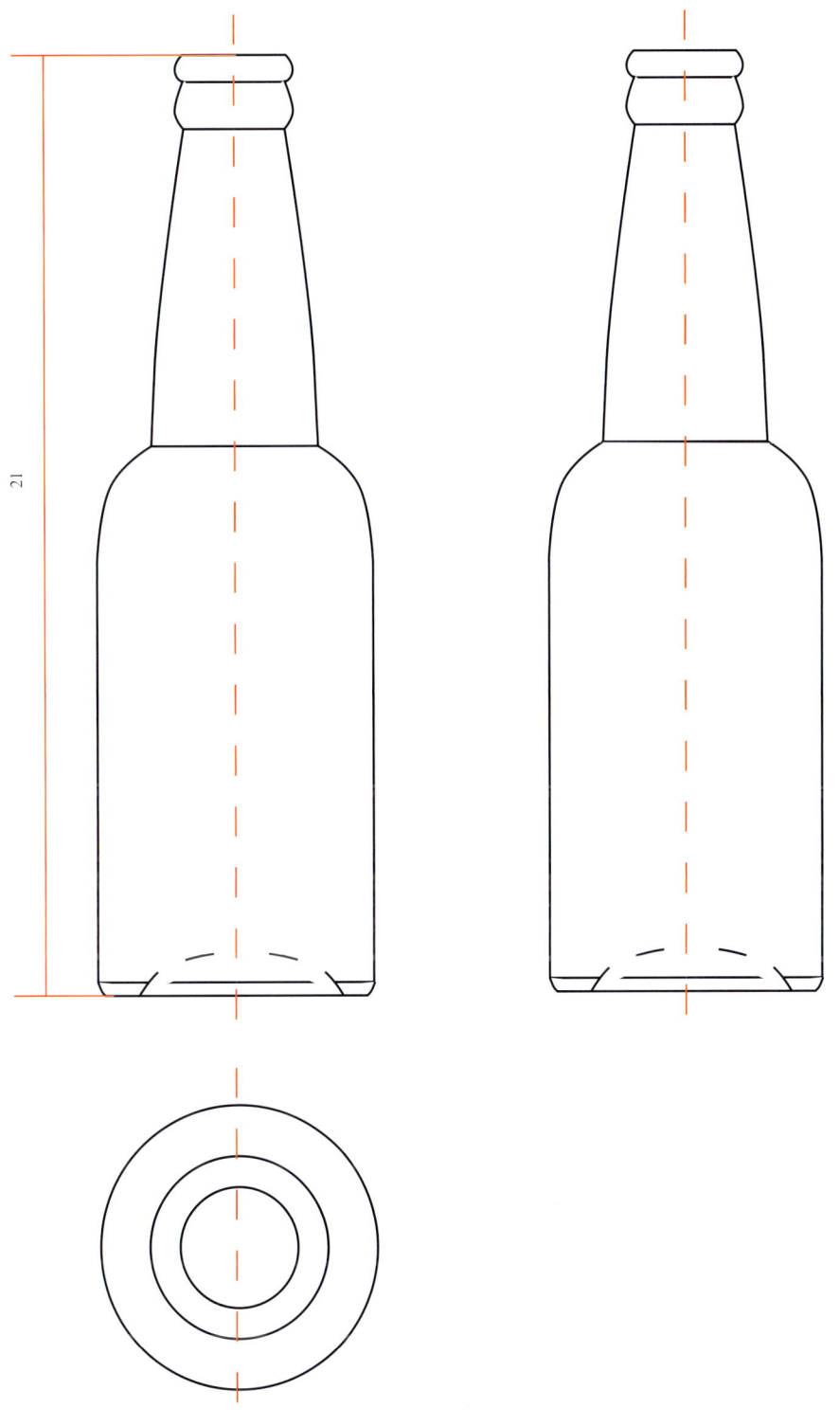

图二　彝族镶银玻璃酒瓶三视图（单位：cm）

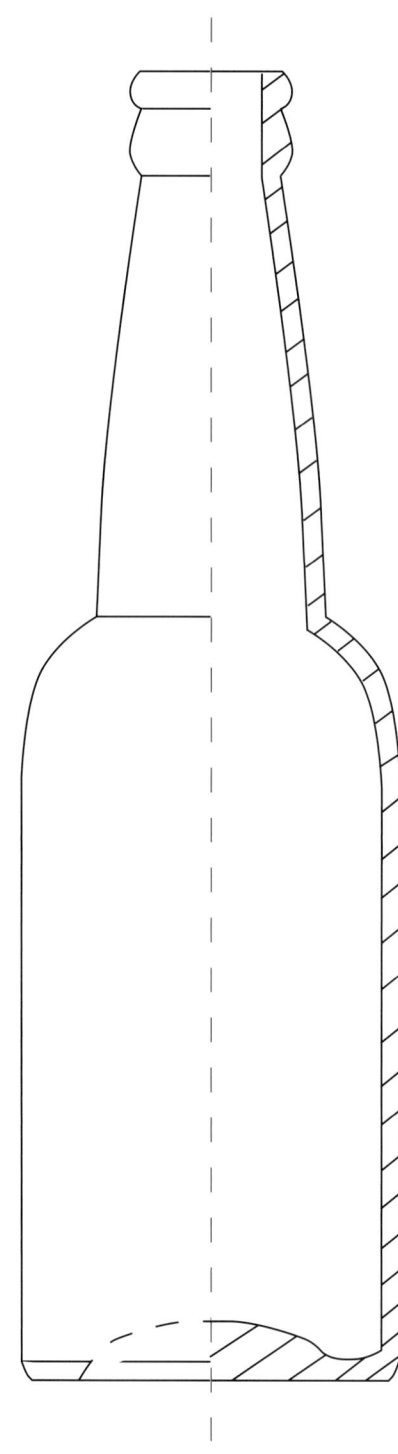

图三 彝族镶银玻璃酒瓶剖面图

图四 彝族镶银玻璃酒瓶剖面+纹样线描图

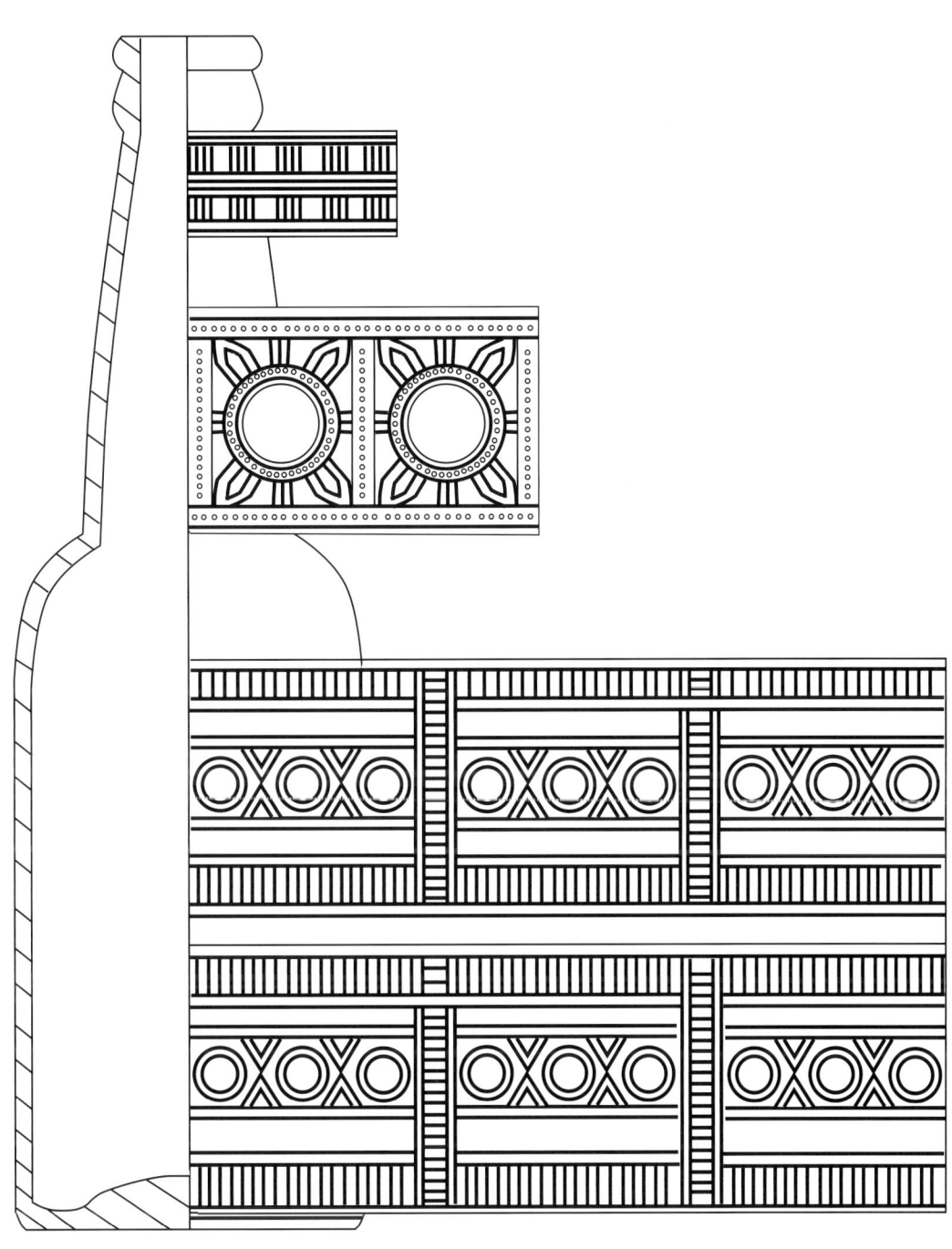

图五　彝族镶银玻璃酒瓶纹样展开图

彝族银杯

图一　彝族银杯主图

彝族人崇银尚银，这一习俗一直流传至今。彝族银器种类繁多，有众多的银质餐具、酒具、马具、刀具、宗教用具和佩饰等。彝族银杯，是彝族人们在生活中日常饮酒或饮食使用的银器。

本案例高约11厘米，杯口直径约7厘米，造型质朴，使用方便。银杯是彝族人民日常用来饮食的银器，体现了彝族人民的尚银情结。杯身设计为直筒形状，简洁质朴，杯把亦设计为简单的弧形，加以精巧雕琢的纹饰，既美观又实用。

银杯纹饰信手刻画，原始朴实。由原始图腾模拟纹饰发展到植物抽象简化纹饰，进而升华到用点、线、圈组成的几何纹样。此案例的纹样由花草枝叶、简单的几何形等构成。这些纹样大多雕刻细腻、节奏强烈，直线弧线并用，图案变化无穷，动中有静、疏密有致，繁中有简、浓淡相宜，纹饰手法采用阴刻。这些精致的银器所体现的美，是彝族传统手工艺的精髓。

图片来源
图一　石丹沁　制图
图二至图六　曹宇嘉　制图

图二　彝族银杯线框图

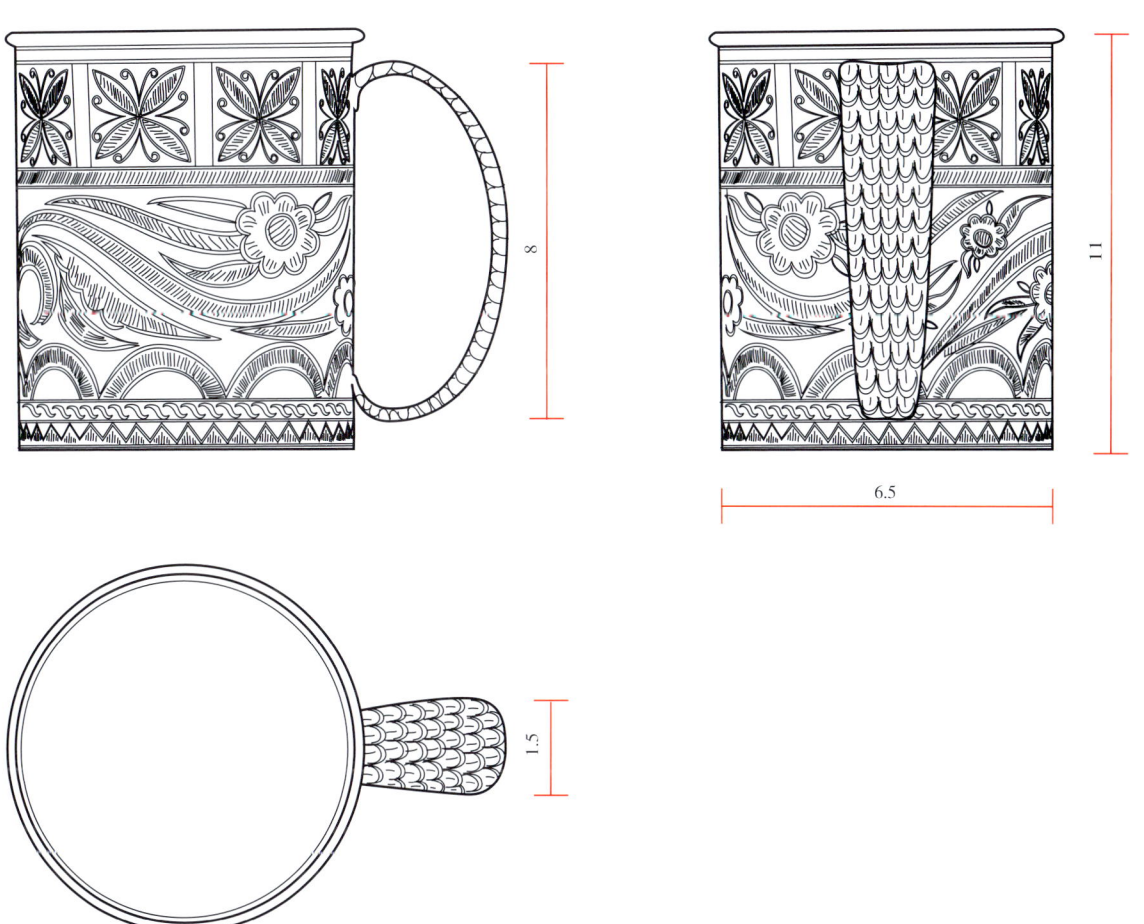

图三　彝族银杯三视图（单位：cm）

第六章　彝族传统手工艺

图四 彝族银杯局部纹样分析图

图五 彝族银杯同类型对比图

图六 彝族银杯纹样分析图

彝族银饰扣子

图一　彝族银饰扣子主图

在凉山，银饰被认为美和富有的象征，它是彝族人生活的重要部分，戴银有辟邪、保健、装饰、祈福求神和标识身份的功能。银在彝族人的生活和信仰中，具有重要而鲜明的地位。它不仅被用于装点服饰，也用于生活器皿，乃至于祭司毕摩所使用的法器，毕摩在彝族人的精神世界中占据着重要位置。

该案例，直径为2厘米，高1.8厘米，现存放于四川西昌凉山布拖县布拖文化馆。此案例通体为银，主要采用刻线的手法,以水纹为主要装饰纹。从设计的角度分析，此银饰扣子，小而精美，充分体现了彝族人对银的熟练使用及高超的技艺。

图片来源
图一　张婷　摄影
图二至图六　雷霞　制图

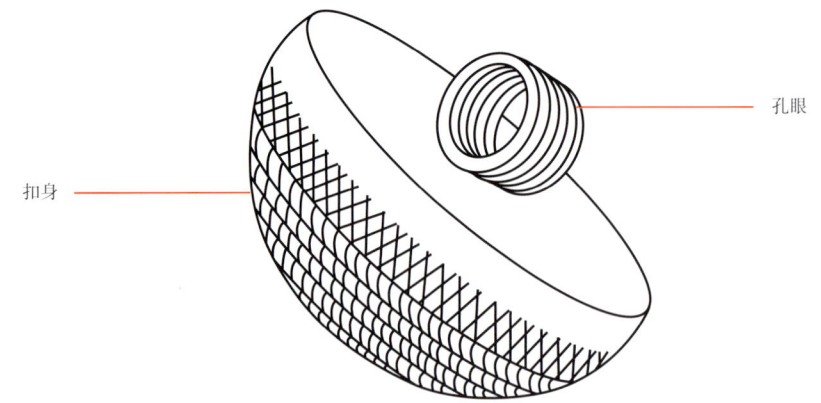

图二 彝族银饰扣子结构分析图

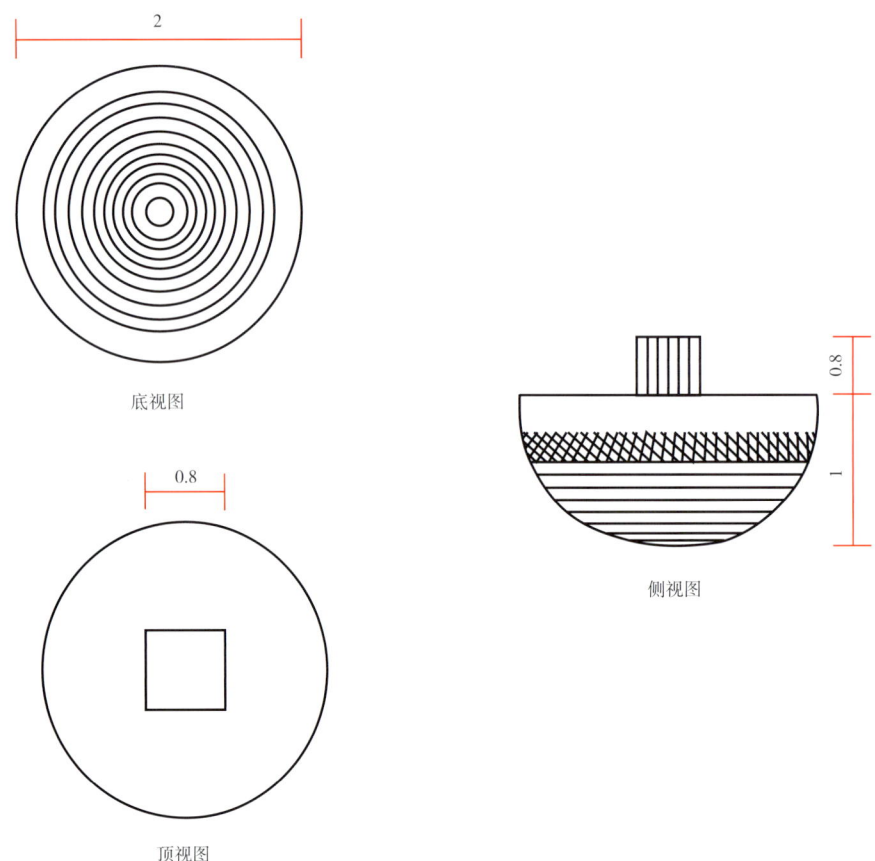

图三 彝族银饰扣子三视图（单位：cm）

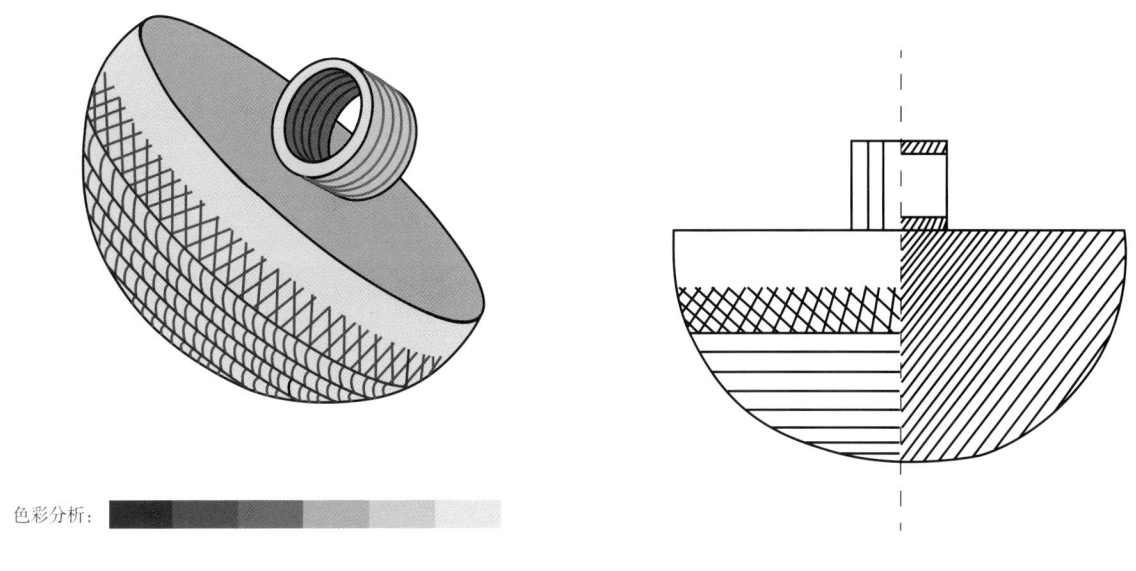

色彩分析：

图四　彝族银饰扣子色彩分析图

图五　彝族银饰扣子剖面图

图六　彝族银饰扣子使用示意图

彝族银饰打磨器

图一　彝族银饰打磨器主图

彝族银饰打磨器，顾名思义就是用来打磨银饰的器物。形状类似食物窝窝头，由石材制成，所以硬度比一般的银饰高出许多。当然，作为打磨的器材也会有损耗，所以现在彝族同胞们常用切割建筑材料的砂盘来调整其锋利程度，以便再次用于银器的打磨工作中。

本案例最大直径为10厘米，高7厘米，发现于四川省凉山彝族自治州布拖县。其表面有类似波纹的起伏状纹饰，一是为了美观，二是为了加大与使用者手掌的摩擦力，由此可见彝族同胞们民间智慧的有趣之处。

图片来源
图一　张婷　摄影
图二至图六　糜思尧　制图

图二　彝族银饰打磨器效果图1

图三　彝族银饰打磨器效果图2

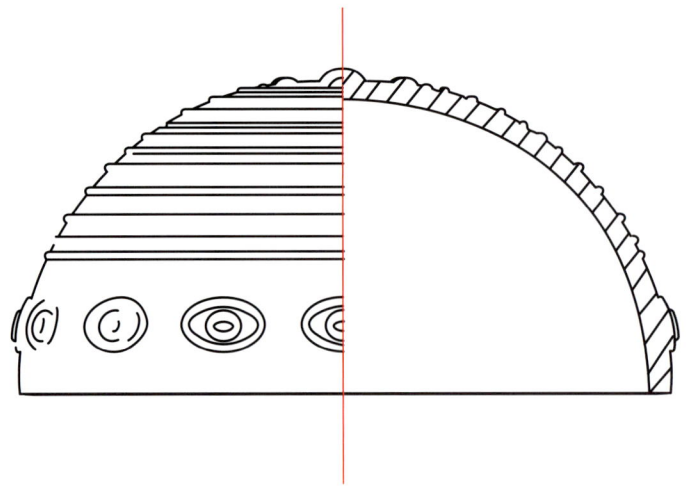

图四　彝族银饰打磨器剖面图

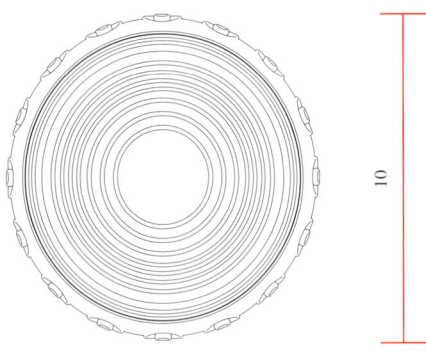

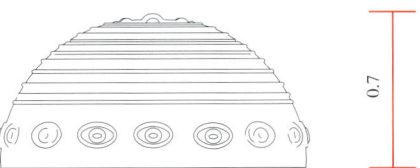 

图五　彝族银饰磨器三视图（单位：cm）

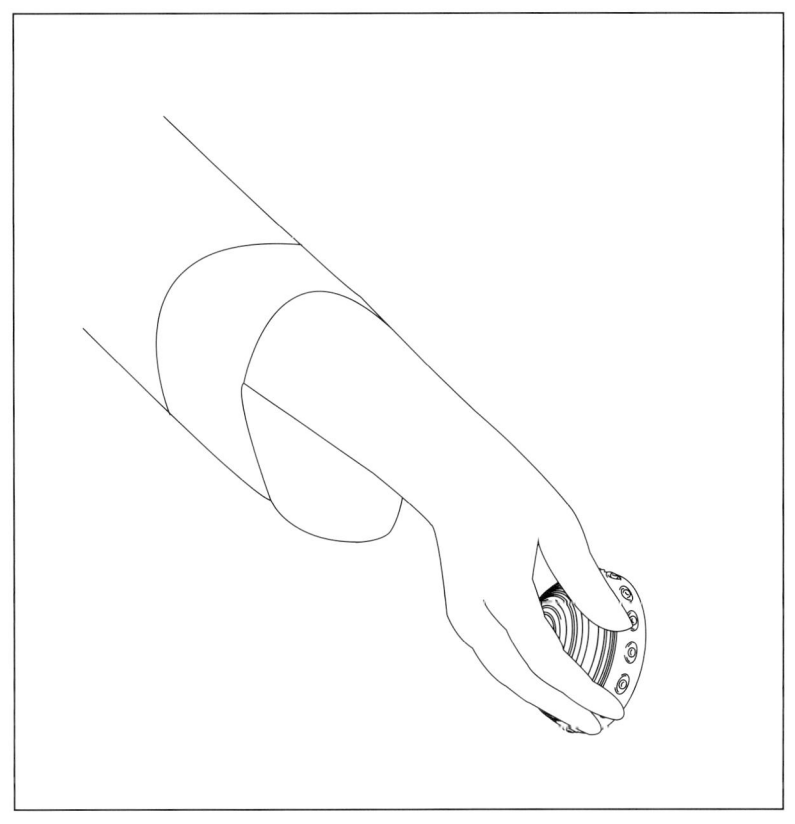

图六　彝族银饰打磨器手持图

彝族笋壳面具

图一 彝族笋壳面具主图

在云南红河哈尼族彝族自治州，平时作为食材出现的竹笋的笋壳有着独特的用处，那便是用来制作彝族婚礼使用的面具。笋壳面具是彝族人婚礼饰品的一个重要组成部分。笋壳面具的造型简约质朴，具有浓郁的乡土气息，而且原材料丰富，加工起来也非常方便，是彝族传统民间智慧的又一体现。

该案例，最大直径为26厘米，高30厘米，现存放于北京民族文化宫内。材质均为竹笋的笋壳，采用了裁切及雕刻的手法，用简单的几何图形表示出了眼睛鼻子和嘴巴的位置，有一种拙朴的感觉而又不乏幽默感，更加符合婚礼现场的气氛。

图片来源
图一 糜思尧 摄影
图二至图四 糜思尧 制图

图二　彝族笋壳面具复原图

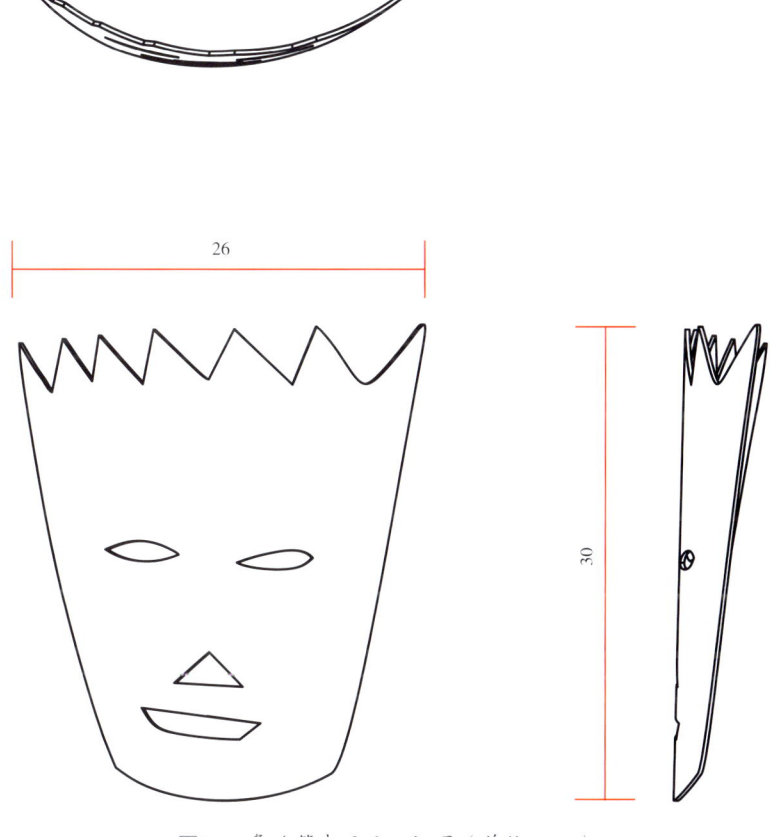

图三　彝族笋壳面具三视图（单位：cm）

第六章　彝族传统手工艺

619

图四　彝族笋壳面具使用示意图

第七章 彝族传统民俗与宗教造像

彝族法铃

图一　彝族唐代铜法铃主图

彝族法铃是一种彝族毕摩用于仪式中摇动而发声以通神灵、降妖镇怪的用具。彝语叫"毕句"。

现在能见到的毕摩法铃,一般为铜制,呈喇叭形,顶部有孔,穿以皮绳。尺寸大小不一。

毕摩经书载:"世间击皮鼓,鬼界若雷鸣,世间奏铃铛,鬼界响叮当。"可见法铃是毕摩在作驱鬼等仪式时用以传递神、鬼、人之间的信息并助毕摩法力的工具。

法铃出自工匠之手,常见的是铜锡制成的,有赤铃和黄铃。铃身一面通常刻有彝族毕摩道场示意图和其他图案,另一面则刻有鹿、鹰、虎、豹等动物。传说翱翔空际的雄鹰是彝族的祖先,龙虎蛇虫等则是彝族崇拜的动物,因此,在彝族通神法器中常常能见到许多这样的图腾纹案。

图片来源
图一　萨古曲惹　摄影
图二至图三　网友-木森海帆新浪博客
图四至图八　田棱锐　制图

图二　彝族虎纹法铃实物图

图三　彝族龙纹法铃实物图

图四 彝族虎纹法铃纹饰线稿图

图五 彝族龙纹法铃纹饰线稿图

图六 彝族虎纹法铃线稿纹饰填色图

图七 彝族龙纹法铃线稿纹饰填色图

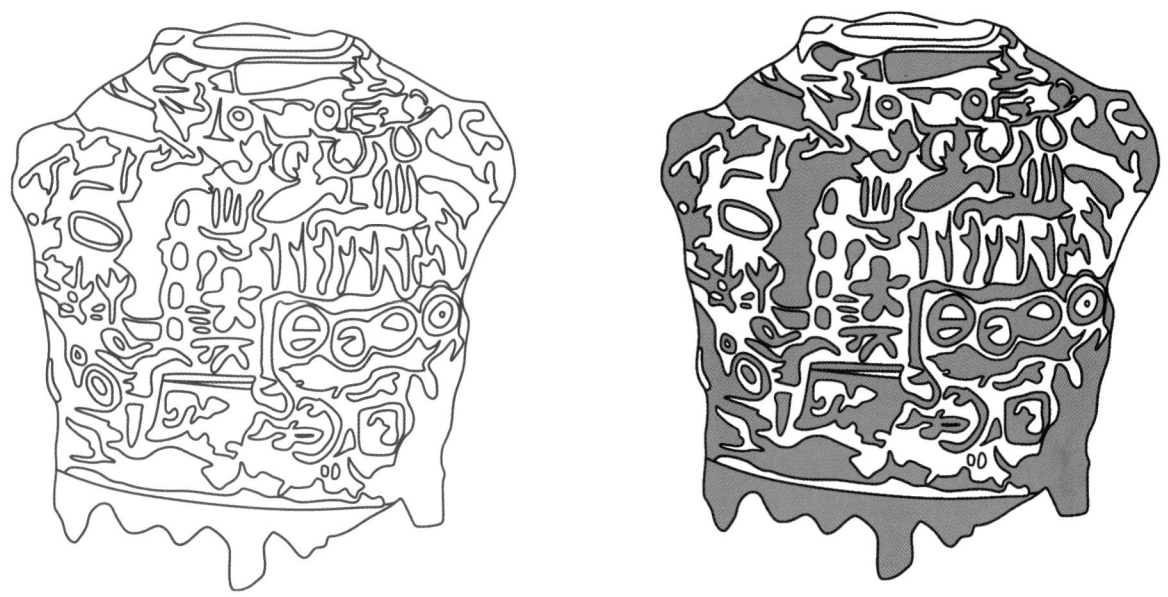

图八　彝族唐代铜法铃图腾纹案图

彝族法扇

图一　彝族篾编法扇主图

法扇是毕摩常用的法器法具之一，彝语叫"切克"，据传为维勒邛部时开始使用，一般用于超度送灵或猪胛卜以及制灵牌等仪式上，用以盛撒代表金银的木屑、荞花、大米等祭品给祖妣或鬼魂献食，或用于煽鬼魂，或用于盛撒代表祖妣遗留五谷的粮食粉赐福后代。

法扇有竹法扇和铜法扇两种（见图一、图二）。篾编法扇成扇状，中间以木柄穿镶而成。编制时，先用蔑片编织一圆盘，且编出方格为眼，眼有九眼和七眼之分，然后用樱木制成蛇身鱼尾状（表示龙）的木柄插盘而成，柄端装饰二木鸟（意指传说中的神鸟阿普依曲鸟），柄身雕以护毕神鹰、护毕神虎和吞邪豺狼（沙马曲比宗族毕摩的法扇柄上雕鹰、虎、蛙，以为蛙能代表智慧或药神），柄把上刻东南西北天地四方和擎天四柱（见图三、图五）。

不同法扇用于性质不同的仪式场合，九眼扇用于超度凶死之魂，七眼扇用于超度吉死灵魂，铜扇用于超度麻风病死魂和与麻风病有关的仪式活动。

图片来源
图一　陶祥　摄影
图二　萨古曲惹　摄影
图三至图六　田棱锐　制图

图二　彝族明代铜法扇实物图

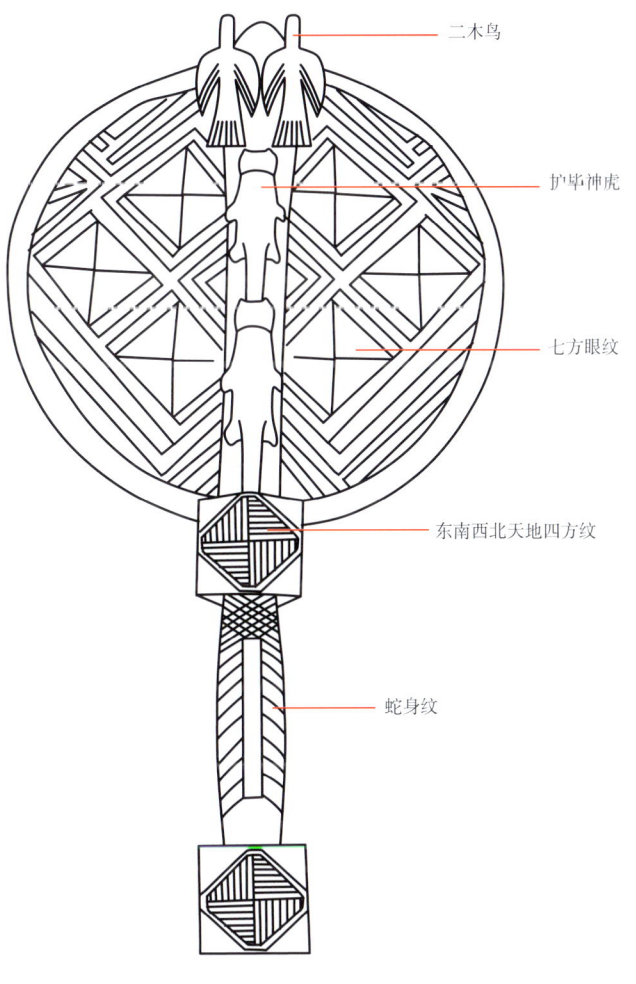

图三　彝族篾编法扇构件说明图（线稿）

第七章　彝族传统民俗与宗教造像

627

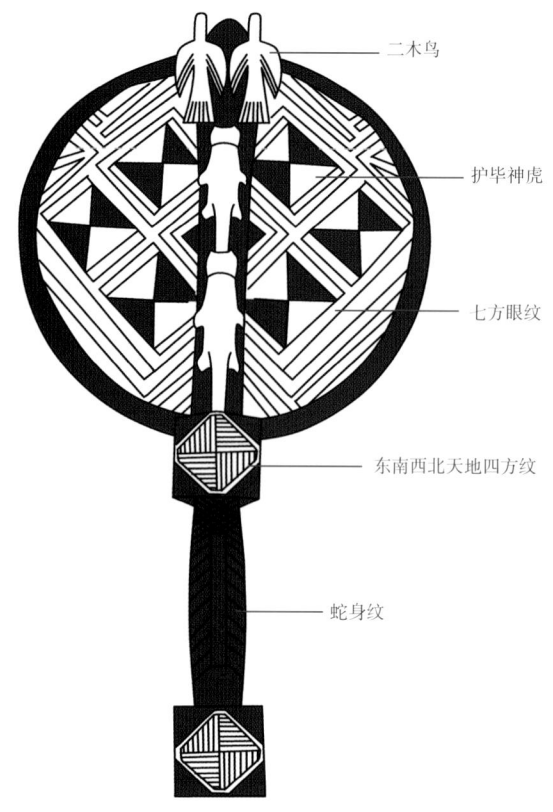

图四　彝族篾编法扇构件说明图（填色）

图五　彝族篾编法扇其他式样图

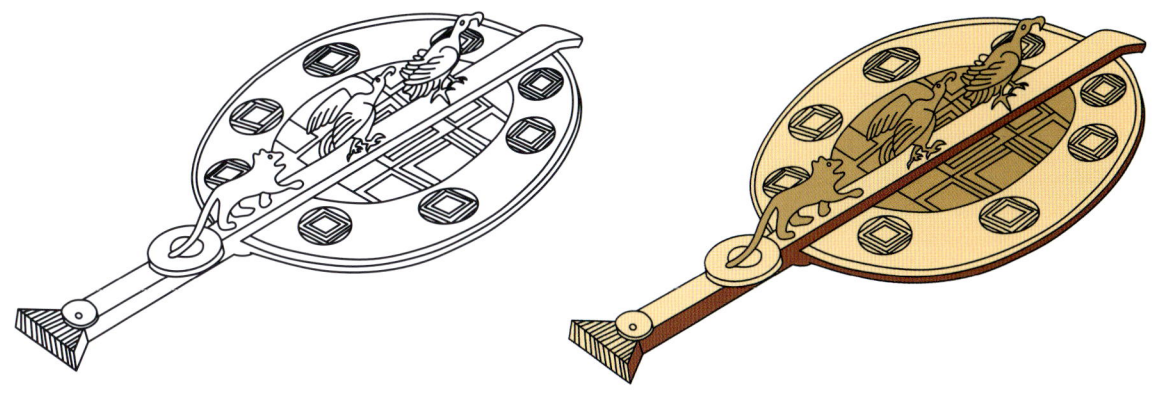

图六 彝族铜法扇外观纹样图

彝族神鼓

图一　彝族神鼓主图

彝族的牛皮腰鼓、神鼓、太阳鼓是彝族"吉祥鼓"。彝族群众每逢粮食丰收，要到田间、地头敲打牛皮腰鼓，以示庆贺；逢年过节，要在寨中敲击神鼓，祝全寨人幸福吉祥；彝族群众崇拜太阳，每遇喜事，寨中要敲击太阳鼓，愿大喜大吉像太阳一样天天与自己相伴。

本案例彝族神鼓高120厘米，直径70厘米，造型夸张大气，用木材加牛皮制成，粗犷彪悍，鼓身上画有彝族人称为的火神图案，在彝族先民的观念中，"神灵"无处不在，具有超凡的神力。火作为一种自然现象，是一种既能造福于人又能给人带来灾难，并具有人无法战胜的威力的"神灵"的演化物，于是彝族先民们关于火的意识，渐渐由敬畏演化成了崇拜，并进而演化成了"祭火神"的原始宗教活动。在活动中所有族人都盛装到场，团团围住场中大火，仪式由最有威望的大"毕摩"主持，先由族中有身份的长者给"火神"敬献祭品。

图片来源
图一　杨思凡　制图
图二至图五　曹悦　制图

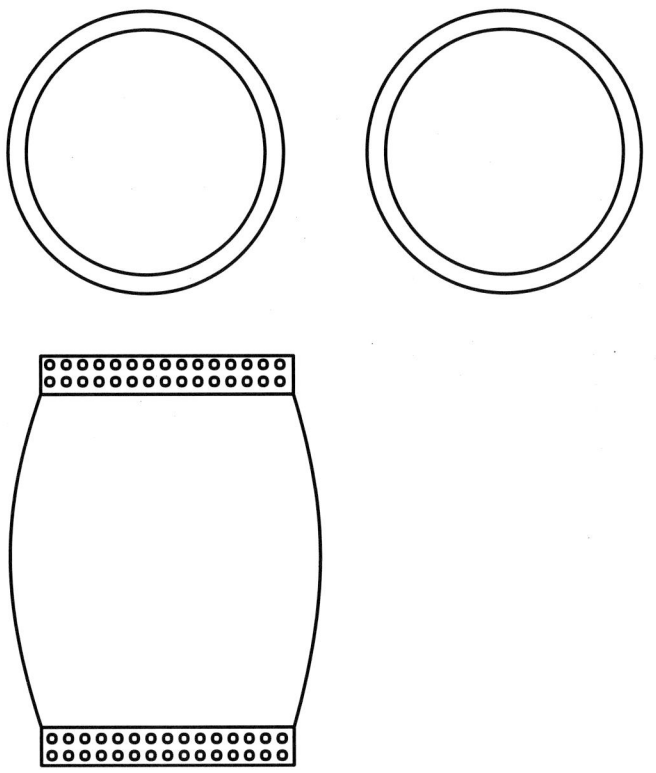

图二　彝族神鼓三视图

图三　彝族神鼓图案造型分析图

图四 彝族神鼓配色方案图

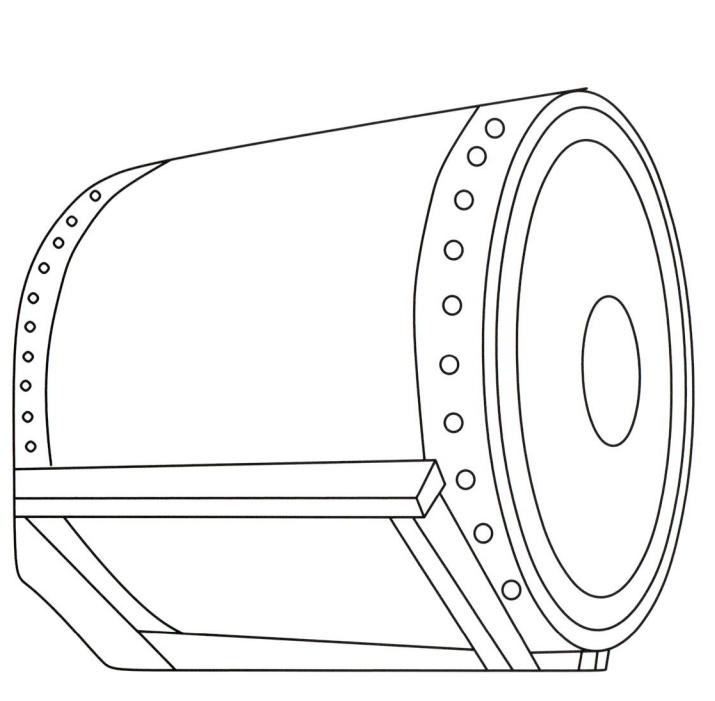
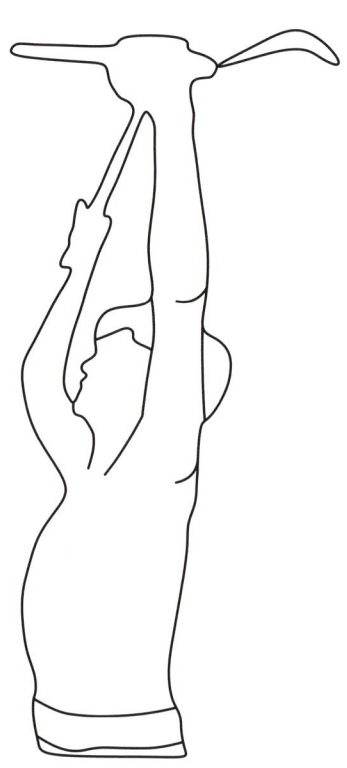

图五 彝族神鼓使用示意图

彝族火葬罐

图一 彝族火葬罐主图

火葬罐是人去世后火葬装殓骨骸的罐子，彝族对于入殓者自古以来的风俗是就施行火葬。对火葬有两种说法：一种是说去世后有鬼魂作祟所致，焚尸可以把滞留在亡者身上的魔鬼烧去，也可使去世者去找祖先如火化一般容易；另一种说法是彝族的祖先是虎，火葬可以使亡者还原为虎，重返祖先的故里。彝族的焚尸场在离村不远的荒野或山坡上，火化后，或就地掩埋骨灰；或装入陶罐里，或撒在竹林里。但这还不算结束，要使亡者安生，还要在其死后数日、数月乃至数年后，由儿女请毕摩选定吉日，到火葬地点做灵牌，带回家中供奉，使死者的灵魂从此得到寄托。

该件火葬罐存于四川省西昌市凉山彝族奴隶社会博物馆中，高约36厘米，直径约30厘米，上下窄中间宽。材料为土陶，罐子外面纹有象征宗教寓意的彝族文字。

图片来源
图一至图二 凉山彝族奴隶社会博物馆
图三至图五 傅淑萍 制图

图二 彝族火葬罐实物图

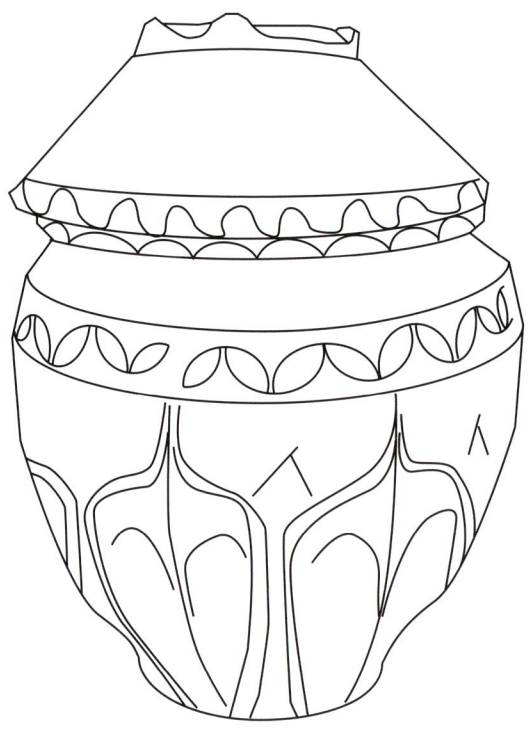

图三 彝族火葬罐线描图1

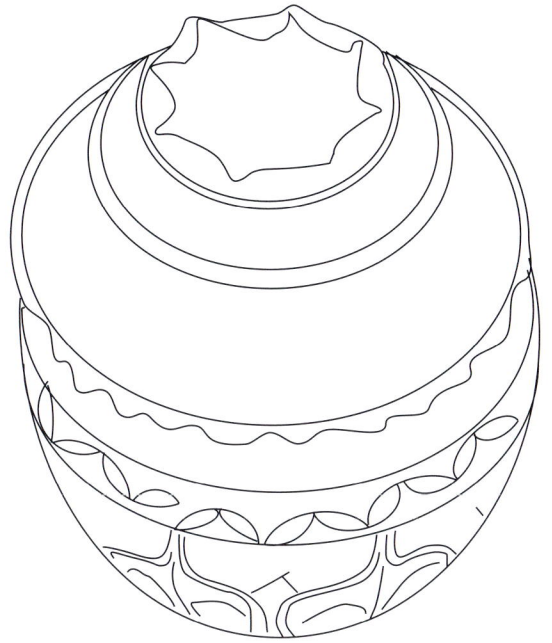

图四　彝族火葬罐线描图2

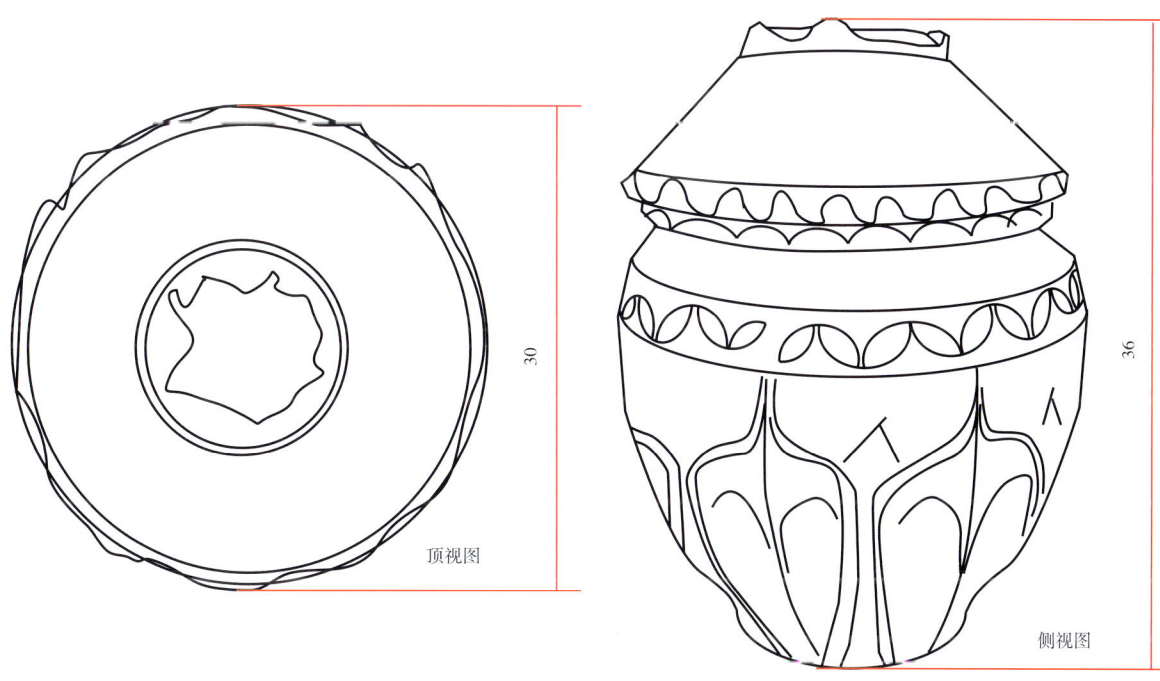

顶视图

侧视图

图五　彝族火葬罐两视图（单位：cm）

第七章　彝族传统民俗与宗教造像

图六 彝族火葬罐使用示意图

彝族太阳纹大鼓

图一 彝族太阳纹大鼓主图

　　这架彝族太阳纹大鼓高180厘米，宽100厘米，鼓身及鼓架由木头制成，鼓面由羊皮绷制，制作时先将木材切至相应的规格，然后再将切制好的木材拼装成鼓架和鼓身，钉牢后再用天然木漆画上纹饰，并裁剪出相应规格的羊皮，待漆料阴干之后将其绷为鼓面并钉牢，至此，一架彝族太阳纹大鼓便制作完成了。

　　彝族的祭祀以及各类重大场合中，鼓是不可或缺的乐器，特别是彝族的丧礼，击鼓是一项必要的环节，一般由家族中年轻力壮的青年作为大鼓的鼓手，这样击鼓发出的响声更为有力。

　　这架彝族太阳纹大鼓的纹饰主要采用了彝族的太阳纹，太阳纹最早由彝族用于鼓面作为纹饰，也是彝族的鼓上最基本的纹饰，其位于鼓面中心，由圆饼状的"光体"和尖角或针状的"芒"组成，好似光芒四射的太阳，而圆形的鼓面也象征着圆形的太阳，周围环绕的木质短棍也好似太阳散发的光芒，这是彝族人民对于太阳这个具体形象从抽象到具象的一种表达方式，也是彝族人民对太阳的崇拜和其信仰的象征。

图片来源
图一　喜德县文化局展览厅
图二至图九　糜思尧　制图

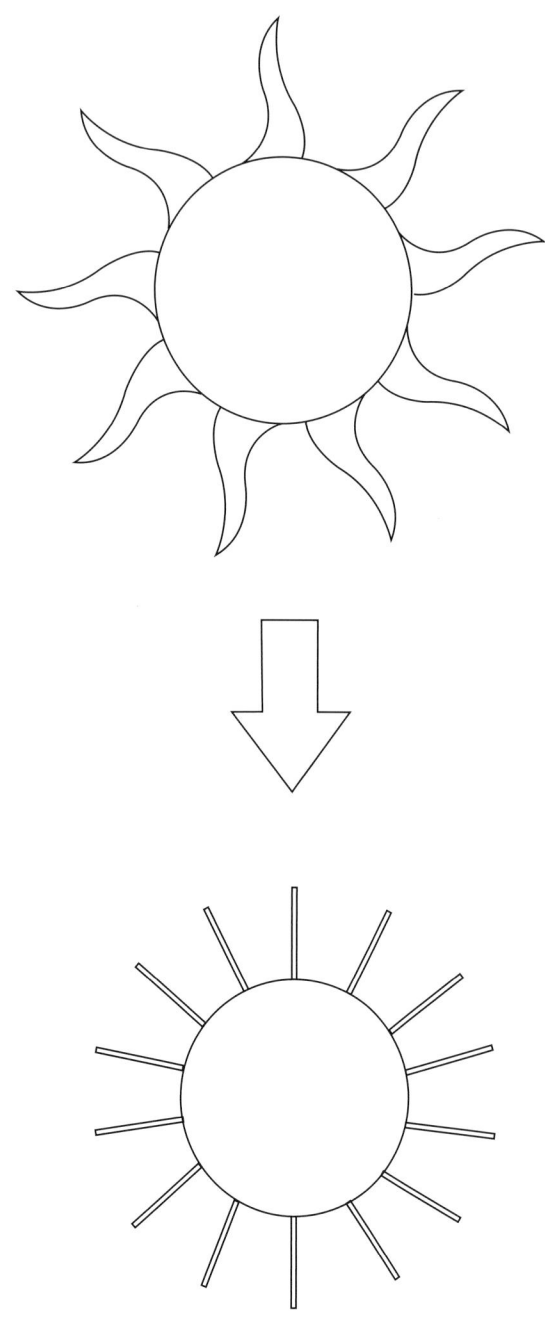

图二　彝族太阳纹大鼓造型来源图

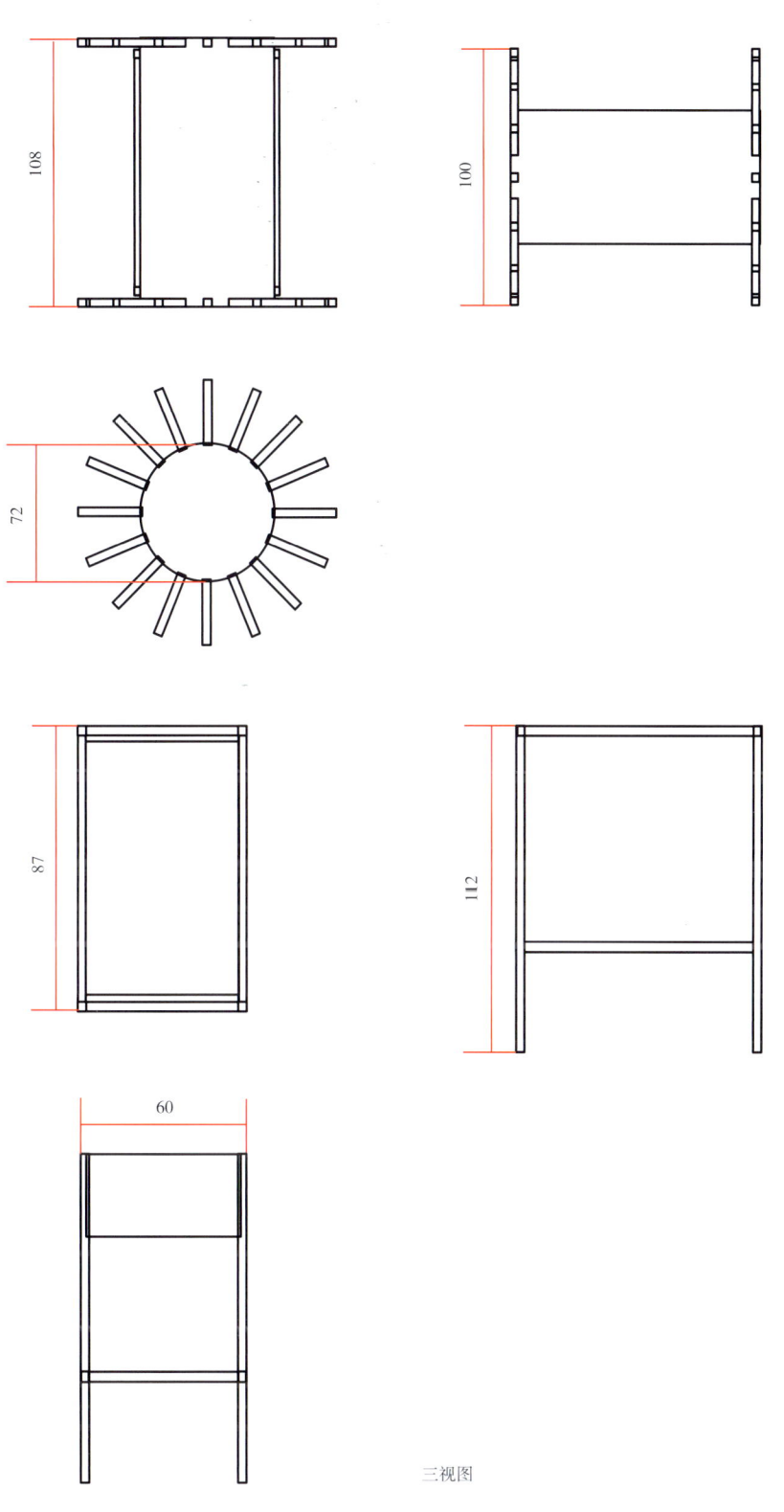

三视图

图三　彝族太阳纹大鼓三视图（单位：cm）

图四　彝族太阳纹大鼓配色方案图1

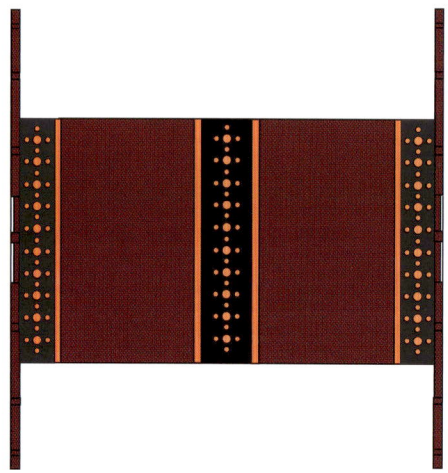

图五　彝族太阳纹大鼓配色方案图2

木质短棍

鼓面

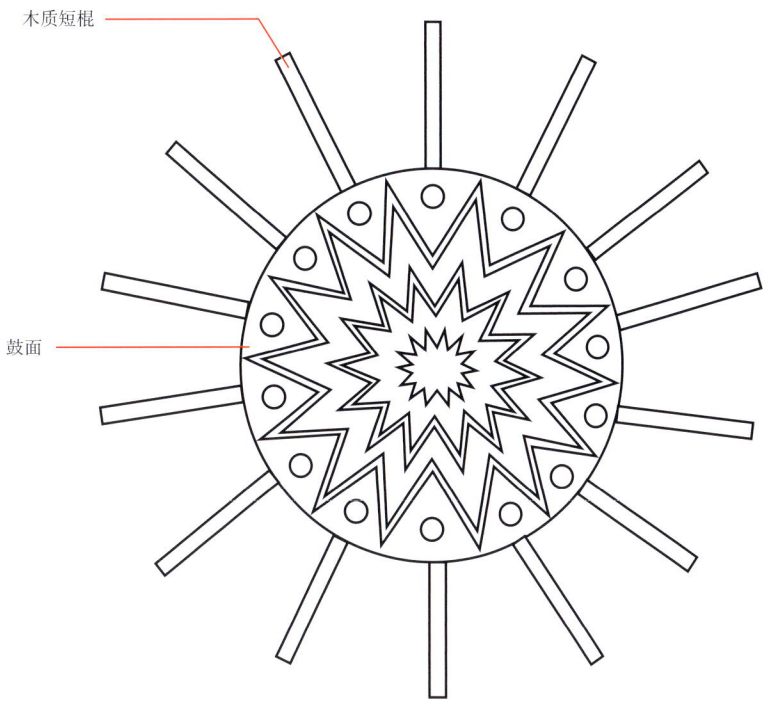

图六　彝族太阳纹大鼓线框图1

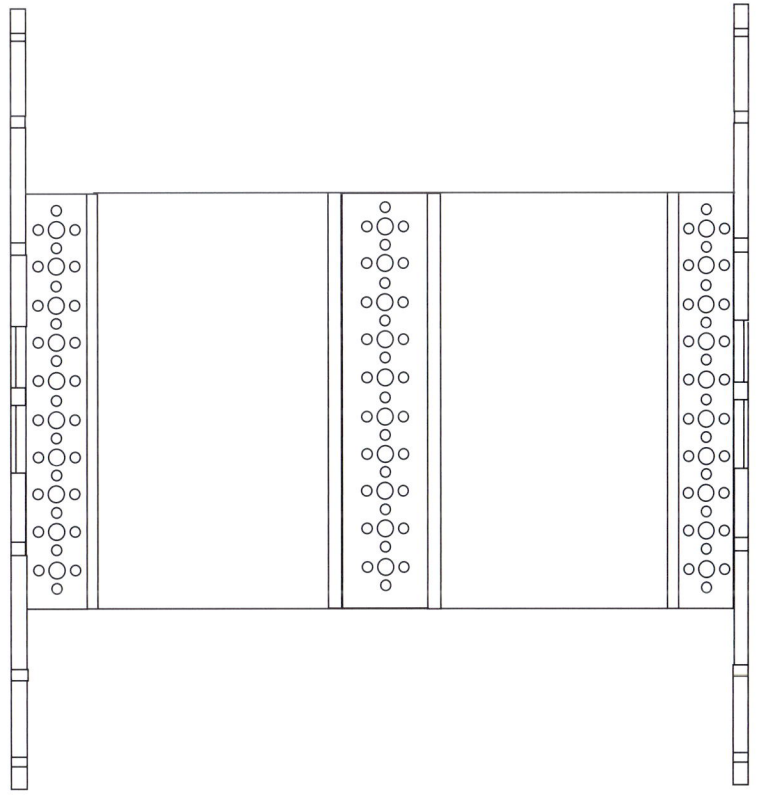

图七　彝族太阳纹大鼓线框图2

第七章　彝族传统民俗与宗教造像

641

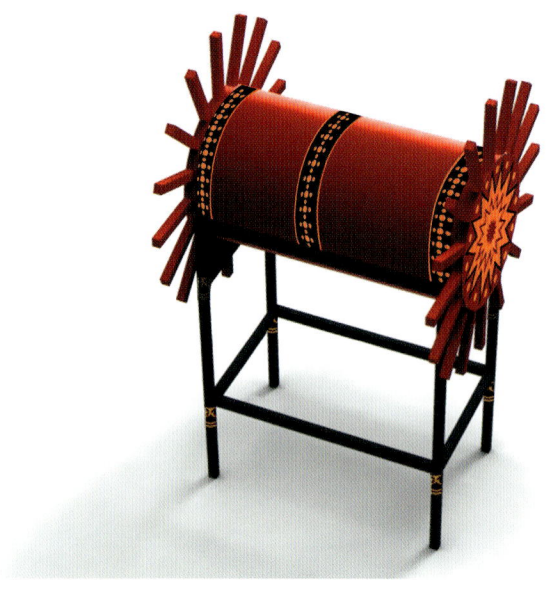

图八　彝族太阳纹大鼓效果图

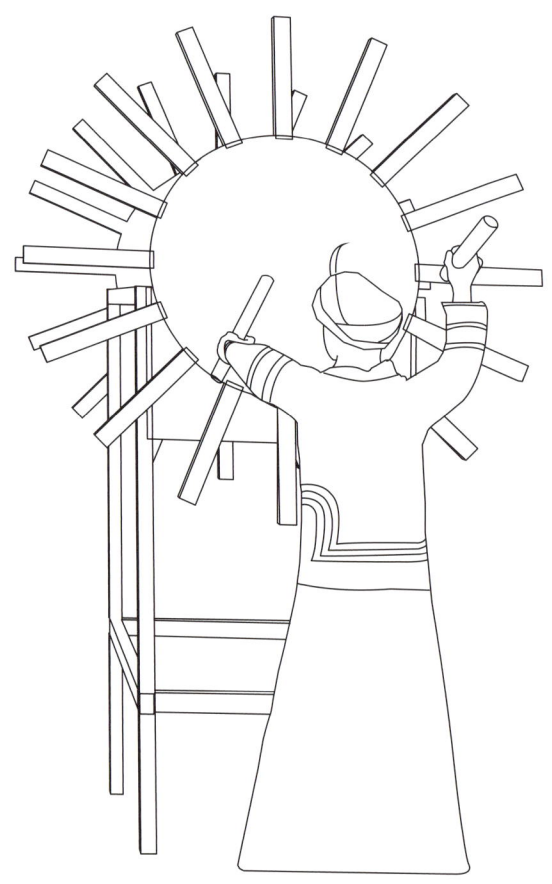

图九　彝族太阳纹大鼓使用示意图

彝族香炉

图一　彝族香炉主图

香炉是中华民族宗教、祭祀活动中必不可少的供具，在民俗生活中也经常可见。其用途具有多样性，或熏香、或陈设、或敬神供佛。

本案例口外直径约11.2厘米、口内直径约10.5厘米、炉内深约9厘米。彝族香炉常见圆形。圆形的香炉，都有三足，一足在前，两足后置。通过观察彝族酒器和餐具造型可以看出，从造型艺术角度出发，圆的形体组合体现了彝族人的审美意识，给人一种圆润敦实的感觉。所以彝族漆器的造型在重实用性的前提下，多采用圆形作为造型主体。本案例由木材制胎，材质细腻、不易变形、经久耐用。制作采用彝族传统制漆工艺，将天然木漆绘制在木胎上。彝族人以黑为贵，黑色在本民族中意味着等级最高。例如彝族地区男子的传统服饰，全身多用黑色，女子的衣裙也以黑及与黑色相近的青蓝色为底色，这也体现了彝族视黑色为本的观念，加之红色黄色的花纹走线，明快而喜气。通过三种颜色的交互烘托，使器物光泽艳丽，产生强烈而又和谐的民族韵味。

随着社会的发展，彝族漆器包含的种类越来越多，更多的现代器物出现在生活中，为了让器物具有统一的美，彝族匠人将现代器物与传统手工艺进行结合，让外来物可以更好地融入彝族特色的传统生活当中，这款具有彝族特色的香炉正是如此。

图片来源
图一至图六　张婷　摄影/制图

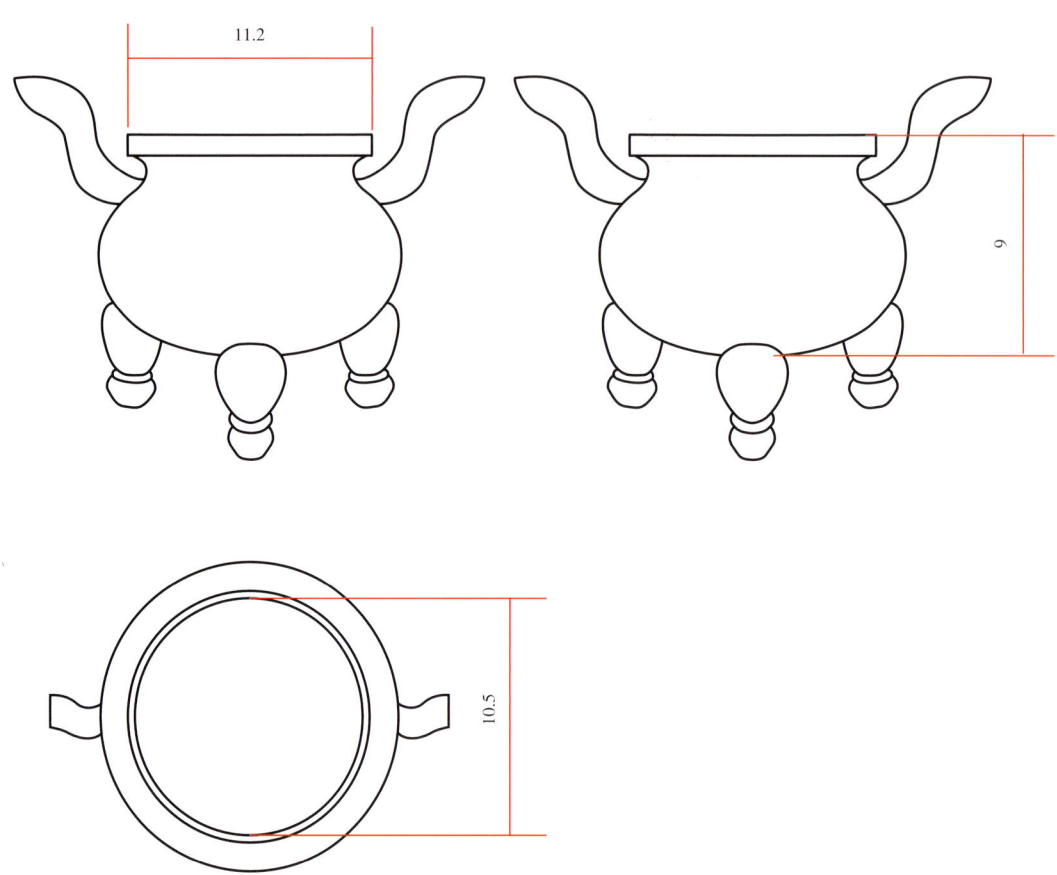

图二　彝族香炉三视图（单位：cm）

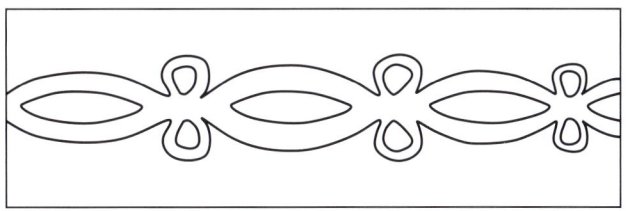

图三　彝族香炉图案分析图

图四　彝族香炉配色方案图

图五　彝族香炉线描图

图六　彝族香炉使用示意图

彝族羊皮鼓（一）

图一　彝族羊皮鼓（一）主图

彝族羊皮鼓，又称"跳鼓"，彝语音译为"冉姆比"。

本案例鼓面直径约51厘米，框高约10厘米。鼓身由铝皮制成，两侧鼓面用羊皮交叉穿制而成，鼓身轻巧而耐用。鼓槌由木材制成，色彩以黑、红、黄三色为主、黑色为底，红黄走线，黑红形成强烈对比。黑色为天地之本色，寓意为庄重与威严；红色赋予热情豪放和勇敢；黄色象征光明与未来，色彩浓而明快，为单调的鼓身增加了视觉上的美感。

在彝族民间，流传着一种古老神秘的祭祀舞蹈——羊皮鼓舞。羊皮鼓舞已经流传了三百多年，这种舞蹈一般只在办丧事的时候围棺而跳，送葬时在棺前引路。舞蹈动作多数是模仿动物，有引路、绕花、吃草豆、喜鹊走路、猴子嬉戏等，舞姿独特，别具一格。表演者多为男性，一般六至八人，也可十多人一起围成圆圈起舞。这种舞既渲染了哀悼的气氛，又增强了节奏感，意在驱邪弃恶，为死者亡灵开道。

图片来源
图一　何欢　摄影
图二至图六　张婷　制图

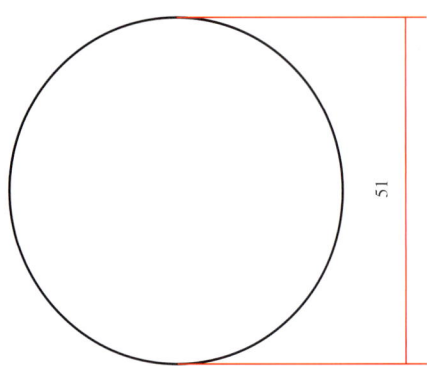

图二　彝族羊皮鼓（一）三视图（单位：cm）

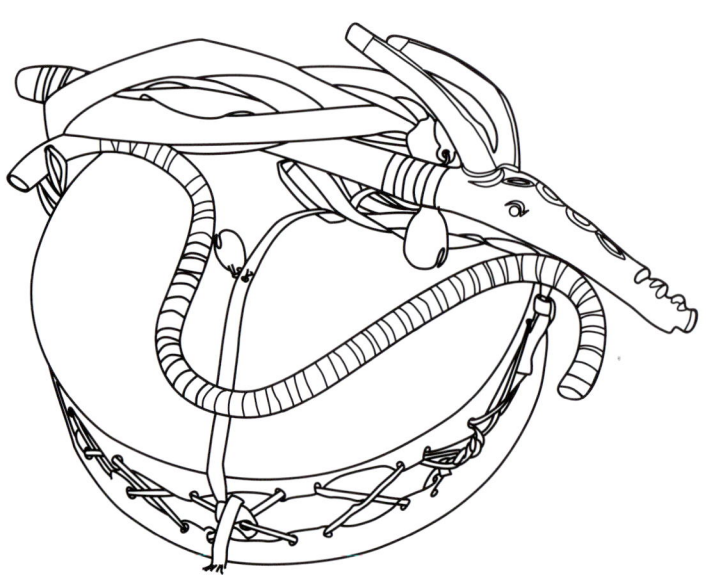

图三　彝族羊皮鼓（一）线描图

鼓槌

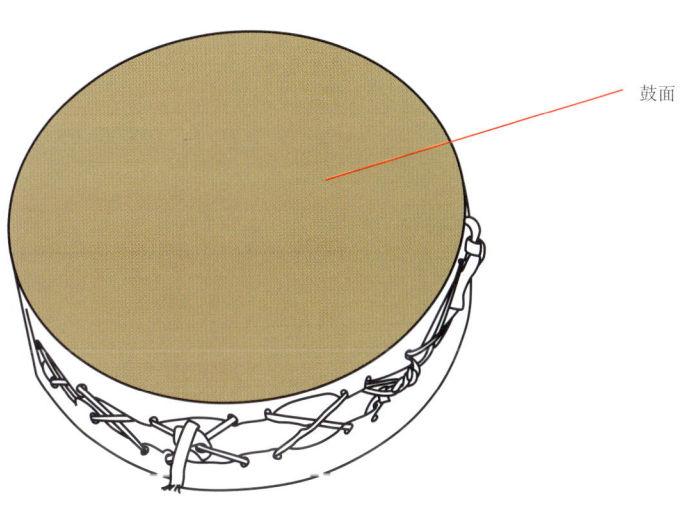

鼓面

图四 彝族羊皮鼓（一）配色方案图

图五　彝族羊皮鼓（一）制作方法图

缝制羊皮

图六　彝族羊皮鼓（一）使用示意图

彝族羊皮鼓（二）

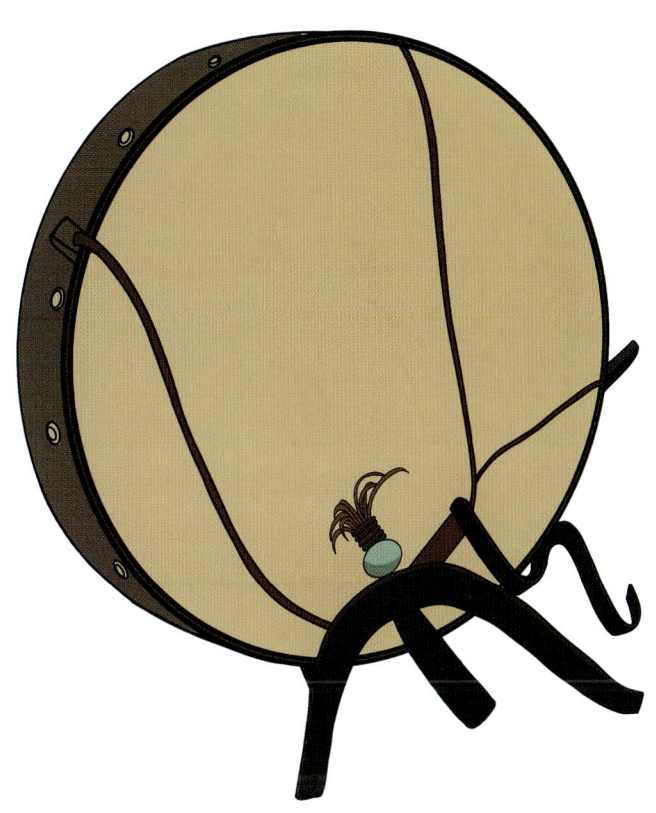

图一　彝族羊皮鼓（二）主图

凉山彝族羊皮鼓，属于宗教仪式打击乐器，始于清代。

鼓皮为羊皮，呈圆形，有两面，直径大约30—40厘米。鼓边宽约15厘米，内装铁砂，鼓有一木质手柄，置于正中，抓柄的长度与鼓面的直径相同。各鼓音高低不一，鼓锤为竹制，敲击的一端略微呈弓形。

双面羊皮鼓，是"苏尼""莫尼"的法具（彝语"苏尼"，男性；"莫尼"，女性），产生于较近的年代，也是一种传统的社会职业，其作用为驱邪撵鬼和占卜活动。"苏尼""莫尼"在作法事时，左手持鼓，右手握鼓槌，先盘座在火塘旁，借"阿萨"（鬼魂）附体，以"阿萨"附体的身份击鼓、颂词。羊皮鼓突出鼓的表演，它气氛热烈欢快，动作粗犷质朴，如"禳星辰"动作，就是在鼓点、唱腔、动作的有机结合中，表现出凛冽的气势。羊皮鼓在表演中，不仅给舞蹈提供了节奏，丰富了气氛，而且鼓点的击打更形成和衍化出许多独特的舞蹈语汇。

图片来源

图一　石丹沁　制图

图二至图六　刘萧　制图

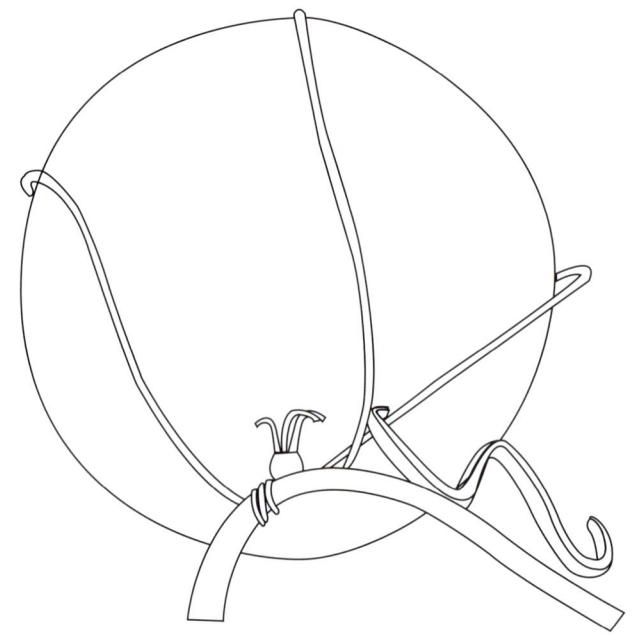

图二 彝族羊皮鼓（二）线描图

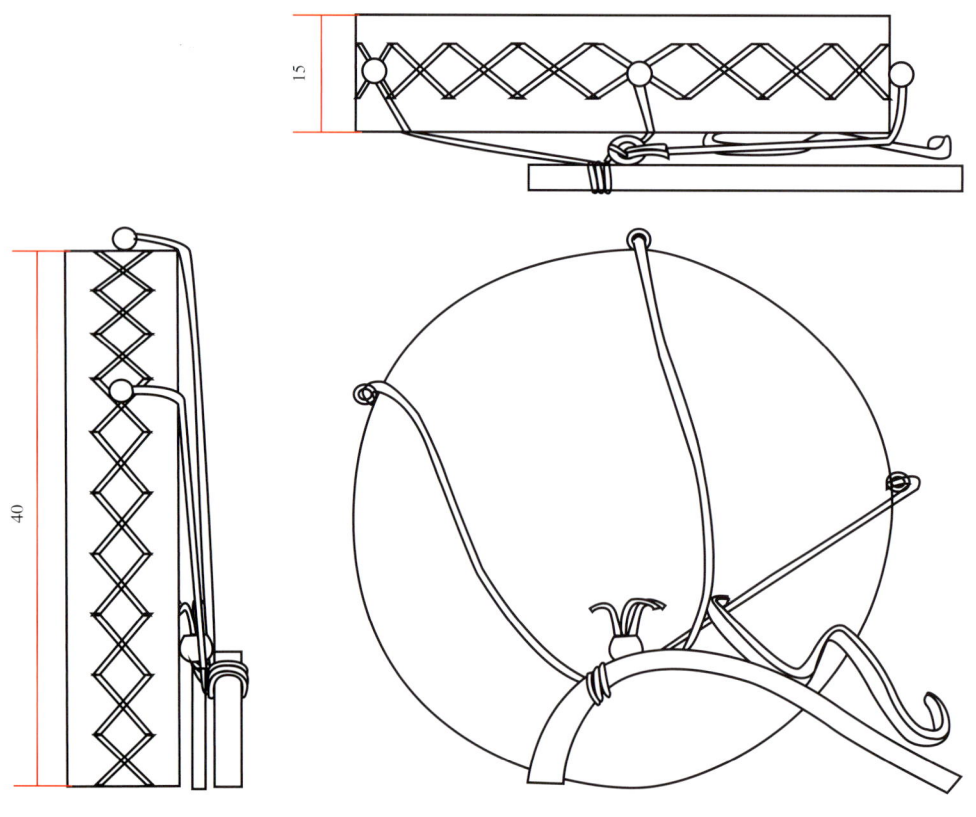

图三 彝族羊皮鼓（二）三视图（单位：cm）

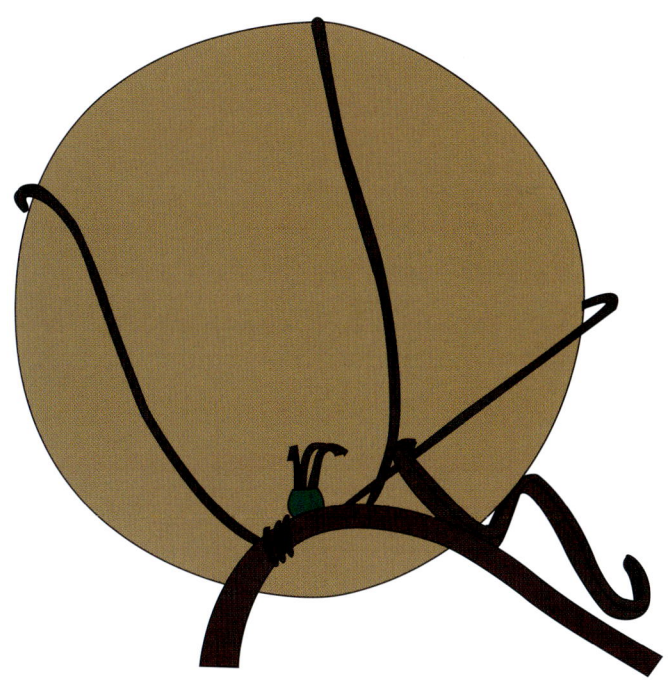

图四 彝族羊皮鼓（二）配色图

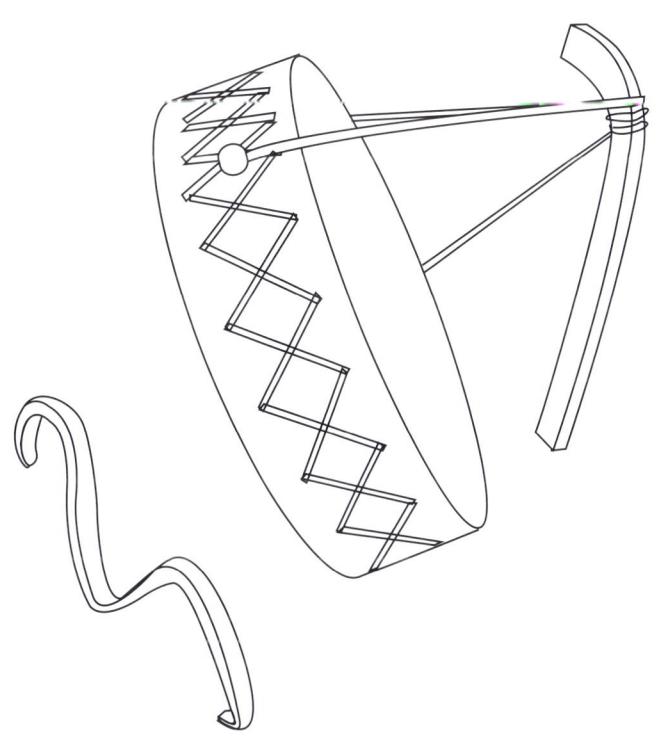

图五 彝族羊皮鼓（二）透视图

第七章 彝族传统民俗与宗教造像

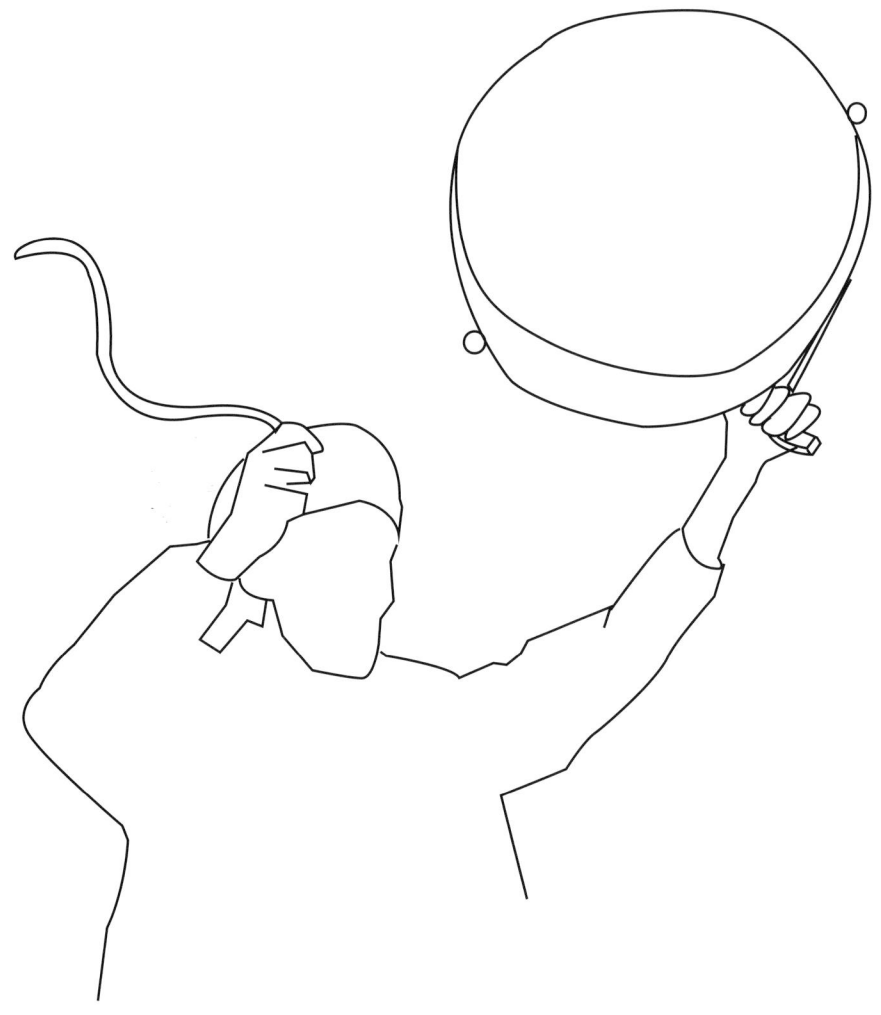

图六　彝族羊皮鼓（二）使用示意图

彝族签筒

图一　彝族签筒主图

签筒彝语叫"乌吐",是毕摩常用法具之一,据传有镇魔降妖、探知神意的功能。

本案例签筒源于凉山彝族自治州。签筒长35厘米,直径4厘米,由精心加工的四根木条镂空捆扎连接而成。签筒造型独特,底部为"叉"形且尖,上有盖,中空,签筒内装"毕摩"占卜用的神签,彝语谓之"洛乌",有18支和11支两种,神签用竹削成,分阴阳两种,削成叉形为阴签,削成一侧尖形为阳签,用于占卜。签筒圆柱体造型部位,稍微凹陷的地方用线一股股缠绕,这样既可以把由木条组成的签筒捆紧,又便于毕摩手持签筒时手的部位感到舒适。尖部张口成棱锥形为阳性,张口呈半椭圆形为阴性,且张口大小与所持 毕摩张口嘴形大小一致,若签筒张口过大,超过毕摩之口,会克主,不利于毕摩,若张口过小,则为法力不足。签筒两端系以皮绳或铜链制就的背带,毕摩出行或举行仪式时斜跨于背上。

毕摩的法器还有法扇、法笠、法铃、经书等,毕摩所用的各种法器,在各种仪式中有各自的特殊功能和用途,都是毕摩从事仪式活动的手段和根据,是毕摩通达神灵、降妖除魔、禳灾祛祸、祈福纳福等所凭借的具有特殊神力的工具。它们对了解和研究彝族民间传统的宗教与文化有一定的价值。

图片来源
图一　杨思凡　制图
图二至图七　贺杰　制图

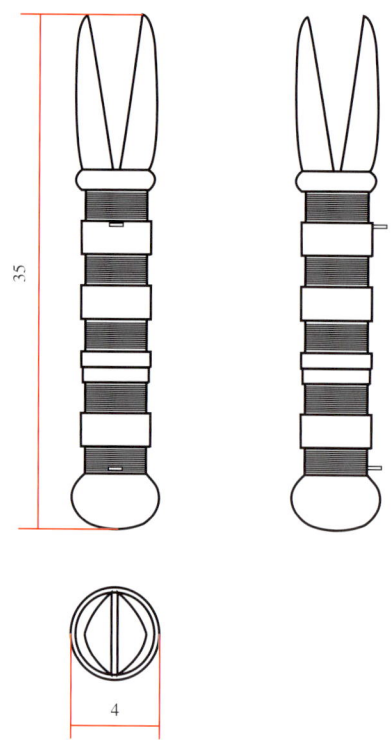

图二　彝族签筒三视图（单位：cm）

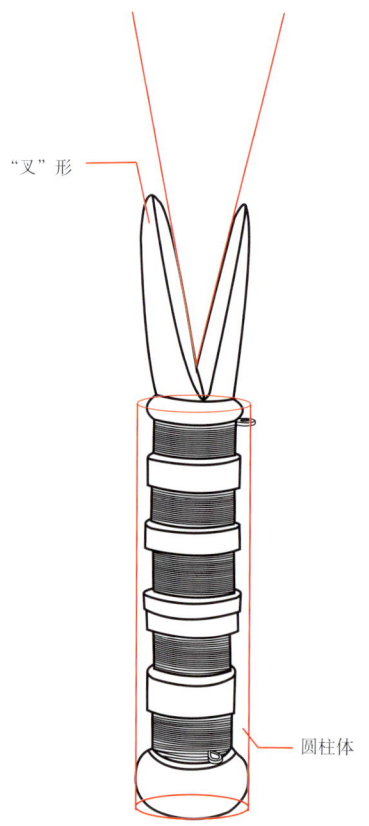

图三　彝族签筒造型分析图

图四 彝族签筒配色示意图

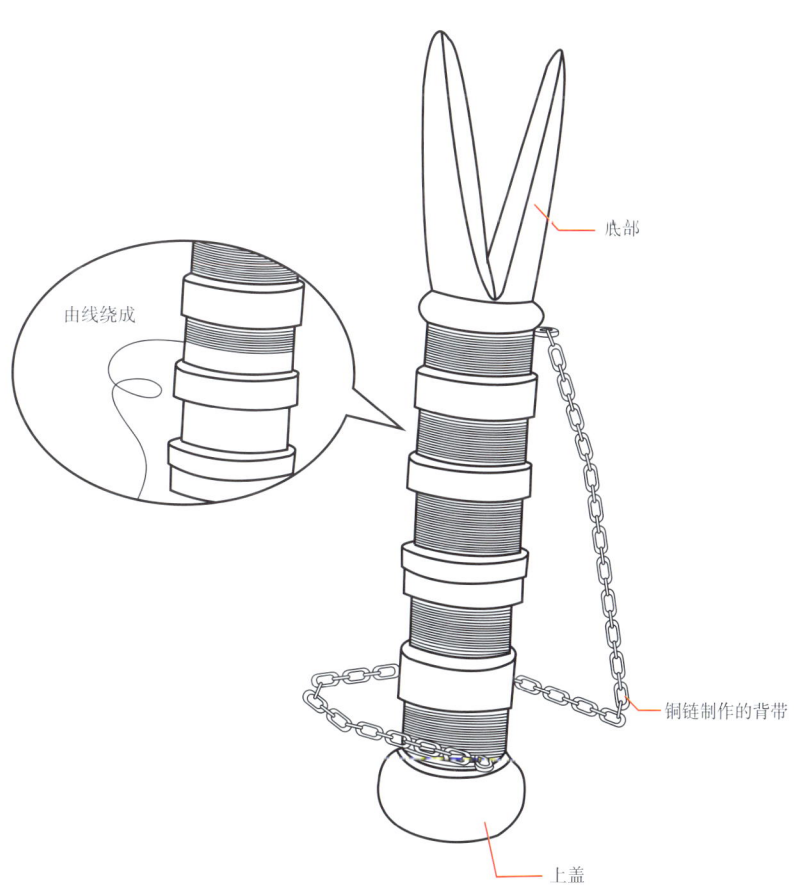

图五 彝族签筒局部构件示意图

第七章 彝族传统民俗与宗教造像

657

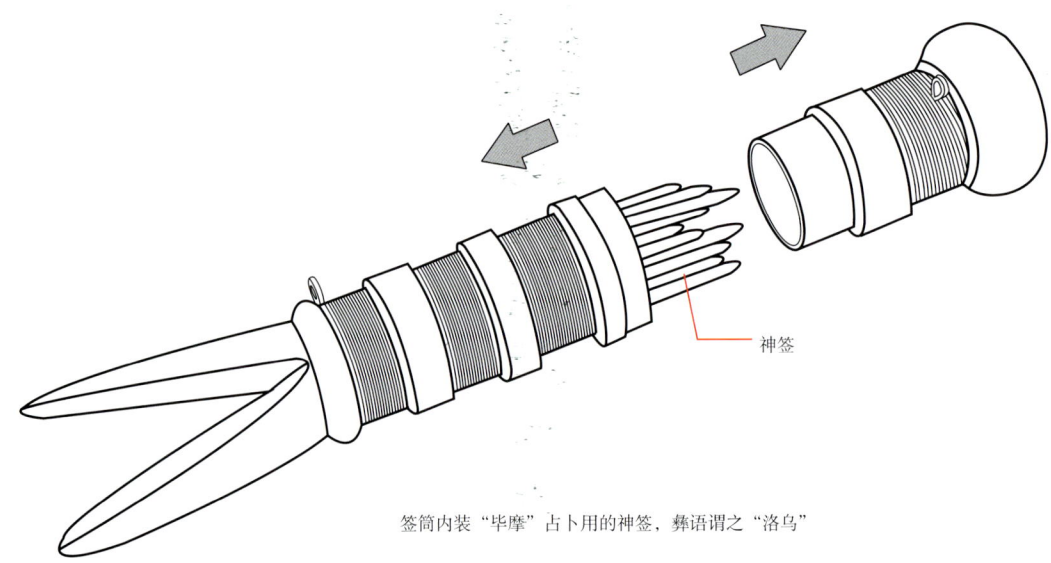

签筒内装"毕摩"占卜用的神签,彝语谓之"洛乌"

图六 彝族签筒使用方式图

图七 彝族签筒使用示意图

彝族葫芦吞口

图一　彝族葫芦吞口主图

吞口，又称兽牌、虎头牌、天口、喷口等，曾在我国许多民族的民间流行，是"某种超自然神的象征，主要用于驱鬼逐疫"。在汉代就常将吞口挂于门前。

云南彝族吞口形制多样，尤以楚雄地区由彝族巫师用葫芦瓢绘制的"吞口"最具民族特色。本案造型上顺着葫芦的结构，在表面进行彩绘或雕刻，夸大突出虎的形象，粗犷质朴。葫芦吞口的漆绘图案，主要以虎纹为表现内容，一般在破开的葫芦瓢表面直接以黑、白、红、黄等漆色绘出虎头图案即可，笔法不求工整，简洁粗犷，民族特色浓郁。并有在虎年、虎月、虎日、虎时画吞口的习俗，注入了彝族虎崇拜的内涵。与其他彝族吞口相比，楚雄州的葫芦吞口画法更加简洁，有利于透出葫芦瓢的底色，但也有略加勾勒施彩，或以梨木刻成素地的浮雕兽面；形式多样，颇有审美价值。

葫芦吞口主要用来守门避邪，也可以做成面具，用来娱乐，挂于门首是用来保护家业兴旺，人丁安康。需要挂"吞口"的人家，须请巫师择吉日"开光"，杀鸡涂血，念咒画符，给"吞口"以神力。同时，吞口是作为镇宅面具盛行于中原，传入彝族地区后，与这个民族崇拜黑虎的传统理念结合在一起，作为黑虎的象征，它不仅只是单一的镇宅功能，而是镇宅与彝族的葫芦崇拜、黑虎崇拜巧妙而有机地结合在一起，体现出彝族文化精神气质的象征符号。

图片来源

图一　胡海玲　制图

图二至图八　邹红媛　制图

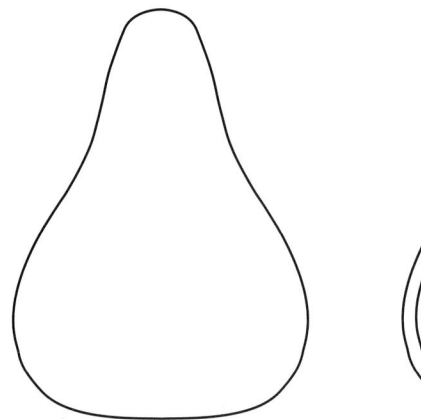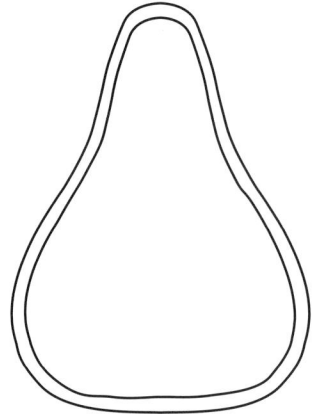

图二　彝族葫芦吞口三视图

图三　彝族葫芦吞口造型图案来源图

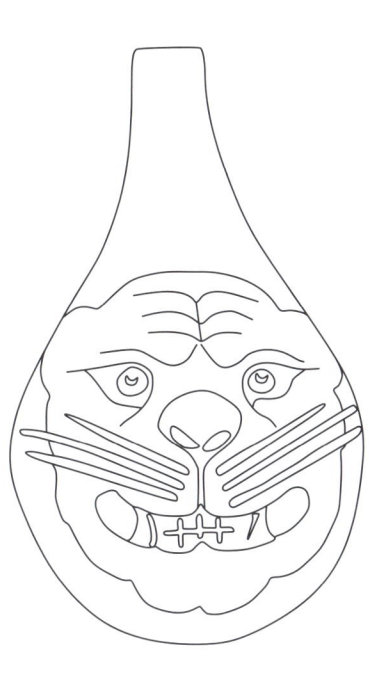

图四 彝族葫芦吞口线框图

图五 彝族葫芦吞口配色方案图

（一）

（二）

图六 彝族葫芦吞口与彝族其他吞口的对比图

第七章 彝族传统民俗与宗教造像

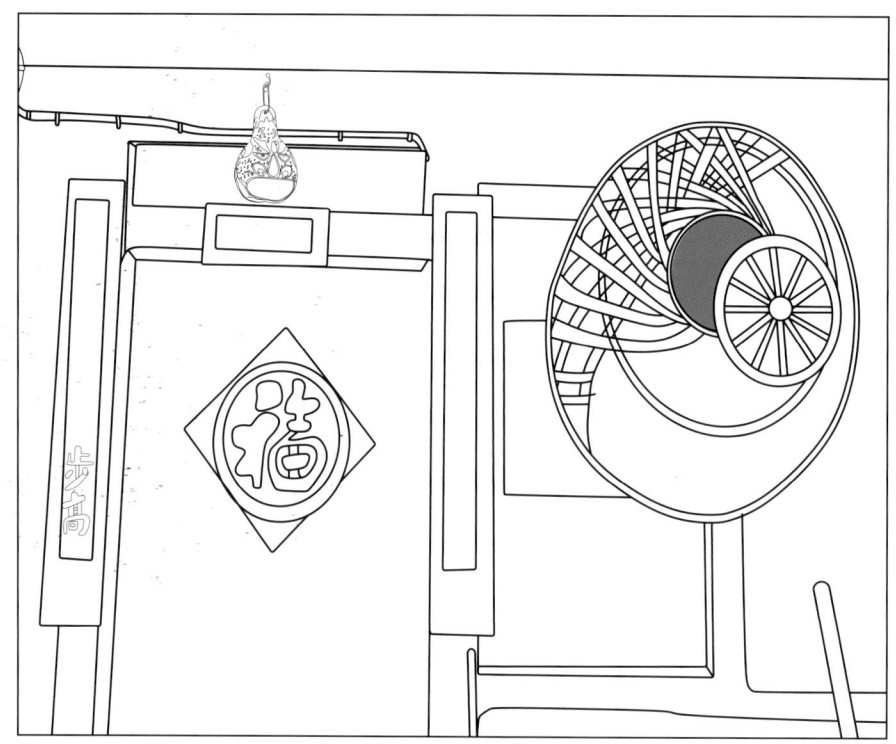

图七　彝族葫芦吞口使用场景图1

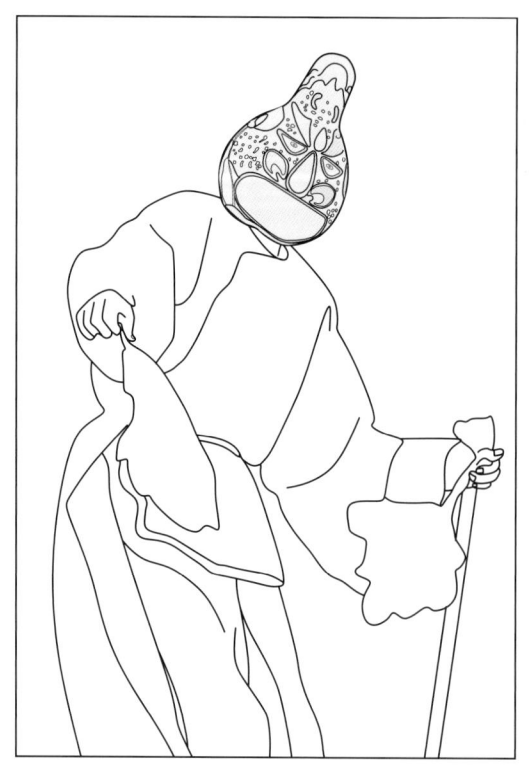

图八　彝族葫芦吞口使用场景图2

声　明

　　本书编写时收入的个别图片，因条件所限，未能同相关著作权人取得联系，获得授权，敬请谅解。请相关著作权人及时与编者联系，以便奉上稿酬。谢谢！